普通高等教育"十一五"国家级规划教材

国家级一流本科专业建设点

辽宁省"十二五"普通高等教育本科省级规划教材

东北财经大学财政学系列教材

中国财政史

（第五版）

齐海鹏 孙文学 彭健 编著

东北财经大学出版社

Dongbei University of Finance & Economics Press

大连

U0648733

图书在版编目（CIP）数据

中国财政史 / 齐海鹏，孙文学，彭健编著 . —5版 . —大连 ：东北财经大学出版社，2022.2（2023.6重印）

（东北财经大学财政学系列教材）

ISBN 978-7-5654-4360-2

Ⅰ．中… Ⅱ．①齐… ②孙… ③彭… Ⅲ．财政史–中国–高等学校–教材 Ⅳ．F812.9

中国版本图书馆CIP数据核字（2021）第205712号

东北财经大学出版社出版

（大连市黑石礁尖山街217号 邮政编码 116025）

网 址：http://www.dufep.cn

读者信箱：dufep@dufe.edu.cn

大连图腾彩色印刷有限公司印刷 东北财经大学出版社发行

幅面尺寸：186mm×230mm 字数：577千字 印张：27 插页：1

2022年2月第5版 2023年6月第2次印刷

责任编辑：时 博 责任校对：刘谌浠

封面设计：张智波 版式设计：钟福建

定价：58.00元

东北财经大学财政学系列教材
编审委员会

中国财政史是以中国财政史实为研究对象，分析和研究中国财政分配活动及其所体现的分配关系产生、发展规律的一门专业历史科学。作为一门课程，中国财政史是高等财经院校财政、税收专业的专业基础课。研究和学习中国财政史具有重要的历史意义和现实意义。就其历史意义而言，就是要挖掘中国丰富的历史文化遗产，其中包括中国财政的历史遗产。就其现实意义而言，就是要在继承前人优秀成果的基础上，进一步丰富和发展现代财政。中国财政史的研究和学习有助于对前人的优秀成果进行合理的扬弃，有批判地吸收，以不断充实、发展、完善现代财政，更好地推进中国式现代化。正如党的二十大报告所指出的，"我们必须坚定历史自信、文化自信，坚持古为今用、推陈出新，把马克思主义思想精髓同中华优秀传统文化精华贯通起来、同人民群众日用而不觉的共同价值观念融通起来，不断赋予科学理论鲜明的中国特色，不断夯实马克思主义中国化时代化的历史基础和群众基础，让马克思主义在中国牢牢扎根"。掌握好中国财政史，不仅有助于学生了解现代财政范畴的来龙去脉，更有助于学生分析和把握现代财政的基础理论。

为进一步适应教学需要，我们对2018年出版的《中国财政史》（第四版）进行了修订。本次修订在保持本书原有体系的基础上，除对一些错讹和疏漏进行了纠正与弥补，并对部分内容做了调整，更是增加了大量的"精研深探"二维码，内容非常丰富，既有对习近平新时代中国特色社会主义思想的阐释，又有历史人物的简介、古文的注释和译文，并在章后增加了"即测即评"和"综合训练参考答案"二维码，方便学生在课堂开展即时互动后，课后进行延时互动的自我学习。

本次修订由齐海鹏教授、孙文学教授、彭健副教授共同完成。孙文学教授对本书的修订提出了总的指导意见，齐海鹏教授、彭健副教授具体执笔对各章进行了修订，齐海鹏教授对书稿进行了总纂。

本书适合财经院校本科生、研究生教学选用，也可以作为政府各经济管理部门和有关科研机构深入研究财政问题的重要参考书。

在编写过程中，我们参考并借鉴了相关出版著作和学术杂志发表的研究成果，特此说明并表示感谢。在修订过程中，东北财经大学出版社给予了极大的支持和帮助，在此，我们谨对东北财经大学出版社表示诚挚的感谢。

限于作者的理论水平，本书难免有疏漏和错讹之处，恳请读者批评指正。

编著者
2023 年 5 月

目录

绪　论

一

　　财政是伴随国家的产生而产生，随着国家的发展而发展，依着经济运行状况和政治时局的变化而波动的古老的历史范畴。几千年来，人们对财政或褒或贬，但它始终固执地按照自己的轨道运行，而从不以人们的意志为转移。财政的运行有时会带来国家的昌盛、人民的富庶、社会的进步和发展，有时也成为朝代更迭的导火索、人民灾难的渊薮、社会发展的障碍。实践证明，财政是国家治理的基础和重要支柱，同时它也对经济和社会有着重要影响，是国家强弱乃至国家兴亡的催化剂，是国民经济发展和社会进步的重要经济杠杆。正如马克思所说："赋税是政府机器的经济基础，而不是其他任何东西。"[①]列宁也说："任何一种社会制度，只有在一定阶级的财政支持下才会产生。"[②]对此，我国封建社会的知识分子也曾有类似的认识。班固在他所著的《汉书·志·食货志上》中说："帝王所以聚人守位，养成群生，奉顺天德，治国安民之本也。"南宋史学家郑樵说："古之有天下者，必有赋税之用。"（《通志·食货》）《金史·志·食货一》说："人非饮食不生，国非食货不立。"明朝宋濂在他所主持编修的《元史·志·食货一》中指出："国非食货则无以为用。"此类论述，不绝于史。凡此都说明国家财政对国家、民族、社会发展的重大意义。

[①]　马克思，恩格斯. 马克思恩格斯全集：第19卷［M］. 中共中央马克思恩格斯列宁斯大林著作编译局，译. 北京：人民出版社，1963：32.

[②]　列宁. 列宁选集：第4卷［M］. 中共中央马克思恩格斯列宁斯大林著作编译局，译. 北京：人民出版社，1972：683.

中国财政的历史源远流长，唐尧虞舜之时已见端倪，夏商西周之后日渐发展和完善，遗留下丰厚的财政史料。经过近代，特别是中华人民共和国成立后学界的挖掘与梳理，中国财政史已经演变成一门系统完整的科学。中国财政史是中国经济史的重要组成部分，并与中国政治制度史、中国军事史等专业史有着不可分割的联系。它是以中国财政历史史实为研究对象，以历史资料和历史文化遗存为研究依据，分析和研究中国财政这种分配活动及其所体现的分配关系产生、发展、演变规律，及其对社会经济政治的作用和影响的一门专业历史科学。

二

众所周知，自国家产生以来，迄今为止，中国已经经历了奴隶社会阶段、封建社会阶段、半殖民地半封建社会阶段、新民主主义阶段、社会主义初级阶段五种社会阶段。在这五种社会阶段中，国家财政所起的作用各不相同。

在奴隶社会，财政成为奴隶主贵族维持其宗法统治的工具，当然，在客观上，也成为由奴隶制向封建制过渡的催化剂，促进了国家的发展和民族的进步，财政政策、制度等也有了长足的发展。

在封建社会，财政不仅是地主阶级维护封建统治的物质基础，是统治阶级腐化堕落的经济根源；而且是制约或促进社会经济发展的重要机制，是维护国家统一、促进民族进步的经济支柱。这期间的财政政策、策略、制度，财政收支的种类、方法、手段，财政管理机构的设置、财政法规的建设，以及财政思想等，都更加发展、更加完善，并以其方法之科学而著称于世，以其思维之缜密而独领世界风骚。

鸦片战争以后，直到辛亥革命，中国逐渐沦为半殖民地半封建社会，在帝国主义和封建主义的重压下，中国人民受尽凌辱，饱经忧患。这个时期的国家财政是清政府赖以维护统治的经济支柱，是帝国主义和封建地主阶级掠夺中国人民的得力工具，是镇压中国人民反抗斗争的经济武器，是阻碍中国资本主义发展的桎梏。

在此期间，中国人民反帝反封建的斗争如火如荼，终于在1911年爆发了辛亥革命，推翻了清王朝的腐朽统治，由孙中山建立了南京临时政府。然而，北洋军阀袁世凯篡夺了辛亥革命的胜利果实，资产阶级民主革命失败。1921年，孙中山在共产党人的帮助下，在广州建立了革命政权，并进行了轰轰烈烈的北伐战争。正当北伐战争胜利在望的时候，蒋介石又叛变了革命，在反共反人民的道路上越走越远，使第一次大革命惨遭失败。资产阶级革命政府的建立，一度点燃了人们希望的火花，随着大革命的失败，人们的希望又化为泡影。直到1927年，中国共产党人建立了工农革命政权，中国人民才熬过了漫漫长夜，迎来了黎明，并于1949年10月1日建立了中华人民共和国。这个时期的中国财政随着政权性质的不同而各具不同的性质，所起的作用也各不相同。

辛亥革命后建立的南京临时政府和孙中山在广州建立的革命政权，虽有新旧之别，但都属于资产阶级民主革命性质，这时的财政支持了资产阶级反帝反封建的正义斗争，成为资产阶级民主政权存在和发展的经济支柱。尽管当时的财政制度还很不完善，财力也很有限，但财政的性质无疑属于资产阶级性质。

袁世凯及其后继者所建立的北洋政府，则完全是地主、军阀在帝国主义的卵翼下的半殖民地半封建性质的政权。这个时期的财政，同清后期的财政性质一样，都是帝国主义和封建地主阶级搜刮中国人民膏脂、镇压中国人民反抗斗争的工具。蒋介石所建立的南京国民政府，实质上还是由帝国主义支持、以大地主大官僚买办资产阶级为主体的半殖民地性质的政权，其财政不仅是帝国主义、封建地主、官僚买办资产阶级掠夺人民的工具，而且成为镇压无产阶级革命运动的经济基础。只是在抗日战争中，国民政府投入了一部分财力，这时的财政具有一些民族性。

1927年以后，由共产党人建立的工农民主政权，是同蒋介石的国民政府相对立的革命政府，是代表无产阶级利益、深得人民大众拥护和支持的新民主主义政权。这个政权的财政虽然十分拮据，但却成为新民主主义政权存在和发展的经济基础，是新民主主义革命胜利的经济保证，同时还为新中国财政的建立奠定了基础，提供了经验，造就了一大批出色的财政管理干部。

中华人民共和国的成立使中国进入了社会主义革命和社会主义建设阶段，从此开始了中国历史的新纪元。新中国是没有人剥削人、人压迫人的完全由人民当家作主的社会。在中国共产党领导下，全国人民正奔向更加美好的未来。中华人民共和国的财政结束了几千年来财政对广大劳动人民进行经济剥削的历史，而成为取之于民、用之于民，为人民谋福利的新型财政。中华人民共和国成立以来，财政对筹集大规模经济建设资金，优化经济结构，促进生产力的合理布局，对巩固社会主义制度和人民民主专政、保障人民进行和平建设，对提高人民物质文化生活水平等，都起到了巨大的作用。

通过以上的扼要阐述，不难看出，中国财政史的内容是多么丰富。它不仅是中国文化宝库的重要组成部分，是中华民族前进足迹的记录，也是人类文明的见证，是全世界文化宝库中的瑰宝。

三

有人以为，中国财政史固然内容丰富，绚丽多彩，但这些内容距离现实已经十分遥远，况且社会形态几经变换，昔日的财政政策、措施、制度等都早已藏进历史博物馆，对于今天还有研究价值吗？我们认为，不仅有价值，而且是必需的。

很早以前，毛泽东就谆谆告诫我们："今天的中国是历史的中国的一个发展；我们是马克思主义的历史主义者，我们不应当割断历史。"①我们"不但要懂得中国的今天，还要懂得中国的昨天和前天"②。这就是继承和发展的关系，没有继承，就没有发展，只有在继承的基础上才能有所发展、有所前进、有所创新，所以，研究中国财政史既有历史意义，也有现实意义。

就其历史意义而言，就是要挖掘中国丰富的历史文化遗产，其中包括中国财政的历史遗产。正如党的二十大报告所指出："坚持和发展马克思主义，必须同中华优秀传统文化相结合。只有植根本国、本民族历史文化沃土，马克思主义真理之树才能根深叶茂。中华优秀传统文化源远流长、博大精深，是中华文明的智慧结晶，其中蕴含的天下为公、民为邦本、为政以德、革故鼎新、任人唯贤、天人合一、自强不息、厚德载物、讲信修睦、亲仁善邻等，是中国人民在长期生产生活中积累的宇宙观、天下观、社会观、道德观的重要体现，同科学社会主义价值观主张具有高度契合性。我们必须坚定历史自信、文化自信，坚持古为今用、推陈出新，把马克思主义思想精髓同中华优秀传统文化精华贯通起来、同人民群众日用而不觉的共同价值观念融通起来，不断赋予科学理论鲜明的中国特色，不断夯实马克思主义中国化时代化的历史基础和群众基础，让马克思主义在中国牢牢扎根。"我们有义务把中华民族的优秀文化宝藏挖掘整理出来以遗后人，否则我们将上负祖先，下负后辈。

就其现实意义而言，就是要在继承前人优秀成果的基础上，进一步丰富和发展现代财政。党的二十大报告强调："只有把马克思主义基本原理同中国具体实际相结合、同中华优秀传统文化相结合，坚持运用辩证唯物主义和历史唯物主义，才能正确回答时代和实践提出的重大问题，才能始终保持马克思主义的蓬勃生机和旺盛活力。"目前，我国正在开启全面建设社会主义现代化国家的新征程。在这一过程中，不能不注重财政在国家治理中的基础地位和支柱作用。例如，如何建立规范透明、标准科学、约束有力的预算制度，从而使财政做到生财有道、聚财有度、用财合理；如何深化税收制度改革和优化财政支出结构，从而使财政在优化经济结构、转变经济增长方式、调节收入公平分配和促进社会稳定等方面发挥更有效的作用。凡此种种，都要求我们加强对我国财政现状的调查，加强对我国财政理论的研究。我国财政的现状是我国财政历史的发展和延续，研究我国财政的现状，就不能不研究我国财政的历史，要建立中国社会主义现代财政制度，也不能不研究中国财政的发展史，以便知古鉴今，把握未来。

中国财政史是研究新中国财政的基础和前提，是建立和完善符合中国国情的具有中国特色的社会主义财政的重要历史依据。况且，历史是不能割断的，尽管历史上的许多规章、制度、措施、政策等已经不适应当今时代，但我们祖先的遗传因子已经和正在自觉不自觉地、直接间接地影响着我们一代又一代的思维方式和行为准则，我们应该通过中国财政史的研究更自觉地对前人的优秀成果进行合理的扬弃，有批判地吸收，以不断充实、发展、完善现代财政，更好地为社会主义现代化建设服务。

此外，一部中国财政史同政治史、经济史一样，充满了进步与腐朽的撞击，充满了光

① 毛泽东. 毛泽东选集：第2卷 [M]. 北京：人民出版社，1966：522.
② 毛泽东. 毛泽东选集：第3卷 [M]. 北京：人民出版社，1966：801.

明与黑暗的拼搏，充满了前进与倒退的较量，充满了革命与反动的抗争。它往往让我们掩卷长思，也往往让我们拊掌叹息；有时令我们义愤填膺，有时也令我们额手相庆，从而使我们坚信中国共产党的领导，坚定社会主义方向，使我们进一步树立爱国主义情操，也使我们进一步提高民族自信心，还能使我们进一步理解新时代中国特色社会主义理论的正确性，增强我们的使命感和责任感。显然，中国财政史不仅是一门专业历史课，而且是进行社会主义、爱国主义思想教育的重要载体。

当然，我们研究中国财政史一定要有一个科学的世界观和方法论，既不能食古不化、生吞活剥、生搬硬套，也不能不分青红皂白，一概排斥，采取历史虚无主义态度，而要以马克思列宁主义、毛泽东思想为指导，运用辩证唯物主义和历史唯物主义的世界观和方法论，弃其封建性的糟粕，取其民主性的精华，对历史遗留下来的文献资料进行合理的扬弃、批判的吸收，真正处理好继承与发展的关系。

唐太宗李世民曾说过这样一段话："夫以铜为镜，可以正衣冠；以古为镜，可以知兴替；以人为镜，可以明得失。"（《旧唐书·列传·魏徵》）由此，可以明了研究中国财政史的另外一个重要意义，就是在进一步揭示历史发展规律的同时，汲取历史的经验教训，免蹈历史的覆辙。知古而不泥古，以古鉴今，才是研究和学习中国财政史的正确态度。

精研深探
0-3

视频：以
人为镜的
唐太宗

四

由于研究和学习中国财政史具有重要的历史意义和现实意义，所以原国家教委颁发的专业目录将中国财政史作为财政学专业的主要专业课之一。1979年，财政部教育司组织专门写作班子，历时8年，于1987年编写并出版了《中国财政史》教材和十二辑620多万字的参考资料，这给中国财政史的教学、科研奠定了良好的基础。1995年，财政部再一次组织人员重新编写了高等财经院校统编教材《中国财政史》。2006年，教育部又将《中国财政史》列为普通高等教育"十一五"国家级规划教材。这些充分显示了财政部、教育部对中国财政史教学和研究的关心与重视。

随着经济社会的发展和教学科研的需要，重新修订中国财政史教材显得格外重要。本次修订的《中国财政史》在尊重原统编教材基本精神的基础上，总结了多年来教学实践的经验，吸收了近些年来公开的财政史料和财政史学研究成果，形成了本书的体例和特色。本书共分14章，主要包括从夏商周至清前期的古代财政史和从清后期至国民政府崩溃时期的近现代财政史两大部分。

本书按历史时期设章，按性质分节，注重动态地反映某一财政范畴的发展历程。同时，注重运用表格和图示对某一财政范围的变化进行量化和形象化，增强对某一财政范畴的感性认识和理性分析。

第一章

夏商西周时期的国家财政

在漫长的原始社会时期，随着生产力的发展，社会产品出现大量剩余，产品被私人占有的私有制逐步兴起，社会因而分裂为阶级，并随着阶级矛盾的尖锐，产生了国家。中国社会因而进入夏商西周时期。夏商西周时期是中国的奴隶制社会由形成、发展到兴盛的历史时期（约前2070—前771年），共约1300年的历史。这一时期的财政，受这一时期奴隶社会经济基础和政治制度的影响，体现为奴隶制国家财政的性质与特征。

第一节
中国财政范畴的产生

一、国家萌芽的出现

中国历史如果从云南元谋人算起，距今已有170多万年了。在这漫长的历史中，原始人群时期占据了绝大部分时间，大约在5万年以前，我国进入了母系氏族社会。距今7 000～5 000年的仰韶文化（因最初发现于河南省渑池县仰韶村而得名），是我国母系氏族社会繁盛的时期。这个时期的政治是"刑政不用而治，甲兵不起而王"（《商君书·画策》）；"无制令而民从"（《淮南子·氾论训》）；"……天下为公……是谓大同"（《礼记·礼运》）；"古者……则天下为一家，无私耕私织，共寒其寒，共饥其饥"（《尉缭子·治本》）。这个时期的经济比原始人群时期大有发展，但显然还没有剩余产品，氏族内部的一切生产资料都归氏族成员所共有，一切活动都按传统习惯行事，人与人之间贫富与共，平等相待。在这种社会经济基础上，不会有财政的产生。

大约 5 000 年以前，中国进入了父系氏族社会时期，公元前 2500 年至公元前 2000 年的龙山文化遗存（因发现于当时的山东省历城县龙山镇而得名），绘出了母系氏族社会转变为父系氏族社会初期的图景。这个时期的经济以农业为主，但畜牧业已有发展，出现了农、牧分工的迹象；生产工具则有精制磨制石镰、蚌镰、骨铲等；日用陶器开始用轮制，并以灰陶为主，这些都比母系氏族社会时期大有发展。这个时期的政治，除女性在家庭中的地位大为降低以外，墓形大小悬殊，随葬品也多寡不同，这标志着私有财产已经出现，但还看不出社会制度发生多大的变化。

由此，不难看出，在父系氏族社会中期以前，由于经济不发达，阶级和国家都没有形成，这时只有一般的经济分配关系，没有财政分配关系，因为没有剩余产品，所以这种经济分配关系不过是饥饿的分配，充其量是对老者和幼者多一些关照而已。

父系氏族社会发展到中后期，社会经济有了进一步的发展。这个时期有代表性的文化遗存是齐家文化（因发现于甘肃省广河县齐家坪而得名）和大汶口文化（因发现于山东省泰安市大汶口镇而得名）。这些文化遗存表明，当时的经济除农业、畜牧业进一步发展外，手工业也有新的发展。如大汶口文化遗址发现大量精细陶器，在这些陶器中，有高柄杯之类的酒器。除陶器外，还有精制的玉器和象牙制品。生产工具除磨制石器、骨器、木器外，还发现了红铜器。酒具和畜牧业、手工业的发展，表明当时剩余产品，特别是粮食的剩余已达到相当数量。

剩余产品的出现给社会关系带来了巨大变化，其中主要变化是贫富之分更加明显。从大汶口墓群的随葬品可以看出，有的墓葬的随葬品十分简陋，甚至一无所有；有的墓葬则使用原始的木椁，随葬品有大量的陶器、石器和骨器，甚至有精制的玉器和象牙器。前者无疑属于贫困人家，后者很可能是富有家庭。造成贫富悬殊的根本原因在于生产资料私人占有。从大汶口文化遗存中，可以看出当时生产资料私人占有的迹象。如大汶口 13 号墓，不仅有较丰富的随葬品，而且有 14 个猪头、猪下颌骨，这可以说明家畜已为家族所私有。

郭沫若根据考古资料推断：这个时期，土地虽属公有，但由于生产效率的提高，个体劳动和家族耕作的独立性越来越大，因而土地定期分给家族耕作，畜牧、手工业也交由有经验的家族负责。这样名义上是公有，实质上是私有，在这种情况下，由于劳力多少、强弱不同，家族生产技术、工具、经验等不同，产量自然不会平均，久之，则贫富不均的现象就出现了。掌握各生产部门的家族，为了扩大自己的势力，努力追求私有财产的增殖，致使私有观念越来越重，贫富差距越来越悬殊[1]。我国历史传说中的黄帝、尧、舜时期与齐家文化、大汶口文化时期相吻合。"东夷之陶者器苦窳[2]，舜往陶焉，期年而器牢"，"历山之农者侵畔，舜往耕焉，期年。甽亩正。河滨之渔者争坻[3]，舜往渔焉，期年而让长"(《韩非子·难一第三十六》)。农者侵畔,为的是争土地;渔者争坻,为的是多捕鱼。由此不难看出,当时人们私有观念之重。

随着经济的发展和剩余产品的增加,私有观念进一步发展成私有制,富贫之分判若云泥,剥削者与被剥削者、统治者与被统治者、统治阶级与被统治阶级的对立已经十分鲜明。从二里头文化遗址的墓葬中,不仅可以看到随葬品的多寡不同,还看到有人绑着双手被活埋的迹象,这证明,统治阶级和被统治阶级的矛盾已相当尖锐[①]。

为了缓和氏族内部的阶级矛盾、防御外族进攻或进攻其他部落和治理水患,血统性的氏族部落逐渐组成地域性的部落联盟,部落联盟的首领由氏族成员公推公举,其职责是主持部落联盟的会议,负责部落联盟的公共事务和其他事宜。而部落联盟的首领一般都是由富有家族担任的,传说中的黄帝、尧、舜、禹都是如此。这样,部落联盟就变成了富有家族的议事机构,首领变成了特殊的统治集团,实际上有了国家的萌芽。

为了保护自己的既得利益,也因为频繁的掠夺和反掠夺战争,部落联盟首领的权力和地位日益巩固并进一步上升,权力也进一步加强。传说舜的时候,曾对部落联盟进行了重大改革,设置了主管土地、教化、管理人民、山林川泽、祭祀、刑法等9个官职,官员达50人。据古代传说,"夏后氏官百"(《礼记·明堂位》),"夏有乱政而作《禹刑》"(《春秋左传·昭公》)。可能禹夏时阶级矛盾尖锐,奴隶不断暴动,禹制定了刑法以进行约束。

部落联盟首领的更替,传统上实行禅让,但禹的儿子启则取代伯益继承了王位,传统的禅让制被世袭制取而代之,建立了夏朝,开创了家天下。

二里头文化遗址与古代传说相印证,足资证明,禹夏时我国已经进入了奴隶社会,这时,不仅出现了剩余产品,而且形成了阶级,形成了国家。这些构成了国家财政产生的基本条件。

二、中国财政范畴的形成

如前所述,在黄帝、尧、舜、禹时代,已经出现了国家的雏形——部落联盟。各代的部落联盟首领都做了大量的神事、军事和民事工作。无论是筑城、置官、作刑律,还是治水、种田、调解民事,特别是进行大规模的战争,都需要耗用一定的物质资料。尽管禹"卑宫室而尽力乎沟洫"(《论语·泰伯》),"绝旨酒"(《战国策·魏二》),可谓简省,但所消耗的物质资料绝不是禹本人所能解决得了的,那么如何取得呢?无疑要借助国家的权力向奴隶和平民索取。二里头文化遗址中部的宏伟宫殿建筑,显然是大量被奴役者的血汗与智慧凝结而成的。传说黄帝三战炎帝于阪泉,擒杀蚩尤于涿,禹征三苗等,这些战争所需的武器、食物之类,无疑也需要占用奴隶生产的剩余产品,占用平民的财富和人力。于是,凭借国家权力向人们强制取得财富和人力的分配关系,便从一般的经济分配关系中

---

① 方酉生. 河南偃师二里头遗址发掘简报 [J]. 考古, 1965 (5).

独立出来，成为一种新的分配关系。对这种凭借国家的权力强制取得社会产品的新的分配关系，则称为财政。

关于财政方面的历史传说，在早期由于历史久远，十分有限。《竹书纪年》记载："帝尧陶唐氏……二十九年春，僬侥氏来朝，贡没羽。""帝舜有虞氏……九年，西王母来朝……献白环、玉玦……二十五年，息慎氏来朝，贡弓矢……四十二年，玄都氏来朝，贡宝玉。"（《竹书纪年·卷上》）这种"贡献"就是一种财政活动，但是，这种财政活动只能说是一种随机性的活动。到了夏禹时期，有关财政的传说才不断见诸各类文献。诸如《尚书·夏书·禹贡第一》载："禹别九州，随山浚川，任土作贡。"贡已属财政范畴。《史记·夏本纪第二》载："众土交正，致慎财赋，咸则三壤成赋。"《春秋左传·宣公》载："远方图物，贡金九牧，铸鼎象物。"《春秋左传·哀公》载："禹合诸侯于涂山，执玉帛者万国。"这些诸侯向禹进献贡品的传说，都是有关财政活动的记述。正如《史记》所说："自虞、夏时，贡赋备矣。"就是说，到了"虞、夏"之时，已经出现了"贡"和"赋"财政范畴。

综上所述，不难看出这样一条规律，即财政是一个经济范畴，也是一个历史的范畴，它是在具备一定的经济和政治条件基础上产生和发展的。在父系氏族社会中期以前，由于经济不发达，阶级和国家都没有形成，这时只有一般的经济分配关系，没有财政分配关系；父系氏族后期，生产力有所发展，社会产品有了剩余，这时的经济分配关系已不再是饥饿的分配，而是由谁占有剩余产品的问题，于是私有制的萌芽出现了，并且出现了贫富的两极分化，阶级的萌芽也出现了。为了保护私有财产，维护富有阶级的利益，国家的萌芽就应运而生了。随着国家萌芽的产生，为了实现国家的职能，国家的经济支柱——财政也随之出现了萌芽。夏禹之时，社会经济又有了进一步的发展，剩余产品不断增多，阶级的对立日益严重，国家的职能日益扩大，财政分配关系也日益明朗。由此可以得出这样的结论：财政是经济发展的产物，也是国家和阶级的产物，并与国家发生着直接联系。

进一步地看，财政产生伊始，就满足了国家的下列职能需要：（1）满足了国家行政职能的需要。其中包括：行政官员及行政机构的物质需要[①]，军队、监狱等专政人员及机构的物质需要，天子的生活需要和建筑城墙、宫室、宗庙等的需要。（2）满足了社会公益性需要。当时大型的公益性需要就是治理水患、修建道路等。尧舜禹汤治理水患的传说，在中国大地广为流传，而大禹治水的故事，已不是传说，而是经过考证了的历史史实。（3）满足了国家经济建设方面的需要。当时有为数甚多的官营手工业，如制陶、制铜、制骨、纺织等手工业。这些手工业不是为奴隶和平民设立的，而是为统治阶级设立的，但客观上是有利于社会经济发展的。

---

① 《礼记·明堂位》载："有虞氏官五十，夏后氏官百，殷二百，周三百。"

第二节

夏商西周时期的财政特征

一、夏商西周时期的经济与政治特征

相传夏朝从禹开始，到桀灭亡，共传 14 世 17 王。历时 400 多年（约前 2070—前 1600 年）。夏朝以农业立国，手工业也有一定发展，如铸铜业、制陶业就相当发达，水利交通也较为便利。夏朝手工业的发展，标志着其经济已经由新石器时代进入了青铜器时代。夏朝的建立使奴隶制得到了确立和巩固，其政治特点是：首先，奴隶大量存在。奴隶主要来自战争中的战俘，随着时间的推移，不仅战俘不断增加，还时有犯罪的平民和犯罪的氏族被罚为奴隶者，以致奴隶的人数不断增加，并形成一个阶级——被奴隶主剥削的奴隶阶级。其次，天子具有至高无上的权力。启建立夏朝以后，便设立了自己所独有的权力，这些权力包括土地所有权、奴隶占有权，这两项权力被后人总结为"溥天之下，莫非王土。率土之滨，莫非王臣"（《诗经·小雅·谷风之什·北山》）。此外还有其他一系列权力，诸如土地分封、予取予求的权力和生杀大权等。最后，宣扬君权神授，实行宗法统治。君权神授观点和宗法统治思想都是从氏族社会演变来的，氏族社会末期，以血统关系形成的部落联盟所举行的大量的祭神、祭天、祭山川等神事活动，都是借助神权来维护皇权，都是以宗法关系来约束各部落，以维持部落联盟的统治。这种观念，一直沿袭到奴隶社会直至封建社会。

商朝自汤建国至纣灭亡，共传 17 代 31 王，历时 500 多年（前 1600—前 1046 年）。商朝的经济与夏朝相似，以农立国，并进一步发展。商朝的农业生产，多采用大规模的集体协作形式进行耕作，这种集体协作耕地的形式是以井田制为基础的，同时又促进了井田制的发展。这时已能够使用犁耕地，还出现了牛耕；粮食品种也有所增加，如稻、粟、麦等。由此可见，农业生产已有一定发展。商朝的畜牧业，也有一定发展，这主要表现在驯养家畜方面，不仅有马、牛、羊，而且有鸡、豕、犬等。商朝的手工业同样有一定发展，这时不仅青铜的冶炼、制陶等手工业技术有所提高，而且纺织技术也有所发展，此外，如漆器、制骨、琢玉等技术也有很大提高。农业和手工业的发展，加之统治者的挥霍，带动了商业的发展。在商朝，商品交换活动日益频繁，商品交换的品种、范围也日益扩大。商朝同夏朝一样，实行奴隶制。商王朝是一个以商王为核心，并由各部族和方国加盟的联合统治，商王是最大的奴隶主，各部族和方国的首领则是大大小小的奴隶主。奴隶主对奴隶的统治也更残暴，在出土的殷商文化遗存中，存在着许多以活人为殉葬品的现象，这就证明当时对奴隶的统治有多么残酷。特别是在商纣王统治期间，统治者奢侈无度，暴虐异常，不仅阶级矛盾越来越尖锐，就是统治集团内部的矛盾也十分尖锐，终于被周所灭。

西周自武王灭商至东周平王继立，历时 270 多年（前 1046—前 771 年）。西周的经济在商朝的基础上又有了进一步发展，成为中国奴隶社会的鼎盛时期。这个时期的经济发展较快，周的祖先曾是夏时的农官，所以它的农业生产技术比较先进，从历史的记载和考古发现的遗迹中看，西周已掌握了中耕施肥、培苗、杀虫等农业技术和实行休耕以提高地力的知识，农作物的品种也有所增加，如黍、稷、粱、麦、稻、菽、桑、麻等。农业的发展为社会的进步提供了最初的物质基础，而物质的丰富，又促进了手工业、商业以及自然科学的发展。西周的官营商业和手工业的规模远大于商朝，而且出现了私人商业和手工业；科学技术也有长足进步，当时，已有专门的人员负责观测天象，记录历法，而中华民族传统的五行、八卦之说，也极有可能起源于周朝，这些都无疑证明了当时社会在科学上的进步和发展。

西周是奴隶制日臻完善的时期。西周自灭商以后，及至周武王死后，在武王之弟周公（旦）的辅佐下的成王先后消灭了各个叛乱势力，东迁国都于洛邑，加强了对东方诸部的统治，进一步完善统治体系；建立了"周刑"，稳定了社会秩序。通过一系列的政治治理，西周王朝的统治得到了巩固并逐步走向繁荣。西周成王、康王、昭王、穆王四个时代，一直在向外扩张。成王时，周公平定了东方的小诸侯国，而康王、昭王、穆王等人也都使周王朝的疆域和人口进一步扩展，实现了政治、经济、文化的空前繁荣，达到了周朝的鼎盛时期。此后，统治阶级日益腐化，西周也随之盛极而衰。周朝礼仪制度比较健全，有自己的官制、兵制、刑法、地制及礼制。直至春秋时期，孔子还在崇尚周礼，这说明周礼对后代的影响很大。

夏商西周时期的经济、政治经历了一个由建立、巩固、发展到盛极而衰的曲折的历史发展过程，这个时期的财政制度与财政思想也同经济、政治一样，经历了一个由形成到健全、由简到繁的历史变革。

二、夏商西周时期的财政特征

夏商西周时期的经济部门主要是农业和畜牧业。奴隶制国家对土地的独占和控制以及对奴隶、平民的劳役剥削，将其创造的物质财富的大部分集中起来，用以满足国家职能和奴隶主阶级生活的需要，是这一时期国家财政的基本性质。其特征具体来说有以下几点：

1. 土地王有

在原始社会中，土地是公有的，氏族成员都能分得等量的土地，并在田间挖有沟渠，以利排灌。夏朝建立后，这种占有形式得以延续，但土地性质则由土地公有演变为土地王有，即土地国王所有制。

在殷墟出土的甲骨文中，田字写作"田""囲"等形状。从字形来看，很像是阡陌、沟洫，把土地分成了若干整齐的方块，其中有四、六、八或九块不等。这种象形字反映出商朝的土地是由近似井字形的方块田连成的，每块田代表着一定的土地面积。同时，方块田之间的阡陌、沟洫说明当时的耕地中已有了原始的水利灌溉系统。这些方块田，由商王按照亲疏尊卑的等级，连同土地上的奴隶赐给奴隶主贵族。得到土地的奴隶主贵族可以世袭享用，但不许私自转让或买卖。他们只有土地的享用权，而无所有权。土地的所有权是属于商王的。这种土地分配和管理制度，叫作"井田制"。

西周时期，全国一切土地的所有权仍然属于最高统治者——周天子。他把王畿之内的土地，作为自己直辖的范围——"王畿千里"，王畿之外的土地则通过分封制赐给诸侯和臣下。诸侯和臣属对受封的土地，只有享用权而无所有权，不能买卖，也不能转让。如果各级奴隶主贵族之间要转让土地，必须报告国王，通过王命转赐方为合法。

夏商西周时期实行的土地王有制，实质上是奴隶制国家土地所有制。从周王、诸侯、卿大夫到士，各级奴隶主层层占有土地，形成奴隶主土地占有的等级结构。国王只是全国土地的名义的所有者，而实际占有者是整个国家的奴隶主阶级。这种对土地的等级占有情况，与他们在政治上所实行的分封制是相一致的。

这种奴隶制国家土地所有制的财政意义在于，各级奴隶主受封取得土地以后，必须承担各种义务：诸侯对国王要定期朝觐，交纳贡赋，随时奉命出征，捍卫王室，镇守疆土；卿大夫对诸侯，士对卿大夫也必须按照臣属、宗法关系贡纳赋税，随从征战，恪尽职责。受封诸侯如果不遵从王命朝觐贡纳，将会受到夺爵削地的惩罚："一不朝则贬其爵，再不朝则削其地，三不朝则六师移之"（《孟子·告子下》）。卿大夫对诸侯、士对卿大夫如不尽其义务，也会受到相应处分。可见，夏商西周时期的土地国有制是当时整个奴隶制国家赖以生存的基础。

2.创定贡赋

夏商西周时期赋税制度的创建是奴隶制国家存在和发展的经济基础。夏王朝是中国古代最早出现的国家，它创造了以贡赋的形式向臣民征收财富的原则和制度，"禹定九州，量远近制五服，任土作贡，分田定税，十一而赋"（《通典·食货典·食货四》）。即在确定行政区划的基础上，又创设了专门用以征收赋税的五服制。五服制与九州制相对应，规定以国都为中心向四方扩展，分甸、侯、绥、要、荒。王都五百里内称甸服，甸服外五百里称侯服，即诸侯分封区；侯服外五百里称绥服，是介于中原与少数民族之间的地区，绥服的作用，一是推广中原文化，二是保卫王都和诸侯安全；绥服以外五百里称要服；要服以外五百里为荒服，是臣服于中央政权的少数民族居住区。量远近就是根据地理位置的远近，分别制定各服缴纳贡赋的标准。距离王都近的地区贡赋负担比较重，而距离王都远的地区贡赋负担比较轻。任土作贡就是各地贡品是本地的出产，即生产什么就贡纳什么，不许不贡。那些被夏征服或承认夏王共主地位的弱小部落或附属国，都对夏王朝承担着贡纳的义务。分田定税，十一而赋，在贡纳制外，夏王朝还创设了田赋征收制度，即根据各地土壤肥瘠的不同情况，将耕地划分为若干等，分等级定税，税率大体上相当于十分之一。

商周时期，奴隶制国家形态进一步发展，赋税制度也逐步完善起来。除继续保留贡纳制度外，还创设了助法、彻法等田赋征收制度和徭役制度。助法、彻法是对平民劳动者的征收，它是建立在井田制的基础之上的。这种由徭役和实物地租相结合来提供的收入，成为当时国家财政收入的主要来源。徭役，包括兵役和劳役。甲骨卜辞中记载商朝征发人员最多的一次是"登妇好三千，登旅万"，其他征发三千人、五千人的记载亦不少见。西周征调力役称军赋，规定"国"与"野"的成丁贵族与平民都有承役义务，所谓"国中自七尺以及六十，野自六尺以及六十有五，皆征之"（《周礼·地官司徒第二》）。

夏商西周时期的贡赋制度促进了奴隶制国家政治经济的发展，也成为其灭亡的主要因素。

3.分田制禄与井田制赋

分田制禄就是在井田制基础上实行的世卿世禄制。分田就是分禄，以分田赐奴作为贵族和各级官吏的俸禄，不再另拨经费。对国家财政来说，是收支合一的办法，俸禄支出不直接反映在财政的账面上。贵族按照身份和职位的不同，分得的土地面积也不一样。不同数量的土地以"井"为单位，很容易计算出他们应得到的赏赐和俸禄是多少。这种做法可以说是财政预算分配的一种原始的形式。史载，商周时期"天子经略，诸侯正封"①（《春秋左传·昭公》），"禄足以代其耕"（《孟子·万章下》），指的就是这种制度。受封的各级奴隶主以定期贡赋为义务，在授田的范围内，则享有使用土地和奴隶的权利，并可由子孙继承，但如不按时贡纳，国王就有权收回土地和奴隶，另行分配，诸侯对所属卿大夫和士也是如此。

井田制赋就是根据井田制来征发军赋。夏商西周时期实行兵农合一制，军队所需车马兵甲，全部按井田征发，由受田的贵族与平民承担，叫作井田制赋。史载，"殷、周以兵定天下矣。天下既定……设六军之众，因井田而制军赋"（《汉书·刑法志第三》），"赋共车马、兵甲、士徒之役"（《汉书·食货志第四》）。可见，军费同官俸一样，同出于井田。就国家财政来说，它既是支出，同时也是收入，收支合而为一，不表现在财政的账面上。

4.公私不分与分权财政

公私不分是指奴隶制国家财政与王室财政不分。三代实行的土地国王所有制，决定了国王把全国的土地、土地出产及附着于土地的奴隶平民都看作他的私有财富，这也决定了奴隶制国家财政与王室财政不分的特点。王室财政代表着国家财政，国家财政就是国王的私有财政，它们之间没有区别。同时，在政治上实行诸侯分封制，在财政上必然导致地方分权。天子与诸侯，诸侯与卿大夫，各有各的财源，既没有全国统一的中央财政，也没有集中统一的地方财政。诸侯王除履行向国王缴纳贡赋和派兵打仗的义务外，其余的政事由自己设官管理，收入归自己安排。卿大夫同诸侯王的关系也是如此。这种分权的财政体制是国家财政与王室财政合而为一、国–君、宫–府不分体制的客观基础。

---

① 该句意即天子征服了诸侯，并授予诸侯土地与百姓，即分田制禄。

第三节

夏商西周时期的财政收入

一、田制

在中国古代，财政收入的主要来源是农业税收，土地的广袤、垦殖、分配等状况决定着农业税收的收入状况，因此，土地制度就成为财政收入的重要基础。

夏朝自禹治水成功以后，就根据诸侯的功劳和品德，将土地分封给各地的诸侯，即所谓"中邦锡土、姓，祗台德先，不距朕行"（《尚书·夏书·禹贡第一》）。这个时代离氏族公社时代不远，人们只知道为诸侯（奴隶主）种田，似乎没有私田的概念，所以各种典籍中对夏朝初期土地制度的记载也不多见。

商朝的祖先契因助大禹治水有功而封于商地，传说在夏朝末年，商侯就在商地实行井田制，在商汤建国后，将井田制推行于全国。以后，这种井田制度一直实行到西周，记载商西周时期实行井田制传说的典籍比较多①，这说明商西周时期确有井田制度存在，而公田则存在于井田之中，井田制成为这个时期财政分配的基础。

二、贡纳

以下献上称为"贡"，在古文献记载中，贡分为贡纳和贡赋（即田赋），这里先谈贡纳。所谓贡纳即各诸侯国或臣服国向天子贡献的各种财物。贡纳收入是夏商周三代国家财政的重要收入来源。

（1）夏朝的"任土作贡"，即以本地所出产的土特产品贡献给天子的贡献制度。据《尚书·夏书·禹贡第一》记载："禹别九州，随山浚川，任土作贡"，同时还规定了各州向中央进贡的土特产的品种、包装物和进贡的路线，详见表1-1。此外，《春秋左传·宣公》载："远方图物，贡金九牧，铸鼎象物"。《春秋左传·哀公》载："禹合诸侯于涂山，执玉帛者万国。"这些诸侯向禹进献贡品的传说，不绝于史。

（2）商朝的贡纳。据《诗经·商颂·殷武》载："昔有成汤，自彼氐羌，莫敢不来享，莫敢不来王。曰商是常。"《帝王世纪》载："及夏桀无道……诸侯由是咸叛桀附汤，同日贡职者五百国。"显然，商朝也有贡纳，但具体办法，史载不详。近代出土的殷墟甲骨文残片，也发现一些记述贡纳情况的资料。例如，"□子入玛"；"贞，王贝赓亡来，自一月"；"贞，有来惠贝"；"贞，土方×贝"②。这些资料表明，在商朝确实存在贡纳这种财政范畴。

---

① 例如，《周礼·地官司徒第二》载："遂人掌邦之野。以土地之图经田野，造县鄙，形体之法。……凡治野，夫间有遂，遂上有径，十夫有沟，沟上有畛，百夫有洫，洫上有涂，千夫有浍，浍上有道，万夫有川，川上有路，以达于几。"遂径、沟畛、浍道、川路，纵横交错，就将田地隔成若干方块，似"井"遂有"井田"这称谓，所以，《周礼·冬官考工记第六》载："匠人为沟洫……九夫为井……方十里为成……方百里为同。"《孟子·滕文公上》载："《诗》云：'雨我公田，遂及我私。'惟助为有公田。由此观之，虽周亦助也。"

② 胡寄窗，谈敏. 中国财政思想史 [M]. 北京：中国财政经济出版社，1989：6.

（3）西周的"贡土所宜"，即适合贡什么，即贡什么，不一定是本土所产。西周的贡纳包括邦国之贡和万民之贡。邦国之贡就是诸侯将其封地的财物上交给天子。《周礼·天官冢宰第一》载："以九贡致邦国之用：一曰祀贡，二曰嫔贡，三曰器贡，四曰币贡，五曰材贡，六曰货贡，七曰服贡，八曰斿[①]贡，九曰物贡。"[②]万民之贡，其实也就是邦国之贡，诸侯所献于天子之贡物，都必然要先征集于所属的臣民。故《周礼》载："以九职任万民：一曰三农，生九谷。二曰园圃，毓草木。三曰虞衡，作山泽之材。四曰薮牧，养蕃鸟兽。五曰百工，饬化八材。六曰商贾，阜通货贿。七曰嫔妇，化治丝枲[③]。八曰臣妾，聚敛疏材。九曰闲民，无常职，转移执事。"（《周礼·天官冢宰第一》）也就是让诸侯所属的臣民从事各种职业的劳动，生产各种产品，以供征敛。

三、田赋

田赋是对土地征收的赋税。夏商西周时期的田赋制度，因为文献记载简约，是史学界长期争论的问题，看法不一。按照《孟子》的记述，一般认为夏朝实行贡法，商朝实行助法，西周实行彻法。

1.夏朝的贡法

关于夏朝的田赋，有这样一些记载。比如，《尚书·夏书·禹贡第一》载："庶土交正，底[④]慎财赋，咸则三壤成赋。"《孟子·滕文公上》载："夏后氏五十而贡……其实皆什一也。"《通典》载："禹定九州，量远近制五服，任土作贡，分田定税，十一而赋。"（《通典·食货典·食货四》）一般认为，夏朝对田赋的征收实行贡法，即在洪水治理之后，全国的疆界区域已经划定（九州）的基础上，将人民按一定组织方式组织起来，按夫授给一定标准（50亩）的土地让其耕种，并按土壤肥瘠、高下确定上、中、下三等九级，慎重地确定每个等级赋税额度，征收土地税。具体来说，夏朝的贡法包括的内容有：（1）在征税之前，明确各州的土壤性质、田地等级、赋税的等级等，以作为征收的依据，详见表1-1。（2）征收的对象是各地土地出产的农作物，并以实物交纳。（3）缴纳方式是按地理远近，分为五服，分别采取不同的缴纳方式，以照顾运输条件和距离远近，兼顾税收公平，详见表1-2。（4）贡法的平均税率为1/10。但在征收时，既要考虑土壤性质、土田等级、赋税等级和运输远近，还要考虑常年平均产量，即所谓"贡者校数岁之中以为常"，每夫的实际负担是有区别的。

2.商朝的助法

《孟子》说："殷人七十而助"，即是说商朝的田赋制度实行的是助法。助，即藉、借的意思。《礼记·王制第五》载："古者公田藉而不税"，对此郑玄注为"藉之言借也，借民力治公田，美恶取于此，不税民之所自治也"。这就是说，商朝实行的助法，是借助民

---

①　读"yóu"。
②　分别为：用于祭祀的牲畜等物；接待宾客及后宫嫔妃所用的丝帛等物；宗庙祭器等物；玉、马、帛等物；木材之类等物；金、贝之类等物；纤缟等祭服材料；珠玉等玩赏之物；鱼盐橘柚等土特产。
③　读"xǐ"。
④　读"zhǐ"。

力助耕公田，以公田的收获物作为财政收入的田赋制度。据《孟子·滕文公上》记载，助法的具体办法是：以井田为基础，中间是公田，四周的八块为私田，私田由各家自种，而公田由八家助耕；耕田时，先种公田，然后种私田；收获时，私田的收获物归各家，不收税，而公田的收获则全部上交官府。在这种方式之下，劳动者只提供一定的劳动力，对因土地肥瘠、年成好坏所造成的产量多少的情况，不负任何责任，这显然有利于调动劳动者的生产积极性。但是，由于助法是"公事毕，然后敢治私事"（《孟子·滕文公上》），这就不仅体现了一定的强制性，而且也有夺农时之嫌，故《诗经》云："雨我公田，遂及我私"（《诗经·小雅·甫田之什·大田》）。

表1-1　　　　　　　　　　田等、赋等、贡物一览表

州别	土质	田等	赋等	贡别	包装		贡物路线
					篚	包、瓯、锡贡	
冀	白壤	2等5级	1等1级	入谷不贡			夹石碣石入于河
兖	黑、坟起	2等6级	3等9级	漆、丝	织文		浮于济、漯达于河
青	白、坟起，海滨斥卤之地	1等3级	2等4级	盐、絺、各种海物、丝、枲、铅、松、怪石等	厥篚檿、丝		浮于汶达于济
徐	赤、埴、坟起	1等2级	2等5级	五色土、珠、鱼、夏翟、孤桐、浮磬等	厥篚玄纤、缟		浮于淮、泗，达于河
扬	涂泥	3等9级	3等7级，上错，即6级	金三品、瑶、琨、筱簜、齿、革、羽、毛、岛夷卉服	厥篚织贝	厥包橘柚锡贡	沿于江、海，达于淮泗
荆	涂泥	3等8级	1等3级	齿、革、羽、毛、金三品、杶、干、栝、柏、砺、砥、砮、丹等，九江纳锡大龟	厥篚玄纁玑组	包匦菁茅	浮于江、沱、潜、汉，逾于洛，达于南河
豫	厥土惟垆，下土坟垆	2等4级	（错）1等2级	漆、枲、絺、纻	厥纤纩	锡贡磬错	浮于洛，达于河
梁	青黎	3等7级	3等8级（错）	璆、铁、银、镂、砮、熊、狐、狸、织皮			西倾因桓是来，浮于潜，逾于沔，入于渭，乱于河
雍	黄壤	1等1级	2等6级	球、琳、琅玕	织皮		浮于积石，至于龙门西河，会于渭汭

资料来源　《尚书·夏书·禹贡第一》。

表1-2　　　　　　　　按地理远近确定不同的输赋方式一览表①

服制	赋役的种类
甸服 （五百里）	百里纳总（全禾，就是连根茎叶一块缴纳）
	二百里纳铚①（只要谷穗）
	三百里纳秸服（带壳的谷物）
	四百里纳粟（未去糠的粗米）
	五百里纳米（去糠的精米）

①　铚 zhì，短镰，这里指用短镰割下的谷穗。

精研深探
1-9
注释

服制	赋役的种类
侯服 （五百里）	百里采（为天子服各种差役）
	二百里男②邦（担任国家的差役）
	三百里诸侯（担任戍守之责）
绥服 （五百里）	三百里揆③文教（设立掌管文教的官员来推行文教）
	二百里奋武卫（奋扬武威，保卫天子）
要服 （五百里）	三百里夷（要遵守与其他地方大体相同的政令）
	二百里蔡④（依次减轻其赋税）
荒服 （五百里）	三百里蛮⑤（各种要求可以从简）
	二百里流⑥（或贡或不贡，贡否不定）

精研深探
1-10

注释和译文

资料来源　《尚书·夏书·禹贡第一》。

注释来源　王世舜、王翠叶译注的《尚书》（中华书局2012年版）；吴树平等点校的《十三经·尚书·夏书·禹贡》（北京燕山出版社1991年版）。

3.西周的彻法

西周时期的田赋，从《周礼》的记载来看，包括很多种类。在九赋之中，有"邦中之赋""四郊之赋""邦甸之赋""家削之赋""邦县之赋""邦都之赋"，都属于土地税的性质，只是征收的地域不同而已。

精研深探
1-11

注释和译文

西周时期田赋的征收制度实行的是彻法。《孟子·滕文公上》说："周人百亩而彻"，又说："彻者，彻也。"彻法的具体含义如何，歧义很大。归结起来，主要有如下几种解释：（1）彻是通的意思，即打破井田内公田和私田的固定界限，在耕作季节统一经营，至收获时才把一部分田地划为当年的公田，其上的农产品便成为税收。（2）彻是征收之意，这种意见为东汉经学家赵岐所主张，耕田百亩，彻取十亩为赋。（3）彻是"通力合作"之意，这种意见以宋朝哲学家朱熹为代表，指八家通力合作，计亩征收，大约民得其九，公取其一。（4）彻是并行之意，即贡、助并行，王畿之内实行贡法，税夫，无公田；邦国范围内则实行助法，通贡助之法称为彻。这种意见以东汉经学家郑玄为代表。之所以出现上述这些分歧，可能是西周灭商后，疆域扩大很多，而商的残余势力也很大，一时还未形成统一的田赋征收制度，因此，出现多种征收办法并存的局面，周族地区继续实行按土地等级分等征收实物的办法⑦，而商族地区仍实行助法。以后，随着经济的发展和制度的完善，才可能逐步将彻法推广开来。彻法的税率，一般认为是1/10，这可能是大致的平均税

---

① 古音"男""任"声相近，故古书多通用。
② 揆（kuí）：掌管，管理。
③ 蔡（sà）：减少。"蔡""杀"古时声相近，有时通用。
④ 蛮，慢也，礼简怠慢。
⑤ 蛮，慢也，礼简怠慢。
⑥ 流：流动无定居，流动迁徙，此处指或贡或不贡，贡否不定。
⑦ 《诗经·大雅·生民之什·公刘》载："度其隰原，彻田为粮。"按此记载，说明周族在夏末商初之时就已有彻法。

率，实际情况可能是有差别的，在不同地域实行不同的税率①。

由于夏商西周时期实行土地国王所有制，所以，以贡、助、彻法征收的田赋，实质上是国有地租。只不过具体的征收形态不同，夏朝的贡法由于是征收实物，无疑属于实物地租；商朝的助法，因为借助民力以耕公田，无疑属于劳役地租；至于周朝的彻法因有歧义，如果是孟子说的"虽周亦助也"，那么，彻法自然也是劳役地租，但如果按照东汉经学家赵岐"耕百亩者，彻取十亩以为赋"的说法，则彻法实质上属于实物地租。但无论如何，由于国王土地所有制，所以，按贡、助、彻法征收的田赋都是租税合一的形态，一旦土地私有制发展，租税将完全分离，因此，贡助彻是田赋制度的早期形式，并为后世的赋税改革奠定了基础。

四、军赋

军赋是国家在井田制基础上，在向奴隶主贵族征调军队的同时而要求各级奴隶主贵族和平民提供的军需物资，包括战马、兵车、武器、粮草等。据《周礼》记载，当时征收军赋的办法是"九夫为井，四井为邑，四邑为丘，四丘为甸，四甸为县，四县为都。以任地事而令贡赋"（《周礼·地官司徒第二》）。据唐朝贾公彦解释，每丘十六井，须供备戎马一匹，牛三头，是为"丘赋"；每甸六十四井，须供备戎马四匹，兵车一乘，牛十二头，甲士三人，卒七十二人，是为"甸赋"。这是说576夫需要出的车马和兵士的数量。另据《国语·鲁语》记载：西周田一井（900亩），出稯（zōng）禾（小米）640斛，秉刍（chú，草料）340斗，缶米（稻米）16斗。这反映了一井需要负担的粮草等物资的情况。三代的军赋收入由奉调出征的各级奴隶主贵族或平民自备，并随时在战争中消耗，因此是收支合一的形式，并不体现在天子的财政账面上。此外，军赋虽然主要由奴隶主贵族自行负担，但其实仍然是来自奴隶的剩余劳动。

五、徭役

夏商两代的徭役，依史实推断是存在的，并且也很沉重，但其制如何，未见史载。唯西周的徭役制度记录颇详。虽然是后人依据传说而记录下来的，却不失参考价值。

西周的徭役据《周礼》载，主管徭役征发的职官为小司徒，其职责是：根据居住地域的不同（国中、四郊、都、鄙）、按照男劳力（夫家）和九夫一井的数量，考虑贵贱、老幼、废疾的具体情况，以五人为伍，五伍为两，四两为卒，五卒为旅，五旅为师，五师为军的军事编制，征发兵役和工役（田役）。征发的徭役按土地的肥瘠情况，上地以每家七人计，有三人应该服役；中地以每家六人计，应该以二家五人的比例服役；下地以每家五人计，有二人应该服役。在实际征役时，每家不应该超过一人。

关于充任军役者，还有年龄与身高的限制。据《周礼·地官司徒第二》载，城郭地区身高须达7尺、年龄20～60岁，鄙野地区身高须达6尺、年龄15～65岁的夫男，均属征调

---

① 据《周礼·载师》载："凡任地。国宅无征，园廛二十而一，近郊十一，远郊二十而三，甸稍县都皆无过十二……"即邦中之赋，除国宅不征税外，其园田地征收1/20的税；四郊之赋，即近郊之地，征收1/10的税，远郊之地，征3/20的税；而邦甸之赋（甸地）、家削之赋（稍地）、邦县之赋（县地）、邦都之赋（畺田），征税不得超过2/10。

对象。国中贵者、贤者、能者、服公事者及疾者免役。至于每年出徭役的时间，据说："凡均力政，以岁上下。丰年，则公旬用三日焉；中年，则公旬用二日焉；无年，则公旬用一日焉。凶札，则无力政……"就是说一年应征的力役，丰年三日，中年二日，无年（没有贮备的年份）一日，出现灾荒疫病的年份则不征力役。这一记载，显然是对西周徭役制度的粉饰，而且十分夸张。而事实上，西周的兵役负担是相当沉重的。而且，在西周充任军士者，必须是拥有自由身份的奴隶主贵族和平民，奴隶是没有这个权利的。奴隶主贵族和平民既从天子那里得到受封的土地，就有义务承担兵役和军赋。平民既要出人，又要出财物，负担自然会加重。至于说奴隶主贵族的兵役和军赋，除兵役是一种政治荣誉需本人亲自出征，军赋实质上是来自奴隶的剩余劳动。

六、工商杂税

《周礼》所载"九赋"中的"关市之赋""山泽之赋""币余之赋"，实际上属于工商杂税。西周前期以前，山林薮泽均为公有，未有赋税。设关只是为了稽查，设市也是为了管理，同样没有赋税。一般认为，西周后期才有关市之赋、山泽之赋等工商税收。

关市之赋包括关税和市税两种。关税，据《周礼》载，西周时在主要道路上设关立卡，出入要有节（通行证件），设关的目的主要是稽查过往商旅，同时征收一定数量的税，以供把守关门的士卒和官吏的费用。市税是对入市交易的货物所征之税。《周礼》载："廛人掌敛市絘布、緫布、质布、罚布、廛布，而入于泉府。"（《周礼·地官司徒第二》）其中，絘（cì）布是对商铺所征之税，相当于后世的营业税；总布是对掌管度量衡的中介人所征之税，相当于后世的牙税；质布是对质人的罚款，质人是掌管物价的官吏，如果他不能尽职尽责，则要处以一定数量的罚款；罚布也属于罚款，是对违反国家关于市场交易规定的商人的罚款；廛布是对贮存于邸舍的货物所征收的税，"廛"是官府设立的邸舍，过往商人旅客将货物贮存其中，对所贮货物要征税，相当于后世的租金。在凶荒之年，则无关市之征。

山泽之赋是对山林川泽所产的物品所征之税。据《周礼·地官司徒第二》记载，周朝设有矿人、角人、羽人、掌葛、掌染草、掌炭、场人等官职，分别负责对金玉锡石、兽类齿角、禽类羽毛、织布材料、染料草类、草灰木炭、珍异瓜果等物品的生产管理和征税，交由玉府收储。

币余之赋是对用于制作官府所需器物的节余资金征收的税。当时，官府所需器物，由官府出钱来制作，器物制成之后，所余的钱归主管官吏所有，对这部分节余的钱，官府要征收一定的税，故称币余之赋。

其他杂税，包括里布、屋粟、夫税家税等。据《周礼》记载："凡宅不毛者，有里布。凡田不耕者，出屋粟。凡民无职事者，出夫家之征，以时征其赋。"（《周礼·地官司徒第二》）。即宅地不树桑麻者要课以里布，有地不耕者要征收屋粟，不耕不织、游手好闲的人要按夫按家征税，夫征是指丁夫之税，家征是指出士徒车辇，给徭役。这些税属于行为课税，具有惩戒作用。

七、官营经济收入

在"溥天之下，莫非王土。率土之滨，莫非王臣"的三代时期，土地、人口（奴隶）都属于天子，而为天子制作、提供所需用品的手工业和商业部门，更不消说，也必然都属于天子所有。当时国家即是天子，天子就是国家，所以属天子所有的经济，实际上就是官营经济。但当时并不是一切经济活动都由国家兴办，据载，西周建国之初，曾允许殷商的遗民"肇牵车牛，远服贾用。孝养厥父母"（《尚书·周书·酒诰第十二》）。可见，当时是私人经济与官营经济同时并存的，只是对私人经济实行征税（如关市之赋），官营经济则"工商食官"，即官营手工业和商业所生产的产品和经营收入直接为王朝政府和奴隶主贵族提供服务，构成政府的官营经济收入。

夏商西周三代时期的官营经济有手工业（包括冶铜、铸铜、丝织、磨制打造装饰品、制陶、酿酒等）、商业、畜牧业、渔业等。在《周礼》的"以九职任万民"中，虞衡、薮牧、百工、商贾、嫔妇、臣妾，都是官营经济的内容。在《周礼·冬官考工记第六》中对"百工"进行了详细的描述，具体分为攻木之工、攻金之工、攻皮之工、设色之工、刮摩之工、搏埴（zhí）之工，并介绍了各种工的内容。由此可见，西周时期的官营手工业不仅具备了相当规模，而且分工也越来越细。

凡属政府官营的领域，禁止私人经营。从事官营工商业的奴隶，受到严格的监督考察，凡有不尽力或质量不合格者，均要治罪。并且随着统治者挥霍浪费的增加，官营经济的范围也不断扩大。史载周厉王时封锁山林川泽，引起国人不满。厉王又严禁国人议论政事，违者杀戮，结果激起人民反抗，公元前841年国人暴动，逐厉王于彘（今山西霍州），并拥戴召穆公与周定公代行王政。

第四节

夏商西周时期的财政支出

一、财政支出的内容

1.祭祀支出

祭祀支出是指国家用于祭祀天地、山川、鬼神、祖先等所消耗的费用。《春秋左传》说："国之大事，在祀与戎。"（《春秋左传·成公》）说明祭祀支出在奴隶社会的国家财政支出中占有重要地位。在夏商西周三代，帝王极力宣扬"君权神授"的观念，并通过主持祭祀来强化这种意识，以巩固自己的统治地位。当时，祭祀的名目繁多，诸如祭天地、日月、山川、四方、鬼神、宗庙等；祭祀的等级森严，上下有制，不同的品级、场合的祭祀要筑不同的祭台，用不同器皿，需要不同品种和数量的祭品。总的来说，三代的祭祀次数频繁，规模宏大，仪式隆重，器具讲究，耗资巨大。大家知道，在中国国家博物馆里有一个巨大的青铜鼎，叫后母戊方鼎（又称司母戊鼎）。它是商王文丁为祭祀他母亲而铸造的器皿。这个鼎重达832.84公斤，铸造时要有很大的作坊，仅坩（gān）埚就需要70多个。一个坩埚配备三四个人，需要二三百人同时操作，才能完成。在祭祀活动中，所需的牲畜大量宰杀，一次少则数头，多则成百上千头。此外，玉帛、珍禽等也常被用作祭品，更有甚者，还存在大量"人祭"现象。例如，商王在祭祀中用作祭品的奴隶，最多达到一次500人。西周的"九式"支出中，第一项就是"祭祀之式"。这些都说明，祭礼支出在三代财政支出中不仅重要，而且数量巨大。

2. 军事支出

军事支出是指国家用于装备军队和军事战争方面的费用。夏商西周三代的军事行动是比较频繁的。夏朝有禹征三苗，启征有扈氏，胤侯掌六师而征羲和等军事行动的记载；商朝有商汤与夏桀战于鸣条，商汤十一征而无敌于天下等传说；西周有周武王率戎车300乘，虎贲3 000人，甲士45 000人伐纣定天下，并历经大小无数次战争的记述，可以想见当时军事支出的庞大。在侯家庄发掘的商朝1004号大墓中，出土了数以百计的戈、矛，每10支一捆，可知当时的军队是十进位的；在安阳、辉县和郑州等地的贵族墓葬中，发现有各种武器作为随葬品，可知商朝武装掌握在地方各部族或方国首领（奴隶主贵族）手中。西周以后，军队的规模越来越大，全国共有14个师的兵力，除周王掌握的虎贲军外，大部分属于由诸侯直接掌握的地方军队。这些都说明夏商西周三代军费支出是主要的支出项目之一，但是由于三代时期实行"井田制赋"，兵力和军需物资由各级奴隶主贵族和平民负担，所以军事支出并不体现在国家财政支出的账面上。但从实质上看，这项支出是存在的，从天子的角度来看，他所分封给各级贵族的土地就相当于财政支出。

3. 王室支出

夏商西周三代的王室开支范围很广，除宫殿建筑外，还包括王室的膳食、衣服、丧葬、恩赐、宴会、玩好、游猎等费用。据《尚书·周书·立政第二十一》记载，西周王朝除常设各种高级行政官员外，还设有管理王室衣服的"缀衣"，负责王室警卫的"虎贲"，管理王室马匹的"趣马"，负责王室器物和车辆的"左右携仆"，总管内廷事务的"百司"，以及宫廷技师"艺人"等，他们负责王室的各项事务，构成重要的王室支出。夏商西周三代有不少帝王沉湎于游猎、酗酒、宴乐等，生活穷奢极欲，生前死后都大兴土木，耗费财富难以计数，严重摧残了社会生产力。

4. 俸禄支出

俸禄支出即国家支付给官吏用以维持生活的经费。夏商西周三代，俸禄寓于以宗法关系为纽带的诸侯分封制中，各级贵族被授予了土地，就可以土地上的收入作为自己的禄食，分地就相当于分禄，即所谓分田制禄。具体办法，夏商时无史料可考。西周时的班禄制，即分田制禄制，在孟子答北宫锜问时，有一个大概的描述：王国及诸侯国统治者分为天子及公、侯、伯、子、男五等爵位，君、卿、大夫、上士、中士、下士六等职位。卿在大国（公国）和次国（侯伯之国）有三人，小国（子男之国）二人。从大夫到士的俸禄，各国都一样，只是君和卿有区别。以下士的俸禄为基础，则大国的卿禄为下士的33倍，君禄为其240倍；小国的卿禄是下士的16倍，君为其160倍。天子地域（王畿）比大国广10倍，他的俸禄当抵下士3 200倍。在官的庶人，如府、史、胥、徒之类，以及下士，其俸禄以能养活家口5~9人的耕地数量（100亩）为标准。（《孟子·万章下》）

5.公共工程建设支出

夏商西周时期存在着大量的公共工程建设支出。如传说中的夏禹开九州，通九道，陂（bēi）九泽，度九山，治水平土，修四渎，兴沟渠之利以及兴建民居等，这些都属于有利生产发展和民生安定的工程，对经济发展和民生改善是有积极作用的。再一类工程建设是都邑城郭的建筑，如郑州商城遗址，仅夯土量即达87万立方米。可见当时工程规模之大。西周城池的建筑是有等级限制的，如《春秋左传》孔颖达疏所称："王城方九里，长五百四十雉……子男城方三里，长百八十雉"①。如果城池规模大小与其受封等级不符，就是僭越。古代城池的建筑具有重要的防卫功能，因此这一类工程建设对于保卫和巩固政权具有重要的作用。

6.其他支出

夏商西周时期还有宾客招待、会盟狩猎、教育和社会救济等项支出。例如，西周规定，凡逢外国宾客访见时，司关、宗伯、司里、司徒、司空、司寇、虞人、甸人等各级官吏分别负责招待住宿膳食，供备粮草车马等事宜。属于贵国之宾至，待遇加厚，并由上卿监督办理，诸侯国君朝觐或大夫初见国君，均有贽见礼，天子备酒招待。大臣聘问出使则要行效劳之礼。赠送宾客的礼物，有璋、束、帛、布、马匹、贝、金等。此外，周天子还不时举行"大蒐②礼"，借田猎举行阅兵仪式，平时则经常进行狩猎活动。西周还设立"校""序""庠"③等名称的学校。这些学校的屋舍器物，均由政府制备供应，入学者都是贵族子弟。政府中设有专门负责教育的职官，称为"师民"。教学内容主要是礼、乐、射、御、书、数等"六艺"。当时的教育纯属官办性质，其费用开支在国家财政支出中所占比重不大。

此外，夏商西周时期的统治者为了稳定社会秩序，对受灾地区和鳏、寡、独、孤一类穷而无告者，有一定的赈济措施。史载，夏禹时，洪水泛滥，禹"命后稷予众庶难得之食"（《史记·夏本纪第二》）。西周初"散鹿台之财，发钜桥之粟，以振贫弱萌隶"（《史记·周本纪第四》），为了保障人民渡过灾荒，西周规定有救荒十二政。《周礼》载："以荒政十有二聚万民：一曰散利，二曰薄征，三曰缓刑，四曰弛力，五曰舍禁，六曰去几，七曰眚④礼，八曰杀哀，九曰蕃乐，十曰多昏，十有一曰索鬼神，十有二曰除盗贼。"（《周礼·地官司徒第二》）这十二政中的一、二、四、五、六、七、八、九等八项直接与财政有关，可见当时的救荒工作也是以财政为主的。此外，西周还有养民制度，据《周礼》载："以保息六养万民：一曰慈幼，二曰养老，三曰振穷，四曰恤贫，五曰宽疾，

精研深探
1-15

注释和译文

---

① 古代城墙三丈高，一丈叫一雉。
② 读"sōu"。
③ 读"xiáng"。
④ 读"shěng"。

六曰安富。"(《周礼·地官司徒第二》)这六项制度的具体内容,无从考查。仅从这六项制度来看,均与财政有直接关系。

二、财政支出的原则

财政支出对于保证国家行使各项职能具有重要作用。然而,在夏商西周时期生产力水平相对低下,生产的社会产品数量有限,社会能够提供的财政收入也是有限的,这就要求统治者在安排财政支出时必须讲究一定的原则,否则就可能带来一系列危机。夏商遵循的财政支出原则,缺乏史料,不得而知。西周财政支出的总原则有以下两点:

1.节约开支的原则

据《周礼》记载:"大宰之职……以九式均节财用……""小宰之职……执邦之九贡、九赋、九式之贰,以均财节邦用……以官府之六职辨邦治:一曰治职,以平邦国,以均万民,以节财用。""司会掌邦之六典……以九式之法均节邦之财用。"(《周礼·天官冢宰第一》)这里所说的"九式",即是九种不同用途的支出。无论哪项支出都要做到节约开支。

精研深探 1-16 注释和译文

2.收支对口的原则

它亦称式法原则。《周礼》载:"大府掌九贡、九赋、九功之贰。以受其货贿之人,颁其货于受藏之府,颁其贿于受用之府。凡官府、都鄙之吏及执事者受财用焉。凡颁财,以式法授之。关市之赋,以待王之膳服;邦中之赋,以待宾客;四郊之赋,以待稍秣;家削之赋,以待匪颁;邦甸之赋,以待工事;邦县之赋,以待币帛;邦都之赋,以待祭祀;山泽之赋,以待丧纪;币余之赋,以待赐予;凡邦国之贡,以待吊用;凡万民之贡;以充府库;凡式贡之余财,以共玩好之用。凡邦之赋用取具焉。"(《周礼·天官冢宰第一》)按照这一规定,每一种收入,只对应一种支出,专款专用,不得相互挪用。这样,就以收入为基本前提,既能保证支出的需要,又对支出有所节制,避免大手大脚地花销,达到节约的目的(见表1-3)。

精研深探 1-17 注释和译文

表1-3 西周财政收支对口

支出项目	资金来源
祭祀之式	邦都之赋
宾客之式	邦中之赋
丧荒之式	山泽之赋
羞服之式	关市之赋
工事之式	邦甸之赋
币帛之式	邦县之赋
刍秣之式	四郊之赋
匪颁之式	家削之赋
赐予之式	币余之赋
好用之式	贡之余财

资料来源 《周礼·天官冢宰第一》。

第五节

夏商西周时期的财政管理

一、财政管理机构

《尚书·周书·洪范第六》的"八政"中，将食货列为首位，说明当时国家对财政管理还是十分重视的。但由于国家机构初建，财政与经济分配还未明确划分，故夏商西周三代尚未设立专门的理财机构，而采用分官任事的职任制度。

夏朝时疆域不大，政事不繁，官员设置不多。如《礼记·明堂位》："夏后氏官百。"又据《尚书·周书·立政第二十一》记载，夏王朝的官制分为宅乃事①、宅乃牧②和宅乃准③三类，分管中央和地方的政务和公正执法事务。宅乃事中设有司徒、司马、司空三种官职，分别掌理有关财政事务。大体而言，司徒是分管财政的，司马是分管军事的，司空亦称司工，是分管水利灌溉事务的。但事实上，除司徒主管公田、赋税外，司马兼管军赋，司空也同样负有充裕国家财赋之责。

商朝的疆域扩大，经济发展，国家机构已明确地分为中央和地方两级，前者称内服，后者称外服。中央行政机构分为卿事寮和太史寮两大部门。卿事寮下设"百僚庶事"，其中有管军旅的师（即司马），管工程的司室（即司空），管土地的多田亚、小籍臣等（均属司徒之类），以上三种官职，都掌管一定的财政事务。地方机构又分为侯服和甸服，均设有中央任命的官吏，称为邦、伯、侯等，他们负有向中央贡纳赋税和提供军务劳役之责。此外，商王朝还设有一批王室官员，称为宰、小臣等，也掌管一定的理财事务。可见，商朝的官僚机构较夏朝有所扩大，而且更为复杂，国家财政收支的范围也相应扩展了。

西周时期，随着奴隶制国家的发展，有关财政的机构和职官的设置，更加严密和完备。据《周礼》记载，西周财政管理机构包括两大系统：一是天官冢宰；二是地官司徒。天官冢宰负责制定国家财政法令制度和平衡国家财政收支，以管理支出为主；地官司徒负责均平土地、了解各地物产、分等制定贡赋，以及统计户口、土地数量，以管理收入为主。两大系统下设若干部门分别管理具体事项。

在天官冢宰系统，有大宰、小宰、宰夫等总管财政，其职责主要在政策层面，负责安排财政收支，调节收支平衡，均节财用，此外，宰夫还负责财政监督。主管会计职责的有司会、司书、职内、职岁，负责记账、核算、统计、考成。主管府库职责的有大府、玉府、内府、外府，负责财物的收储、发放等管理。

地官司徒系统，有大司徒、小司徒，总揽土地管理和赋税征管之责。并分别设有载

---

① "宅乃事"之"宅"为"居"之意，"乃"为"汝"之意。即在朝廷供职的职官，这里是指后世的六卿，属中央级官吏。
② 宅乃牧——在朝廷外供职的职官，属州一级的职官。
③ 宅乃准——掌管法令诉讼的职官。

师、闾师、县师、遂人、遂师、廛人、泉府等官职，分别负责不同赋税征收与管理。[①]

二、财政管理体制

财政管理体制是处理政府间财政关系的具体形式，其核心是如何在政府间划分财权和财政收支范围。夏商西周时期，由于实行土地国王所有制，具体又通过分封制实现对土地的占有和使用，所以，在三代时期财政管理体制分为两个层次，一方面包括国家财政与王室财政的关系，另一方面又包括中央财政与地方财政的关系。从国家财政与王室财政的关系来看，国王拥有天下土地的所有权，决定了国王可以将全国的土地、土地出产物及与之相联系的贵族、奴隶及平民都看作其私有财富，即所谓"朕即天下"，因此国家财政与王室财政是不分的。这不仅表现在财政收支上（见表1-3），而且也表现在管理机构上。从中央财政与地方财政关系来看，由于政治上实行诸侯分封制，必然导致在财政上是一种分权型的体制。天子与诸侯、诸侯与卿大夫，各有其独立的财权和收支范围，上下级之间所维系的纽带只不过是下级向上级的贡纳以及定期应召为天子出征作战。这两种表现形式，依据当时的经济基础，有其一定的合理性，但也存在着一定的弊病。在国家财政与王室财政不分的情况下，容易使天子肆意挥霍财物而不受制约，比如，《周礼·天官冢宰第一》对会计考核可谓相当重视，但却说"唯王及后之饮酒不会"，这就给天子任意支出开了方便之门。而地方财政（诸侯财政）的相对独立，则会导致各诸侯国在羽翼丰满之后，形成尾大不掉之势，中央财权旁落，国家出现分裂。

三、量入为出与建立储备

据《礼记·王制》记载："冢宰制国用，必于岁之杪，五谷皆入，然后制国用。用地小大，视年之丰耗。以三十年之通制国用，量入以为出……国无九年之蓄曰不足，无六年之蓄曰急，无三年之蓄曰非其国也。三年耕，必有一年之食，九年耕，必有三年之食。以三十年之通，虽凶旱水溢，民无菜色，然后天子食，日举以乐。"这里提出了两个原则：一是量入为出；二是建立国家储备。这是我国最早的国家预算制度，或者说是我国量入为出原则之滥觞。

夏商西周时期财政的这种原则，是与当时的生产力水平相适应的。由于当时生产力水平相对低下，人们对自然灾害抵御能力有限，农业的丰歉难以预料；又由于农业生产大量使用奴隶，劳动者缺乏生产积极性，生产效率不高，所以，无论从客观上还是从主观上看，当时安排支出，只能在财政收入已经实现的基础上才能确定。

四、上计及会计制度

史载，夏禹南巡狩至大越，登苗山而朝诸侯，"大会计，爵有德，封有功，因而更名苗山曰会稽"（《史记集解》）。这说明具有了会计核算，并有责成诸侯上报财政收支情况凭以考核治绩（即上计）的意义了。

西周时期，国家十分重视会计、上计与考核工作。《周礼·天官冢宰第一》对此记载

精研深探
1-18

注释和译文

[①] 《周礼》所载的财政职官十分繁杂，本处不能尽载，参见《周礼》之《天官冢宰第一》与《地官司徒第二》中各条。

颇详，据载：

"司会……掌国之官府、郊野、县都之百物财用。凡在书契、版图者之贰，以逆群吏之治而听其会计。以参互考日成，以月要考月成，以岁会考岁成……

司书掌邦之六典、八法、八则、九职、九正、九事邦中之版，土地之图……凡上之用财用，必考于司会。三岁，则大计群吏之治……凡税敛，掌事者受法焉。及事成，则入要贰焉……

职内掌邦之赋入，辨其财用之物而执其总。以贰官府、都鄙之财入之数，以逆邦国之赋用。凡受财者，受其贰令而书之。及会，以逆职岁与官府财用之出，而叙其财以待邦之移用。

职岁掌邦之赋出，以贰官府、都鄙之财出赐之数，以待会计而考之。凡官府、都鄙、群吏之出财用，受式法于职岁。凡上之赐予，以叙与职币授之。及会，以式法赞逆会。"

从这些记载中，我们不难看出当时的会计、上计与考核制度是十分严密的，有会计的主管部门——司会，有簿计管理人员——司书，有会计报表——参互、月要、岁会，有上计考核的法定时间——三年大计群吏，也有平衡财政收支及会计考核的部门和人员——职内与职岁。凡此，都属于现代预算会计的范畴。

此外，宰夫还负有对预算、会计工作的监督之责。宰夫"岁终，则令群吏正岁会。月终，则令正月要。旬终，则令正日成，而以考其治。治不以时举者，以告而诛之"（《周礼·天官冢宰第一》），即宰夫要在年末、月末和旬末时要命令官吏对年、月和旬的会计报表进行审核并加以确认，以确定官吏们的政绩，并根据实际加以奖惩。

五、平抑物价制度

据《周礼》记载，西周时期的平抑物价制度极为全面。

胥师是管理市场的职官之一，其主要职责是平抑市场物价，但不得动用刑罚，只是观察入市交易者有无欺诈、掩饰、隐匿的行为，发现这些行为则给予口头批评，同时对市场出现的一些小矛盾，也有处置权。

贾师也是管理市场的职官之一，其主要职责是掌握商品买卖的政策，识别商品的质量而公平地确定其等级，根据确定的等级而予以定价，然后才允许进入市场交易。如果遇到天灾，禁止抬高物价，使物价平稳。四时的珍奇物品也要经过贾师评定价格后方可入市。国家的官营商贸机构，其买卖的商品每月要经贾师评定一次价格，师役、会同，也是如此。

司虣（bào）是掌管市场治安的职官，其职责是禁止游手好闲的人游荡于市，因为他们不买不卖，还惹是生非；禁止暴乱事件的发生，因为市场中经常发生欺行霸市、以强凌弱等现象，以致发生暴乱。司虣对上述情况都要进行制止，如果禁而不止则可杀之。可见，司虣掌管着生杀之权。

泉府是掌管征收市场罚款、平抑物价、实行赊贷的机构。对违反市场禁令者，泉府负责征收其罚款；对市场难以销售、百姓手中滞销的货物，泉府负责收购，但要立木桩以写明商品的名称，以备百姓的不时之需。对购买这些货物者，一定要以其本钱出售，不得高于本钱，而购买者必须出示所属部门的证明，然后才能出售。赊贷者要根据其用途确定赊贷期限：用于祭祀者，赊贷不超过10天；办丧事者，其赊贷不超过3个月。凡百姓贷款者，经有关部门认证（是否贫困而符合贷款条件）后而授之款，并以本地的特产为息，如本地以丝为主，则以丝为息。赊贷的利息收入是国家财政的重要来源之一，年末时要进行会计处理，而将其盈余部分纳入国库。

综合训练

关键概念

贡纳　贡法　助法　彻法　量入为出

复习思考题

1.试述夏商西周时期的财政特征。

2.试析西周时期财政支出的原则。

即测即评 1

综合训练参考答案 1

第二章 春秋战国时期的财政

精研深探
2-1

周幽王的
简介

公元前771年，昏庸无道的周幽王被申侯勾结犬戎部落所杀，众诸侯拥立太子宜臼（jiù）即位，是为周平王。次年，周平王将都城东迁至洛邑，史称东周。东周自周平王东迁，至周赧（nǎn）王之亡，共传25王（前770—前256年）。这时，周王虽名义上是天下共主，但实际上王权衰落，无法号令诸侯。东周时期又分为春秋和战国两个阶段。春秋时期（前770—前476年），凡295年，是中国奴隶制度走向崩溃的时期；战国时期（前475—前221年），凡255年，是中国封建制度初步建立，并由诸侯割据走向国家统一的时期。

第一节
春秋战国时期的政治经济概况

一、政治上的大动荡

平王东迁以后，代表奴隶主势力的周天子，固守奴隶制度的礼教，不进行政治、经济方面的改革，致使国势日渐衰落。正当周天子的势力日益削弱的时候，各大诸侯国则通过经济政治的改革，逐渐强盛起来，他们不仅不接受周天子的号令，反而趁周天子衰落之机，蚕食周天子的土地。在国失重地、军无劲旅的情况下，政治上的尊卑界限自然也就被打破了。诸侯纷纷僭越周礼，按照天子的规格举办礼乐。从出土的青铜器来看，诸侯国所制器物的数量、质量都超过了王室。一些大的诸侯国，为了获得周天子过去享受的政治特权而展开了争当霸主的角逐。其中强者就成为霸主。这个霸主往往打着"尊王攘夷"的旗帜，挟天子以令诸侯，对不服从霸主指挥的，则出兵讨伐。

在弱肉强食的兼并战争中，奴隶制度逐渐瓦解，新兴封建势力不断加强，与此同时，一个个小国逐步被大国吞并，据《通典》统计，武王灭商时有国 3 000（周有 1 773 国，灭商时得国 1 300 国，合计为 3 073 国，但这些国并不都是可以称其为国的，大多数只不过是一个部落），后经诸侯之间的兼并，尚存 1 200 余国。而据顾栋高《春秋大事年表》中之《列国爵姓及存灭表》所述，春秋初年，诸侯国有 209 个，到春秋后期，只剩下齐、楚、秦、燕、韩、赵、魏这 7 个大国和 18 个小国，中国社会进入了战国时代。

进入战国时期，政治形势最重要的变化是诸侯国内部卿大夫的势力逐渐发展起来，著名的如鲁国的三桓、齐国的田氏、晋国的六卿。他们利用自己的经济实力，控制和瓜分公室，并互相争斗，以扩充领地。晋国的六卿争斗到最后，剩下韩、魏、赵三家。周安王十一年（前391年），田氏废除了齐康公，自立为国君。

三晋和田氏的胜利，宣布了强者生存、弱者淘汰的残酷政治法则。于是，以魏文侯（前472—前396年）任用李悝进行改革为起点，各国争相进行以富国强兵为目标的变法运动，楚悼王二十年（前382年）任用吴起进行变法，秦孝公任用商鞅进行变法等。变法的核心是将劳动者固着到土地上，以增加国家的财政收入，进而富国强兵。各国政治上的变法，进一步催发了百花齐放、百家争鸣的局面。一些政治家、思想家、改革家纷纷发表自己的政治主张，其中有支持变革者，也有反对变革者，意识形态领域的斗争十分激烈。以墨子为代表的墨家，以韩非子为代表的法家，以老子、庄子为代表的道家，以孟子为代表的儒家等，将春秋时期形成的百花齐放、百家争鸣的学术氛围发展到了一个新的阶段。

精研深探
2-2

墨子、韩非子、老子、庄子、孟子的简介

社会经济的发展，工农业产品的丰富，使统治者对物质享受的贪欲急剧膨胀，统治者为了满足自己的贪欲，必然要扩大对被统治者的剥削。增加剥削量最直接的办法是掠夺更多的土地，而掠夺土地最便捷的途径就是战争，所以战国时期战争次数愈来愈多，战争规模愈打愈大。据统计，从周元王元年（前475年）至秦王嬴政二十六年（前221年）的255年中，有大小战争230次。战争打起来，双方动辄出动几万至几十万人。在诸侯混战中，中国境内由春秋末年的10多个国家，到战国初期仅剩下7个较大的国家，即燕、韩、齐、楚、赵、魏、秦。自公元前230年至前221年，嬴政以摧枯拉朽之势，横扫六国旧势力，灭掉六国，终于建立了中国历史上第一个统一的多民族的中央集权的国家，历史翻开了新的一页。

二、经济的大发展

春秋时期，社会生产力发展的重要标志是铁器和牛耕的使用。铁器和牛耕为开垦荒地和兴修水利提供了有力的生产工具，也为一家一户小农经济的形成提供了物质条件。由于剩余产品增多，土地对人们产生了极大的吸引力。中下层奴隶主贵族已经不能满足于周天子或上级贵族分配给他们的井田，于是他们驱使奴隶和平民，大规模地开垦荒地，并据为己有。最初，这些私田不受王室和诸侯的干预，也不纳税，因而发展迅速。而此时，井田制下的生产状况却十分不佳。由于剥削残酷，奴隶们消极怠工，或结伙逃亡，同时井田之外的私田也吸引大批平民设法逃脱助彻剥削。《诗经》上说"无田甫田，维莠①骄骄"。"甫田"就是公田，"维莠骄骄"则是形容野草丛生的样子。可见，井田制已成为生产力发展的桎梏了。贵族们除招徕劳动力开发私田外，还采用各种手段侵吞公田。当时争田事件不断发生，例如，周天子与诸侯争田，诸侯之间争田，诸侯同卿大夫争田，卿大夫之间也争夺土地。在相互争夺的过程中，土地买卖的限制被冲破了，甚至某些边远地区出现了"土可贾焉"的现象。这标志着井田制已开始动摇。井田制是中国奴隶社会占主导地位的土地分配制度，是奴隶制度的经济基础，而春秋时期出现的私田，则是与奴隶制完全不兼容的封建制的萌芽。私田的急剧增加，公田的逐步丧失，奴隶平民的大量逃亡，土地买卖的出现，这一切必然导致井田制的彻底崩溃。

在这个过程中，封建土地私有制逐步形成。随着旧的奴隶制生产关系被破坏，新的封建制生产关系应运而生。一些中下层奴隶主贵族为了吸引劳动力，将土地租给逃亡的奴隶、平民耕种，如《逸周书》载："分地薄敛，农民归之。"这种剥削方式，出租土地者已不再是奴隶主，而是封建地主；租种土地者也不同于过去的奴隶平民，而是农民。由于后者依附隐蔽于前者门下，故被称为"隐民"或"私属徒"。与此同时，还出现相当数量的自耕农和"卖庸而播耕者"（《韩非子·外储说左上第三十二》）的雇农。劳动者身份的改变，标志着封建制生产关系的出现，并将成为社会生产力发展的决定因素。

在农业生产关系变化的同时，工商业部门也发生了深刻的变革。"工商食官"的格局被打破，私营手工业和商业开始出现。历史上"弦高犒秦师"的故事可以用来说明商人在当时政治经济生活中所起的重要作用。

战国时期，在兼并与反兼并的斗争中，各国进行了更深刻的社会改革与经济改革，从而促使社会经济很快呈现出繁荣的景象，特别是农业生产，发展得更为显著。在普遍大量地使用铁制农具和牛耕、马耕外，水利工程也兴办起来。水利工程的兴建，耕作方法的改进，使战国时期的农业劳动生产率提高了很多。随着农业生产的发展，手工业和商业的发展水平也有了进一步提高。在冶铸业中，铁器代替了铜器的地位。铜器主要用于礼器和乐器，以及贵族生活用品，铁器除用于乐器外，还广泛用于各生产部门。

在社会生产迅速发展的基础上，物质交换有了新的突破，商品货币关系也活跃起来。战国初年，大商人白圭就主要是靠经营粮食和手工业商品起家的。他囤积货物，购进售出，进行中间盘剥，发了大财。吕不韦也是大商人出身，因为在赵都邯郸经商，认识了在赵国为质的秦公子子楚，后来子楚为秦庄襄王，吕不韦因之成为秦国的丞相。

商品交换的发展对货币提出了新的需求，而货币的发展反过来又促进了工商业的分工和发展。战国时代，商人不仅在经济上成为生产者与消费者之间重要的中间环节，而且他们还积极参与政治活动，换言之，商人在垄断市场、操纵物价的同时，也在驾驭政治。

工商业的繁荣发展，促成了都市的繁荣壮大，周的洛阳、魏的大梁（今河南开封）、

---

① 读"yǒu"。

韩的阳翟（河南禹州）、齐的临淄（山东淄博的临淄）、赵的邯郸（河北邯郸）、郑的陶（山东菏泽的定陶）、卫的濮阳（河南濮阳）、楚的郢（湖北荆州）、燕的蓟（北京）等城市，既是政治中心，又是有名的商业都市。以前是"四海之内分为万国，城虽大无过三百丈者，人虽众无过三千家者"，到了战国时，则"千丈之城、万家之邑相望也"（《战国策·赵三》）。这说明当时的都市十分繁盛。战国时，人口大有增加，人口合计约2 000万人。

总之，农、工、商各业的发展，人口的增殖，促进了封建经济的繁荣。

三、科技文化的大飞跃

进入春秋战国时期，中华文明也进入了一个崭新的时代。这期间，中国的文字有了很大的进步，自传说黄帝的史官仓颉造字以来，至西周时期，中国文字一直是刻于甲骨，铸于铜鼎，所以文字的流传、推广十分困难，因而，夏朝至西周的一些思想、典章制度大都是口头流传。至春秋战国时期，中国的文字，不仅限于契刻与陶铸，而且可以直接书写在竹简与丝帛之上，这就方便了人们思想的书面交流，也有利于文化教育的发展，所以春秋以后的各种思想、典章制度便由口头流传转变为竹简传承。而且在此之前的一些口头流传的思想、典章制度，也由人们逐渐整理记录了下来，如《周礼》《尚书》《礼记》《诗经》《周易》等，都是自此以后陆续整理记录流传下来的。这时的教育也进入了"古典"时代，产生了私学和专门从事教育工作的教师群体，一大批对后世影响深远的教育家如群星灿烂，各家学派教育思想竞相争辉。不仅《论语》《礼记》等典籍记载了大量的教育资料，而且还出现了像《大学》之类的教育专著。这些教育专著是对春秋战国时期丰富的教育经验和教育思想的总结，成为世界上最早出现的自成体系的教育学著作，奠定了中国传统教育的理论基础，并诞生了孔子、管仲、老子等伟大的思想家。春秋以来，天文、历法、数学及医学等科技领域也取得了许多新成就。所以，春秋战国时期，不仅是中国政治经济发生巨大变化的时期，也是中国文化教育、科学技术的大飞跃时期。

精研深探
2-4

孔子的简介

精研深探
2-5

视频：《典
籍里的中国》
年过半百，
孔子为推行
"仁政德治"
周游列国
（片段）

第二节

春秋时期的财政改革

春秋时期，在诸侯争霸中，各国为了不被兼并，并能取得霸主地位，适应政治、经济的变化情况，竞相进行了财政改革。财政改革使一些国家获得了充足的财力和兵源，巩固了自己的政权，甚至成为春秋霸主。但改革另一方面也打破了奴隶制的堤防，加速了它的瓦解，催生了封建制的出现。

一、齐国的财政改革

齐国的祖先是周文王的谋臣姜尚，姜尚因助周灭商有功被封为齐侯，同时周统治者赐予齐国一种特权——可以讨伐有罪的诸侯，凭借这项特权，齐国在西周时期已发展成为东方的大国。

春秋初期，齐国开始衰落，至齐襄公时，国内公室腐败，贵族争权，百姓税负沉重。齐襄公被杀后，国内大乱。前685年，齐桓公即位，任用管仲为相，对齐国的政治、经济、军事、财政等进行改革，国力日盛，成为春秋时期的第一霸主。齐国的财政改革主要集中在以下几方面：

1.土地制度的改革

土地是财政收入的基础。管仲对土地制度的改革，主要采取两方面的措施：一是陆、阜、陵、瑾、井、田、畴均。即无论什么类型的土地，沃土、肥地、山地、道路、水井、谷地、麻田，都要实行均田。这是齐国对旧土地制度进行整顿，使农民占有均平，不致抱怨。二是实行相地而衰征的办法。这是赋税制度与土地制度相结合的改革，前提是"相地"，即无论原有井田还是新垦成私有土地，都根据其地貌、土质、肥瘠等状况，定出土地等级。在此基础上，实行差别递减征税。相地而衰征等于承认了新垦私田的合法性，有利于稳定百姓情绪，避免百姓流散。总之，齐国在各诸侯国中率先进行了土地制度的改革，从而调动了百姓开垦土地和从事农业生产的积极性，这为齐国成为春秋时期的第一霸主奠定了物质基础。

2.行政管理制度的改革

行政管理制度与土地制度、财政制度都有着紧密的联系。土地制度有利于将百姓固着在土地上从事生产劳动，行政管理制度则有利于对百姓进行规范、约束，以便于统治与管理。在井田制度下，八家为一井，以井为单位进行行政管理，面对私田越来越多的情况，应如何加强行政管理？管仲为齐桓公提出的对策就是："参其国而伍其鄙，定民之居，成民之事"（《国语·齐语》），实际上就是如何管理百姓的行政管理制度。

"参其国而伍其鄙"，就是将都城内的居民划分为3个部分，将乡间划分为5个部分进行管理。"定民之居"，就是对百姓实行军事编制，在都城之内和乡间，分别实行不同的建制。"成民之事"，就是不要使士、农、工、商这"四民"杂居共处，而是各有各的居住区域，即"昔圣王之处士也，使就闲燕；处工，就官府；处商，就市井；处农，就田野"（《国语·齐语》）。

齐国对行政管理制度的改革，可以说是一举多得。通过使从事同一行业的人们集中居住，同类人员互相学习，从而提高生产技术；同一行业的人在一起共事，这些人就不会相互蛊惑；通过兵农合一，农战结合，使国泰民安，而且有利于形成社会公德，使人们"祭祀同福，死丧同恤，祸灾共之……世同居，少同游……居同乐，行同和，死同哀"。当然，这也有利于赋役的征收和管理。

3.赋役制度的改革

（1）对私田征税制度的改革。在井田制还存在的情况下，面对越来越多的私田，若按"彻法"征收1/10的税，会造成农民的赋税负担畸轻畸重，并进而导致百姓流离失所，甚至出现非正常死亡的惨痛局面，而不征税，又使国家的财政收入流失。为了减轻百姓的赋税负担，又保证国家赋税不流失，在管仲的倡议下，实行了"相地而衰征"的办法，即按土地的肥瘠程度分等征税。

（2）征发徭役，无夺农时。就是要讲究征发徭役的时间，不要因征发徭役而使百姓误了农时。不误农时，则百姓才会富裕。

（3）实行轻赋税。这里的轻赋税，包括土地税和工商税收。比如，桓公在位期间，对关税，五十而取一，后又百取一。对市税，百取二。并一度"关市几而不征"，即指设官管理并不征税。对田赋，则"案田而税"，即按照土壤的肥瘠程度征税，并且"岁饥不税"，征税时，"田租百取五"（《管子·幼官第八》）。这些税率在当时都是相当轻的。

（4）实行盐铁等物资的官营。春秋时期，"工商食官"的局面已经被打破，私人经商的现象已十分普遍。私商不仅经营农副产品，而且经营盐、铁及各类手工业产品。齐国首先实行了对盐、铁、粮食、山林川泽等物资的垄断（即专卖），通过国家管理，可以增加国家的财政收入，同时减轻百姓的赋役负担，从而达到富国强兵的目的。史载，桓公问："吾何以为国？"管子说："唯官山海为可耳。"即实行盐铁专卖政策。这是因为盐是每人必食的，铁是每家必用的，如果经营得法，国家就可不必向百姓征税，自可满足财政需要。

4.改革官俸制度

齐国对官员的俸禄，"以其所绩者食之"，即按照官员劳绩的多少来定俸禄的等级，同时，取消分田制禄的办法，实行"赋禄以粟"，即官员的俸禄以实物"粟"来发放。这是一次重要的变革，实际上起到了破坏井田制和世卿世禄制的作用。

二、晋国的财政改革

晋国是周武王之子、成王之弟虞的封国，侯爵，是春秋五霸之一，也是称霸时间最长的国家。晋国从晋献公时开始崛起，在晋惠公、惠文公时期曾着手整顿政事，进行改革，并取得了显著的成绩。财政改革措施主要有：

1.土地制度与军事制度的改革

（1）作爰田，实行土地私有

据《春秋左传·僖公》载，鲁僖公十五年（亦即晋惠公六年，前645年），晋惠公与秦交战，被俘，为取得晋国民众的支持，"晋于是乎作爰田"。所谓"爰田"就是将公田赏给群臣，于是，公田变成了私田，等于承认土地私有，这无疑是土地制度的一次改革。人们得到了土地，积极性被调动起来，这不仅有利于农业生产，也有利于增加财政收入和扩充军力。

（2）作州兵，废除按田征兵役之制

晋国"作爰田"是为了富国，而"作州兵"则是为了强兵。据《国语》载："众皆说，焉作州兵。"（《国语·晋语三》）《春秋左传·僖公》载："晋于是乎作州兵。"这两段话的意思是一样的，即：在与秦的战争中，军卒损失严重，应该大量补充兵源，辅佐新君。群臣都赞同，于是按州出兵役。

2.赋税制度的改革

据《国语》载,晋文公即位之初(前636年)整顿国政是从以下几方面着手的①:一是对官吏按功劳的大小而任职;二是放弃百姓所欠旧债,并实行轻税政策,以减轻百姓的赋役负担;三是实行德政,开放过去禁止百姓进入的场所(山林川泽等地),将财富分给穷苦百姓;四是救济贫困的百姓,疏通阻滞的流通渠道,救助贫困,资助没有资产的人;五是轻征关税,修整道路以便于流通商贾,宽待百姓;六是发展农业,鼓励百姓从事农业生产,同时国家也要节省财政支出,以充足国库;七是规定了各阶层俸禄的来源。通过这些改革,晋国才重新振兴,并一度雄霸华夏。

3.俸禄制度的改革

晋文公即位之初,就曾对俸禄制度进行过一系列改革,他规定:"公食贡。大夫食邑,士食田,庶人食力,工商食官,皂隶食职,官宰食加。"(《国语·晋语四》)公这一级的俸禄就是"贡",大夫这一级以食邑代俸,士这一级则分给一定数量的土地以为俸禄,一般平民凭自身的劳动给俸禄,从事工商业生产的人由官府给俸,皂隶这些人员按其职位的高低由官府给俸禄,官宰是大夫的家臣,由大夫给土地作为俸禄。这样就确立了按职务的高低给俸禄的原则。此后,对俸禄制度又做了进一步的改革,按功给爵,按爵给禄,实行均禄。由此可见,晋国经过多次改革,已经开始按照官员功绩的大小给爵与禄了。

三、鲁国的财政改革

鲁国是周武王的弟弟周公之子伯禽的封国,从西周至春秋初一直是诸侯中的大国。春秋时期,鲁国宗族势力强大,卿大夫执政、公室衰微,内乱不休、战争不断,财政开支不断增加。为满足财政需要,鲁国在宣公、成公、哀公时期,根据农业劳动生产率不断提高、私田大量垦辟的情况,都曾对财政进行过力度较大的改革。

1.初税亩

为了使鲁国尽快强盛起来,鲁宣公十五年(前594年),对土地制度和征税制度进行了改革。据《春秋公羊传·宣公·十五年》载:"初税亩。初者何?始也。税亩者何?履亩而税也。"所谓初税亩就是第一次按田亩的多少征税。按田亩的多少征税的前提,必须是土地的私有,不实行土地的私有制,就无法按田亩的多少征税。所以实行"初税亩"实际上包含了两种制度的改革:其一是土地制度的改革。废除了公田制下的井田制,而承认土地私有,实行土地的私有制。其二是征税制度的改革。原先是按井田实行彻法或贡法,现在改为按土地的多少征税。

2.作丘甲

鲁成公元年(前590年)三月,为预防齐国的进攻,将《周礼》规定的按丘中民夫数

---

① 一是吏治方面的改革;二、三、四是对田赋的改革,即轻田赋政策;五是对商税的改革;六是重农节财的国策;七是俸禄制度的改革。

量征收军赋的制度，改为按丘中的土地数量分摊军赋的制度——作丘甲①。作丘甲，即丘中之民，按耕种土地的面积分摊军赋。作丘甲的改革是与初税亩相配套的一项改革措施。

3. 用田赋

用田赋即按田征收军赋，这是对作丘甲制度的进一步改革。事情发生在鲁哀公十一年（前484年）末。据《国语·鲁语下》载："季康子欲以田赋，使冉有访诸仲尼。"②这就是说，它将作丘甲制度按丘中的土地均摊军赋进一步改革为完全按田征收的制度。这项改革同样受到孔子的批评和讥讽。

四、楚国的财政改革

楚国是三苗人在长江中下游建立起的一个国家，当时楚处于荆蛮荒野之地，楚王带领百姓"筚路蓝缕，以启山林"（《春秋左传·宣公》），国势日盛。进入春秋时代，楚国坚持开放进取，革故鼎新，熊通自称"楚武王"，成为继齐、晋之后又一称霸中原的霸主。

楚国突出的财政变革就是实行量入修赋制度。楚康王十二年（前548年），蒍（wěi）掩任楚司马，当时的令尹子木命他治理赋税。于是，他就采用各种方法丈量土地，测度山林川泽之数，勘察地形地貌，了解土地的肥瘠情况，实行以土地收入的多少而征收车、马、兵卒、甲盾等军赋。诚如《春秋左传》所载："楚蒍掩为司马，子木使庀③赋，数甲兵。甲午，蒍掩书土田，度山林，鸠薮泽，辨京陵，表淳卤，数疆潦，规偃猪，町原防，牧隰④皋，井衍沃，量入修赋。赋车籍马，赋车兵、徒卒、甲楯之数。"（《春秋左传·襄公》）其中的"量入修赋"蕴涵着两重意思：其一，土地无疑已经私有化了，否则不会根据土地收入的多少而征赋；其二，征收制度改革了，实行的不是彻法，也不是按丘中之夫征收军赋，而是按收入的多少而征赋。这时的"入"，应该既包括土地上收入的农产品，也包括山林川泽的收入。

五、郑国的财政改革

郑国是周宣王之弟姬友的封国。在春秋之初，郑国虽然曾因是周王室的嫡亲，又是朝廷命官而着实辉煌了一段时间，但始终未能成为春秋的霸主。郑厉公时，国内大乱，从此国势日渐衰落。简公时，郑国任用子产为相执政，铸造刑鼎，发展经济，救助百姓，因而郑国重新富强。具体的财政改革有以下诸项：

1. 为田洫

为田洫就是兴修水利，重新划分土地疆界。在郑简公三年冬（前563年），五家旧贵族率盗攻杀郑卿子驷，原因就是子驷曾经兴修水利，重划土地的疆界，致使这五家旧贵族丧失了世袭的土地。《春秋左传·襄公》记述了这件事："初，子驷为田洫。"这显然是土

---

① 《春秋左传·成公》载：鲁成公元年（前590年）三月，【经】作丘甲。【传】为齐难故，作丘甲。
② 《春秋左传·哀公》也有这样的记载："季孙欲以田赋，使冉有访诸仲尼。仲尼曰：'丘不识也。'三发，卒曰：'子为国老，待子而行，若之何子之不言也？'仲尼不对。而私于冉有曰：'君子之行也，度于礼，施取其厚，事举其中，敛从其薄。如是则以丘亦足矣。若不度于礼，而贪冒无厌，则虽以田赋，将又不足。且子季孙若欲行而法，则周公之典在。若欲苟而行，又何访焉？'弗听。"
③ 庀（pǐ），治理之意。
④ 读"xí"。

地制度的一次改革，子驷也因这次改革而付出了性命。郑简公二十三年（前543年），子产为卿，主持国政，进一步改革。这次改革，严格规定了城乡车乘服饰的等级，进一步兴修水利和划分土地疆界，并且实行九夫为井、五家联保的制度；对公卿大夫为国尽忠、为公廉洁者给予官爵，对奢侈浪费者处以死刑；不将土地随意赏给无功之人。这次改革虽然开始受到一些人的攻击，三年以后，就得到了人们的理解和赞许。对此，《春秋左传·襄公》记载道："子产使都鄙有章，上下有服，田有封洫，庐井有伍。大人之忠俭者，从而与之。泰侈者，因而毙之。"

2. 作丘赋

公元前538年，郑国效仿鲁国作丘甲的办法作丘赋，就是按丘中的土地征军赋，而不是按夫征军赋。《春秋左传》载："郑子产作丘赋。国人谤之……子宽以告。子产曰：'何害？苟利社稷，死生以之。'"（《春秋左传·昭公》）这里反映了子产不惧众人的咒骂，只要于国有利，就坚持到底的决心。

在春秋时期，不仅上述这些诸侯国进行了财政改革，其他一些诸侯国也进行了程度不同的改革，如吴、越、陈等，兹不一一引述。

第三节

战国时期的财政改革

战国时期的财政改革主要集中于废除井田制、分封食邑制、世卿世禄制等奴隶制残余，建立和完善新兴地主阶级的土地私有制、按军功授予爵位以及各项封建性的财政规章制度。

一、魏国的财政改革

魏国是在三家分晋时新独立出来的诸侯国，实行中央集权制，并确立宰相制度。魏文侯（前472—前396年）用李悝、翟璜、吴起、乐羊、西门豹等进行改革，富国强兵，抑制赵国，灭掉中山，连败秦、齐、楚诸国，开拓大片疆土，使魏国一跃成为中原的霸主，并在武侯时使魏国达到鼎盛。其中，李悝在魏文侯四十一年（前405年）所进行的财政改革，不仅促进了封建经济的发展，对后世的影响也很大。

魏国的财政改革主要集中在以下几个方面：

1. 废除世卿世禄制

自春秋以来，世卿世禄制就已经受到了冲击，魏文侯执政后，为了笼络新兴的地主阶级，进一步改革俸禄制度。其基本政策，一是实行"食有劳而禄有功"原则，即按功劳来定俸禄等级制度，而不再实行分田制禄的世袭办法；二是采取"夺淫民之禄以来四方之士"（《说苑·政理》）措施，即将那些饱食终日、养尊处优的"淫民"（即旧奴隶主贵族）之禄予以取消，并用节省下来的费用吸引各地的有用人才。这种官俸制度极大地调动了新兴地主阶级的积极性，大批地主阶级的知识分子投奔魏国，著名的军事家吴起就是在此时来到了魏国并得到了重用，为魏国的富国强兵做出了巨大贡献。

2.推行"尽地力之教"

李悝为了使魏国实现富国强兵的目的，推行了"尽地力之教"。李悝根据测算，认为魏国现有的耕地并不多，"为田六百万亩，治田勤谨则亩益三升①，不勤则损亦如之"，即对现有耕地，如果讲究耕种方法，勤奋耕作，每亩会在标准产量1石5斗的基础上增产3斗，反之，减产也是如此，结果"地方百里之增减，辄为粟百八十万石矣"（《汉书·食货志第四》）。为此，他提出具体的要求：（1）"必杂五种，以备灾害"，即每个农夫在自己占有的百亩土地上应兼种各类作物，以防单一种植遇到天灾时无法补救；（2）"力耕数耘，收获如寇盗之至"，就是要用力耕地，及时锄草，迅速收获，以防天灾造成损失；（3）"还②庐树桑，菜茹有畦，瓜瓠③、果蓏④，殖于疆场⑤"，就是充分利用房前屋后、菜园、田埂地头等一切零星空地，植树种桑、种植蔬菜、种瓜种果，扩大副业生产。总之，"尽地力之教"的目的，就在于劝导农民积极从事农业生产，讲究生产方法，提高劳动生产率，增加农作物产量，使财政收入有充实的基础。否则，富国强兵就无从谈起。

3.实行"平籴之法"

所谓平籴之法，是国家出资建立的一种平抑粮食价格的措施，其目的在于通过稳定粮食价格，防止商人垄断粮食价格而导致粮价暴涨暴跌，避免造成"籴甚贵伤民，甚贱伤农。民伤则离散，农伤则国贫"（《汉书·食货志第四》）的社会问题，进而稳定社会秩序，巩固国家政权。李悝在魏国实施的具体办法是：依据丰年粮贱、灾年粮贵的规律，在上熟之年（大丰年），国家以平价收购农民生产粮食总数的3/4，中熟之年（中丰年）收购2/3，下熟（小丰年）之年收购1/2。另一方面，国家在小饥之年（小荒年）按下熟之年的收购数额以平价销售，中饥之年（中荒年）按中熟之年的收购数额以平价销售，大饥之年（大荒年）按大熟之年的收购数额平价销售。这一做法，稳定了魏国的农业生产，巩固了封建统治的经济基础，并使国家掌握了调控经济的权力，同时，也促进了魏国社会秩序的稳定，有利于魏国的强盛。这一措施，也是后来历代王朝推行平准、常平仓等经济措施的滥觞。

4.改革兵役制度，创立武卒制

进入战国以后，各国为建立强大的军事力量，都在兵役制度方面进行了改革，但基本形式，仍然是沿用春秋时代兵农合一（或称寓兵于农）的征兵办法，即按井田制下的一井或一丘征兵役。魏国在魏文侯时，对这一传统制度进行了彻底的改革。当时，吴起受到魏

① 应为3斗。
② 即"环"。
③ 读"hù"。
④ 读"luǒ"。
⑤ 读"yì"。

文侯的重用，为提高军队的战斗力，将征兵制改革为募兵制，实行兵农分离，即武卒制。在武卒建设中采取精兵原则，考取武卒的条件很严苛。要求武卒能衣三属之甲，操十二石之弩，负服矢五十个，置戈其上，冠胄带剑，赢三日之粮，日中而趋百里。到达战场后，武卒能立即投入战斗。武卒还要具备高超的格斗技能。国家对入选的武卒给予很高的物质待遇，免除武卒全家的徭役和田宅税。武卒可凭军功获取更高的爵位，享受更好的待遇。魏国的武卒建设非常成功，逐渐地演变成为魏国的建军制度和军功贵族制度。武卒军队的经费来源于魏国池盐外销的盐利收入。

二、楚国的财政改革

精研深探
2-10

吴起的简介

战国初期，楚惠王实行了安邦定国、伺机发展的方针，在对外争夺中，取得了重大的进展。公元前432年，楚惠王卒，但国威不减，成为战国七雄之一。然而，由于楚国旧的奴隶主贵族势力重新抬头，社会矛盾日益加深与激化。当公元前401年楚悼王即位后，楚国在楚悼王的支持下，任用吴起进行变革，使楚国再一次得到振兴。

1.精减官吏，废除世卿世禄制

吴起为相，改革的重点就是废除世卿世禄制度。据载："吴起为楚减爵禄之令。"（《淮南子·泰族训》）又载：吴起"均楚国之爵而平其禄，损其有余而继其不足。"（《说苑·指武》）首先，对无功劳的贵族及其后代，降低其爵、削减其禄，将节省下来的财物，用于增加立有军功和其他有功人员的爵禄，以解决分配不公的矛盾，提高将士和新兴封建势力的积极性。其次，废除贵族世卿世禄制，"使封君之子孙三世而收爵禄"（《韩非子·和氏第十三》），这样一来，既削弱了封君的势力，解决了"封君太众"的问题，又能够"废公族疏远者，以抚养战斗之士。"（《史记·孙子吴起列传第五》），即将节省下来的物资供养士卒，取得了一举两得的效果。这是财政支出结构的一大变化。

2.整顿吏治，减汰冗官

《史记》载："楚悼王素闻起贤，至则相楚。明法审令，捐不急之官。"（《史记·孙子吴起列传第五》）《战国策》载："罢无能，废无用，损不急之官。"即裁减冗官，选贤任能，罢除无能无用之辈。在减汰冗官的同时，进一步整顿吏治。《战国策》说："塞私门之请，壹楚国之俗。"杜绝权门请托之风，廓清吏治。并要做到"使私不害公，谗不蔽忠，言不取苟合，行不取苟容，行义不固毁誉"（《战国策·秦三》），就是要求官吏公私分明，言行端正，不计较个人得失，立志为新兴政权效力。这项改革固然有利于提高官吏的素质，实现政治清明，而裁汰冗员本身也有利于节省不必要的财政支出，显然，这同样也是财政支出结构的一大变化。

3.徙贵族于边境，以实广虚之地

为了进一步在政治、经济上继续剥夺旧贵族的特权，改变原来贵族把人口集中在地少人多地区的局面，有助于对荒蛮的边境地区的开发，促进楚国社会经济的发展，又将一部分贵族迁徙到边疆地区。据《吕氏春秋》载，吴起对楚悼王说："荆所有馀者，地也；所不足者，民也。今君王以所不足益所有馀，臣不得而为也。"楚悼王果断地支持吴起，"於

是令贵人往实广虚之地"（《吕氏春秋·开春论第一·贵卒》）。这一做法在削弱旧贵族的特权及势力的同时，也有利于楚国拓疆扩土，促进楚国经济的发展，增加财源。

三、秦国的财政改革

秦国原是西北羌戎的一个小国，在战国初年，秦国在政治、经济、文化等各个方面都很落后，受到东方各国的鄙视，不能参加东方诸国的会盟，还经常遭到魏国的军事打击。同时，国内旧贵族势力很大，国内矛盾尖锐，社会不稳定。迫于自强图存的需要，必须进行改革。秦国的改革，始于秦简公七年（前408年）实行的"初租禾"，即不分公田私田，一律征收土地税，承认私田存在的事实。这次改革虽然促进了秦国的经济发展，提高了新兴封建势力的政治地位，但经济实力依然有限，守旧势力仍很强大。公元前384年，秦献公当政后即着手进行政治改革。公元前361年，秦孝公即位，他励精图治，广募贤能之才，商鞅应召入秦，他建议秦孝公要顺应形势推进改革，富国强兵，成就霸业。秦孝公接受了商鞅的建议，任其为左庶长，实施变法。首次变法是在秦孝公三年（前359年），虽有成效，但受到很大阻挠。秦孝公十二年（前350年），秦将国都由雍迁到咸阳，进行第二次变法。商鞅的变法取得了很大的成功，秦很快富强起来，并奠定了统一中国的物质基础。

商鞅变法中有关秦国的财政改革措施主要有如下内容：

1.废井田，开阡陌，募民耕垦

秦简公虽然实行了"初租禾"，但井田制的残余仍然存在，而且残存的井田数量可能还很可观。而对井田又不能实行"初租禾"，无法调动百姓耕种井田的生产积极性，人们都去耕种私田。鉴于这种情况，商鞅在秦孝公的支持下，打破疆界，废除井田，开决阡陌，教民耕战，对土地任其所耕，不限多少，允许土地买卖。而且，还采取优惠政策，招募百姓入秦垦耕。比如，"诱三晋之人，利其田宅，复三代无知兵事"（《通典·食货典·食货一》），即对从三晋地区来的百姓国家给土地、盖房屋，免除三代的兵役；再如，"秦四境之内，陵阪丘隰不起十年征"（《商君书·徕民第十五》），即对百姓开垦秦国境内的山坡和洼地，十年不征赋税等。可见，秦孝公时彻底废除了井田制的残余，全面推行了土地私有制。

此外，秦还实行了辕田制，就是将土地分配给百姓，以供轮作，其实质上是废除井田制之后的一种土地分配制度。

2.实行中央集权的郡县制

秦国在商鞅变法前仍实行分封制。这种旧的体制造成国家财权不统一，中央无法统一调度财力。为了集中财力，富国强兵，秦孝公采纳商鞅的建议，破除旧的分封食邑制，建立中央集权制，由国家分设郡县，各郡县的财政统一于君主。这一改革改变了从前分散的财政体制，实行了崭新的中央统收统支的财政体制。据载，秦孝公十二年"并诸小乡聚，集为大县，县一令，四十一县"（《史记·秦本纪第五》）。又载："集小乡邑聚为县，置令、丞，凡三十一县"（《史记·商君列传第八》），到底是并为41县还是31县，无关紧要，但足以证明这时已开始了中央集权的郡县制。这是一次重要的行政管理体制的变革，同时也是一次重要的财政管理变革，为秦汉之后中央集权的财政体制奠定了基础。

对乡邑百姓实行"令民为什伍，而相牧司连坐"（《史记·商君列传第八》），即五家为一伍，十家为一什，互相监督，如一家犯法，什伍连坐，从而建立了基层管理组织。

3.废除世卿世禄制，奖励军功

为了激励人们为国建功立业，秦孝公采纳了商鞅的建议，按军功给予爵禄，"宗室非有军功论，不得为属籍"，并且"明尊卑爵秩等级，各以差次名田宅，臣妾衣服以家次。有功者显荣，无功者虽富无所芬华"（《史记·商君列传第八》）。即明确规定尊卑爵禄的等级，按等级享有土地、房宅，按家庭的地位配备奴婢、服饰，有军功者享受荣耀，无军功者即使富有也不值得尊崇。这就确立了一种激励机制，并且剥夺了旧贵族一直享有的世袭特权。为了按军功给予俸禄，国家统一制定了俸禄标准，规定为二十级①，武官以军功为依据，文官以交纳农产品的多少为依据。"有军功者，各以率受上爵"（《史记·商君列传第八》），"能得甲首一者，赏爵一级，益田一顷，益宅九亩。级除②庶子③一人"（《商君书·境内第十九》）。俸禄制度的改革，无疑极大地调动了人们为国立功的积极性，秦国的富强与此项制度的实施有着极大的关系。

4.实行重农抑商政策

战国后期，秦国的商业有了较大的发展。但是商人的趋利之心、懒惰之性，严重地阻碍着社会经济的发展，而在战争不断、灾荒频繁的时代，发展农业又十分重要。为了鼓励农业生产，抑制商业的过快发展，实现奖励耕战、富国强兵的发展战略（即"农战"），所以秦国实行了"不农之征必多，市利之租必重"（《商君书·外内第二十二》）的政策，只有"重关市之赋，则农恶商"（《商君书·垦令第二》），才能把人们固着在土地上，安心从事农业生产。所以重征商税，实质是重农抑商，督促人们务农。并用税赋减免手段，促进百姓努力耕织，规定"僇力本业，耕织致粟帛多者复其身。事末利及怠而贫者，举以为收孥④"（《史记·商君列传第八》）。即是说，努力从事耕织、向国家交纳粮帛数量多的人可免除徭役，而从事工商末业及懒惰致贫的人要连同妻儿一并没为官奴。

5.重嗜好品之征

对酒、肉要重其租而倍其税，"贵酒肉之价，重其租，令十倍其朴"（《商君书·垦令第二》），从此，中国第一次出现酒肉之课。秦国开征酒肉之课，大体有3个原因：一是重征酒肉之课，会因为税重而减少商人的数量（"商贾少"），而增加农民的数量，从而促进土地的开垦。二是农民因酒肉价格太贵，不能食用，而不食酒肉的农民，精神就不会涣散（"农不能喜酣奭"，奭，音 shì，消散貌），农民精神不涣散，就会致力于耕织。三是因为酒肉价高，君主、大臣也不会过分享用，因而不会因酒废政（"主无过举""大臣

---

① 据《汉书·百官公卿表第七》载，秦国的爵位分二十级，由低到高分别是：公士、上造、簪袅、不更、大夫、官大夫、公大夫、公乘、五大夫、左庶长、右庶长、左更、中更、右更、少上造、大上造、驷车庶长、大庶长、关内侯、彻侯。
② 即"配备"。
③ 即"家臣"。
④ 读"nú"。

不为荒饱"（《商君书·垦令第二》））。所以重征酒肉之课，一举而三得：抑制了商人的趋利之心，保持了农民的生产情绪，制约了统治者的荒惰倾向。

6.开征人头税

《史记》载：孝公"十四年①，初为赋"（《史记·秦本纪第五》），即初次征收供作军费的"户赋"。《七国考·秦食货》载："秦赋户口，百姓贺死而吊生。"由此可知，商鞅变法后，秦国开征了人头税，有户赋，有口赋，而且负担很重，甚至到了"百姓贺死而吊生"的地步。秦之所以征收户赋与口赋，其目的就在于惩治游惰之人（"则以其食口之数赋而重使之，则辟淫游惰之民无所于食"（《商君书·垦令第二》））。

7.强制分居立户

为了增加农业劳动力和纳税服役的人口，并为惩治怠惰之人，强制百姓分居立户，"民有二男以上不分异者，倍其赋"（《史记·商君列传第八》）。因为一户有两个以上的成年男子，必有一人懒惰，为了制止懒惰，所以规定家有二男以上不分异者，加倍征税。后又规定"令民父子兄弟同室内息者为禁"（《史记·商君列传第八》），即禁止父子兄弟同居一室，必须分家另过。

商鞅的这些财政改革措施，打击了贵族势力，抑制了大商人，确立了土地私有制，发展了农业经济，集中了中央的财权，充实了财政收入，为秦国的富国强兵并最终统一中国奠定了坚实的物质基础。但商鞅作为法家的集大成者，也有自身的不足，他重视法治而忽视道德，重视义务而忽视权利，故百姓赋役负担不可避免地加重，以至于他被旧贵族报复、身死车裂时，"秦人不怜"（《战国策·秦一》）。

此外，其他国家也进行了不同程度的财政改革，在此除了强调一下赵奢以法治税的事迹，就不一一阐述了。

在赵惠文王时，赵奢主管赋税工作，不畏权势，以法治税。据《史记》载："赵奢者，赵之田部吏也。收租税而平原君家不肯出租，奢以法治之，杀平原君用事者九人。平原君怒，将杀奢。奢因说曰：'君于赵为贵公子，今纵君家而不奉公则法削，法削则国弱，国弱则诸侯加兵，诸侯加兵是无赵也，君安得有此富乎？以君之贵，奉公如法则上下平，上下平则国强，国强则赵固，而君为贵戚，岂轻於天下邪？'平原君以为贤，言之於王。王用之治国赋，国赋大平，民富而府库实。"（《史记·廉颇蔺相如列传第二十一》）赵奢在处理违反税法的行为时以法治税的史实，反映了依法征税对国家强盛和政权巩固的重要性，昭示了无论任何人处于何种地位，只有奉公守法，依法纳税，才能实现税收公平。

精研深探
2-13

视频：如果
国宝会说话
战国商鞅方
升：一升量
天下（片段）

---

① 前348年。

第四节

春秋战国时期的财政制度

一、财政收入

1.田租

田租是以土地为征收对象的田赋，又称"租籍""租禾"。春秋战国时期，田租这一税种不断变革。公元前685年，齐国实行"相地而衰征"（《国语·齐语》），即根据土地的质量（肥瘠、优劣等）定出等级，分别征税。其税是两年征收一次，上年什取三，中年什取二，下年什取一，如遇灾荒则减免，可见其平均税率为1/10。（《管子·匡君大匡第十八》）公元前594年，鲁宣公实行初税亩（《春秋左传·宣公》），开始按亩征收田赋。其税率是2/10，因为后来鲁哀公曾表示"二，吾犹不足，如之何其彻也？"（《论语·颜渊》）至于晋国，在晚于鲁国近百年之后也采取了按亩征税的办法，史载，晋国六卿中的范氏、中行氏定田制，以160方步为一亩，"而伍税之"①，即征什二之税，亩小而税重以致灭亡。

魏国李悝在实行平籴法时指出，今"一夫挟五口，治田百亩，岁收亩一石半，为粟百五十石，除十一之税十五石，余百三十五石。"（《汉书·食货志第四》）可见当时魏国田租税率为1/10，平均每亩税负一斗五升。及至公元前408年，秦国"初租禾"，标志着列国土地税变革的最后完成。《商君书·垦令第二》载："訾粟而税，则上壹而民平。"这说明秦国地税的征收办法是与田亩面积或亩产量直接相关的，也是一种"履亩而税"。

2.军赋

春秋时期，军赋制度发生很大变革。由于私有土地增多，生产力的发展和战争的不断，原来在井田制基础上的军赋制度已不适应，于是出现了鲁国的"作丘甲""用田赋"，楚国的"量入修赋"，郑国的"作丘赋"，晋国的"作州兵"等军赋制度，这些制度都是以私有土地为基础的，提高了军赋的负担程度。

战国时期，地主封建土地所有制取代了井田制，郡县制取代了分封制，官僚制取代了世卿世禄制，因而原来那种"井田制赋"的征发制度也随之废止。封建国家所需的军费、兵役、劳役，均由封建政府在建立户籍制度的基础上直接向农民征调。当时各诸侯国法律都规定，每年农户除缴纳土地税外，还须向国家提供兵役、徭役。如果隐瞒户口逃避赋役，即属违法，将受到严厉惩罚。云梦秦简的《法律答问》，对此就有明确的记载。

战国时期的兵役与力役，统称为"徭役"，凡15~60岁的成年男子，必须承担国家的徭役。公元前260年长平之战，秦国"发年十五以上悉诣长平"（《史记·白起王翦

---

① 《文物》1974年第12期所载银雀山汉墓出土的《孙子兵法·吴问篇》。

列传第十三》)。农民除服力役外，还须缴纳人头税，分别称为"口赋"和"户赋"，以充军费。口赋按人征收，户赋按户征收，均以户籍为依据，因此，封建统治者十分重视对户籍的管理，使"举民众口数，生者著，死者削。民不逃粟，野无荒草"(《商君书·去强第四》)。此后，军赋之名称虽消失，但却以徭役和人丁税的名目继续发展着。

3.其他收入

春秋战国时期，工商业发展，商运往来频繁，关市之征随之兴起。齐国实行"征于关者，勿征于市，征于市者，勿征于关"(《管子·问第二十四》)的政策，这是我国历史上最早反对重复课税的记载。宋武公曾将关税赏作功臣食禄："宋公于是以门赏耏班，使食其征，谓之耏门。"(《春秋左传·文公》)"门"就是城门关卡，这里引申为关税。可见当时关税收入已经很多了。进入战国后，设关征税更是常见之事。中国国家博物馆中陈列着一种叫作"鄂君启节"的文物，是楚怀王发给贵族鄂君启的行路符节。节上规定了车船数目、通行路线、装运货物的数量以及关税征收的情况。可以看出，各国对商品流通已有一套完善的管理制度，关税收入已成为财政收入的来源之一。

盐铁专卖始于春秋。管仲在齐国实行"官山海"政策，即国家控制山林川泽资源，取得专利，其主要内容是盐专卖。专卖寓税于价，使天下"无不服藉者"(《管子·海王第七十二》)，国家也可取得大量收入。又由于它"见予之形，不见夺之理"(《管子·国蓄第七十三》)，不采用强制性征税，而是代之以交换形式的商品专卖，因而人们比较容易接受，有利于社会的安定。盐铁专卖扩展了财政收入形式，反映出春秋战国时期人们的理财经验更加成熟。此外，齐国还利用自己地理上的优势，控制海盐的对外贸易，"煮沸水以籍于天下"(《管子·地数》)。除齐国外，晋亦因盐为国宝，楚则因山林川泽而国用足，说明诸侯列国普遍实行了专卖政策。

春秋战国时期，贡纳收入仍是各个诸侯国的财政来源之一。郑国子产到晋国修盟时，曾指出按周朝制度规定，位高贡重，位低则贡轻。而郑国位列伯爵，却要按公侯爵位纳贡，提高了五等，且贡纳无限度，不胜负担。他主张修正贡纳制度。

二、财政支出

1.军事支出

春秋战国时期，兼并战争频繁，诸侯列国都建立了数量庞大的军队。例如，韩国20万，秦国带甲即百余万，楚国带甲百万，魏国带甲36万，赵国70万。军队的装备也发生了变化，军队构成已不是单一的军战徒卒，而是拥有车兵、骑兵、徒卒等诸多兵种，因而军费开支必然大大增加。战国实行兵役制，军需装备均由国家发给。据推算，战国时人口约有2 000万人，共养兵400万左右，李悝讲，成年男子食粮一石半，则400万人每月需吃粮600万石，一年为7 200万石，约合四人养一兵，农民的负担是很重的。

2.祭祀支出

春秋时，日祭、月祭、时享、岁贡的制度维持未变，只是奴隶社会那种森严的等级略有放宽。祭祀费用的来源，史载："规方千里，以为甸服，以供上帝山川百神之祀。"（《国语·周语》）战国时期，由于大国争霸，祭祀耗费有所减少。

3.王室支出

春秋战国时期的王室支出，在整个财政支出中占有很大的比重。以宫殿建筑为例，晋灵公"厚敛以雕墙"（《春秋左传·宣公》）；晋平公"铜鞮之宫数里（《春秋左传·襄公》）。各国国君的奢侈浪费，亦是十分普遍的现象。例如，卫懿公用于养鹤的费用相当于一个大夫的俸禄；郑国国君"有耆酒，为窟室，而夜饮酒击钟焉，朝至未已"（《春秋左传·襄公》）。

4.俸禄支出

战国时期的变法，取消了世卿世禄制，改行按军功授爵制，如商君之法："斩一首者爵一级，欲为官者为五十石之官；斩二首者爵二级，欲为官者为百石之官。"（《韩非子·定法第四十三》）与奴隶制不同，授爵者食邑只是食税，不再干涉政事民事，而且不能世袭，这是俸禄制度上的一大改变。

5.其他支出

在春秋战国时期的财政支出中，经济建设性支出占有一定比重。如魏文侯时，西门豹为邺守，发民凿十二渠，引漳水灌田，使大片盐碱地辟为良田。又如，秦国蜀郡守李冰主持修筑了著名的都江堰。这一巨大的水利工程，不仅消除了岷江水患，而且使成都平原的大片耕地得到灌溉，成为"水旱从人不知饥馑"（《七国考·秦食货》）的"天府"之地。我国的南北大运河，也是从春秋时代开始挖掘的。公元前486年，吴国在长江淮河间开凿运河，称为邗沟，史载，"秋，吴城邗，沟通江、淮"（《春秋左传·哀公》）。此为运河最早开凿的一段。

春秋时期仍是学在宫府，仅限于贵族子弟接受教育，政府的教育费开支极少。战国时期时兴政府召集著名学者贤士集中讲学，由国家管理学校，这是正式的公办学校。史载，齐宣王（前350—前301年）召集天下学者数千人，给予优厚的待遇，让他们自由地讲学议论。参加讲学的有淳于髡、田骈、慎到、鲁仲连、荀况等人，他们聚居在临淄稷门外，号称"稷下之学"。领导稷下讲学的官员叫"祭酒"。这是中国历史上第一座讲学与学术研究并重的高等学府。当时各种学派，多汇集在齐国，形成"百家争鸣"的局面，临淄亦由此而成为战国时代的文化名城。

三、财政管理

春秋时期，除了齐国"官山海"，对国有事业实行高度控制外，其他各国一般说来制度还不统一，财政机构还没有独立出来。进入战国时期，随着经济发展和兼并战争的进行，对财政的需求越来越强烈，财政机构逐渐独立。散见于《春秋左传》《史记》《战国策》等史籍中的司徒、九府、仓库吏、田部吏、虞人等职官，他们是各诸侯国的理财官。

春秋战国时期的财务会计制度、仓储出纳制度等财政征收管理制度也逐步完善和加强。例如，秦昭王时，河东守邵稽三年不上计，说明上计制度在各国普遍建立。

　　春秋战国时期的上计制度是在西周制度的基础上发展而来的。每年各地方官员须将本地赋税收入写于木券，呈送国君考核。财政收支情况好的，将受到奖励；完不成财政任务或收支情况不好的，将受到惩罚。

　　春秋战国时期的财政体制，从天子的角度来看是分散的，诸侯国财政收支不受周天子的统治和管理，各自为政，互不相涉。但从各诸侯国内部的角度来看，财政体制又趋于集中统一，这与各国为达到富国强兵的目的所进行的行政体制改革是相适应的，比如秦国在商鞅变法时，实行中央集权的统收统支的体制，为日后秦统一全国财政打下了基础。

综合训练

关键概念

相地而衰征　初税亩　作爰田　作丘甲　量入修赋　作丘赋

复习思考题

1.试述春秋时期齐国的赋役制度改革措施。

2.简述战国时期秦国的财政改革措施。

即测即评 2

综合训练参考答案 2

第三章 秦汉时期的财政

公元前221年（秦王嬴政二十六年）秦王嬴政建立了中国历史上第一个统一的中央集权的封建帝国——秦朝，自称始皇帝，立国凡16年。秦朝统治时间虽然短暂，但它开创了中国历史上统一的中央集权的封建帝国的先河，因而在中国历史上占有重要地位。公元前206年，在秦末农民大起义中，刘邦最终战胜了西楚霸王项羽，建立了汉朝。汉朝立国凡426年，其中，从公元前206至公元9年王莽篡汉，史称西汉时期；从公元9年王莽篡汉至公元25年王莽被刘秀所灭，是为新朝时期；公元25年刘秀光复汉室至公元220年曹丕废汉献帝建立魏国，史称东汉时期。

精研深探
3-1

秦始皇的
简介

在秦汉时期，中国社会在政治、经济、军事和财政方面，都发生了很大的变化，特别在财政制度的建设上多有创建，为后世财政制度的发展奠定了基础。

第一节
秦汉时期的政治经济概况

秦汉时期是中国自战国发展起来的封建制度确立的时期，也是中国封建社会经济政治初步发展时期。

一、秦朝的政治、经济概况

秦在并吞六国，统一全国之后，为巩固统一的中央集权的封建政权，确立和保护封建地主经济，采取了一系列政治、经济措施。

在政治方面，第一，废除了诸侯分封制，实行郡县制。秦朝①统一后，没有实行以宗法制度为纽带的诸侯分封制，而是在地方实行郡县制，郡守县令由中央任命，直接对中央负责，从而使郡县制度成为后来历代王朝中央政权控制地方行政的基本形式。第二，统一官制。秦王朝在皇权制度之下，还建立比较完备的中央政权组织，其官制实行"三公九卿制"，分别负责行政、军事、监察及各项具体政务。它不仅强化了官僚的行政职能，削弱了宗法贵族对朝政的政治影响力，而且基本确立了中国历代王朝官制的基本格局。第三，统一文字和交通。秦王朝实行了"书同文""车同轨"等改革，这不仅便于中央政权的统治，同时也便利了统一国家内文化和经济等各方面的交流。

在经济方面，第一，实行"黔首自实田"政策。秦始皇三十一年（前216年），令地主和自耕农向官府陈报自己实际占有的土地数量。这一命令等于承认了土地私有的合法性，同时也使国家掌握了全国耕地的数量。第二，补充和修改《秦律》。运用法律的形式保护私有财产，严禁对私有土地的侵犯。第三，统一度量衡和货币制度。秦王朝建立后，将原来各国不一致的度量衡和货币制度进行了统一②，从外部条件上保证地主经济的确立和发展。第四，打击各国奴隶主贵族。具体表现为"徙天下豪富於咸阳十二万户"（《史记·秦始皇本纪第六》）。这里所说的豪富，实质上就是旧奴隶主贵族。将他们迁徙到京师咸阳，一来可以充实京师人口，繁荣和发展京师经济，二来，就是通过迁徙，使这些奴隶主贵族远离其原有的统治基础，进而削弱这些奴隶主贵族的政治影响力和经济势力。此外，收缴天下兵器，铸成12个大铜人，"上农除末""奖尊兼并"等政策措施，都有利于保护和确立地主经济，打击奴隶主贵族。

地主经济的确立激发了土地所有者的生产积极性，加之水利事业的兴办、生产工具的改革、牛耕的推广、交通事业的发展，促进了农业经济的发展。当时，农业生产主要是在黄河流域的关中地区和都江堰附近的巴蜀平原。由于道路的修筑、交通的发展，特别是开辟了陆路和海路两条丝绸之路，从而促进了国内商业的发展，也促进了对外贸易的发展。

然而，秦朝统治者的暴政使其失去了发展封建地主经济和政治的大好时机。秦统一中国以后，实施了苛刻的刑法，这些苛政，不仅打击了旧奴隶主贵族，也使平民百姓受到极大的伤害，加之苛刻地征发徭役和赋税，致使民不聊生。最终，秦王朝在农民起义和各阶层反秦势力的打击下，仅历二世而覆亡。

二、汉朝的政治经济概况

（一）汉初的休养生息

汉初的统治者，吸取秦朝败亡的教训，在政治上，实行黄老之术，"约法省禁"无为而治；在经济上，奉行休养生息之策，"思安百姓"；在外交上，实行"和亲"与睦邻政

---

① 亦称秦代，其他同。
② 秦朝统一的度量衡制度规定，度制：寸、尺、丈、引为十进制。6尺为步，240步为亩；量制：合、升、斗、石为十进制；衡制：16两为斤，30斤为钧，4钧为一石。统一的货币制度规定，黄金为上币，以镒（一镒为20两）为单位，铜钱为下币（外圆内方，面有"半两"二字）。

策，以稳定边疆；在财政上，采取轻徭薄赋政策，"躬修俭节"，以休养民力。具体采取以下一些措施：

1.调整阶级关系，缓和阶级矛盾，巩固地主阶级统治

汉朝[①]建立之后，沿袭了秦朝的政治制度并有调整，包括封建集权的郡县制度和皇权至高无上的官吏制度、军事制度、财政制度等，并在《秦律》的基础上制定了汉《九章律》，所以史称"汉承秦制"。此外，汉高祖刘邦还多次颁布诏令，"兵皆罢归家"，并规定回乡者免除若干年徭役；凡以前百姓流亡山泽者，允许回乡，并将其原有的土地、房屋、爵位还给本人，官吏不许责罚。百姓因饥饿而卖身为奴者，均免为庶人。

2."约法省禁""与民休息"，促进经济的恢复和发展

高祖刘邦建汉时，即实行黄老之术，经济上实行放任政策，政治上实行无为而治；文帝、景帝时，废除秦朝的严刑苛法，务求轻简，发展经济，节约支出，轻徭薄赋。在汉初的70年中，田赋先是实行什一之税，随之降为十五税一，之后又降低为三十税一，而且经常减免田租和徭役，这些措施有力地促进了经济的恢复和发展。

3.发展农田水利事业，促进经济的全面发展

为了增加农产品的产量，汉初在秦朝农田水利发展的基础上进一步兴建水利灌溉工程，扩大灌溉面积，并且推广先进的农业耕作技术，单位面积产量迅速提高。同时，经济放任政策也促进了手工业和商业的发展。汉初的冶铁业有了长足发展，其他手工业也有较大发展，如煮盐、纺织、制陶、造船、制漆等，这些手工业产品，不仅供给国内的消费需要，而且大量销往国外。而国家的统一、农业和手工业的发展又为商业的发展创造了基础和条件，到汉武帝时，中国大的商业都会已达20多个。

这些政策和措施，促进了汉初经济的发展和人民生活的改善，国家财政也不断充实。史载："至武帝之初七十年间，国家亡事，非遇水旱，则民人给家足，都鄙廪庾尽满，而府库余财。京师之钱累百巨万，贯朽而不可校。太仓之粟陈陈相因，充溢露积于外，腐败不可食。"（《汉书·食货志第四》）

（二）汉武帝的开疆扩土与昭帝、宣帝的中兴

汉武帝即位以后，凭借汉初积累起来的财富，一改汉初的黄老之术，在政治、经济、军事、财政等各方面实行更为积极主动的政策，从而展现了他的雄才大略，实现了他的文治武功。

1.强化封建的中央集权制，削弱和打击地方势力

汉初的无为而治虽然有利于恢复和发展封建经济，有利于巩固封建政权，但同时也使同姓王的野心日益膨胀，并形成尾大不掉之势，终于引发了以吴王刘濞为首的吴楚七国之乱。这次叛乱虽然被平息了，但隐患未除。汉武帝即位后，进一步采取了削弱诸王与侯的措施，使中央集权制也得到进一步巩固。

---

① 亦称汉代，其他同。

2.厉行重农抑商政策，重点打击富商巨贾

汉初，虽然强调重农抑商，但"今法律贱商人，商人已富贵矣；尊农夫，农夫已贫贱矣"（《汉书·食货志第四》）。而当汉武帝开疆扩土之时，财政资金捉襟见肘，急需挹注，然而这些富商巨贾却置若罔闻，于是，汉武帝实行盐铁官营、平准、均输之策，并对商人的衣、食、住、行进行严格的限制，特别是实行了"算缗令"和"告缗令"。这些政策打击了商人，增加了国家的财富，但也阻滞了中国商品经济的发展和进步。

3.大肆开疆扩土

在汉武帝在位的48年间，北伐匈奴，南征百越，招抚东瓯，开通西南夷，略地秽貊、朝鲜，使中国的疆域不断扩张，国家的版图大大开拓，初步形成了统一的多民族的封建帝国。

4.对外友好交往的格局初步形成

在北伐匈奴的过程中，汉武帝派遣张骞通使西域，赶走匈奴以后，通往西域的道路畅通无阻，使中国与中亚的关系日益密切；开通了西南，与西南各民族的关系也不断加强；招抚了东南，使汉族与东南各少数民族进一步融合。对外友好格局的形成，不仅有利于民族融合，也有利于促进各族经济的交流与发展。

5.重视农业技术，发展农田水利

汉武帝的多欲政治创造了汉朝政治强势的奇迹，但却使汉朝经济元气大伤。这时，汉武帝已经到了晚年，他"悔征伐之事"，并以赵过为搜粟都尉，推行"代田法"，以发展农耕技术，提高单位面积产量，推广铁制农具，鼓励以马耕地等。另外，汉武帝重视农田水利建设，广开水渠，既便于漕运，又可以水灌田。汉武帝时，是汉朝修治水渠最多的时期，如漕渠、龙首渠、六辅渠等，还大力推广引水灌田技术，如引汶水灌田、黄河水灌田、淮河水灌田，还下大力气修治黄河。

汉武帝虽然在晚年采取了一系列发展农业生产的措施，也取得了显著的成效，但仍不能熨平百姓心中的伤痛。直到昭帝时，才"流民稍还，田野益辟，颇有蓄积"（《汉书·食货志第四》）。昭帝和宣帝期间，恢复汉初无为而治的政策和措施，采取了更为有效的恢复经济的措施，从而促进了经济的恢复和发展，汉朝才得以中兴。例如，恢复轻徭薄赋政策，减轻田租和徭役，平理刑狱，缓和阶级矛盾，使"百姓安土，岁数丰穰，谷至石五钱"（《汉书·食货志第四》）。

（三）王莽执政时期的错位改革

昭宣中兴持续了三十几年后，天下灾荒并臻，财政支出渐绌。之后的成帝、哀帝、平帝时期，土地兼并日趋激烈，统治阶级已日渐腐败，汉朝的军政大权逐渐落入王莽手中。

王莽执政以后，财政收入制度越发混乱，统治集团的腐败越来越严重，百姓生活越来越困苦。王莽进行了一系列的改革，包括实行王田制、限制奴婢买卖、改革币制和实行"五均六筦"等措施，但这些改革脱离了当时社会实际，违背了经济发展的客观规律，也触犯了商人、地主和官吏们的利益，不但没有成功，反而加剧了社会的动荡，广大民众的生活更加困苦。新朝的国民经济就在这种无序改革中崩溃了。

（四）建武永平的经济恢复与永元以后经济的衰落

王莽的错位改革，加剧了矛盾，引发了大规模的农民起义。刘秀借助绿林起义军的力量消灭了其他义军，统一了中国，建立了东汉政权，年号为建武，是为光武帝。此后明帝、章帝相继即位。这个时期，统治者恢复了西汉初年的若干政策措施，如实行轻徭薄赋，轻田租恢复三十而税一，奖励人口增殖；发展农业生产，推广农业生产技术，改进生产工具，重视牛耕，鼓励精耕细作；发展农田水利，大力开凿新的灌溉渠道，修治旧有渠道，积极治理黄河；发展手工业和商业，铁制工具已经普遍应用于百姓日常生活之中，丝织业和毛纺业的生产，进一步规模化，技术水平也有较大提高，造纸业有了长足发展，漆器、陶瓷等手工业生产都达到相当水平。在农业和手工业得到恢复和发展的同时，备受摧残的商业也缓慢复苏。这一时期的国民经济已经逐步得到发展。此外，统治者还实行精简机构和裁兵归农的政策，并省400多个县，裁减9/10的官吏，废除地方兵役制，将大量的士兵遣散还乡，参加农业生产，这些措施节约了大量财政支出，减轻了人民的负担，推动了经济的发展。

但好景不长，到和帝时就遭遇了连年的天灾，加之与西北边疆的少数民族不断发生战争摩擦，政治局势已经出现不稳定因素，东汉政权开始衰落。桓帝、灵帝以后，统治集团日趋腐败，穷奢极侈，贿赂公行，贪污成性，买官卖官，政治黑暗已达极点，外戚专权，宦官执政，阶级矛盾日趋激化，东汉政权已经岌岌可危。至灵帝，小股的农民起义终于汇成大规模的黄巾起义。黄巾起义被地主武装镇压下去了，但东汉政权也随之瓦解了，代之而起的是无休止的诸侯割据争霸。

第二节

秦汉时期的赋役

一、田制与户籍

1. 田制

秦始皇三十一年（前216年），朝廷宣布"使黔首自实田"（《史记集解》），让农民自动陈报占有土地数量，从而在全国范围内以法律的形式确立了封建土地私有制。汉承秦制，并在秦朝的基础上不断巩固和发展。

秦汉时期的土地占有形式有两类：一类是公田（或称官田）；另一类是民田。所谓公田是指由官府占有和支配的土地，又称官田，包括三辅的公田、园池、山海、苑囿、池泽等，官有牧场、屯田等。当然，有因战乱而出现的无主荒田也是官田。所谓民田，即属于私人占有的土地，其中包括王侯、贵戚、达官显宦、富商、地主和平民等人户占有的土地。民田的土地来源也较为复杂，有自己开垦的、有买进的，有官府授予的，也有强行兼并的。

公田与民田经常相互转换。其中公田转变为民田的，有多种情形，有皇帝的赏赐，有鼓励迁徙而赐予公田，有为了笼络百姓而赐予公田。民田转变为公田者，多属触犯刑律而将民田没收为公田者，而强占民田以为公田者，亦不鲜见。由此不难看出，秦汉时期的土地虽然已经私有化，但天子的"溥天之下，莫非王土"的观念仍然存在，在这种理念支配下，皇帝对土地仍是予取予求。

2. 户籍

秦汉时期，征收赋税以人头税为主，所以对户口的管理十分严格。秦并吞六国之前，户口管理制度沿袭商鞅变法时的制度，但未见有户口登记制度，只是到了秦王嬴政十六年（前231年），"初令男子书年"（《册府元龟·邦记部·户籍》），意即第一次令男子登记年龄。汉景帝二年（前155年）时，也令天下男子年20岁便登记户口，以派徭役。

编制和核查户口，汉称"案比"。那么，汉朝何时编制、核查户口？汉朝有"汉法常因八月算人"（《后汉书·皇后纪第十》）之说。对此，《汉仪》注："八月初，为算赋，故曰算人。""案比造籍"之后，各县要将案比后的户口等项数字上报郡国，郡国派上计吏上报中央政府。上计往往在春末夏初。算人与上计并不是同一时间，一般是先算人，然后才上计，所以案比算人的时间与上计的时间相差七八个月。

"案比"的方式，一种是集县内民众至县衙所在地，统一案验、登记，验视地点在户曹。另一种方式是县衙有关官吏直接到各乡进行案比，这种做法，便利了百姓。

两汉时的户口数字，据杜佑考证，盛时，比如汉平帝元始二年（2年）为1223.3万户、5959.4万人；衰时，比如汉光武帝建武中元二年（57年）为427.6万户、2001.7万人。

精研深探
3-9

视频：如果
国宝会说话
里耶秦简：
秦朝县城那
些事儿（片段）

精研深探
3-10

杜佑的简介

二、租赋

秦汉时期土地私有制已经确立，国家对私有土地所课之税，称为"田租"，属收益税性质。国家按人头课征的税，称"赋"。因秦汉时期实行按田征租、按人征赋的制度，故统称"租赋制"。

1. 田租

秦朝的田租，税率是多少无确切答案，从《汉书·食货志第四》记述的"收泰半之赋"，"田租口赋，盐铁之利，二十倍于古"等语，可知田租负担相当沉重。

汉初，为贯彻"轻徭薄赋""与民休息"的政策，在田租征收上则确定了"约法省禁，轻田租，十五而税一，量吏禄，度官用，以赋于民"（《汉书·食货志第四》）的原则。《汉书·食货志第四》的这一记述，说明汉初在田租征收上曾实施两项原则：一是田租征收实行轻田租原则；二是实行配赋税原则，即根据官吏俸禄和官府费用的多少征收田租，实行这种原则，是为了以最少的支出来控制田租的征收额度，减轻百姓的负担。因为实行轻田租政策，所以两汉的田租税率一直较轻。汉初，定为"什五税一"，即税率为

6.7%。以后可能一度改为什一税，到惠帝时才又重新恢复"什五税一"。汉文帝又进一步下调田租税率，文帝十二年（前168年），诏"赐农民今年租税之半"（《汉书·文帝纪第四》），即三十而税一。这只是临时减免。到景帝二年（前155年），三十分之一的税率则成为定制。东汉初，因战争的影响，支出浩繁，田赋改行什一之税，不久，令郡国恢复原来的三十税一的办法。这一办法，直至东汉献帝初（190年），循而未改。东汉末年，由于封建割据势力的兴起，簿籍散失，人口流亡，临时按户征调随之而起，秦汉的田租制度因此而遭破坏。

秦汉时期的田租包括正税和附加税，多以实物交纳。正税通常纳菽粟，包括粟、黍、麦、粱、稷等，本地产什么，就纳什么。有时为了应急，正税也征收布帛，但这只是权宜之计。对边远少数民族则给予优惠。附加税一般是纳刍藁①，即谷物的秸秆，用作饲料、燃料和建筑材料。秦在战国时就征刍藁，汉承秦制，亦征收刍藁，直至东汉末年。在刍藁之外，也有按亩附征铜钱的情况，如汉灵帝中平二年（185年），税天下田亩，亩税十钱，这属于临时性的附加，是对百姓的一种横征暴敛。

秦汉时期，田租的征课依据是每年"案比"的土地数量。"案比"的方法，秦朝主要是"黔首自实田"，汉朝则"令民得以律占租"，均系百姓自己申报，然后由乡一级主管官吏有秩、三老、啬夫共同审查核实，评定贫富等级、应纳税额，登记造册，上报到县，经批准后，由乡佐组织征收。

东汉章帝建初元年（76年），根据山阴太守秦彭的奏议，号令把全国的土地，按照土地的肥瘠分为上、中、下三等，确定不同的税率，编立册籍，作为征税的依据。这种分等定税的方法，一直为后世所沿用。

此外，汉朝将官田租给农民耕种并收租，称为假税。假税不同于对民田征收的田租，虽然也构成财政收入，但实质是地租性质。其租征收率多少不详。一种情况是将官田租给富豪等权势之家，即所谓"权家"，租率应当很轻，权家再将土地转租给佃农，征收较重的私租，一轻一重，从中获取厚利。另一种情况直接将官田"假与贫民"耕种并收取地租，租率很可能是三十税一。汉朝对田租长期实行三十税一，对于推动农业生产力的恢复与发展具有积极的作用。但从结构上看，这一政策更有利于地主阶级的利益，贫苦农民由于要承担沉重的私租②，负担并没有减轻多少。

2.人头税

按人头课税即征收口赋，是商鞅变法的一项重要内容，商鞅死后，这项制度并没有被废除。秦统一中国之后，更是"头会箕敛"，即税吏挨家挨户按人头数收税，这种人头税在秦朝称"口赋"。秦朝的"口赋"的税率是多少，史无明载。

汉朝的人头税在秦朝的基础上更为完善，其内容包括口赋、算赋。

汉朝的口赋又叫口钱，征收对象是7岁至14岁的少年儿童，不论男女，每人每年要交

---

① 读"gǎo"。
② 董仲舒说："或耕豪民之田，见税什五"（《汉书·食货志第四》），即私租的征收率在50%。

纳口赋20钱，充作皇室收入。汉武帝时，随着军费开支的增加，为了弥补国家财政的不足，加重口赋的征收，纳税年龄提前到3岁起，征课额也增为23钱，增加的3钱作为车马兵器之用，即"马口钱"。由于口赋的加重，人民难以负担，以致发生了民户"生子辄杀"的惨剧。这种严重的社会现象一直维持到汉元帝元年（前48年），由于贡禹的建议，才又恢复到7岁起征，但口钱数额并未减少，每人每年仍征23钱。

汉朝的算赋是对15至56岁的成年人征收的人头税。算赋始于汉高祖四年（前203年），当时规定："八月初，为算赋。"凡年龄在15岁以上至56岁的成年男女，每人每年均需要向国家交纳算赋120钱，叫一算，作为国家购置车马兵器之用。两汉的算赋原则上是以铜钱缴纳，但也有特例，如汉昭帝因谷价过贱伤农，有两次特诏暂用菽粟代钱。算赋的税额，时有升降，用以调节社会经济生活，体现国家的鼓励或限制政策。具体表现为：（1）汉文帝时，由于经济得到恢复，人口也有了增加，为了减轻人民负担，将算赋由一算120钱改为一算40钱。（2）汉武帝时，由于对外用兵，国家财政不足，算赋又重新改为120钱为一算。为休养生息，汉宣帝甘露二年（前52年）减至90钱为一算。汉成帝建始二年（前31年）又减至80钱为一算。（3）算赋对少数民族也有特殊规定，以示安抚。例如，对武陵蛮夷，每年大人输布1匹，小口2丈。对板楯蛮人，除其渠帅（即首领）罗、朴、督、鄂、度、夕、龚等七姓不输租赋外，余户岁入每口40钱。（4）为实施重农抑商政策，在算赋上对商人加重征敛，每人每年两算，即纳240钱。（5）为保障农业生产有足够的劳力，鼓励人口增殖，对家有奴婢课重税，每人每年两算，占有奴婢越多，纳税越多。王莽改制时期，为了限制富人占有奴婢的数量，曾大幅度提高奴婢的算赋，一口出3 600钱。（6）为了鼓励生育，对晚婚者课重税，如汉惠帝时，规定凡"女子年十五以上至三十不嫁，五算"。即自女子15岁到30岁不结婚，分成五等纳算赋，每升一等，加征一算，到30岁加到五算，即一年要交600钱。

秦汉时期的人头税十分繁苛，数额庞大，据桓谭《新论》记载："汉宣以来，百姓赋钱一岁为四十余万万"（《新论·谴非第六》），这说明每个家庭的税额负担十分沉重。

三、徭役与更赋

徭役凡指国家对百姓征发的各项劳役，其中包括力役（或称劳役）和兵役两部分。

秦朝的徭役集中于两大方面：一是"内兴功作"的力役；二是"外攘夷狄"的兵役。"内兴功作"的力役，包括用全国70万人去建筑宫殿和陵墓；"发卒五十万"（《淮南子·人间训》）修筑长城；此外，还有修驰道，连通全国交通等。筑长城，为防御匈奴，修驰道，有利于国家经济的发展，只是征发太过。"外攘夷狄"的兵役，包括发30万兵北伐匈奴，50万戍岭南，再加上镇压国内的叛乱者，所需兵役数量十分庞大。此外，还要保证官府和军队所需官物粮草的转输，又有大批劳力被调发。当时为供应河北（黄河以北，潼关以东）戍守军士的粮草物资，男劳力基本上全部当兵服役，冻饿而死者不计其数。秦统一中国之前并非没有徭役制度，但统一中国之后，秦始皇的欲望急剧膨胀，据董仲舒说，其徭役制度是"月为更卒，已，复为正，一岁屯戍，一岁力役，三十倍于古"（《汉书·

食货志第四》）。总之，这时对徭役的征发已无节制，一味予取予求，对社会生产力造成了巨大的破坏。

汉朝建立之初，认真吸取秦亡的教训，建立了比较完善的徭役制度。

汉朝的徭役包括在地方、郡县、京城和边境所服的各种兵役，还包括为皇室和郡县所服的各种劳役。

汉朝的徭役有3类，即正卒、更卒和戍卒：（1）正卒。正卒是正式的兵役，汉朝规定，在规定的年龄里（23至56岁）成年男子每年必须在本郡充当步兵（或骑兵、水军）一年；如遇军事紧急需要，还要延长服役时间。（2）更卒。汉朝规定，年满23岁至56岁的成年男子，每年要在郡县服一个月的劳役，称为更卒。汉朝的劳役主要包括建筑宫室、陵墓、城池、边境和冲要的障塞，修筑驰道，治理江河，修筑大规模的农田水利灌溉工程，堵塞黄河决口，往边境运送粮草物资，军队出征时军需用品的运输，以及皇帝出巡时所经过道路桥梁的修筑和维护，运输工具的供应、随行人员的招待等。"更"是轮替之意，说明更卒是国家根据需要让百姓轮番出役。亲自服役的叫"践更"，出钱由政府雇人代役的叫"过更"。之所以23岁才开始服役，是因为，古代男子到20岁就要登记在册，种三年地，积存一年粮食后，才能在离家服役时不影响家中生活。（3）戍卒。汉朝规定，每个男子一生中要到边境上去屯戍一年，或到京师去服役一年。到边境屯戍的叫"戍卒"，到京师服役的叫"卫士"。此外，汉朝还规定每个成年男子，每年要到边境去戍边三日，称作徭戍。

对服役年龄，汉朝规定，民年23至56岁均有义务服役，凡民达到服役年龄，就要进行登记，叫"傅"。凡成丁登记到名册上后，就意味着准备应征服役了。

汉朝的兵役沿袭秦制，但远比秦朝复杂，也更规范。汉朝的劳役并不比秦始皇时轻多少。

实际上，真正到边境去从事防守或参加作战的，只能是有限的一部分人，其余不去戍边者，要交纳一定的代役金，即更赋。所以，更赋就是对按规定应该服役而未能服役的人所征课的代役钱。汉朝更赋的征收标准是：正卒、更卒，如不亲自服役，月可纳钱二千，由政府雇人代役；戍卒（徭戍），如不服役，每人每年纳钱三百。由于戍卒的人数因国家劳务的多少和用兵情况不同而有增减，特别是东汉时，戍卒多征发犯罪之人充当。更赋在不同时期所征之数并不相同，缴纳与使用也不相同，这就使充作徭役的基金（更赋）有一部分余额，这个余额即成为国家的财政收入。更赋本来是徭役的代役金，这时便成为人头税了。

第三节

秦汉时期的工商税收

秦汉时期，工商税收也随着手工业和商业的发展而多有创办，有些则成为国家调控经济社会生活的政策工具。

一、盐铁酒的征税与专卖

1.盐铁的征税与专卖

秦朝建立之后沿袭了商鞅的专卖制度，但具体实行了何种制度，史未明载，唯见董仲舒"盐铁之利二十倍于古"的记载，这只能说明秦朝盐铁之征的繁苛，并没有提供盐铁专卖制度的具体信息。

西汉初期，经济上采取放任政策，强调"与民休息"，对盐铁实行征税制度，任民采铸，官府只向他们征收少量的税，作为皇室收入的来源；如果是在皇族、王侯封地之内，盐铁税由封君征收，作为封君的私奉养。

武帝即位之后，屡次用兵匈奴、南越，用度不足，为佐助边费，先后由东郭咸阳、孔仅、桑弘羊主持盐铁专卖事宜。他们的具体做法是：

（1）在各地设置主管盐铁专卖的官府和官吏

据《汉书·地理志第八》载，汉朝有27个郡的36个县设置了盐官，39个郡的48个县设置了铁官。在产铁地区设置铁官，不产铁地区设置小铁官。盐、铁官大都以原来煮盐、冶铁致富之家出任。盐、铁官的职责：一是控制食盐、冶铁的生产和销售，杜绝私盐、私铸；二是将专卖收入及时上缴国家。西汉时，盐官和铁官都属大司农，即由中央主管，只有小铁官由郡县主管；东汉则不设小铁官，所有铁官、盐官，都属郡县。

（2）全国各郡县实行统一的盐铁专卖制度

盐实施"募民自给费，因官器作煮盐，官与牢盆"。这种不完全官专卖制度，实际上就是"民制、官收、官运、官销"的办法。官府招募百姓煮盐并供给煮盐工具（牢盆），其他费用由百姓自己负担。铁则实行完全官专卖制度，即采掘、冶炼和铸作三个环节均由官府管理。采掘多用士兵和罪犯，冶炼和铸作则由工匠来完成。由于铁矿石采掘的环境相当恶劣，士卒与罪犯不堪其苦，所以承担采掘工作的士卒和罪犯常常出现暴动。（《汉书·成帝纪第十》）盐铁生产出来后，由官府收购并组织销售，以获取盐铁之利。官府在运输食盐和铁器的过程中，大多征用民力，致使百姓不堪其苦。（《盐铁论·禁耕第五》）销售价格的高低由国家统一管理，如果价格过高，欲降低盐价，必须由皇帝下诏才能调整。（《汉书·宣帝纪第八》）

精研深探
3-11

秦弘羊的
简介

（3）严厉制裁私自煮盐、冶铁者

对私自煮盐者，国家要处以十分苛重的刑罚，"敢私铸铁器、煮盐者，钛（dì）左趾，没入其器物"。即私自煮盐铸铁的人左趾要钳上铁镣，并没收煮盐的工具。

精研深探
3-12

习近平谈
《盐铁论》

武帝之后，盐铁专卖时罢时兴。昭帝始元六年（前81年）盐铁会议之后，罢关内铁官。元帝初元五年（前44年）时，尝罢盐铁官，后因财政困难，三年后又恢复专卖。王莽统治时期，推行"五均六筦"，对盐铁也实行专卖。至于东汉，盐铁专卖为时不长，和帝章和二年（88年）废止专卖，以后仅由中央对盐、铁课税，除汉末刘备在四川对盐铁实行专卖外，盐铁专卖之事很少记载。

2.酒的征税与专卖

酒专卖始于汉武帝天汉三年（前98年）。当时为增加财政收入，保证对外战争费用的需要，根据桑弘羊的建议，将酿酒、卖酒等营业归官办，并由地方官吏进行管理，禁止民间私自酿卖。此法只实行了17年，因在盐铁会议上遭到贤良文学的坚决反对，于昭帝始元六年（前81年）七月，改专卖为征税，每升税四钱。东汉时，在一般情况下，对酒实行私人酿卖国家征税，只是在发生较严重自然灾害时，才禁止卖酒。

3.实行专卖的利弊

汉朝的专卖政策是同汉朝的国策相适应的，特别是武帝时，为了满足其广开财源，安边扩土的需要，所以对盐、铁、酒实行专卖，以获取更多的财政收入。汉朝的专卖政策确实为国家财政带来了好处，解决了战争造成的财政困难，有助于增强财力，有助于国防建设和边境人民生命和财产的安全，对汉朝经济的稳定和发展是有积极意义的。

但是，在盐铁专卖过程中，出现了不少弊病，主要是价格太高，民多不便；铁器质量粗劣，又无选择的余地；有时还征调人民去服徭役，加重了人民的负担。这些都是贤良们所批评的（《盐铁论·水旱第三十六》），并且是有一定道理的。但是，总的来看，在特定的历史时期专卖制度对于维护国家统一、安定人民生活的作用还是重大的。

二、关市税

关市税包括关税和市租两大类别。

1.关税

秦汉时期的关税包括关津税（境内关税）与边关税（陆路国境关税）[①]两种。

关津税包括城关税和水关税。关于城关税，在秦朝，秦统一中国以后曾设关征税，但如何征收，税率是多少，史载不详。汉初实行放任政策，因而可能征收关税，但税率也不可能过高；至东汉后期，关税日益加重，关税税率已经超过十分之一。水关税又称津关税。水关税具体开征时间，史无明载，东汉末年已经出现"轻关津之税"的说法，这说明，最晚在东汉末年已出现水关之征了。

汉朝的边关税，可能在汉初即已征收，只是视边关的形势而时开时禁。如对匈奴，

---

① 据元代胡三省解释："汉于边关与蛮夷通市，谓之关市。"

"武帝即位，明和亲约束，厚遇关市，饶给之"（《汉书·匈奴传第六十四》）。对南越，史载："自汉初与南越通关市，而互市之制行焉。"（《宋史·食货下八》）由此可知，汉初与南越就存在着关市之征。对西南夷，汉武帝时期，在司马相如说服西南夷臣服西汉之前，曾在边界上设关征税，之后，曾一度免除关税，以示体恤。（《史记·司马相如列传第五十七》）这个时期是否征收过海关税（海路国境关税），史载不详。

2.市租

"市租"起源于春秋时期的"市赋"。到了秦汉时期，市租既包括对市肆商品营业额所征的税，这种税具有营业税性质，同时也包括对集市上的流动商贩所征收的税，属于交易税性质。

市租的纳税人是市肆上的有市籍者、流动商贩，以及房地产出租人；纳税对象是交易额。秦朝的市租由城市中主管市政和部政的市吏或市啬夫定期收纳，或到集市上随时收纳。对那些不遵法纳市租的商人依法律制裁。而汉朝的市租，由地方负责征收，专用于侯国封君的私奉养，不直接列入国家财政范围，充其量是属于王室收入。至于市租的税率，史不可考。如果两汉市租是沿袭春秋时期的"市赋"之制，其税率则应为营业额的2%。

更宽泛地看，市租还包括房地租，这种市租严格来说，不具有税的性质，而是一种租金。此外，秦汉时期还有一种租，即租铢。它是以工商业者销售珠、玉、金、银等宝珠金银的收入为对象而进行的一种课征。属于"市租"中的一项内容（《汉书·食货志第四》，又见《汉书·王贡两龚鲍传第四十二》）。租铢同市租一样，不属于国库收入而是侯国封君的私奉养的一项内容。

三、算缗、算商车及告缗令

算缗、算商车属于一种财产税，它们及告缗令，都是汉朝实行的抑商政策措施。类似算缗和算商车等这类财产税，汉高祖刘邦曾经实行过，目的是对商人"重税租以困辱之"。景帝时曾经算民赀，对商贾的资产征税，每万钱征收一算即120钱。

汉武帝时，进一步推行了算缗、算商车，并且实施了告缗令。汉武帝之所以如此，主要原因是代表地主阶级利益的国家与富商巨贾的矛盾渐趋白热化，而国家不可能用行政手段除掉这些富商巨贾，于是不得不用重税的手段去摧毁商业资本。具体的诱因至少有3点：其一，当时武帝对外用兵，军费开支很大，使国家府库空虚，财用不足。其二，当时山东①发生了大水灾，自然灾害严重，民多饥乏，国家不但不能保证正常的财政收入，还需要拿出相当的储备物资进行赈济。在国家财政陷入严峻困境的情况下，那些因汉初实行经济放任政策而富裕起来的大商人，却"不佐公家之急，黎民重困"。其三，为了解决财政困难、打击商人，不得已进行货币改革，而这些商人反而利用货币改革之机囤积居奇，追逐厚利扰乱市场，进一步加剧了财政困难。这些诱因进一步激化了本已白热化的矛盾，于是国家采纳公卿的建议，根据"重本抑末"的政策，对商人临时开征苛刻的财产税，即

---

①　秦汉时，指崤山、函谷关以东的地区。

缗钱和车船税，又实施了告缗令，严惩那些与国家唱反调的商贾。

最先开征的是算商车。这是对车、船所有者征收的税。此税始于汉武帝元光六年（前129年）冬。征收的对象为商人和除官吏、三老、北边骑士以外的其他车船所有者。凡商贾的轺车（由一匹马驾驶的轻便车）每辆二算；其他人有轺车者，每辆一算；如属官吏、三老、北边骑士的车不征税。五丈以上的船征一算。高祖时不允许商人乘车，汉武帝时，虽然允许商人乘车，但每辆轺车要征收两算，比一般人的轺车之税增加一倍。

其次开征的是算缗钱，这是对商人手中积存的缗钱及货物所征的税。此税开征于汉武帝元狩四年（前119年）冬。最初是按市税的税率每千钱课税20钱，随即改为二千钱课120钱[①]，即税率由2%提高到6%。同时进一步扩大征收范围，原来只征收商人和手工业作坊主的缗钱税，扩大到凡豪家及中产之家的财产，包括缗钱商货、车、船、田宅、牲畜及至奴婢等，均在征税范围，而且需要一一评定，汇总征税。具体征收方法是，由财产所有者根据自己的财物积存数额据实上报，官府经过查验，按率征税。对交易额（折钱）或贷款额，按缗钱计算，每二千钱一算（120钱），税率为6%；手工业生产者和金属冶炼者，其用来买卖或储积待卖的物品，都要折算成钱，每四千钱一算，税率为3%；凡隐匿物品不估价陈报，或陈报数与实有数不相符的，除没收其缗钱财物外，还要罚犯税令者到边境服一年徭役。

最后实行的是告缗令。汉武帝于元狩六年（前117年）颁布告缗令，并任命杨可主持告缗工作，鼓励百姓揭发检举偷、漏税之人。元鼎三年（前114年）规定了具体的奖赏办法，即对告缗者所告经查证核实者，赏给查出财产的一半，另一半没收归官府。推出告缗令，是因为在国家颁布算缗制度后，遭到豪富巨商的抵制。他们或以多报少，或匿而不报，不愿分财以应国家之需。尽管汉武帝在颁布税法时，即规定了罚则，但嗜利成性的豪富却偏偏不顾国家的规定，大肆隐匿财物，"终莫分财佐县官"，最终迫使汉武帝推出告缗令。

实施缗钱税、车船税、告缗令的社会效应，可从正负两方面看。

从正效应来看：（1）充实了国家财政，缓解了财政危机，支持了汉武帝的对外政策。在代表地主阶级利益的国家与商人、富豪的斗争中，国家取得了胜利，中产以上之家大多数被告破产，国家由此而得到大批财物，财政得到充实，支持了汉武帝开疆扩土的愿望，驱逐了骚扰边疆近百年的匈奴，换来了边疆的安宁。（2）削弱了分裂和守旧势力，巩固了封建政权。在大商人和大富豪利益集团中，有为数不少的分裂势力和旧贵族的代表，他们利用汉初的政策富裕起来后，就试图推翻汉朝政权，有的甚至试图复辟奴隶制度，汉武帝的这些措施，使他们彻底破产，直到杀头，从而大大削弱了这股势力，有利于巩固封建政权。

从负效应来看：（1）在打击商人富豪的同时也沉重地打击了商品经济。因为商贾中产

---

① 马大英. 汉代财政史［M］. 北京：中国财政经济出版社，1983：67-68.

以上大多数都被告受罚，甚至于破产，致使原来的商贾、富豪开始苟且生活，不再从事原来的商业经营，以致运输贸易急剧下降，商品供应十分紧张，并导致物价上涨。这些措施虽然取得了眼前的财政收益，但从长远来看，势必影响国家财政收入的可持续增长。（2）没收的奴婢过多，增加财政负担。这些奴婢"分诸苑养狗马禽兽"，从事非生产性劳动，从而增加了国家的供养人口，增加了国家的财政负担。（3）国家财富的陡然增加，助长了统治阶级的腐化欲望。汉武帝大修昆明池，作柏梁台，高数十丈。宫室之修，也由此日丽，还大养狗马禽兽。同时设置的官吏也大大增加。这一切又成为国家财政的一大负担。（4）原来的私田没收成为公田，由于经营管理不善，效率低下，也减少了田租的收入，从而又失去了国家财政相当一部分财源。

算缗、算商车是为了满足国家某一时段的需要而开征的，属于临时性征收。到元封元年（前110年），"不复告缗。"①这时，实行7年之久的告缗令才全面结束。在结束告缗令后，算缗和算商车也随之恢复正常，即按万钱一算的1.2%的税率，实行"税民赀"。但至王莽篡位建立"新朝"之后，因为郡县所报的百姓资产不实，故又提高了税率，实行三十而税一，亦即3.33%的税率。

四、赊贷税

赊（shì）贷，即将货币或粮食赊贷给他人而取得利息的行为。汉初虽有抑商之政，但由于实行经济放任政策，商贾势力还是迅速发展了起来。他们占据矿山、盐池，鼓铸铜铁、煮水为盐，积累了巨额财富，又乘百姓之危，将大量货币和粮食高息贷放给百姓，成为高利贷者，这种情况在汉初已成为普遍现象。当时的高利贷利息是多少，史无明载，但《史记》载有"一岁之中，则无盐氏之息什倍"（《史记·货殖列传第六十九》），就是说，出一倍的本钱，可以获得十倍的利息收入，这利息确实相当高。高利贷者通过放贷不仅在经济上获取厚利，富甲一方，而且在政治上也很有势力，强大到要一些达官贵族仰仗他们的鼻息。

国家对高利贷者肆无忌惮地贷款取息，曾用行政手段和经济手段进行干预，即对高息取利者重刑罚以处之，同时征收赊贷税。所谓赊贷税，就是指对放贷、赊欠人的行为及财产所课之税。这种税的征收主体是高利贷者，征收对象是本金与利息的总和。所以这种税应属于财产行为税，而不属于利息所得税。汉武帝元狩时规定，每二千钱征收一算，即征收6%的税，与算缗钱的税率相当。告缗结束，赊贷税的税率是多少，史未明载。赊贷税可能一直延续到东汉时期。

赊贷税虽然是抑制高利贷的政策性措施，但它却未能抑制高利贷的泛滥。

五、牲畜税

牲畜税是对牲畜所课之税。汉初，对牲畜并不征税。汉武帝时，因对外用兵，军费猛增，入不敷出，所以，在实行盐铁酒专卖、官铸货币的同时，也开征牲畜税。

---

①　本段所引未注明出处者均引自《汉书·食货志第四》。

牲畜税征课的对象，六畜，即马、牛、羊、鸡、犬、豕（《后汉书·西域传第七十八》）。对马的征课，主要是因为武帝多次同匈奴作战，战马损失很大，为了补充战马的不足，汉武帝时曾鼓励或强制官、民养马，大量繁殖牲畜，后发展到对官、民马匹的强制征收。

至于猪、鸡、狗是否征税，史书上没有记载，《汉书·翟方进传第五十四》也只列举了马、牛、羊三种，据此推测，汉朝可能只对马、牛、羊征税。牲畜税的税率为2%，即不分牛、马、羊，一律按头数折价，每千钱交税二十。

六、山林川泽税

山林川泽税是一个泛泛的称谓，其中，包括对经营山泽产品的征税，称为山泽税；包括对经营江河湖海产品的征税，称为江河海陂税；包括对经营园池产品的征税，称为园池税等。由于这些产品纷繁复杂，而且往往一物一税，所以很难形成规范的税收制度。

山泽税，其征税对象一般包括金、银、铜、铁、锡等矿产，珍禽异兽等特产，以及食盐、竹木等类。因为山林土地属于皇帝所有，所以，山林土地的出产物，归属于皇室收入。当人民进山采取山林出产后，国家按规定征收山泽税，用以解决封君的奉养之需。

江河海陂税，其征税对象一般包括鱼、贝、菱、莲、藕、芦苇、花草、果木、菜蔬等产品的收入。此项收入，亦属皇室和封君收入。在西汉宣帝五凤年间，即公元前56年前后，耿寿昌曾建议增海租三倍，宣帝同意，但御史大夫萧望之以"往年加海租，鱼不出"等语加以劝阻未果。（《汉书·食货志第四》）至于税率，不得而知，但肯定会增加渔民的负担。

园池税，主要是对经营园地和园地上的水面所栽植的果蔬、养殖的水产品所征之税，其征收对象为蔬菜、果木和水产品，也可能包括将园地出租给农民耕种后所得的租金，即"假税"。这类收入也属于皇室和封君的收入。具体如何征收，史无明载。

第四节

秦汉时期的官营事业及其他收入

一、均输、平准与常平仓

1.均输、平准

均输、平准，实际上是国家对商品运销和京师物价采取的一种调控措施，属于官营商业性质，其经营过程中所取得的收益成为财政收入的一项来源。

均输是行之于郡县的调剂运输的制度。汉初，各郡国、诸侯向朝廷贡献的土特产品，长途运输到京师要耗费大量的人力、物力，有的贡品，或为朝廷所不需要，或因品质不好，价值低廉，所值不足以抵偿运费，并且还加重了百姓的徭役负担。为改变这种局面，桑弘羊奏请由大司农统一在郡国设置均输官，调剂运输，以方便郡国、诸侯进贡。这种制度就是均输。

桑弘羊奏行的均输并非一开始就实行于全国，而是有一个逐渐发展过程。早在汉武帝元狩四年（前119年）算缗令发出以后，"桑弘羊为大司农中丞，管诸会计事，稍稍置均输以通货物"（《汉书·食货志第四》）。至元鼎六年（前111年）均输初见成效，桑弘羊在升任治粟都尉之后，即建议并得到皇帝批准而在全国推行了均输办法。桑弘羊统一推行均输制度的理由有：一是各地官府各自为市，相互竞争，致使物价上涨，为了稳定物价，就有必要在全国范围内统一实行均输制度；二是边远地区的供品，运送到京师，运费太高，得不偿失，不如实行均输，在全国范围内进行调剂，既可减少运费和减轻百姓的徭役负担，又可在价高地区卖个好价钱，增加国家的财政收入。（《汉书·食货志第四》）

平准是行之于京师的平抑物价的制度。汉武帝元封元年（前110年），在京师设立平准官，由大司农（相当于国家的财政部）提供经费，让工官修造车等运输工具，对进入京师的货物，由平准官统一调配，贵时则卖出，贱时则买进。由于政府控制物价，商人就无利可图，就会保持物价平稳，避免大起大落，起到平抑物价的作用。

均输、平准有力地支持了汉武帝南征两粤、北伐匈奴的财政需要，对财政的支持作用十分明显。从均输方面来看，一是增强了财政实力，保证了保卫边疆的费用支出。二是减轻了百姓的赋税负担。如果没有均输的收入，保卫边疆的费用就要落在百姓的身上，百姓势必不堪重负，而均输取得的收入解决了这一矛盾，使"民不益赋而天下用饶"（《汉书·食货志第四》）。从平准方面说，一是平准政策有利于打击商贾囤积居奇、扰乱物价的行为，使社会财富的分配趋于均平；二是在国家的主持下，进行统一的物资调剂，从而保证货畅其流，各地物价也趋于平稳，这无疑有利于国民经济的稳定发展。

不过，均输、平准在实际推行中，也存在不少问题。例如，百姓为了交纳官府所指定的物品，必须贱卖自己有而官府不要的物品，同时，又要购入官府所需的物品，这个过程就为商人谋利提供了机会。另外，商人与官吏相勾结，假公济私，牟取暴利，平准不但未给百姓带来好处，反而加重了百姓的负担。当然，这类问题不仅存在于均输、平准中，在征收赋税时也同样存在这类问题。这是封建社会吏治腐败的结果，如果不根治吏治腐败这一难题，不论采取何种措施均不能避免官吏与官吏、官吏与商人、官吏与富豪之间的因缘为奸、共同作弊，盘剥贫苦百姓的问题。

2.常平仓

常平仓同平准的作用原理是相同的，都取法于李悝的平籴法，目的都是为了平抑粮价，而非为赢利。只是作用的方向有区别，常平仓实行于边郡，旨在保证边郡的粮食价格稳定；平准实施于京师，旨在保证京师的物价稳定。常平仓行于汉宣帝五凤年间。宣帝五凤四年（前54年）春正月，在大司农中丞耿寿昌主持下，在北部边郡设立常平仓，当粮食价格下跌时，官府以平价收购，贮于仓中，当粮食价格上涨时官府以平价售出，既解决了北部边郡农民因粮贱伤农问题，又解决了北部边郡粮食匮乏的问题，同时也减轻了内地百姓的徭役负担，经营得好，官府还能得到一些利润，一举而四得。但在元帝时，诸儒认为这是与民争利，于是于元帝即位的第二年（前47年）"罢之"。

二、屯田

汉朝的屯田之制，包括民屯与军屯两种制度。所谓民屯，即由官府组织百姓实行屯田；所谓军屯，是由军将组织士兵一面屯种，一面守边。

汉朝的民屯始于汉文帝。当时匈奴经常侵扰边境，晁错向文帝提出屯戍的建议，文帝采纳并实行。具体做法是：（1）在边地要害之处修筑城池、道路。（2）事先调派人员入城建筑房屋、置备种田器具，然后募罪人或用以赎罪、拜爵者所输的奴婢屯种，如果不足则募民自愿到边疆屯种。（3）讲究屯戍政策。为了安抚屯戍之民，国家给以优厚的待遇，例如，赐予高爵位，免除其家的徭役；给以必要的食品和冬、夏的衣服；郡县百姓可以买爵，官位至卿等。（4）建立屯田行政组织。即实行伍、里、连、邑制，伍设长，里设假士、连设假五百，邑设假侯，这种行政组织可以将百姓固着在边塞，同时还要选择廉洁奉公的官吏（《汉书·爰盎晁错传第十九》），这样才能起到守边御敌的功效。

民屯虽时盛时衰，但直到汉亡，仍然存在，只是具体制度不详。

军屯主要实行于汉武帝前后，典型的例子是武帝元鼎六年（前111年）为了解决军粮不足的矛盾，在张掖、酒泉、上郡、朔方、西河、河西设开田官，以守边士卒60万开展屯田（《汉书·食货志第四》）。至昭帝、宣帝时，军屯进一步扩大，西、北边疆几乎都有屯田之兵。东汉时期的军屯在西汉的基础上更加扩大，不仅边疆实行军屯，内地也有军屯。

两汉的屯田，对于国家的安定、经济的发展、社会的稳定和国家财政的充实具有重要的作用。对于这一点，昭帝时的赵充国认识得特别清楚。他总结了"十二利"，归纳起来是：（1）节省国家的军费支出。在边疆就地屯田，解决了军卒的粮食问题，也节省了国家的军费支出。（2）省徭役。因为屯田解决了军卒的粮食，于是内地百姓或士卒就大大减轻了往边塞运输粮饷的徭役负担。（3）屯田。无论是军屯还是民屯，都有利于充实国家财政。而国家财政的充实，又为国家减轻百姓负担奠定了基础。如没有大规模的屯田，实行三十而税一的轻田租政策，显然是不可能的。（4）屯田发展了边疆社会经济。屯田使"居民得并田作，不失农业"，因而农业得到了发展；又"以闲暇时下所伐材，缮治邮亭，充入金城①"，从而发展了内地与边疆的道路、交通、驿传，内外的信息交流更为便捷。（5）屯田增强了边防军事实力。

三、其他收入

1.贡献收入

献费、户赋、酎金都属于贡献类收入，按户征收，也具有人头税的性质。

献费是汉朝诸侯王向天子进贡的费用，名义上是王侯负担，但实际上是征之于百姓。

---

① 西北边陲重镇。

在高祖十一年（前196年）下令，诸侯王、列侯常以十月朝献，所定献额以各封邑人口计算，每人每年纳63钱。以前没有统一的税额，诸侯王往往以进贡为名，苛征百姓，至此规定了税额，从而规范了献费的征收办法，也抑制了诸侯王的贪欲。但这项费用是否一直存在，史无明载。

户赋是汉朝诸侯在所封食邑区域对民户征收的一种税。户赋按户计征，每户200钱。因户赋由郡县征收后，直接输送给诸侯，所以当属于王室财政收入，而不直接列入国家财政收入之内。

酎金是汉朝诸侯于宗庙祭祀时随同酎酒所献的黄金。汉朝规定，每年八月祭祀宗庙，大会诸侯，诸侯献金助祭。这种大祭称为饮酎。这项助祭金，称为酎金。酎金献纳的金额，以诸侯王、列侯所辖人口的多少为标准，每千口纳金四两，不满千口而在五百口以上的，也为四两，封在边远地区的诸侯王，可以用符合规定标准的犀牛角、象牙、翡翠等代替。诸侯如果不按规定缴纳要受到惩罚。酎金不仅行之于西汉，东汉也照征不误。

2.卖官鬻爵、赎罪、买复等收入

卖官鬻爵收入是国家向富有的地主或商人出卖一定级次的官阶和爵位，所取得的一定数量的财政收入。赎罪收入是国家出卖免刑权取得的收入，触犯国家刑律的人向国家缴纳一定数量的货币或实物，死罪可以变成徒刑，徒刑可以免予刑事处罚。买复收入是国家出卖免役权取得的收入，百姓向国家缴纳一定数量的货币或实物，即可获得免征徭役的特权。

汉朝卖官鬻爵、赎罪、买复皆始于汉文帝。公元前166年前后，因匈奴经常侵犯北部边境，致使戍兵粮饷不足，晁错建议："今募天下入粟县官，得以拜爵，得以除罪。"汉文帝采纳了晁错的建议，"令民入粟边，六百石爵上造，稍增至四千石为五大夫，万二千石为大庶长，各以多少级数为差"（《汉书·食货志第四》）。汉景帝时，因天旱复修卖爵令，降低爵位价格以吸引买者。但这时出卖的都是虚爵。汉武帝时，由于连年战争，财政枯竭，更盛行卖官鬻爵、赎罪、买复。元朔元年（前128年）规定凡捐纳奴婢、粟米、羊或钱币给官府，均可入官，买到一定爵位者，可免除终身徭役，不纳更赋，即"买复"。超过规定数量者（600石）可以为郎，原为郎官者，可以加俸。元朔六年（前123年）出卖武功爵，共计11级，"级17万，凡直三十馀万金。"买到一定武功爵位者，可以补官。如有罪在身可以免罪减刑。这次卖爵得到总额达30余万金的收入，是汉朝规模最大的一次卖官。（《史记·平准书第八》）西汉后期也曾实行卖官、鬻爵、赎罪、买复，如汉成帝鸿嘉三年（前18年）"夏四月，赦天下。令吏民得买爵"，只是每一级的价格有所降低，为千钱。（《汉书·成帝纪第十》）如汉平帝规定："天下女徒已论，归家，顾山钱月三百。"（《汉书·平帝纪第十二》）即妇女定罪之后，可以拿钱赎出，此钱称为"顾山钱"，即罚其雇人上山伐木，月付300钱，女犯便可回家。

东汉以后，卖官鬻爵、赎罪、买复，更甚于西汉。如后汉安帝永初三年（109年），

"三公以国用不足，奏令吏人入钱谷，得为关内侯、虎贲羽林郎、五大夫、官府吏、缇骑、营士各有差"（《后汉书·孝安帝纪第五》）到灵帝时卖官公行，已成社会的最大祸患。

卖官鬻爵、赎罪、买复收入虽然在一定程度上解决了财政困难，但却留下了十分严重的后遗症。以卖官鬻爵而言，史载："军功多用越等，大者封侯卿大夫，小者郎吏。吏道杂而多端，则官职耗废。"（《史记·平准书第八》）就是说，这一制度的实行，使吏治更加腐败，官制逐渐废弛。总之，实行卖官鬻爵、赎罪、买复等制度，弊害甚多，不仅有伤社会风化，更危害国家的长治久安，因而不断遭到有识之士的批评和抵制。

第五节

秦汉时期的财政支出

秦汉时期的财政支出以皇室支出、军费支出与俸禄支出为主，而祭祀支出与经济事业支出占全部财政支出的比重相对较小。

一、皇室支出

秦汉时期的皇室支出占全部财政支出的比重是很大的，仅次于军费支出和官俸支出，这是因为秦汉时期宫室建筑支出急剧膨胀、皇室生活日益侈靡、后宫人数包括宫女、宫廷杂役大量增加，致使皇室支出大幅度增加。

宫室建筑费，包括宫室建筑、行宫建筑和皇帝陵寝建筑等费用。秦统一中国后，十分奢华，"作朝宫渭南上林苑中"，而"作前殿阿房"，又称阿房宫，规模极其宏伟；还大修行宫，"关中计宫三百，关外四百馀"。此外，还建筑骊山墓，其规模也相当于宫殿。

汉朝建立之初，因国家十分贫穷，统治者比较节俭。但是到了汉武帝时，则"宫室之修，由此日丽"（《史记·平准书第八》）。成帝时，修建皇后（赵昭仪）的居所昭阳宫，其奢侈程度，前无古人。（《汉书·外戚传第六十七》）据统计，西汉时期累计兴建宫殿73所，台榭楼阁31所；东汉时期，共建宫殿60多所，所耗民财以巨亿计[1]。汉朝的皇陵也十分豪华。

皇室生活费，包括皇室的膳食饮宴费、服饰费、器物费、车马费、医药费及娱乐费等。秦统一中国之后，秦始皇就开始寻找长生不老药，"遣徐市发童男女数千人，入海求仙人"，"徐市等费以巨万计，终不得药"（《史记·秦始皇本纪第六》）。

汉初，几代皇帝均较简省，至武帝，生活开始奢侈，东汉亦如之。史载，东汉和熹邓

---

① 中国财政史编写组. 中国财政史 [M]. 北京：中国财政经济出版社，1987：109.

皇后是一个简省的皇后，即使节俭，也只是裁减数千万，每年的费用还在一亿数千万。（《后汉书·皇后纪第十》）可见皇室挥霍数量之大。而仅是为皇室做饭、菜的太官、汤官奴婢就达 6 000 人。[①]

皇室费用巨大，主要是因为后宫人数众多。同时皇帝结婚所耗礼金数额也十分浩大，据载："聘皇后黄金二万斤，为钱二万万。"（《汉书·王莽传第六十九》）东汉时，后宫人数可能稍减，但也是相对而言。

二、官俸支出

秦汉时期的官俸制度有很大的变化。此前的官俸制度，实际上就是分田制禄制，而自商鞅变法以后，废除了分田制禄制，实行军功爵制，秦统一中国后沿袭未改，汉承秦制并稍有变化，这标志着中国的官俸制度，已经封建制度化。

汉朝的官吏队伍已渐庞大，所设职官，中央如丞相（又称相国）、太尉、御史大夫、治粟内史、水衡都尉等，地方如郡守、县令等，此外还有所封的诸侯王和列侯，总计吏员自佐史至丞相，达 130 285 人[②]，这个数字并不是固定的，有时高达 15 万人。这样庞大的官吏队伍，每年所消耗的官俸数额可想而知。据载，西汉俸禄之制，以三公，即丞相、太尉、御史大夫官俸最高，"汉制，三公号称万石，其俸月各三百五十斛"。其他职官的俸禄，各朝不尽一致，一般是按月发俸，汉初月俸只给谷，至汉武帝时，实行半钱半谷。东汉三公俸同西汉，其他官吏俸禄稍有变化。

汉朝的官吏俸禄中不仅有正俸，而且还有定期不定期的赏赐。如东汉时，对官吏"腊及立春，更班赐有差"。官吏俸禄以谷物为标准，发放时往往折钱支付，支付的标准则以谷物的时价为准。所以官吏在不同季节、不同时期，所得的月俸钱不尽相同。

至于秦汉时期的俸禄支出总数，史无详载，据桓谭《新论》记载："汉宣以来，百姓赋钱一岁为四十余万万，吏俸用其半，余二十万万藏于都内，为禁钱。"即一年的官俸为 20 余万万钱。

三、军费支出

军费支出主要包括养兵费、战争费、军事装备费、地方守卫费、宫廷守备费和边防费等项。秦汉时期因为实行兵役制，军队的士兵皆来自按规定征发的兵役，国家只负担服役期间的军食及必要的服装，所以耗资不多，占整个军费支出的比重不大。至于地方守卫、宫廷守备，其士卒也是来自兵役，国家负担更轻。这个时期，国家负担最重者，唯战争费和边防费，然而战争和边防的费用支出，在当时并无一定制度可言。

1.秦朝的军费支出

秦统一中国之后，其战争费用，支出浩大。秦统一中国之后的主要战争是对匈奴的战争。秦始皇先遣蒙恬发兵 30 万人北击匈奴，夺回河套南北阴山地区。（《史记·秦始皇本纪第六》）又派尉屠睢率领 50 万大军攻占百越地区，正所谓"北构于胡，南挂于越"

[①]　《汉旧仪补遗》卷载："太官、汤官奴婢，各三千人。"
[②]　《汉书·百官公卿表第七》载："吏员自佐史至丞相，十三万二百八十五人。"

（《汉书·严硃吾丘主父徐严终王贾传第三十四》），又征调40万人北筑长城，绵延数千里，其目的也在于防御进犯之敌。

北伐匈奴、南攻越，这些应属于战费支出；而戍五岭、筑长城，则属于边防支出。

2.汉朝的军费支出

汉朝时期的军费，除平时的养兵费外，还有对匈奴、鲜卑、羌的战争经费和大量的边防经费。对内也发生过平叛的战争，如平吴楚七国之乱，但很快就平息下去了，所费占整个军费支出的比重不大。

汉武帝即位后，利用汉初积累起来的财富，展开了反击匈奴的战争。自元光六年（前129年）开始对匈奴作战，至征和三年（前90年），前后40年间，与匈奴交战大小数十次，损失巨大，数十万士卒、数十万马匹葬于黄沙之中，还有无数运送粮草辎重的民夫死于内地到边疆的途中，同时还有大量的赏赐之费。西汉除对匈奴的战争外，还有西方的羌和南方的南越、闽粤、南蛮、西南夷等的战争，这些战争，时间较短，且涉及兵力不多，战费支出也不是很多。

东汉时期的对外战争规模最大的就是对羌的战争和对鲜卑的战争。东汉对西羌的战争，到安帝元初五年（118年），"军旅之费，转运委输，用二百四十余亿，府帑空竭"。顺帝永和（136—141年）以后，再次同西羌发生了战争，这次战争损耗也是很大的，"十余年间，费用八十余亿"。仅这两次战争就耗费320余亿，还不包括人员、装备的损失。当然，在这些军事费用中，也有大量的物资被军将们所贪污，"诸将多断盗牢禀，私自润入"。（《后汉书·西羌传第七十七》）后又有对东羌之战，自灵帝建宁元年至二年（168—169年）两年间，"凡百八十战……费用四十四亿，军士死者四百余人"（《后汉书·皇甫张段列传第五十五》）。

汉朝时期除战争费外，还有数额巨大的边防费用。如对南越、闽粤、南蛮、西南夷等地，在平定之后，还要加强防护才能保证那里的和平与安定。另外，对匈奴用兵结束之后也有一个边疆守卫问题，而对西羌的防御困难更多、难度更大。西羌距内地路途遥远，粮食运输的损耗过大，"千里负担馈饷，率十余钟致一石"（《汉书·食货志第四》）。这不仅要征发大量的兵役，到边疆戍守，而且要征发大量的力役，以运输粮食，可见防守费用之高昂。后来发展了屯田制度，在边疆筑城屯田，不仅保卫了国防，繁荣了边疆经济，也减轻了国家的财政负担。

四、祭祀等迷信支出

祭祀是封建社会的重要支出内容之一，但在全部财政支出中所占的比重，已较奴隶社会大幅度降低。如封禅、祭山川、祠祀等。秦始皇还曾"发童男女数千人，入海求仙人"，"费以巨万计，终不得药"。始皇死后，秦二世又为其建始皇庙等。

汉朝的祭祀承秦制，既有封禅、祭山川之事，又有寻长生不老药之事，而且更甚于秦。特别是修建祖庙一事，尤甚于秦。祭祀祖庙支出的内容包括：一是建庙祠所需人力、物力、财力数量巨大；二是一年祭祀所耗用的物品数量巨大；三是用以守卫祠庙的卫士

（实际上就是百姓所出兵役）数量巨大；四是所养祝宰乐人数量巨大，而且喂养祭祀所需的各种牺牲（牛、羊、猪、鸡、鸭等）的人员还不包括在内。此外，还有祭天、祭地、祭山川、祭鬼神等祭祀活动，每年耗费不赀。特别是汉武帝时，还像秦始皇一样，派千人入海求长生不老药，所费甚巨。

五、交通、农田水利支出

秦统一中国前，就大力兴修水利。如兴建都江堰工程，开"郑国渠"（《史记·河渠书第七》），为促进农业生产发挥了巨大的作用。秦朝统一中国后开始在全国各地兴修道路，使全国形成四通八达的交通网。史载，秦始皇二十八年（前219年）修筑驰道，东至河北山东地区、南至江浙两湖地区，"道广五十步，三丈而树，厚筑其外，隐以金椎，树以青松"（《汉书·贾邹枚路传第二十一》）。秦始皇三十五年（前212年）又修筑九原郡治所（今包头西南）至咸阳的直道1 800公里。此外还在西南边境的云贵地区修筑"五尺道"。这些道路，以咸阳为中心，四通八达，促进了全国经济文化交流和国民经济的发展，但同时也耗费无数的资财，造成了巨大的财政支出。

汉朝在发展交通、水利事业方面的财政支出也取得很大的成效。汉朝开凿的水利工程有龙渠、六辅渠、白渠、渭渠、汾渠、成国渠、灵轵渠、韦渠等。汉朝工程最大、支出最多、持续时间最长的水利工程，就是治黄工程。因黄河经常发生水患，时有改道，给沿河两岸百姓带来了巨大的灾难，对此，汉朝历代的统治者，均注意黄河的治理。

汉朝沿袭了秦朝的重农抑商政策，所以也同秦朝一样重视农田水利建设，而且较之秦朝又有更大的发展。特别是汉武帝，他一边以巨大的代价北伐匈奴，一边又以巨大的代价兴修水利工程。至东汉，仍不断兴修新渠，或完善和发展旧渠。这些农田水利建设支出，虽费用浩大，但却有利于发展农业经济，因而受到后人的称道。

六、移民垦殖支出

秦汉时期还有一项经济事业支出也颇值得称道，即移民垦殖。秦汉时期的移民政策包括两大类：一类是政治移民，如秦"徙天下豪富於咸阳十二万户"（《史记·秦始皇本纪第六》）。这类移民既充实了国都咸阳，又便于控制六国旧贵族及其后裔，还可节省移民之费。另一类是经济移民，如秦始皇二十八年（前219年）"乃徙黔首三万户琅邪台下，复十二岁"。这次移民主要是为了充实琅邪台下的户口，国家付出的代价是减免这些移民12年的徭役及更赋。秦始皇三十五年（前212年）、三十六年（前211年），又有两次大规模的移民。

汉朝的移民与秦一样，也有政治移民和经济移民两大类，但这两类移民的内容却发生了变化。其政治移民的目的既有控制富民，加强统治的目的，又有移民实边、开发边疆以巩固国防、抵御匈奴的目的；其经济移民，则主要是为了解决灾民的安置问题。

为达到控制富民、加强统治目的的政治移民，始于汉高祖时期，史载汉高祖九年（前198年）十一月，将齐、楚等地的大族包括昭氏、屈氏、景氏、怀氏、田氏五姓迁移至关中，并给予田宅（《汉书·高帝纪第一》），另加燕、赵、韩、魏后裔，及豪杰名家，共

10 余万人①（《汉书·郦陆硃刘叔孙传第十三》）。这次移民可以说是一举两得：一是打击了旧贵族势力，消除了关东地区的隐患，促进社会的安定，也有利于巩固汉朝的统治；二是增加了关中地区的人口，充实了关中经济实力，而关中距边疆前线只有一天一宿的路程，因而这次移民也有利于防御匈奴。为达到充实边疆目的的政治移民，主要发生在汉武帝时期。自汉武帝开始，至西汉末，向西北地区的移民遍及朔方、五原、西河、北地、安定、陇西、金城、武威、张掖、酒泉、敦煌诸郡。

经济移民主要是指为解决灾民的安置和就业问题而进行的移民。汉武帝元狩四年（前119年），关东因黄河泛滥而发生较大水灾，将关东贫民迁移至陇西、北地、西河、上郡、会稽等地，达72.5万人，由当地政府给予衣食救济，并帮助兴办产业（《汉书·武帝纪第六》）。这次移民的目的显然是安置因灾而贫的关东百姓，因此属于赈灾性移民。另外一次较大规模的经济移民发生在汉平帝时期。当时各州郡发生旱灾，接着又爆发蝗灾，为了解决受灾百姓的生活与生产问题，于是"募徙贫民，县次给食。至徙所，赐田宅什器，假与犁、牛、种、食。又起五里于长安城中，宅二百区，以居贫民"（《汉书·平帝纪第十二》）。

七、推广农业先进技术支出

汉武帝末年，为了发展农业生产，曾大力推广赵过的代田法，并取得了很大的成效。据载："武帝末年，悔征伐之事，乃封丞相为富民侯。下诏曰：'方今之务，在于力农。'以赵过为搜粟都尉。过能为代田，一亩三圳。"这项技术可以提高开垦土地的速度和耕种土地的效率，"率多人者田日三十亩，少者十三亩，以故田多垦辟"。同时也大大提高了农作物的产量，"一岁之收常过缦田亩一斛以上，善者倍之"。为推行这项技术，"大农置工巧奴与从事，为作田器。二千石遣令长、三老、力田及里父老善田者受田器，学耕种养苗状"（《汉书·食货志第四》）。这项事业支出虽然数额不多，但效益却很大。

八、社会保障支出

两汉时期的社会保障，从内容上，可分为赈灾、恤贫、养疾、礼高年等项，其中主要是赈灾，其他如恤贫、振困、礼高年等，均属经常性社会保障措施，在社会保障支出中所占比重不大；从保障形式上，可分为国家的保障、民间保障等项，其中以国家的社会保障为主，而民间的社会保障时或有之，不占主要地位。

1.赈灾

两汉时期灾伤最严重者当数旱、水、蝗三灾，而发生区域多在黄河中下游、关中一带。所以，两汉时期的赈灾支出多用于三灾、两地。

两汉时期的赈灾措施主要有：（1）免租、免役、免赋。（2）开仓赈粮。（3）贷予种子、口粮或耕牛，甚至免收债息。（4）将皇室园林、公田、荒田租借给百姓以赈灾。（5）皇帝和官府节约开支以赈灾。（6）对受灾百姓，官府给以医药、衣物。（7）对因灾死

---

① 娄敬，高祖刘邦封郎中，赐刘姓，故又称"刘敬"。

亡者，官府发给丧葬费，或直接收敛。（8）对因灾而无食之民，实行赈粥。

此外，还有一些特殊手段，如赐民爵，或允许百姓出卖爵位；还有如允许百姓卖子以渡过灾年等。秦汉时期的经济移民，则主要是解决灾民的生活安置问题，所以也是赈灾的重要方式之一。

两汉时期，为了强化赈灾力度，往往不是采取单一的赈灾措施，而是根据具体情况运用多种措施的组合进行赈灾。

2.恤贫、养疾、礼高年

两汉时期，官府对贫苦百姓也时常给以各种方式的照顾，以示对贫苦百姓的关怀。文帝即位不久就下诏书："方春和时，草木群生之物皆有以自乐，而吾百姓鳏、寡、孤、独、穷困之人或阽①于死亡，而莫之省忧。为恫父母将何如？其议所以振贷之。""赐天下孤寡布、帛、絮各有数。"（《汉书·文帝纪第四》）这种对鳏、寡、孤、独、穷困之人的照顾，在文帝时似已形成制度，一直到东汉末相沿未改。

汉朝还曾对士兵实施赈恤，这种赈恤主要发生在汉朝建立之初，免除这些关中士兵的徭役和租税。当然，这种优惠只是临时性措施。

此外，汉朝还有礼高年。汉文帝时，曾下诏："年八十已上，赐米人月一石，肉二十斤，酒五斗。其九十已上，又赐帛人二匹，絮三斤。"（《汉书·文帝纪第四》）这项制度自文帝实施以后，一直到东汉末行而未辍。

3.借助官吏和民间财力赈灾

借助民力或官吏的财力赈灾不属国家的财政支出，但却有利于减少国家的财政开支。所以对于汉朝而言，这是解决国家财政困难、及时救助灾民的一种好办法，也是缓和阶级矛盾的一项有力措施。这项措施最早始于汉平帝。史载，平帝元始二年（2年）夏四月，"郡国大旱，蝗，青州尤甚，民流亡。安汉公、四辅、三公、卿大夫、吏民为百姓困乏献其田宅者二百三十人，以口赋贫民"（《汉书·平帝纪第十二》）。这是有组织地动员官吏富民为穷苦百姓献田的事例，此外，民间自发地赈济百姓者，也时或有之。至于一个家族自己内部的相互赈恤的事例就更多了，兹不一一列举。

秦汉时期的财政支出，不仅有上述诸项，还有如文化教育、选举官吏、编纂国史等，这些支出数额不大，对社会的影响有限。

第六节

秦汉时期的财政管理

秦汉时期的财政管理包括财政管理体制和财政管理机构、屯田管理、均输平准、漕运

---

① 读"diàn"。

管理、会计管理等，但屯田、均输平准已在本章第四节中述及，故不重叙。

一、财政管理体制

秦汉时期的财政管理体制，从纵向上看，实行的是中央集权为主体的财政管理体制；从横向上看，则主要是国家财政与皇室财政分开管理。

1.中央集权为主的纵向财政管理体制

秦始皇统一全国后，加强中央集权，废除了分封制，实行郡县制。西汉初年，郡县制与分封制并存。郡、县的行政长官（太守、县令），由中央任命，掌治其郡县，总管其所辖区域的民政、财政等事务，具体则由若干负责某项事务的官吏办理。其所办的财政事务均须按照中央的财政规章进行办理，为中央负责。

西汉初年分封的诸侯国，其财政有相对的独立性。虽然中央对诸侯封国在政治、军事上的权限有一定限制，但给予其相对独立的权限，如在封国内任免官吏、自征租赋、开矿铸钱、自建军队等权力，从而逐渐形成本弱末强的态势，并最终酿成了吴楚"七国之乱"。汉景帝平定七国之乱后，实行削藩政策，在政治上取消了封国的官制及职权，剥夺了封国的行政权，只保留其衣食租税的待遇。汉武帝即位后，进一步加强中央对财政的管理权，诸如，将铸币权收归中央，实行盐铁官营，实行均输、平准等官营商业，委派刺史来监察地方等，从而使中央集权得以进一步加强。

东汉初年，汉光武帝刘秀将监察刺史逐渐固定为州一级的地方长官，于是州成为高于郡的一级行政的行政区。刺史处理地方政务，不通过三公，可直接上奏皇帝，以皇权为核心的中央集权得以进一步加强。然而，东汉末年，为了集中各郡的财力、物力和军力以镇压黄巾军起义，州的权力进一步扩大，其官职又高，从而使地方财权势力膨胀，最后中央集权瓦解，形成三国鼎立的局面。

2.国家财政与皇室财政分立

秦汉时期，国家财政与皇室财政已经各自分立，国家财政与皇室财政各有各的财政管理机构，各有各的财政来源，各有各的财政支出。当然这种体制的转变，不是一蹴而就的，而是在漫长的发展过程中逐渐变革的。

在国家财政与皇室财政分立的体制下，国家财政的主要财政来源包括农民的田租、徭役、算赋、盐铁专卖及盐铁税收、卖官鬻爵赎罪收入、屯田收入和平准收入等；国家财政的主要支出包括军事支出（如战争费、国防费等）、官吏俸禄支出、各类经济事业支出（如屯田费、平准费、工程建筑费、水利建设费）、各项行政费用支出、国家负担的社会保障支出等。

汉朝建立之初，国家赋役的征收实行配赋税制，即"量吏禄，度官用，以赋于民"（《汉书·食货志第四》）。之所以实行这种制度，主要是因为当时百姓过于贫穷，为了安定百姓，不得不减轻田租、力役的征发。而要减轻百姓赋税负担，就必须俭省财政支出。实行配赋税制，正是为了以支控收，按照支出的多少向百姓征发多少。这就需要将官吏的俸禄和官府的费用进行精确的计算，然后再征之于百姓。当时规定："自天子以至封君汤沐邑，皆各为私奉养，不领于天子之经费。"（《汉书·食货志第四》）即不由国家财政开支。而官吏的俸禄虽由国家开支但标准比较低，从而保证支出不会超过百姓所能负担的能力。

皇室财政的主要收入来源，包括山川、园池、市肆的租税，包括口赋（汉朝）、山泽税、园池收入和江河海陂收入、酒税、关市税以及户赋、献费和酎金等；其财政支出主要是皇帝本人及其亲属的消费，包括衣、食、住、行、生、老、病、死等项费用支出。正常情况下，国家财政与皇室财政互不挪占。但在皇帝昏庸无道的时候，也会出现国家财政被皇帝挪占的情况，而在皇帝励精图治的时候，皇帝也会以皇室财政支持国家财政。

二、财政管理机构

秦汉时期的财政管理机构，分为中央财政管理机构和地方财政管理机构，而中央财政管理机构又分为国家财政管理机构和皇室财政管理机构。

1.中央财政管理机构

（1）国家的财政管理机构

秦统一中国之后，设立了全国统一的国家财政管理机构，主管这个机构的官员称治粟内史，属官有太仓、均输、平准、都内、籍田五令丞和斡官、铁市两长丞。又在各郡设立诸仓农监、都水等职官。汉初因之，景帝后元元年（前143）将治粟内史更名为大农令，武帝太初元年（前104）更名为大司农。王莽时，将治粟内史改为羲和，后更名为"纳言"（《汉书·百官公卿表第七》）。东汉时又改称大司农，"掌诸钱谷金帛诸货币"（《后汉书·百官三》）。主管财政的官署最早见于西周的太府，但太府在西周只是地位较低的五大夫。而秦汉时期的治粟内史（大司农）则是九卿之一，较之西周的太府，不仅地位提高，职掌范围也明显扩大，从而表明了秦汉时期对国家财政的充分重视。

（2）皇室的财政管理机构

秦汉时期，设立了皇室财政管理机构，这个机构称为少府。少府是主管山林川泽之税，以供皇帝和皇室之用的机构。史载："大司农供军国之用，少府以养天子也。"由此说明，在当时国家财政与皇室财政已经各自独立，并有各自的作用。少府设置了尚书令丞、太医令丞、太官令丞、汤官令丞、导官令丞、都水长丞、均官长丞、中书谒者等大批属官，而且直接役使着为皇室或官府制作器物服等的大量刑徒和奴隶，并负有征管财政收入的职责。从这一庞大的机构设置及其繁多的财务活动，可以看出秦汉之后，强化皇权的特征十分明显。所以"少府"并不是小府，而是比国家财政管理机构的"治粟内史"（大司农）还要大得多的财政管理机构。"汉定以来，百姓赋敛一岁为四十馀万万。吏俸用其半，馀二十万万，藏于都内为禁钱。少府所领园地作务之八十三万万，以给宫室供养诸赏赐。"（《太平御览·治道部八》）可见，少府所掌握的财政收入比"治粟内史"（大司农）多得多。东汉时，少府的职责发生很大变化，基本上不再管理财政收入，单纯管理皇室财政支出。与此相适应，所属机构也相应缩减，地位有所下降。到后来，少府基本上变为为皇室服务的机构，其财政职能基本上消失了。

皇室财政管理机构除少府外，在武帝时，还将少府中主管山林川泽事务、上林苑事务和主管平衡税收的"都水"独立出来，设置了"水衡都尉"一职。水衡都尉掌管上林苑的铸钱、均输、征收山林川泽之税等事宜。此官至东汉时，则兴废无常。

2.地方财政管理机构

在地方，郡设郡守，郡守的财政职责：一是"劝民农桑"；二是"振救乏绝"；三是"岁尽遣吏上计"；四是"边郡置农都尉，主屯田殖谷"。郡下设县，县有县令。县令的财政职责：一为赈恤百姓；二为征收赋税；三为管理户口；四为上计郡国。县下设乡，乡官的啬夫是主管乡财政的职官，其具体职责：一是安排乡间百姓服役的先后次序；二是按百姓的贫富确定征收赋税的数量；三是按上、中、下三品评定百姓的户等；四是主管征收百姓的赋役。

此外，凡郡县出盐多者设盐官，主盐税；出铁多者，置铁官，主鼓铸；有工多者置工官，主工税物；有水池及鱼利多的地方置水官，主收渔税。所在诸县，均设置官吏办理有关事项。可见，盐官、铁官、工官、水官皆置于郡县，主要职责是负责对盐铁、手工、水产等项进行管理和征税。设官置署的原则是随事置吏，即根据需要设置机构。

三、预算审计管理

预算审计自西周以来就受到国家统治者的重视，至秦汉时，预算审计管理又有进一步的发展和完善。

1.预算年度

秦朝实行《颛顼历》，以十月为一年之首。西汉建立之后，沿而未改。汉高祖刘邦之所以将每年的十月定为一年之首，一是承袭了秦制，二是为了纪念刘邦十月先于项羽至霸上，三是从冬十月至次年的九月，正是一年秋收的结束、冬季的开始，此时为年度的开始和结束，这正与农时相吻合，所以刘邦没有改变这一制度。汉武帝太初二年，丞相公孙弘、太中大夫壶遂、太史令司马迁等改订新历法完成。此即"太初历"。汉武帝按"太初历"改为历年制，即从正月为一年的开始，至十二月为一个年度。

2.上计制度

上计制度是地方行政长官按照规定的时间和要求，以文书的方式向上级行政长官报告本地财政收支状况及相关内容的制度。这一制度包含会计、预决算和审计等管理内容。秦汉时期均实行了上计制度。

上计的报送程序是：县的行政长官编制载有本地户口、垦田、钱谷等情况的计簿（亦名"集簿"）及说明，呈送郡国；郡国的行政长官根据属县的计簿和说明，再编制郡的计簿及说明，上报朝廷，朝廷据此评定地方行政长官的政绩。

　　汉朝建立之后，沿袭古制，确立了上计制度，并以张苍为总管全国上计的计相。同时制定了有关上计制度的法令，以确保上计制度的实施。而且由皇帝与丞相主持上计大典，朝廷则设"计相"（后改称"主计"），以主持上计事务。汉朝较之战国时的秦国及秦朝时期的上计于"内史"与"太仓"，其规格有明显的提高。另外，县、道上计于所属郡、国，郡、国上计于朝廷的两级上计程序，似乎形成于西汉时期。

　　上计的内容很广泛。"秋冬岁尽，各计县户口、垦田、钱谷入出，盗贼多少，上其集簿。"（《后汉书·百官志》之"属官县、邑、道、侯"条下的本注胡广曰）由此可见，上计的内容包括本郡县的户口数、成年男女数、垦田数、赋税收支数、仓库储存数、畜养牛马数，甚至于缉捕盗贼数等。

　　上计的时间是指国家举行上计大会的时间，不包括县向郡报送集簿和郡向中央报送集簿的在途时间。国家召开上计大会的时间，往往都在春末或夏初，即太初历的春三月或夏四月。

四、漕运管理

　　漕运本义是将国家所征收的税粮经水路运送至京师。后来，不论水路、陆路、海路，凡是将国家税粮运送到京师，或国家指定地点的运输，都称为漕运。中国的漕运在战国时期已经出现，在秦朝统一中国后，漕运方式得以进一步扩展，并曾凿渠运粮。汉在建国前后都曾用漕运供给军食。例如，萧何为支持刘邦打天下，曾在关中筹集粮食漕运至山东，"给食不乏"（《汉书·萧何曹参传第九》）。再如，高祖二年（前205年）"筑甬道属河，以取敖仓粟"（《汉书·高帝纪第一》）。西汉初年，可能建立了漕运制度，当时京师的官吏不多，官府又行节俭之策，所以漕运至京师的粮食，不过数十万石。以后京师的官吏逐渐增加，到汉武帝时，"漕从山东西，岁百余万石"（《汉书·沟洫志第九》）。为了尽快将粮食运至指定地点，同时也为了减轻百姓的徭役负担，有识之士积极倡导修渠以通漕运。如郑国当时所修筑的漕渠，就是典型的例子。东汉修渠通漕之举亦不亚于西汉。综观两汉时期，漕运虽然有所发展，但仍无固定制度可言。

综合训练

关键概念

田租　口赋　算赋　更赋　贳贷税　市租　算缗　均输　平准　常平仓

复习思考题

1.汉朝的田租包括哪些内容？为什么汉朝能够实行轻田租政策？

2.简述汉武帝时期盐铁专卖措施的利与弊。

3.试分析汉武帝时推行算缗、算商车、告缗令的原因、内容及影响。

4.什么是均输、平准？汉朝的这两项制度有何利与弊？

即测即评 3

综合训练参考答案 3

魏晋南北朝时期的财政

魏晋南北朝始于曹丕建魏（220年），至开皇九年（589年）隋灭南陈止，共370年。其间经历了三国时期、两晋时期和南北朝时期。这一时期，是中国历史上政权多变、内乱迭兴的时代，也是各民族大融合、封建政治制度和经济制度日趋成熟的时期，它上承秦汉，下启隋唐，在中国历史上占有重要地位。

第一节

魏晋南北朝时期的政治经济概况

一、魏晋南北朝时期的政治概况

魏晋南北朝的近400年间，始终贯穿着国家的分裂、战乱的纷扰与民族的融合，这是这个时期突出的政治特点之一。黄巾起义失败之后，中国一直处于封建割据之中，国家分裂，战乱不止。据不完全统计，近400年间，至少有36个政权，或同时并立，如三国鼎立；或递相嬗替，如北方十六国、南朝的宋齐梁陈等。平均每个朝代不过15年，其中立国时间最长者为北魏，近150年；最短者，不过3年（十六国时的冉魏）。北方大规模、长时期的战乱长达212年。在中原的统治者日益腐败、战乱又使中原元气大伤之时，北方的少数民族乘机南下。他们的南下为此后中国形成多民族的统一国家准备了必要的条件。

魏晋南北朝时期的政治制度，在国体上仍然是地主阶级专政的封建国家，政体上仍然是君主制，行政上，在中央实行三省制，地方实行州郡县三级制，各级官员向皇帝负责。不过，这一时期居于权力核心的是门阀士族地主。由于各级官员的选拔以出身的门第为标准，这就形成了门阀士族制度，并成为这一时期政治的一个基本特征。在这一制度下，士族地主成为官僚机构中人数最多的一个阶层。对于门阀士族，封建国家政权给予了很多的政治和经济特权，他们不仅左右着皇帝，把持着朝政，还倚恃雄厚的经济实力和特权大量侵吞官田、荒地以及兼并农民土地，这一方面使失地农民沦为其佃客，从而激化了阶级矛盾，另一方面又不承担赋税徭役，致使国家财源减少，财政收入急剧下降。面对这种情况，封建国家政权为维护其根本的统治利益，在加重对人民的赋役剥削的同时，也不得不对士族地主的过分兼并行为进行一定的抑制，并采取措施与他们争夺劳动人口和土地。因而政府与地主争夺土地和劳动力的斗争，是本时期又一突出的政治特征。

二、魏晋南北朝时期的经济特点

受这个时期的政治状况的影响，这个时期的经济呈现出如下特点：

1.江南经济得到迅速开发，中原经济的发展相对缓慢

由于北方连年战乱，农民被迫大量南迁。中原百姓的四处迁徙，特别是向南迁徙，开发了长江三角洲和珠江三角洲，也开发了西南、东北、西北、东南等边远地区，促进了各地经济的繁荣和政治的发展，并进而促进了南北经济趋向平衡，为我国经济重心南移打下基础。在江南经济得以开发的同时，北方经济虽屡遭破坏，但总体上还是有所恢复和发展的，只是发展得缓慢一些。

2.士族庄园经济和寺院经济占有重要地位

精研深探
4-1

《江南春》

自东晋建立以来，士族地主利用其政治特权，在一些富庶之乡，疯狂侵夺土地，动辄吞占良田沃土数十顷至数百顷；大量募集劳动人口，成为依附于他们的农奴，从而减少了国家的户口；他们还"封锢山泽"，不准百姓进入等，士族地主庄园已成为社会发展的大蠹。东晋南朝时期，佛教得到很大发展。统治阶级大造佛寺，广招僧尼。各个郡县也有很多佛寺，每个佛寺都拥有众多的田产和僧众，于是就形成了堪与士族庄园经济相媲美的寺院经济。寺院经济与士族庄园经济一样，都是阻碍社会经济正常发展的桎梏。

3.商品经济水平较低

魏晋南北朝手工业门类与秦汉基本一致，但品种更丰富，产量增加，技术有所进步，突出的手工业部门有纺织业、冶矿业、制瓷业、造船业和造纸业；发明了灌钢法，开始利用石油和天然气。魏晋南北朝时期商业畸形发展，这是由于士族庄园经济和寺院经济都属于自给自足的自然经济，这种经济的发展严重阻碍了商品经济的发展；而长期的国家分裂和战乱，致使钱币衰落，商品交换多实行物物交换。但北魏以后，北方商品经济有所恢复，南方商品经济相对比较活跃。这一时期对外贸易却比较活跃。东晋南朝时期的海外贸易相当繁荣，番禺是最主要的口岸，当时有载重两万斛的大船远航南洋各国，西经印度洋，远达天竺（今印度）、狮子国（今斯里兰卡）、波斯（今伊朗）等国，这些国家的海船也经常成批地到来。

三、魏晋南北朝时期财政的特点

基于魏晋南北朝时期的经济、政治状况，这个时期的财政也表现出如下突出的特点：

1.进行土地制度改革，控制财源

面对东汉末年以来长期战乱所造成的流民和荒地问题，为增加生产，三国统治者推行屯田制，西晋实行占田制，北魏实行均田制。这些土地制度在中国历史上，有的是第一次出现，如占田制、均田制；有的虽然以前曾经实行过，但没有像该时期这样受到如此的重视。而均田制则一直沿用到唐朝中期，屯田制则一直延续到清末。这些土地制度的改革不同程度地推动了当时社会经济的发展，也为国家财政充裕奠定了基础。

2.财政制度不断变革

当时由于兵连祸结，战乱不休，致使人口流失，土地荒芜，民不聊生，国家财政也十分困窘。各个政权为了巩固自己的统治地位，都在积极进行变革。三国时期，曹操首先将汉朝以人头税为主的租赋制改为按田征租、按户征调的租调制，从而弱化了人头税，以减轻百姓的赋役负担；西晋则实行了占田制下的课田户调制；拓跋氏建立的北魏政权则实行了均田制下的租调制等。这些改革都在不同程度上促进了经济的发展，有利于安定社会秩序，也有利于充实国家财政，从而为实现国家的统一奠定了物质基础。

精研深探
4-2

曹操的简介

3.货币之征受到弱化

这个时期是货币经济大倒退的时期。当时各个政权或国家也纷纷铸造货币，但是由于连年战争、政权所辖地域狭小、南北长期对峙，所以货币难以流通，商品交易多以布帛为币。而国家所急需的不是货币，而是实物，如粮食、布帛等。在这种情况下，国家财政的征收很少征钱，大都征收实物。自西汉发展起来的货币之征，至此又退回到了实物之征。

第二节

三国时期的国家财政

东汉末年，政治腐败，导致黄巾起义等农民起义。在镇压起义军的过程中，曹操、刘备、孙权等豪强势力逐步发展成为割据一方的政治势力，最终形成了三国鼎立的局面，是为三国时期（220—280年）。为实现统一，各国都曾采取一系列财政政策措施。

精研深探
4-3

东临碣石有
遗篇——毛
泽东与曹操

一、三国时期的赋役

黄巾起义失败之后，中原出现了诸侯割据的混乱局面。在这种局面下，为逃避战乱，百姓纷纷四处流亡，致使土地抛荒，中原人口急剧减少，粮食产量大幅度下降。三国时期的统治者面对这种形势，要巩固本国的统治、发展本国的势力，就不能不首先考虑粮食问题和人口问题。所以三国时期制定财政政策的着眼点就是要大力开垦土地、努力增加人口。

精研深探
4-4

《蒿里行》

1.屯田

三国形成之前，由于战乱，百姓流离失所，农业生产受到破坏，粮食短缺，经济萧条，各豪强武装也是军需不足。在这种情况下，时为丞相主簿的司马朗，建议曹操乘天下大乱、土地荒芜之时，恢复井田制，对此曹操不以为然。这时正好羽林监颍川人枣祗"建置屯田"（《三国志·魏书·任苏杜郑仓传第十六》），曹操采纳了这项建议，当年就招募百姓在许下屯田，并取得军粮100万斛。由于屯田效果很好，于是便在其他州郡设置屯田官吏，扩大屯田范围。

曹操实行的屯田与前朝的屯田不尽一致。具体表现为：（1）改强制移民屯田为自愿移民屯田。汉朝的屯田多是强制性的移民屯田，而且对屯田之人的管理也是十分严格的，屯田百姓实际上相当于官奴。曹操则让百姓自愿屯田，对屯田管理也较宽松，结果受到百姓的欢迎。（2）屯田地域广阔，且以民屯为主。曹魏屯田初期主要是民屯，后来军民屯田并举，屯田地域则遍及统治区域各地。（3）对屯田吏、民的屯田情况进行考核，即所谓"明功课之法"（《三国志·魏书·袁张凉国田王邴管传第十一》）。（4）对屯田所得，实行官民分成制，从而调动了百姓的生产积极性。曹魏时无论军屯还是民屯皆实行分成制，或四六开，或对半分成，其征收率分别为60%和50%。这是曹操屯田的最突出的特点。

为了鼓励百姓积极参加屯田，曹操对参加屯田的百姓实行了减免税收的办法，即一年全免、两年半税、三年全纳的政策。

此外，为了加强屯田的管理，曹操设置了较为完整的管理机构。屯田的管理机构包括中央管理机构和地方管理机构，中央由大司农主管屯田事宜，地方则设置相当于郡守的典农中郎将或典农校尉和相当于县令的典农都尉两级机构具体负责屯田工作。

屯田制度为曹魏统一北方，进而为晋统一中国奠定了雄厚的物质基础。三国期间，不仅曹魏实行了屯田，蜀汉的刘备与吴国的孙权，都曾实行过屯田。

2.田赋

黄巾起义以及此后的东汉丧乱，致使中原百姓逃散，土地荒芜，无人耕田，粮价急剧上涨，至每石五十万钱，豆麦二十万钱。这时，国家的财政制度荡然无存，征税系统尽遭破坏。曹操首先广开屯田，以解决军队的粮食供应问题，但屯田之入不能代替赋役收入，在曹操执政之下的东汉政权还必须建立正常的赋役制度，以安定百姓，以养百官。

建安九年（204年）九月颁布了《收田租令》："有国有家者，不患寡而患不均，不患贫而患不安。袁氏之治也，使豪强擅恣，亲戚兼并；下民贫弱，代出租赋，衒鬻家财，不足应命；审配宗族，至乃藏匿罪人，为逋逃主。欲望百姓亲附，甲兵强盛，岂可得邪！其收田租亩四升，户出绢二匹、绵二斤而已，他不得擅兴发。郡国守相明检察之，无令强民有所隐藏，而弱民兼赋也。"（《三国志·魏书·武帝纪第一》）这项法令是中国赋税制度的一次重大改革，即由汉朝实行的租赋制，改变为租调制，即按田征租、按户征调。其实早在东汉质帝本初元年（146年）就曾出现按田征租、按户征调的情况，至桓帝、灵帝时，关于"调"的记载更时有所见。但当时的所谓"调"，还不是一种正常的赋税，而属于临时征发。曹操在屯田的基础之上，废除了口赋、算赋，而将临时性的征发制度化，实行了按田征租、按户征调的制度。

　　这项改革之所以能够实行，是以屯田为基础的，如果没有广泛的大规模的屯田，如此轻简的赋税制度是断不会实行的。曹操改革后的田赋的税率远低于三十税一，只相当于1.33%。这样低的税率，曹操如不依靠屯田之入，显然是无法维持国家统治的。

　　曹操的这项改革具有重要意义：

　　（1）这项改革有利于减轻和均平赋税负担。曹操实行按田征租、按户征调，不再征收口赋、算赋，也不再征收其他杂税，这无疑会大大减轻百姓的赋税负担。同时，又要求郡国严加检查，从而有利于实现赋税的均平。

　　（2）有利于促进农业生产的发展。这项改革将原来的比例税改为定额税，将田租、户调固定了下来，每亩土地的产量虽有增加，也不多增田租，每户生产的绢、绵增加也不多征绢、绵，即增产不增税。这样百姓就会为提高亩产，为增加绢、绵而努力生产，从而激发了广大百姓的生产积极性，也促进了社会财富总量的增加。

　　（3）这项改革弱化了对人的束缚，加强了对户的管理。还将原来的对田、对人税，改为对田和对户税。曹操除保留了田租的征课之外，将两汉时所征收的口赋、算赋、更赋、户赋等人头税概行免除，代之而行的则是户调制，从而弱化了对人的束缚，强化了对户的管理。

　　（4）这项改革具有适应性并奠定了收益课税向财产课税转变的基础。这项改革将原来的人头税的铜钱缴纳，改为户调的实物缴纳，适应当时社会经济的状况并为此后由对收益的课税向对财产的课税的转化奠定了基础。

　　（5）这项改革还体现了很强的法制约束。其中规定：在法令规定之外，"不得擅兴发"，还要求"郡国守相，明检察之"，即加强监督，"无令强民有所隐藏，而弱民兼赋也"。这说明这项法令的制度约束性很强。

　　曹操关于赋税制度的改革，对后世影响较大。此后北魏实行的新租调制及唐朝所实行的租庸调制都是在这项税制改革的基础上展开的。曹操进行这项改革的时候，东汉政权还没有被推翻，尽管只是名义上的，但还能号令全国，三国鼎立的局面还没有形成，所以当时无论是蜀汉，还是吴国，应当也实行了这项制度。

　　3.徭役

　　三国时期由于战事频繁，所以百姓的兵役负担十分沉重，此外，在三国后期，由于统治者日益腐朽，工程建筑也十分浩大，因而百姓又要承担繁重的力役。关于兵役，虽史无明载，但可以想见。力役之繁，则屡见于史。特别是魏明帝即位后，其铺张挥霍，可以说是三国之极。吴国的挥霍也是很严重的，致使百姓的力役负担十分沉重。但三国时期的兵役和力役具体采取怎样的征发制度，史未明载。

　　二、三国时期的盐铁专卖及杂税

　　对于盐铁专卖，三国都不同程度地实行过。蜀汉实行盐铁专营始于刘备入益州时，当时曾任用王连为司盐校尉、张裔改任为司金中郎将主持盐铁专卖事宜。诸葛亮平定南中后，还曾组织夷人煮盐冶铁，并派人向其传授织锦方法。曹魏也曾实行过盐专卖，并用盐

精研深探 4-5

诸葛亮的简介

精研深探 4-6

诸葛亮：鞠躬尽瘁的"一代廉相"

专卖获得的利益购买耕牛，以供给归附的流民从事农业生产。(《三国志·魏书·王卫二刘傅传第二十一》) 吴国不仅实行过盐、铁专卖 (《三国志·吴书·张顾诸葛步传第七》)，还实行过榷酤，即酒专卖。

此外，三国时期还征收一些杂税。比如，蜀汉对蜀锦的征税，在蜀汉财政中占有重要地位，所以诸葛亮不无感慨地说："今民贫国困虚，决敌之资，惟仰锦耳。"(《太平御览·布帛部》) 曹魏则有关津之税，据《魏书》载庚戌令称："关津所以通商旅，池苑所以御灾荒，设禁重税，非所以便民；其除池藁之禁，轻关津之税，皆复什一。"(《三国志·魏书·文帝纪第二》) 说明此前关津之税较重，魏文帝时恢复按1/10征税。

除上述诸项收入外，三国时期还有其他一些收入，如土特产品之收入。三国时期，由于长期战乱，经济受到极大破坏，财源基本枯竭，这时各国所有的土特产品遂成为重要财政来源之一。吴国的土特产品不仅是财政的挹注，而且成为外交的工具之一。(《三国志·吴书·吴主传第二》《三国志·吴书·三嗣主传第三》)

此外还有贡献收入，这主要是周边国家表示臣服的一种方式，不俱载。

三、三国时期的财政支出

三国时期的财政支出，主要包括皇室支出、官俸支出和军费支出等项。由于当时各国财政都比较紧张，所以用于皇室支出、官俸支出的数量相对不大，而军事支出则占很大比重。而在战事较少的相对和平时期，皇室支出则占较大比重。

曹操掌权时，战事频繁，全部财力都集中于南征北讨，所以曹操也力求节俭，不务奢华。但到了魏明帝曹叡时，情况发生了很大的变化，这时北方已经统一，战事相对较少，统治阶级开始大肆挥霍起来，史载，曹叡青龙三年 (235年) 春，正是农事大忙季节，"大治洛阳宫，起昭阳、太极殿，筑总章观"。当时的军费"一日之费非徒千金"，而明帝的挥霍就相当于一半的军费。

吴国也遵循这一规律，即初期相对节俭，后期便开始大肆挥霍。乌程侯孙皓即位不到4年，便"更营新宫，制度弘广，饰以珠玉，所费甚多。是时盛夏兴工，农守并废"，又"妄兴事役"，"使库廪空于无用，士民饥于糟糠"(《三国志·吴书·王楼贺韦华传第二十》)。

四、三国时期的财政管理

1.财政管理机构

三国两晋南北朝时期的财政管理机构，具有明显的过渡性，在九卿制与尚书制并存的行政体制下，财政管理机构也存在着大司农与度支尚书并存的格局，并在财政权责上表现为大司农与度支尚书之间的此消彼长，这种变化从三国时期即已开始。三国时期的财政管理机构基本同于东汉，其不同之处，首先是罢黜三公，而设丞相和御史大夫。曹操掌握东汉实权后曾自任丞相。丞相之下，设尚书令。其中，财政的管理机构为度支尚书，其属包括度支、库部、金部、仓部。此外还有，比部是财政考核机构，隶属于吏部尚书；起部，隶属于左民尚书，主管皇家建筑，如营建宫室、宫庙等，应属财政范围，但有事则设，无事则省，变成了一个独立机构。此前主管财政的官吏为治粟内史（后改为大农令、大司农等），曹魏时，大司农只管屯田，下设典农中郎将、典农都尉、典农校尉。

吴称度支尚书为户曹尚书，主计算。吴、蜀均有大司农一职。

三国时的各国库藏管理机构，钱入少府，谷入大司农。两汉时大司农掌管租税、钱谷、盐铁和国家财政收支，而三国时期，由于权力被分散，大司农则只能主管财物的库藏工作，其下设总管仓场的官吏：太仓、籍田、导官。

2.工商税收及漕运的管理

在三国时期，因为已经出现盐铁酒等税收和关市税收，因而也随之出现了这些工商税收的管理制度。但由于当时的经济发展遭到严重的破坏，工商业还未完全恢复，故而这些管理机构也不是很健全。

（1）盐铁课税的管理机构

蜀汉实行盐铁专营时曾设司盐校尉、司金中郎将等职官，主持盐铁课税工作。吴国也置司盐校尉，管理盐务。曹魏的盐政管理机构，"魏武于是遣谒者仆射监盐官，移司隶校尉居弘农"（《通典·食货典·食货十》）又载，"魏制九品……第六品……司盐都尉，第八品……司盐监丞"。

关于盐官的设置，因为当时经济环境很不稳定，所以官职的设置也兴废无常。

（2）漕运制度

曹魏时，邓艾曾建议开渠以利漕运，并得到魏齐王曹芳的批准而实行之。（《通典·食货典·食货十》）诸葛亮以木牛流马运输军粮之制，也属漕运之一种。史载："蜀相诸葛孔明出军至祁山，今扶风县，始以木牛运。其后又出斜谷，以流马运。"（《通典·食货典·食货十》）

第三节

两晋时期的财政

公元265年，晋武帝司马炎即皇帝位，开始了西晋时期。公元280年，晋武帝平定吴国，实现全国统一。虽然西晋统治者曾采取一些财税优惠政策，使得经济得以恢复和发展，但由于西晋统治集团的贪婪、奢侈与腐败，统治集团内部爆发了一场为争权而进行的一场长达16年的内战，史称"八王之乱"。这次内乱使中原地区的农业生产受到严重破坏，也引发了深刻的阶级矛盾和民族矛盾。愍帝建兴四年（316年）匈奴贵族刘曜夺得政权，西晋灭亡。琅琊王司马睿在建康称帝，是为东晋。东晋是偏安南方的王朝，北方有十六国与之对峙。为了有更多的财力和物力应对来自北方的威胁，东晋王朝曾多次实行"土断"，以整理户籍，达到稳定社会、充实国家财政的目的。

一、两晋时期的田制与田赋

曹魏后期，由于屯田屡遭主管官吏的侵蚀，加之统治者不断提高剥削率，屯田已经无法持续下去，魏末晋初，屯田制已被逐渐废止。为保证国家的财政需要，于是占田、课田制应运而生。

太康元年（280年），即晋统一全国的当年，晋武帝司马炎遂颁占田、课田制。

按照法令的规定，占田包括一般百姓的占田和官吏的占田两大类。百姓占田数量是，男子一人占田70亩，女子30亩，有占田权利的既包括正丁男女，也包括次丁男女。在此基础上，实行课田制，丁男承担纳税义务的课田为50亩，丁女为20亩，次丁男为25亩，次丁女则没有课田。同时明确，男女年16岁以上至60岁为正丁；男女15岁以下至13岁、61岁以上至65岁为次丁；12岁以下为小，66岁以上为老，既不占田也不纳课。（《晋书·志·食货》）这就是说，正丁男女及次丁男要在法律规定的基本占田数量内承担缴纳赋税义务。

官吏的占田又分为两种：其一为贵族占田，按照规定，国王公侯可在京城拥有一处宅地，在近郊占有一定数量的田地，根据等级，大国为15顷，次国为10顷，小国为7顷。城内无宅地而城外有者，听任留之。其二为一般官吏占田，按照规定，一品官为50顷，至九品官为10顷，每品以5顷为差。官吏不仅占田多，还实行荫户制，即可以依据官吏的等级荫庇亲属和佃客，这些人依法占有土地，可依法得到赋役的优免。

西晋在占田、课田制基础上的租调，依《晋书·志·食货》和《初学记·宝器部·绢第九》记载，包括如下内容：

（1）田租。"凡民丁课田，夫五十亩，收租四斛"，即每亩八升。依此计算，一对夫妇课田70亩，应承担5.6斛田租。次丁男为户者半输，次丁女则不课，老小免课。对于边远的少数民族（夷人）不课田，输义米户三斛，远者五斗，极远者输算钱，人二十八文。

（2）户调。"丁男之户，岁输绢三匹，绵三斤，女及次丁男为户者半输。其诸边郡或三分之二，远者三分之一。夷人输賨[1]布，户一匹，远者或一丈。"

（3）对于"食封"诸侯的秩奉规定。"凡属诸侯，皆减租谷亩一斗[2]，计所减以增诸侯；绢户一疋[3]，以其绢为诸侯秩；又分民租户二斛，以为侯奉。"

（4）其他规定。"其余租及旧调绢，二[4]户三疋，绵三斤，书为公赋，九品相通，皆输入于官，自如旧制。""其赵郡、中山、常山国输缣[5]当绢者，及余处常输疏布当绵绢者，缣一疋当绢六丈，疏布一疋当绢一疋，绢一疋当绵三斤。"

九品相通的具体做法大体是：各郡县政府每年要根据国家规定征收的数额，在本地区实行"评资"，按民户财产的多寡将其分为上上户至下下户凡九等，并分别确定每等户的

---

① 读"cóng"，即麻布。
② 当为"升"。
③ 读"pī"，通"匹"。
④ 疑为"绢"之误。
⑤ 读"jiān"。

应纳税额，依等征税，完成国家下达的征收任务。这表明，田租和户调的规定大体上是一个平均数，而实际征收是依各户资产多少来加以确定的，富户要多交一些，贫户要少交一些。

西晋政权实行占田、课田制度有着重要的社会意义：

（1）有利于稳定社会秩序。占田、课田制虽然没有彻底解决百姓占田的问题，但农民毕竟能够依法占有一部分土地，从此可以免受兼并之害，免遭流离之苦，尽管赋税仍然繁重，但由于一定程度上避免了百姓因无田可耕而引起社会经济的动荡，从而也有利于稳定社会秩序。

（2）有利于保护国家税源。西晋政权是在门阀士族支持下建立起来的，这个政权必然代表门阀士族的利益。而门阀士族集团是土地兼并、荫庇户口的罪魁祸首，他们要求西晋政权以法律的形式承认这些门阀士族从国家控制的编户中割取一部分作为自己的佃客、私属和从国家的赋税收入中割取一部分作为自己的地租收入的特权。于是在统治阶级内部就展开了一场博弈，占田、课田制度的实施实际上就是双方博弈后达成妥协的结果。如前所述，作为国家的一方让渡一部分利益给士族、门阀，并以法律的形式予以保护，但也突出体现了它限制兼并的作用，同时又适当保护了国家的税源，有利于国家财政的充实。

（3）有利于鼓励垦殖。占田、课田制从法律上承认农民对土地的占有权和耕种权，并在占田与课田之间形成了30亩的差额，这个差额就相当于免税的土地。而国家征收定额税，合亩收8升。这就一方面促进百姓积极垦荒，力争占足100亩的土地，以获得30亩的免税土地；另一方面，激励百姓努力提高亩产，以获得更多的税后余粮，这就是定额税的激励作用。

（4）有利于平均赋税负担。从前述制度可知，占田、课田制按劳动力的强弱规定不同能力的人占田、课田的数量，按重近轻远的原则根据距离的远近确定不同地区租调的定额，在同一地区内按每户资产的多少确定征收租调的具体数量（九品相通），这就使赋税负担比较均平，相对缓和了阶级矛盾，有利于稳定社会秩序，巩固统治阶级的政权。

然而，法无完法，这一制度同其他财政制度一样，自其建立之日起就存在着诸多弊端。具体表现在：

（1）占田制只规定了百姓占田的数量为一夫一妇可占田百亩，但没有具体措施保证农民占到足够的数额。不论农民是否占足田亩，每年都必须按一对夫妇课田70亩的税基缴纳租税。农民的赋税负担也会因占田数量不足而呈加重之势，曹魏田租为每亩4升，西晋增加了1倍。沉重的赋税负担使占田不足的农民生活十分困难，以至"一岁不登，便有菜色"（《晋书·列传·傅玄》）。

（2）作为国家的一项基本制度，占田、课田制虽然规定了士族地主占田的最高限额，但没有规定超过限额的处置办法，这实际上是默许士族地主的占有现状，不去触动他们的既得利益。此外，对还田、有新增人口如何分田等内容，也缺乏具体的规定，因而占田、课田制是难以持久的。如果说它在初期对土地兼并还有一些抑制作用，那么由于它并未从根本上触动封建土地所有制，所以，未过多久，兼并之风便又盛行如故。

东晋时，由于士族地主的土地兼并日益严重，占田、课田制已经无法继续下去了。当时的财政主要靠当地居民缴纳的土特产品来维持（《隋书·志·食货》），后来又重新实行"度百姓田，取十分之一，率亩税米三升"的"度田收租制"，即在清丈土地的基础上，根据各户实有土地的多少，按亩定额征收。此后，由于豪强地主的反对，田赋积欠严重，又改行按口征税，王公以下口税3斛，后又增加为口税米5石。（《晋书·志·食货》《隋书·志·食货》）这一制度实际上是将对田征税改为从丁而税。至于东晋的调，基本与西晋相同，只是课征范围略有差异。

二、两晋时期的徭役

两晋的徭役包括兵役、劳役和其他杂役。西晋曾于咸宁元年（275年）罢屯田官，太康元年（280年）罢州郡兵，兵役减轻。东晋时实行"有事则征民为兵，无事则散而为农"的政策，兵役相对较轻。但也曾发私奴为兵的情况，人不堪命。这说明当时的兵役制度也有一定随意性。在劳役方面，东晋沿袭西晋的做法，但服役年龄则进一步宽泛。规定男子16岁起服全役，13岁至15岁、61岁至65岁则要服半役。役及少年，实为少有。东晋范宁的上书，昭示了东晋劳役的繁重程度。他说："古者使人，岁不过三日，今之劳扰，殆无三日休停，至有残刑翦发，要求复除，生儿不复举养，鳏寡不敢妻娶。"（《晋书·列传·王湛荀崧范汪刘惔张凭韩伯》）他主张"宜修礼文，以二十为全丁，十六至十九为半丁"，但未被采纳。此外，东晋时王公贵族有免役特权。

三、两晋时期的工商杂税

两晋时期是中国历史上苛捐杂税最多的时期之一，现举其要者，叙述如下：

1.舂税

它行之于西晋，是指官设舂米设施如水碓之属，凡民舂米则收取使用费。这种税，名为"税"，实则为"费"。

2.檑（lí）税

它行之于西晋，是官府对客舍所收之费。即官府每十里设置一所官办的客舍，即"官檑"，既可使行人避免盗贼的劫掠，又能解决百姓因贪路而错过宿营地的困难，同时还可以因官设檑而增加财政收入。（《晋书·列传·夏侯湛潘岳张载》）

3.关市之税

它行之于两晋，是对所贩卖的货物经过关卡进入市场所征收之税。其中既包括经过关卡所征之税，又包括进入市场所征之税。西晋司马炎曾下令："复天下租赋及关市之税一年，逋债宿负皆勿收。"（《晋书·帝纪·武帝》）可见当时确已开征了关市之税，只是在司马炎即位时实行了减免。东晋时关市之税十分繁苛，百姓深受其害。"自东晋至陈，都西有石头津，东有方山津，各置津主一人，贼曹一人，直水五人，以检察禁物及亡叛者。获炭鱼薪之类过津者，并十分税一以入官。淮水北有大市百余，小市十余所，大市备置官司，税敛既重，时甚苦之。"（《通典·食货典·食货十一》）

4.估税

它行之于东晋，是对市场交易行为所课之税，包括输估、散估两种。输估是指对数额较大之货物的交易行为所课之税，凡数额较大者，如奴婢、马、牛、田、宅等，需立文券者，按文券所书数额征税，称为输估，税率为4%，即一万钱征400钱，其中买方纳100钱，卖方纳300钱；凡不立文券的交易行为，亦按交易额课4%的税，税额由卖方承担，称散估（《隋书·志·食货》）。这种按交易行为所课之估税，是后世契税的滥觞。当时，征收这种税的本意是想抑制商贾，平均税赋，达到"均输"的目的，但实际上只是为了增加政府的财政收入（《隋书·志·食货》）。

5.鱼税

它起源甚早，远在西周时就有"山林川泽之赋"，其中便有对鱼的征课。东晋时仍有鱼税之征。甘卓镇襄阳时，才免除了估税与鱼税，人称惠政（《晋书·列传·应詹甘卓邓骞卞壶》）。

6.牛埭（dài）税

它始于东晋。埭，为挡水之堰，即水坝。船只通过水坝时需借用牛力挽船而行，并要交纳费用。这种费用本属于使用费性质，但行之日久，流弊丛生，逐渐成为商运中一项苛重的关津通过税。史载，哀帝时（362—365年），"东海王奕求海盐、钱塘以水牛牵埭税取钱直，帝初从之，严谏乃止"（《晋书·列传·孔愉》）。牛埭税之名始见于此。这次虽未办成，但并不意味着东晋无牛埭税之制。

7.桁（háng）税

它在东晋时已经实施，东晋孝武帝宁康元年（373年）三月癸丑，"诏除丹阳竹格等四桁税"（《晋书·帝纪·简文帝孝武帝》）。桁，即水上浮桥。所谓"桁税"，指商旅通过浮桥时必须缴纳的过桥税，故也叫桁渡税。当时秦淮河上共有24座浮桥，竹格和丹阳是其中较大的两座浮桥。由此可见，在孝武帝之前已经有通过税之征了。

两晋时期还有其他一些财政收入，如战利品收入、卖官鬻爵收入、贡献收入等。

四、两晋时期的财政支出

两晋时期的财政支出，以军费支出为主，此外还有俸禄支出、皇室支出等。因无完整资料，只能略加说明。

1.皇室支出

西晋时期的统治者，在建国之初，尚属节俭，第二年，就开始大肆挥霍了。晋武帝泰始元年（265年）秋七月，"营太庙，致荆山之木，采华山之石，铸铜柱十二，涂以黄金，镂以百物，缀以明珠"（《晋书·帝纪·武帝》）。由此可见一斑。

2.军事支出

晋朝建立全国政权之后，军队渐有规制，军费支出也逐渐稳定下来。据《通典》载，西晋初年，分封子弟，按郡国大小设置军队，全国总兵力不下百万。庞大的军事建制，所需经费巨大，也使百姓大多为兵，致使农业生产受到严重影响，也是国家财政枯竭的重要原因之一。至平吴后，始罢军役。

东晋之后，"调兵不出三吴，大发毋过三万，每议出讨，多取奴兵。"（《文献通考·兵考三》）就是说，虽然平时养民不多，但一旦有事则会以奴兵参战。

3.俸禄支出

西晋文武官员"计内外官及职掌人一十一万八千六百七十二人"（《通典·职官典·职官十九》）。如此庞大的官吏队伍，所耗俸禄数额必然巨大。为了保证国家的军事用度，晋初一直实行低俸制，后来逐渐有所提高。据载，西晋的俸禄制度较为复杂，包括俸米、禄田、春秋绢、绵、田驺（zōu）。这些项目，均按级别分发。俸米是按日计算，禄田即菜田，春秋绢、绵，属于换季补贴性质，田驺是专门配备的架车人，只有一、二、三品官才配给。这个标准并不是一成不变的，如东晋恭帝时，由于国用虚耗，日俸便大大减少。

东晋与西晋的俸禄制度有所不同，即东晋京官无菜田（禄田），而且京官的俸米也不同于地方官吏，一般说，地方官吏的俸米少于京官，这是因为京官无禄田之故。

两晋时期还存在封爵"食封"制度，即封国但不食邑，而是将封国之地百姓所纳赋税之一部分转送给封国的人。这种制度称为"食封"之制，又称"三分食一之制"。东晋时改为九分食一之制，如史载："元帝渡江，太兴元年，始制九分食一。"（《晋书·志·地理上》）

除上述财政支出制度外，还有赏赐制度和教育支出制度。前者虽然数额巨大，但史载不详，后者占财政支出的比例甚微，兹不详叙。

五、两晋时期的财政管理

两晋的财政管理制度，大多依后汉旧制而稍加更易，兹分述如下：

1.财政管理机构

两晋的行政管理机构，大致与曹魏相同，尚书令主管全国行政，西晋时，其下属官包括："直事、殿中、祠部、仪曹、吏部、三公、比部、金部、仓部、度支、都官、二千石、左民、右民、虞曹、屯田、起部、水部、左主客、右主客、驾部、车部、库部、左中兵、右中兵、左外兵、右外兵、别兵、都兵、骑兵、左士右士、北主客、南主客为三十四曹郎；后又置运曹，凡三十五曹。"（《宋书·志·百官上》）东晋减为十七曹官，此后又有减并。主管全国财政工作的官吏亦称度支尚书，其属，在西晋有金部、仓部、度支、起部、都官、虞曹、屯田等官署。比部隶属于吏部，但主管财政稽核。起部主管皇帝的宫廷建筑。屯田隶属大农。东晋时有所减并。

2.库藏管理制度

两晋的库藏，分钱、谷二类。少府置左右藏，主管钱币储藏；大农统太仓，主管粮谷的储藏。史载："晋江左以来，又有东仓、石头仓丞各一人。"（《宋书·志·百官上》）《隋书》则说东晋"其仓，京都有龙首仓，即石头津仓也，台城内仓，南塘仓，常平仓，东、西太仓，东宫仓，所贮总不过五十余万。在外有豫章仓、钓矶仓、钱塘仓，并是大贮

备之处。自余诸州郡台传，亦各有仓。"（《隋书·志·食货》）

3.工商税收的管理制度

两晋的工商税收管理制度，基本沿袭曹魏之制，如盐政的管理机构，两晋时也设置盐都尉（六品）、司盐监丞（八品）。

另外，两晋时期还设置了关市税的管理机构。《晋书》载："侍御史……有十三曹，江左……置库曹，掌厩牧牛马市租。"（《晋书·志·职官》）这就是说侍御史掌管关市之税。

自东晋以来，就有征收关税的机构。史载："又都西有石头津，东有方山津，各置津主一人，贼曹一人，直水五人，以检察禁物及亡叛者。其获炭鱼薪之类过津者，并十分税一以入官。其东路无禁货，故方山津检察甚简。淮水北有大市百余，小市十余所。大市备置官司，税敛既重，时甚苦之。"（《隋书·志·食货》）

4.常平仓制度

西晋建立之初，曾欲立平籴法，但遭到大臣们反对而未行，晋武帝泰始二年（266年），司马炎下诏，欲仿轻重平籴之法，做到"理财钧施，惠而不费"，但这件事又没有实行。直到泰始四年（268年）"乃立常平仓，丰则籴，俭则粜，以利百姓"（《晋书·志·食货》）。虽然实行平籴之法颇费周折，但毕竟实施了。

5.漕运制度

晋朝的漕运制度，包括国家投资进行的疏浚河道、修筑堤坝等基本建设，以及征发劳役运送粮食等内容。史载，晋武帝泰始十年（274年），诏凿陕南山，引黄河水东注洛河，以通漕运，但未成功。怀帝永嘉元年（307年），在许昌修千金堨（è），以通漕运。成帝咸和六年（331年），因海贼寇掠，漕运不继，发王公以下千余丁，每人运米6斛。穆帝时，频有大军，粮运不继，要求王公以下每十三户出一人，资助漕运（《通典·食货典·食货十》）。

第四节

北朝时期的财政

公元386年，拓跋珪创建北魏，北魏于孝武帝永熙三年（534年）分裂出东魏，东魏统治凡16年，作为不大，后为北齐所替代。535年，北魏另立西魏，与东魏相对峙。西魏统治凡22年，为北周所替代。

一、北朝田制、三长制与租调制

1.北魏的均田制

晋南渡之后，北方各少数民族政权相互混战，西晋时本已遭到破坏的占田制度，这时

精研深探
4-7

冯太后的
简介

精研深探
4-8

北魏孝文
帝的简介

精研深探
4-9

视频:《穿越
古代中国》
第三十四
集:鲜卑的
移风易俗

更加残破不堪。道武帝拓跋珪建魏之初,为了巩固政权,充实财政,即对西晋的占田制进行了改造,开始曾实行"计口授田"之制。太和九年(485年)十月,在冯太后的支持下,孝文帝采纳李安世的建议,下诏实行均田制,具体内容包括(《魏书·志·食货六》):

(1)授给农民露田。规定15岁以上的成年男女,男子40亩、妇人20亩。年11以上及病残者为户主的,授半夫之田。拥有奴婢和耕牛的人可额外获得土地,奴婢受田数量同普通农民,人数不限,耕牛每头授30亩,限4头。露田是适于种植谷物的土地,而且"老免及身没则还田",受田者只有土地使用权而无土地所有权,奴婢及耕牛随有无以还授。以上为"正田",实际上,露田还常常要加一倍或两倍授予,以备休耕。

(2)授给农民桑田或麻田。桑田是适于种桑树的土地,只给"初受田者","皆为世业,身终不还",受田者的后代拥有土地继承权。而且桑田可以买卖,但只能按定额卖其所盈,或买所不足,并且规定对初受田者"限三年种毕,不毕,夺其不毕之地",以此干涉土地经营,在一定程度上体现土地的国有权。桑田不分土地好坏,男子授20亩,妇人不授;如果是"非桑之土",则只授男子一亩桑田,别给麻田男子10亩,妇人5亩。奴婢相同。麻田与桑田不同,"皆从还受之法",没有继承权。

(3)新定居的农民给予少量的宅地和菜地。普通农民每三口给一亩,奴婢每五口给一亩。宅地是用于建筑民宅的土地,菜田是用于种植蔬菜的土地。

(4)官吏依职位高低,授给公田。"诸宰民之官,各随地给公田,刺史十五顷,太守十顷,治中、别驾各八顷,县令、郡丞各六顷。"这部分土地,是各级官吏用以收租作为"行政补贴"的,不许买卖。这种禁止买卖、"更代相付"的土地应当说毫无私有性质,实际上就是国家的职田,故杜佑称"职分田起于此"(《通典·食货典·食货一》)。

(5)授田和还田,都在每年正月举行。如始受田者亡故,或买卖奴婢、耕牛,均到次年正月进行还授。

北魏的均田制比西晋的占田制有一个明显的进步,即北魏的均田制既有授田,同时又规定了还田。就是说,耕种者仅有使用权而没有所有权,土地所有权仍操在封建国家手中。由于实行还、授之法,北魏可以长久地控制着一部分国有土地用于对小农的分配,通过土地还、授过程,均田制可以使土地使用者与封建国家在经济上保持一种经常性的联系,不仅可以使均田制度本身得以长久地贯彻实施,而且对推进北魏社会经济关系的封建化,缓和当时的阶级矛盾,也能起到一定的作用。这一制度是中国历史上一项重要的土地制度,历经魏、周、齐、隋、唐五个朝代,长达250余年。

然而,这项土地制度也有明显的局限性。例如,诏令规定奴婢和耕牛都授田,尽管也规定了受田的限制,但家蓄奴婢、养耕牛者大都是豪强富户,显然,这一制度是向豪强富户倾斜而不利于普通百姓;再如,诏令有"正田"与"倍田"及"再倍"之田的规定,这也是对于大土地所有者的一种政策性的倾斜。豪族地主所占土地往往地处富饶之区,其所有土地皆可列为露田。均田制对"露田""倍田""再倍"之田虽有严格的区分,但在农业生产的实践中却难以严格地把某块土地确定为某类土地。因此，以露田充倍田的现象是时有发生的，这就为大土地所有者继续兼并土地留下了可乘之机。此外，关于桑田"卖盈"与"买不足"的规定，也为大土地私有者继续兼并土地开了绿灯。

2.北魏的三长制

北魏之初，由于长期的战乱，中原地区的地方基层组织（乡、党、邻、里）几乎全部瘫痪，失去了分配土地、征发赋役的功能。一些豪强地主乘机大肆兼并土地，荫庇人口，在其庄园内，"或百室合户，或千丁共籍"，大量农民成为豪强地主的荫户，他们虽然逃避了国家的赋役，却受到豪强地主的沉重剥削。针对这种情况，李冲在均田制颁布的次年二月，提出了建立三长制。其具体办法是："五家立一邻长，五邻立一里长，五里立一党长。"三长全由有能力且办事认真的人充任，并给予免役的优待，即"邻长复一夫，里长二，党长三"。三长的主要任务：一是清查民户，勘定户籍；二是督课赋税，征发徭役；三是推行均田，劝课农桑。三长工作有成绩，还可以依次迁升，即所谓"三载无愆则陟用，陟之一等"。

三长制对豪强地主是很不利的，因而遭到鲜卑贵族和中原士族地主的强烈反对。但主持朝政的冯太后认为，立三长制可以解决政府的两大难题：一是"课有常准，赋有恒分"，即税赋公平；二是"苞荫之户可出，侥幸之人可止"，即可增加国家掌握的"编户齐民"，扩大纳税范围。于是在太和十年（486年）二月，"遂立三长，公私便之"。

实行三长制后，地方基层组织和赋役征收体系基本建立起来，检括户口的工作得以全面展开，"隐口漏丁，即听附实"；对"朋附豪势，陵抑孤弱"（《魏书·帝纪·高祖纪》）的现象，也可以及时发现和加以扼制。不仅如此，对那些被从地主豪门检括出的农民可以有效地按照均田令授受土地，成为能够正常地生产和生活的"编户齐民"，政府的税源随之扩大了。由于承担国家赋役的人增多了，个体农户的赋税负担相对减轻，因而促进了北魏自耕农经济的发展，国家财政也有了较为稳定的基础。

3.北魏的租调制

北魏初期的赋税，曾沿用魏晋旧制，由于户籍管理混乱，荫附者众多，农民赋役负担沉重。至孝文帝改制前，其税制是"天下户以九品混通，户调帛二匹，絮二斤，丝一斤，粟二十石，又入帛一匹二丈，委之州库，以供调外之费"（《魏书·志·食货六》）。这里的"九品混通"，即依据资产评定各户的纳税等级，确定每户缴纳田租和户调的数额。由于等级评定权操于地主官吏之手，他们大都"纵富督贫，避强侵弱"（《魏书·帝纪·世祖纪》），因而弊端丛生。太武帝拓跋焘时，贫富计资分为三等，到献文帝拓跋弘时，"遂因民贫富，为租输三等九品之制"（《魏书·志·食货六》）。至孝文帝太和八年（484年），为发放百官俸禄，"户增调三匹，粟二石九斗"，作为常额。此外，临时征计的杂调、横调则不计其数。如此沉重的赋税负担，显然不是个体小农所能承受得了的。因而广大贫苦农民亡聚山泽，铤而走险。自北魏立国至孝文帝改制前不到100年时间内，见于史籍的农民起义就达80多次，封建统治面临着严重的威胁。

　　为了缓和阶级矛盾和民族矛盾，并保证国家的赋税收入，北魏统治者不得不考虑对旧有的赋税制度进行改革。太和十年（486年），给事中李冲及时总结魏晋时期租调制的经验，结合北魏的社会实际，在均田制的基础上，设计出一套新的租调制。据《魏书·志·食货六》载，具体办法是：（1）以一对夫妇为单位，出帛1匹，粟2石。（2）民年15以上未娶者4人，或奴婢从事耕织者8人，或耕牛20头，出一对夫妇的租调。（3）出麻布的地方，一对夫妇除出粟2石外，出布1匹，民年15以上未娶者、奴婢从事耕织者、耕牛等仍按上述比例交纳。（4）所纳绢布，大率10匹为公调，2匹为调外费，3匹为内外百官俸。此外，还有随时征收的杂调。（5）减免规定。民年80以上，听一子不从役。孤独癃老笃疾贫穷不能自存者，三长内迭养食之。新的租调制实施后，因军国须绵麻之用，"故绢上税绵八两，布上税麻十五斤"（《魏书·列传·孙绍张惠普》）。此外，太和十年改定的新税制已将田租额大幅度降低，而且不再实行九品混通制。

　　通过均田、三长检括和新租调制的改革，使隐户大量检括出来。纳税人口迅速增加，国家的赋税收入也大大增加，所以，孝文帝改制后，出现了"府藏盈积"（《魏书·志·食货六》）的繁盛景象。

　　北魏后期，国家军费支出浩繁，为了筹措镇压农民起义和镇压所属部落反叛的经费，在肃宗时还曾实行租调的预征。史载肃宗孝明皇帝"正光后，四方多事，加以水旱，国用不足，预折天下六年租调而征之。百姓怨苦，民不堪命"（《魏书·志·食货六》）。这就等于使百姓增加了六倍的租调，从而开创了中国历史上预征赋税的先河。

　　东魏、北齐、西魏、北周的均田制、三长制与租调制与北魏大体相近，也有一些更革，不俱载。

二、北朝的徭役

　　北朝时期，连年征战，兵役频繁，一般劳役也很繁重，始终未有轻简之时。如北魏道武帝天赐三年（406年）六月，"发八部五百里内男丁筑灅南宫，门阙高十余丈；引沟穿池，广苑囿；规立外城，方二十里，分置市里，经涂洞达。三十日罢"（《魏书·帝纪·太祖纪》）。太武帝延和元年（432年）秋七月，"遣安东将军、宜城公奚斤发幽州民及密云丁零万余人，运攻具，出南道，俱会和龙……发其民三万人穿围堑以守之"（《魏书·帝纪·世祖纪》）。太平真君七年（446年）六月，"发司、幽、定、冀四州十万人筑畿上塞围，起上谷，西至于河，广袤皆千里"。直到太平真君九年（448年）二月，才"罢塞围作"（《魏书·帝纪·世祖纪》）。从上述记载可见，当时的劳役种类繁多，包括筑城、挖濠、修堤、运输等，以及各种名目的杂役。虽然有的皇帝也曾下令"薄赋敛以实其财，轻徭役以纾其力"（《魏书·帝纪·高宗纪》），但对百姓所征发的徭役一直没有停止，杂役仍然层出不穷。东魏、西魏、北齐莫不如此，只有北周的徭役，相对轻简一些。繁重的徭役，对社会经济来说，是一个极大的破坏。

　　北周还有一大贡献，就是创立募兵制。史载"建德二年，改军士为侍官，募百姓充之，除其县籍。是后夏人半为兵矣"（《隋书·志·食货》）。这实际上就是募兵制的起源。

三、北朝的工商税和杂税

北朝的赋税除租调制和徭役外，还有其他一些工商税和杂税。但各朝情况不一，兹分述如下：

1.坑冶税

北魏时期有金、银、锡、铁、铜等矿冶业。世宗时，长安骊山、恒州白登山等地有银矿、锡矿，曾"置银官，常令采铸"。汉中"有金户千余家，常于汉水沙淘金"。而且曾"铸铁为农器、兵刃"，尤其是相州牵口的冶铁质量最好，"故常炼锻为刀，送于武库"（《魏书·志·食货六》）。从这些记载中可知，当时的坑冶业实行的是国家专营制度。

关于铜的坑冶，北魏孝明帝熙平二年（517年），恒农郡铜青谷、苇池谷、鸾帐山，河内郡王屋山，南青州苑烛山，齐州商山等地均有铜矿，有的大臣曾建议，开采铜矿，以利铸钱。（《魏书·志·食货六》）由此可以看出，当时冶炼铜已成规模，但对铜的征税同其他矿藏一样，均属国家专卖性质。

2.盐税

北魏的盐税的征收，时兴时废，没有固定制度。据载，北魏初建时，曾因西晋旧制，在河东郡立官署征盐税，但不久就停止了。史载："延兴末，复立监司，量其贵贱，节其赋入，于是公私兼利。"世宗（即宣武帝）即位（500年），又停止征税。然而由于国家疏于管理，致使"豪贵之家复乘势占夺""强弱相陵"（《魏书·志·食货六》）。其后更罢更立，直到北魏分裂。

自从东魏孝静帝建都邺郡（534年）后，加强了对海盐的管理。"计终岁合收盐二十万九千七百二斛四升。军国所资，得以周赡矣。"（《魏书·志·食货志》）这里所载的盐税制度当属于官专卖制度，此后在孝静帝武定中（546年前后）还曾实行过征税制度。终东魏之世，海盐之税一直是重要财政收入。

北周时对盐税也有较为明确的制度和规则。史载："掌盐掌四盐之政令。一曰散盐，煮海以成之；二曰盬①盐，引池以化之；三曰形盐，物地以出之；四曰饴盐，于戎以取之。凡盬盐形盐，每地为之禁，百姓取之，皆税焉。"（《隋书·志·食货》）可见，主管盐税的机构为"掌盐"。盐的种类有四：散盐，即海盐；盬盐，即池盐；形盐，即形似虎状的岩盐；饴盐，即带有甜味的岩盐。形盐与饴盐皆产自西北少数民族地区。其中，盬盐与形盐为征收盐税的对象，从"禁"字可知实行的是官专卖制度。

3.关市税

北魏的关市之征起于何时，史无明载，但在高宗文成皇帝时（452—465年）已有减征关税以通交易的记载（《魏书·帝纪·高宗纪》），可见当时已有关市之征。

至于市税，北魏可能始于明帝孝昌二年（526年），史载："后魏明帝孝昌二年，税市

---

① 读"gǔ"。

入者，人一钱。其店舍又为五等，收税有差。"（《通典·食货典·食货十一》）普泰元年（531年）"其税市及税盐之官，可悉废之"（《魏书·帝纪·前废帝广陵王后废帝安定王出帝平阳王》）。

北齐武平之后，统治者日益腐败，开征各类杂税，只为自己淫乐，而不顾国家的生存大计。史载："武平①之后，权幸并进，赐与无限，加之旱蝗，国用转屈，乃料境内六等富人，调令出钱。而给事黄门侍郎颜之推奏请立关市邸店之税，开府邓长颙赞成之，后主大悦。于是以其所入，以供御府声色之费，军国之用不豫焉。未几而亡。"（《隋书·志·食货》）

北周时对入市税时征时停。史载："闵帝元年，初除市门税。及宣帝即位，复兴入市之税。"（《隋书·志·食货》）

4.牲畜税

北魏的祖先本是游牧民族，所以畜牧业是其重要的经济部门，入主中原后，虽然农业经济有所发展，但畜牧业仍是主要经济部门，也是其重要的财政来源之一，而牲畜税便是重要税种，但始终没有一项固定的制度，只是一种临时性的征发。例如：太宗明元帝永兴五年（413年）"春正月……乙酉，诏诸州六十户出戎马一匹"（《魏书·帝纪·太宗纪》）等。

5.税僧尼

北齐的统治者为了满足其淫乐的需要，甚至向僧尼征收赋税，还为此下了一道命令。史载："税僧尼令曰：'僧尼坐受供养，游食四方，损害不少，虽有薄敛，何足为也。'"（《通典·食货典·食货十一》）在这种情况下，国家没有不灭亡的。

6.杂调、横调、增调

北魏时，为了满足国家的财政支出需要，往往临时向百姓征发一些军用物资，如粮食、布帛、绢、马和货币。这种征发或称为杂调，或称为横调，或称为增调、预调，都是正税之外的杂征，或称调外之调。如文成帝时期，百姓不仅要纳正赋，而且要另纳杂调，为正赋的50%，百姓不堪重赋（《魏书·志·食货六》），直到显祖献文帝（466—471年）天安、皇兴时才废除这些杂调。

但废除了这种杂调，又出现了另一种杂调，即横调，史载，在元澄为定州刺史之前，"横调"早已存在（《魏书·列传·景穆十二王》），元澄只是多有减省。

高祖孝文皇帝时，为了给百官俸禄，又于太和八年（484年）六月下诏："户增调三匹、谷二斛九斗，以为官司之禄。均预调为二匹之赋，即兼商用。虽有一时之烦，终克永逸之益。禄行之后，赃满一匹者死。"（《魏书·帝纪·高祖纪上》）这种增调的目的虽为厚禄养廉，能否达到目的不得而知，但百姓因此而徒增几倍于正赋的赋税负担。

---

① 即570年。

四、其他收入

1.贡献收入

北魏自立国以后所得贡献收入，数量不菲。几乎每年都有，已经成为北魏的重要财政收入。如世祖太武皇帝延和三年（434年）"二月丁卯，蠕蠕吴提奉其妹，并遣其异母兄秃鹿傀及左右数百人朝贡，献马二千匹"（《魏书·帝纪·世祖纪上》）。东魏、北齐等其他各国也有贡献收入，不俱载。

2.出卖权利的收入

卖官、赎罪等出卖权利之风盛行，往往是一个朝代走向腐败的标志。北魏政权在其末期，同样是卖官盛行。肃宗孝明皇帝时，各地农民起义蜂起，而所属各部也纷纷反叛，致使国家财政空虚。为了筹集军国所需，于是在孝昌三年（527年）二月下卖官之诏（《魏书·帝纪·肃宗纪》）。此后不久，到了孝庄帝初（528年），又因"承丧乱之后，仓廪虚罄"（《魏书·志·食货六》），遂正式颁布入粟卖官之制。这项规定，不仅百姓可以买官，即便是僧也可买官。

远在代国昭成帝拓跋什翼犍建国二年（339年）时，曾规定："当死者，听其家献金马以赎。"（《魏书·志·刑罚七》）此后，建国号为魏之后，即无赎罪的记载。

卖官、赎罪收入本无补于空虚的国家财政，反而败坏了吏风吏治。

不仅北魏存在卖官、赎罪收入，北齐、北周等北朝诸国，均有这种出卖权利的收入。

3.借债收入

北魏孝庄皇帝建义元年（528年）八月庚戌朔，"诏诸有公私债负，一钱以上巨万以还，悉皆禁断，不得征责。"（《魏书·帝纪·孝庄纪》）由此可以说明北魏曾经以公家的名义借债。而以诏令的形式宣布废除高利贷，一方面显示了国家对高利贷的限制，另一方面也说明国家运用政治权利进行废债，无疑是一种剥夺。

除上述诸项收入外，还有大量的军事掠夺收入，兹不一一叙述。

五、北朝的财政支出

北朝的财政支出主要有皇室支出、俸禄支出、军事支出、外交支出、赏赐支出、封建迷信支出、赈恤支出、经济事业支出、教育支出等，但其大宗的财政支出只有皇室支出、俸禄支出，其他支出都微乎其微，即使是军事支出，因无稳定的军事建制，也无固定的军事支出。

1.皇室支出

北魏是由游牧民族建立的政权，又是刚刚脱胎于奴隶社会，所以对皇室支出与国家支出还没有划分明确的界限，皇帝也没有公赋税与私奉养的概念，因而总是予取予求，没有规章制度可言，所以北魏的皇室支出比较杂乱。其主要项目有宫室建筑、后宫挥霍、皇帝本人的淫乐支出等。

从宫室建筑方面来看，这项支出异常庞大。道武帝天兴元年（398年）七月，"迁都平城，始营宫室，建宗庙，立社稷"（《魏书·帝纪·太祖纪》）。此类记述，北朝各代，所在多有。每次兴建，"计斫材运土及诸杂役须二万人，丁夫充作，老小供饷，合四万人，半年可讫"（《魏书·列传·高允》）。由此不难看出当时宫室建筑支出的浩大。

从皇帝自身的挥霍方面来看，支出也是巨大的。诚如史载："所费无赀，而不能一丐百姓也。"（《魏书·志·食货六》）

皇室的巨额挥霍，在北齐等北朝各国，概莫能免。

2.俸禄支出

北魏自立国以后，至高祖孝文皇帝太和八年（484年）实行班禄制的90多年间，一直没有制定俸禄制度。初期因为战争频繁，百官的生活费用，主要来自战争掠夺、各方的贡献。后来战争逐渐减少，战争掠夺的物资已不足以供百官之用，于是官吏便大肆贪污受贿，剥削百姓，也有从事经商以求自存者，以致吏风败坏、吏治腐败，也因此而激化了阶级矛盾和民族矛盾。为了整治吏治，高祖孝文皇帝太和八年（484年）开始建立班禄之制（《魏书·帝纪·高祖纪上》），并规定每年从十月开始报请俸禄，此后每三个月报请一次，亦即每三个月发一次俸禄，内外百官的俸禄按级别发放数量不等的俸禄（《北史·本纪·魏本纪第三》），但这个级差是多少，不得而知。此后因四方多事，加之水旱灾荒，官俸常常减发。

北齐沿袭了北魏的俸禄制度，并在此基础上有所发展。其主要表现在：

（1）省并郡县，以节省俸禄支出。当时的情况是州、郡、县、镇的设置过滥，甚至百家立州，三户立郡，有一州便有一州之官，有一县便有一县之吏，官吏过多，俸禄支出必然繁重。所以统治者提出并省郡县，以节省财政支出的主张，并取得了良好的效果（《北齐书·本纪·文宣》）。并省郡县，可以说是北魏俸禄制度在北齐实践中的一大发展。

（2）详细规定了各职级的俸禄标准。在北魏的俸禄制度中，只有"内外百官，受禄有差"的记载，而没有记载各职级的俸禄数额，差额多大，而北齐却有明确规定。

（3）规定了俸禄发放的内容。即"禄率一分以帛，一分以粟，一分以钱"。虽然俸禄的额度是以帛计算，但实际发放时却折成帛、粟、钱，大体上是各1/3。

（4）规定俸禄的升降制度。即"事繁者优一秩，平者守本秩，闲者降一秩。长兼、试守者，亦降一秩。官非执事、不朝拜者，皆不给禄"。

对于地方官吏的俸禄，也制定了标准[①]，不详叙。

由此不难看出，北齐的俸禄制度较之北魏更为详细、更为全面，也更具有操作性。

后周的俸禄制度比北齐所制定的俸禄之制要粗糙得多，但有一个值得注意的进步：将官吏的俸禄与年成的丰歉结合起来，全丰之年，给全俸，又称正俸；中年给半俸；下年给1/10俸；凶年不给俸。这是北周俸禄制度的优点之一，也是特点之一。

---

① 本节有关俸禄的引文均引自《通典·职官典·职官十七》。

3.军事支出

北魏初，战争虽然频繁，但无一定规制，也无稳定的军事支出，军费所需均以缴获物资以充军用。直到太祖皇始二年（397年）十月，平定中山郡后，才设置军事建制。史载，杨播之弟杨椿奏言"自太祖平中山，多置军府，以相威慑。凡有八军，军各配兵五千，食禄主帅军各四十六人。自中原稍定，八军之兵，渐割南戍，一军兵才千余，然主帅如故，费禄不少。椿表罢四军，减其帅百八十四人"（《魏书·列传·杨播》）。此后仍无严密的军事建制，而到孝庄皇帝永安（528—530年）之后，"政道陵夷，寇乱实繁，农商失业。官有征伐，皆权调于人，犹不足以相资奉，乃令所在迭相纠发，百姓愁怨，无复聊生"（《隋书·志·食货》）。

北朝各国的军事支出与北魏相似，不再详叙。

六、北朝的财政管理

1.财政管理机构

北魏初期财政管理机构尚不健全，后期才逐渐健全起来。据《通典》载，北魏的中央管理机构包括：殿中，掌殿内兵马仓库。驾部，掌牛马驴骡。南部，掌南边州郡。北部，掌北边州郡。五兵尚书。其后亦有吏部（初曰选部）、兵部、都官、度支、七兵、祠部、民曹等尚书。又有金部、库部、虞曹、仪曹、右民、宰官、都牧、牧曹、右曹、太仓、太官、祈曹、神都、仪同曹等尚书。自金部以下，但有尚书之名，而不详职事。（《通典·职官典·职官四》）。在这些管理机构中，除吏部、兵部外，都涉及财政问题，但统一掌管全国财政的机构则是度支尚书。

北魏的库藏管理机构包括仓部（又称太仓）、库部等。史载："后魏有太仓尚书，亦其任也。故后魏书曰：'李欣为太仓尚书，摄南部事，令千里之外，户别转运，诣仓输之，所在委积，延停岁月，大为困弊。'历代多有仓部曹，皆掌仓廪之事。"（《通典·职官典·职官五》）库部隶属于度支尚书，史载："后魏、北齐库部属度支尚书，掌凡戎仗器用。"（《通典·职官典·职官五》）

北魏设有财政的稽核部门，隶属于右丞，史载："齐梁陈皆有比部曹。后魏亦然。"（《通典·职官典·职官五》）比部曹即为财政稽核机构。

北朝其他各国的财政管理机构，与北魏大体相同，不俱载。

2.户口检括制度

北魏时对户口极为重视，经常下达检括户口的指令。例如，高祖孝文皇帝于延兴三年（473年）九月，曾"诏遣使者十人循行州郡，检括户口。其有仍隐不出者，州、郡、县、户主并论如律"（《魏书·帝纪·高祖纪》）。当时，检括户口的目的主要是增加财政收入，因而统治者才十分重视户口检括这项工作。

3.漕运制度

北魏的漕运工作起步较晚，直到太武帝太平真君七年（446年）刁雍主持漕运工作之后，才引起统治者的重视。刁雍曾奉太武帝的诏旨漕运粮谷，以供军粮，经实地踏勘，于太平真君七年向太武帝建议开渠、造船，以通漕运（《魏书·列传·刁雍王慧龙韩延之袁式》），这时北魏统治者才认识到漕运的重要性，并着手这项工作。

4.和籴制度

北魏孝文帝时，曾效仿汉朝的常平制度，实行"年丰籴积于仓，时俭则减私之十二籴之"的制度，至孝明帝神龟（518—520年）、正光（520—525年）之际，也曾经"收内兵资，与人和籴，积为边备"（《通典·食货典·食货十二》）。这实际上就是和籴制度的原始形态，至唐后期发展成为比较完善的制度。

5.屯田制度

北齐河清三年（564年）规定："人有人力无牛，或有牛无力者，须令相便，皆得纳种。使地无遗利，人无游手焉。缘边城守之地，堪垦食者，皆营屯田，署都使子使以统之。一子使当田五十顷，岁终考其所入，以论褒贬。"（《隋书·志·食货》）"子使"是主管屯田的基层官吏，其职责是管理五十顷屯田。除北齐外，北魏、西魏皆有屯田制度。

6.义租制度

义租制度即义仓制度，北齐规定："诸州郡皆别置富人仓。初立之日，准所领中下户口数，得支一年之粮，逐当州谷价贱时，斟量割当年义租充入。谷贵，下价籴之；贱则还用所籴之物，依价籴贮。"（《隋书·志·食货》）义租之设，本意在于救荒，在灾荒之年，本应把粮食低于市价售于灾民，但却以高价售出，致使救荒效果不好，反而加剧了百姓的困难。然而，这种"义租"之制，却是后来隋朝长孙平所创"义仓"之先河。

第五节

南朝时期的财政

北府将刘裕于东晋元熙二年（420年）废恭帝，自立为帝，国号宋。后历齐、梁、陈，是为南朝时期（420—589年）。南朝的财政多依东晋，但也有一些变革。

一、南朝的田制与田赋

1.田制——占山令

南朝刘宋政权的土地制度大多依东晋之制，但对东晋颁布的"禁止占山令"却未执行，并予以废除，并颁布了新的"占山令"。按照这一命令，一、二品官，可占山或泽三顷；三、四品官，可占二顷五十亩；五、六品官，可占二顷；七、八品官，可占一顷五十亩；九品及百姓，可占一顷。（《宋书·列传·孔季恭羊玄保沈昙庆》）这项占山令是占田制在刘宋时期的发展和延伸，也开创了中国历史上官民占山的先河。至于南朝其他政权是否实行了这一法令，未见史载。

2.田赋——丁租户调制

刘宋政权沿袭了东晋的丁租户调制，只是田租的额度稍有减少（《宋书·列传·良吏》），即每丁16周岁便开始缴纳田租，每丁60斛，13至15周岁半课，即30斛。每户不论有丁多少，一律按此标准缴纳田租。这就是"按丁征租之制"，亦称"丁租制"。由于这种田租制度自13岁就要半课，所以就出现了有子不养或断截肢体的现象，导致户口减少，人户逃亡。为了改变这种状况，元嘉六年（429年），宋文帝接受王弘的建议，改13岁半课为15至16岁半课，17岁成丁全课。孝武帝大明五年（461年）十二月，"制天下民户岁输布四匹"（《宋书·本纪·孝武帝》）。至此，租以丁征、调以户征的制度才完善起来。

其他田赋的征收办法，例如，丁租田税并征、九品相通的"评赀法"等，"历宋、齐、梁、陈，皆因而不改"（《隋书·志·食货》）。这种按赀而征租调的制度，又称"赀税"，属于财产税的性质。

另外，刘宋政权也常常实行折纳，即以钱折绢或以布折绢的制度，致使百姓不聊其生。（《宋书·列传·周朗沈怀文传》）刘宋政权还实行和市制度。武帝永初元年（420年）诏："台府所须，皆别遣主帅与民和市，即时裨直，不复责租民求办。"（《宋书·本纪·武帝下》）所谓"和市"即官府以钱向百姓购买军国所需的制度，相当于现在的政府采购制度。发展到唐朝，又称和买、和籴等。

此外，南朝时期，还有"三调"之说（《梁书·本纪·武帝中》）。这里所说的"三调"，又称"三课"，即"调粟、调帛及杂调"（《资治通鉴·齐纪四》之"蠲除三调及众逋"注）。而这"三调"并非征收实物，而是征钱。

二、南朝时期的徭役

南朝的徭役制度大都沿袭东晋的徭役制度，开始实行"民年十三半役，十六全役"。南朝宋太祖文帝元嘉六年（429年），接受王弘的建议，改行为15至16岁半课，17岁成丁全课。然而到了刘宋政权的后期，徭役便日益繁重了。

南齐在正式的法令中，规定以前朝所定法令为准，即"男女年十六岁已上至六十，为丁。男年十六，亦半课，年十八正课，六十六免课。女以嫁者为丁，若在室者，年二十乃为丁。其男丁，每岁役不过二十日。又率十八人出一运丁役之"（《隋书·志·食货》）。实际上这项法令并未实行（《南史·本纪·齐本纪下》），可见统治者一向都是言行不一的。

南梁的徭役更为繁重，甚至征及女丁。梁武帝大同七年（541年）十一月丙子，"诏停在所役使女丁"（《梁书·本纪·武帝下》）。由此可知，此前确实是征发过女丁。如果不是繁重的徭役，为何要征发女丁呢？至于南陈，其徭役之重一点也不亚于南梁，同样征发过女丁。史载："夫妻三年，于役不幸者，复其妻子。"（《陈书·本纪·世祖》）夫妻服役三年，丈夫死于徭役时，妻子才免除徭役。然而，这项规定是否真正贯彻执行亦未见史载。

三、南朝时期的工商杂税

南朝的杂税名目繁多，其中大多是从东晋沿袭下来的，也有新创者，所以较之东晋更杂、更滥。正如《隋书》所说：宋、齐、梁、陈"其军国所须杂物，随土所出，临时折课市取，乃无恒法定令。"（《隋书·志·食货》）具体地说，有如下一些种类：

1.关税

关税是在内地水陆要隘设立关卡，对货物所征收的通过税。此税皆从东晋沿袭而来。《隋书》载："都西有石头津，东有方山津，各置津主一人，贼曹一人，直水五人，以检察禁物及亡叛者。其荻炭鱼薪之类过津者，并十分税一以入官。其东路无禁货，故方山津检察甚简。"（《隋书·志·食货》）这项制度，自东晋南渡，历宋、齐、梁、陈，循而未改，且负担较重。

2.牛埭税

此税始于东晋，到南齐时，西陵牛埭（今杭州市南）每日可征收3 500文钱。齐武帝永明六年（488年），西陵戍主杜元懿上书齐武帝，主张在浦阳等地加倍征收牛埭税。后因顾宪之的强烈反对而作罢。

3.塘丁税

塘丁税是南齐会稽太守王敬则创立的一种苛税。会稽郡"边带湖海"，为了保障农田和陂湖的安全，"民丁无士庶，皆保塘役"。这本是一种自愿性质的民间公益性劳务，齐武帝永明二年（484年）王敬则却"以功力有余"为由，不再让人出役，而改为"悉评敛为钱，送台库以为便宜"，得到齐武帝的批准，"上从之"，于是原属民间自己掌管的修堤之费，就变成了国家对某一地区统一征收的赋税了。

塘丁税的征收，无疑是"租赋之外，更生一调"，"浙东五郡，丁税一千"（《南齐书·列传·王敬则陈显达》）。塘丁税无法完纳，弄得"质卖妻儿"，苦不堪言，还多有逋欠。由此不难看出，塘丁税是按丁征收的定额税，而且十分苛重。

4.市税

市税是对工商业者所征收的货物交易税，包括行商的入市税和坐贾的店铺税。《隋书》载："淮水北有大市百余，小市十余所。大市备置官司，税敛既重，时甚苦之。"（《隋书·志·食货》）这项制度，自东晋建立，历宋、齐、梁、陈，循而未改。而北魏的甄琛也批评南朝"今伪弊相承，仍崇关廛①之税"（《魏书·列传·甄琛高聪》）。"廛"，这里是指市场，"关廛之税"即指关、市之税。

由于市税繁重，所以刘宋时曾欲减轻市税重负，如宋建立之初的永初元年（420年）七月丁亥下诏，其中规定："又以市税繁苦，优量减降。"（《宋书·本纪·武帝下》）实际上并未减轻，到南齐时，豫章文献王萧嶷还"以市税重滥，更定𥱤②格，以税还民。禁诸市调及苗籍"（《南齐书·列传·豫章文献王》）。直到南陈，市税一直是商民的沉重

① 读"chán"。
② 读"niǎo"。

负担。

5.盐、酒专卖

盐税本来是国家财政的重要财政来源，但自东晋以来，却被豪强士族所把持，成为豪强士族盘剥百姓的一种手段。宋、齐、梁三朝循而未改，直到南陈时，才从豪强士族手中夺过来，实行了盐专卖之制，同时实行了酒专卖。史载：南陈文帝天嘉二年（561年）十二月"太子中庶子虞荔、御史中丞孔奂以国用不足，奏立煮海盐赋及榷酤之科，诏并施行"（《陈书·本纪·世祖》）。

此前的南齐也曾征收过酒税。史载，南齐东昏侯永元三年（501年）"京邑酒租，皆折使输金，以为金涂"（《南齐书·本纪·东昏侯》）。"酒租"即对酒的课税。

四、南朝时期的其他收入

1.捐献及借贷收入

这里所说的"捐献"是指上自王公牧守下至富室百姓，均要捐献，以解决国家的军国之用。史载："宋元嘉二十七年，后魏南侵，军旅大起，用度不充，王公妃主及朝士牧守各献金帛等物，以助国用。下及富室小人，亦有献私财数千万者。"（《通典·食货典·食货十一》）

这里所说的借贷是指向富户和僧尼的借款。史载："扬、南徐、兖、江四州富有之家赀满五十万，僧尼满二十万者，并四分借一。过此率计，事息即还。"（《通典·食货典·食货十一》）即富有之家，凡家产满50万者、僧尼满20万者，均借1/4。说是事息即还，此后国破家亡，还哪里谈得上还债。

2.口钱

口钱属于一种人头税，自曹魏时本已废除，但到了南齐、南梁之际，又因支出浩繁而复活了。史载：南齐高帝建元二年（480年）夏"以谷过贱，听民以米当口钱，优评斛一百"（《南齐书·列传·豫章文献王》）。

南梁也征收过口钱税。史载，南梁武帝天监元年（502年）四月，在武帝的即位诏中说："逋布、口钱、宿债勿复收。"（《梁书·本纪·武帝中》）

3.卖官收入

南朝各代，卖官以供军国之费的情况十分普遍，但以刘宋为甚，每个职位都详尽地规定了所售粮、钱的数额。而欲"购太宗万户侯，布绢二万匹，金银五百斤，其余各有差"（《宋书·列传·邓琬袁顗孔觊》）。

此外，还有假借"助官赈贷"之名而行卖官之实的情况。例如，宋文帝元嘉二十一年（444年）时，大旱民饥，于是徐耕"以千斛，助官赈贷"，"诏书褒美，酬以县令"（《宋书·列传·孝义》）。此类情况在刘宋时，所在多有，兹不详叙。

4.赎罪收入

赎罪在南朝是一种普遍实行的制度，而南梁规定得最详尽，每种罪都规定了赎买金的额度（《隋书·志·刑法》）。

除上述各项财政收入外，还有臣服部落和国家的贡献、对少数民族的征索、战争的掠夺以及缴获等，兹不一一列举。

五、南朝的财政支出

1.皇室支出

南朝各代的皇室，除少数帝王（如南朝宋武帝）俭约外，大多数帝王都非常腐败，骄奢淫逸，耗费巨大。例如，南朝宋少帝即皇帝位不到一年，当时的皇太后就指责他："兴造千计，费用万端，帑藏空虚，人力弹尽……穿池筑观，朝成暮毁；征发工匠，疲极兆民。远近叹嗟，人神怨怒。"（《宋书·本纪·少帝》）明帝时，"内外百官，并日料禄俸；而上奢费过度，务为雕侈。每所造制，必为正御三十副，御次、副又各三十，须一物辄造九十枚，天下骚然，民不堪命"（《宋书·本纪·明帝》）。南齐郁林王"及即位，极意赏赐，动百数十万"（《南齐书·本纪·郁林王》）。陈至后主时，"起临春、结绮、望仙三阁。阁高数丈，并数十间，其窗牖、壁带、悬楣、栏槛之类，并以沈檀香木为之，又饰以金玉，间以珠翠，外施珠廉，内有宝床、宝帐、其服玩之属，瑰奇珍丽，近古所未有"（《陈书·列传·高祖章皇后世祖沈皇后废帝王皇后高宗柳皇后后主沈皇后张贵妃》）。可见其挥霍之极。

2.俸禄支出

南朝时，大都是短命王朝，没来得及制定俸禄制度，便被另一王朝所取代，所以没有固定的标准，统治者往往随心所欲，或加俸，或减俸。正如《通典》所载："宋氏以来，州郡秩俸及杂供给，多随土所出，无有定准。"（《通典·职官典·职官十七》）

梁代齐而立之后，曾制定较为明确的俸禄制度。史载："梁武帝天监初，定九品令。帝于品下注：一品秩为万石，第二第三为中二千石，第四第五为二千石。及侯景之乱，国用常褊，京官文武月别唯得廪食，多遥带一郡县官，而取其禄秩焉。"（《通典·职官典·职官十七》）又定将军之名，"置一百二十五号将军。以镇、卫、骠骑、车骑，为二十四班"（《隋书·志·百官上》）。虽然制度明确，但时局变化无常，官俸的发放也没有定准。

南陈的官俸与梁相近。

3.军费支出

南朝时期，因为兵连祸结，连年征战，所以各代的军费支出都十分浩大，但却无具体数字可查，但从一些概括性的记述中还是可以管窥军费消耗的巨大。例如，宋高祖时，"奉师之费，日耗千金"（《宋书·列传·良吏》）。梁武帝天监四年（505年）因军费支出庞大，所以规定"是岁，以兴师费用，王公以下各上国租及田谷，以助军资"（《梁书·本纪·武帝中》）。南齐武帝也认识到"丧乱弥多，师旅岁兴，饥馑代有。贫室尽于课调，泉贝倾于绝域。军国器用，动资四表，不因厥产，咸用九赋，虽有交贸之名，而无润私之实。民咨涂炭，实此之由"（《南齐书·本纪·武帝》）。南陈世祖文帝即位时，诏曰："自丧乱以来，十有馀载，编户凋亡，万不遗一，中原氓庶，盖云无几。顷者寇难仍接，算敛繁多，且兴师已来，千金日费，府藏虚竭，杼轴岁空。"（《陈书·本纪·世祖》）这些记载都说明，由于军费支出浩大，致使赋调繁重，民不聊生。

4.封建迷信支出

封建迷信支出是南朝各代的一项扰民甚巨的支出，这项支出不仅耗费了大量的人力、物力和财力，而且豢养了大量不劳而获的僧尼，又减少了国家的纳税人口，成为国家财政收入锐减的原因之一。南朝的封建迷信支出，以梁的佛事支出为巨，梁武帝自己出家当了和尚，还要用百姓的血汗钱去赎回来，而且以"钱一亿万奉赎"（《梁书·本纪·武帝下》）。此外，他在全国各地广筑佛寺，达2 846所，筑造高达12层的佛塔，所耗民力、财力无穷。

除上外，还有诸如教育、外交、赏赐、赈恤等项支出，不俱载。

六、南朝的财政管理

1.财政管理机构

南朝各代的财政管理机构多依晋制，由度支尚书主管财政事宜，而"三公、比部主法制，度支主算"（《通典·职官典·职官四》），"宋时比部主法制。齐梁陈皆有比部曹"（《通典·职官典·职官五》）。尚书度支的属官，"宋齐度支尚书领度支、金部、仓部、起部四曹。梁亦有之"。另外，"至于宋齐梁陈，皆有左民尚书"，"江左及宋齐则左民郎中兼知屯田事，梁陈则曰侍郎"（《通典·职官典·职官五》）。由这些记述，我们可以看出这样一个脉络：中央财政管理机构：中书省（三省之一）→户部尚书（又称度支尚书、左民尚书）→度支郎中、金部郎中、仓部郎中、起部郎中、左民郎中。其中度支部主管财政收支的汇总，金部主管货币管理与度、量、衡，仓部主管仓廪，起部主管宗庙、宫室建筑，左民郎中主管土地、屯田等项事宜。各部均下设职能机构。

地方财政管理机构则由郡守（又称太守）和县的令、丞、基层三长（邻长、里长、党长）负责赋、役、税的征、解。

2.户籍管理制度

南朝各代为了掌控户口，以保证国家的财政收入，对户籍的管理较为严格。在户籍管理方面，主要有以下内容：

（1）土断制度

所谓土断就是整理侨置郡县制度，即"以土著为断"，将侨人"土著化"，使侨居之民与当地行政区划结合起来，令其着籍输课，使他们成为国家所掌握的编户，承担赋役，以保证国家的赋税收入。西晋末，北方流民大量南下。东晋建立后，政府设立了许多侨州、侨郡、侨县予以安置。他们只在这种侨立的地方机构登记，称为侨人。侨人的户籍称为白籍，不算正式户籍，入白籍者不负担国家调役。由于北民难返，且多安居置业，所以，政府为加强管理和增加财政收入，不断实行"土断"，即把"白籍"侨居户和浮浪人按其居住所在地编入"黄籍"，即居住在哪块土地上，就被确认为是哪块土地上的人，归当地郡县管理，与土著居民一样照章纳税服役，不再隶属于侨置郡县，也不再享受任何免税免役的权利。

土断制度始于东晋，至宋、齐、梁、陈，始终存在。史载："宋孝武大明中，王玄谟请土断雍州诸侨郡县。今襄阳、汉东等郡也。"（《通典·食货典·食货三》）可见南朝的土断制度一直在实行。

（2）户口检籍制度

检籍就是清查户口。南朝的检籍制度与土断制度是紧密联系在一起的。欲土断，首先应该检籍。因为当时在户籍方面存在的问题较多，诸如"凡粗有衣食者，莫不互相因依，竞行奸货"。户籍混乱给国家的赋役收入造成严重的后果，"宋齐二代，士庶不分，杂役减阙，职由于此"，"巧伪既多，并称人士，百役不及，高卧私门，致命公私阙乏，是事不举"（《通典·食货典·食货三》）。总之，户籍混乱使国家的赋役收入减少，也造成了赋役征收的不公平：白籍者不出赋役，赋役负担完全落到了黄籍者身上；身份高贵者不出赋役，赋役负担都落到了身份卑微者身上。为了保证国家的赋役收入，必须增加国家掌握的户口；为了赋役公平，必须取缔黄籍、白籍之分。凡此都需要清查、核实户口，这就必然要进行检籍。

3.包税制的雏形

"司市"一职本来是管理市场、征收商税的职官，这一职位历来都是十分重要的。要选拔善于管理市场的称职官吏，自古以来都是一件困难的事情。可是南齐的统治者，却把征收商税的官职，高价出售给私人承包。这种将管理市场的职官卖给私人承包的制度，实际上就是宋元以来扑买（或称买扑）制度的雏形。这种制度之所以遭到有识之士的指责，是因为买得"司市"职位的人，上任后必将变本加厉地剥削商民，以求高利。商人为减轻负担必然设法转嫁给消费者，而消费者只好减少商品的购买，于是反过来影响政府的商税收入。萧子良严厉地批评了这种不合理的做法，他说："如此轮回，终何纪极？"这些官吏还于"交关津要"，设卡滥征商税，"租估过刻，吹毛求瑕"，"罪无大小，横没赀载"，任意剥削，欺凌百姓。因此，萧子良坚决主张"宜敕有司，更详优格"（《南齐书·列传·武十七王》），以革除商税征收中的种种弊端。

综合训练

关键概念

户调　占田制　课田制　均田制　租调制

复习思考题

1.北魏的均田制和新租调制有哪些特点？

2. 南朝为什么实行土断制度?

3. 简述西晋时占田、课田制实行的背景、内容、意义。

即测即评 4

综合训练参考答案 4

第五章

隋唐五代时期的财政

　　公元581年，北周丞相杨坚夺取北周政权，自立为帝，改国号为隋，并于589年平灭南陈，至此结束了中国370年的动乱、分裂的局面，中华民族又一次恢复了国家的集中、统一。从隋朝建国开始，历经隋（581—618年）、唐（618—907年）、五代十国（907—960年），共380年。这380年是中华民族的封建政治、经济得以巩固和发展的时期，同时也是中国封建社会的财政制度逐渐发展的时期。

第一节

隋唐五代时期的政治经济概况

一、隋朝的政治经济概况

　　杨坚在建立隋朝以后不久，便于公元589年平灭南陈，完成了国家统一的大业，与此同时先后在政治上和经济上进行了一系列的改革。

　　在政治方面，隋朝改革了官制，确立了三省六部制①，三省相互制约，六部分掌政务；精简机构，并省郡县，裁减冗员，改变了隋初"十羊九牧"的现象，节省了行政开支；实行府兵制，寓兵于农，节省军费开支。废除九品中正制，建立科举制度，以学识和才干选拔人才。这些改革有力地强化了中央集权制，巩固了自战国、秦、汉以来的封建统治。

　　在经济方面，由于三国时期和东晋时期两次人口大流徙，南方经济得以开发，所以，

精研深探
5-1

杨坚的简介

----

　　① 隋朝的三省包括尚书省、门下省、内史省，尚书省所隶的六部包括吏部、殿中、祠部、五兵、都官、度支等；唐朝有些变化，三省之中将内史省改为中书省，六部分别是吏部、礼部、兵部、工部、户部、刑部。

隋朝建立之时，中国已经形成两大经济重心，即黄河、淮河流域的经济重心和长江、珠江流域的经济重心，隋朝建立后又特别注意经济的开发，因而促进了农业经济的迅速恢复和发展，并带来了工商业的发展和进步。

隋初的国民经济虽曾一度出现蓬勃发展的大好局面，但统治者没有很好地珍惜，在隋文帝晚年，就出现了骄奢的倾向，又酝酿发兵高句丽。炀帝即位，穷奢极欲，穷兵黩武，终于激起了农民大起义。

隋初的统治者十分注意农、工、商业的发展，并采取了一系列增收节支的财政政策措施，如清查户口、实行均田、发展漕运、精兵简政等，所以，隋王朝的财力始终非常雄厚。《文献通考》的作者马端临曾说："古今称国计之富者莫如隋"。这是隋朝财政的一个重要特点。

精研深探
5-2

杨广的简介

二、唐朝与五代十国时期的政治经济概况

唐朝建立之后，在唐太宗李世民的治理下，迅速恢复了封建统治秩序和经济发展秩序，并一度出现了空前繁荣的局面，史称"贞观之治"。

在政治上，唐朝继承和发展了隋朝的封建中央集权制，加强了统治机构的建设，进一步完善了官制、兵制和科举制，使唐王朝的政治统治进一步强化。

精研深探
5-3

李世民的
简介

唐初统治者十分重视农业和手工业的发展，唐太宗特别强调以人为本，他说："国以人为本，人以衣食为本，凡营衣食，以不失时为本。"（《贞观政要》卷八《务农》）在以人为本思想的指导下，继续推行均田制，积极改革农具，大力兴修水利，促进了农业生产的发展。唐朝重农，但并不抑商，商业城市也大量涌现。除国内贸易外，对外贸易也有很大发展。

到玄宗开元、天宝年间，唐立国百余年，封建政权政治稳定、经济空前发展。但唐玄宗晚年，沉溺酒色，怠于政事，不纳忠言。上层统治集团中潜藏着争权夺利的政治危机，地方军备废弛，这为安史之乱埋下了祸根。这期间，户籍、计账渐趋伪滥，农村土地兼并日益严重，社会贫富分化加剧。天宝十四年（755年），暴发了历时8年的安史之乱。安史之乱后，国家政权，日趋衰落，乘机崛起的地方割据势力最终肢解了大唐帝国。

精研深探
5-4

李隆基的
简介

五代十国时期，各个朝代，各个国家，政治动荡不安，战争连绵不断，使社会生产力遭到严重破坏。这是总的情况，但是有个别朝代、个别国家，在一定时期内，政治比较安定，工商业也得到一定程度的发展。

与唐和五代十国的政治经济状况相适应，这一时期的财政具有如下特点：一是财政管理机构由户部职掌天下田户、均输、钱谷之事，逐步分代为度支统筹财政、户部掌管赋役、盐铁掌管工商税收的分治格局，到五代时形成三司。二是唐朝前期奉行"量入为出"原则，唐建中元年（780年）实行两税法之后，则遵行"量出为入"原则，这一转变为财政支出不断扩张埋下了伏笔。三是财政收入以农业税收为主，在唐朝前期，主要是租庸调收入，唐朝中期以后，两税收入仍居主要地位，盐税、榷沽、茶税等收入虽不断增加，但仍为次要地位。四是财政支出以军费、官俸、皇室开支为大宗。五是唐朝重视预算管理，

一年一造计账。能够区分经常性收支与临时性收支，将经常性收支编为长行旨符固定下来，从而减轻了预算编制成本。六是原则上国家财政与皇室财政分开管理，但实践中屡有国家财政与皇室财政混而为一的情况，从而出现皇室财政侵占国家财政的情况，不利于国家职能的行使。

第二节

隋朝的财政

一、隋朝的田制与户籍

1. 田制

隋朝沿袭北齐仍然实行均田制，而且较北齐的均田制更有利于百姓。根据规定，一夫一妇可分得露田120亩，永业田20亩。奴婢受田同良人，按贵族官僚地位高低限制在60~300人。耕牛一头授田60亩，限4头。身老，露田要还官，永业田子孙可以继承。永业田要种植桑榆及枣。不宜桑之地，给麻田20亩。另给园基地，三口人给1亩，奴婢则五口人给1亩。成丁年龄有多次变动，初为18岁，开皇三年（583年）改为21岁，炀帝即位时则改为22岁。炀帝后，则取消了对妇女、奴婢、耕牛的授田。官吏的授田，规定自侯王至都督皆给永业田，多者100顷，少者40亩。京官又给职分田，一品给田5顷，至九品为1顷，各级以50亩为差。外官亦各有职分田，衙署又给公廨田，以供公用。

隋朝的均田制中，将成丁年龄后延三年，同时，宅基地三人一亩，这是不同于北齐的，是有利于百姓的。但从上述规定来看，对官吏也是优惠有加。均田制本意是想抑制土地兼并，实际上难以做到。究其原因，主要有：（1）均田制不是将全国的土地进行平均分配，只是对公田和无主荒田的分配，对地主原来占有的土地并没有触动，因而这种均田难以抑制兼并。比如，就在均田制施行之际，杨素[①]却"贪冒财货，营求产业"（《隋书·列传·杨素弟约从父文思文纪》），大肆兼并。（2）公田数量不能满足均田的需要。史载："帝乃发使四出，均天下之田。其狭乡，每丁才至二十亩，老小又少焉。"（《隋书·志·食货》）由此观之，隋朝的均田制度虽有利于百姓，但其局限性也是十分突出的。

2. 户籍

隋朝的户籍实行输籍定样制。所谓输籍，就是堂兄弟以下，必须分家另过，分别建立户籍。所谓定样，就是在人口普查（即"大索貌阅"）的基础上，核实户籍的内容（包括年龄、性别、相貌等），确定其户等和其纳税标准。开皇三年（583年），为了避免民户将成丁男子诈称老、小而规避赋役，朝廷令州、县官员组织力量亲自进行大规模的人口普查，如发现户口不实，对所在保、闾、族、里、党的正副职头目要发配到远方，以示惩

---

① 时杨素已封为越国公，其亲属多居"尚书列卿。诸子无汗马之劳，位至柱国、刺史"。

罚。同时，要求堂兄弟以下要分家另过，各自立户。结果，新增成丁44.3万人，人口164.15万人（《隋书·志·食货》）。这项工作由高颎负责推广到全国，并成为经常性制度，于每年正月开始进行。

二、隋朝的财政收入

隋朝的财政收入包括田赋、徭役及工商杂税等。

1.赋役

隋朝的田赋，在均田制的基础上实行租调制。隋朝规定：一对夫妇纳粟3石，纳调绢绝一匹，绵3两；不宜桑之地，纳布一端（为4丈），麻3斤。未婚之成丁者半课。未授田者不课。并规定，有品爵的官吏、官府加冕的孝子、顺孙、义夫、节妇都免纳田租、户调。（《隋书·志·食货》）

隋朝的徭役，初规定："十八已上为丁。丁从课役。"后来改为"二十一成丁"。服役时间，"仍依周制，役丁为十二番，匠则六番"。丁每年一个月的服役期。所谓"十二番役"，即12人轮番服役一年，亦即每人一个月，亦即30天；而匠人则是两个月，亦即60天。

隋朝虽然赋役较北齐繁重，但赋役的减免却很频繁。例如，开皇三年（583年）将十二番役减为每岁为20天，调由绢一匹减为2丈。开皇九年（589年），免江南徭役10年，其他各州免除当年的租赋。开皇十年（590年），规定百姓年50以上者，输庸代役。开皇十二年（592年），河北、河东当年田租减免三分之一，兵役减半，工役和户调全免。炀帝即位后，也曾实行赋役的减免政策。

2.工商杂税

隋朝对工商业实施鼓励发展政策，所以终隋之世对工商业者征税很少。隋文帝时，先后罢除了市税、酒税和盐专卖制度。这些政策激发了百姓从事商品交易活动的积极性，促进了商品经济的发展。隋炀帝时，曾在大业六年（610年）和大业九年（613年）按资产的多少向富人征收财产税，目的是补充战马和购驴运粮。这些都属于临时性征收。

三、隋朝的财政支出

隋朝的财政支出，主要有军事支出、官俸支出、皇室支出、社会保障支出等项。

1.军事支出

隋朝的军事支出包括养兵费与战费两大项。平时的养兵费，只在隋初时支出较多，在全国统一之后，养兵费就逐渐减少了。因为隋朝延续了自西魏以来的府兵制，士兵农忙时务农，农闲时训练，至于军事装备，弓矢等自备，其他火器由官府准备，无须耗费大量的养兵之需，支出自然就少。统一全国之前虽然也实行的是府兵制，但当时战争频繁，兵员、装备的损失巨大，支出当然也就大于平时。

隋朝的战时军费十分浩大。从历史记载来看，隋朝较大的战争有：平南之役、抵御少数民族骚扰边疆之役、镇压农民起义之役，最大者莫过于征高句丽的战争。文帝开皇十八年（598年），曾以"水陆三十万伐高丽"（《隋书·帝纪·高祖下》），这是隋朝第一次征高句丽。自炀帝即位，先是攻流求，后又三次征高句丽。这些战争耗费巨大，大伤国家元气。

2.官俸支出

隋初，承北朝之弊，设官较滥，官俸资费日多。时任河南道行台兵部尚书的杨尚希奏请并省州郡，得到文帝的采纳，在全国撤销了郡级设置，对县进行了合并，官俸支出有所减轻。

隋朝对京官按品级给俸禄，正一品禄米900石，其下以100石为差，至从八品为50石，但食封及官不判事者，并九品官不给俸禄，俸禄按春秋两季发放。地方官，刺史、上佐、郡守、县令有俸禄，按州、郡、县所有的民户的多少，分为九等给禄。同时，京官、外官给职分田，又均给公廨本钱，作为衙署的公用经费和无禄官吏的生活费用。至开皇十四年六月，公廨本钱变更为公廨田。到开皇十七年十一月，又恢复为公廨本钱。

3.皇室支出

皇室支出包括宫室建筑费、日常生活费、玩好及赏赐费等。

隋初，文帝之时，皇室支出尚较节俭，皇帝及后宫都经常穿浣洗的旧衣服，出行乘坐的是经过修补的车轿，平日里所食不过一种肉而已。可见其日常生活费是比较节约的。但宫室建筑费却消耗巨大。例如，开皇十三年（593年）兴建仁寿宫之役，死于此役者，达万人之多。

至于炀帝，不惜民力，挥金如土，靡费甚多。比如，兴建东都洛阳，又修显仁宫，"僵仆而毙者，十四五焉"。乘舟游幸江南，极尽奢华；又向西域商人购买宝物，"靡费以万万计"（《隋书·志·食货》）。

4.社会保障支出

隋朝的社会保障措施，主要有四项：一是赈济；二是移民就食；三是常平仓；四是义仓。

（1）赈济

隋初，十分注重对遭受水旱灾荒百姓的赈济，这项支出也很庞大。每遇灾害，不仅减免赋役，而且积极进行赈济。隋朝的赈济包括国家赈济和民间的自愿赈济。国家的赈济范围较广，规模较大。其中规模最大的一次是，自开皇五年（585年），关中连年大旱，而青州等15州发大水，百姓饥馑。于是，高祖乃命苏威等分道开仓赈给。民间自愿赈济的情况较少，主要是发动富户与宗室赈济困难百姓。例如，隋文帝开皇四年（584年）发生旱灾，"其强宗富室，家道有余者，皆竞出私财，递相赒赡"。

（2）移民就食

在大灾之年，隋朝统治者往往将百姓由受灾之地迁至粮食丰收之地就食。例如，开皇五年（585年）一次大灾，国家"买牛驴六千余头，分给尤贫者，令往关东就食"；开皇十四年（594年），"关中大旱，人饥。上幸洛阳，因令百姓就食"。

（3）常平仓

常平仓源于汉朝的耿寿昌，隋沿袭了这一制度，开皇三年（583年），在陕州设立常平仓，开皇五年（585年）五月，又"运山东之粟，置常平之官，开发仓廪，普加赈赐"，但杨坚仍恐不足以备灾荒，"又遣仓部侍郎韦瓒，向蒲、陕以东募人能于洛阳运米四十石，经砥柱之险，达于常平者，免其征戍"①。可见隋文帝对常平仓的重视。

（4）义仓

义仓之制首倡者为当时的工部尚书长孙平。开皇五年（585年）五月，根据长孙平的奏请，令每年秋季以各村社为单位，按照村社成员的贫富程度，劝募本社成员捐助谷物，就地建造仓窖储备起来，当遇到水旱灾荒时，取社仓所储之粮赈给百姓。这项措施是抵御自然灾害的有效办法，也是百姓借助集体的力量实行社会保障的重要措施。这项措施自实施以来，达到了"诸州储峙委积"的效果。

义仓储在民间，多有费损。为避免豪强之户予取予求，减少村社的费用，于是便于开皇十五年（595年）二月下令将设于民间的义仓，由县办理。次年，又规定："社仓，准上中下三等税，上户不过一石，中户不过七斗，下户不过四斗。"（《隋书·志·食货》）这样，因建义仓而出现的捐纳变成了赋税，并形成制度固定了下来。

隋朝除上述财政支出之外，尚有佛事支出、经济建设支出等，这些支出均不占主要地位。至于文化、教育支出，更是微乎其微。隋朝还有巨额的赏赐之费、巡狩支出。

四、隋朝的财政管理

1.财政管理机构

隋文帝杨坚建国之后，为进一步强化中央集权制，沿袭了北齐、北周的行政管理体制，由尚书省统管六部，对皇帝负责，从而避免了行政管理权限的分散，有利于加强集中统一领导。在建立中央与地方行政机构的同时，也建立了基层行政管理机构。（《隋书·志·食货》）这级机构的作用旨在评定资产，制定征赋的贫富等级，督察户籍，制止百姓逃亡，并有维护乡里治安之职能。

中央财政管理机构，总统于尚书省。其中，度支部为国家管理财政的最高机构，下设度支（掌会计、事役、粮库）、仓部（掌仓库出入等）、金部（掌度量衡和库藏文册）、左户（掌天下户籍）、右户（掌天下公私田及租调）、库部（掌戎仗器用供给）等所属机构。此外，工部所属的屯田、虞部（主管山林川泽之官），司农寺所属的太仓、典农、平准、廛市、钩盾、华林、上林、导官等都负有财政事务，都官部所属的比部为财政审计机构。

地方财政管理机构包括：州，置刺史，下设户、兵等曹主管财政事宜；郡，置太守、丞、尉、正，其中金、户等曹佐、市令等员主管财政事宜；县，置令、丞、尉、正，其中金、户等曹佐、市令等员主管财政事宜。

仓库的管理机构包括：太仓，设谷仓督、盐仓督；京市，设肆长；导官，设御细仓

①　以上未注明出处者均见《隋书·志·食货》。

督、曲面仓督等。太府寺统左藏、左尚方、内尚方、右尚方、司染、右藏、黄藏、掌冶、甄官等署（《隋书·志·百官下》）。为了漕运的方便，文帝杨坚还于"卫州置黎阳仓，洛州置河阳仓，陕州置常平仓，华州置广通仓，转相灌注。漕关东及汾、晋之粟，以给京师"（《隋书·志·食货》）。

此后，对这些官署又进行了调整和更革。

2.漕运管理

隋初十分重视漕运工作，开皇三年（583年），为充实京师库藏，曾下诏"于蒲、陕、虢、熊、伊、洛、郑、怀、邵、卫、汴、许、汝等水次十三州，置募运米丁。又于卫州置黎阳仓，洛州置河阳仓，陕州置常平仓，华州置广通仓，转相灌注。漕关东及汾、晋之粟，以给京师"。这种漕运方式，即属转运法，后来唐朝所实行的转般法、雇募之制，皆源于此。为了加快漕运进度，于开皇四年（584年），又"命宇文恺率水工凿渠，引渭水，自大兴城东至潼关三百余里，名曰广通渠。转运通利，关内赖之"（《隋书·志·食货》）。炀帝时，修建大运河，虽然其目的是加强对江南地区的统治，但也可收漕运之利。

3.屯田管理

隋朝的屯田主要是为了防御边疆少数民族的侵扰，为减轻百姓向边疆输纳粮草的徭役负担而展开的。史载，开皇三年（583年）"是时突厥犯塞，吐谷浑寇边，军旅数起，转输劳敝。帝乃令朔州总管赵仲卿，于长城以北大兴屯田，以实塞下。又于河西勒百姓立堡，营田积谷"（《隋书·志·食货》）。此后，由于财政日渐充裕，屯田之事也就逐渐被淡化了。

炀帝时，曾"谪天下罪人，配为戍卒，大开屯田，发西方诸郡运粮以给之。道里悬远，兼遇寇抄，死亡相续"（《隋书·志·食货》）。这时所谓的屯田实际上成为惩罚罪犯的手段，不仅不能利国利民，反而成为害国害民的工具。

第三节

唐朝的赋役

一、田制与户籍

土地制度与户籍制度都是制定赋役制度的基础和必要的条件，所以唐朝十分重视这两项制度，在制定这两项制度时，十分慎重，也十分严密。

1.田制

唐朝前期，承隋之旧制，亦实行均田制。唐高祖武德七年（624年）正式公布均田令。唐朝的均田制包括对一般农民的授田和对官吏授田两大类。

对一般农民的授田规定包括：

（1）以五尺为一步，宽一步、长240步为一亩，100亩为一顷，作为丈量土地的基础。

（2）规定丁男以及18岁以上男子，每人授田一顷，即100亩；老男和重病、残疾的人，每人授田40亩；丧夫的妻妾，每人授田30亩，如果为户主的，增加20亩；道士授田30亩，女冠和僧尼各给田20亩，官户（官贱人）授田40亩。

（3）所授之田，以20亩为永业田，其余为口分田。永业田用以种植榆、桑、枣及其他适宜种植的树木，可以继承；口分田即北魏露田，身老要还官。

（4）凡是百姓有身死家贫无以供葬者，允许卖永业田；主动由狭乡迁往宽乡者，允许卖口分田；允许卖口分田以充住宅、邸店、碾硙（wèi）之用；买地者，所买数量不得超过应授的定额，而出卖者，不得再申请授田；凡买卖均须经官府批准，并颁发凭证。

（5）对以工商为业的工商业者，永业田、口分田各减半给之，在狭乡者，不给；对那些因为国家办事而落入外藩不能还家者，如有亲属同居，其身分之地（包括口分田、永业田），6年之后再追还。身还之日，随便先给；对为国家而牺牲的百姓，其子孙虽未成丁，也不收回口分田。

（6）不论是永业田还是口分田，都不得租赁或质押，违者财没不追，地还本主。如果是去远处服役，或者到外地任职，而家中无人守业者，则允许租赁及质押。

从上述内容可以看出，唐朝的均田有如下特点：一是授田的范围更全面。二是授田有一定次序，即先授予纳税者，后授予不纳税者；先授予贫者，后授予富者；先授予无田的人，后授予田少的人。三是允许土地买卖的若干规定，为土地兼并开了方便之门。四是耕牛及奴婢不再授田，说明对拥有大量耕牛和奴婢的地主，采取了限制措施。

对官吏的授田，包括永业田、职分田。唐朝对官吏授田的数量是比较优厚的。授予的永业田：亲王达百顷之多，职事官正一品60顷，从五品也达5顷之多，最低一级的云骑尉、武骑尉也授60亩。授予的职分田：京官文武职事，一品12顷，至九品2顷，在距离京城百里以内分给。京兆、河南府及京县官员职分田亦准此。诸州及都护府、亲王府官员，二品12顷，至九品2顷50亩。职分田不直接分给职官及其家属，而是由所在官府租佃给百姓，百姓按定额将收获物转送给职官本人。

此外，还有公廨田，京师各机构有公廨田，公廨田的多寡按职官级别的大小授予。外地的官府机构也有公廨田，公廨田的多寡同样按职官级别的大小授予。授予官吏的园宅田同百姓相同，其实这一条就是对官吏的额外优惠。

玄宗天宝（742—756年）以后，由于土地兼并日益严重，加之朝政腐败和藩镇割据，均田制终被破坏。自此以后，国家不再通过法令的形式对土地进行控制和管理。

2.户籍制度

实行均田制和推行租庸调法，都必须有明确的户籍制度作保证，因此，唐朝对户籍制度的规定十分严密。

根据《旧唐书·志·食货》和《新唐书·志·食货》的记载，唐朝规定，基层管理机构由里、乡、村（坊）组成。在农村居住的，以百户为一里，五里为一乡，四家为一邻，五家为一保。每里置里正一人，掌管调查户口，劝植农桑，检察非违，催课赋役。在城镇居住的编为坊，置坊正一人。在郊区居民的编为村，别置村正一人。州县的管理机构主要负责户口的登记造册、复核，中央的管理机构由户部尚书负责户籍的汇总。

全国户口的核定，一是估量各户资产的多少，将全国的民户定为九等。二是区分户籍性质，即士农工商，四人各业。为官者不得经商与下民争利，商人及杂类之人，不得做官参与政事。三是规定年龄身份。规定男女始生为黄，四岁为小，十六为中，二十一（后改为二十二）为丁，六十为老。

编制程序，首先由县衙官吏直接到村亲自检视百姓的形貌，称为"亲貌"或"团貌"。"亲貌"即亲自验察每人的容貌，这种验察是将一村之人集中起来验看，故又称"团貌"。在此基础上，由里根据百姓据实申报的材料编成册籍，称"手实"。手实的内容包括性别、年龄、均田、赋役情况等。乡再将一家一户的"手实"汇总，编制成账册，是为"乡账"；"乡帐"报送到县，由县主管部门汇总，报送到州，形成"户籍"；经州主管部门汇总，报送到户部，户部汇总留存，形成全国的户籍。与户籍编报相联系的，还有反映财政收支的"计帐"，属于国家预算制度。

账册编制留存的时间规定是，每年要进行手实，每岁一造"计帐"，三年一造户籍。州县的账册要保存15年，中央政府（尚书省）要保存9年。此前没有所报账册需要存档这一说，只有唐朝才有此规定。而这一规定充分说明唐朝户籍制度的进步。

二、租庸调制

唐初的田赋沿袭隋朝的租调制。在镇压各地的农民起义之后，唐高祖武德七年（624年）正式实行了租庸调制。这是一种复合税制，是对北魏以来租调制的发展和完善，是粟米之征、布缕之征和力役之征的完整形式。其中包括租、调、庸和杂徭四项内容，但这四项内容是融为一体的，是一项制度中的四个基本点，即"有田则有租，有家则有调，有身则有庸"（《翰苑集》卷二十二《均节赋税恤百姓六条》，载《钦定四库全书》）。该税法中的各项税收，均以人丁为根本，并为定额实物税。具体内容包括：

（1）每丁每年缴纳租，粟二石。

（2）每丁每年缴纳调，随乡土所产，种桑之地，纳绫、绢、絁各二丈，绵三两；产麻之地，则纳布二丈五尺，麻三斤。

（3）每丁每年服徭役二十天。若不亲自应役，则折缴庸绢，每天三尺。遇国家有事而需增加徭役时，增加十五天的免调，增加三十天则租调全免。正役和加役合计不得超过五十天。

（4）岭南各州则纳米，上等户一石二斗，次等户八斗，下等户六斗。

（5）少数民族户，一律减半交纳。北方少数民族归附者，上等户每丁税钱十文，次等户五文，下等户免税。归附满二年者，上等户每丁交羊两只，次等户一只，下等户则三户共交一只。

（6）凡遇水旱虫霜等自然灾害，损失四成以上的免租，损失六成以上的免调，损失七成以上的，租庸调全免。凡新附籍户，春天三月来的免役，夏天六月来的免课，秋天九月来的课役全免。周边的外族百姓内附并于宽乡落户的，免徭役10年。奴婢放为平民的，免徭役3年。上自太皇太后、皇太后、皇后，下至九品以上官，以及国子、太学、四门学生甚至俊士，孝子、顺孙、义夫、节妇同籍者，皆免课役。老者及男废疾、笃疾、寡妻妾、部曲、客女、奴婢均不课役。

（7）凡税敛之数，书于县门、村坊，与众知之。

由上可知，唐朝租庸调制是在以前租调制基础上的一次完善。这种完善表现在：（1）唐初对均田制和户籍制定了更完备的规范，使租庸调制有更扎实、牢靠的基础。（2）租庸调制中有关租、调、庸等内容的规定更为完备、具体，特别是将隋朝的"免役收庸"的临时措施加以制度化，成为经常性的办法，百姓服役的天数不仅明确，而且可以输绢代役，这有利于减轻百姓的徭役负担。（3）该法对减免范围做了详细的规定，使优抚减免有法可依、有章可循，其中有关灾免和对少数民族的减免规定，具有稳定社会的重要意义。

陆贽对租庸调制给予了高度的评价，认为这项制度"其取法也远，其立意也深，其敛财也均，其域人也固，其裁规也简，其备虑也周"（《翰苑集》卷二十二《均节赋税恤百姓六条》，载《钦定四库全书》）。然而，这项制度同样存在着致命的弊端，具体表现在：（1）这项制度规定，租、庸、调、杂徭的征收，只依据身丁，不看占有土地的多少，也不看各项财产的多寡，这就助长了土地兼并之势，而无益于抑制土地兼并，从而加剧了贫富分化。（2）这项制度规定了大量的免征对象，这显然有利于官宦和地主之家，而不利于贫苦百姓。唐朝的这一做法，为此后宋朝免课役户的增加提供了理论和实践基础。特别是对道（包括女冠，即女道士）、僧、尼，皆免赋役，这就促使道（包括女冠）、僧、尼队伍的迅速膨胀，大大减少了从事农业生产的人口，也为后世提供了一个恶劣的先例。（3）这项制度对土地制度和户籍制度的依存度过高，也是其局限性之一。一旦土地制度或者户籍制度受到破坏，该项制度就无法实行。而在封建社会，土地制度和户籍制度经常会因为非常情况而受到破坏，所以也注定这项制度不能行之长久。

精研深探
5-5

陆贽的简介

三、两税法

1.两税法产生的背景

两税法的产生，主要是由于到唐中后期租庸调制的难以维持和财政危机时统治者的横征暴敛。

租庸调制的难以维持是两税法产生的前提。租庸调制难以维持下去，究其原因主要是以下两个方面：（1）均田制遭到破坏。由于均田制本身对官吏就给予诸多优惠，又允许土地买卖，这就为土地兼并埋下了祸根。及至太宗时土地兼并的势头已经形成，庄园经济、寺院经济逐渐形成规模。庄园的形成，就是土地兼并的结果。如太宗贞观时（627—649年），"前刺史张长贵、赵士达并占境内膏腴之田数十顷"（《旧唐书·列传第八》）。高宗永徽五年（654年），"时豪富之室，皆籍外占田"（《旧唐书·列传·良吏》）。土地兼并扩充地主庄田，也影响政府的赋役收入，因此朝廷多次下令禁止，但收效甚微。激烈的土地兼并，使均田制被彻底破坏了。（2）户籍制度遭到破坏。由于土地兼并日益激烈，失去土地的百姓或逃亡他乡，或沦为地主官绅的庄客或奴婢，从而成为他们的荫户。加之安史之乱，户籍制度更难实行，国家所掌握的户口急剧减少。据户部统计，天宝十三年（754年）国家所管户为 9 619 254 户，人口 52 880 488 口（《旧唐书·本纪·玄宗下》）；至代宗广德二年（764年），国家所掌握的户口只有 2 933 125 户，人口仅有 16 920 386 口。户减少 6 686 129 户，仅占天宝十三年户的 30%；口减少 35 960 102 口，仅占天宝十三年人口的 32%。均田制和户籍制度是租庸调制实施的基础，在均田无法进行，而户籍久不登造的情况下，租庸调制也就很难起到应有功能，必然要被新的赋税制度所替代。

两税法的产生除了上述原因外，其直接原因是统治者的肆意挥霍和在财政危机时的横征暴敛。由于土地制度和户籍制度的破坏，租庸调制难以实行，国家的财政收入已经捉襟见肘，然而统治者仍然大肆挥霍、用财无节，以致国家财政连年出现赤字。玄宗天宝时（742—756年），"天子骄于佚乐而用不知节，大抵用物之数，常过其所入"（《新唐书·志·食货一》）。为了弥补财政的亏空，统治者便开始了横征暴敛。据史载，在玄宗天宝之后，经肃宗、代宗，出现了像杨崇礼、王鉷、杨国忠、崔众、第五琦等以搜刮为能事的聚敛之臣，出现了在租庸调正额之外数以百亿万缗计的收入进入皇帝的私囊（即储存在百宝大盈库，专供天子私用），出现了税僧尼、税亩钱、青苗钱、地头钱、进俸钱等以军需、官俸或官府公用为目的的临时性杂征。这些杂征在代宗大历五年（770年）进行了归集，始定夏秋两征之法："夏，上田亩税六升，下田亩四升；秋，上田亩税五升，下田亩三升；荒田如故[①]青苗钱亩加一倍，而地头钱不在焉。"（《新唐书·志·食货一》）这里包括税亩钱，十亩税一亩；此外，还有税地钱、青苗钱、地头钱，等等。

除这些杂敛外，原来已经开征的户税和地税也扩大了征收。户税始于高祖武德六年（623年），按每户资产分为三等（后为九等）征收。玄宗时，"自七载至十四载六七年间"的户税收入，按八等户与九等户通算，如果平均"以二百五十为率"，大约是"二百余万贯"（《通典·食货典·食货六》）。户税在唐初是"以供军国传驿及邮递之用"，但自代宗大历（766—779年）以后，无论普通百姓，还是百官，以及浮寄之户，都要依等纳税，户税急剧增加，并逐渐成为国家财政的主要税种，从此标志着国家财政收入开始由以人丁为本的实物税，向以财产为宗的货币税过渡。

地税源于隋朝的义仓，至玄宗开元二十五年（737年）正式定制："王公以下，每年户别据所种田亩，别税粟二升以为义仓；其商贾户若无田及不足者，上上户[②]税五石，上中以下递减，各有差。诸出给杂种准粟者，稻谷一斗五升当粟一斗；其折纳糙米者，稻三石折纳糙米一石四斗。"（《文献通考·市籴考二》）"自七载至十四载六七年间"，每年的地税收入，"约得千二百四十余万石"（《通典·食货典·食货六》）。自唐代宗时，开始以亩定税，并实行夏秋两征之制。

---

① 亩二升。
② 应为"户"。

苟征杂敛的现象突显了税制改革的必要性，而户税、地税的扩大，以及夏秋两征方式的出现，则为两税法的实施奠定了基础。

2.两税法的内容及利弊

德宗建中元年（780年），宰相杨炎，将这个时期的各种苛杂加以整理，依据地税和户税的范式，制定了两税法。两税法是以土地、资产为依据划分户等定税，在户税和地税基础上，将税额分夏秋两季征收的田赋制度。史载："凡百役之费，一钱之敛，先度其数而赋于人，量出以制入。户无主客，以见居为簿；人无丁中，以贫富为差。不居处而行商者，在所郡县税三十之一，度所与居者均，使无侥利。居人之税，秋夏两征之，俗有不便者正之。其租庸杂徭悉省，而丁额不废，申报出入如旧式。其田亩之税，率以大历十四年垦田之数为准而均征之。夏税无过六月，秋税无过十一月。逾岁之后，有户增而税减轻，及人散而失均者，进退长吏，而以尚书度支总统焉。"（《旧唐书·列传第六十八》）"……遣黜陟使按比诸道丁产等级，免鳏寡惸独不济者。敢有加敛，以枉法论。"（《新唐书·志·食货二》）据此，两税法的内容主要包括以下内容：

（1）实行量出为入原则。即国家所征的赋役，事先要根据国家的支出需要进行概算，再按概算的数量征之于百姓。这是唐后期的国家预算原则之一。

（2）课税依据。即"人无丁中，以贫富为差"，即按纳税人资产的多少来摊征赋役。

（3）课税主体。以各地现居人口为纳税人，即"户无主客，以见居为簿"。无固定住所的行商则在所在州县纳税。

（4）税率。全国无统一税率。因为是量出为入，所以，户税，按九等分摊；地税，以代宗大历十四年（779年）的垦田数为基准，按比例分摊；商人按其收入征收1/30。

（5）完纳期限。分夏秋两次征收，夏税不晚于六月底，秋税不晚于十一月底。

（6）纳税形式。"以钱谷定税，临时折征杂物"[①]，即两税法实行定税计钱，征收中折钱纳物，有了一定货币税的形式。

（7）减免规定。鳏寡孤独及赤贫者免征。

（8）其他规定。原来的租庸调及杂徭等旧制全部废除。有敢在两税之外擅自征收的，以枉法论处。

两税法是我国历史上一次重要的税制改革，其积极意义在于：

（1）两税法首次明确了量出为入的原则，把国家的财政支出控制在一定范围内，有利于限制赋外加赋现象的发生。

（2）两税法以资产为课税依据，扩大了纳税范围，无论主户、客户、官户、商户都要按资产纳税，体现了普遍征税和税负公平的原则，改变了在租庸调制下权势之家优免赋役的不合理现象，有利于减轻少地或无地农民的赋税负担。

（3）两税法将原来的租庸调和其他杂征等名目全部废除，合并为夏秋两征，简化了税

---

① 本节未注明出处者均见《翰苑集》卷二十二《均节赋税恤百姓六条》，载《钦定四库全书》。

制，改变了过去"旬输月送，无有休息"的状况，便利了百姓。

（4）两税定税计钱，开创了货币计税的先例，使全国有了统一的计税标准，便于统计和核算管理。

（5）由于两税法开启以资产为宗、货币之征和赋役合一的发展趋势，有利于推动时代的进步，有利于促进经济的发展。

但法无完法，有一利必有一弊，制度的优势往往隐藏着制度的弊端。两税法的制定确实存在一些漏洞，在实施中也出现了一些问题。具体地说，两税法存在如下六大弊端：

（1）"量出为入"的原则未能有效地制止官吏的苛征。量出为入的前提条件是政府的支出规模必须受到某些机制（如国家预算）的约束。在缺乏相应机制的情况下，量出为入就会成为当政者扩大贪欲、不断苛征的借口，官府往往"总杂征虚数，以为两税恒规"。通俗地说，就是两税是个筐，什么名目的杂税都可以往里装。结果是官府不断以支出需要为名向百姓加征赋税，而百姓的赋税负担，有加无已，日益穷困。

（2）以资产为课征对象，失去了对人丁的激励作用，也助长了奸伪之弊。主要因为资产不易核定，定税难以公允。比如，那些贵重而易藏的资产，使人难以发现而少定其税；而那些不值钱的粮谷，积于仓囤之中，往往被认为富有而高定其税；有的商家通过商品流通或贷放取息，每天都收入不菲，但资产数量不多，可能轻定其税；房屋、工具等资产，终年无利可取，但会因其价高而重定其税。对这些情况，一概估算缗钱，计资定税，就难免有失公允，而且助长奸伪。

（3）"定税计钱，折钱纳物"的征收办法，容易受物价波动的影响而增加百姓的赋税负担。两税法实行之初，物贵而钱轻，物价较高，迨至德宗贞元（785—805年）年间，出现了钱重物轻的问题，物价下跌了50%，而仍按原来的标准折征，百姓的赋税负担成倍增加。另外，地方官在折征过程中，通过在估价方法和质量等级划分上作弊进行搜刮，也加重了百姓负担。

（4）"租庸杂徭悉省，而丁额不废"，为以后变相征发徭役提供了依据。在制定两税法时，说是"租庸杂徭悉省"，实际上并未废除，而是将其合并于两税法之中，成为两税的内容之一。而"丁额不废"则为统治集团继续征发徭役埋下了伏笔。

（5）以"大历十四年垦田之数为准而均征之"，更便于官吏弄虚作假，造成各地税负不均。虽然规定是以大历年之数为准，实际上，各地官吏都是以大历年间征税最多的一年为征税基数。其实行的结果，则是使各地的税负更加不均。

（6）以税收的多寡、人口的增减考核官吏，这也会助长官吏的短期行为。在实行两税法之初，各地的赋税就不均平，其后又发生了一系列非官吏所能左右的变故，如战争、疾疫、水旱灾荒等，致使土地荒芜，人口锐减。这时仍然以税收多寡考核官吏，官吏就会为自己的升迁而"急于聚敛"，甚至导致"高下相倾"（《翰苑集》卷二十二《均节赋税恤百姓六条》，载《钦定四库全书》）。这就不仅不能富国裕民，反而会使人心离散，国本动摇。

　　尽管如此，两税法所确定的原则和办法对后代税制的影响是深远的，从此，中国的赋役制度便迈向人丁税向资产税、实物税向货币税、赋役并行向赋役合一的发展历程。

　　唐朝后期，由于藩镇割据，宦官专权，朝政败坏，财政入不敷出，于是不仅税外加税，而且还实行了两税的预征，因而两税法遭到破坏。

　　四、徭役

　　唐朝实行租庸调制的时候，徭役是以"庸"的形式出现的，即不以身应役者纳绢以代役。但穷苦百姓多以身应役，庸绢只是地主豪绅官宦之家避免徭役重负的手段，对穷苦百姓而言，却并无益处。实行两税法之后，虽然规定"租庸杂徭悉省"，但徭役并没有取消，而是"丁额不废"，徭役照常征发。

　　唐朝的徭役与前朝大体相同，既有兵役，又有力役，此外还有杂项徭役，又称色役，即诸色徭役之意。

　　1.兵役

　　唐高祖武德七年（624年），开军府以屯兵，即实行府兵制。府兵制是一种兵农合一、寓兵于农的军事制度。兵士农忙时务农，农闲时进行操练。

　　按规定，府兵须具备如下的条件：第一，年龄条件，"凡民年二十为兵，六十而免"。此为常制，此后时有所变。第二，家庭财产方面的条件，"财均者取强，力均者取富，财力又均先取多丁"（《唐律疏议·擅兴》）。即从财力、物力、人力等多方面衡量，做到差遣均平。按此规定，府兵本应由富户地主承担，但在实际派征时，往往还是由贫下户承担。贫下户不仅出力，还要承担必要的器械。

　　府兵每年要轮流到京城或边疆戍守，到外地戍守称宿卫，到京城戍守称番上。兵部按地理远近安排戍守的班次和时间，一般为500里安排5个班次，1 000里安排7个班次，1 500里安排8个班次，2 000里安排10个班次，2 000里以外安排12个班次，均为一个月轮换一次。又规定：凡府兵出征、戍边，父子兄弟不并发；如身为单丁，祖父母、父母年老多病者，可以免除出征及番上；凡戍守边疆的戍卒，亦由诸州府发遣，每三年一更代。

　　唐朝实行的府兵制，减少了国家的军费开支，但百姓的徭役负担却并未减轻，百姓每年要以1/3的时间，即120天，奔波于所在地与京城之间，可见其兵役负担之重。

　　自高宗、武后时，府兵制逐渐遭到破坏，于是陆续实行了募兵制。玄宗开元十一年（723年），首先招募戍守京城的宿卫兵，共12万[①]。这次招募，为时甚短。但它的出现，标志着府兵制瓦解、募兵制出现。安史之乱以后，藩镇割据，各藩镇自行征兵，唐朝的兵役制度被彻底破坏了。

　　2.力役与资课

　　唐朝实施租庸调制时，徭役本已纳绢代役，名之为"庸"，所出之庸，上缴国家。不

---

　　① 本节未注明出处者均见《新唐书·志·兵》。

出庸者，则以身应役，这种徭役，包括修建宫室、修路、筑城、挖渠等，工作十分繁重。

此外，仍有各色杂徭，简称"色役"。色役主要是为官府当差，其名称十分复杂。这些色役如不愿以身充役，则需出代役金，即"资课"。每种色役名称不同，所纳资课也不相同。比如，为三品以上的文武官员服务的徭役，称"亲事""账内"，而这些徭役，必须由六品至九品官吏的子孙充役，如不亲自服役，必须出资课，岁纳 5 000 钱。这笔代役金不入国库，而为当事的职官所有，成为官吏俸禄之外的一项重要收入。

在唐朝的史书中有关资课的记载很多，且多与庸、调并论，而且有时征钱，有时折征粟、帛、米。据玄宗开元二十四年（736年）的统计，文武职事官俸料钱中资课所占的比例是，六品以上官占50%到60%以上，九至七品官占20%到40%以上。[①]

第四节

唐朝的工商税收及其他收入

唐初，基本没有工商税收。玄宗开元（713—741年）以后，统治者逐渐奢华，财政往往入不敷出，开始课征工商各税；安史之乱后，藩镇割据加剧，中央财政更加捉襟见肘，工商杂税及各种收入日渐增多。

一、盐税及盐专卖

唐初无盐税，唐玄宗开元元年（713年）始议开征盐税，并令将作大匠姜师度、户部侍郎强循俱摄御史中丞，与诸道按察使检责海内盐铁之课。开元十年（722年）八月，正式下令："诸州所造盐铁。每年合有官课。"（《唐会要》卷八十八）自此以后，唐朝才开始征收盐税。但由于各地意见不统一，盐税并未全面开征。安史之乱后，军费剧增，财政困窘，于是，肃宗乾元元年（758年），以第五琦为盐铁、铸钱使，改革盐法。第五琦实行盐法是"就山海井灶收榷其盐，官置吏出粜"，即"民制、官收、官运、官销"的官专卖办法。实行这种办法，一方面设置盐官过多，导致开支过大；另一方面由于出发点就是增加盐课，以资财政，盐斗加百钱，使盐价提高 10 倍，以致物价上涨，民怨沸腾。皇帝不得不撤销第五琦的盐铁铸钱使一职。（《新唐书·志·食货四》）次年，任命刘晏为盐铁铸钱使而继续改革盐法。

刘晏沿用了第五琦的"就山海井灶近利之地置监院，游民业盐者为亭户，免杂徭"和"盗鬻者论以法"等有效的做法，并在诸多方面进行了改善：（1）改革盐制。实行不完全官专卖，即民制、官收、商运、商销。规定"亭户粜商人，纵其所之"，以调动亭户的生产积极性，增加食盐的产量。（2）建立常平盐制度，以满足边远地区百姓的食盐需要，从而弥补了不完全官专卖制度的缺陷。（3）传授制盐技术。针对雨旱天气对盐质的影响，随

---

① 李春润. 唐开元以前的纳资纳课初探 [J]. 中国史研究，1983（3）. 李春润. 略论唐代的资课 [J]. 中华文史论丛，1983（2）.

时派遣官吏对盐户进行指导，以避免盐卤稀薄或土碱过多等问题。（4）建造盐仓，及时储盐。在产盐之地建立盐仓（即盐廪），用以储盐，使食盐管理有序，并减少不必要的损失。（5）建立巡院。在全国设置13处巡院，缉查私盐。这13个巡院设在不产盐之地，在产盐之地则由盐场和盐监负责缉私。因为加强了食盐缉私的管理，所以私自制盐、贩盐的弊端得到遏止，而且每年所得钱百余万缗，相当于百余州的赋税收入，缉私效果十分可观。（6）统一全国盐价，减少征税环节。第五琦将盐由每斗10钱加至每斗110钱，刘晏则将这个价格推行于全国，并一直保持稳定不变。同时，为降低商人运盐的成本，减少商人纳税环节，下令只准入市征收住税，而免征过税。刘晏"因民所急而税之"，通过上述改革措施，从而增加了盐的运销数量，增加了国家的盐税收入。史载："晏之始至也，盐利岁才四十万缗，至大历末，六百余万缗。天下之赋，盐利居半，宫闱服御、军馕、百官禄俸皆仰给焉。"（《新唐书·志·食货四》）

及刘晏被杨炎诬陷被杀后，盐制逐渐废弛，盐价大涨，以致民怨沸腾而官府未获大益。

二、茶、酒、矿税及专卖

1.茶课

茶税议征始于唐德宗建中四年（783年），赵赞议征竹、木、茶、漆税。至德宗贞元九年（793年），张滂奏立税茶法，才开始征收茶税。税茶法规定："伏请于出茶州县及茶山外。商人要路。委所由定三等时估。每十税一。充所放两税。其明年已后所得税。外贮之。若诸州遭水旱。赋税不办。以此代之。"德宗批准了这个方案，"自此每岁得钱四十万贯"（《唐会要》卷八十四）。这笔茶税的目的本是用作水旱不时之需，但实际上用于弥补财政亏空。

穆宗即位（长庆元年，821年）时，在原每千钱税百钱的基础上，另加税50钱。而且又令天下茶由原来的每斤16两，加斤至20两，等于税上加税。其后，榷茶使王涯，唯恐茶户偷漏茶税，竟然将茶民的茶树移植到官府的茶场，并把他们旧时存积的茶叶焚烧掉，民怨四起。此后，李石为宰相，将茶税归属盐铁管理，恢复贞元九年的征收制度。

武宗即位后（841年），不仅大增茶税，而且开征茶的附加税。诸如"揭地钱""剩茶钱"等。[1]

至于唐朝茶课的收入数额，德宗贞元九年（793年）时，"每岁得钱四十万贯"；文宗开成元年（836年）山泽之利，"举天下不过七万余缗，不能当一县之茶税"（《新唐书·志·食货四》）。可见，唐朝的茶课收入还是相当多的。

2.酒课

隋自文帝开皇三年（583年）"罢酒坊"之后，直到唐代宗广德二年（764年），"天下州各量定酤酒户，随月纳税"，其间180年无酒课之征。

---

[1]　"揭地钱"是指官府强制将商人运茶之车、船，安排在官府设置的客栈之中而征其"邸店税"；"剩茶钱"是指官府在征税时，原为10两一斤，提高至16两一斤，增加的数量，即是剩茶钱。

代宗广德二年（764年）开征的酒课属于征税性质，此后，至大历六年（771年）二月，"量定三等，逐月税钱，并充布绢进奉。"（《通典·食货典·食货十一》）德宗建中三年（782年）改征税制为官专卖，每斛收取3 000钱的专卖利益。但行之未久，即废除了官专卖之制，至贞元二年（786年），又恢复了官专卖，但这次的官专卖与以前的官专卖有所不同，即不是由官府酿酒，而是由百姓酿酒，每斗酒，官收150钱的专卖利益，然后才允许酒户出售，酿酒户免除杂差役。唯独淮南、忠武、宣武、河东只对酒曲实行官专卖。杜甫有诗云："速宜相就饮一斗，恰有三百青铜钱。"由此可以看出，当时一斗酒的价格为300铜钱，而官收150钱，就相当于50%的税率。宪宗元和六年（811年），规定除国家确定的酿酒户（即出正酒户）外，将酒课摊入两税之中，随两税同时缴纳。这时，酒课便成为农业税的附加税了。这道命令有的地区执行了，有的地区没有执行，没有执行的地区仍实行专卖之制。

至于唐朝征收酒课的统计数字，据载，至文宗太和八年（834年），这时，"凡天下榷酒为钱百五十六万馀缗，而酿费居三之一，贫户逃酤不在焉"。[①]

3.坑冶课

唐朝不重视矿藏的开采，凡言开矿之利者，都被视为贪利之徒，大臣们都不敢涉及开矿之事，所以唐朝银、铜、铁、锡矿很少。玄宗开元十五年（727年），初税伊阳五重山银、锡。德宗时，山泽之利才收归国有。宪宗元和初，重申采银之禁，每年采银12 000两，铜26.6万斤，铁207万斤，锡5万斤，铅无常数。到宣宗时，因财政需要，增加山泽之利，"天下岁率[②]银二万五千两、铜六十五万五千斤、铅十一万四千斤、锡万七千斤、铁五十三万二千斤"（《新唐书·志·食货四》）。

三、关税

唐太宗即位初，即下令停废诸关，允许商人自由运输货物，因此，唐初无关津之征。直到安史之乱以后，国家军旅支出浩大，财政捉襟见肘，于是开征关税，而且关税的种类日渐增多。当时，境内关税的征收制度日渐杂乱，而国境关税的征收制度却日臻完善与规范。

1.境内关税——桥梁税、津堰之税、踢地钱与埭程税

肃宗至德三年（758年），因国家财不足用，于是李巨（时任河南尹、充东京留守等职）"于城市桥梁税出入车牛等钱以供国用"（《旧唐书·列传第六十二》）。这时所征收的桥梁税，仅仅是一种临时性的征收，直至德宗、宪宗以后，境内关税才普遍推行，但仍属于苛捐杂税性质。据史载，德宗建中三年（782年）九月，户部侍郎赵赞以设置常平仓缺少本钱为由，在诸道津要都会之所，"皆置吏，阅商人财货。计钱每贯税二十"（《旧唐书·志·食货下》）。这里所征之税就属于境内关税性质，此后关津之征逐渐杂乱，致使商民俱困。

---

① 本节未注明出处者均见《文献通考·征榷考四》之"榷酤禁酒"条。《新唐书·志·食货四》所载与此同。
② 应为"采"。

唐朝中后期，境内关税更为杂乱，地方藩镇随意设关征税，如对茶商征收的"踢地钱"[①]、"税经过商人"等。这里的"踢地钱"和"税经过商人"都属于关税苛杂的性质。南北朝时期的一些类似关津税的杂税也死灰复燃，如埭程税。

至于关税的税率，唐肃宗至德（756—758年）开征关税之初，关税税率大体在1/10上下，此后不久就流于滥征了。

2.海陆国境关税之肇始——市舶课

市舶课是对进出口货物所征收的关税。唐在广州等地设立市舶司，由市舶使等官员主管对人员的检查、货物稽查和征税。

根据史料所载，唐朝的市舶税制为：（1）课征内容。其一为舶脚，或称下碇之税，大约相当于现在的吨税；其二为进奉，即外国商人向朝廷进贡的货物；其三为收市，即朝廷所要收购的货物。（2）税率。根据阿拉伯人《苏莱曼游记》的记载，中国政府对外籍商舶提取3/10的货物，把其余的7/10交还商人。（3）征收程序。外国商船来中国者，当其上岸时，首先必须往市舶司登记，由市舶使查验各项必要的文书证件，然后依次课征关税即舶脚、外商进奉、市舶司收市，所余货物允许其自由贸易。

唐王朝对外国商人采取开放政策，外商只要按规定纳课后，即可进行自由贸易，包括与本地人交易和运往外地交易。

中国商船出海贸易，一般也按上述制度征税。

市舶税是唐王朝的重要财政收入之一，据历史资料记载，德宗时，曾做过广州刺史、御史大夫、岭南节度使的王锷，在广州办理外贸，所得的收益就相当于两税的收入[②]。此外，外国商船的进奉还可以保证皇宫对珍贵宝货的需要，所以朝廷对市舶税十分重视。

唐朝的市舶税制度虽然比较简略，但却是我国海关税的肇始形态，所以具有重要的历史意义。

3.陆路国境关税

这主要集中在北方与邻国及西域各国的贸易征税，邻国及西域各国对唐朝输入的商品主要是牲畜，唐朝输出的商品则主要是茶、丝之类（《新唐书·列传·西域》），这说明当时曾对西域各国征收过国境关税，至于税率高低不得而知。

四、其他工商杂税

1.杂税

杂税包括征商、竹、木、茶、漆等税。唐朝征商始于玄宗，史载：安史之乱之后，天宝十五年八月"玄宗幸巴蜀，郑昉使剑南，请于江陵税盐麻以资国，官置吏以督之"（《旧唐书·志·食货上》）。此后开征的竹、木、茶、漆等税属于工商税收中的杂税。

① 这里所说的"踢地钱"在《新唐书》中称为"揭地钱"。
② 《旧唐书·列传第一百零一》载："所得与两税相埒。"《新唐书·列传·二高伊硃二刘范二王孟赵李任张》载："锷租其廛，榷所入与常赋埒。"

德宗建中三年（782年），户部侍郎赵赞建议在水陆要道设置税吏，对过往商人，要检视其财货，计价征税，税率为1/20，即对货物征收通过税；对竹、木、茶、漆，亦计价征收1/10的税，所得收入充当常平仓的本钱，即用于粮食储备。

2.率贷与借商

"率贷"是唐朝对商人课征的税。最早行于"安史之乱"之时，唐肃宗"遣御史康云间出江淮，陶锐往蜀汉，豪商富户，皆籍其家资，所有财货畜产，或五分纳一，谓之'率贷'，所收巨万计。盖权时之宜"（《通典·食货典·食货十一》）。即一次性向商人征课财产总额20%的财产税。其后，诸道节度使、观察使，多率贷商贾，以充军资杂用，或在水陆要道及交易场所对持钱一千钱以上的商人，均按率收税，致使商人无利可图，多失其业。

借商实行于德宗建中初，时河南、河北用兵，月费百万余缗，府库不支，户部侍郎赵赞与太常博士韦都宾等建议向商人借贷500万贯，德宗采纳这个建议，于是开始借商。借商本来是暂时借用，罢兵后以公款偿还，但此后并未偿还，成为一种变相的一次性税收。"率贷"与借商名虽不同，其实质是一样的，都是对商人的一种掠夺。

3.僦柜纳质钱

僦柜纳质钱是将典当财产折算为货币，并以此为对象向商人借款，本属借商之一种，但典当财产并不是典当商的财产，而属于暂寄财产。所以这种借款应属于典当税。史载：德宗时，"又以僦柜纳质积钱货贮粟麦等，一切借四分之一，封其柜窖，长安为之罢市"，"计僦质与借商，才二百万贯"，"泾师犯阙，乱兵呼于市曰：'不夺汝商户僦质矣！不税汝间架除陌矣！'是时人心悉怨"（《旧唐书·列传第八十五》）。这种税也是十分苛刻的，因而激起商人的反抗，甚至罢市。然而，就其税种而言，属于典当税的雏形；而商人罢市，则是中国历史上商人首次发动对封建地主阶级的反抗行为。

4.除陌税

除陌税是对商品给予或交易行为所征的税。这种税始征于唐玄宗天宝九年（750年），当时规定"除陌钱每贯二十文"，即税率为20%。德宗建中四年（783年）再一次提出征收除陌税，规定"天下公私给与货易，率一贯旧算二十，益加算为五十"。由于税法过于苛刻，又由市牙专权，致使"公家所入，曾不得半，而怨懑之声，嚣然满于天下"（《旧唐书·志·食货下》）。至德宗贞元元年（785年）不得不停止征收。

5.间架税

间架税就是按间征收的房产税。史载，德宗建中四年（783年），户部侍郎赵赞奏请征收间架税。规定"间架法：凡屋两架为一间，至有贵贱，约价三等，上价间出钱二千，中价一千，下价五百。所由吏秉算执筹，入人之庐舍而计其数。衣冠士族，或贫无他财，独守故业，坐多屋出算者，动数十万。人不胜其苦。凡没一间者，仗六十，告者赏钱五十贯，取于其家。"（《旧唐书·志·食货下》）这种税只行之于京师，由于征收苛刻，而且极不平衡，故而一度引起京师的骚乱。

6.税僧尼

即向僧尼课税，此税初行于南北朝，至唐武则天时又曾税天下僧尼。武后久视元年（700年）闰七月，"庚申，太后欲造大像，使天下僧尼日出一钱以助其功"。皆因朝臣的反对而未能实行。

五、其他收入

1.宣索、进俸、羡余

宣索是皇帝额外向地方索取的财富，包括货币、布帛、谷物等。进俸是各级官吏为讨好皇帝而对皇帝的贡献，以求升秩。羡余是官吏向皇帝进俸时的一种借口，说是税收上缴国库之后的剩余，其实是通过各种渠道，额外向百姓或被贬官员索取的财富。史载："先是兴元克复京师后，府藏尽虚，诸道初有进奉，以资经费，复时有宣索。其后诸贼既平，朝廷无事，常赋之外，进奉不息。"（《旧唐书·志·食货上》）官吏为了更多地向皇帝进俸，不择手段地搜刮百姓，以至于"通津达道者税之，蒂蔬艺果者税之，死亡者税之"。

2.宫市

宫市是指由宫廷派宦官在长安强制购买民间货物，少给钱或不给钱，然后在宫中设市。这种名义上是为了在宫中设市而强购于民的做法，相当于对百姓的一种掠夺。史载："时宫中选内官买物于市，倚势强买物，不充价，人畏而避之，呼为'宫市'。掌赋者多与中贵人交结假借，不言其弊。"（《旧唐书·列传·外戚》）可见所谓"宫市"也曾为一时之害。

3.和籴

和籴的本意是政府和农民双方在自愿的基础上，政府于时价之外加价收购农民的粮食。从史料记载来看，唐贞观、开元时期的和籴，都是在农业丰收时，加价向农民购买粮食，以防谷贱伤农，而且是双方商量，不限制数量，不抑配于民。所购粮食，或者用于边备，或者用于充实常平仓。

"安史之乱"之后，和籴之法开始变坏，府县在丰年粮价下跌时，强行低于市价进行和籴，并且抑配数额，规定期限，严加催征。当时的白居易、陆贽等有识之士就曾纷纷谴责这种行为，力主实行真正的和籴政策。白居易批评说："号为和籴，其实害人。"（《全唐文·白居易·论和籴状》）陆贽对这种状况也大加挞伐，他愤怒地揭示了贪官污吏利用和籴之名，行对百姓巧取豪夺之实的五大罪状（《翰苑集》卷十八《撰中书奏议（二）》之《请减京东水运收脚价於缘边州镇储蓄军粮事宜状》，载《钦定四库全书》）：第一，丰年压价和籴，灾年不减和籴；第二，对百姓低价和籴，向国家高价索取和籴之费；第三，不讲诚信，上罔下欺；第四，度支不查，巡院不问，以致账目不实；第五，对上述弊端，各部门相互推脱责任，危害甚大。在这种情况之下，和籴就成为变相税收了。

和籴的目的主要是贮备粮食、布、帛等物资，以保证国家对这类物资的需要，但在皇帝较为开明、政治清明时，也是充实常平仓的重要手段。和籴效果最好的时期是玄宗天宝八年（749年），当年"和籴一百一十三万九千五百三十石"（《文献通考·市籴考二》）。

精研深探 5-10

武则天的简介

精研深探 5-11

《卖炭翁》

4.折籴和折税市草

折籴是将百姓应纳赋税折成物资缴纳的措施。白居易对折籴的概念及实行折籴的好处做了明确的说明，他说："折籴者，折青苗税钱，使纳斛斗，免令贱粜，别纳见钱。在于农人，亦甚为利。"（《全唐文·白居易·论和籴状》）由此观之，折籴也是当时充实国家仓储的重要措施之一。

国家所饲养的牲畜所需饲草，在实行租庸调制时，是随田租一起缴纳的赋税附加。但到了德宗时，租庸调制已经遭到破坏，虽然实行了两税法，但两税法刚刚实行，还很不完善，国家所需饲草往往要向百姓购买，即实行和市制度。而和市又需要大量的金钱，国家为了减少货币的支付，于是于德宗贞元八年（792年），采纳度支裴延龄的建议，实行了以青苗钱折纳草一千万束运入京城的办法，称为"折税市草"（《旧唐书·列传第八十五》）。对于这项办法，陆贽坚决反对，他在给德宗的奏议中，严厉地批评了裴延龄的建议。他认为"折税市草"办法，实际上就是对百姓的加征。

5.屯田

唐朝的屯田多为军屯，《新唐书》载："唐开军府以扦要冲，因隙地置营田"（《新唐书·志·食货三》）。唐朝的屯田总计有992处，玄宗天宝八年（749年），天下屯田所收1 913 960石。（《通典·食货典·食货二》）唐朝的屯田，有国家的屯田，隶属于司农寺；有地方的屯田，分别隶属于州、镇各军。司农寺所属的屯田，一般以20顷~30顷为一屯；各州、郡所属的屯田，一般以50顷为一屯。设有屯官、屯副等官负责管理，监察御史负责监督。各地屯田根据山林川泽，土地硬软，由官府给予耕牛。土软处每一顷五十亩配牛一头，强硬处一顷二十亩配牛一头，其稻田每八十亩配牛一头。

唐朝的屯田取得了可喜的效果，据载：宪宗元和中期（812—813年），振武、京西营田、和籴、水运使韩重华，先垦田三百顷，获得二年的大丰收。尝到甜头后，"因募人为十五屯……凡六百余里，列栅二十，垦田三千八百余顷，岁收粟二十万石，省度支钱二千余万缗。"又载：文宗大和末年（835年），"王起奏立营田……岁收三十万斛，省度支钱数百万缗。"（《新唐书·志·食货三》）

6.卖官鬻爵

在唐朝中后期，卖官鬻爵已不是新鲜事，每遇财政危机，便会采取这项措施筹措经费。但更多的是皇帝、皇后、公主为了敛财而大开卖官鬻爵之门。由于卖官成风，致使朝中风气大坏，吏治日益腐败，政治危机日益加深。

第五节

唐朝的财政支出

一、俸禄支出

唐朝的官制大都沿袭隋朝旧制，而且变得越来越复杂，官员总数也越来越多。唐太宗时官吏的总数，"定制为七百三十员"（《新唐书·志·百官一》），但到宪宗元和（806—820年）年间，文武官吏及诸色胥吏已达 368 668人，其中，官员为 17 686人，吏则为官的 20倍左右（《文献通考·职官考一》）。

唐朝的俸禄制度也沿袭隋制，官分九品三十等，品分正、从，实行品级制。各级官吏的俸禄的待遇，既有品、爵、勋、阶之差，又有内官、外官之别；所发放的俸禄的内容，包括禄米、月俸钱、职分田、公廨田，以及各种赏赐。其中，禄米较隋制有所减少，年给禄米从正一品 700石至从九品 30石不等，皆按年发放。德宗建中三年（782年），李泌为相，又增百官及畿内官月俸，对左右卫上将军以下的官员，还给 6项杂费补贴，即粮米、盐、私马、手力、随身、春冬服。私马则有刍豆，手力则有资钱，随身则有粮米、盐，春冬服则有布、绢、絁、绅、绵，射生、神策军大将军以下增给鞋。州县官有手力、杂给钱等，不一而足。

唐自玄宗开元（713—741年）以后，冗官、冗吏不断增加，官吏队伍急剧膨胀，官俸支出逐渐成为国家财政的沉重负担。德宗建中二年（781年），左拾遗、史馆修撰沈既济曾指出："天下财赋耗斁①大者唯二事：一兵资，二官俸。自它费十不当二者一。"（《新唐书·列传·刘吴韦蒋柳沈》）就是说，官俸支出几占财政支出的50%。唐朝的官俸支出规模大，不在于官吏俸禄过厚，关键是冗官冗吏过多，州、县设置过滥，致使俸禄支出过于沉重。

二、军事支出

唐初实行府兵制，大大减少了国家的军费开支，因为国家基本不必支付巨额的养兵费，只负担将帅的费用即可。即使购买马匹和部分武器，所需费用也是有限的，而大部分军事装备都由府兵自己准备，所以唐初军费开支很少。

高宗、武后时，府兵制逐渐遭到破坏，于是陆续实行了募兵制。玄宗开元十一年（723年），首先招募戍守京城的宿卫兵，共 12万人，号"长从宿卫"，开元十二年（724年），改名为"彍骑"。②此制为时甚短，却标志着府兵制的瓦解、募兵制的盛行。"安史之乱"以后，藩镇割据，各方镇自行征兵，唐朝的兵役制被彻底破坏了。在这种情况下，国家不仅要供养大量的士兵和军官，还要支付各种军事装备，所以军事支出十分浩大。宪宗元和二年（807年），供奉中央赋税的"八道四十九州，一百四十四万户，比天宝税户四分减三。天下兵仰给县官者八十三万余人，比天宝三分增一，大率二户资一兵"（《资治通鉴·唐纪五十三》）。由此可见，军费已经成为唐朝中后期沉重的财政负担。

三、皇室支出

唐朝的皇室支出包括宫室陵墓建筑费、宗教祭祀费、皇室日常生活费。日常生活费包括膳食、服饰、乘舆、马匹、医药、娱乐等费。仅举其要者叙述之。

唐朝初期，统治者尚称节俭，但营建宫室的费用也很浩大。唐太宗在位仅23年，而

---

① 斁，读"yì"，有"败坏"之意。
② 本节未注明出处者均见《新唐书·志·兵》。

所修宫室有洛阳宫、大明宫、飞山宫、襄城宫等（《唐会要》卷三十），每修一宫，所费巨大。例如贞观十一年（637年），徭役繁兴，"供官徭役，道路相继，兄去弟还，首尾不绝。远者往来五六千里，春秋冬夏，略无休时"（《旧唐书·列传第二十四》）。徭役之重，可见一斑。此外还有修建陵墓等项费用，兹不详述。

唐朝崇佛，因而以大量的财政资金去修建佛像，豢养僧尼。到武宗会昌五年（845年），"检括天下寺及僧尼人数。凡寺四千六百。兰若①四万。僧尼二十六万五百人"（《唐会要》卷四十九）。此外还有封禅、祭祀支出也是巨大。

至于皇室的挥霍之费亦不胜其烦。玄宗时，"置左右教坊以教俗乐，命右骁卫将军范及为之使。又选乐工数百人，自教法曲于梨园，谓之'皇帝梨园弟子'。又教宫中使习之。又选伎女，置宜春院，给赐其家"（《资治通鉴·唐纪二十七》）。此外，皇帝大量的赏赐之费，动辄巨万。如："（天宝）十三载春正月……己亥，安庆绪献俘于行在，帝引见于禁中，赏赐巨万。"（《旧唐书·本纪·玄宗下》）如此等等，不赘述。

皇帝嫔妃的挥霍更是惊人。唐玄宗时，杨贵妃得宠，其姊妹三人"出入宫掖，并承恩泽，势倾天下"。不仅贿赂公行，而且挥金如土，甚至强行拆除别人家的房屋，以盖自己的新居。（《资治通鉴·唐纪三十二》）。由此可见，唐之腐败实自玄宗始。

唐朝皇室支出的具体数额，史无明载，但在玄宗时，王鉷为户口色役使时，"征剥财货，每岁进钱百亿，宝货称是。云非正额租庸，便入百宝大盈库，以供人主宴私赏赐之用"（《旧唐书·志·食货上》）。由此可见，皇室用度日益奢侈。

四、社会保障支出

唐朝的社会保障制度包括灾荒赈济、蠲免、社会救助，以及养老、恤贫、疗疾等项内容。

1. 赈灾

唐朝的赈灾，具体措施包括4个方面：一是国家出钱赈济灾民；二是建立义仓，由民间储藏粮食，凡遇灾荒即由义仓开仓赈济；三是建立常平仓，储备粮食，以备灾荒；四是通过移民解决灾民的吃饭问题。

国家出钱赈灾的情况，虽然不绝于史，但这种情况较之前朝，显著减少。对于百姓的灾荒，大都由义仓解决，所以，史载："唐制，凶荒则有社仓赈给，不足，则徙民就食诸州"（《文献通考·市籴考二》）。

2. 移民就食

移民就食是赈灾的措施之一，唐朝经常实行这种措施以救灾荒。唐太宗时就曾移民就食，高宗时，移民就食的次数更多，兹不一一列举。不仅百姓遇灾移民就食，就是皇帝也会因灾致使粮食不足以供给而移驾到外地就食。例如，"开元以前，岁若不登，天子尝移跸就食于东都"（《文献通考·市籴考二》）。由此可见，移民就食是唐朝的一项重要的赈

---

① 兰若，较小的佛寺。

灾措施。

3.蠲免

蠲免包括灾免、恩免两类。灾免是指遇到灾荒时的减免，恩免是天子为表示对百姓的恩泽而实施的减免。灾免是唐朝救灾的一项重要措施，每遇灾荒，则例行蠲免，并且有制度可循。据《唐六典》载："凡水、旱①、虫、霜为灾害，则有分数：十分损四已上，免租；损六已上，免租、调；损七已上，课、役俱免。若桑、麻损尽者，各免调。若已役、已输者，听免其来年。"（《唐六典·尚书户部》）

恩免不属于社会保障范畴，但都有免除赋税之意，故顺便谈及。恩免有皇家发生喜庆之事时的减免，有巡幸减免等，恩免的随意性很大。

4.养老、恤贫、疗疾

唐朝的社会保障制度中，还包括养老、恤贫、疗疾等内容。关于养老，唐太宗贞观三年（629年）四月规定："赐孝义之家粟五斛，八十以上二斛，九十以上三斛，百岁加绢二匹。"（《新唐书·本纪·太宗》）关于疗疾，唐太宗贞观十年（636年），"是岁，关内、河东疾病，命医赍药疗之"（《旧唐书·本纪·太宗下》）。同时，利用僧尼还俗后留下来的空寺院，设立悲田养病坊，以安置残疾人和无人俸养的鳏寡孤独不能自理之人。

5.义仓

唐朝武德元年（618年）九月，设置义仓（也称社仓），并制定了较完善的义仓制度。其主要内容是：（1）仓储物资的来源。亩税二升，所纳之物因地制宜，粟、麦、粳、稻皆可。宽乡根据其所种植的谷物征收，狭乡根据青苗簿的规定而征收。无田的商人，户为九等，出粟自5石至5斗为差。（2）减免规定。减损4成的减半征收，减损7成的全免。下下户及少数民族不征收。（3）仓储物资的使用。灾欠之年，则开仓赈济百姓，或者作为种子贷给农户，秋后偿还。这里所说的"亩税二升"，即举办义仓需要交纳的地税。义仓制度到高宗时已逐渐破坏，常常被挪作他用，到中宗神龙时（705—707年），义仓所储粮米已被挪用殆尽。此后玄宗又恢复了义仓之制，王公以下，都需交纳地税，以充实义仓。到天宝八年（749年），天下义仓储粮总计达63 177 660石。"安史之乱"后，义仓制度又被破坏了。

唐朝的义仓是由官府统一规定收贮数量、官府加以管理、官府规定使用途径和范围，因而后来转化为地税，成为国家掠夺百姓的又一工具。

6.常平仓

唐朝的常平仓始于建国之初，高祖武德元年（618年）九月曾下诏置常平监官，以均天下之货。武德五年（622年）十二月，废常平监官，常平仓也随之废止。唐太宗登基后，在下令建立义仓的同时，随即下令在洛、相、幽、徐、齐、并、秦、蒲等州设置常平仓，因地势和粮食种类储藏3~9年不等。唐玄宗开元七年（719年），又令关内、陇右、河

---

① 应为"旱"。

南、河北等五道，及荆、扬、襄、夔、绵、益、彭、蜀、资、汉、剑、茂等州，一并设置常平仓，其本钱由官府供应，上州三千贯，中州二千贯，下州一千贯。唐德宗时，户部侍郎赵赞亦曾请置常平官，但因军用迫蹙，"不能备常平之数"（《文献通考·市籴考一》），即储备本钱不足。

常平仓同义仓一样，都是为了解决灾年的百姓用粮问题，所不同的是，常平仓除灾荒救助之外，还有平抑物价的目的，其资金来源是国家拨付的常平本钱。玄宗天宝八年（749 年），是常平仓发展的极盛时期，当时"常平仓粮总四百六十万二千二百二十石"（《文献通考·市籴考二》）。

唐朝还有其他一些财政支出项目，如兴修水利、修筑道路桥梁等经济建设支出，兴建学校等教育支出，因这些支出数量甚微，兹不列举。

第六节

唐朝的财政管理

唐朝的财政管理制度继承了隋朝的制度，并在隋朝的基础上有了很大的发展。

一、财政管理机构

唐朝是实行中央集权制的封建国家，其最高统治者是皇帝，下设中央与地方各级的统治机构。与之相适应，财政管理机构分为中央财政管理机构与地方财政管理机构，而中央财政管理机构包括国家财政管理机构与皇室财政管理机构两大类。

国家财政管理机构主要是隶于尚书省的户部，此外，刑部、工部、兵部都有一些财政管理的职能。

户部的职能是"掌天下土地、人民、钱谷之政、贡赋之差"（《新唐书·志·百官一》）。其属有四司，分别是：户部、度支、金部、仓部。其中，户部掌管户口、土田、赋役、贡献、蠲免、优复等事宜；度支掌管天下租赋、物产丰约、水陆道途之利。金部掌管库藏出纳、度量衡、两京市、互市、和市、宫市交易等事宜。仓部掌管天下军储，出纳租税、禄粮、仓储有平抑粮价等事宜。中唐以后，户部、度支两司职能轻重易位，度支司因为筹措军费而事务繁忙，特派大臣专判度支，称度支使。此外，还随时因事设使，如盐铁使、租庸使、转运使，侵夺户部原有的职能。最后形成度支统筹财政，户部掌管赋役，盐铁掌管各种工商税收的分立格局，成为五代和北宋前期三司的滥觞。

工部也有一定的财政职责。其中，虞部郎中主管"京都衢、苑囿、山泽草木及百官蕃客时蔬薪炭供顿、畋猎之事"；水部郎中主管"津济、船舻、渠梁、堤堰、沟洫、渔捕、运漕、碾硙之事"（《新唐书·志·百官一》）等，皆与财政发生着直接或间接的联系。

此外，还有主管仓储委积之事的司农寺、主管财货、廪藏、贸易诸事的太府寺等，也属国家财政管理机构。

皇室财政管理机构主要有：殿中省，主管天子服御之事；内侍省，掌管内侍奉，宣制令；少府，主管百工技巧之政，统领中尚、左尚、右尚、织染、掌冶五署及诸冶、铸钱、互市等监，供天子器御、后妃服饰及郊庙圭玉、百官仪物等。

地方财政管理机构包括节度使、都督府（分为大、中、小三类）、都护府（大、中、小）、州、府、县镇、乡等机构。地方财政事务，由州县长吏直接领导，下设户曹、仓曹，分别管理户籍和征收租税。乡设里正，负责实地催征督纳事务。

二、财政管理体制

唐朝前期，天下财赋皆纳于左藏库，由太库寺按时向上报告收支数额，同时，刑部的比部司则对出入数额进行复核。上下相统，没有失漏。肃宗至德元年（756年），京师豪将，求取无节，度支、盐铁使第五琦无法禁抑，于是请求将租赋收入纳入皇帝私库即大盈库，以中人主掌，达二十多年。结果"天下公赋，为人君私藏，有司不得窥其多少，国用不能计其赢缩"，严重影响国家财政职能的发挥。德宗时杨炎相，奏请归位，国库与皇帝私库又分别开来。

从纵向上看，唐初一直实行统收统支的中央集权体制，中央与地方财政没有明确的划分，财政收入和支出都是在中央大系统下运行着。地方按规定负责征收赋税，并按规定将集中的赋税进行安排，留支几何，解运几何，这些都在中央指挥之下进行。但经"安史之乱"后，藩镇割据兴起，地方拥兵自重，财权旁落，财力分散，中央难以统一调度和管理，统收统支的财政管理体制无法继续下去了。（《旧唐书·列传第六十八》）所以自实行两税法以后，财政管理体制也有所调整，德宗时将所收赋税分为支留、合送两部分；宪宗时，将天下赋税分为"上供、送使、留州"三部分，至于上供、送使、留州各占多大比例，史无明载。财政管理体制虽然明确，但唐朝后期，朝政腐败，藩镇割据势力强大，因此，这一体制也难以遵循，仍存在诸多不规范、不合理之处。

三、会计、审计与监察

唐朝的会计、审计与监察制度比之前朝更为完善。

其会计机构设于户部，由度支郎中主管，下设计史。计史则是主管会计的官吏。会计的依据是库藏出纳时所出示的文榜、符牒、木契等。"文榜"即上级的文件或指令，"符牒"即上级下达的支付凭证。"木契"即单据，一般是一式两份，一份给领取人，一份给仓库管理人员。领取人手持单据（木契）交给仓库管理人员，仓库管理人员与发出部门下发的单据，合得上，则付给；合不上，则拒付。文武官员的俸禄，即采用这种支付方式："凡中外文武官，品秩有差，岁再给之。乃置木契一百枚，以与出给之司合。"（《旧唐书·志·职官二》）

考核机构主要是吏部，吏部尚书掌管文选、勋封、考课之政。其中的考功郎主掌文武百官功过、善恶之考法及其行状。审计机构为刑部中的比部，监察机构为御史台中的察院。

刑部中的比部设比部郎中，负责财政审计。比部的权力涉及面极广。从审计的内容上看，涉及赋税收入、中央与地方政府经费、各级官吏俸禄、各级政府公廨钱、征发徭役、各年逋欠情况，以及军资、械器、和籴、屯田收入等方面的审计，即使是牲畜死亡，比部也要参与检查。从审计的时间上看，京师仓库3个月一审计，其他部门，包括中央各司、各地的节度使、京都各级官吏，按四季审计，各州则年终审计。从审计的程序上看，中央各部门、各州按时间，直接由尚书省派员审计，最后汇总于尚书省。唐朝的审计机构设于刑部而非户部，从而使审计机构独立于财政管理机构之外，独立行使审计职权，这在制度上是一个明显的进步，为后世的"审计独立"制度的建立奠定了良好的基础。

财政监察是行政监察的一部分。唐朝御史台中的察院设监察御史，主管"分察百寮，巡按州县，狱讼、军戎、祭祀、营作、太府出纳皆莅焉；知朝堂左右厢及百司纲目"。察院之下又设十道巡按，"掌分察百寮，巡按州县，狱讼、军戎、祭祀、营作、太府出纳皆莅焉"（《新唐书·志·百官三》）。察院中的监察御史的权力也很大，从中央到地方，从狱讼到太府的出纳，都参与审核，负责弹劾。

四、国家预算管理

唐朝的国家预算制度承袭了汉朝的上计制度，并较汉朝的上计制度更为全面，也更为严密。其内容包括各项账册的类别、报表编制的机构、时间、程序、预算体制等内容。

编制的机构由户部的度支郎中负责汇总，地方则由节度使、都督府、都护府、州户曹（司户）参军主管，县则由县令及所属司户佐主管籍账事宜。

预算账册包括计账、旨符及长行旨符等。从编制到报送，直到存档，都有一定规制。而长行旨符的创行则使唐朝的账册管理进入了一个新阶段。开元二十四年（736年）三月，户部尚书同中书门下三品李林甫认为预算每年一造，耗费大量的人力（百司抄写）和物力（耗纸50余万张），不仅"事甚劳烦"，而且"条目既多，计检难遍"，"兼长奸伪"，因此，李林甫奏请对收支有额数变化不大者，编成五卷，作为"长行旨符"，年年遵照执行，不再改动，也不再编报。各地每年只编报不稳定的收支部分和非常增减的内容，"每州不过一两纸"。长行旨符实行后，大大简化了计账编报手续，减少了计账编报中人财物的消耗。安史之乱起，军费支出浩繁，新税及苛征随之大增，长行旨符名存实亡。

从编制程序上看，首先由县衙派官吏到乡村亲自验看百姓形貌即"团貌"，然后由里根据百姓据实申报的材料编成册籍即"手实"，再由乡将各户的"手实"汇总，编成账册即"乡帐"；"乡帐"报送到县，由县汇总，报送到州；经州汇总，报送到户部；户部汇总报尚书省并留存。从账册编制的时间来看，每年要进行手实，每岁一造计账。但自从实行长行旨符以来，不须每年编造一次账册，只要每年将变化了的情况上报即可。

五、仓库管理

唐朝的仓库统由户部所属的仓部管辖。天下仓库大体包括国家仓库、皇室仓库和地方仓库三大类。国家仓库主要是左藏、右藏、太仓和常平仓，其中左藏、右藏和常平仓归属于太府寺；太仓则归属于司农寺。皇室仓库主要包括内库、琼林库、大盈库等，均由中官掌管。地方仓库主要是各地的义仓。"安史之乱"前各节度使所设的仓库原为国家仓库，"安史之乱"后则为地方仓库。

唐朝玄宗天宝以前，国家库藏与皇室库藏有着严格的区分，天下财赋尽归国家仓库。但至玄宗时，王鉷为献媚邀宠，曾一度将本属于国家库藏的一部分物资储于皇室仓库。自此，唐朝库藏管理日益混乱。到"安史之乱"时，盐铁使第五琦又以京师的悍将借支国库物资无法应付为由，将国家仓库所储物资尽数纳入皇室仓库，由中官主管。后来因杨炎的建议，才又将国家仓库的物资从皇室仓库分离出来。但德宗兴元元年（784年），德宗又将大臣进献之物藏于自己的私库，建立琼林、大盈库。虽然经陆贽的建议废除了此二库，不久，又于贞元八年（792年），在裴延龄掌管度支时，又将本属国家的财赋不储存于国家仓库之中，而储存于皇室仓库之中。

总之，至玄宗天宝之后，皇帝多贪婪，所以仓库管理也十分混乱。但这时国家的仓储粮食却达到极盛。史载：天宝八年（749年），"正仓粮总四千二百一十二万六千一百八十四石"（《文献通考·市籴考二》）。

六、漕运管理

唐开元年间，京城官吏日益增加，漕运就成为国家亟需解决的大问题。为了搞好漕运，解决京师的粮食问题，开元二十一年（733年），玄宗采纳裴耀卿的意见，首次创设转般法（《文献通考·国用考三》），即一级一级递相转运，水可行舟则行，水浅不能行舟则粮食入仓，以待以后运送，舟则放回而不停留。在三门峡东置集津仓，西置盐仓，中间开一条十八里的山路，以通陆运，这样漕运之物不受损失，同时也能提高运输效率。史载："凡三岁，漕七百万石，省陆运佣钱三十万缗。"在裴耀卿罢相之后，漕运之费急剧增加，"用斗钱运斗米"。其糜耗如此之大，官府实难承受，漕运数量也急剧下降，"米岁至京师才百万石"。开元二十九年（741年），韦坚为水陆运使，他恢复了汉、隋时的运输路线，即通过南北大运河，以通山东漕粮，"是岁，漕山东粟四百万石"（《文献通考·国用考三》）。其后，几经改革，效果均不佳。直到肃宗时刘晏改革漕运制度，即在裴耀卿转般法的基础上，实行转运法。这种办法是：实行全程水路漕运的转运法，而以盐利为雇佣之资，雇佣船工漕运粮食，由官吏亲自督船，根据长江、汴水、黄河、渭水不同的水势，采用不同的船只，将原来的散装米改为"囊米"，即以口袋装米，放置船中。"囊米"控制了米在船舱中的滑动，从而可以避免船只翻沉，减少了粮食的损耗。刘晏的这种改革，加快了漕运速度，减少了粮食的损失。每年漕运粮110万石，没有出现粮食翻沉的情况。同时，漕船还可以携带江南土特产品北上，活跃商品流通，丰富北方市场，同时也节省了运费，每年共约节省10万余缗钱。同时又派遣官吏到丹阳湖，禁止百姓引湖水灌溉，免致河水枯涸，保证漕运的用水。（《新唐书·志·食货三》）此后战火又起，漕运遂废。战火熄灭后，漕运制度始终未能得到恢复和发展。

第七节

五代十国时期的财政

唐朝末年，由于唐王朝的衰落，加上黄巢农民起义的打击，唐朝的统治已经瓦解，地方藩镇势力在镇压农民起义过程中进一步壮大。907年唐朝最后一个皇帝哀帝李柷逊位，到960年北宋建立，短短的54年间，中原相继出现了后梁（907—923年）、后唐（923—936年）、后晋（936—947年）、后汉（947—950年）、后周（951—960年）五个朝代。同时，在南方还相继出现了前蜀、后蜀、吴、南唐、吴越、闽、楚、南汉、南平（即荆南）和北汉等，大约有十几个割据政权，史称"五代十国"时期。这个时期是中国历史上继三国两晋南北朝以后，又一次分裂、动荡时期。这一时期，由于政治动荡不安，经济迭遭破坏，各国财政制度不统一，杂税繁多，征收无度，人民负担沉重。

一、财政收入

五代十国时期的财政收入，制度多变，内容繁杂，主要包括田赋、徭役、工商杂税及其他收入。

1.田赋

五代十国时期的田赋仍沿袭中唐旧制，实行两税法，分夏秋两征。梁太祖开平四年（910年）曾颁布"律令格式"，规定："所在长吏，放杂差役，两税外不得妄有科配。"（《全唐文·朱晃（梁太祖二）》）所以后梁百姓的田赋负担相对较轻。后唐的田赋之繁，远胜唐朝，除正税之外，还有名目繁多的加征、附加和许多前所未闻的杂敛。如正税改折、后正税附加、税外加征、田赋预征等。后晋也曾注重减轻百姓的赋役负担，但实际上征收也是不断加征。后汉也无财政制度可言，百姓的田赋负担也很沉重。

后周在田赋方面，第一，减免了田赋中的苛捐杂税，以减轻百姓的赋役负担。第二，实行均平田租政策。先是规定了征收田租的时间，从而避免官吏随意征税。此后又向各道颁发了依照元稹制定的《均田表》所载的均定田租办法而设计的《均田图》。第三，蠲免陈欠两税，"夏税诸色残欠，并与除放"（《旧五代史·周书·太祖纪一》）。第四，对于遭遇兵火之地也给予减免赋役的优惠，如刚刚经历战火的兖州，规定："今年所征夏秋税及沿征钱物并放……诸处差到人夫内，有遭矢石死者，各给绢三匹，仍放户下三年徭役。"（《旧五代史·周书·太祖纪三》）这些蠲免，无疑有利于减轻民负。第五，将户部所属的官田——营田赐给原来的佃户，并免收其租。

五代十国的田赋，除正税外，还有附加税，包括省耗、牛皮筋角税、农器农具税、牛租、分摊曲钱等。

2.徭役

五代十国的徭役多为劳役。后梁政权严禁两税之外科索差役。后唐徭役繁重，后晋曾要求府县减轻劳役负担，实际上未能做到。后汉劳役更为繁重，"劳役滋甚，兵犹在野，民未息肩"。后周曾对徭役进行改革，主要是减少官吏的当直，即减少国家为官吏配备的杂役。郭威即帝位之后，为了减轻百姓的徭役负担，多次下达诏书减免徭役。

3.工商各税

五代十国的工商税收，除盐课、酒课外，名目繁多。盐课，有的实行专卖，如后梁实行民制、官收、商运、商销的办法，就场桌商；有的实行征税，如后唐、后晋的俵散蚕盐等。酒课，也是有的实行专卖，如后唐酒由官府垄断，禁止私酿；有的实行征税，如后梁征收酒税，后晋征收酒曲税。除此之外，这一时期的工商税收，还有关税、市税、茶税、商旅用通行税、油税、蔬果税、其他各种杂税。

4.其他收入

五代十国时期，除了税收之外，还有其他各种收入，如预借、摊派、贡献、进奉、战争缴获、卖官鬻爵等收入。兹不详叙。

二、财政支出

五代十国的财政支出，大体上包括主要几项，即军事支出、官俸支出、皇室支出，以及其他支出，以军事支出、皇室支出和官俸支出为主，其他各方面支出则很少。

1.军事支出

后梁虽崇尚节俭，军费开支是其大宗支出，但并无军费支出的具体记载。后唐的军事支出庞大，一直是困扰后唐财政的重要原因。庄宗起兵伐梁之初，有兵十余万（《旧五代史·唐书·庄宗纪二》），到庄宗末年平巴、蜀时，"从驾精兵不下百万"（《旧五代史·唐书·庄宗纪八》）。如此庞大的军队，仅衣食之费就十分可观，再加上武器装备，其费用之大可想而知。后汉的财政支出主要是军费和统治集团的肆意挥霍。军费支出未见有具体数据，但连年征战，军费支出必然浩大。后周在军事支出方面进行了改革，主要是实行精兵政策。（《资治通鉴·后周纪三》）精减了老弱病残之兵，节省了财政支出，也提高了战斗力。

2.官俸支出

后梁建国之后，随即公告称："其百官逐月俸料，委左藏库依前例全给。"（《全唐文·朱晃（梁太祖一）》）这意味着唐末废坏的官俸制度得以恢复起来。后唐的官俸制度多承袭唐朝旧制，也有俸米、俸料等，但因财力不足，官俸制度只是一纸虚文。后周在太祖广顺元年（951年）夏四月对官俸进行改革，要求所发俸禄公平一致，不分内官、外官，不论富裕之地，还是贫困地区，同一级别的官吏，发放同一标准的俸禄，没有厚、薄之分，不搞党派之偏。世宗始下诏废除"俸户"制度①。

---

①　"俸户"之制源于唐代初期的公廨钱制度，当时各司有公廨本钱，用以贸易取息，计员多少为月料，后罢公廨本钱，以天下七千上户为胥士，收取其课，计官多少给之，谓课户；唐又薄敛一岁之税，以高户主之，每月收息给俸，称俸户。此后，虽然公廨钱制度兴废无常，但由上户主持经营这笔钱，以所得息钱为官吏俸料的制度，一直因循未改。到五代时的后周世宗显德五年（958年），始下诏废除。

3.皇室支出

五代十国的帝王，大多骄奢淫逸，耗费百姓资财巨大。史载，后唐庄宗"广采宫人，不择良家委巷，殆千余人"（《旧五代史·唐书·庄宗纪六》）。后晋少帝时，更是贪贿有加，史载："帝每遇四方进献器皿，多以银于外府易金而入。"（《旧五代史·晋书·少帝纪四》）相比之下，后周太祖郭威提倡节俭，反对奢华，甚至反对厚葬。吴越开国之君钱镠，当了国王之后，即"于临安故里兴造第舍，穷极壮丽，岁时游于里中，车徒雄盛，万夫罗列"（《旧五代史·列传·世袭列传二》）。

皇室支出包括宫室建筑费和皇室日常生活费两大类，除个别帝王节俭外，大都花费巨大。

除上述主要支出外，还有贡献支出、赏赐支出、崇佛耗费、水利漕运费用及赈济支出等，兹不详述。

三、财政管理

五代十国的财政管理机构，大多沿袭唐制，虽然名称时有更变，但基本上仍包括户部、度支、盐铁三个机构，合称为"三司"，管理国家财赋。后唐明宗天成元年（926年）并三司为一司，仍称"三司使"。有的朝代也有租庸使之设，其职责如唐朝。

在财政管理体制上，后唐庄宗时有"三司上供"桑田正税，"州县上供者入外府，充经费"，可见其仍实行上供、送使、留州的制度。

在仓库管理上，后唐实施内外府制。当时，庄宗灭梁后，在宦官的建议下，庄宗分天下财赋为内、外府，州县上供者入外府、充国家经费；藩镇贡献者入内府，充皇室宴游及给赐左右之费。庄宗昏庸腐朽，肆意挥霍，致使外府常虚竭无余，而内府堆积如山，以致"乏劳军钱"，"军士皆不满望，始怨恨有离心矣"（《文献通考·国用考一》）。由此可知，宦官之所以建议庄宗实行内、外府制，就是为了满足自己的贪欲。

在会计制度上，后唐统治者很重视。后唐庄宗同光二年（924年）二月，在研究盐税时，庄宗下诏："会计之重，咸藉居先，矧彼两池，实有丰利。项自兵戈扰攘，民庶流离，既场务以隳残，致程课之亏失。重兹葺理，须仗规模，将立事以成功，在从长而就便。"（《旧五代史·志·食货志》）此处庄宗虽然讲的是盐税的管理，实际上包括了全部的会计问题，只不过将盐税放在了首位。明宗也曾说："会计之司，国朝重事，将总成其事额。"（《旧五代史·唐书·明宗纪七》）

在漕运制度上，后唐的漕运制度也多承袭唐朝，实行转般法。后唐明宗长兴二年（931年），曾下令，以每运一石，损失二升为标准。但因"牙官运转艰难，近日例多逃走"（《文献通考·国用考三》）。由此观之，百姓漕运的徭役负担是很重的。后周重视漕运，对漕运进行了一些重大改革，如废除了后汉以来对转输之物不给损耗的制度，而实行"每石加耗一斗"的制度，从而调动了百姓漕运的积极性，还疏通了汴水，疏浚了五丈河以通漕运。（《文献通考·国用考三》）

综合训练

关键概念

大索貌阅　输籍定样　义仓　租庸调制　长行旨符　两税法 市舶课　率贷　间架税　和籴

复习思考题

1.试述唐朝的租庸调制的含义及局限性。

2.试述刘晏的盐制改革。

3.唐朝为什么实行两税法？两税法包括哪些内容？有何利弊？

即测即评 5

综合训练参考答案 5

两宋时期的财政

自后周殿前都检点赵匡胤发动陈桥兵变，废后周恭帝，建立宋朝（960年），至"靖康之耻"（1127年），史称北宋。自高宗南渡建都应天府（今河南商丘），又迁都杭州，至元兵攻占杭州（1279年），史称南宋。两宋建国凡320年，是秦汉以后中国历史上立国时间最长的朝代之一，但同时也是中国历史上积贫积弱至深的朝代之一。

第一节

两宋时期的政治经济概况

一、两宋时期的政治概况

宋太祖赵匡胤通过发动兵变夺取后周政权以后，为了防止历史重演，巩固赵宋政权的统治，采取了一系列"强干弱枝"的政策，加强中央集权。比如，在中央的政治统治机构上，将宰相之权一分为三，设中书、枢密、三司，分别主民、军、财，互不统属，相互牵制，皆受制于皇帝。在文官体制上，实行官、职、差遣三种，各级政府部门中，有职有权者有之，有职无权者有之，无职有权者亦有之。在军队制度上，除了将有实力的军事将领解职厚养外，还实施"军无常帅，帅无常师"的军队管理体制，以避免藩镇跋扈。另外，宋朝的军队实行募兵制，并将招兵与赈灾相结合，多到灾区募兵。通过这些改革，强化了君主专制下的中央集权制，在一定程度上缓和了阶级矛盾，消除了中唐、五代以来藩镇跋扈的局面，对维护国家的统一和安定，起到了重要的作用，客观上也有利于社会稳定和经济发展。不过，这些措施却产生了政府机构重叠、冗员充斥、效率低下、吏治腐败、军队

精研深探 6-1 赵匡胤的简介

的战斗力弱等消极影响，特别是对财政产生了不利的影响，为宋朝的积贫积弱埋下了伏笔。

在北宋初期，尽管进行了一些改革，但内外的矛盾却一直十分尖锐。当时的外部矛盾主要来自辽、西夏等少数民族政权的武装对北方边疆的不断骚扰。虽然宋与辽订立了屈辱的"澶渊之盟"，但宋与辽、西夏之间的战争仍然时有发生，给双方百姓的生产和生活都造成很大的影响。

当时的国内矛盾主要是农民与地主阶级以及代表地主阶级利益的国家的矛盾。地主阶级与农民的矛盾，表现为兼并与反兼并的斗争。在土地政策上，北宋采取"不抑兼并"（《挥麈录·挥麈后录馀话》卷一）和"田制不立"（《宋史·志·食货上二》）的政策，使地主兼并土地的矛盾日益突出；农民与国家的矛盾表现为农民反抗国家赋役剥削的斗争。在沉重的赋役压迫下，国内的阶级矛盾日益尖锐，各地不断爆发农民起义。在国内矛盾中，还包括统治集团内部的党派之争和官吏之间的钩心斗角，这些争斗加速了统治集团的腐败，同时也进一步加剧了与外民族的矛盾和国内的阶级矛盾。

为了缓和内外矛盾，一些有识之士开始酝酿政治改革。仁宗庆历三年（1043年），实施了"庆历新政"，但不过一年便流产了。神宗即位后，试图改革天下积弊，实现富国强兵的抱负，于是便支持王安石实行新法，以全面革新政治、经济、军事。王安石的变法不是改变原来的生产关系，而是从当时的政治经济情况出发，调整生产关系，理顺那些不符合生产力发展的生产关系，维护和巩固宋王朝的封建统治。但因触犯了官宦、势要、富豪之家的利益，因而激起了他们的强烈反对，加之改革派内部出现了矛盾，所以在神宗死后，便废除了新法。这就是历史上著名的"元祐更化"。此后，哲宗亲政，虽然起用改革派，但由于统治集团内部的斗争十分激烈，新法无法得以恢复，至此，变法便完全失败了。

徽宗时期，北宋的统治日益腐败。宋徽宗荒淫腐朽，当政的蔡京等人，肆意专权，增加赋役，卖官鬻爵，致使百姓备受残害。统治集团还滥发纸币，使物价飞涨。国内阶级矛盾日益激化，农民起义不断。对外则民族危机严重，终被金朝军队所灭。

建炎南渡之后，南宋的统治集团更加腐败。统治集团内部，在抗金问题上斗争激烈，主战派力主抗击，主和派则屈膝投降。南宋时土地兼并更为严重，地主阶级与农民之间的矛盾更为激烈。南宋时期，国土虽小了一半，但因军费及岁币等负担沉重，反而使财政支出不断扩大。苛捐杂税层出不穷，人民负担十分沉重，农民起义不断。可以说，南宋时期，阶级矛盾和民族矛盾交织在一起，使南宋王朝处于风雨飘摇之中。

二、两宋时期的经济发展繁荣

两宋时期是中国的社会经济空前发展和繁荣的时期。

第一，农业经济的发展。北宋时期，除靠近契丹的河东、河北路因战争影响，大片土地荒芜外，其他地区的农业并没有受到影响，而且自三国两晋南北朝以来，南方和周边地区得到开发，中国经济重心南移，宋朝又是最大的受益者。两宋时，农民因地制宜，开垦了大量的圩田、淤田、沙田、架田、山田，使垦田面积大为增加。两宋重视农业生产技术的应用及推广，从而提高了劳动效率，也减轻了农民的劳动强度。两宋农民善于精耕细作，也很注意施肥；又从越南引进了早熟稻，水稻产量增加了一倍。当时，水利事业也得到极大的发展。由于土地面积的增加和生产技术的提高，当时粮食的单位面积产量和总产量都有很大提高，明显超过唐朝水平。

第二，手工业经济有了显著的发展。两宋时期，不仅手工业作坊的规模和分工的程度超过了前朝，而且生产技术明显提高，产品的质量、种类及数量都获得改进和提高。制瓷业、矿冶业、造船业、雕板印刷和造纸业、纺织业等都有较大的发展。比如，景德镇瓷器驰名中外，大量运销国外；制造漕船，在真宗时，年产量达 2 900 多艘；苏州、杭州、成都三个著名的官营织锦院，各有织机数百台，工匠数千人，规模宏大，分工细致，丝织品种类繁多，产品精致美观。

第三，商业空前繁荣。商业繁荣的标志之一是城市和市镇的发达。北宋都城开封是最繁华的城市，市内手工业作坊众多，商店、旅舍、货摊林立。营业时间大大延长，还出现了夜市和晓市。对外贸易也有了长足发展，国际贸易的大都市有广州、泉州、明州、密州和杭州，为了方便外贸管理，在这些大的国际贸易都会都设有市舶司，对外出口的货物多为绢帛、瓷器、铁器，进口货物多为牲畜、宝货，由于指南针的发明，促进了航海业的发展，宋朝时，已有大规模的商船队出海贸易，同时也吸引了大食和波斯等国的商人来华进行贸易。不仅如此，宋朝在商品交换过程中，作为流通中介工具的"交子"（后改名为钱引）、"关子"和"会子"已在更大范围内发挥作用。这些"交子""关子""会子"原本是为了方便交易而流转的商业汇票，后来发展成为市场流通的货币，并成为政府用来搜刮百姓的工具。

三、两宋时期的财政特点

受政治、经济、军事、文化等因素的影响，两宋时期的财政呈现如下特点：

（1）财政收支的急剧膨胀。为了满足政治上的需要和日益膨胀的消费欲望，宋朝的统治者在经济发展的基础上，不断运用财政工具搜刮百姓，致使国家财政收支急剧膨胀，且出现入不敷出的财政危机态势。

（2）财政制度复杂、混乱、多变。北宋建立之初承袭了五代十国的混乱的财政制度，此后，这些混乱的财政制度未加梳理；两宋先后进行了多次变法，又增加了新的财政制度。叠加之下，财政制度越发混乱。田赋制度之外，还有支移、折变、和籴、和买之制，总之，田赋之制度不胜其烦。工商税收制度更为复杂，如盐法、茶法、酒课、坑冶之课、商税、市易、均输、关税等制度，也十分复杂，而且历经多次变法。此外，还有名目繁杂的杂税、杂课、无名课派等，弊端丛集，百姓不胜其扰。

（3）工商税收入居财政总收入之半，这是此前历代均无的特殊现象。《宋史》载，仁宗"皇祐中，岁课缗钱七百八十六万三千九百。嘉祐以后，弛茶禁，所历州县收算钱。至治平中，岁课增六十余万，而茶税钱居四十九万八千六百"（《宋史·志·食货下八》）。

如加上盐课收入、坑冶收入、关税收入和各类苛杂收入，工商税收入的总和已超过田赋收入的总和。这种现象出现在以农立国的宋朝是十分奇特的。

（4）田赋、徭役不均，畸轻畸重现象十分严重。宋朝的赋税畸轻畸重的原因是多方面的：一是因为宋朝"不抑兼并"政策的实施，致使天下农田大部分被豪强势要之家所兼并，于是出现"产去而税存""有田无税，有税无田""赋租所不如者十居其七"（《宋史·志·食货上一》）等现象。二是逃避赋役的问题相当严重。地主豪强以各种名义诡避赋役，名目包括诡名挟户①、侵耕冒佃②等。三是官府法定免赋役户过多，使"命官、形势占田无限，皆得复役"（《宋史·志·食货上五》），致使贫困无地之民却要负担繁重的赋税和徭役，而良田千顷之家，品官、势要之户，却不负担赋役，甚至连僧尼也不负担赋役，所以贫困无告者往往出家为僧尼。宋朝赋役的这种畸轻畸重现象，成为一切有识之士的心腹之忧，也是统治者重点关注的矛盾之一。同时，也是工商税收入居财政收入之半的原因之一。

（5）军事支出为主的财政支出结构。从财政支出结构上看，不论是北宋还是南宋，军费是财政上最大支出。一岁所入，军事支出占十之六七（也有说为80%）。军事支出所以占有重要地位，其原因：一是宋朝所处地缘政治环境严峻。北部和西北先后有辽、西夏、金、蒙国等对峙，面临强大的军事压力，不得不重兵防御。军队人数难以减少，而且在对峙严峻时还得增加军队人数。二是宋太祖为消弭内患，实行募兵制，且大量招募因灾而穷困的农民，军队人数不断上升。真宗时军队禁厢军人数已从太祖时的37.8万人，增加到125.9万人。三是军队管理方式。北宋前期实行更戍法，军队三年一换防，兵将分离消除了武将专兵的隐患，但也增加了军费开支，减弱了军队战斗力。军队中还供养大量"小分""剩员"等老弱之兵，空耗国家财力。四是国家经济重心和军事重心的分离，特别是屯驻数十万边防大军的北三路财政收入有限，主要通过入中、市籴等手段解决军需，国家需要给予很高优润，常常要付出数倍乃至十倍的代价，又大大增加军费的供给代价。凡此种种，使军费支出成为国家财政的最大负担。

（6）高度中央集权的财政管理体制。宋代财政的中央集权表现在：一是纵向看，中央与地方财政分配中财权财力不断向中央集中。这不仅表现在中央通过封桩、系省、无额上供、经制、总制、月桩等名目，以及调整专卖办法等限制地方财政支配权及收夺地方余财，而且还表现在承担经费的三司（户部）在始终困窘的情况下将财政压力层层传递，通过剥夺地方来保障财政支出。地方财政日益困难的状况给财政增收和地方经济的发展带来不利的影响。二是横向看，中央财政财力分配中，御前财赋与朝廷财赋不断膨胀，三司和户部（元丰改制后）财力日益困窘，利权不断上移至皇帝和宰相。宋代，财政大权实际上是由皇帝掌握着。几经变革，中央财力分配结构形成御前（内藏）财赋、朝廷（宰相）财赋和三司（户部）财赋、总领所财赋的格局，而主要财力则由皇帝和宰相所掌握，负责全

---

　　①　虚立名户，假报户籍。
　　②　伪为券于形势之家，假佃户之名，以避徭役。

国行政运转经费的三司（户部）则财力有限。这种分配格局也是造成财力分散、财政困难的原因之一。

第二节

两宋时期的赋役

一、田制

两宋时期的土地大体有两大类，即公田和民田。

公田亦称官田，包括官庄、屯田、营田、职田、学田、仓田等。官庄是指官府直辖的庄园。两宋时期，所置官庄多处。屯田与营田二者区别不大，在宋朝，一般称军屯为屯田，民屯为营田。两宋时屡开屯田、营田，但均未取得预期效果。职田是中央拨给各级官府作为经费开支的耕地，以其土地的收入作为官府的经费。拨给职田数量多少的标准，依照州县长官级别的大小从公田中划拨（《续资治通鉴长编》卷四十五）。学田是从公田中拨给学校作为助学之田，仓田是从公田中拨给常平仓的土地。

民田是指官僚、地主、商人和自耕农所占有的农田。由于宋朝田制不立，不抑兼并，因此兼并之风十分严重，在疯狂的土地兼并之下，大多数自耕农失去了土地，而大官僚、大地主、大商人则占有大多数土地。他们占有的土地数量巨大，但却不缴纳赋税，致使国家赋税收入日益减少。统治者为了满足国家财政的需要，曾采纳有识之士的建议，多次实施土地清丈、均平赋税的措施。

1.度田法

度田即均田。史载："周世宗始遣使均括诸州民田。太祖即位，循用其法，建隆以来，命官分诣诸道均田，苛暴失实者辄遣黜。"（《宋史·志·食货上一》）太宗时，太常博士、直史馆陈靖奏请实行丁口授田之法，后来也不了了之。

2.限田法

仁宗即位后，曾有人建议实行限田法，禁止官吏过多地占有土地。史载，仁宗即位后，有人上书言赋役未均，田制不立，皇上应下诏限田：公卿以下官员占田不超过30顷，牙前将吏充当职役的占田不超过15顷，且只能在一州内占田，超过规定的，按违反制度条例论处，并将田奖赏给举报人。实行不久，就发现有些地方官在规定数额内多占墓田5顷，而阴阳先生拘泥于阴阳学说而不敢举报。后来，主管官员以限田不便为由，没有多久就废除了（《宋史·志·食货上一》）。

3.方田均税法

仁宗景祐（1034—1038年）中，郭谘曾按转运使杨偕的指令，在洺州实行千步方田法，通过清丈土地，校正地籍，达到均税的目的。神宗时，王安石曾在全国推行千步方田法。史载，神宗熙宁五年（1072年）重新修订方田法，由司农寺以《方田均税条约并式》颁行全国。该法规定：以东西南北各一千步，相当于四十一顷六十六亩一百六十步，为一方；每年九月农忙过后，由县令、县佐分头带领官吏对土地进行丈量，丈量完毕，则以地形及土质为参考确定田地的肥瘠，从而分为五等，以此确定税则。到次年三月份工作完毕，张榜公布告示民众，一个季度内无人争讼，便书写户帖，连庄账一起交付各户，作为征收赋税的土地凭证即"地符"。运用方田法清丈土地之后，在方田四角植树作为界标，同时立有方账、庄账、甲帖、户帖等册籍。凡百姓分家析产、典卖转移田地，官府发给地契，县置簿登记，都以所测的方田为准。方田均税法颁行后，由巨野县尉王曼为指教官，先从京东路开始实行，其他各路仿照实施。从执行的情况来看，效果是相当明显的。史载："天下之田已方而见于籍者，至是二百四十八万四千三百四十有九顷云。"（《宋史·志·食货上二》）虽然方田法效果明显，但在执行过程中，也出现了一系列的弊端，例如官吏不认真负责，甚至与地主因缘为奸，以多划少者有之，税少而多征者有之（《宋史·志·食货上二》），此外，有的土地土质难以区分，因而税赋难以划等，如一等的土地征收十分之税尚轻，而十等的土地征收一分之税也觉很重。但这都是执行中的问题，或者是技术上的问题，与方田法制度本身无关。

4.经界法

经界法行于南宋高宗绍兴十二年（1142年），史载："南宋绍兴十二年，以椿年为两浙路转运副使，措置经界。椿年请先往平江诸县，俟就绪即往诸州，要在均平，为民除害，不增税额"（《宋史·志·食货上一》）。所谓经界法就是丈量土地，清理地籍，以均平赋役。自李椿年推行经界法以来，时断时续，从平江推行到四川，直到绍兴末年。具体实施办法，即令百姓将所有农田，分别登记在砧基簿图册上，载明田地的形状、亩数、四至，以及土地所宜作物，永为凭据。如果农田不登记入簿，虽有以前的契据为凭，也要没收入官。各县的砧基簿一式三份：一留县，一送漕，一送州。凡漕臣若守令、交承，悉以相付。（《建炎以来朝野杂记》甲集卷五）这种办法后来发展成为明清时期的鱼鳞图册。

5.推排法

所谓推排法，即由县及都，由都及保，层层核实土地数量并载明土地肥瘠程度、应纳税等级、周边四邻，然后绘制成图册的一种均田措施。史载："推排之法，不过以县统都，以都统保，选任才富公平者，订田亩税色，载之图册，使民有定产，产有定税，税有定籍而已。"（《宋史·志·食货上一》）

6.手实法

手实法又称首实法，即许民自己申报土地数量，以均赋役，不得隐匿，如有隐匿，许人告发，并以其资产总额的1/3充赏。这种方法初行于北宋中期王安石变法之时，当时，吕惠卿因方田法手续过繁，为简化手续，许民自报。这种办法使民不胜骚扰，未行一年即被废止。

二、田赋

据《宋史》记载，两宋时期田赋制度仍依唐朝的两税法，但已经发生了很大的变化。从内容上看，宋朝的两税法较之唐的两税法更为复杂。唐朝的两税法所含内容不过户税、地税、青苗钱和残存的租庸调而已，而两宋的两税法所含内容就不仅这几种，具体包括以下五种：

（1）公田之赋，即官庄、屯田、营田、职田、学田、仓田等官田，租佃给百姓耕种，官府收其租，亦称税。

（2）民田之赋，即百姓耕种自己所有的耕地，官府征收的田赋。正如南宋郑伯谦所说："公田以为税，私田以出赋。"（《太平经国书》卷三，载《钦定四库全书》）

（3）城郭之赋，即对城市居民的宅基地所课的宅税、地税。

（4）丁口之赋，百姓岁输身丁钱米，是对成丁男子所课的税。

以上四种皆为正赋。纳税形态的种类繁多，大体上有谷、帛、金铁、物产等四大类。纳税时间分为夏秋两次征收，夏税不得超过六月底，秋税不得超过十一月底。

（5）杂变之赋，牛革、蚕盐之类，随其所出，变而输之。这种田赋是随两税而加征的土特产品，实际上是正赋之外的一种附加税。

在税率上，全国没有统一的税率。按张方平的说法，宋代两税"大率中田亩收一石，输官一斗"。亩收一斗大体上是一个平均负担，符合人们所认同的什一之税的税率。但实际上，宋朝两税的税率各地是不统一的，高低不一。由于土地兼并问题，一些地主富户，"二十而税一者有之，三十而税二者有之"（《文献通考·田赋考四》）。神宗时杨绘说："天下之田，有一亩而税钱数十者，有一亩而税数钱者，有善田而税轻者，有恶田而税重者"（《续资治通鉴长编》卷二百二十四）。郭谘行千步方田法后，这种状况在局部得到缓解。王安石行方田均税法后，均税才在较大范围内得以实现。不过这种均税是以县原有田赋定额为限，也就是在田赋征收总量不变的情况下，通过均税，使农民负担大体均平。

两税之法，还有支移、折变的规定。按宋朝的规定，本应于当地输纳的赋税，却令百姓输往另一地，于是百姓平白无故就增加了运输负担，如百姓不愿意亲自运送，则须承担所需运费，叫作脚钱，这就是所谓的"支移"。这种"支移"实质上是在百姓正赋之外的一种盘剥手段。而"折变"则是在百姓正赋之外的另一种盘剥手段，按宋朝的规定，百姓输纳的赋税品种是有一定规则的，但官府常常令百姓折成其他品种输纳，如本应输米，却令折绢输纳；本应输绢，却令折草输纳；规定是等值输纳，实际上这种折变却是不等值的，如西蜀"税钱三百输至二十三千"（《宋史·志·食货上二》）。《宋史》上说："其输之迟速，视收成早暮而宽为之期，所以纾民力。"又说："两物折科物，非土地所宜而抑配者，禁之。"这些记载不过是对宋朝统治的一种着意美化，实际上两宋时期百姓的赋税负担是十分繁重的。

宋代除两税正赋以及支移、折变之外，还有许多苛征杂敛，作为附加税，这些杂敛多始于五代十国。税制也从未统一，有此地征之，而彼地无征者；有此地税率偏高，彼地偏低者。具体包括：

耗羡："耗"包括雀鼠耗、省耗；"羡"包括羡余。省耗，始于后梁，当时规定每斗加征一升，后增至2斗；雀鼠耗，每亩加征2斗。

农器钱：农器本为官卖，后因质次价高，许百姓自造农器，所课之税称农器钱。

曲钱：曲许民间自造时，均须课税，其征收按田亩计，每亩5文，后减为2文。

牛皮税：牛皮、牛角、牛筋为制造衣甲的军需材料，规定均输于官府，后为牛皮税，随两税缴纳，太祖时，每民租二石，输牛皮革一，准钱千五百。

头子钱：川陕等地为弥补仓库损耗，随两税征收的附加税，太祖开宝时为每贯7文，徽宗时增至每贯23文，南宋高宗时增至43文。

义仓税：仁宗庆历元年（1041年），规定上三等户（富户）每岁米2斗，输1升。

进际税：吴越国在两浙的附加税，以进际为名虚增税额，即每10亩田，虚增6亩，计纳绢3尺4寸，米1斗5升2合，桑地10亩虚增8亩，计每亩纳绢4尺8寸2分。

此外，还有田赋预征，始于五代后唐庄宗，至宋预征有长达七八年者。

两税总收入，有明确记载的不多。太宗至道末（997年）两税总收入69 433 000石贯匹两斤围束秤茎只。熙宁十年（1077年）二税数额52 011 029贯石匹斤两领团条角竿，其中夏税16 962 695贯匹等，秋税35 048 334贯匹等。南宋则未见全国性的收入数据。

三、徭役

宋朝的徭役沿袭了唐两税法以来的制度，如力役基本上不再额外征发（太宗淳化五年（994年）以前尚有春夫、急夫之征，淳化五年之后已经不再征发①），兵役实行募兵制，只有职役循而未改。所谓职役就是为官府当差，如"里正""户长""衙前"等。因宋朝兵役实行募兵制，故无兵役之征，所以宋朝的役法，即指职役之法，因这种职役又授以相应官衔，故又称吏役之法。职役在以往被视作优差，但在宋朝由于责任重大，百姓视为苦差。

1.职役的种类与征发

宋朝的职役种类繁多，有衙前，负责押运官物和供给官物；有里正、户长、乡书手，主管督收赋税；有耆长、弓手、壮丁，主管追捕盗贼，维持地方治安；有承符、人力、手力、散从官，主管传送官府敕令、文书；此外，县曹司至押司、录事，州曹司至孔目官，下至杂职、虞候、拣、掏等人，均属州、县之职役，各以乡户等第定差。

衙前之役，风险最大。如果官物损失，应役户须照价赔偿，以至于"往往破产"。所以，应役户设法规避此役，甚至"有媚母改嫁，亲族分居；或弃田与人，以免上等；或非命求死，以就单丁"（《宋史·志·食货上五》）。

宋朝徭役的征发，按太祖建隆时（960—963年）的规定，实行差役法。将民户分为九等，一等至四等根据徭役的轻重派差，五等以下免役。太宗淳化五年（994年）明确规定一等户为里正，二等户为户长；仁宗至和（1054—1056年）中，采纳韩琦的建议，颁

---

① 春夫即春耕之前所征民夫，急夫即因紧急之事而征发之民夫。所征春夫、急夫，又合称乡役。

行"五则法"。大意是以县为单位，按资产多寡分为五等，衙前也按轻重分为五等，如果一等重役有十项，应役者十人，那么就列一等户100家；二等重役有五项，应役者五人，那么就列二等户五十家。十家应一役，轮流役使。"五则法"一度减轻了百姓的负担，但并没有根除差役法的弊端。

2.免役法

由于差役法造成徭役负担不均，且对百姓的扰害太大，所以，熙宁二年（1069年），宋神宗用王安石变法，改差役法为免役法。免役法又称为募役法、雇役法，其核心精神是将原来一些民户充任的职役，改由所有的民户出钱雇人充役。免役法的具体内容是：（1）雇募的规定。雇募三人轮流担任衙前，并以其物产作为抵押；雇募的弓手以武艺的高低、典吏则以书写和计算的能力高低论取舍；雇募的人员三年或两年更换一次。（2）实施的时间。法令的草稿拟定完成后，公布一个月，民无疑议则成为正式法令，募役法下达之后，被雇募的人开始执行徭役，原来被差的人就可以离开了。（3）雇募的资金来源。原来的应役户依据户等出"免役钱"，原来没有出役的坊郭等第户及未成丁、单丁、女户、寺观、品官之家，要出"助役钱"，然后，再在满足雇资的基础上另加二分（即多取20%）以备水旱灾荒，称为"免役宽剩钱"。

免役法的特点是：以资划等，按等出钱，募人充役，风险自担，均平徭役，扩大财源。募役法的实施，有利于减轻百姓的徭役负担，使广大百姓从徭役负担中解放出来，致力于农业生产；而且过去的免役户也要缴纳助役钱，从而取消了免役特权，同时也使国家得到了稳定的财政收入。这项改革得到了大多数人的拥护，虽然王安石变法失败后其他改革措施被废除，但免役法却一直断断续续地实行，直到南宋灭亡。

法无完法，免役法虽然利国利民，但其中也存在许多弊端，例如，富户与贫困户虽然按户等出钱，但富户出钱容易，贫困户即使出钱少，也备感困难，加之要额外加征20%的宽剩钱，又加重了百姓的负担，于是就会出现扰民现象；由于资产的评定往往不实，所以划分户等也常常出现偏差，加之富户设法规避，所以贫者出富人之役钱的情况往往有之。免役法的实施使过去享有免役特权的寺观、品官之家也要出雇役钱，这无疑触犯了官僚、大地主的利益，因而不可避免地遭到他们的强烈反对。

第三节

两宋时期的工商税收

一、商税

宋朝商品经济相对发达，为商税收入的增加奠定了基础。商税的征收由全国1 830多个商税务或商税场负责。为使商税的征收制度化和规范化，宋太祖建隆元年（960年）制定了《商税则例》，要求将其公布于商税务或商税场处，晓谕商民。《商税则例》规定：商民凡贩运或买卖税则所规定的征税物品，必须走官路，在所经商税务及场缴纳物品价格2%（每千钱算二十）的"过税"；在买卖交易之地缴纳3%（每千钱算三十）的"住税"；如系官府所需之物，将被"抽税"10%。经常课税的物品，征税机关要写在板上，放在官署的屋壁上，以便买卖双方共同遵守。商民逃避纳税，为官府所捕获，则没收其货物的1/3，并将没收物品的一半赏给捕获者；贩鬻而不由官路者也要罚罪。这个《商税则例》可以说是我国第一个较为正规、具有法律约束力的商税税则。

此后，宋朝对这一税则又进行过多次补充和修正，而且经常调整税率，有时提高税率，有时降低税率，如仁宗天圣二年（1024年）四月规定："旧例：诸色人将银并银器出京城门，每两税钱四十文足，金即不税，请自今每两税钱二百文省。"以后又"令户部取天下税务五年所收之数，酌多寡为中制，颁诸路揭版示之，率十年一易，其增名额及多税者，并论以违制"（《宋史·志·食货下八》）。这条诏令，则要求参照五年内税收的平均数，设立一个较为公允的十年内不轻易变动的征税标准。

上述《商税则例》，实际上是纸上谈兵，在实际执行中很难贯彻，地方税务官多不遵行，直到南宋仍时有发生。

两宋时期，还时常随着物价的波动而调整税率。史载，南宋时，由于纸币发行过多，导致物价不稳，通货膨胀，这时国家要求在原来税则的基础上，"体度市价增损，务令适中"，又强调"每半年一次，再行体度市价，依此增损施行"，即是要求税务部门要随着物价的波动而调整税率的幅度。

宋朝的正税，在一般情况下均有较明确的税率，而杂税就没有税率可言了。即使是正税在征收时也往往存在着随意性，法定税率是一回事，实际征收又是另一回事。过税属正规商业税，故税率的确定尚属明确，而在实际征收时就与法令大相径庭了。例如《商税则例》规定从价计征，而商税机构上榜公布的往往是从量计征，其中银与金，以两计，银每两纳40文足，金每两200文省；枋木按条计，每十条抽一条；苎麻，以斤计，等等。

一些杂税往往随过税带征，相当于过税的附加税，有时随过税附加几种杂税，特别是南宋，征收过税附加税的情况更为严重。例如，随船附征"力胜钱"，对过往行人携带货物者附征"市利钱"等等，不一而足。更有甚者，私设税场，自行征税。由上观之，两宋商税的征收虽有法有则，但也是十分混乱的。

出现这种混乱的情况，原因是多方面的，其中重要之点在于宋朝的税收实行总额控制制度，即中央虽然有税则，但对各税务仍然规定一个税收额度，中央考核官吏的标准之一就是看是否完成税收额定任务，这就为官吏开征杂敛提供了依据。有时国家为了缓和矛盾，不得不减少一定的征税机构和免除部分定额。此外，吏治腐败，违例多取，也是重要原因之一。特别到南宋后期，官吏苛征暴敛，与日俱增，此时更无税率可言。

二、市舶课

两宋的市舶课较之唐朝有进一步发展，主要表现在：

（1）设置市舶司的城市显著增加。唐朝仅在广州设立市舶司，而两宋时期，先后在广州、杭州、明州（今浙江宁波）、密州（今山东诸城）、泉州、秀州、温州、江阴等 8 个城市设立市舶司。规模最大、收入最多的市舶司属广州，杭、明二州次之。

（2）有海外贸易关系的国家和贸易的商品显著增加。史载，两宋时期曾发生贸易往来的国家或地区有朝鲜、日本、大食、古逻、阇婆、浡泥、麻逸、三佛齐等国家或地区，最远到达非洲东海岸的弼琶啰国、中理国、层拔国等。进行贸易的商品包括金银、精粗瓷器、香药、镔铁、玛瑙、乳香、牛皮筋角、象牙等 90 余种。

（3）国家获得的财政收入更加丰厚。据史载，北宋仁宗"皇祐中，总岁入象犀、珠玉、香药之类，其数五十三万有余。至治平中，又增十万"。神宗熙宁九年（1076 年）仅杭、明、广三市舶司收入与支出相抵，净结余钱、粮、香、药等 20 余万缗、匹、斤、两、段、条、个、颗、脐、只、粒（《宋史·志·食货下八》）；到高宗绍兴末年（1162 年），仅广州、泉州、两浙市舶司的抽解和博买所得就达 200 万缗，占到当时全国财政收入的 1/22[①]。由此可见，两宋时期市舶收入（包括市舶税与贸易收入）是十分可观的。

两宋对市舶课的征收分别实行抽解、禁榷、博买。凡外国商船到中国进行贸易，进入中国港口时，要先经过市舶司抽解，然后再根据国家的规定，对有些商品实行禁榷，对有些商品实行博买，所余部分才允许商人贩卖。

抽解就是对贸易的货物进行课税。两宋时的抽解率大致分两大类，粗物十五分抽解一分，细货十分抽解一分。这个抽解率不是一成不变的，例如南宋孝宗隆兴二年（1164 年），将原来的细货十分抽解一分或粗物十五分抽解一分，改为细货十分抽解二分，粗物十分抽解一分。除提高税率外，博买数量也增加了，从而加重了舶商的负担，以致影响了海外贸易。

禁榷就是对一些特殊商品由官府全部收购，官府专卖。两宋时期一般对玳瑁、珠贝、犀象、镔铁、龟皮、珊瑚、玛瑙、乳香实行禁榷制度，即由官府统一收购，垄断买卖，民间不得私自贸易。当然，不同时期，所规定的禁榷商品，也是经常变动的。

博买是指国家对舶来商品进行全部或部分收购。博买的价格一般低于市价，所以一般的商人是不愿意官府博买的，但这种博买是属于强制性的，由不得商人。博买的货物主要为朝廷自用，余下部分由官府出售获利。博买与禁榷虽都是对商品的收购，但性质是不同的，博买可能是全部收购，也可能是部分收购，禁榷是全部收购，至于在价格上是否有区别，史未明载，估计也会有差异。从史料上看，北宋强调禁榷，南宋则强调博买。

由于博买的货物要及时运往京师，故此，押运官员的补贴也不断增加。这种补贴称为脚乘赡家钱，又叫破水脚钱。史载，旧法，细色纲，只是珍珠、龙脑之类，每一纲，5 000 两，其余犀象、紫矿、乳檀香之类，尽系粗色纲，每纲 1 万斤。凡起一纲，差衙前一名管押，支脚乘赡家钱约计一百余贯。徽宗大观元年（1107 年）以后，犀、牙、紫矿之类，皆变作细色，则是以旧日一纲分作 32 纲。多费官中脚乘赡家钱 3 000 余贯。此后，

---

① 洪焕椿. 宋辽夏金史话 [M]. 北京：中国青年出版社，1980：215.

随着起运货物数量的增大，给押运官员的津贴也大有增加。这种费用的增加相当于提高了税收成本，减少了市舶税的收入。

此外，宋朝还有"送样""进奉"制度。所谓"送样"，或称"呈样"，是指外商将货的样品送交京师有关部门审查；所谓"进奉"，是指外商向皇帝的进贡。

除市舶课这种海路国境关税外，两宋还有陆路国境关税。

北宋在统一江南以前，曾对江南贸易征税。平江南以后，北宋曾与北方的辽、西北的西夏、西南各少数民族部落进行贸易征税。南宋与金也实施贸易征税。宋朝陆路国境关税的征课制度与市舶课的征课制度大体相同，只是所课之税不称抽解，而与境内陆路关税的称谓相同，即称"过税"。此外，则有榷货与博买，这两项与市舶课是相同的。但因当时边关战事不休，所以边关贸易时断时续。

宋初，曾循后周之制，与江南互市，太祖乾德二年（964年），于建安、汉阳、靳口设三个榷署，由官府专营与江南的贸易，即实行禁榷制，沿江百姓和制盐户，如到江南贩卖鱼、柴、屦席之物，必须由榷署给券（类似通行证、许可证），才允许到江南贩卖。后来统一了江南，榷署虽存，但已失去了原来的作用。

北宋时，曾在边界设立榷务，与辽（契丹）、西夏进行贸易，并实行禁榷制，贸易的品种仅限香药、犀象等药材和茶叶，但由于战争的影响，贸易时断时续，禁榷也时断时续。

南宋时，也曾在边界设立榷务，与金进行贸易，并实行禁榷制。南宋时与金的贸易往来时间不长，同样是时断时续。

此外，两宋时与楚、蜀、南粤之地，与西南少数民族各部落以及西部边疆的羌人，都允许百姓自由贸易。同时，与大食、交趾等国也有贸易往来。

三、盐课

两宋时期盐课已成为国家财政的主要收入之一。据《宋史》记载，北宋太宗至道三年（997年）颗盐收入为728 000余贯，末盐收入为1 633 000余贯，仁宗皇祐三年（1051年），盐课收入为221万缗，四年（1052年）为215万缗，此数比仁宗庆历六年（1046年）增68万缗。南宋孝宗乾道六年（1170年）户部侍郎叶衡奏说："今日财赋，鬻海之利居其半。"（《宋史·志·食货下四》）由于盐课收入在国家财政收入中占有至关重要的地位，所以统治者经常研究盐法，竭力苛剥人民。

宋朝的盐课行专卖办法，主要是两种类型，即禁榷法（即官鬻法、官卖法，或称完全官专卖）和通商法（或称不完全官专卖）。禁榷法包括官卖、计口授盐、计税敷盐（两税盐钱）、计产敷盐和常平盐等内容，具体包括：

（1）官卖。宋初实行盐官卖之法，即官府制盐，运到指定地点设务售卖，需民、兵运盐，不胜其苦，每年因运盐之役而死者，数以万计，而官吏又常舞弊，杂以硝碱杂质，质次价高，所得盐利不足以佐政府之急，所以时行时止。

（2）计口授盐。即将盐俵散于民，按期征钱。通常按丁俵散，所以又叫"丁蚕盐"。

（3）计税敷盐。即按两税税额，散盐于民，盐课随两税征收，又称两税盐钱。有时也按秋税税额散盐，秋税又叫"秋苗"，因而又称苗盐。

（4）计产敷盐。为平均盐税，而按田产给盐征税，亦称户盐。

（5）常平盐。在太常博士范祥实行盐钞法之时，盐价时高时低，于是由官府运盐到京师，京师置盐务（都盐院），京师盐价每斤低于三十五文时，敛而不售，以长盐价；当盐价每斤高于四十文时，则大量抛售，以平盐价。此法是刘晏盐法的继承和发展，因其类似常平仓，故称"常平盐"。

以上诸法皆属禁榷之法，其中计口授盐、计税敷盐、计产敷盐三种，均有田赋附加性质，以后官府只征钱，不给盐，变成了真正的田赋附加。

通商法包括入中交引法（折中法）、钱盐法、盐钞法、盐引法等内容，具体包括：

（1）入中交引法，也叫折中法。太宗雍熙时（984—987年），兵数犯河北，沿边州郡军需不足，因募商人输刍粟入边，叫作"入中"。商人入中后，官府给券（凭证），称"交引"，商人凭"引"到京师或东南盐场或陕西解州、安邑盐池领盐贩运。端拱时（988—989年）曾募商人输粟塞下，根据地理远近，优折其值而给文券，商人凭文券到京师取缗钱，或到江淮盐场领取茶、盐，此法又叫"折中"法。后因京师坐商经营"交引铺"，以买盐"交引"为业，从中操纵，抑勒盐价，以求厚利，于是入中交引法遂废。此法成为官府用盐茶诱导商人为国家服务的工具。

（2）钱盐法。真宗末年（1022年），为解决京师铜钱不足，招募商人入钱京师，然后到指定盐场领盐，按指定区域运贩，不得越界。因其目的在于流通货币，故称钱盐法。

（3）盐钞法。仁宗庆历八年（1048年），太常博士范祥针对入中法的弊病，创行盐钞法。即令商人就边郡输钱 4 贯 800 文，售一钞，请盐 200 斤，任其私卖，得钱以实塞下。此法以产盐的多寡来定售钞的数量。使盐有定产，钞有定额，以免入中（折中）法虚估、浮发之弊，商人不能侥幸取利，边郡之民免食贵盐，又可免除官卖法的兵民运盐之苦役，盐亦无囤积居奇或壅塞不通之弊，公私为便。此法初行解盐，神宗熙宁时（1068—1077年）东南盐亦行，解盐为解盐钞，东南为末盐钞。盐钞法是我国票盐法之始。徽宗崇宁元年（1102年）以后，蔡京执政，盐钞法普遍推行于东南地区。随着官府加紧聚敛，滥发盐钞，钞与盐失去均衡，商人持钞往往不能领盐。蔡京又印刷新钞，令商人贴纳一定数量的现钱，换领新钞。此举加重了商人负担，并使盐钞失去信用。

（4）盐引法。徽宗政和三年（1113年），蔡京变票钞法为盐引法。此法用官袋装盐，限定斤重，封印为记，一袋为一引（一引钱24贯省，一袋300斤），编立引目号簿。以运盐远近和期限长短来确定引的长短。凡距离远，引期为一年者为长引；距离近，引期为一季者为短引。商人缴纳包括税款在内的盐价领引，凭引核对号簿支盐，运输到指定区域销售。到期盐未售完，即行毁引，盐没于官。为增加盐课收入，官吏以盐引销售多寡定秩品。官吏为多售盐引，强令百姓购买，民不胜其扰。此法是后世引岸行盐之制的滥觞。实行此法后，徽宗政和五、六两年，京师榷货务盐课收入达到 4 000 万贯，是有宋以来岁课最高的数字。

（5）南宋赵开变革盐引法。南宋高宗绍兴二年（1132年），总领四川财赋赵开变革盐引法，官府不向灶户支付本钱，由商人和灶户直接交易。其法是仿徽宗大观时（1107—1110年）制定的法令设置合同场，官卖盐引，向商人收引税钱，每斤输钱二十五钱，灶户按额煮盐卖给商人，并纳土产税，土产税及附加约九钱四分；向过境盐商征收过税一钱七分，向销盐店铺征收住税一钱半，每引又另纳提勘税钱六十，其后又增贴输钱等，此法主要行于四川。此法使四川盐课由80万贯增加到400余万贯（《建炎以来朝野杂记》甲集卷十四）。

宋朝盐法存在以下几大弊端：

（1）盐课制度不统一。表现为某一办法只在一部分地区或某一时段实行，或者某些制度同时交叉并行，或者时行时停。由于制度不统一，致使私盐泛滥，国家不得不实行峻苛的惩处条款，违者严罚。

（2）时有更易，扰民滋甚。这不仅表现在时行禁榷法，时行通商法，而且禁榷法或通商法内，各种办法也时有更易。盐法变幻不定，百姓无所适从。

（3）抑配之弊，苛扰百姓。两宋盐政，多有抑配。所谓抑配，即按贫富户等确定定额，强制百姓购买官盐，且必须在规定时间内食用完，否则为私盐。在盐价增加的情况下，强制百姓购买，等于增加人头税。徽宗政和七年（1117年）的一份诏书说："昨改盐法，立赏至重，抑配者多，计口敷及婴孩，广数下逮驼畜，使良民受弊，比屋愁叹。"可见弊病之重。南宋时期食盐的抑配更为严重。

（4）虚估之弊，影响国家财政收入。虚估主要是指沿边入中实物，高估其值。以粮食为例，本来运送到边疆的粮食每斤应为750钱，为了招诱商人多向边疆运粮，于是估价为千钱，甚或2 000钱，更有"国家募人入粟，偿以十倍之直"（《续资治通鉴长编》卷五十）由于虚估之风日盛，致使国家财政收入减少，商人则获大利，也使盐法受到了严重破坏。

四、茶课

两宋时期，茶已经成为大宗贸易商品。统治者十分重视茶课，经常讨论和制定茶课的征收办法，以增加国家的财政收入。宋朝茶课主要实行专卖办法，以禁榷法为主，禁榷法即完全官专卖。此外，又有商专卖，商专卖又称通商法、不完全官专卖，具体包括入中法（折中法）等不同形式。熙宁变法前后在实行通商法的同时，在部分地区如川、陕、广东等曾实行境内的自由贸易征税办法。具体办法有：

（1）禁榷法。禁榷法即官专卖。宋太祖乾德二年（964年），官府沿江设置收茶的机构即榷货务有6处，又在淮南六州设13个茶场，组织园户（茶农）生产茶叶。官府先付一定本钱给园户，新茶采摘后，园户除了用茶交租外，其余的全部卖给官府。此外，园户每年应纳的税课愿意折交茶的，称作折茶税。商人欲贩卖茶，必须到榷货务进行批发，不得直接与园户交易，此即为禁榷法，亦作公卖法。

（2）入中交引法。属商专卖，主要行之于太宗雍熙（984—987年）之后。当时因多次用兵于辽，军队馈饷，于是令商人入刍粟于塞下，根据运输距离的远近，按市价优折其值，授以"要券"，叫作"交引"，商人凭交引到京师给付缗钱，到江淮领茶及盐（亦即沿边入中法）。太宗端拱二年（989年），又行折中法，在京师设置折中仓，召商人运送粮食入京师，官府从优作价付给其值，由商人到江南、淮南领茶、盐。此法成为官府诱导商人为国家服务的工具。

（3）通商法。通商法亦是商专卖。主要行之于仁宗嘉祐（1056—1063年）以后、熙宁变法前后。当时因为禁榷法出现了很多弊病，主要是茶质低劣，以致腐败不可食；官吏搜刮百姓，致使园户弃茶逃亡，官府收利微薄，商人尽获其利，致私茶泛滥，影响国家收入。在这种情况下，官、私均感不便。于是在嘉祐初（1056—1057年）行通商法，允许商人与园户自由贸易，只是园户交租钱，以偿边塞籴粮之费。行此法疏利源而宽民力。自此除闽茶外，均行通商。

（4）引茶法。引茶法是禁榷法的变通。徽宗崇宁至政和（1102—1112年）年间，蔡京为搜刮钱财以实中都，创行引茶法。由官府给园户本钱，置场种茶、制茶，官尽为收买（后官府只卖茶引而不收茶）。中都设都茶场，印茶引，引根据路程远近和期限长短分为长引和短引。茶商贩茶必须赴当地官府纳钱买引和笼篰（竹篓子），领引后，凭引到茶场买茶。商人买茶，用笼篰装盛，由税务查验，封装盖章，由商人运到指定地点由当地官员启封销售。商人不得越过引界，否则以私茶论处。此法专以刻剥百姓为务，因而茶课剧增。南宋沿用此法。此法的特点是官府只卖茶引，商人与园户交易。赵开在四川所行亦主要是此法。

（5）茶马法。茶马法也是禁榷法的一种，其制由国家设茶马司，将所收之茶，与少数民族换马。南宋时此法最盛，孝宗乾道初（1165年），川秦八场，以茶易马9 000余匹；孝宗淳熙时（1174—1189年）以茶易马12 994匹。

宋朝茶课收入在财政中占有重要地位，每年所收课额，几乎与盐课相同。宋初，每年仅收入数万缗至数十万缗，至蔡京变通茶法后，每年净收入最高可达400余万贯，南宋时茶课每年净收在270万贯上下。

宋朝茶课制度的弊端与盐课的弊端一样，一是抑配之弊；二是反复改法，滋商扰民；三是茶课附加严重。上述弊端，致使茶户的负担十分苛重，为避茶税，茶农往往弃茶而逃，有的因不堪茶课重赋而毁坏茶树以抗茶税。但宋朝规定毁茶树者不仅要按数纳课，还要定罪，以致民不聊生。

五、酒课

酒课虽起源于商鞅变法，但大兴酒课则在唐后期，至宋酒课更加严苛。宋朝酒课制度有3种：（1）城内置务，官府酿造酤卖；（2）三京之地，由官府造曲而卖与人民酿造；（3）县镇乡间则人民自酿，官府征税，如有剩余，经官府批准，亦可出售。前两种属官榷（即官专卖）制，第三种属征税制。

宋朝的榷酒制度，各地在实行时间和实施办法上都不尽一致。太祖建隆元年（960年）九月，始在吴越地区实行榷酒酤。由官府置局酿造，并由官府支付原料费、燃料费、吏工的薪俸。所酿的酒除供国家使用外，其余由官府售卖。结果是国家支出甚多，收入无几；且主管官吏为多取盈羡，不遵酿造之法，致使酒的质量低劣，又常抑配于民，百姓深受其害。太宗雍熙元年（984年），以民多私酿而废官榷之制，酒课按榷酤岁课附于两税征收，次年则罢仍行官榷。太宗淳化五年（994年），改官酿法为募民自酿，输官钱减常课2/3，如酒课达不到规定的数额，由酿者补偿。其后应募者少，还是多由官酿。宋朝酒课课额有定数，淳化元年（990年）规定酒课依3年间的平均数为额，但统治者认为遗利未尽，不断增加酒课，致使酒课日益加重。

南宋酒政之弊，始于赵开变酒法。高宗建炎三年（1129年）赵开总领四川财赋，从成都开始，罢除官府出资酿酒的酿卖之法，而在原来扑买坊场所置隔酿，设官主持，民以米入官自酿，每户纳钱30文，头子钱22文，此法称隔槽法。次年即普行于四川四路，凡置官槽400所。这种方法初行时，尚于民无大害，但酒课减少，官吏则强令百姓酿造，甚至规定月额，不论是否酿造，均强制征收酿造钱。四川酒课因此而大增（由140万缗增至190余万缗）。

宋朝三京实行官卖酒曲之制。真宗大中祥符八年（1015年）诏令在京酒户赊买曲货，购买曲货多者，准令开店酤酒，以3年为期，3年满日再以购曲货多者承替。

宋朝酒课除正税之外，还有附加。仁宗庆历二年（1042年）闰九月，初收"盐酒课利钱"，每年374 130余贯，上供京师，酒课上供自此为始。神宗熙宁五年（1072年）令酒课每升添一文，叫作熙宁添酒钱。嗣后添酒钱不断增加，至南宋高宗建炎四年（1130年），上等酒升增20文，下等酒升增18文，称为建炎添酒钱。在加重征收的情况下，国家税收虽增，人民却不堪忍受。

宋朝酒课，初期每年在三四百万贯左右；真宗天禧（1017—1021年）末年以后达到1 000多万贯，仁宗庆历（1041—1048年）年间曾达1 710万贯。

六、矿课

宋朝的矿产品有金、银、铜、铅、锡、水银、朱砂、矾等品类。宋初坑冶场有201处，英宗治平时（1064—1066年）为171处，南宋高宗绍兴三十二年（1162年）为1 100处，全国设置监冶场务201处以收矿课，矿课都是以实物缴纳。课额无定准，金课以仁宗皇祐时（1049—1054年）收入最多，达15 000余两，银课以真宗天禧（1017—1021年）年间收入最多，达83万余两；铜课以神宗元丰（1078—1085年）年间收入最多，达1 460余万斤；铁课以英宗治平（1064—1067年）年间收入最多，达824余万斤；铅课以神宗元丰年间收入最多，达920万斤；锡课也以元丰年间收入最多，达230余万斤；水银年课在两三千斤之间；朱砂在真宗天禧时，年课达5 000斤。宋朝对矿课控制较松，因为坑冶兴废无常，课额不定，扰民至甚而国家受益不多。徽宗崇宁元年（1102年）行官榷法，规定以绍圣、元符时矿课为额由百姓承买（即扑买），然后申卖于官，并禁民间私相贸易。

但官榷法弊病不少，钦宗时以矿课扰民，重新整理矿政，尽罢扰民之举。高宗南渡后，矿政渐废弛。

七、契税、买扑

1.契税

所谓契税即凡典卖牛、马、车、店、宅、田产等财产时，必须订立契约，官府按契约所载的财产数额，按规定之税率，征收契税，纳契税的契约加盖官印，这项契约便发生法律效力。宋朝的契税，始征于太祖开宝二年（969年），当时称为印契税。开征之初，只有典卖房产田地输印契钱，徽宗崇宁三年（1104年），典卖牛畜也征契税，并规定典卖牛畜契纸、租税钞（凭证）、典卖田宅契纸，均由官府印造，用者除纳笔、墨、纸张工墨钱外，另收息钱助赡学用，收息不得过一倍。从契税负担来看，仁宗庆历四年（1044年）规定，按典卖钱额为标准，每贯收契钱40文（即4%），徽宗宣和四年（1122年），浙江及福建等七路，每贯加增20文（达到6%），充经制之用，总共收钱不得过百文。南宋以后，契税更重，致有按民户物力科配的现象，名为预借契钱。

2.买扑

买扑也叫扑买，即包税制，宋朝在商税、酒课和矿课的征管中都曾实行过这一办法，其实质是国家出卖收税征管权。宋朝规定凡属圩场、草市等均征收商税。但因圩市交易量少，税收甚微，不便设税务差官，故改为"买扑"办法。其法是：官府按商税征收额召人承买，承买人应以家产抵押，或找富户担保，并先向官府缴纳一年的商税，然后获得收税权，再逐年按额缴纳。每届为期3年。届满不能如期缴纳者，所有亏欠款项由承买人或担保人赔偿。酒课和矿课的买扑也大体如此。这种征管制度的好处在于减少国家的征税官吏，又能保证得到一部分财政收入。但其弊病也十分明显，诸如商人扑买某税之后，便会变本加厉地收回其扑买成本，于是便会对百姓加倍搜刮，使百姓不堪重负，同时也扰乱了市场，损害了国家的声誉；国家所得到的税收远低于扑买商人的收益，从而使国家的税收大量流失。

八、杂税和其他收入

宋开国之初，一度废除若干种杂税，事隔不久，这些废除的杂税便全部恢复了，成为中国古代史上杂税最多的朝代之一。其中，对人民扰害最大，国家收入较多的杂税有下列诸项：

1.经总制钱

经总制钱系经制钱与总制钱的合称。经制钱首创于北宋徽宗宣和四年（1122年）。当时方腊起义方兴，东南军旅之费告急。两浙、江东发运经制使陈亨伯，请求淮、浙、江湖、福建等七路，在卖酒、鬻糟、商税、牙税、契税、头子钱、楼店钱等七色税种既定税额的基础上，每贯增收20文以充经制之用，叫作经制钱。这种税，以官名定税名，属地方附加性质。实际上是一种无名杂敛。经制钱不独立征课，而是在若干税种之上，略征附加税，然后归而为一。此税虽不直接课于百姓，而以商贾为课税主体，但商贾势必将这些负担转嫁给百姓，实质上仍是对百姓的盘剥。行之不久，因其病民而罢。宋室南渡后，又恢复此税，并得到广泛推广，而且税率屡增，成为人民的沉重负担。

总制钱系仿经制钱而成。自经制钱实行后，卢宗厚亦按经制钱的方式税上征税，后翁彦国为总制使，亦仿其法增收少许，归为一目，也以官名税，称为总制钱。钦宗靖康（1126—1127年）初，一度废除，南宋恢复征收，而色目更广。经制钱与总制钱合并之后，每千文征收56文。北宋时每年约得200万缗，南宋初只收百万缗，高宗绍兴十六年（1146年）以后，岁达1 725万缗。

2.版帐钱

版帐钱系东南诸路港口供军征收的钱，《宋史》载，以"添助版帐为名，不问罪之轻重，并从科罚。大率官取其十，吏渔其百"（《宋史·志·刑法二》）。后来发展成为无孔不入的苛敛手段。"如输米则增收耗剩，交钱帛则多收糜费，幸富人之犯法而重其罚，恣胥吏之受赇而课其入，索盗赃则不偿失主，检财产则不及卑幼，亡僧、绝户不俟核实而入官，逃产、废田不与消除而抑纳，他如此类，不可遍举。"（《宋史·志·食货下一》）

3.月桩钱

月桩钱始于高宗绍兴二年（1132年），当时韩世忠驻建康，需军饷，令漕臣以经制钱、上供钱等供应。漕臣不愿动用所领之钱，于是以大军需用月饷为名，均摊各地，月饷的拨付，宋朝称为月桩。均摊各地之大军月饷，本无名目，于是以用途名税，称月桩钱或大军月桩钱。

在两宋，这种既无固定数额又无一定的征税对象，随时需用、随时摊派的杂税，名色极多，如曲引钱、纳醋钱、户长甲帖钱、卖纸钱、保正牌钱、折纳牛皮筋角钱等，更有甚者，诉讼不胜，有罚钱，既胜则令纳欢喜钱。官更恣意贪求，没有止境，民间受弊，不可胜言。

4.和买

和买本意是政府采购。在宋太宗时，马元方为三司判官，他建议在春天青黄不接的困乏之时，将国库之钱预贷给百姓，至夏秋冬输绢于官。这是和买绢的开始。和买因是预先给钱，然后再付绢，故又称预买。

和买本意在助民度荒，为国收利，但在实行中弊病百出，使和买成为统治者重利盘剥的手段，这时和买已失去了本来的意义，成为变相的赋税。

5.身丁钱

计丁输钱，称身丁钱，系五代税制的延续。宋制男年20~60岁为丁，南方各地均计丁课税。但各地征收的内容及数量不尽一致，有的课钱，有的课米。课征方法，多随两税带纳。

此外，还有上供钱，宋初"有额上供四百万，无额上供二百万"（《宋史·志·食货下一》）。其中，无额上供即属额外摊派；免行钱系指商行向官府纳钱，以取得不再承担和买义务之权利，这种购买特许权的钱，称免行钱，然而在实行中，官吏仍不免低价购买

精研深探
6-6

韩世忠的
简介

或不付钱而白拿；河渡钱，系指在坊场河渡津关之处，向过路行旅征收的钱；房屋税，"及潘美定湖南，计屋每间输绢丈三尺，谓之屋税"；枯骨税，"营田户给牛，岁输米四斛，牛死犹输，谓之枯骨税"（《续资治通鉴长编》卷四十七）；称提钱系指为稳定纸币币值所征收的钱，但多移作军费；竹木税是对贩卖竹木所征收的杂税。此外，还有船舟税、黄河竹索钱、菰蒲税、竹木税、度牒、官诰、免夫钱免行钱、头子钱、河渡钱、鬻祠钱等，凡此种种，不胜枚举。

宋人言"古者刻剥之法，本朝皆备"（《朱子语类》卷一百一十，《朱子七》），实际不仅如此，还有所增设，所以人民赋税负担日益沉重。

宋朝的工商税收及杂税也有减免之例，但由于统治者日益腐朽，减免的次数和额度都十分有限，即使减免也是慑于人民反抗，不得已而为之，而且减免受益者，多是官僚、商贾，人民则得不到减免的实惠。

第四节

两宋时期的财政支出

两宋时期的财政支出规模十分浩大，这与来自北方的军事威胁以及采取的养兵、养官的政策有着直接关系，也是宋朝积贫积弱和财政困难的重要原因。构成浩大财政支出的主要内容包括皇室支出，官俸支出，行政费用、军事支出，赏赐支出，经济建设支出，选举、教育、卫生支出，社会保障支出等。现就几种主要制度分述如下：

一、皇室支出

宋初的几位皇帝尚属开明，常以内库佐助国库，但自英宗以后，朝廷内外奢侈之风日盛，皇室费用日益增加，类似太祖、太宗那样以内库佐助左藏的情况就难得一见了。

宋朝的皇室支出存在一个特殊现象，即两宋时期皇室财政比国家财政更充裕，这也就是人们常说宋朝"内重外轻"现象。这一现象是与宋朝皇室收入与国家收入的划分与其他朝代不同有关，宋朝把财政收入的大部分储藏于内库，故而出现了"内重外轻"现象。宋朝还有一个与前朝不同的现象，就是宋朝的皇室人员如果直接参与军政工作，还可以从国家财政中获得一份优厚的收入，甚至皇帝和后宫人员也同样可获得一份不菲的收入。史载："帝亦命罢左藏库月进钱一千二百缗。"这似乎是由国家财政给皇帝的月薪，每月1 200缗，只因国家财政紧张，所以取消这份薪资。仁宗时，公主的月俸很低，每月仅给五贯，后来不断提高；而当时正宫娘娘才给月薪700钱，到神宗时，一位贵妃就达到800缗，提高了1 000多倍。皇后、太后享有更优厚的俸禄，高宗绍兴十三年（1143年）规定：皇太后俸钱，月一万贯。冬年、寒食、生辰各二万贯。生辰加绢一万匹，春、冬、端午绢各三千匹。冬加绵五千两，绫、罗各一千匹。其他嫔妃、宫人则依品级，按"宫人禄格"支取俸禄，各品高低不一，十分复杂。宋后宫开支庞大，宫人月俸总数，仁宗皇祐时（1049年）为4 000贯，后增至12 000贯，以后又不断增加。如果皇族成员担任官职，其俸禄和其他待遇远远高于同级官员。

在皇室支出中，不仅有月俸，而且还有各种生活费用、宫室修缮费用、陵墓修建费用，以及宗室的其他各项费用等。

二、官俸支出

宋立国之初，沿袭五代后周禄制，俸禄甚薄，至宋太祖开宝三年（970年）七月壬子下《省官益俸诏》，定"省官而益俸"（《续资治通鉴》卷六）之策，即省减官员，增加俸禄。宋太宗继续执行"益俸"政策，增加食禄之给。宋真宗定职田之制及百官俸额。宋仁宗规范立国以来俸制，颁行《嘉祐禄令》，按官品定为41等。据《宋会要辑稿》载，《嘉祐禄令》确定以现金为主，衣物禄粟职田等实物津贴为辅的双轨制禄制。如节度使月俸钱400千[1]，月给禄粟150石，随身侍从衣粮50人，岁给盐7石。宰相、枢密使月俸料钱300千，衣赐春、冬服各20匹，绢各30匹，冬棉100两，月给粟各100石，随身侍从衣粮70人，薪1 200束，岁给炭夏季月100秤、冬季月200秤，盐7石，并月给纸、马料钱等。不满三千户县县令月俸料钱10千，禄粟月给3石、职田4顷等。宋神宗改革禄制，史称《元丰寄禄格》。新禄制较《嘉祐禄令》为高，俸禄名目亦多，如职钱、贴职钱、折食钱、茶汤钱、厨食钱、薪、盐、马料、茶酒、厨料、公使钱等不下20种之多，随官品高低而给。宋王朝自开国以来官吏队伍不断膨胀，形成大量的冗官冗吏。庞大的官僚队伍和优厚的薪俸，造就了巨额的冗禄和行政费用，并成为国家财政的沉重负担。

两宋时期的职官分为两大类：一类是实职，这类官吏有职有权，正俸之外又有许多附加之俸；另一类是虚职，只是封一个官衔，并无实权，所以只给正俸。综观两宋时期的俸禄制度，虽几经变化（如《嘉祐禄令》《元丰寄禄格》等），但其基本内容主要包括正俸、职钱、禄米、官吏随员侍从的费用、杂用支出、食邑食实等项，此外还有一项大宗，就是各种名义下的赏赐、补贴。

三、行政费用支出[2]

对于官衙所需的行政费用，国家一般按署衙的行政级别，给予公用钱、职田、给券（相当于差旅费）等，对此也有详尽的规定，主要用于迎来送往、日常办公、房屋修葺、设备置办、犒赏军队等。

（1）公用钱。属于官署的经费，主要用以接待来往各地之宾客之费。这项费用，从来源上看，有国家直接拨给者，称正赐公使钱；有按国家规定存贮于本地者，称公使库钱。从拨款时间上看，有的按月拨付，有的按年拨付，有的不限年月。月给者，如京师玉清昭应宫使，每月100贯；岁给者，如"自节度使兼使相，有给二万贯者。其次万贯至七千贯，凡四等"；而"尚书都省，银台司，审刑院，提举诸司库务司"，"每给三十千，用尽

---

① 1千即1贯。
② 本节所引均见《宋史·志·职官十二》。

续给，不限年月"。

（2）给券。官吏出使外地，由中央政府给以凭证，凭证上注明出差人的级别、出差地等相关内容，官吏持这个凭证，沿途驿馆则按级别提供食宿，谓之给券。

（3）职田。职田是国家按官署长官的级别拨给官署的土地，官署将土地出租，所得收入作为本官署的行政经费，其中可能分给本官署的官员，这便成了变相俸禄，或是俸禄的补充。

四、军费及赔款支出

军费支出是宋朝财政支出的最大项目，这是因为宋朝养兵太多，且战争频繁。自太祖赵匡胤建宋之始，就依唐后期的军制，实行募兵制，又以唐及五代时期藩镇拥兵自重为训，将各方的军队大多数集中在京师，作为守备之师，对边疆的守卫，则实行"更戍法"，轮番屯戍边陲。将帅入朝食俸，将因天灾而有暴乱企图的百姓收入军籍，由国家供养。这样就减少了将帅和百姓造反的机会，实现了军权的绝对集中。这虽有助于防止突发事变的发生，但也造成了军队的人数显著膨胀。如此庞大的军队，必然造成庞大的养兵费用，加之战争费用，往往造成军费支出暴增，导致财政陷入严重危机。史载，太宗淳化时（990—994年），"聚兵京师，外州无留财，天下支用悉出三司，故其费浸多"。仁宗宝元时（1038—1040年），对西夏用兵，致使"西兵久不解，财用益屈"。章阁侍读贾昌朝曾说："计江、淮岁运粮六百余万石，以一岁之入，仅能充期月之用，三分二在军旅，一在冗食，先所蓄聚，不盈数载。"（《宋史·志·食货下一》）宋朝具体的军费支出数额未见史载，但从上述史实中可见一斑。

宋朝的兵制，有禁军、厢军、乡兵、蕃兵等不同兵种，军队的俸给则依不同兵种、不同的级别而制定不同的标准，而且这个标准又经常变动。现以《宋史·志·兵八》所载为例，加以扼要说明。

（1）禁军的俸给。禁军是天子之卫兵，以守京师，备征戍，其俸给最优厚。按宋朝的规定："凡上军都校……月俸钱百千，粟五十斛；诸班直都虞候、诸军都指挥使遥领刺史者半之。自余诸班直将校，自三十千至二千，凡十二等；诸军将校，自三十千至三百，凡二十三等，上者有廪①。"

（2）厢军的俸给。厢军属地方兵，其待遇稍差。其廪给规定："厢军将校，自十五千至三百五十，凡十七等，有食盐；诸班直自五千至七百，诸军自一千至三百，凡五等；厢兵阅教者，有月俸钱五百至三百，凡三等，下者给酱菜钱或食盐而已。"

禁军和厢军在享受上述待遇的同时，还有许多额外的优惠。②

（3）乡兵补贴。属差役的一种，国家不给廪禄，只给一些补贴或赋税减免之类，而且也无定式。例如，"咸平四年，令陕西系税人户家出一丁，号曰保毅，官给粮赐，使之分番戍守"（《宋史·志·兵四》）。

---

① 即侍从。
② 本段所引未注明出处者均引自《宋史·志·兵八》。

（4）蕃兵廪禄。蕃兵是乡兵的一种，是边远地区的大家族本族子弟为保护家族而集结的军队，国家原不给廪给，后来统治者发现蕃兵的战斗力远强于禁军，于是便给以廪禄，用其为国家效力，但国家所给廪禄只给有官职者，普通士兵则享受不到。

除军队将士俸给外，还有数额巨大的装备费用，如马匹（包括购买、牧养、征括等）、武器、船只等，战争时期的战费等。

此外，还有岁币支出，即战争赔款，数额都十分浩大。宋朝养兵虽多，但由于老弱之兵多，加上"更戍法"使"兵不知将，将不知兵"，战斗力较低，败多胜少，更由于统治的昏庸无能，即使胜利在望，也往往苟且求和，于是就有大量的战争赔款，并美其名曰岁币。比如，北宋每年给契丹银10万两，绢20万匹；后来又对其增加岁币银绢各10万两（匹），先后合计50万两（匹）。北宋也与西夏订立庆历和议，每年给西夏银72 000两，绢153 000匹，茶3万斤。南宋绍兴和议，每年给金国银25万两，绢25万匹。

五、社会保障支出

宋朝的社会保障，就举办的主体而言，有官府举办者，其中又有中央政府举办者，有地方政府（包括乡里）举办者；也有私家举办者，其中包括宗族举办者，富户巨室独家举办者。就其救助的对象而言，有赈灾救荒，有婴幼救助，有贫病救治，有济贫助学，有赡养鳏寡老人，有死葬相恤。就其保障机构而言，有婴幼救助机构，出现于南宋中期以后，如婴儿局、慈幼局和慈幼庄等；有理丧恤葬机构，如漏泽园；有贫病救治机构，如安济坊、济民药局；有赡养鳏寡老人的机构，如福田院、养济院、居养院、安济院、安济坊等；有济贫助学的机构，如学田、膏火田、义学、贡士庄、希贤庄、青云庄等。

宋朝蓬勃发展的社会保障事业，体现了在"不立田制""不抑兼并"的社会背景下，社会共同防范社会风险和救助社会弱势群体方面的意识。尽管由于生产力水平所限，社会保障能力还很低，但在政府重视并主导下，调动了各方面的积极因素，初步建立了多层次的社会保障体系，从而有力地稳定了社会秩序，在一定程度上缓解了阶级矛盾，促进了社会的稳定发展。

除上述各项财政支出外，还有少量的经济建设支出、文化教育支出、迷信支出（如祭祀等）、农田水利建设支出等，兹不详述。

第五节

两宋时期的财政管理

一、财政管理体制

两宋时期，实行高度的中央集权制。宋初，皇帝为保证对国家拥有绝对的控制权，将宰相之权一分为三（中书、枢密、三司），分别掌管行政、军政、财政，并分别对皇帝负责。元丰改制后，恢复三省制（中书、门下、尚书），以尚书左右仆射为宰相，财政归尚书省户部。

在高度集中的管理体制下，宋朝的财政实行统收统支的中央集权管理体制。在中央，财政由三司负责，宰相（中书门下）无权过问，事实上是财权牢固掌握在皇帝手中。元丰改制，财政重归尚书省户部，但并不改变中央集权的性质。在地方，路、州、县各级官府，依据中央的规定，将收纳的赋税，扣除应留给地方的钱物充作官俸、经费及军队粮饷外，一律上解京师或输纳到指定仓库。正如《宋史》所载："建隆以来……令自今诸州岁受税租及筦榷货利、上供物帛，悉官给舟车，输送京师，毋役民妨农。"《宋史·志·食货上三》"乾德三年，始诏诸州支度经费外，凡金帛悉送阙下，毋或占留。"《宋史·志·食货下一》在宋朝，地方政府的上供不同于唐末的"上供、送使、留州"中的上供。唐末的上供仅将赋税的一部分上交中央，而宋朝则是指全部赋税（按规定留地方支用者外）都要上缴中央。

虽然从纵向来说，财权和财力主要集中于中央，但从中央层面来看，财权和财力又是横向分散的。在元丰改制前，财政主要由三司掌管，其掌握中央财权和财力的主要方面，这也是中央集权的主要体现；但皇帝也直接控制一部分财物，即建立内藏库，并且要三司编会计录进览，以掌握收支状况。故形成三司财赋和内藏财赋的格局。

元丰改制后，财权和财力重归户部，在王安石变法时，新法收入由宰相直接掌握，故又出现了朝廷财赋，形成内藏财赋、朝廷财赋和户部财赋的新格局。南宋之后，为供军需，又建立四总领所，这样一来，又形成御前（内藏）财赋、朝廷财赋、户部财赋和总领所财赋的新格局。但财力主要集中在皇帝和宰相手中，负责行政经费的户部财赋则比较紧张。

这种分散实际上是集权的一种反映，表现出皇帝对财政的控制程度的加强。这种体制的问题是，各不相知，财政资金不能统筹安排，上溢下漏，百姓重困。

二、财政管理机构

中央的财政管理机构初为三司，元丰改制后归尚书省的户部。

三司沿袭唐末、五代时期的旧制，负责全国的财政收支及管理事宜，号称计省，其地位仅次于宰相（中书门下），而其实权却大于宰相。总领盐铁、度支、户部三个部门，这三个部门时分时合。三司各部门的职掌各有分工。盐铁，掌管天下山泽、关市等工商收入，河渠修筑、兵器制造等事务。度支，掌管财政预算，明确财政收入数额，控制财政收支规模。户部，掌管天下户口、税赋账籍，负责榷酒、工程、衣储等事务。

元丰时，神宗改革官制，财政管理机构由三司改归户部。户部的职责是掌管天下人户、土地、钱谷之政令，贡赋、征役之事。下属度支、金部、仓部。三部的职责分别是：度支，"参掌计度军国之用，量贡赋税租之入以为出"。金部，"参掌天下给纳之泉币，计其岁之所输，归于受藏之府，以待邦国之用。勾考平准、市舶、榷易、商税、香茶、盐矾之数，以周知其登耗，视岁额增亏而为之赏罚"。仓部，"参掌国之仓庾储积及其给受之事"。①

为了有针对性地管理某一方面的财政事务，还成立了一些专门机构，如提举常平司、提举茶盐司、都大提举茶马司、提举市舶司等。此外，还有一些临时设置的管理机构，事后即撤销。

此外，中央特派一些财政官员，如转运使、发运使等，到各地掌管一路财赋储积、转送及监察事宜。最终，形成中央与地方财政之间的承转机构——转运司。

地方的财政管理机构，则为州（府、军、监）、县两级的主管官吏。州的行政长官是知州或知府，也是一级的财政长官。县的行政长官为县令，也称知县，同时是一县财政长官。由于实行高度的财权集中的统收统支体制，所以地方财政只负责征收赋役、商税等具体事宜，并按中央的规定，扣除留给地方的钱、物外，悉数上缴中央或运到指定仓库储存。地方并无赋税的处置权，不过是中央政府催征赋役的机构而已。

三、预算、会计、审计制度

两宋时期，国家对预决算制度十分重视。在太祖赵匡胤开国之初，就"置使以总国计，应四方贡赋之入，朝廷之预，一归三司"（《宋史·志·职官二》），这里的"朝廷之预"就含有预决算的意思。此后，在太宗淳化元年（990年）又下诏称："三司自今每岁具见管金银、钱帛、军储等簿以闻。"太宗淳化四年（993年），将三司改为总计司，"左右大计分掌十道财赋。令京东西南北各以五十州为率，每州军岁计金银、钱、缯帛、刍粟等费，逐路关报总计司，总计司置簿，左右计使通计置裁给，余州亦如之"（《宋史·志·食货下一》）。这些事例都表明，统治者对国家预决算的重视。在国家确定财政管理职责时，对预算工作也做了具体规定。比如，三司下属的度支，职责之一就是"每岁均其有无，制其出入，以计邦国之用"（《宋史·志·职官二》）。也就是做好国家预算，合理安排财政收支。在元丰改制时，三司并入了户部，这时预决算工作也并入了户部。户部的职责之一是"以版籍考户口之登耗，以税赋持军国之岁计，以土贡辨郡县之物宜，以征榷抑兼并而佐调度"。并由其下属的度支郎中、员外郎，"参掌计度军国之用，量贡赋税租之入以为出。凡军须边备，会其盈虚而通其有无"。南宋以后，于"乾道四年，置会稽都籍，度支掌之"（《宋史·志·职官三》）。由此可见，两宋的预决算制度在统治者的高度重视下，不断得到完善。

两宋时期，会计制度（指政府会计或预算会计）较其前朝更加完善。从管理机构来看，建国之初由三司下属的度支负责，而且在三司内部也设置官员从事会计、计账工作，三司并入户部之后则由户部下属的度支部主管；从管理方式上看，两宋时期不仅各级财政部门设置账簿，而且在唐朝会计录的基础上，又有多部会计录问世，这些会计录成为最高统治者了解和分析全国财政情况的工具。这些会计录不仅对当时制定预决算起到了重要作用，而且对后世研究两宋时期的财政经济状况也有不可替代的作用。

---

① 本段所引未注明出处者均引自《宋史·志·职官三》。

两宋时期，审计制度较前朝有长足进步。这主要表现有：一是在三司内部设立审计机构，以对所属部门的收支项目进行审计，此可谓内部审计。如在盐铁、户部和度支部等机构之下，分别设置了负责监督、稽核、审计等职官（如勾院、磨勘院、理欠司等）。元丰改制后，将三司并入户部，这种内部审计制度仍然存在。如在户部尚书下"置都拘辖司，总领内外财赋之数，凡钱谷帐籍，长贰选吏钩考"。南宋以后曾于"乾道四年，置会稽都籍，度支掌之"（《宋史·志·职官三》）。二是设立专门的审计机构，对天下的财政收支进行普遍稽核。这个独立的审计机构，就是设置于太府寺的审计司和刑部之下的比部。"审计司，掌审其给受之数，以法式驱磨。"（《宋史·志·职官五》）比部的职掌是："掌勾覆中外帐籍。凡场务、仓库出纳在官之物，皆月计、季考、岁会，从所隶监司检察以上比部，至则审覆其多寡登耗之数，有陷失，则理纳。钩考百司经费，有隐昧，则会问同否而理其侵负。"（《宋史·志·职官三》）这项职责，最初隶属三司，由都勾押、勾覆官执行。但是从自英宗治平（1064—1067年）中至神宗熙宁（1068—1077年）初，4年未稽核账目，于是，熙宁五年（1072年）十一月，"遂置提举帐司，选人吏二百人，驱磨天下帐籍，并选官吏审覆"。神宗元丰（1078—1085年）初，这项工作划归比部，并规定3年在全国核查一次。（《宋史·志·职官三》）

四、库藏管理

两宋时期的库藏分为3类：

第一类是公库，即左藏，属于国家仓库。左藏分东、西二库，储存各地收入的财赋，以用于国家的行政经费，支付官吏、军兵的俸禄或赐予。此外，公库还包括布库，掌受诸道输纳之布，辨其名物，以待给用。茶库，掌受江、浙、荆湖、建、剑茶茗，以给翰林诸司及赏赉、出卖。杂物库，掌受内外杂输之物，以备支用。

第二类是皇帝亲自掌管的仓库，即内库，属于战备仓库。内库，又称封桩库，用来储藏财政收支结余的财物，以备国家非常之需。太祖赵匡胤时，将每年的财政节余，转入内庭别作一库贮藏，轻易不得动用，以备将来赎回燕云十六州，号为"封桩库"。此后，神宗又设"元丰库"，掌受诸路积剩及常平钱物，并赋诗两首共52字，每库以一字命名，以示收复幽燕之志。徽宗时又设有崇宁库、大观库，也属封桩库。这类仓库虽说是内库，但其储藏的物资并不专供皇室使用，而是为了收复燕云十六州而专门设置的专用仓库，所储备的物质财富，应属战备基金。这类仓库的储备往往重于国家的仓库，所以，当国家财政发生危机时则会从这种内库中借用。

第三类是皇家仓库，包括奉宸库、祗候库等，属于皇家个人仓库。奉宸库，"掌供内庭，凡金玉、珠宝、良化贿藏焉"。这类仓库的物资，都是专门供给皇室的。祗候库，"掌受钱帛、器皿、衣服，以备传诏颁给及殿庭赐予"。这类仓库的物资主要是为了保证皇帝赐予支出的。

两宋时期的仓库，有着严格的管理制度，据载："凡官吏、军兵奉禄赐予，以法式颁之，先给历，从有司检察，书其名数，钩覆而后给焉。"出库要有手续，即"法式"，先给

"历"（相当于调令），经有关部门检查，记录姓名和数量，再经主管人员考核、验证、处理好账目，然后才能支付。"供奉之物，则承旨以进，审奏得昼，乃听除之。若春秋授军衣，则前期进样，定其颁日，畿内将校营兵支请，月具其数以闻"①。

五、漕运管理

宋朝实施"强干弱枝"政策，大量军卒屯扎京师，又豢养了大批官吏，加之京师百姓，每年所消耗的粮食布帛，数额巨大，皆仰赖于漕运。北宋初，以官船或雇民挽船，从汴河、黄河、惠民河、广济河四河漕运入京师，但因雇民与官吏"并缘为奸，运舟或附载钱帛、杂物输京师，又回纲转输外州，主藏吏给纳邀滞，于是擅贸易官物者有之"（《宋史·志·食货上三》）。致使漕运制度遭到破坏，此后漕运制度曾经多次变革。

两宋时期的漕运制度有以下一些特点：

（1）招募民船进行漕运。史载："熙宁二年，薛向为江、淮等路发运使，始募客舟与官舟分运，互相检察，旧弊乃去。"（《宋史·志·食货上三》）这是北宋首次招募民船进行漕运，并取得了良好的效果。

（2）雇募制和纲运制得到了进一步的发展。两宋时期不仅雇用民船进行漕运，而且雇募百姓挽船、押运，而且大都是实行纲运法。例如，太平兴国"八年，乃择干强之臣，在京分掌水陆路发运事。凡一纲计其舟车役人之直，给付主纲吏雇募，舟车到发、财货出纳，并关报而催督之，自是调发邀滞之弊遂革"。又如"咸平中，定岁运六十六万匹，分为十纲"，"熙宁七年……又令真、楚、泗州各造浅底舟百艘，分为十纲入汴"等。《宋史》中有关类似的记载不绝于史，兹不俱载。雇募制和纲运制的发展，无疑是商品经济发展的结果。

（3）转般法成为北宋时期实行时间最长的一项制度。转般法始行于唐，北宋沿袭了此法。此法的核心是根据不同河流的水文特点，打造不同型号的船只，分段运输，漕粮在指定的地点入仓后，即可返回，不再前行。宋朝的转般法，就是江、湖上供米，由各地转运使以本路纲输送真、楚、泗州转般仓，再由汴船转运转般仓米到京师，每年往返四次。王安石变法时对转般法进行了改进，转般仓不仅是储藏上供米的仓库，而且是常平仓，粮食歉收时，折收银钱，粮食丰收时再购粮以充实之。如此则本钱不断增加，军饷也得到了供应。徽宗政和二年（1112年），复行直达纲，毁拆转般诸仓。对于转般法的优点与直行法的弊病，江西转运判官萧序辰做了深刻的剖析，他说："转般道里不加远，而人力不劳卸纳，年丰可以广籴厚积，以待中都之用。自行直达，道里既远，情弊尤多，如大江东西、荆湖南北有终岁不能行一运者，有押米万石欠七八千石，有抛失舟船、兵梢逃散、十不存一二者。折欠之弊生于稽留，而沿路官司多端阻节，至有一路漕司不自置舟船，截留他路回纲，尤为不便。"②此后，转般法时兴时废。

---

① 此段未注明出处者均引自《宋史·志·职官五》。
② 此段皆引自《宋史·志·食货上三》。

综合训练

关键概念

方田均税法 经界法 职役 募役法 市舶课 入中交引法 盐引法 经总制钱

复习思考题

1.宋朝财政有何特点？

2.宋朝的盐课有哪些制度变革？试分析其利弊。

3.试析王安石推行免役法的原因、内容及后果。

即测即评6   综合训练参考答案6

辽、金、元时期的财政

辽（916—1125年）、金（1115—1234年）、元（1206—1368）三代虽然是少数民族建立的政权，但深受汉族政治、经济和文化的影响，逐步建立了既具有本民族特色，又深受汉族传统文化、制度影响的财政制度。

第一节

辽、金、元时期的政治经济概况

一、辽国的政治经济概况及财政特点

辽（916—1125年）是以契丹族为主体建立的王朝。作为少数民族的统治政权，虽然常年与中原地区政权交战，但在政治、经济和文化等方面，却深受中原汉文化的影响。

辽国在政治上，采用"因俗而治"的统治制度，其特点是根据不同地域，各民族不同的发展水平，而制定独特的统治制度。其内容包括部族制、奴隶制、渤海制和汉族封建制，采用南、北两套官制进行管理。

辽在世宗阮（947—950年在位）和穆宗璟（951—969年在位）统治时期，内部出现了激烈的纷争，直到景宗贤（969—982年）即位，其统治才渐渐稳定下来。辽圣宗统和二十二年（1004年），与宋真宗签订了"澶渊之盟"，迫使宋朝年年向辽国进贡，即"岁币"，辽宋两国从此相对安定下来。辽圣宗依靠宋国的进贡，使其经济得以发展，此时辽国达到了历史上的鼎盛时期。经过圣宗、兴宗（1031—1055年）的盛世之后，辽国开始走向衰亡。公元1125年，辽国为金国所灭。

精研深探
7-1

耶律阿保
机的简介

精研深探
7-2

辽圣宗的
简介

辽的社会经济经历了几个不同的发展阶段，前期由于国力主要用于向外扩张，采取奴隶制的掠夺式经济，使辽初经济发展较为缓慢，甚至对某些地区经济造成破坏。直到辽圣宗时，辽朝的经济才有一个较大的发展，这无疑是封建化改革的结果。辽朝统治者管理经济的办法与政治制度相同，也采取"因俗而治"的方针。由于这一方针适应当时社会经济的发展，因此北方社会经济在这一时期处于上升阶段。从生产性质上划分，辽代经济大体可划分为三大区域：渔猎区、牧区和农业区。以渔猎为基本生产方式的是居住在潢河、土河之间的契丹族以及东北部女真等族。以畜牧业为基本生产方式的是北方草原各民族。以农业为主要生产方式的是南部地区的汉族以及东部渤海人。三个地区的社会组织形态被纳入一个统一的政体之内，加速了相互之间的交流，推动了辽代经济向高层次的发展。早已进入封建门槛的南部汉族地区经济，在辽代起着主导作用，带动着北边地区，使牧区、渔猎区在不同的基础上，以不同的步伐向封建经济过渡。

与其政治制度和经济发展形态相联系，辽代财政呈现如下特点：一是财政管理上，由于政治制度上的"因俗而治"，因此实施南北两面官的管理机构，北面官治宫帐、部族和属国，南面官治汉人，征收赋税，汉人从事农业和工商业，是赋税的主要承担者。辽实行五京制，都因当地的实际情况，设有管理财政的机构：上京有盐铁司，东京有户部使司，中京有度支司，南京有三司及转运司，西京有计司。二是在财政收入中，其主要来源是占有奴隶的剩余劳动和胁迫邻国所上缴的贡纳，税收不占有主要地位。三是在税收收入中，仍以田赋为辽代税收的主要形式，约占80%，次以盐、酒、矿等工商税收，约占20%。四是辽代在实行高度集中的财政体制的同时，存在着投下军州或投下县这种奴隶制残余，它属于契丹贵族的私产，凡市井之赋，各归头下，惟酒税赴纳上京，形成分权型财政。

二、金国的政治经济概况及财政特点

金（1115—1234年）是我国历史上继辽之后兴起的另一个少数民族政权，是以女真族为主体建立的王朝。女真族是生活在我国东北地区的一个部族，公元1115年，女真贵族完颜阿骨打称帝，建立了金王朝，公元1125年，金灭辽，完全控制了北方，并将矛头直指宋朝。自太宗吴乞买开始，金国大举进攻宋朝，并攻占了北宋都城开封，灭掉北宋，形成了南北对峙的局面。公元1234年，金为蒙古军队所灭，前后共历9帝119年。

金朝的统治，经历了奴隶制建立、奴隶制发展、奴隶制向封建制过渡、封建制确立等阶段。随着社会经济制度的变化，国家政治制度也在急剧变化。太宗时，三种政治制度并存，即女真之地（称为内地）实行奴隶制统治，军事上实行猛安谋克制；原辽国统治地区（燕云十六州及以北地区）实行辽国的封建统治，按汉地规制设官；原北宋统治的淮河以北地区实行汉人的封建统治，降吏、降将官封原职。海陵王取得皇位后，曾推行封建化的改革。改革的重要之点是统一全国的政治制度，加强中央集权的统治。海陵王的政治改革加速了金朝向封建制的转化，促进了社会经济的发展。世宗继位之后，继续实行海陵王的国策，确立了以女真贵族为主，联合汉、契丹、渤海等族统治阶级的多民族的统治核心，全面采取汉人封建制的政治制度，从而完成了由奴隶制向封建制的转化，使金朝进入全盛

精研深探 7-3 完颜阿骨打的简介

精研深探 7-4 金太宗的简介

精研深探 7-5 海陵王的简介

时期。

金国在由奴隶制向封建制过渡的过程中，生产力得到迅速发展，有些部门甚至超过了辽、宋的发展水平。金国主要生产部门有农业、畜牧业、手工业和商业。在世宗时，由于社会秩序相对稳定，统治者重视农业生产，随着嫩江和松花江地区的广大土地垦辟为耕地、山区的开发、农具的显著进步和农业生产技术的提高，全国农业生产得到恢复和发展。畜牧业曾一度因战争而遭破坏，在世宗时，也逐渐得到恢复。特别是进入封建社会后，解放了大批奴隶，为农业和手工业的发展提供了劳动力。这时，纺织、矿冶、制瓷、造纸及印刷、火器制造、造船等，都较辽发达。随着同宋、西夏及北方各族经济交往的加强，商业也逐渐发展起来，大兴府、开封府、咸平府、辽阳府、相州等地，都成为较大的商业都会。密州胶西县城为海上贸易重镇。由于商品交换的发展，货币制度也有新的变化。金朝铜钱、交钞的发行量逐步增加，银开始作为货币使用。金末，纸币发行紊乱，造成纸币贬值，"万贯惟易一饼"（《续通典·食货典·食货十三》）。

金国财政与其政治制度和经济发展形态有着密切联系，呈现以下特点：一是在女真人地区按占有奴隶、牲畜的多少征收牛具税，而不是按占有土地的多少征收田赋。这一特点反映了金国游牧民族奴隶制的统治方式。世宗以后，虽然封建制度已经确立，但这种奴隶制剥削方式仍然保留了下来。至于燕云地区及淮河以北地区，仍实行原来的财税制度。二是由于金汉化程度比契丹高，因此其财政管理和财政收入形式大多采取中原制度，在财政收入中，农业收入与工商业收入都成为财政收入的主要支柱。三是财政管理体制上实行中央集权。

三、元朝的政治经济概况及财政特点

元朝是蒙古族乞颜·孛儿只斤氏贵族所建立的王朝。公元1206年，孛儿只斤部领袖铁木真统一蒙古高原诸部，建立蒙古汗国，自称成吉思汗。公元1260年，铁木真之孙忽必烈据汉地建国称汗，建元中统；至元八年（1271年）改国号为"元"，至元十三年（1276年）陷南宋都城临安，至顺帝至正二十八年（1368年），元统治者北遁，元遂亡。

元朝统治者平定江南，结束了中国自天宝丧乱以来520余年的割据状态，使中国再一次由分裂而统一。特别是平定吐蕃、云南，使那里自五代以来的纷争割据局面宣告结束，从此中国又成为地域辽阔、民族众多的统一国家。

元朝实行蒙、汉等族地主阶级对各族人民的联合专政。庞大的官僚队伍由蒙古、色目、汉人等组成，他们代表蒙古贵族和汉族地主阶级的利益，对包括蒙古贫民在内的各族贫民进行残酷的经济掠夺和政治压迫。

元朝君主专制的中央集权制又有新的发展。国家设中书省、枢密院和御史台等中枢机构，分掌行政、军事和监察大权。地方分设11个行省，行省下设路府州县等机构，中央地方井然有序，形成颇具特色的行政管理体制，尤其是行省之设，奠定了以后的行省规模。

元朝在中原立国之后，很多方面还保留其落后的一面，如将大量的中原民户掠为官、私奴隶或农奴，将各民族百姓分为四等，即蒙古、色目、汉人和南人。等级之间界限严

精研深探
7-6

成吉思汗的简介

精研深探
7-7

忽必烈的简介

格，政治待遇各异。

在实行中央集权制的同时，又实行封地食邑制度，军将割据一方，各自为政，衙门冗滥，十羊九牧，事不归一。

由于幅员辽阔，也造成了元朝多层次经济并存的经济特点。元朝疆域的开拓，促进了交通的发展。当时全国驿站计有 1 383 处 1 400 余站（据《元史·志·兵四》所载统计），海上交通更为历代之冠，国家控制的海船达 15 000 余艘，航海可远达西亚、东非。当时官营手工业规模宏大，仅浙西道就"籍人匠 42 万，立局院 70 余所"。私人手工业规模也很可观，庐陵永福刘宗海开办的冶炼作坊，雇工常达千人。内外贸易也有显著发展，在大都通往西域的驿道上，往来商贾，不绝于途；海路、河道官私商船往来不断；泉州、广州、上海、温州、庆元、杭州、开封、北京等大海港和商埠闻名中外。

元初，农业经济遭到严重摧残，世祖、成宗时期，农业经济稍有恢复，但一直处于停滞状态。

在当时的政治经济背景下，元朝的财政呈现其独自的特点。具体表现在：其一，赋税制度差异化。元朝不仅田赋南北异制，其他赋税也纷繁复杂。在田赋制度上，北方多承金制、南方因循宋制。北方实行税粮与科差，南方则实行夏、秋两税。其二，商税税率较低。为鼓励商业经济的发展，元朝统治者制定了较低的商税税率，促进商业日臻繁盛，商税税种不断增加，税额激增，成为元朝财政的重要收入之一。其三，盐税成为元朝主要的财政收入。国家经费的 80% 以上来自盐税，盐税也成为百姓的沉重负担。其四，工商税以白银为本位，以纸币缴纳。元朝国家发行纸币，工商税大部分以纸币缴纳。但由于过量增发纸币以弥补财政不足，引致通货膨胀，物价上涨，百姓以物易物进行交易，纸币制度遂被破坏。其五，财政支出结构和规模不合理。在支出结构中，用于赏赐蒙古贵族的支出比重过大；并且支出规模毫无节制，不断膨胀，往往"岁入之数，不支半岁，自余皆借及钞支"（《元史·本纪·成宗三》），大致从世祖至元末起，终元一代，财政赤字越来越大。其六，财政管理带有民族压迫性质。在财政管理机构中，不仅在正官之上，遍设由蒙古人担任的长官达鲁花赤，而且在户部的办事人员中，蒙古、色目人占居重要岗位，并占一定比例。

第二节

辽、金时期的财政

一、辽国的财政

辽国在得到燕云十六州以前，以畜牧渔猎为主，以剥夺奴隶的剩余劳动为财政源泉，因而没有完备的财政制度。自得燕云十六州以后，农业得到发展，手工业和商业也有了发展，这时，财政制度逐渐建立起来。

（一）田制与户籍

辽国田制比较简单，大致分三类：（1）公田。辽西北沿边各地设置屯田，战时打仗，平时放牧、垦田，积谷以供应军饷。在屯民户，力耕公田，不输赋税。（2）在官闲田。在官闲田即国家的无主荒田和公田。圣宗统和十五年（997年）募民耕滦河旷地，10年后征租。（3）私田。私田包括契丹贵族俘掠奴隶设置的投下军州占有的土地、被掠奴隶放为平民者所占有的土地、原汉地民户占有的土地。

辽国户口按民族划分，有契丹、汉人之分，按经济地位划分有奴隶主贵族、平民和奴隶之分，按缴纳赋税的状况划分为在屯户、二税户、丝蚕户、一般的税户。二税户又有投下二税户、寺院二税户之分。

统治者为聚敛赋税、均平徭役，曾多次检括土地和户口，但由于封建剥削过重，民户多隐匿逃亡，括户成绩不佳。

（二）田赋、徭役

辽国有3种赋役制度：（1）公田在屯之民，出兵役，不向朝廷纳税，所产之粟，全部输官以充军饷，民户相当于官府农奴。在屯之民虽不纳税，但每当农时，一夫为侦候，一夫治公田，二夫给糺（jiū）官之役，四丁中无一人在家耕田，由此可见其徭役负担是很重的。（2）在官闲田之民，则计亩出粟，以赋公上，税率不详。招募耕垦滦河荒地的民户，可免10年租赋。（3）私田的赋税情况，各不相同。投下二税户，纳课于官，输租于主；寺院二税户，其赋税一半输官，一半输寺。汉人占有的土地则按亩出粟，但私田常被侵扰。后来，山前后未纳税户的契丹民户，迁于密云、燕乐两县，亦占田置业纳税。此外，在宜桑麻之地，聚集民户种桑麻。此类民户称丝蚕户，仅供应丝蚕，而无田租。

辽国后期，徭役苛重。圣宗时，户部副使王嘉令渤海居民造大船，将粟米运往燕地，水路艰险，多至覆没，激起渤海居民的反抗；天祚帝时，曾下令汉人富民，凡家资在300贯以上者出军士一人，自备器甲，限20日会齐，扰民滋甚。

辽国赋役不均的状况十分严重。士庶有等差，富人也可贿赂契丹贵族以逃避赋役，致使赋役几乎全由贫民负担。

此外，辽国还有职役，比如，县有驿递、马牛、旗鼓、乡正、厅隶、仓司等职役。由于责任重大，一旦出现问题，致有破产不能赔偿的，百姓患之。南院枢密使马人望，推行免役法，使民出钱免役，官自募人应役，人以为便。由此可见，免役法的影响所及已不仅表现在宋朝，辽国也在采用这一措施。

（三）工商税收

辽国的工商税主要有铁、盐、酒和商税。铁课早在阿保机时就出现了。阿保机以渤海俘户在上京道饶州置长乐县，内以一千户冶铁纳贡。东京道尚州东平县有铁冶户三百，随赋贡纳，具体贡纳数额不详。至于铜、金、银等矿，均由国家专营。盐则置榷盐院管理。酒课一般征之于投下军州。商税包括市肆之税和国境之税。投下军州的市肆之税归投下，其他市肆之税归朝廷。辽与宋朝结盟后，曾先后于边境州县设榷场，与宋朝贸易，在榷场设官，征收税款。

（四）财政支出

辽国的财政支出，包括官俸、军费、皇室支出、赏赐支出及其他支出等。官俸支出，史载，杨佶曾居相位，后来，"三请致政，许之，月给钱粟廉隶，四时遣使存问"（《辽史·列传第十九》）。萧惠曾对辽兴宗说："臣以戚属据要地，禄足养廉，奴婢千余，不为阙乏。"（《辽史·列传第二十三》）耶律敌烈，曾任南院大王，他"以疾致仕，加兼侍中，赐一品俸"（《辽史·列传第二十六》）。以上所载，说明辽国存在俸禄制度，但史载不详。军费支出，史载：辽国"凡诸宫卫人丁四十万八千，骑军十万一千"（《辽史·志·营卫志上》），但由于军队平时屯垦，战时由军兵自备武器、马匹、盔甲，国家只供应粮草，财政直接用于战费，主要用于犒赏军士。皇室支出主要包括修筑宫室和宫室日常生活费用，主要取之皇室拥有的宫分户，但大规模支出如宫室建筑则要随时抽调奴隶和民夫应役。赏赐支出，除对军队赏赐外，还有对大臣、功臣、外国使臣以及高龄老人的赏赐，赐予颇丰。辽国财政支出中，还有修筑道路桥梁、水利工程建设、文化教育、救灾济民等支出，但所占比重不大。

（五）财政管理

辽建国后，政治上实行中央集权体制，财政上也是高度中央集权的财政体制。这表现在：义仓由中央政府统一管理，"诏诸道置义仓"；各地屯田的积粮，地方不得擅贷；民耕种闲田和私田，要按亩纳粟，以赋公上，公上，即上缴国库；对于全国赋税，地方只负责征收，并无支配权力；盐利、冶铁、酒课，都由中央直接来征管。

辽国财政管理机构是与其官制相适应的。辽国官制，中央分北、南枢密院。北枢密院主管契丹本族宫帐、部族、属国之政，北枢密院为辽最高军政机关，事无不统，亦兼管赋役；南枢密院主管五京各州县及汉人和渤海人租赋、军马之事，地位虽不如北枢密院，但同样重要。北、南枢密院属于宰执，与之相联系的，中央行政机构有两套，分别隶属于北、南枢密院，构成北面官和南面官。南面官采用唐制，有三省六部，财政机构为户部。北面官设有北、南宰相，实际上都是北面宰相，掌管各部族，另外还有北南大王院①，掌管部族军民之政，都兼有财政职责。总体来说，南面官治汉人州县，北面官治宫帐、部族、属国。这充分体现了民族特性在财政管理中的作用。

地方财政管理机构为五京和州县。五京（上京临潢府、中京大定府、东京辽阳府、南京析津府、西京大同府）为其所在地区的汉族州县的行政中心，其辖区为道。五京中还根据当地的实际情况，设有专管某一财政事务的官职，如上京有盐铁使司，东京有户部使司，中京有度支使司，南京有三司使司、转运使司，西京有计司。地方州县设有刺史、县令等，均有财政管理职责。

辽国统治下的汉人从事农业和工商业，是赋税的主要承担者。为确保赋税的征收，辽

---

① 辽太祖将迭剌部分为五院部、六院部，太宗时将其首领夷离堇改为大王，其在朝皆称此。

仿唐、五代之制，亦有户籍管理，"太宗籍五京户丁以定赋税"（《辽史·志·食货志上》）。辽国还制定有征商之法，在五京及州县置市，供百姓交易，官府征税。

二、金国的财政

金国财政的最大特点是在女真人地区按占有奴隶、牲畜的多少征收牛具税，而不是按占有土地的多少征田赋。这一特点反映了金国游牧民族奴隶制的统治方式。至于燕云地区及淮河以北地区，仍实行原来的财政制度。

（一）田制与户籍

金国田制包括官田、私田两类。官田来自两个方面：其一，女真初入中原，军队大肆掠房，百姓流亡，耕地夷为旷土，成为官田；其二，女真人移入中原之初，即将大量民田括为官田，此后又不断拘刷土地，使官田数量不断膨胀。这些官田或转变为牧场，或租给汉人佃种而收租，或授给奴隶主。章宗明昌三年（1192年），南京、陕西两路，计有牧地99 200余顷。宣宗贞祐五年（1217年）河南租地计有24万顷，南京路官田民耕者99 000余顷。私田是指汉人占有的耕地，金朝将私田分为9等，分等纳税。

金国对女真居民实行授田制度，授田的多少，以占有牧畜和奴隶的多少为依据。凡占有耕牛一具（3头）、民口（包括奴隶与女真平民）25口者，授田4顷4亩，占田不得超过40牛具，即耕地160余顷、民口一千、耕牛120头。对女真奴隶主贵族授给肥田沃土，而贫苦平民则拨给瘠田薄土。实际上女真奴隶主贵族并不受授田限制，他们通过各种途径，如豪夺民田、多占官田、冒占官田，兼并大量土地。

由于官田被奴隶主贵族冒占和大片土地被兼并，使家赋税收入急剧减少。在这种情况下，金国统治者多次实行括田和通检推排，以清查土地核实财产，增加赋税收入。

括田，又称刷田，始于世宗大定十九年（1179年），本意是由国家派遣括地官吏到地查实贵族地主冒占官田，并拘括为官。但实际上将一般地主和自耕农占有的私田也拘括为官，甚为扰民。通检推排，是国家清查土地、核实财产的措施，始行于世宗大定四年（1164年），此后多次进行通检推排。目的是通过通检推排，判明贫富，以均派赋役。但实际实行过程中，由于官吏作弊，核查不实，而使赋役不均的矛盾继续加深。

金国户籍制度规定，将民户分为正户与杂户两类。正户是女真人，杂户包括汉人、契丹人、渤海人。正户服兵役，但赋税负担较轻，杂户则负担繁重的赋税与徭役。田制和户口是金朝征收赋税的基础。

（二）田赋与徭役

1.田赋

金国的田赋制度是，公田输租，私田输税。对私田征收田赋，实行两税法。其制是：私田按土质分9等，按等输税。平均起来，夏税亩取3合，秋税亩取5升，又纳秸一束，每束15斤。夏税以6月至8月为缴纳日期，秋税以10月至12月为缴纳日期。每期分三限，即初、中、末三限。州三百里外缓一个月期限。输税距离远者，有减免的照顾。距离300里外，每石减5升。以后每超过300里，每石递减5升。

女真猛安（300户）、谋克（3 000户）纳牛具税。牛具税始征于太宗天会三年（1125年），当时年成丰收，太宗下诏每一牛具纳粟一石，由每一谋克设置仓库贮存，以备灾荒。天会四年（1126年），又下诏内地诸路，每牛一具，纳粟五斗，为定制。猛安、谋克户的土地因是官府授田，所以牛具税实质上具有地租性质。

汉人赋税负担按规定即较女真人沉重得多，实际执行时比制度规定之数更有加重。因为，第一，田赋制度虽然规定按田地9等纳赋，实际征收时，并无等次之分，均按上等征税。第二，官吏在征收田赋时，贪暴昏乱，与奸为市，大斗浮收现象十分严重。第三，抑配之弊严重。百姓以赋役繁重，不免逃亡，而逃亡户的赋税，均摊派给未逃亡之户，致使未逃之户，赋增数倍。史载："叶自兵兴，户减三之一，田不毛者万七千亩有奇，其岁入七万石如故。"（《金史·列传·文艺下》）由此看来，每亩所征并非五升三合（夏秋两税），而是将近六斗。第四，尚有女真豪强强占汉人土地，仍由汉人输税等弊端，这都是人民难以承受的负担。

2.徭役

金国的徭役有兵役与夫役两种。兵役初由女真人承担，后来汉人、契丹人也承担兵役。金国的兵役负担十分繁重，不少人久戍在外，甚至有十年不归者，还要自备衣服等物。夫役是指临时征调的民夫徭役，如治黄河，营建宫室，修筑城墙，运输官物，围场打猎等，都征调民夫服役。由于官府频繁役使，民不堪其苦，往往全家外逃，或者出家为僧道，以避重役。至于有官职的品官之家，则享受免役特权，按物力出钱而不服役。那些纳粟补官而官阶不够荫其子孙的进纳官、各司吏人、译使、系籍学生、医学生等，也享有免一身之役的优待。

（三）工商税及杂税

1.盐、茶、酒、矿等课

金国对手工业产品的税课有10项，即盐、酒、曲、茶、醋、香、矾、丹、锡、铁。

盐课，仿北宋之钞引法。官府置库，以造钞引。商人贩盐，按引缴价，领得钞引，凭钞引到盐场领盐贩销。盐引的批发，由盐司主管，盐引的缴销由各州县负责。金代盐课，每石课盐150斤，为正课；另加盐耗22斤半。盐课均由汉人负担，猛安户不负担盐课，其所辖贫民及富人奴婢，皆给盐，离盐场远者，还可计口授值。

茶课，用茶引法，买引者纳钱或折物，每斤为一袋，600文，后减为300文。此后，因耗财过甚，于是限定品级引茶，初限七品以上方允许饮茶，后定亲王、公主及现任五品以上官。所蓄之茶，只能自用，不得出卖或送人。

酒课，初禁私酿，而由官府招酒户酿酒。世宗大定二十七年（1187年），改行曲课，许民酤酒。

金银，矿允许民间开采，官征产品的1/20。由抽分官负责抽分征税。此后又行包税制。世宗年间取消坑冶税。

此外，金朝对制瓷实行抽分制，百姓经营瓷窑，官府派官抽分。

2.商税

商税由商税务司负责征收和管理。商税务司设在中都，各地设商税务院。世宗大定二十年（1180年）定商税法。税法规定：凡金银百分征一，其他货物百分取三。此后，商税税率不断提高，章宗（1190—1208年）年间规定小商贩贸易，货物征钱，税率为4%，金银征3%。中都商税税额，世宗时（1161—1189年）为164 000多贯，章宗承安（1196—1200年）初增加到204 000余贯。

此外，有国境贸易征税。金与宋在分界线上置榷场，凡11处，金与夏在分界线上置榷场凡3处，在休战期间，双方通过榷场易货物，并设官征税，成为金朝的重要收入。世宗大定时（1161—1189年），四州榷场，每年收税钱5万余贯。秦州西子城场，大定时每年收税万余贯，章宗年间增加到12万贯。

3.杂税

金国尚有许多繁苛的杂税，其中主要有：

（1）物力钱。依民户私有的田园、邸舍、车辆、牲畜、树木的价值和收藏金银的多少征取税钱。此项征收，叫物力钱。民户自己居住的宅院不征，猛安、谋克户和监户、官户在住所外置田宅则征。遇有临时差役，即按物力钱之多少均摊。

（2）铺马钱。国家设驿递铺，驿递铺所需养马之费，向民间征收，称铺马钱。

（3）军需钱。世宗南征时，每年需军费一千万贯，官府只备二百万贯，不足部分向官户、民户征收。此后各地军将，无限制地以军需钱名义勒索百姓，成为人民的沉重负担。

（4）免役钱。此钱沿袭北宋之制，州县按百姓物力多寡征收税钱雇募司吏与弓手，称免役钱。世宗年间罢征弓手钱，司吏钱照征。

（5）黄河夫钱。金朝统治时期，黄河经常泛滥成灾，政府屡次征调黄河堤坝夫役，以后就以治河名义向百姓征钱，故名"黄河夫钱"，亦称"河夫钱"。

（6）预借。世宗初年，朝廷经费不足，始行预借租税，金后期更屡见不鲜。

（四）财政支出

金朝的财政支出，主要包括皇室支出、官俸支出、军事支出等项。

皇室支出，有的皇帝比较节俭，有的皇帝比较奢侈。如世宗皇帝比较节俭，但海陵王则奢侈有加。皇室的日常开支，一般是由皇室内库支给，而宫室建筑，开支浩大，不仅国家财政要支拨大量资金，还要役使大量工匠和百姓。史载："至营南京宫殿，运一木之费至二千万，牵一车之力至五百人……一殿之费以亿万计，成而复毁，务极华丽……殚民力如马牛，费财用如土苴"（《金史·本纪·海陵》）。

官吏俸禄，十分优厚，其制大多采用宋制。按《金史》载，金国除对贵族保留分封食邑制外，对官员实行等级制。百官有朝官、外官之分，均有俸禄。此外，对宫内的人员包括太后、皇后、嫔、妃、宫人等，都按地位，划等级，给予俸禄。俸禄内容包括钱、粟、曲、米、麦、罗、绫、绢、绵等项，此外还有职田。俸禄的颁发，按正、从一品至正九品，分17个级别（《金史·志·百官四》）。

军费支出，包括将领到士兵的军俸、赏赐、奖励等项，此外，还包括武器、马匹及各种装备等项。金国建国之初无军俸，每年只给辽东戍卒一些绸绢。海陵王正隆四年（1159年）时，始增官兵廪给。正隆六年（1161年），"将南征，以绢万匹于京城易衣袄穿膝一万，以给军。"世宗大定三年（1163年），大军南征，始征军需钱，从此养兵费成为经常项目。朝廷颁有赏赐格例，军俸的规定十分繁杂，即按军种，又按从军年限，还考虑官阶。

此外，金国还有水利建设、文化教育、救灾赈贫等方面的支出，但所占比例不大。

（五）财政管理

金国的财政管理制度较辽国有所进步，内容也更丰富。其中包括机构设置、会计、稽核、审计、仓库管理等项制度。

1.财政管理体制与管理机构

金国建立后，几经调整，在财政体制上趋向于中央集权。具体表现在：其一，财政政策由中央统一制定，地方没有决策权力，如赋税政策的调整，都用诏令进行。其二，减免赋税由中央决定，地方没有决定权，如"诏免民户残欠租税"（《金史·志·食货二》）。其三，租税由地方负责征收，足额上交中央，地方不得擅自留用，如地方留用，被指为"逆互隐匿"，要求如实上解中央。其四，盐铁官营，利归朝廷。

金国财政管理机构的设置自熙宗后渐繁。自熙宗定官制以后，除镇抚边民之官沿辽之旧外，其他地区实行汉官之制，设有中央官吏和地方官吏。

中央的财政管理机构为户部。户部设尚书、侍郎、郎中、员外郎等职，郎中以下，以一员掌管户籍、物力、田宅、财业、盐铁、酒曲、香茶、矾锡、丹粉、坑冶、榷场、市易等事，一员掌管度支、国用、俸禄、恩赐、钱帛、宝货、贡赋、租税、府库、仓廪、积贮、权衡、度量、法式、给授职田、拘收官物，并照磨计账等事。主事五员、女真司二员，都掌管户部、度支、金部、仓部等属事务。此后均有增减。

地方财政管理机构包括：州设刺史、县设县令，主管劝课农桑，征收赋役；在上京、南京、西京、东京等地，设榷货务，主管征收税款及发卖给随路香茶盐钞引等；诸路总管府，主管本路的通检推排（核查土地）。

中央的派出机构包括：中都设都转运司，各路置转运司，主管催征、运送赋税；山东与宝坻、沧、解、辽东、西京、北京等地设盐使司，主管食盐税收的征收；曲、酒使司，主管曲、酒税课；中都置都商税司、各路置商税司，主管商税的征收；漕运司，主管漕运事宜。

2.会计、审计

如前所述，郎中以下，以一员专门主管度支等事，这里的"度支"就是会计机构。另设勾当官，"专提控支纳、管勾勘覆、经历交钞及香、茶、盐引、照磨文帐等事"。这里的"勾当官"实际就是审计、稽核机构（《金史·志·百官一》）。

3.库藏

金国的库藏包括：内藏库，隶属宣徽院，主管皇室的金银珠宝等；太府监，主管国家仓库，"掌出纳邦国财用钱谷之事"（《金史·志·百官二》)，其中包括左右藏、太仓等；交钞库，主掌诸路交钞及检勘钱钞、换易收支之事；印造钞引库，主管监视印造勘覆诸路交钞、盐引，兼提控抄造钞引纸；提举仓厂司，主管广盈仓、丰盈仓、永丰仓、广储仓、富国仓、广衍仓、三登仓、常盈仓、西一场、西二场、西三场、东一场、东二场、南一场、北一场、北二场。通济仓与在京仓，丰备仓、丰赡仓、广济仓、潼关仓，陈州仓、洧川仓等等，主要职责是出入公平，防止粮食损失。

第三节

元朝的赋役

一、田制和户籍

1.田制

元朝的田地，主要分为两类，即民田和官田。民田绝大部分为地主和蒙古贵族所占有，平民百姓占有的土地甚少，而且常有被兼并之虞；官田包括皇亲、贵戚的食邑，作为官俸补充的职田，作为学校师生禄廪的学田，赐给寺庙道观的寺田和供作军粮的屯田。屯田又有军屯、民屯之别。民田征税，官田收租。因元朝土地管理混乱，故终元之际，无完整的土地统计数字。

元朝建立以后，土地兼并日趋严重，统治者多次下诏，令豪富、诸王勿得兼并，同时下令富民减租以佃。

2.户籍

元朝的户籍制度十分繁杂，为历代所仅见。元朝盛时有户1 400余万，人口5 980余万[①]。统治者将全国人口按民族分为4等，即蒙古人（包括原来蒙古各部的人）、色目人（包括西夏、回回、西域以及留居中国的一部分欧洲人）、汉人（包括原来金统治下的汉人、女真人、契丹人以及四川、云南地区的居民）、南人（指最后被元朝征服的南宋统治区居民）。元统治者把色目人列为第二等，是要使他们成为蒙古贵族统治的助手。把汉族分为汉人和南人，则是为了分化汉族人民，削弱他们的反抗力。根据职业上的区别，分为军户、站户、匠户、僧道户、儒人户、种田户等多种；根据社会地位分成官户、民户、驱丁户等；按籍户的先后分元管户、交参户、漏籍户、协济户等；按科差负担程度分丝银全科户、减半科户、止纳丝户、摊丝户等。每户等的政治待遇不同，赋役负担差异很大。

3.赋役册籍

为了便于对土地、户口的控制和赋役的征发，元朝建立了一套赋役册籍。据史书记载，元顺帝至正二年（1342年）的浙江余姚州就曾登记过多种册籍，有流水不越簿和鱼鳞图册，

---

① 孙文学. 中国财政历史资料选编：第七辑［M］. 北京：中国财政经济出版社，1988：13-14.

以掌握地籍，确定赋等；有鼠尾册，以确定户等，以备科差。其后，至正十年（1350年）秋浙东廉访使董守悫在浙东均役，同样有鱼鳞册、乌由契和鼠尾册，用来据以掌握土地、户口并依此征收田赋和科差。国家就是凭借这些册籍控制土地、户口，征发田赋、徭役。

4.经理之法

元朝实行经理之法，旨在括隐田，增赋税。世祖之初，曾多次进行括田，履亩征税。至仁宗延祐元年（1314年）用铁木迭儿奏议，实行经理法。首先张榜，晓谕百姓，限40天内，将其家所有田产田赋，自己向官府呈报，如有作弊者，许人告发，告发得实，或杖或流，所隐田产没官。这种经理办法，虽然清理出部分田产，增加了田赋收入，但由于期限促迫，官吏贪苛用事，富民黠吏并缘为奸，往往以无作有，虚报于官，致使民不聊生。

二、田赋

元朝的田赋，有税粮，有科差。税粮行之于江北地区叫作丁税、地税，行之于江南叫夏税、秋税；科差在江北有丝料、包银、俸钞，在江南有包银和户钞。

1.丁税、地税

丁税、地税制度始于太宗窝阔台。太宗八年（1236年），"乃定科征之法，令诸路验民户成丁之数，每丁岁科粟一石，驱丁五升，新户丁驱各半之，老幼不与"。其地税，"上田每亩税三升半，中田三升，下田二升，水田五升"（《元文类》卷五十七，载《钦定四库全书》）。世祖至元十七年（1280年），对这个规定又加调整，新调整的税制是："全科户丁税，每丁粟三石，驱丁粟一石，地税每亩粟三升。减半科户丁税，每丁粟一石。新收交参户，第一年五斗，第二年七斗五升，第三年一石二斗五升，第四年一石五斗，第五年一石七斗五升，第六年入丁税[①]。协济户丁税，每丁粟一石，地税每亩粟三升。"（《元史·志·食货一》）丁税、地税之制渐臻完备。

2.夏税、秋税

成宗元贞二年（1296年），始定江南夏税秋粮之制。当时规定："秋税止命输租，夏税则输以木绵布绢丝绵等物。其所输之数，视粮以为差。粮一石或输钞三贯、二贯、一贯，或一贯五百文、一贯七百文。"（《元史·志·食货一》）征收的办法是，根据土地肥瘠的程度，人口的多寡，取其平均数而征，折输的物品，按时价高低折算。这种制度有些地区没有按照实行，例如，湖广行省就没有征收夏税，而收征门摊课钞，每户一贯二钱，较夏税增钞五万锭。此税的税额，湖广为"亩取三升"。其他各地相差不会太远。后来各代，又续有提高，例如武宗至大二年（1309年）曾令江南民岁收粮满五万石以上者，每石输粮五升于官。所输之粮一半入京师，以养御士，一半留本地，以备荒年（《元史·本纪·武宗二》）。仁宗延祐七年（1320年）又增两淮、荆、湖、江南的田赋，斗加二升（《元史·本纪·英宗一》）。可见，江南的田赋制度名为统一，实则各地相差悬殊，畸轻畸重，元统治者只为求得收入，并未关心百姓的负担是否公平。

---

① 即每丁三石。

元制官田只科秋税，不征夏税。但官田租额很高，如成宗大德十年（1306年）太和岭屯田，"人给地五十亩，岁输粮三十石"（《元史·本纪·成宗四》），相当于每亩征租6斗。

元朝征收的税粮，每年约1 200余万石，其中又以江浙、河南两省纳粮最多，江浙行省纳粮有时竟占总数的1/3以上。

3.科差

元朝的科差包括丝料、包银和俸钞、户钞。

丝料，包括纳官正丝和五户丝两部分。纳官正丝（也叫系官丝）是国家取之于民，纳入国库的那部分丝料；五户丝是国家取之于民，转送给食邑诸王的那部分丝线、颜色等。丝料制度始行于太宗八年（1236年），其制，纳官正丝：每二户出丝一斤，输于官府；五户丝：每五户出丝一斤，输于食邑于本地的诸王、勋臣，称"本位"。世祖时，重定户籍科差条例，因户等不同，科差也不相同，如元管户内丝银全科系官户，全科系官五户丝户，每户纳丝1斤6两4钱。全科系官户所纳的丝线，全部缴给国家，全科系官五户丝户所纳的丝线，将其中的1斤交给国家，其中的6两4钱攒至五户满2斤时付给"本位"。由此可知，世祖时百姓的丝料负担已提高一倍。至成宗大德六年（1302年），摊丝户由原来的摊丝4斤提高到5斤8两。

包银，又称包垛银。太宗时初行于真定一路，以济一时之需；后又推行于中原各地。包银初行时，令中原汉民户出银6两；宪宗五年（1255年）减为4两，其中2两征银，2两折收丝绢颜色等物；世祖建元中统，改征银为如数征钞，钞2两折银1两，故比原征又减一半。世祖平江南以后，包银之制又推行到江南，但制不可考，仁宗延祐七年（1320年）规定：江南"开解库铺席、行船做买卖，有经营殷实户，计依腹里百姓在前科差包银例：每一户额纳包银二两，折至元钞一十贯。本官司验各家物力高下，品搭均科"。至泰定帝泰定（1324—1328年）年间，因天灾免除江南包银。顺帝至元三年（1337年）立船户提举司10处，提领20处，并定船户科差，船1 000料（料，载重计量单位。每重一石为一料）以上者，岁纳钞6锭，以下递减。

包银原只征于汉民，自仁宗延祐七年（1320年）四月始对散居郡县的回回户征科包银，户科二两。

俸钞。始于世祖至元四年（1267年），当时，国家颁行官俸制度，为支付内外官吏俸，令纳包银户每4两增纳1两，以钞折纳，故名俸钞。可见，俸钞实际上是包银的附加。成宗大德六年（1302年）调整俸钞，原无俸钞负担的止纳丝户，增俸钞1两，原包银户俸钞由1两减为2钱5分（《元史·志·食货一》）。

户钞。户钞是行之于江南的税目。世祖平江南以后，令将部分土地和民户拨赐给诸王、公主、勋臣，作为食邑。食邑民户纳钞以供封君享用，名为"户钞"。至元二十年（1283年）正月规定，在一万户田租中，输钞百锭，准中原五户丝数，平均每户输钞5钱（《元史·本纪·世祖九》）。成宗即位，以纸币贬值，每户增为2贯，合万户为钞2万贯，折400锭，所赠之数不赋于民，而由国家补足（《元史·本纪·成宗一》），其实最终负担者仍是贫苦百姓。户钞与中原五户丝一样，不入国家财政，而入封君私囊。

4.田赋的附加、预征、豁免及输纳

元朝田赋在正税之外，有附加，有额外苛敛，也有预征。田赋附加，元朝规定，民田税粮每石带鼠耗3升，分例4升，共7升，其中1升供作仓库官吏的费用，余者与正粮一同存储；官田则带纳民田的一半[①]。除附加外，官吏往往额外加征，有"赋一征十"者、有"十加二"者，丁税、地税并征，甚至10倍于正粮，百姓被迫逃亡，而逃亡户的田赋又摊给未逃之户，人民的赋税负担很重。至于预征，在元朝不属常见。武宗至大四年（1311年），皇室诸王争夺皇位，供亿不足，于是令折输明年田租。

元朝的输纳、收受制度，史载在世祖即已完备。当时规定："随路近仓输粟，远仓每粟一石，折纳轻赍钞二两。富户输远仓，下户输近仓"，"每石带纳鼠耗三升，分例四升。"输纳的期限、税粮与科差不同。就是税粮，也因地区差别，缴纳期限也不一致，一般分为上、中、下三限。

元盛行包税制，田粮的输纳多由富户、势要之家包揽，贫民多受包税者的盘剥。世祖至元十七年（1280年）曾规定"权势之徒结揽税石者罪之，仍令倍输其数"。同时规定，不准仓库官吏"飞钞作弊"，否则"置诸法"（《元史·志·食货一》）。科差按户等高下课征，夫役则以贫富为差，先富强，后贫弱，贫富相差无几，则按丁，先多丁，后少丁，挨次科派。

诸如此类的规定，不过虚具形式，在实际执行中，包揽税石、官吏与势要之家串通一气剥削细民的现象，终元不绝，越演越烈。

田赋的豁免，包括税粮的豁免和科差的豁免。关于税粮的豁免，元制，军、站户给予四顷地的免税权，超过4顷，按例纳税，老幼免课。僧、道、商人、官吏等户，虽不予豁免，但国家法令对这些人的约束力不大，他们常常用各种方式逃避税粮。关于科差的豁免，元制对儒、僧、道、也里可温（天主教士）、答失蛮（伊斯兰教士）、军、站等户均予豁免。此外，如遇为歉，皇帝登基或巡幸，也有减免照顾。这种减免，实际上，老百姓受益甚微。

5.畜牧税

元朝畜牧税（即羊马抽分）最早见于史者为太宗元年（1229年）八月，当时规定蒙古民有马百者输牝马一，牛百者输牸牛一，羊百者输羒羊一。成宗元贞二年（1296年），扩大至所有养马牛羊之家。元征收的畜牧税主要是供养皇室。每年征收多少马牛羊，史载不详。

三、徭役

元朝的徭役，包括兵役、职役、杂泛差役三大类。

---

① 孛术鲁翀. 通制条格：卷十四 [M]. 北京图书馆民国19年影印明初墨格写本. 第三册. 1930：12-13.

1.兵役

元朝的兵役制度主要实行军户制。所谓军户制，即签发有丁之家，立为军籍，世代为兵，称为军户；以军户之丁出兵役，即为军户制。只有当军卒不足，而又急需用兵时，才实行募兵制。募兵是一种权宜之计。

元朝的军户制实行于公元1210年，成吉思汗建立蒙古国后，急于进取中原，根据降将郭宝玉的献策，规定：凡蒙古、色目部落"家有男子，十五以上，七十以下，无众寡尽签为兵"。蒙古族人，编为蒙古军；色目人，编为探马赤军。以后平金得中原，又征汉人为兵，充当军户的，或按贫富程度来出，或按男丁多少来出，或按户口多少来出，在用兵之际，如兵员不足，商贾、匠户也要充当军户。

元朝规定，军卒充役期间所需一切费用，均由军户自理，所以军户虽有四顷地的免税权，但由于兵役繁重，有的军户家出三四丁，农田尽废，仍要出杂役、科差；有的军户贫乏，得不到放免，不得不典卖田产，甚至鬻妻子儿女以充役；有的军户之丁远戍边镇，十几年不得放还，而老死行伍；有的军户之丁戍者未还，代者当发，前后相仍，困苦日甚。诸如此类，都使军户往往不能自存，纷纷破产逃亡。为缓和这种局势，元统治者曾实行士兵轮番休息的更番制度，以济贫乏，备行装；减免军户的税粮、科差杂役，减轻军户负担；对久戍边镇的士兵赐以钞、粮等物资，周济贫困军户；放免贫困军户，易之以富实之户为军户等。这些措施，都不过是权宜之计，不能根本改变军户的困苦境遇。

2.职役

元朝的职役，亦称差役，是对宋朝职役的承继，其种类较宋朝为繁，制度也有较大差异。

主首、里正、社长和坊正。元制乡设里正，都设主管，社有社长，坊有坊正。主首的职责是催办钱粮，里正、主管、社长和坊正则负责管理本里、都、社、坊的居民，督课农桑。按规定这些职役应由税粮在一石以上的富户，依富裕程度为序依次轮流承担，但富实之家，往往买通官府，诡避赋役，赋役负担又落在贫难下户身上。

马步弓手。马步弓手是维持地方治安的武装巡警，"职巡警，专捕获"。所属军械器杖均由自己备办。马步弓手由包银户差充，每百户中有一户充役，充役之户免纳自身税银，所免部分由其余99户均摊。

祗候、曳剌、牢子。祗候、曳剌、牢子均属路、府、州、县等官衙中的杂职公差。腹里各级官衙的祗候、曳剌、牢子由包银户差充，江南则由税粮3石或2石之下一石以上之户差充。充役户于腹里者免包银，在江南者免税粮，所免之数，由未役者均摊。

此外，元代还有以专门户计所从事的专业性徭役，如站役、匠役等，也可视为职役。

站役。站役是专为国家邮传驿递服务的特种徭役，充当站役的民户称站户，负责供应邮传、驿递、过往使臣的饮食和其所用马匹、牛只、船、轿、车等交通工具的诸项费用，负责供养各地进献的珍禽异兽，并提供运送工具。元代规定站役由中上户承担，但中上户往往设法诡避，多由贫下户充役。由于负担太重，自元中期以后，国家驿站规模逐渐缩小。

匠役。匠役是专为国家制造军器及各种手工业制品的徭役。充当匠役之户叫匠户，又分为系官匠户、军匠户和民匠户。系官匠户类似官奴，在官营手工作坊中从事各种工役造作。军匠户是为官府制造各种武器的匠户，隶军籍。民匠户可自由造作，但常被官府签发入工局营造。匠户为官役使时，官府按月发给口粮和工费，但标准很低，又可免丝钞、四顷地的税粮和杂泛差役，故其境遇要稍好于站户和民户。

3.杂泛

杂泛是临时征调的夫役或银、钞、车、马等钱、物。凡筑城、修路、修治水利、营造官衙私第，运送粮草，无不随时派役，甚至搬运官吏私物，也向百姓派差、派役。这种杂役没有固定时日，也不付报酬，即使付给报酬，也为数甚微，不敷旅途之资。加以不时征发，占用大量民力，给人民生产、生活带来巨大痛苦。

4.雇役、代役、助役和免役

雇役是指本人出资雇人代役。元朝兵役的雇役只限于军户丁单而财力充实的人户。丁多人家不得雇役。军官亦不得雇。职役的雇役，元顺帝至正（1341—1368年）年间行于浙右一带。

代役是指军人身死而无亲丁者，可以少壮驱丁替代服役，或兄弟代役。

助役，也称义役，始于世祖之时，后在英宗至治三年（1323年）四月推行助役法。所谓助役法即官府派使臣考察应税田亩，按一定比率从应税田亩中拿出田亩若干，由应役人掌管，以田亩的收入充役费。泰定帝（1324—1328年）初年规定，江南民户有田一顷以上者，于输税外，每顷量出助役之田，由里正掌握，以这部分田地的收入作为助役之用。寺观田土，除去在宋时旧有土田，凡新增之田亩，验其多寡，出田助役。这种办法，又称助役粮。

元朝的免役一般是指杂泛差役及和雇、和买之役，而且免役范围极广，如鹰坊扑猎户、控鹤系军户、儒人户、僧、道、也里可温、答失蛮等户均免杂泛差役、和雇和买之役，有时军户、站户、匠户也免杂泛差役、和雇和买之役。至于诸王、贵戚及官豪势要之家，尽在豁免之例。此外，也有灾免，但百姓受惠不大。

四、和籴、和买与和雇

和籴原意是官府以平价向百姓购买粮食，但实际上是国家强制向百姓征购粮食。元朝的和籴，包括市籴粮、盐折草两类。市籴粮即国家出钞购买百姓的粮食。国家规定以高于市价十分之一的价格征购粮食，或以盐易粟，称为募民粮。盐折草，是指国家在五月付给百姓盐，草熟时，以草抵盐价，规定以2斤盐抵一束草，草每束重10斤。这种办法都是强制性的，不论愿意与否，都要卖给，而官府往往少付钞或不给钞。

和买是指国家出资，向百姓购买所需之物，如马匹、布帛之类。但在实行过程中，强制向百姓购买，而成为变相的赋税。和买名义上国家付款，实际上"分文价钞并不支给"，有的则"不随其所有，而强取其所无"，百姓不得不"多方寻买以供官司"。（《新元史·志·食货六》）和籴、和买，均属不等价交换，实质上是非赋之赋。

和雇是指国家出钱，强制征雇民力，用于运送官粮物赴边塞。由于雇资微薄，官支价钱，十不及二三，不敷之数，令民自行赔补，和雇实质上是非役之役。

第四节

元朝的工商杂税

一、盐课

元朝盐课是国家财政的主要支柱，财政支出的十之七八靠盐利收入，因而元朝统治者对盐课十分重视。太宗以前，对盐及酒醋、金银、铁冶、河泊等产品，实行定额税（或是包税制），以白银为缴纳手段。太宗时，改行盐引法，每引重400斤，价银10两。灭南宋后，承袭南宋的盐制，并予以更张改进，强化对盐课的稽征、管理。其主要有如下几种制度：

1.引岸制

其法有二，一为各地官府置局卖引，每引付盐四百斤。世祖平江南之初，每引为中统钞九贯，折银4两5钱，每引较中统二年（1261年）减少2两5钱。嗣后每变一次盐法，就增加一次引价，元末每引盐价竟增至3锭。此即所谓官制商运商销法。二为官制官运商销之法。此法行于成宗大德四年（1300年），当时中书省准两淮运司的奏请，在交通方便的地方设立仓库，官府设纲船攒运，贮之仓库，商贩就仓支盐贩卖。仁宗延祐七年（1320年），两浙之盐亦效两淮之法，改就场支给为就仓支拨。盐商向官府买引，赴指定的盐场领盐，按规定的区域贩卖。

2.入粟中盐制

此制是官府招募商人将粮食运到指定地区（边疆或军队征战之所），然后政府给以盐引赴盐场领盐贩卖。

3.计口授盐制

此制系由官府按人口或按户强制配给食盐，亦称"食盐法"。这种制度多行于产盐区或私盐盛行之地，目的在于增加盐课，以补国用之不足。

4.设局官卖制

此制系官府设局，官为发售。这种制度主要行之于大都，目的在于稳定盐价，防止奸商从中谋利。

5.常平盐制

此制系由国家将盐运于指定地点存储，待盐价上涨时，国家以平价售出，目的在于稳定盐价，打击官豪，避免奸商图利。

6. 征税制

元朝对自制土盐及四川井盐实行征税制。例如，太原自制土盐（即小盐），世祖中统三年（1262年）九月规定岁输7 500两。至于四川的非国家所属的盐井，听民煮造，收其课十之三。

元朝盐制虽然多次整顿，但仍然弊端丛生，如引商专利，官盐质量低劣，强行派散盐引等，加上附加、折征、预借等名目，致使民负沉重，有时不得不淡食。

元代盐课收入不断增加，文宗天历元年（1328年）的盐课由世祖至元后期的200万锭，增加到766.1万余锭，约为至元后期的3.8倍。盐课收入的增加，其主要原因就是在盐的运销中，增引，增价。增引，各盐区情况不同。如河间之盐，世祖至元七年（1270年），定10万引，办课1万锭，至元十二年（1275年），增至20万引，至元二十二年（1285年），又增至29.6万引，武宗至大元年（1308年）增引45万引。山东之盐，世祖至元六年（1269年），7万余引；至元十二年（1275年），增至14万余引；至元二十年（1283年），增至25万引。增价，盐价初每引400斤，价10两；世祖时期，由于盐产区扩大，一度盐价下降，中统二年（1261年）每引降为7两，至元十三年（1276年）降为9贯（4两5钱）；世祖至元后期由于财政需求增大，盐价开始不断提高，至元二十六年（1289年）每引增至50贯，成宗元贞二年（1296年）增至65贯，武宗至大二年（1309年）增至150贯（150两，3锭）。

二、茶课

元朝茶课多因袭南宋旧制，实行引茶之法。只在某些地区或某一时期，实行征税制，或专卖与征税并行。

世祖中统二年（1261年）官买蜀茶，然后增价售于羌地，此是专卖之制；后张庭瑞更变茶法，使贩茶商人每引纳二缗入官，官付给文券，听其自卖于羌地，此是商茶之法。世祖至元五年（1268年）用运使白赓的建议，榷成都茶，官府置局发卖。至元十三年（1276年）平南宋后，纳昌文焕的建议，榷江西茶，并定长短引之法，皆以三分取一，长引每引计茶120斤，短引每引计茶90斤。至元十七年（1280年）废长引，专用短引，每引收钞2两4钱5分。至元三十年（1293年）又改江南茶法：裁并茶课少的茶课管理机构5所，并入其他11所中；茶商贩茶货卖必须携带茶引，不带茶引者视同私茶。仁宗延祐五年（1318年）采纳法忽鲁丁的建议，实行减引添课之法，茶引由150万引，减为100万引，每引课钞10两增为12两5钱。

在引茶专卖的同时，也曾实行征税制。例如，世祖至元十七年（1280年）曾将茶俵配于民，均摊茶课，至元二十一年（1284年）废除俵配之法，而将俵配茶税加入正课之中，同时对江南茶商运至江北者，又纳税。这是先行专卖再行纳税的专卖和征税并行之制。

元朝统治者多次改变茶法，使茶税收入不断增加。至元十三年（1276年）平南宋之初，茶课仅1 200锭，至元十八年（1281年）岁征引课达24 000锭，至元二十三年（1286

年）当年征茶课44 000锭。以后茶课屡增，至仁宗延祐五年（1318年）行减引添课之法，岁征茶课骤增至25万锭，延祐七年（1320年）至天历二年（1329年），更增至289 211锭，成为财政收入的大宗。

三、酒醋课

酒醋课始于太宗二年（1230年）正月，当时规定，酒课验实息十取其一。次年，立酒醋务坊场官，实行官制官卖的专卖制度，并视外府司县的民户多寡而定课额。其后改为允许酒户和富豪酿酒，官为收购酤卖。世祖至元二十一年（1284年）十二月，中书右丞卢世荣以"京师富豪户酿酒酤卖，价高味薄，且课不时输"为名，禁止富豪酿酒，实行官制官专卖的榷酤之制，并逐渐由京师推广到各路。同时，大幅度增加酒课，由原来每石1两增为每石10两，税额提高10倍。八月罢榷酤之制，改行征税制，听民自造，每石米课官钞5两。至元二十九年（1292年）又恢复榷征之法。

酒醋课通常以钞缴纳，偶尔也征粮食。例如，至元七年（1270年）九月，因山东发生饥荒，于是责令益都、济南酒税2/10收粮。

酒醋课是元朝的重要财源之一，常年酒课收入为钞469 199锭17两，贝八（贝币）201 117索，醋课收入为钞22 595锭35两8钱。

四、岁课

元朝的岁课是指对天地自然之利、山林川泽之产（如金、银、铜、铁、铝、锡、矾、玉、竹木之类）所课征的税收，大部分属矿税性质。

金银矿藏皆归国家所有，通常由官府调集民夫采淘、冶炼，向国家定额输纳。有时也实行征税制，如至元十年（1273年）李德仁在龙山县胡碧峪淘金，岁纳金3两。至治、泰定年间，对个别地区的银矿，曾听民采炼，以2/10或3/10输官，或征收定额税。

铁、铝、锡、矾等矿产品，国家通常行引法，客商买引后，赴各冶领铅锡贩卖，也有听民煽炼，国家抽分的。

竹木课，有官竹、民竹之分，在官者办课，在民者输税。

元朝岁课收入在财政收入中所占比重不大，但却十分扰民。例如，有的地区不产金银，而官府责其缴纳金银课，百姓不得不自购金银以充课；也有的官吏多征课额，以图升进，致使民不聊生。

五、商税

元朝商税始于太宗元年（1229年），当时，根据耶律楚材建议，立十路课税使。太宗八年（1236年）定天下赋税，商税三十分取一。世祖至元七年（1270年）定中原税制，三十分取一，以45 000锭银为定额，有增余者作羡余。至元二十年（1283年），始定上都税课，六十分取一，又规定各路课程增羡者迁赏，亏短者赔偿降黜，征税机构官吏的俸钞由增羡额内付给，这更加促使官使酷敛商旅。

元朝规定商人必须按月纳税，商人纳税后，方可入城贸易，如无纳税凭证，或不出示凭证，即视为匿税，但僧、道、传教士及教徒，常匿税不缴，回回商人亦持特权而不纳

精研深探
7-9

耶律楚材的
简介

税，虽政府屡次申禁，但作用不大。

六、市舶课

元承宋制，对国内与海外诸国往还贸易的商舶及海外诸国来华贸易的船只，统称市舶，对中外船舶所载货物的抽分与课税，称市舶课。

元朝的海外贸易得到显著发展，在杭州、上海、澉浦、温州、庆元、广州、泉州等地设7个市舶司，主持对外贸易和市舶抽分事宜。元统治者对外贸易的原则是"损中国无用之货，易远方难制之物"（《元文类》卷四十，载《钦定四库全书》）。为配合对外贸易的管理，国家制定了较前朝更为完备的市舶课制度。

元朝市舶课制度，初期沿袭宋朝旧制，实行抽分法，即对进出口货物抽取定量实物。当时规定细货十分取一，粗货十五分取一。抽分之后，随客商买卖，在贩卖时另征商税。为鼓励土货出口，曾实行双抽、单抽之法，对土货实行单抽，对蕃货实行双抽（即加倍征收）。

世祖至元二十一年（1284年）在杭州、泉州实行外贸统制制度，即官府自备船舶和本钱，选派人员对外贸易，所得利润，以十分为率，官取其七，参加贸易的人取其三。同时规定权豪势要之家，不得用自己的钱、船下番贸易，违者籍没家产之半。国外客旅随官船来华贸易的，依例抽分。

世祖至元二十九年（1292）十一月"中书省定抽分之数及漏税之法。凡商旅贩泉、福等处已抽之物，于本省有市舶司之地卖者，细色于二十五分之中取一，粗色于三十分之中取一，免其输税。其就市舶司买者，止于卖处收税，而不再抽。漏舶物货，依例断没"（《元史·志·食货二》）。这次中书省规定的抽分办法，就是在泉州、福州抽分的舶货，在本省有市舶司的地方出卖，还需另行征税，细货征税1/25，粗货为1/30，这实际上相当于由市舶司在抽分之后再征收一次商税，只不过细货的税率要高于一般商税的税率。所以，舶货出卖不再纳商税。商旅从市舶司买货运到他地销售时，只纳商税，而不再抽分。

仁宗延祐元年（1314年）因香货、药物减少，价值陡增，遂广开外贸，重新制定市舶条例。凡出海贸易，必须由官府批准，给以凭证，私自出海者，没其货物，查实后将没官物的一半付告发者充赏。（《元史·志·食货二》）

七、额外课及杂敛

元朝随着工商业的发展，苛征杂敛也日益增加，岁有定额的，叫常课；没有定额的，叫额外课。额外课之外，又有许多无名杂敛。

元朝额外课名目有32种之多，其中历日（即历书）课、契本（即契本税）、河泊课、山场课、窑冶课、房地租钱、蒲苇课7种是全国性的额外征收；其余25种均属地方性苛杂，如门摊课、池塘课、食羊等课、荻苇课、煤炭课、撞岸课、山查课、曲课、漆课、醋课、山泽课、荡课、柳课、乳牛课、柴课、羊皮课、磁课、竹苇课、姜课、白药课等。

额外课虽然零星，多不过数万锭，少仅十几锭，但累计起来，数额也是可观的，上述各类统计，有时竟达166 800余锭。

除额外课外，还有许多无名杂敛，如典当纳税，典当之后再行出卖也要纳税；和买物品已经是对百姓的剥夺了，但还要纳税；聘女的财礼也要纳税等。

苛捐杂税太重，不仅影响了商业经济的发展，也激起了商民的普遍不满。比如，世祖至元十七年（1280年）左右，江州宣课司对居民的食用米征税，结果，米商逃避，居民皆闭门罢市（《元史·列传第四十九》）。

第五节

元朝的财政支出

元代的财政支出，项目繁杂。其中，占主要地位的有军费、赏赐、宗教迷信、官俸、皇室支出等。大致在世祖至元后期，元朝财政总支出逐渐超过总收入，尤其是军费、赏赐和皇室支出巨大，成为元中期以后财政亏空的主要根源。

一、封君食邑及赏赐支出

元朝一代，对宗室诸王、贵戚、勋臣倍加优待，据《元史》统计，凡封国123个，封王、进封、益封者达228人次。封王食邑，领有民户，食其地租。这样，既减少了国家的财政收入，又等于变相的财政支出。此外，对诸王、驸马、勋臣、百官等，还有优厚的赏赐，主要有4项：

（1）户丝，又称五户丝制度。太宗八年（1236年），将中原民户分封给诸王、驸马、勋臣，由国家统一派员，在各食邑者份地上征收赋税，再按食邑民户的多寡，赐给食邑者一定数量的丝帛、颜料，即五户丝。

（2）户钞。世祖至元二十年（1283年）规定，以江南食邑民户每万户输钞百锭赐予食邑者，相当于中原的五户丝。成宗时（1295—1307年），增为每万户400锭。

（3）田地。元朝统治时期，国家掌握大量官田，将其中很大的一部分赐给诸王、贵戚、勋臣和官僚，赐给寺院的田地，数额尤巨，据不完全统计，元朝一代赐给诸王、公主、百官、寺院的田地，计达185 527顷。[①]

（4）岁赐。自太宗以来，每年都要大会诸王百官。世祖即位后，成为定例，这种按定例给予的赏赐称岁例，也称岁赐。岁赐的数额也是巨大的，据不完全统计，每年的岁例银1 780余锭，缎匹13 670余匹，绵6 300余斤，各色丝5 000余斤，绢9 000余匹，钞29 000锭，金33锭，杂色绒5 000斤，另外还有红紫罗、针、弓弦、羊皮等。[②]

除上述4项定额赏赐外，还有不定额的爵赏。这种不定额的赏赐对象广泛，包括诸王朝会赏赐、赏赐有功将士、赏赐政绩显著者等，且数额巨大。例如，武宗至大四年（1311

---

① 孙文学. 中国财政历史资料选编：第七辑［M］. 北京：中国财政经济出版社，1988：556.
② 孙文学. 中国财政历史资料选编：第七辑［M］. 北京：中国财政经济出版社，1988：541.

年）正月，以朝会的名义，普赐金 39 650 两，银 1 849 050 两，钞 223 279 锭，币帛 472 488 匹。（《元史·本纪·仁宗一》）

元朝赏赐极滥，数额巨大，至大四年（1311 年）各项支出的总和为 1 700 万锭左右，而赏赐总额达 300 余万锭，几乎占财政支出的百分之十七八，将国家大量资财、土地转入官僚之手，不仅扰民，而且削弱了国家的财政基础。

二、宗教迷信支出

宗教迷信支出是元朝又一大宗支出。在这项支出中，包括佛事布施、寺观建筑、缮写经书和僧道衣食之赐等。佛事耗资不可胜计，如仁宗延祐四年（1317 年）内廷物事所供，麦面 439 500 斤，油 79 000 斤，酥 21 870 斤，蜜 27 300 斤，岁费不下千万。寺观建设亦耗费无数，以英宗建寿安山寺为例，役卒万余人，冶铸佛像用铜 50 万斤。文宗复位后又续建，史载，"内外佛寺三百六十七所，用金、银、钞、币不赀"（《元史·本纪·文宗三》）。

此外，赏赐僧道的衣食住行之费，为数亦大，成宗大德九年（1305 年），赐给帝师（西方僧）的赙金（丧葬费）金 500 两、银千两、币帛万匹、钞 3 000 锭（《元史·本纪·成宗四》）。仁宗皇庆二年（1313 年）加至金 5 000 两、银 15 000 两，锦绮杂彩共 17 000 余匹。至于供僧饭食，西僧往来之费，其数不可胜计。

宗教迷信支出"病国病民""损兵伤农"，于国无益，但元朝统治者欲借此麻痹人民以巩固其统治，所以这项巨额支出，始终有增无减。

三、军事支出

元朝的军事支出主要包括常备军费、战时军费及养马费等。

元朝实行军户制，在正常情况下，士兵的甲仗食粮均自理，或有贴户军津济，而戍守军的军食，多靠屯田收入。尽管如此，常备军费支出仍然很大，首先是军饷开支。世祖至元三年（1266 年），开始按将校职级领俸，至元八年（1271 年）四月，对襄樊军士发军饷，每人每月给米 4 斗。其次是对卫士常有赏赐，每保或 80 锭，或 50 锭，或 20 锭，对贫乏军经常赈济衣食。此外，对戍边军士亦经常给衣粮。此项支出，合计起来，为数巨大。武宗至大四年（1311 年），李孟说，北边军需达六七百万锭（《元史·本纪·仁宗一》），占当年支出的 37% 左右，由此可见一斑，但元朝军政重务，都操纵在枢密院一二人之手，有关军队人数及军费开支，秘不外宣，故元代军费不得其详。然而，由于对内、对外连年征战，耗资定是不可胜计。例如，世祖至元二十五年（1288 年）征交趾，仅动员数百万民夫运送粮草军需，就徒费千金。

由于元军征战皆借助于马力，因此马匹对元朝来说至关重要。元朝军马的来源主要有 3 条渠道：一是官府自养；二是向北方百姓课征，实行抽分制，百者抽一；三是括马及和买马匹。至于养马经费，绝大部分摊派到民间，国家只支付部分刍料费用，故虽养马无数，但在财政支出上，不占重要地位。

四、官俸支出

世祖中统元年（1260年），初定官制，有大小官府2 733处。成宗大德（1297—1307年）以后，设官渐冗。武宗至大三年（1310年），考核官吏实行"税课法"，即按征税多寡，定官吏优劣。于是，大开苛征杂敛之门，官吏如狼似虎，人民不堪其扰。

元朝官吏总额无详细记载，世祖至元三十年（1293年），不包括封地自设的官吏，共16 425员①，而封地自设的官吏，名目繁多，仅弘吉剌分邑，所设官吏即达700余员（《元史·列传第五》）。元初，官吏无俸，文官靠赏赐，武官靠掠掳。世祖中统建元，始给官吏俸，但官吏俸秩十分混乱，有俸钞、俸米、职田等，而且制度屡变。俸钞，又名"月俸"。至元二十二年（1285年），最高官吏俸钞6锭，最低从九品官吏俸钞35两。俸米，大德时，凡俸钞在10两以下的小吏，每两给俸米1斗，10两以上至25两者，每员给米1石；25两以上者，每俸钞1两，给米1升。仁宗延祐七年（1320年），又改为官吏俸以十分为率，三分给米的俸禄制度，职田的定额，按品级最低1顷，最高16顷。延祐三年（1316年），对外官无职田者，酌量给粟麦（《元史·志·食货四》）。

五、皇室支出

自世祖以后，皇室生活日益奢侈，因而费用日益增加。皇室支出的大宗，莫过于后宫之费、中买宝物之费、递送豢养珍禽异兽之费和游宴之费。

后宫之费所需甚巨。世祖忽必烈时，妻妾妃嫔众多，而宫女与阉人更多。仅四后②宫中役使人数就有一万人③。文宗天历二年（1329年）"皇后日用所需，钞十万锭、币五万匹、绵五千斤"（《元史·本纪·文宗二》）。

中买宝物费用，自成宗大德以后日增。到英宗时（1321—1323年），仅议给献宝者钞即十二万锭（《元史·本纪·文宗四》）。泰定时（1324—1328年），"以盐引万六百六十道折钞给之"（《元史·本纪·文宗四》）。

递送和豢养珍禽异兽所费巨大。仅打捕鹰坊万户府（主管天下禽捕，饲养珍禽异兽的机构），一年用于喂养各种禽兽的肉，就要用30余万斤。

至于皇帝游宴，更是挥金如土，穷奢极欲。史载：元旦这一天，皇帝的象队达五千头，全部披上用金银丝绣成鸟兽图案的富丽堂皇的象衣，一队一队排好。④至于皇帝的寿辰之日，所费更大。又每年二月十五日皇帝游皇城，"男女杂扮队戏；凡执役者万馀人"（《续资治通鉴》卷二百一十），规模庞大，所费不可胜计。

此外，皇帝的乘舆服饰，礼乐之费、医药之费等，支出也是浩大的。

六、水利建设支出

元朝水利建设支出主要包括凿会通河、通惠河、广济渠，导汾水、任水，修浚中兴、唐徕等渠，以及治黄、捍海等灌溉水利工程。据史学家统计，元朝在公元1280—1368年，

① 《元史·本纪·世祖十四》。
② 诸妻中四人有皇后之号。
③ 冯承钧. 多桑蒙古史：上册 [M]. 北京：中华书局，1962：334.
④ 陈开俊. 马可波罗游记 [M]. 福州：福建科学技术出版社，1981：100.

兴修水利计264项。兴修水利既有利于漕运和通商，也有利于农田灌溉，然而所费浩繁。例如，通惠河全长320余里，用工285万，楮币152万锭，粮38 700石，木石等物不可胜计（《元史·志·河渠一》）。治理黄河，是元朝一项浩大的水利工程，顺帝至正十一年（1351年），动员大名等13路民夫15万人，庐州等十八翼军20 000余人，用4个月的时间，使黄河归复故道，凡用钞1 845 600余锭（《元史·志·河渠三》）。元朝在筑海堤以防海水侵冒方面，也有一定成效。自成宗大德以来，多次用安置石囤、修塘筑坝等方式，抵御海水冲击，虽然所费巨大，但却于民有利。

七、社会保障支出

元朝的社会保障包括赈恤、仓储和医疗等方面的措施。具体如下：

1.赈恤

元朝的赈恤包括蠲免和赈贷两部分。蠲免，即对百姓负担的赋税进行减免，有灾免、恩免。灾免是指遇到各种灾荒时所给予的减免，如水旱、地震、霜雪冰雹、蝗虫等虫灾，皆有减免；恩免是指国家或皇室发生重大可喜之事时，给百姓以减免。

赈贷，亦有灾赈、恩赈。灾赈是指遭受各种灾祸而给百姓以一定数量的食品，济以渡过灾年。恩赈是指皇帝表示对百姓的恩惠而对贫困百姓、鳏寡孤独者、疫疠贫病者给予食品的赈济。其中包括：（1）鳏寡孤独赈贷之制。世祖时（1260—1294年），曾多次命有关部门对"鳏寡孤独废疾不能自存之人，贫民之无告者"，以粮赡之；"病者给药，贫者给粮"；"令各路设济众院以居处之，于粮之外，复给以薪"；"各路立养济院一所，仍委宪司点治"等等。成宗大德六年（1302年），"给死者棺木钱"。（2）水旱疫疠赈贷之制。世祖"中统元年（1260年），平阳旱，遣使赈之"。此后，多次对遭受灾荒、疫疠之家予以赈贷。

此外，在京师还实行赈粜之制，即由官府在京师设立米肆，减价出售给百姓。为了使百姓都能得到赈粜粮，官府发给百姓购粮凭证"户贴"，凭户贴买粮，可减三分之一的粮价。这种凭户贴所购之粮，叫红贴粮。（《元史·志·食货四》）然而，不管采取什么赈恤办法，贫苦百姓能受其实惠者，十不得其一。

2.常平仓、义仓

世祖至元六年（1269年）沿袭古制设立了常平仓。具体办法为：丰年米贱，官为增价籴之；歉年米贵，官为减价粜之。至元八年（1271年）曾以和籴粮及诸河仓所拨粮贮存。至元二十三年（1286年）定铁法，又以铁课籴粮充实常平仓。

义仓亦于至元六年（1269年）设立。其法：社置一仓，以社长主之，丰年每亲丁纳粟5斗，驱丁2斗，无粟听纳杂色，歉年救济社民。结果，至元二十一年（1284年）新城县水灾，至元二十九年（1292年）东平等处饥荒，全由义仓赈济。仁宗皇庆二年（1313年），复申其令。

义仓盛时，储义粮九万九千九百六十石（《元史·本纪·世祖十三》）；常平仓盛时，贮米八十万石。然而行之既久，名存而实废。（《元史·志·食货四》）

3.惠民药局

元依古制，设惠民药局，由官府给钞本，放贷取息，用息钱"以备药物，仍择良医主之，以疗贫民"。这种制度始于太宗九年（1237年）。于燕京等10路置局，以奉御田阔阔、太医王璧、齐楫等为局官，给银500锭为运营资本。世祖中统二年（1261年），又命王祐开局。中统四年（1263年），复置局于上都，每中统钞100两，收息钱1两5钱。至元二十五年（1288年），因官本陷失而革罢。至成宗大德三年（1299年），又准按旧例，于各路设置药局。同时规定"局皆以各路正官提调，所设良医，上路二名，下路府州各一名，其所给钞本，亦验民户多寡以为等差"（《元史·志·食货四》）。

元朝也有文化教育科学技术的支出，但在整个财政支出中，所占比重不大。

第六节

元朝的财政管理

一、财政管理体制和管理机构

（一）财政管理体制

元代疆域辽阔，在元世祖忽必烈定国号为元，并实现天下一统之后，中原和南方实行中央集权的财政管理体制，西北诸汗国包括钦察汗国、伊利汗国、窝阔台汗国、察合台汗国，虽名义上奉元朝皇帝为宗主，但实际上处于独立或半独立的地位，实行独立的财政体制。此外，还存在着投下分封制度下的财政分权体制。

中央集权的财政管理体制主要表现在：一是赋税征收权限集中于中央。元代实行路府总领，逐级课征的征税体制。在这种体制下，赋税征收制度、数额都由中央来定，地方没有改变或减免的权力。二是财政收入的支用权限主要集中于中央。行省在至元二十八年（1291）前，在财政收入的支用上还有较大权限，但此后权力越来越小。路府州县的财政收入的支用，更受到中央严格限制。所谓："今日之制，自一钱以上，郡县毋得擅用府库"（虞集《平江路重建虹桥记》）。并且，朝廷还实行严格的岁终上计和不定期的审计，将路府州县的财赋支用置于朝廷的严格监督之下。三是赋税收入主要集中于中央。路及直隶州（府）需要把征集的赋税钱粮先送往行省，并由行省储藏或转运上供中央。行省作为地方最高行政机关，赋税在中央与行省之间大体是七三分成。在这个七三分成政策下，行省仍是朝廷集中赋税收入的工具。四是中央与地方的财政的关系呈现出内重外轻、高度集中的态势。所谓内重就是不仅中央在财政管理权限和赋税收入的支配权居于主要地位，而且中央也不断加强对地方财政的审计，以强化监督；所谓外轻就是行省不过是朝廷征收地方财赋、集中财权的代办者和工具，而路州府县则理财义务重而权力微小。

（二）财政管理机构

太祖时期立官简单，"以万户统军旅，以断事官治政刑"，无单独的财政管理机构。太宗元年（1229年），根据耶律楚材的意见，始设立十路课税所。世祖以后，财政管理机构渐臻完备。

国家财政管理机构，在中央为隶属于中书省的户部。户部主管天下户口、钱粮、田土的政令，贡赋出纳的章程、制度、规范等，是国家财政管理的中枢。其下管辖大都酒课提举司，大都宣课提举司，印造盐茶引等引局；此外，檀景等处采金、铁冶都提举司，大都河间等路都转运盐使司，山东东路、河东陕西等处转运盐使司等并属户部。至于兵部主管官私刍牧之地的马、牛羊、鹰隼、羽毛、皮革等军需物资的征调，打捕鹰房民匠之役及屯田之赋入；工部主管的工匠之役；枢密院主管的兵役，各路军民科差及屯田的赋入；将作院主管的工匠之役；宣政院主管的吐蕃、西夏、朵甘思等处贡赋的征纳等，也是整个国家财政管理机构的组成部分。

皇室财政的管理机构，有宣徽院，主管皇室田租、茶课、牛马羊抽分；有太禧宗禋院，主管皇室寺院田租收入；有中政院，掌管中官财赋；还有主管皇室田赋、差发的弘州种田提举司，江淮等处财赋总管府及主管诸王位下、各斡耳朵财赋的各寺、院、监等。

元初，国家财政管理机构与皇家财政管理机构不分，世祖以后逐渐分立，但亦互相侵碍，而且各管理机构互不统摄，十分混乱，致使财源分散，是元朝财政管理的弊政之一。

地方设11个行省和大都、上都两留守司，相应设有主管田赋、徭役、工商税课、和买、和雇等的管理机构。其中，两淮、两浙、福建等处都转运盐使司所属盐场，广东盐课提举司所属盐课，四川茶盐转运司及所属盐场，广海盐课提举司，市舶提举司等分隶各行省。

诸路设税务，置提领、大使、副使各一员主管本路财政；诸府、州、县则由正官主管财政，各级均设征收赋税的官吏，称钱谷官。

二、会计、监察与审计

元朝的会计之制，实际上就是预算会计制度，始于世祖至元三年（1266年）。当时，杨湜为制国用使司员外郎，他立册籍，计算收支之数，月终呈上查阅，备受世祖赏识，自此，诸路、行省、诸王、漕运、皇室等凡有收支钱粮者，均设计吏，置账簿。诸路计吏，按年初核定的收入定额，年终向行省报告决算。行省要求各处长官，对岁支钱粮一季一核对，年终算出总数报于行省，按规定程序稽考，然后汇总报于中书省，由御史台审阅核实。

皇室财政的预、决算制度，规定有关机构在年终要将钱谷造作之事，向宣徽院报其成数，时间是次年正月至二月，由廉访司考核其文书。诸王位下，置财赋营田等司，岁终核算，核算完毕，亦交廉访司审阅。

财政的监察，由御史台和廉访司负责。至元五年（1268年）制定宪台条例，其中对财政的监察包括：赋役不均，擅自科差及造作不如法者；官府和买诸物不依时价冒支官钱，或其中克减，给散不实者；诸官办到课额正额外若有增余，不尽实到官者。元朝御史台，在初期，对察举贪官污吏等方面，起了一定作用，但后期由于元朝政治日益腐败，御史台官亦"上下贿赂，公行如市"，肃政廉访官所至州县，"各带库子检钞拜银，殆同市道"，御史台等同虚设。

元朝于世祖时建立了审计制度。这种审计，以会计为基础，由御史台和廉访司负责；审计的内容包括会计是否属实，征收是否符合规定，考核庶官的贪廉等。中书省的财政由御史台官考阅，诸王傅文券由监察御史考阅，诸王位下及行省财政由廉访司官考阅，宣徽院所属两浙财赋府的赋税于次年二月由廉访司稽核。

元朝还有理算制度，也是审计的一种特殊形式。理算包括田赋钱粮的理算、盐课的理算等。在宪宗时（1251—1259年）就曾受西域影响实行过理算制度，世祖时（1260—1294年）又经多次理算，自平江南以来，到至元二十二年的10年间，田赋已"八经理算"（《元史·本纪·世祖十》）。至元十九年（1282年）曾理算盐课。元朝理算制度对增加财政收入、整顿吏治均起到一定作用，但也存在很多弊病。理算本来是针对贪官污吏的，但往往成为追征捕欠的手段，结果祸及贫民，而且理算又常常成为统治集团内部相互倾轧的工具。阿合马、桑哥执政时，都曾以理算为由，排斥异己，以致纲纪大坏，人心慌恐。

三、库藏

（一）国家库藏与皇帝库藏

元初国家仓库隶属太府，由太府掌管国库财物的出纳。世祖至元十九年（1282年），设立皇室库藏，国库遂隶户部。

元朝国库包括都提举万亿宝源库，主管宝钞、玉器；都提举万亿广源库，主管香药，纸札诸物；都提举万亿绮源库，主管诸色缎匹；都提举万亿赋源库，主管丝绵、布帛诸物。以上四库，统称万亿四库。至元二十七年（1290年），创立提举富宁库，专掌万亿宝源库金银之事。

皇室库藏属于太府监，包括内藏库，掌管出纳御用诸王缎匹，纳石失（即织金缎）、纱、罗、绒、绵、南绵、香货诸物；右藏，主管收支金银宝钞，缎匹、水晶玛瑙、玉璞诸物。左藏，掌管收支常课，和买纱、罗、布、绢、丝、绵、绒绵、木棉、铺陈衣服诸物。

元朝国家财政与皇室财政虽然有所区别，国家有国家的收支系统，皇室有皇室的收支系统，但这种区别并不严格，常常发生应由国库开支的项目，而由太府开支，也有应由国家收入的项目，纳入太府的现象。例如，大德十一年（1307年）武宗继位后，赐赍皆出太府（按世祖定制，应由中书开支），而皇庆元年（1312年），仁宗则将国库的金银移归太府监。

（二）各地仓库

国家在京师和各地均设仓库，其中京师凡22仓。漕运司所属河西务14仓，通州13仓，河仓17仓和直沽广通仓，且在荥阳等地设运粮纲船30纲，船900余只。

地方仓库包括上都3仓，宣德府2仓、塔塔里仓、甘州仓等。（《元史·志·百

官一》）

元朝仓库管理混乱，由于曝晒不时，所以耗损严重，更有露于外者，腐烂变质，"以致牛马不食"。官仓船户失陷者，不可胜计，而无人过问。

四、税课法与包税制

税课法是以征收赋税的多少考核官吏优劣的一种方法。始行于武宗至大三年（1310年）正月，其制：以成宗大德十一年（1307年）之数为准，折至元钞作基数，以十分为率，增及三分以上者为下酬，五分以上者为中酬，七分以上者为上酬，增及九分者为最，不及三分者为殿。自此官吏以掊刻百姓为能事，百姓备受其扰。

包税，元人称为扑买或买扑。包税制是政府在一定时期内将某项税收，以一定数额交由私人包征包解的制度。因多交给商人承包，故又称"商包制"。一般来说，商人会以较低的数额包缴某一项税款，再按较高数额向百姓征收，从中获取差额利益；而政府采取"包税制"，会节约设置征税机构的费用，又会得到应得的税收，但这只适用于零星小税。

元朝是我国历史上包税制盛行的时期。太宗十年（1238年）刘忽笃马等曾愿出银扑买全国的差发、盐课等税，遭到耶律楚材的极力反对而作罢。太宗十一年（1239年）商人奥都剌合蛮买扑中原银课，原为22 000锭，扑买时以44 000锭为额，税额增加一倍。此后，包税制便盛行起来。如仁宗延祐三年（1316年），李珪等承包霍丘县豹子崖银洞，除纳税银30锭外，其所采得之银矿以3/10输官。此外，湖广的朱砂、水银等皆包给商人（《元史·志·食货二》）。

包税制本是为了节约小税征税成本的简易征税法，到了元代由于包税项目多、范围广、数额大，则演变成害国害民之举。对国家来说，减少了财政收入，对百姓来说，加重了负担，所以这种征解制度，既有害于国，又有害于民。

五、漕运管理

元建都大都，京师之粮，主要靠江南供给。元朝极盛时，漕运至京师的粮食，每年达500万石（《元史·本纪·顺帝四》），这就形成了巨额的漕运支出。

元朝平宋之初，运送江淮粮米，主要靠运河。当时全国运粮官船有900余只，有船户8 000余户。每30只船为一纲，分布在荥阳等30处，岁运粮300余万石。世祖至元二十二年（1285年），增加济州漕船3 000艘，役民夫12 000人（《续资治通鉴》卷一百八十七）。

海漕始于世祖至元十九年（1282年），当年运粮不过4万石。以后二次修改航线，找到了最便利的运输航道，自此，由浙西至京师，如果顺利，13 350里航程，旬日可到。至元二十二年（1285年）以后，京师所需粮食，主要依靠海运。每年支付脚价60万余锭，费用大为降低。然而官府所付脚价，随着纸币贬值而相对降低。船户生活日蹙，至有典妻卖女而承运者。

顺帝至正（1341—1368年）以后，江南农民起义爆发，加之官吏克扣脚价，于是海运渐废。

综合训练

关键概念

牛具税　通检推排　经理法　科差　五户丝　理算　税课法　包税制

复习思考题

1.元朝的盐税制度包括哪些内容?

2.元朝的财政支出结构有哪些特点?

即测即评 7　　　　　　　　　　　　综合训练参考答案 7

◆ **第八章**

明朝的财政

精研深探
8-1

朱元璋的
简介

在元末农民大起义中，朱元璋借助红巾军的力量，在地主阶级的支持下，于公元1368年，推翻了元朝政权，建立了统一的汉族地主阶级政权，国号为明。自朱元璋称帝建明，至1644年李自成攻占明朝都城北京，凡传16世，有国277年。

第一节

明朝的政治经济概况

一、明朝的政治经济概况

（一）明朝初期的政治经济状况

明朝初期，在政权建设上，君主专制的中央集权制有了进一步发展。太祖朱元璋以胡惟庸谋反案为由，废除中书省和丞相，分相权于六部，总揽兵、刑、财等大权，在地方设十三布政使司，直辖中央。在军制上，建立卫所制度，卫、所遍布全国各地，将兵权牢固地控制在皇帝手中。并且，建锦衣卫、东厂等特务机构，以强化君主专制统治。明初，对人民的控制进一步加强，官府通过编制各种册籍和实行保甲法等措施，把人民牢固地束缚在土地上。当然，明初也解放了大批奴隶，一度打击了豪强地主，整肃了吏治，改善了手工业工人的地位。这一切，都有助于社会的发展和进步，因而出现了明初的"洪武之治"和"宣德之治"。

并且，鉴于元末农民起义的深刻教训，明朝统治者认识到"弦急则绝，民急则乱"（《明太祖实录》卷三十八）。他们采取了一系列调整阶级关系、缓和阶级矛盾、发展社会生产的措施，借以巩固明朝政权。

从"农为国本"（《明太祖实录》卷四十二）的思想出发，明政府鼓励移民垦荒，运用减免赋役手段，召诱流民回乡务农，发展农业生产。大兴屯田，解决了军队的粮食供应问题，也减轻了百姓赋役负担，所以朱元璋说："吾养兵百万，不费百姓一粒米。"同时，大力发展经济作物的生产，扩大经济作物的种植面积，这为明初纺织手工业提供了更多的原料，促进了明朝丝织业和棉织业的发展。还大力兴修水利工程。据统计，明朝270余年间，共兴修大型水利工程2 270项，而小型项目不胜枚举。仅太祖洪武二十八年（1395年）前后的两年间，全国共开塘堰40 987处，浚河4 162处，修建陂、堤、岸5 048处。水利的兴修，不仅有利于农业生产的发展，也促进了交通事业和商业的发展。明初，实行鼓励工商业发展的方针，对商户实行低税政策，一般是三十税一，而且免除了元朝开征的农器税等杂税，裁撤税课司局354所，改由州、府、县直接征钱，并为商人建立储货之地，为商品流通提供了种种方便。此外，又限制官营矿业，允许百姓开矿。这些措施有力地促进了工商业的发展和繁荣。

由于实行了上述措施，农业经济得到恢复和发展，垦田数量不断增加，到洪武二十六年（1393年）全国耕地包括官田、民田、旧额新垦，共达850余万顷，比元末增长了4倍，户口也显著增加，洪武二十六年，有1 605万余户6 054万余口。手工业也得到迅速发展，官营手工业如采铁、铸铜、造船、制瓷、织染、军器火药的制作等，无论是生产规模，还是产品质量，都超过前朝水平。这时，商业也进一步繁荣。北京是全国的政治经济中心，也是全国最大的商业都会，而淮安、济宁、东昌、临清、德州、直沽等城市，也成为商贩集聚的重要商业城市。对外贸易在成祖（1403—1424年）之后也有加强，广州、泉州、宁波等因对外贸易成为沿海的大都会。

（二）明朝后期的政治经济状况

明中叶自英宗（1436—1449年、1457—1464年）以后，社会经济进一步发展。首先，农具制造和农业生产技术有了新的发展。闽、浙一带出现了双季稻，岭南则有三季稻，北方也推广了水稻种植。农业产量有了显著增加，稻田亩产二石或三石，有些地区可达五六石。农业经济作物的品种增加，产量也相应提高，桑蚕业也比以前更加发达。其次，手工业得到进一步发展。全国产铁地区达100余处，冶铁、铸铁的规模也较大，如遵化的铁炉深1丈2尺，每炉可熔矿砂2 000多斤；陶瓷业也有发展，如景德镇的瓷窑中，官窑58座，民窑超过900座。丝织业、棉纺业更加发展。在这些手工业中，出现了较大的作坊，并出现雇主与佣工之间的雇佣关系。再次，商品贸易也进一步发展。商品的数量显著增加，农民、手工业者生产的粮、棉、生丝、蔗糖、烟草、绸缎、棉布、纸张、染料、油料、木材、铜器、瓷器等不仅投入国内市场，甚至还行销海外；商业交易逐渐活跃，全国不仅有更多的商人，商业牙行比元朝大有增加，有些商人还投资手工业作坊；工商业城镇逐步兴起，除南北两京外，东南沿海、运河两岸和江南都有一些工商业城市兴起，而江南苏、松、杭、嘉、湖五府，更是工商业荟萃之地。此外，货币制度也进一步发展。白银逐渐成

精研深探
8-2

明成祖的
简介

为通货，钱庄也于这时出现，并成为独立的行业。总之，这个时期，无论从生产的规模，还是从生产关系看，资本主义萌芽已经出现并缓慢发展着。

然而，明朝已到了中国封建社会的晚期，封建统治更加腐朽，经济的发展使生产力与生产关系的矛盾更加尖锐，明朝的政治统治开始走向衰败。在英宗"土木之变"（1449年）以后，土地兼并日趋激烈，土地急剧集中，皇帝、王公、勋戚、官宦、豪强地主兼并的土地，阡陌相连，一家而兼十家之产，百姓丧失土地，或到处流亡，或沦为佃农。农民起义不断发生，统治集团内部，矛盾也日益尖锐。英宗以后，宦官专权，残刻人民。世宗嘉靖时（1522—1566年），宦官势力受到排斥，又出现了阁臣之争，官僚之间联结朋党，互相倾轧，朝廷一片混乱。在边境关系上，自英宗以后，北有瓦剌、鞑靼部的侵扰，南部沿海有倭寇骚扰，兴起在东北的女真族也成了明政权的严重威胁。

神宗万历（1573—1620年）初年，内阁首辅张居正曾对政治、经济、财政进行了一系列的整顿和改革，并取得了一定的成绩，经济、政治危机一度得到缓和，社会经济得到一定恢复和发展。但是，这些措施不过是补偏救弊而已。明王朝政以贿成，积弱的形势已经无法逆转。张居正死后，潜伏着的社会危机，开始了总爆发。土地集中已经空前严重，广大农民逐渐失掉自己的土地，沦为佃民、流民、饥民。而内忧外患不断，国家对农民的盘剥日益加重。除了国家的剥夺之外，地主的剥削也日益残酷，百姓一年所收一半入地主之仓，再加上地主阶级的其他盘剥，人民终岁辛勤，仍不免冻馁。地主阶级和农民的矛盾已无法调和。

在地主与农民的矛盾激化的同时，封建统治者与工商业者的矛盾也日趋尖锐。到明末，封建国家加强了对工商业者的掠夺，宦官充当矿监、税监，巧立税目，横征暴敛，激起中国历史上第一次由手工业工人、工商业主参加的反矿监、税监的斗争。在各种复杂矛盾的交互作用下，终于爆发了大规模的农民起义。明王朝就在农民起义的浪潮中覆亡。

二、明朝财政的特点

与明朝政治经济情况相适应，明朝财政呈现出如下特点：

第一，明朝的财政管理体制体现为高度中央集权。虽然，明朝也设有中央财政和地方财政管理机构，但在财权和财力上都集中于中央，户部作为中央财政最高管理机构，牢牢掌握在皇帝手里。地方各级政府虽负有财政和税务的具体管理职责，所征收的税收等财政收入除按规定留用外，其余按规定都需要上解中央。

第二，财政收入主要是赋税，赋税以田赋为主。田赋在明朝初期实行两税法，根据黄册分夏秋两征，此外，还有里甲、均徭、杂泛等差役；明朝中后期，由于赋役繁重且严重不均，万历九年在全国推行一条鞭法，赋役合一，正杂统筹，计亩征银，从而开始从赋役并行、实物之征向赋役合一、货币之征方向转变。

第三，工商税收中以商税、盐税、茶税为大宗。明初商税为三十取一，中期以后名目增多。盐、茶主要实行专卖，政府通过掌握盐引和茶引，控制盐茶的运销和盐茶税收。此外，还有矿税、竹木抽分、关税等杂税。万历时期曾一度派税监、矿监，使收税极度混乱，引起手工业者、商人等城市居民的反对。

第四，财政支出以俸禄、军费和皇室开支为主。《明史》中说"国家经费，莫大于禄饷"。明代俸禄包括宗藩岁禄和百官俸禄。从洪武开始"世世皆食岁禄"，随着宗藩人口的繁衍，宗藩岁禄不断增长。随着明代官僚政治的发展，官吏数量也不断增长。这样，俸禄构成了明朝财政的沉重负担。明朝的军费在初期由于实行卫所制及军屯，负担尚轻，明中叶以后，随着卫所制被破坏，募兵制日益盛行而负担加重。明朝皇室生活日益奢靡，日常生活经费和宫殿、陵寝建筑费用都耗费巨大。皇室开支连同俸禄、军费，成为财政日益危机的重要因素。

第五，注意加强财政监督。户部每年都编制会计录，于年底进呈皇帝，作为次年财政收支调整的参考。都察院负有审计和监察之权，都御史可审核中央财政，御史负责查勘每年赋税存留、起运数目，还巡视仓场、内库、盐政、茶马、漕运，给事中负责巡视在太仓、甲字诸库。地方由各道监察御史负责审核财政，巡按御史、巡盐御史对地方各机构的金库均负有巡视之责，对查出的问题要进行究治。虽然如此，但由于封建社会性质所决定，明朝皇室之奢靡、官吏之贪赃，与其他朝代相比，有过之而无不及。

第二节

明朝的赋役

一、田制与户籍

1. 田制

明朝的田制，分为官田和民田两类。官田，构成十分复杂。按来源分，有宋元时入官田地，有原赐给官吏或由民承种而后还官的还官田，有没收入官的没官田，有因田主户绝由政府通过法律手续收为官有的断入官田等；按用途分，有学田、百官职田、边臣养廉田、牧马草场、城壕苜蓿地、牲地等；按占有对象分，有皇室占有的皇庄、园陵坟地、公占隙地，有诸王、公主、勋戚、大臣、内监、寺观赐乞的庄田；按屯田管理方式分，有军屯、民屯、商屯之别。明朝初期屯田所获是军队粮饷的主要来源，所以屯田在诸项官田中占有重要地位。明朝官田数额庞大，孝宗弘治十五年（1502年）官田占民田的1/7，武宗正德时（1506—1521年）天下民田为3 629 600余顷，官田为598 450余顷，官田合民田的1/6强。

民田是百姓自己占有，并允许买卖的田地。明初，因为中原土地多荒芜废耕，于是命中书省商议，实行计民授田之制；开国初，司农司负责开发河南，并在临濠实行验丁力计亩授田，不准兼并。北方近城地，岁久不治，召集百姓耕作，每人给田15亩，另给蔬菜地 2 亩，免租 3 年。明中期以后，土地兼并加剧，田制大坏。明洪武二十六年（1393 年）核实天下土田为 8 507 623 顷；到孝宗弘治十五年（1502 年）已减一半有余，只有 4 208 058 顷。

2. 户口种类及数额

明朝的户口分为 3 类，即民户、军户、匠户。民户中包括儒户、医户、阴阳户；军户包括校尉、力士、弓铺兵（负责巡查、警戒的地方武装）；匠户包括厨役（供京师太常、光禄寺办膳时驱使的户）、裁缝（供官府役使的裁缝匠人）、马船（驾驶运河中运送官物官船的民夫）。此外，还有沿海煮盐的灶户、寺院的僧户、道观的道户等。民户是承担赋役的基本力量，规定民 16 岁为中，21 岁为丁，60 岁为老，从中到老须轮充差役，不及中者不服役，老以上者免役。

明朝民户中，躲避徭役的，称逃户。明初，曾督令逃户复业，并免徭役一年；老弱不能归乡的，令就地登记户籍，授田输赋。荒年流徙或避兵他乡者，称流民。对流民，在英宗时曾令查实入籍，设官管理，并免流民复业者税，而且给牛、种、口粮，令其归乡，但以后因土地兼并愈演愈烈，流民大增。宪宗成化初（1465 年），流民百万，死者不计其数。有因特殊情况而侨居于外乡者，称附籍。英宗正统（1436—1449 年）初，附籍之民在千里以外，可就地收附，千里之内令发还原籍。代宗景泰中（1452 年），令民籍可就地收附，军、医、灶、役等户冒充民籍的，发还原籍。朝廷组织的移民，称移徙。朝廷移徙以太祖时为最多，其间有因罪罚配的，有将漠北之民移于北平的，也有由狭乡移入宽乡的，成祖以后，移徙就很少见了。

明朝户口之数以太祖洪武二十六年（1393 年）、神宗万历六年（1578 年）为最多。洪武二十六年有户 10 622 800 有余，口 60 545 800 有余。万历六年有户 10 621 400 余，口 60 692 800 余。

3. 户籍、地籍及赋役册籍

明朝官田输租，民田输税。但经元末战乱，户籍及地籍多已丧失，或已混乱，难以作为征收赋役的依据。为了改变赋役不均及诡寄田产、逃避徭役的状况，明朝对户籍的地籍进行了整理，与此同时，建立了一系列便于征收的赋役册籍。

太祖洪武三年（1370 年），户部核实天下户口，并设置户帖（户口簿）、户籍。户帖交给本户自存，户籍由官府保存。户帖与户籍均记载姓名、年龄及居住之地，每年登记 1 次，将增添和减少之数上报中央。洪武十四年（1381 年）实行里甲制，以 110 户为一里，推丁粮多者 10 户轮任里长，负责派遣赋役。其余百户分为 10 甲，每甲 10 户，甲有甲首，每年里长 1 人、甲首 10 人主管里甲事务。城市称坊，近城称厢，乡间称里。僧、道给度牒。鳏寡孤独不承担徭役的，附在一甲之后，为"畸零"。在里甲制的基础上，编制赋役黄册。赋役黄册以里为单位，按丁粮多寡为序，10 年为一周期，称"排年"，并于册籍的首页绘制户口、税粮的总数图表。赋役黄册由有关部门 10 年更换一次，根据丁粮增减变化的情况而重新排列顺序。赋役黄册一式四份，一份交户部，一份交布政司，一份交府，一份交县。交户部的那一份，册籍封面为黄纸，所以称赋役黄册，交地方的三份均以青纸作封面。赋役黄册本来是征收赋役的依据，以后失去了原有作用。有关部门为征税编徭的需要，则另为一册，称赋役白册。此外，军户有军户图籍，匠户有匠户册籍，分别归兵部、工部掌管。

明初，近城之地为上地，以远为中、下地，田以5尺为步，240步为亩，百亩为顷。明太祖朱元璋即位后，曾派周铸等164人，核实浙西田亩、赋税；又命户部核实天下土田，以除诡避赋役之弊。洪武二十年（1387年），为进一步核实天下土田，清除诡避赋役之弊，命国子监生员武淳等到各州县，以税粮1万石为一区，作为征收租税的单位，每一区设粮长4人，粮长由富户充任，负责赋税的征收缴纳。同时，测量田亩的面积，画出田地形状，依次编号，注明田主的姓名、数量，编类成册。由于册中地图形状如鱼鳞，故叫鱼鳞图册。

明朝的赋役黄册，以户为主，按四柱式记账法，详细写明旧管、新收、开除、实在之数。鱼鳞图册以土田为主，详细载有土地类别，如平原、山地、水边、下洼、新开地、沃壤、瘠贫、沙荒、盐碱等。通过鱼鳞图册，明确土地所有权，以解决土地纠纷；通过赋役黄册，确定赋役之数，避免紊乱逃逸。两册互为印证，成为控制百姓和土田的有力工具。[①]

由于赋役黄册是在清查户口的基础上编造的，鱼鳞图册是在丈量土地的基础上绘制的。这些册籍的编制，保证了农民的土地占有权，有利于调动他们的生产积极性；同时，清除了隐匿人口和隐匿土地之弊，有利于增加国家赋税，也便于编排力役，在一定时期内限制了赋役不均状况的发展。而所有这些册籍，形成强有力的网络，牢牢地将农民固着在土地上。这是明朝强化君主专制的中央集权在赋役方面的体现。

二、明初的赋役

1.田赋

明初，田赋仍沿袭两税法，即按赋役黄册所载之田，按亩征税，分夏秋两次交纳；输纳日期，夏税不得过八月，秋税不得过次年二月。

田赋征收的品种，夏税为米麦，秋税为米，麦、米为基本品种，而丝、麻、棉为两税的附加品种。在征收时，往往将米、麦、丝、麻、棉、绢及麻棉布折成国家需要的物资交纳，于是米、麦、丝、麻、棉、绢、麻棉布为本色，所折之物为折色，如本色米麦折成金、银、钞，棉苎折米、麦，麻布折米、麦等。折征按一定比率进行，"洪武九年，天下税粮，令民以银、钞、钱、绢代输。银一两、钱千文、钞一贯，皆折输米一石，小麦则减直十之二。棉苎一疋，折米六斗，麦七斗。麻布一疋，折米四斗，麦五斗"（《明史·志·食货二》）。

田赋的税率，各地不一。田的归属不同，来源不同，税率亦不相同。明初规定，官田

---

① 本节所引均见《明史·志·食货一》。

亩税5升3合5勺，民田减2升，重租田8升5合5勺，没官田1斗2升。苏、松、嘉、湖等地富户，因曾帮助张士诚守城，加重税额，民田每亩2斗至3斗。没官田课7斗至1石，尤以浙西为重。而浙东之地田赋较轻的现象"亩税一升"，这个税额已较一般民田田赋少2升3合5勺。而大学士刘基的故乡青田县，更得到特别优免，每亩田赋只有半升。由此可见，明初各地的田赋负担苦乐不均。

明初的田赋，初由郡县吏督收，后太祖因郡县吏侵渔百姓，于是在洪武四年（1371年），实行粮长征解制，即里甲催征，税户交纳，粮长收解，州县监收。粮长征解之制，使百姓不受胥吏的盘剥侵渔，于民于国皆有利。但粮长充任既久，亦不免贪污不法。他们"习于横豪，威制小民，妄意征求"，"营私有余，输官不足"，"递年税粮，完者无几"。因此，粮长征解制也废置不常。

2.徭役

明太祖洪武元年（1368年）曾实行一种过渡性质的均工夫役。洪武十四年（1381年）实行里甲制并编成赋役黄册后，则依赋役黄册所载，按丁出役。徭役分里甲、均徭、杂泛3类，由16岁以上至60岁未满的男子应役，不及16岁和60岁以上者免役。

里甲之役以户计，每年由里长一人和甲首一人应役，十年之中里长、甲首皆轮流一次；值役称当年，按次轮流称排年，10年清查一次，重新按丁口、资产增减情况编排里甲顺序。里甲之役主要负责一里税粮的督催，传达官府命令、编排各种差役等。充里甲之役的人，必须有丁、有产，无丁、无产者只作带管而列于册后，为畸零，所以里甲之役虽以户计，实以丁、产为基础。

均徭之役以丁为主，验丁粮多寡、产业厚薄以均其力，由里甲编造等第，均输徭役，故称均徭之役。均徭之役是供官府役使的差役，即宋朝之职役，主要有祗侯、禁子、弓兵、巡拦、厨役、解户、库子、仓脚夫等。亲身服役或雇人应役的，称力差，由民户分别供给或以货币代输如岁贡、马匹、车船、草料、盘费、柴薪等公用之物，称银差。以后力役常以银代输，于是银差范围日广。

杂泛之役，或称杂差，即无一定名目，临时编签的徭役。一般包括3类内容：（1）兴修水利，如治水、修渠、筑坝等；（2）为中央政府充工役，如修城、建筑宫室、运粮、修边防工事等；（3）为地方政府充杂役，如斫薪、抬柴、喂马等。

徭役也有减免规定，但除为表示敬老、敬圣和表彰之意而有减免外，其他减免则不常见。明朝对官吏和士大夫优惠备至。太祖洪武时（1368—1398年），对亡故的官员之家，免3年徭役，朝臣、功臣之家免杂役。英宗正统时（1436—1449年），监生之家免差役2丁。孝宗弘治时（1488—1505年），亲王免役2丁，郡王免役1丁。官吏免田赋更多，免田额有达二三千亩者。官吏免役、免税的特权越大，人民的负担越重。

明初的赋役较轻，有利于促进经济的恢复和发展。

三、明中后期的一条鞭法

1.实行一条鞭法的原因

明朝中后期实行一条鞭法，究其原因，有如下几个方面：

（1）土地兼并严重，课田户口大量减损，破坏了明初赋役制度依赖的基础

明自英宗以后，皇帝多深居皇宫，不理朝政，生活日益侈靡，宦官趁机把持朝政，他们与贵戚、贪官相互勾结，朋比为奸，贪污受贿，抢占民田，土地兼并之风，日甚一日，国家课田面积急剧减少，孝宗弘治十五年（1502年），课田面积不及太祖洪武二十六年（1393年）课田的一半，而且还在继续减少。课田的丧失意味着大量农民的破产，加以连年灾荒，人民难以存活，不少人被迫背井离乡，辗转流亡，成为流民，还有的人投寄于势力大户之家成为依附人口，结果是国家掌握的户口大量减损，成祖永乐年间在籍户数达2 000万，迄孝宗弘治四年（1491年）仅剩900余万，减少一半有余。这些变化，使政府失去了课征赋役的依据。

（2）财政制度败坏，贪贿公行，致使赋役严重不均

明初所建立的赋役黄册和鱼鳞图册，是为了控制全国的户口和应税土地，按户问赋，从田课税，以避免逃脱隐漏，既保证收入，又能赋役均平。但进入明中期后，赋役册籍因久不登造，又有豪猾奸民为了逃避赋役，与官吏、里胥相互勾结，弄虚作假，以飞洒、诡寄、挪移、虚悬等手段，篡改图册，赋役册籍遭到破坏，失去了应有的作用。制度既坏，地主豪绅与官吏更是肆无忌惮地相互勾结，营私舞弊，中饱私囊，贪贿公行，避强欺弱，转嫁负担。结果是，在田赋负担上，土地版籍脱讹，疆界不清，官田变民田，民田负官田之税；小民产去税存、大户有田无税的现象十分严重。田赋征解上，粮长征解制渐趋破坏，致有粮长将自身的赋税令民包纳者，他们以富欺贫，以强凌弱，百姓备受苛扰。在徭役派遣上，官吏、里胥，上下其手，舍大取小，避强击弱，赋役负担严重不均，已到了非改革不可的地步。

（3）财政危机加剧，政府肆意搜刮，人民负担加重，社会矛盾激化

赋役制度的破坏，严重影响了国家的赋役收入，而由于国家内忧外患，国家财政支出却逐年增加，以致"岁入不能充岁出之半"（《明史·志·食货二》）。为了补充财政亏空，明政府便广开聚敛之门，苛征杂敛不断增加。宣宗宣德时（1426—1435年），已经将永不起课的额外垦荒田，依例课税。英宗时，以米麦折银，每石折银2钱5分，将南畿、浙江、江西、湖广、福建、广东、广西米麦400余万石折银100万余两，拨入皇帝控制的内承运库，原称折粮银，后通称"金花银"。宪宗成化五年（1469年），折征比例改为1石折银1两，这仍然满足不了国家庞大的开支，于是"其箕敛财贿，题增派、括赃赎、算税契、折民壮、提编均役、推广事例兴焉"。世宗嘉靖三十年（1551年），初行田赋加派，在南畿、浙江等州县加派120万两，嘉靖四十二年（1563年），在江南征"额外提编"435 900余两。在这种情况下，阶级矛盾日益激化，农民暴动此起彼伏。

2.一条鞭的试办与推行

为了缓和阶级矛盾，增加政府财政收入，一些头脑较清醒的官吏，开始试图改革赋役制度。

世宗嘉靖九年（1530年）内阁大学士桂萼提出编审徭役的意见，拉开一条鞭法改革的序幕。嘉靖十年（1531年）二月，由南赣都御史陶谐在江西实行，取得了成绩。当时御史傅汉臣曾上疏说："顷行一条编法①……通将一省丁粮，均派一省徭役……则徭役公平，而无不均之叹矣。"（《明世宗实录》卷一百二十三）嘉靖二十六年（1547年），应天巡抚欧阳铎在履亩丈田、划定等别的基础上，实行"征一法"，即将一切应征的粮米，皆计亩均输，并以田亩之数，定每年之役。此后又有细银法、一串铃法、十段锦等办法实施。

此后，庞尚鹏曾在浙江实行一条鞭法。庞尚鹏行一条鞭法的目的，在于"厘正宿弊，通变宜民，以均赋役"，"以杜偏累"，即消除税负畸轻畸重不公平的现象。海瑞在应天府的江宁、上元两县也曾实行过一条鞭法。海瑞认为，"行一条鞭法，从此役无偏累，人始知有种田之利，而城中富室始肯买田，乡间贫民始不肯轻弃其田矣"，做到了"田不荒芜，人不逃窜，钱粮不拖欠"。

此外，王圻在山东曹县，王宗沐在江西，潘季驯在广东，也实行过一条鞭法。但是这些改革都只限于局部地区，且条编内容不尽一致，皇帝对这些地区所实行的赋役改革，均未加可否。然而，海瑞等人的改革却引起了内阁首辅张居正的重视，至万历九年（1581年），他在全面整顿军事、政治和经济的同时，在财政上则全面推行一条鞭法。

张居正认为，国家田额减少的原因是"豪强兼并，赋役不均，花分诡寄……偏累小民"。"豪民有田不赋，贫民曲输为累，民穷逃亡，故田额顿减。"为了抑制兼并，均平赋役，他于万历六年（1578年），下令清丈全国土地。凡庄田、民田、职田、荡地、牧地，皆在清丈之列。在清丈土地的过程中，户部尚书张学颜做了大量的工作，他奏列《清丈条例》，清丈两京、山东、陕西等地勋戚庄田，清理益额、脱漏、诡借等诸弊。经过几年的努力，基本完成了清丈土地的工作，全国实有课田7 013 976顷，较孝宗弘治时（1488—1505年）增加300万顷。在丈量的过程中，有些官吏用以小弓丈量等手段虚增田亩数额，致使田额不甚准确。但毕竟清出了一些隐田，这对防止豪民兼并，转嫁赋税起到了重要作用。在清丈土地的基础上，于万历九年（1581年）全面推行一条鞭法。张居正全面推行一条鞭法，并不是简单地照搬各地已在施行的办法，而是以实施考成法、全面清丈土地、整顿吏治为前提，并确立以"役归于赋，丁归于田"作为统一改革赋役的指导原则，加以全面推行的。

3.一条鞭法的内容

一条鞭法亦称一条编法，《明史》载："一条鞭法者，总括一州县之赋役，量地计丁，

精研深探 8-4

海瑞的简介

精研深探 8-5

明万历朝内阁首辅张居正

精研深探 8-6

视频：教育故事：张居正言传身教

---

① 即"一条鞭法"。

丁粮毕输于官。一岁之役，官为金募。力差，则计其工食之费，量为增减；银差，则计其交纳之费，加以增耗。凡额办、派办、京库岁需与存留、供亿诸费，以及土贡方物，悉并为一条，皆计亩征银，折办于官，故谓之一条鞭。"（《明史·志·食货二》）

综上所述，一条鞭法的内容可以概括为如下几个方面：

（1）赋役合一。将明初各类丁役，如里甲、均徭、杂泛、力差、银差等，随田赋一并征收，按亩课征。

（2）正杂统筹。将正税与各类杂征，如额办、派办、京库岁需、存留、供亿，及土贡方物等，并为一条，摊入田亩征收。

（3）官自募役。赋役合并之后，官府所需要的力役，由其出钱雇人应役，不再无偿征调。

（4）计亩征银。除规定部分地区纳漕粮特供京师食用外，其余一律折征银钱。

（5）官收官解。课征方式由粮长征解办法，改为由地方官吏直接征收、解运的办法。

这种赋税制度手续简便，易于实行。同时能够在一定程度上延缓土地兼并的速度，对豪猾之民诡避赋役、转嫁赋税也有一定限制作用。而且，实行一条鞭法之后，只要有田，就要出役，实行赋役合征，这就限制了官僚的免役权，从而使国家的赋税收入大有增加。万历十年至十五年（1582—1587年），太仓积粟得到充实，"公府庾廪，委粟红贯朽，足支九年，犹得以其赢余数十百钜万，征伐四夷、治漕，可谓至饶给矣"。

4.实行一条鞭法的意义及流弊

一条鞭法的推行，主观上是为了维持明王朝的封建统治，客观上却起到了促进生产力发展的作用。这项制度是我国赋役史上的一大变革。就其历史意义而言，可以概括为如下几点：（1）一条鞭法将赋与役合并为一，这标志着中国沿袭两千余年的丁、产并行的赋役制度，正在向以物（田）为课税对象的税制转化，自此，劳役制渐归消失，这是中国赋税史上的重要转折。（2）一条鞭法规定计亩征银，从而大大扩展了货币之征的范围，这对明中期以后商品货币经济的发展有着重要的促进作用。（3）农民以银代役，使农民对国家的人身依附关系进一步削弱了，而国家出银雇役，则标志着劳动力商品化的趋势日益加强。这无疑会促进工商业的发展，促进商品经济的繁荣。

封建社会内部的改革，不可能改变那个社会的生产关系。一条鞭法的推行，尽管曾经一度起着一定的作用，但其局限性是很大的：（1）从社会方面来看，一条鞭法取缔了勋戚、宦官的免役特权，于是勋戚、宦官便采取种种手段转嫁、逃避赋税，甚至阻挠一条鞭法的实行，从而限制了一条鞭法的积极作用。（2）就一条鞭法自身而言，这种税法将各种随田起征的赋役合并征收，手续固然简便，但纳税人无从确切知道所纳何税，致使胥吏得以因缘为奸，洒派增减，弊病百端；一条鞭法计亩征银，虽然是一种进步，但百姓需将粮米换成铜钱，再折成白银，这中间，农民不可避免地受商人的盘剥，而钱、银与粮米的比价经常变动，不论是粮贵钱贱，还是钱贵粮贱，受剥削的总是贫苦百姓，由此必然加重人民的赋税负担；一条鞭法没有彻底废除丁银，如有丁无粮者，编为下户，仍纳丁银，这就说明一条鞭法的赋役合一是不彻底的，导致后来又赋役并行。此外，一条鞭法虽然推行于全国，但各地实行之时，出入很大，没有一处是尽遵一条鞭法的，所以，"条鞭法行十馀年，规制顿紊"（《明史·志·食货二》）。

四、明末的田赋加派

明朝的田赋加派早在武宗正德九年（1514 年）就已发生，嘉靖年间也时有加派，一条鞭法实行之际，加派稍有收敛，至神宗万历（1573—1620 年）中，加派又增，但当时这些加派尚属临时性的，事毕即止。及至辽东战事兴起，加派剧增，并且成为经常性的"岁额"，人民的赋税负担不但成倍增加而且成为经常性的了。

明朝后期的田赋加派，主要有三种名义，在每一种名义之下，又有若干加派数额，累次增加。

（1）辽饷加派。辽饷加派是以辽东战事紧急、军饷不足的名义而加派于民的赋税。万历四十六年（1618 年），为加强辽东防御，每亩加派 3 厘 5 毫，次年又亩加 3 厘 5 毫，第三年又亩加 2 厘，三年每亩累加至 9 厘，增赋 520 万两，只有畿内及贵州未加。思宗崇祯三年（1630 年），全国普遍亩加 3 厘。自此，加派之赋，每亩达 1 钱 2 厘。

（2）剿饷加派。崇祯时，农民起义遍及全国各地，明王朝为筹集镇压农民起义的兵饷，遂于崇祯十年（1637 年）加派剿饷。剿饷每亩加米 6 合，每石折银 8 钱，嗣后又亩加1 分 4 厘 9 丝，先后共加派 330 万两。

（3）练饷加派。剿饷加派定一年为期，但农民起义的烽火越燃越旺，为筹措镇压农民起义的军饷，又另起名堂继续加派，即练饷加派。崇祯十二年（1639 年）亩加练饷银 1分，共加派 730 余万两。

此外，还有助饷加派，崇祯八年（1635 年），总督卢象升奏请，加征官宦之家的田赋1/10，民户税粮 10 两以上者亦加 1/10。不久，统一按税银加派，每两加 1 钱。

明朝的田赋加派，是明后期的突出弊病，加派虽出于田，但负税者是广大劳动人民，所以加速了农民的破产，也加速了社会经济的崩溃。从加派中得到好处的是官僚和军将，他们利用加派之机，侵吞税课，贪占军饷。结果尽管加派迭增，而军队却欠饷累累，民不聊生，军怨沸腾。

第三节

明朝的工商税收

一、盐税与盐专卖

明初在统一全国前，对盐实行征税制，令商人贩卖，税率为 5%，所得盐税，以充军饷。全国统一后，实行盐专卖，实行民制、官收、商运、商销的办法。

1．盐产与盐课

明朝，盐由民制。制盐民户称灶户，按户计丁，称盐丁。按丁确定产盐定额，称正盐或正课；正课之外所余之盐，称余盐。灶户生产的盐包括正盐、余盐，一律缴给官府，称为盐课；灶户纳课之后，官府支给工本米每引一石。太祖洪武十七年（1384年），工本米折钞发给，但各地折钞比价不一，淮、浙每引2贯500文，河间、广东、山东、福建、四川等地，每引2贯。明初，为鼓励盐的生产，优待灶户，拨给草场，供其樵采和耕种，并免其杂役。后来，盐场设总催官，负责催办盐课，督促生产。总催官多刻剥灶户，致使盐丁贫乏，英宗正统时（1436—1449年），灶户不堪刻剥，纷纷逃亡，盐产量大减，仅松江一地歉收的盐课就有60余万引。

全国盐的生产量（即盐课），以两淮为最多，其次为两浙、长芦。明初，全国盐场（井、池）总计年产盐117万余引。

2．盐专卖

明朝的盐专卖，实行民制、官收、商运、商销办法，但因时因地不同，制度也有所差异。具体来说，主要有如下方法：

（1）引岸法，即国家指定盐商按规定的引岸运销官盐的办法。引是盐商纳税后领销官盐的凭证（洪武初，每引400斤，称大引；弘治时改行小引，每引200斤），引岸是盐商行销官盐的地区。盐商从官府买得盐引后，到指定的盐场领盐，并到引岸地销售，不得售向别的地区，否则按私盐论处。

（2）开中法，即招募商人输粮于边，由官府给盐的办法，也称纳米中盐法。此法源于宋朝的折中法，目的在于充实边疆的粮食储备。太祖洪武三年（1370年）六月，山西行省以大同储粮，自陵县运至太和岭，路远费烦，奏请令商人于大同仓输米1石、太原仓输米1石3斗，给淮盐一小引。朱元璋从其议，自此始行开中法，此后各行省边境，亦多效仿。但纳米与中盐的比例，各地不同，一般以道路远近而定等差。开中法实行之后，国家节省了大量的转运之费，边疆粮饷也得到了保障，《明史》称"有明盐法，莫善于开中"。此后，国家根据需要，又有纳马中盐、纳钞中盐、纳钱中盐、纳布中盐等办法。

（3）计口授盐法，也叫计口配盐法，就是令民输米，以供军食，官府给盐以偿其值。洪武三年，在实行开中法的同时，为了保证军食所需，令河南开封等处民户输米，然后，每户大口配给盐一斤，小口配给半斤；输米的多少，按地理远近定等差。在计口输米授盐的基础上，又衍生出"户口食盐纳钞法"。洪武二十四年（1391年），令扬州府泰州灶户，按户口纳钞，支领官盐。即受盐本应纳米，现折钞交纳。

（4）盐票法，世宗嘉靖十六年（1537年）两浙偏僻之地，官商不能到达，于是令土著商人纳银领票取盐，到偏僻之地贩卖，土著商人每百斤盐纳银8分。此种制度不同于官专卖，而且多侵正课。

（5）专商制，是指盐商直接与灶户进行交易。这是明朝后期对引岸法的一种变通。神宗万历四十五年（1617年）在袁世振行"纲法"的基础上，又行"仓盐折价"之法，即官府不再向灶户收盐，而令盐商按引纳银，盐商向官府买引后，则直接向灶户购盐。此种专卖制度，即属于专商制。自此，国家将收盐、运销之权全部交给商人，这是盐专卖制度的一大变化。

成祖永乐（1403—1424年）以后，由于灶户逃者多，盐产量降低，官收场盐供不应求，盐商久候待领，积引渐多。英宗正统五年（1440年），令两淮、两浙、长芦盐，实行常股、存积制度，以调剂供求。然收效有限。武宗以后，盐法渐坏，积引日增，盐利日减。神宗万历四十五年（1617年），袁世振议行"纲法"，即将淮北盐场，按顺序排为10纲，1纲卖积引，9纲卖现引，10年之内疏销完毕。并设置纲册，凡领引盐商，皆登记入册。纲册有名者，可赴本纲盐场领盐，纲册无名者不得加入，于是盐商成为专得某场盐利的专商。在此基础上，又行"仓盐折价"法，官府放弃收购权，由盐商直接与灶户交易，盐的运销的专商制自此始。

明朝盐税收入是仅次于田赋的占第二位的财政收入，几乎占明朝全部财政收入的一半，年约为银200万两。

二、茶税与茶专卖

明朝茶课起源于朱元璋建明以前，令商人纳钱请引，买茶贩卖。明朝建立以后，实行茶专卖，分为官茶和商茶。

1.官茶，即官府直接对茶的生产者课征的实物（茶）。如太祖洪武四年（1371年）规定陕西汉中诸县茶树，十株官取其一。无主茶园，令军士采摘，十取其八。所课之茶，以易番马。有时所课之茶，也改征折色，但不多见。

以茶易马，即实行茶马法。明朝，在河州、秦州、洮州、甘肃、岩州等地设茶马司，茶马司以茶向少数民族商人换取马匹，以助边政。以茶易马的比例，因各地情况不同而有所不同。一般有茶马司的地方，上等马一匹易茶40斤，中等马一匹易茶30斤，下等马一匹易茶20斤。实行茶马法，在于充实边疆马匹，减省百姓养马的徭役，所以是茶的良法。

2.商茶，也叫茶引法，即茶商向官府交纳钱或实物（或马、或米、或布）请引，凭引向茶户购茶贩卖。明朝商茶一律实行茶引制度，只是因时因地不同，运用不同的茶引形式，如洪武初规定每引茶100斤，纳引钱200文。此后，有以米易茶，太祖洪武三十年（1397年）至孝宗弘治七年（1494年），行于成都等地；有以盐易茶，宣德中行于甘州、西宁等地；有以马易茶，行于川陕等地。

此外，明朝还有贡茶，即地方直接上贡给中央朝廷的茶。贡茶制度始于宋。明朝初年，天下贡额不固定。如宜兴贡茶，宣宗宣德时（1426—1435年），增至29万余斤，后来规定为4 000斤。

三、坑冶课

明朝坑冶课主要包括金、银、铜、铁、铅、汞、朱砂、青绿（颜料）等。明初，不主张开矿，轻坑冶政策一直持续到仁宗（1425年）。到神宗万历时（1573—1620年），矿政渐趋紊乱。

明朝金银之课，一般采用包税制，即规定某场一年应纳税额，责民交纳。明朝初年，金银之课甚轻。福建各银场税课仅 2 670 余两，浙江岁课 2 800 余两。永乐（1403—1424年）以后，银课稍增，福建银课岁额 32 800 余两。万历以后，由于商品货币经济的发展，对金银的追求越来越迫切，于是以开银矿的名义，大肆掠夺百姓，坑冶之法由此而滥，并成为扰民的渊薮。

明朝铁冶较宋元时期发达。太祖洪武（1368—1398年）末，令民自由开采，国家抽课，三十分取二，以后禁民私贩，私贩铁者按私盐法处罚。

至于铜、汞、朱砂、青绿等矿，开采甚少，纳课甚微。

四、酒醋课

明初实行禁酒政策，直到后期，酒的生产也没有多大发展。由于酒的生产没有发展起来，所以酒课不占重要地位。而且酒税不上缴中央，令收贮于州县，以备其用，实质上是一种地方税。酒税税额一般以酒曲为计算单位，每 10 块酒曲，收税钞、牙钱税、塌房钞各 340 文，或征曲量的 2%。醋在明朝已不属禁榷之物，征税亦甚轻。

五、商税

明初，实行鼓励工商业发展的政策，所以商税课征，颇为简约。商税的征收机构为各地课税司局，国家对课税司局虽规定限额，但不务求增余。对不完成定额的税课司局，只核实而不问罪。课征办法，因课征对象不同而异。对行商、坐贾贩卖的各类手工业品一般估算货物的价值，从价计征；对竹木柴薪之类，实行抽分；对河泊所产，征收鱼课。课征手段，有本色，有折色，一般多以钞、钱缴纳。税率，一般为 1/30，且免税范围极广，凡嫁娶丧祭之物，自织布帛、农器、食物及买既税之物，车船运自己的物品，以及鱼、蔬、杂果非市贩者皆可免税。只是买卖亩宅、牲畜要纳税，契纸要纳工本费（太祖洪武二年（1369年）规定每线契纸为工本费 40 文）。为简化商税征收手续，还多次裁并税务机构。洪武十三年（1380年），一次裁并岁收额米不及 500 石的课税司局 364 处，其税课由府州县代征。为了防止税课官吏的侵渔，规定在征收商税之地设置店历（即登记册），登记客商姓名、人数、行止日期等内容，以备核查；同时明示征收商税的货物名称，未标明需要纳税的货物，均行免税。

明初，为便于商人交易、避免受牙人（经纪人）的要挟，明政府在南京（时为京师）沿江地方筑屋，名为塌房，以供商贮备商货。凡至南京客商，皆贮货于此，交易时，只准买卖双方进入塌房，禁止牙行出入。洪武二十四年（1391年）规定，在塌房贮货的客货，须交纳 2/30 的钱，称"塌房税"。另取 1/30 的免牙钱和 1/30 的房钱，用于支付看守塌房者的费用，而不属于税。永乐时，又将这种办法实行于北京。

明中期后，商税不仅税目不断增加，税率也时有提高。明朝新增的商税税目主要有如下诸种：

1.市肆门摊税

市肆门摊税，始于仁宗洪熙元年（1425年）正月。当时，统治者认为钞法不通，是因为对客商所贮之货不征税及售货门市阻挠所致，于是，便对两京以贩卖为主的蔬果园，对塌房、库房、店舍等贮货者，对骡驴车受雇装载者，一律征收市肆门摊税。这些税均须以钞缴纳，故也称市肆门摊课钞。到宣宗宣德四年（1429年），市肆门摊课钞推行于全国，税课增加了五倍。此后，这种以流通钞法为目的而课征的商税，更成为经常性的税目。

2.钞关税

钞关税行于宣宗宣德四年（1429年），目的也在于通行钞法。当时，在郭县、济宁、徐州、淮安、扬州、上新河、浒墅、九江、金沙州、临清、北新等沿运河和沿江要地，设立税关，称钞关。对"舟船受雇装载者"征钞，后来时或征银，所征之钞或银，称钞关税。钞关税初行时，只对受雇装货的过往船只征税，税额按船的梁头座数和船身长度计算，这种税称船料或船钞。如遮阳船头长1丈1尺，梁头16座，算作100料。宣德四年规定每百料，收钞100贯，后减为60贯。宪宗成化时（1465—1487年），船料钱钞中半兼收。世宗嘉靖八年（1529年），定制以银缴纳，每银5厘，折钞1贯；银1分，折钱1文。船钞税一般不税货，只税船，唯临清、北新兼收货税，其所榷本色钞、钱归于内库，以备赏赐；折色银两，归于太仓，以备边储。

3.工关税

工关税，系由工部派官，在芜湖、荆州、杭州三关置抽分竹木局，设官抽分竹木，以其税充工部船舶营缮之用，故名工关税。后抽分局属户部，但仍由工部代管。抽分竹木局的抽分对象为客商贩运的柴草、竹、藤、木、炭等；税率因时代不同而有高低，因品种不同而为等差。如柴草，一般三十分取一；黄白藤等，一般三十分取二；松木、松板、檀木、梨木、木竹、木炭，一般十取其二。英宗正统时（1436—1449年）三十分取四，英宗天顺时（1457—1464年）二十分取六，宪宗成化时（1465—1487年）十分取其一。工关税一般以实物缴纳，称本色；以后时有以银、钞缴纳者，称折色。

4.商税杂敛

除上述3种主要税目外，尚有一些杂敛，如武宗正德十一年（1516年）始征泰山碧霞元君祠香钱。又有门税，即在京城九门征收通过税。世宗嘉靖四十五年（1566年）于淮安征收过坝税，即对通过淮安坝之米麦杂粮所征之税，税额为1石征银1厘，以充军饷。穆宗隆庆四年（1570年）又每石搬运费一厘抽四五毫，叫脚抽。更从斛夫所得的每石工钱1厘5毫中抽取5毫，称斛抽。这些税征收数额甚微，但扰民滋甚。

明商税税额，孝宗弘治时（1488—1505年）课钞4 618万余贯，折银138 540两；世宗嘉靖时（1522—1566年），课钞50 26.8万余贯；神宗万历（1573—1620年）以后，横征暴敛剧增，所征课钞不可胜数。①

六、市舶课

明朝市舶的含义与宋元不同。宋元对进行海上贸易的中外船只均称市舶，明朝则专指在中国近海停泊的外国商船，而对中国居民载土产运往海外贸易的商船则称商舶。

明朝实行贡舶制，即海外诸国来华贸易，必须向明朝廷进贡，进贡后则准其贸易，如不进贡则不准贸易。所以，市舶又称贡舶。其市舶原则，既无财政目的，又无互通货贿的意义，唯以通好、怀柔为原则。在这种原则指导下，明朝对海外诸国来华贸易的货物，不征市舶课，有时官府对海舶带来的货物实行抽分，但却从优偿给其值，这种抽分实是官府高价收买而已。对于贡品，国家亦高于原价给其值。至于国内商船则实行禁海政策，一般严禁出海，只有官府派官率船出海，如郑和七下西洋即属于此。但其目的不在于进行贸易，只是招抚远人。明朝也设有市舶司，但只负责贡舶管理和监视、通报敌情，不负责商舶的管理和征税。

商舶的发展是在明后期万历年间。神宗万历二年（1574年），巡抚刘尧海以船税充饷，"岁以六千两为额"。于是制定海税禁约17章。自此，唯不准去日本贩日货通倭寇，去其他海外诸国皆可。

征税的税类，有水饷、陆饷、加增饷之分。所谓水饷，即以船的广狭为准，饷出于商船；所谓陆饷，即以货之多寡，计值征饷，其饷出于铺商；所谓加增饷，即去吕宋岛（在今菲律宾）的商船返回时所携带的商品甚少，征收水饷、陆饷不多，故对这些船加征150两，称加增饷。

商舶税课，万历四年（1576年）为1万两，万历十一年（1583年）为2万两，万历二十二年（1594年）增为2.9万余两。

七、明后期商、民反抗矿监、税监的斗争

明后期，统治者追求财富的欲望也越来越强烈，他们不择手段地搜刮工商业者和广大消费者，致使工商税制日趋紊乱，对人民的扰害也越来越大。尤其是矿税和商税，更成为商、民的沉重负担，严重阻滞了工商业的发展。

矿税之弊，源于太监领矿。英宗天顺时（1457—1464年），曾派太监负责提督浙江、福建、云南、四川等银矿。神宗万历二十四年（1596年）又大肆开矿，太监四出，皆给关防，他们借开采之名横索民财，陵轹州县。

自穆宗隆庆以后，凡桥梁、道路、关津皆私擅商税，罔利病民。神宗万历两宫三殿灾后，营建费用浩繁，于是大增天下商税，以充其费。万历二十六年（1598年）设立榷税使，由太监担任，四出征税。当时，"中官遍天下，非领税即领矿，驱胁官吏，务腠削焉"②。

太监以开矿、征税为名，勒索百姓，民不聊生，终于激起民变。民变事件各省均有。

---

① 本节所引未注明出处者均见《明史·志·食货五》。
② 此段所引均见《明史·志·食货五》。

例如，万历二十七年（1599年）陈奉在荆州督税激起民变，至武昌又激起商民暴动，商民万余人将陈奉同党五六人抛于江中。高淮在辽东督税，激起前卫屯军哗变及锦州松山军变。潘杨在江西为税监，激起景德镇窑工的反抗，烧毁官窑厂房。万历二十七年（1599年），临清民变，杀死马堂的党羽30余人。万历二十八年（1600年）蔚州矿工暴动，潮州民变。孙隆在苏州征商，激起民变，击毙孙隆的爪牙二人，捶死税官多人。万历三十年（1602年）高寀在福建苛征市舶税，激起民变，又督闽粤矿税，再次激起民变。杨荣在云南领矿，激起民变，民众万人，将杨荣投入火中。

明朝末年反矿监、税监的斗争是中国历史上的第一次，参加斗争的主要力量是城市手工业工人、小商人和城市贫民，一些工商业主如中产以上的商人、作坊主、窑主也参加了这一行列。这次斗争是以手工业工人、贫民为主的反封建税收压迫的一次斗争，在中国财政历史上具有重要的借鉴意义。

第四节

明朝的财政支出

明朝的财政支出数量最大者，"莫大于禄饷"（《明史·志·食货六》）。明初的80年间，统治者尚能节俭开支，但至英宗以后，皇室的挥霍、军费的开支、官俸的给付等，越来越庞大，致使国家财政年年入不敷出，财政危机越演越烈。

一、官俸支出

明朝的官俸支出，包括宗藩岁禄、百官俸禄等。

1.宗藩岁禄

宗藩岁禄即按年支付给王公、公主俸禄。明朝从洪武初大封宗藩，王公、公主受封之后，不仅待遇优厚，且"岁岁皆食俸禄"。例如，"洪武九年定诸王公主岁供之数：亲王，米五万石，钞二万五千贯，锦四十匹，纻丝三百匹，纱、罗各百匹，绢五百匹，冬夏布各千匹，绵二千两，盐二百引，花千斤，皆岁支。马料草，月支五十匹。其缎匹，岁给匠料，付王府自造"（《明史·志·食货六》）。此外，如靖江王、公主（包括未受封者）皆有数量不菲的岁供。此后，洪武二十八年（1395年）、仁宗即位之初（1425年）和英宗正统十二年（1447年）等年份，都曾进行了调整。随着宗藩人口的增长，到明中后期，宗藩岁禄已成为财政重要负担之一。

明朝还对诸王、公主赐田，十分混乱，而且扰民滋甚。出现这种状况，与皇帝的偏爱有着直接的关系。明初，"太祖赐勋臣公侯丞相以下庄田，多者百顷，亲王庄田千顷。又赐公侯暨武臣公田，又赐百官公田，以其租入充禄。指挥没于阵者皆赐公田"。后来因"勋臣庄佃，多倚威捍禁"，所以"其后公侯复岁禄，归赐田于官"（《明史·志·食货一》）。但赐田之事仍时有发生，终明之世，迄未断绝。

2.百官俸禄

明朝的百官俸禄，历经多次变革。明初曾实行给百官公田，以其租的收入抵充俸禄，后来下令"还田给禄"。太祖洪武十三年（1380年）规定文武官禄俸米、俸钞之制。百官岁禄，"正从一二三四品官，自千石至三百石，每阶递减百石，皆给俸钞三百贯。正五品二百二十石，从减五十石，钞皆百五十贯。正六品百二十石，从减十石，钞皆九十贯。正从七品视从六品递减十石，钞皆六十贯……"（《明史·志·食货六》）。此外，吏员、教官、首领官、杂职、宦官等皆月俸，米3石至1石不等，无钞。

太祖洪武二十年（1387年）九月，再次更定文武百官的岁禄，取消岁米之外加给的俸钞，并对各品级官员的岁禄做了微调。洪武二十五年（1392年）再次更定百官禄。"正一品月俸米八十七石，从一品至正三品，递减十三石至三十五石，从三品二十六石，正四品二十四石，从四品二十一石，正五品十六石，从五品十四石，正六品十石，从六品八石，正七品至从九品递减五斗，至五石而止。自后为永制。"（《明史·志·食货六》）虽说成为定制，但还是有多次变化。至于用以支付俸禄的手段，有实物，有货币，在实物中，有米、绵、丝、纱、罗、绢、盐、茶等，货币则包括钞、银等。支付的方式，包括本色、折色。本色即指规定支付的手段，如月米、折绢米、折银米。折色则指以本色转折他物，如本色折钞、绢布折钞等。

二、军事支出

明初的军制，在全国实行卫所制，自京师至州县设内外卫327人，大率一卫有5 600人，一千户所有1 120人，一百户所有112人。在这种制度下，军饷主要来源于屯田收入，国家补贴不多。"土木之变"以后，兵制改革，实行团营制，此法虽善，但由于屯政废弛，军事支出基本由国家负担。特别是明朝后期，沉重的军费负担，使国家财政不堪重负。

明朝主要的军费支出是卫所军士俸饷。俸饷的来源，有屯粮，有民运，有盐引，有京运；俸饷的标准，有主兵年例，有客兵年例。所谓屯粮，明初各镇皆有屯田，一军之田，足赡一军之用。所谓民运，屯粮不足时，加以民粮，包括麦、米、豆、草、布、钞、花绒等，后多议折银。所谓盐引，召商入粟开中，商人运粮至边境，以接济军屯所缺，后改为纳银，名存而实亡。所谓京运，始自英宗正统（1436—1449年）中，因屯粮、盐粮多废弛，则从京库运粮接济军饷。所谓主兵年例、客兵年例，即无论主兵还是客兵，所食俸饷皆有固定数额。开始时，各镇主兵足可镇守其地，以后主兵逐渐不足，遂募民为兵，而募兵不足，则增加客兵（外地调入之兵）。兵愈多，坐食愈众，而年例也日益增加。至于兵饷标准，其制屡变，一般按兵种、职责等给予数量不等的米、钞。如太祖洪武（1368—1398年）中，"令京外卫马军月支米二石，步军总旗一石五斗，小旗一石二斗，军一石。城守者如数给，屯田者半之。民匠充军者八斗，牧马千户所一石，民丁编军操练者一石，江阴横海水军稍班、碇手一石五斗"。成祖永乐时（1403—1424年），"令粮多之地，旗军月粮，八分支米，二分支钞"（《明史·志·食货六》）。

明朝所需军饷，到中后期，因募兵日多，规模不断扩大。孝宗弘治（1488—1505年）、武宗正德（1506—1521年）年间，岁不过43万两；至世宗嘉靖（1522—1566年）年间，增为270余万两；神宗万历（1573—1620年）年间，更增为380万两，为弘治、正德时的8.8倍。（《古今图书集成·食货典》）思宗崇祯时（1628—1644年）仅三饷加派就达1 200万两，军费一项，就使国家民穷财尽。除军饷，对有战功者还有大量的赏赐，也是开支甚巨。此外，明朝对军队的武器装备非常重视，设置兵仗局和军器局，管武器的制造与供应。从成祖永乐（1403—1424年）到思宗崇祯（1628—1644年）的200多年里，武器不断更新，成祖永乐时（1403—1424年）有神机枪炮、英宗天顺时（1457—1464年）有九龙筒、思宗崇祯时（1628—1644年）有"红夷炮"；平原作战有战车，海上作战有战船，加之铠甲、马匹，所费不赀。

三、皇室支出

明朝因为各代皇帝奢俭有别，皇室支出的规模也不尽相同。但总体观察，皇室支出的规模也是十分浩大的，其中包括上供、采造、柴炭、采木、珠池、织造、烧造、皇陵修缮等项。

上供是指各郡县献给皇帝的土特产品，明朝称为"岁办"。岁办不足，则官府出钱到市场购买，称"采办"。明初，上供简省，各地所献基本能够满足皇帝的需求。其后，本折兼收，采办愈繁，支出愈巨。至于每年所费银两，大体上"世宗末年，岁用止十七万两，穆宗裁二万，止十五万馀，经费省约矣。万历初年，益减至十三四万，中年渐增，几三十万，而铺户之累滋甚"（《明史·志·食货六》）。

采造，即采购奢侈品，是皇室支出的大宗。明初期的几代皇帝，还注意俭省，至英宗始，中官布列天下，又主管采造之权，于是费用大增，扰民滋甚，至宪宗（1465—1487年）更加肆无忌惮。史载：宪宗时，"购书采药之使，搜取珍玩，靡有孑遗。抑卖盐引，私采禽鸟，縻官帑，纳私赂，动以巨万计"。至世宗（1522—1566年）中期，"营建斋醮，采木采香，采珠玉宝石，吏民奔命不暇"。神宗时（1573—1620年），"开采之议大兴，费以钜万计，珠宝价增旧二十倍"，致使"内府告匮，至移济边银以供之"。（《明史·志·食货六》）

薪炭之费数额巨大。明初每年用薪炭只2 000多万斤。到孝宗弘治（1488—1505年）中，增至4 000多万斤。武宗正德（1506—1521年）中，用薪益多，买柴的钱增加3万余两。神宗万历（1573—1620年）中，每年柴价银就达30万两。这巨额的花销并没有全用在皇室身上，其中相当大的部分由主管采造的中官中饱私囊了。

采木之费尤巨。世宗嘉靖二十年（1541年），在湖广、四川采办大木以修建宫殿。嘉靖二十六年（1547年）采于川、湖、贵州，仅湖广一省费用达339万余两。万历中，为了修建宫殿而采楠杉诸木于湖广、四川、贵州，费银930余万两，征诸民间，较嘉靖年费更倍。"虚糜乾没，公私交困焉。"（《明史·志·食货六》）

　　此外，还有织造、烧造、采珠等，极尽奢华。以上皇室费用，"大约靡于英宗，继以宪、武，至世宗、神宗而极"（《明史·志·食货六》）。所有这些事务均由宦官办理。

　　修筑宫室和陵寝的费用巨大。明太祖建都南京，便开始建造宫殿，规模就很宏大。成祖永乐十八年（1420年），又大肆建造北京宫殿，规制仍如南京，规模宏大，豪华富丽，所费不赀。单以乾清宫的修建为例，便用银2 000余万两，役匠3 000余人，岁支工食米13 000余石。修建陵寝的费用更为浩繁。明朝营造了祖陵、皇陵（在凤阳）、孝陵（太祖陵，在南京钟山）、长陵（成祖陵）等17处山陵。成祖以后的13处陵，在京畿之昌平州（今称十三陵）。这些山陵的建造，所费多少，史无详载。据载："太祖即位……设祠祭署，置奉祀一员，陵户二百九十三……设皇陵卫并祠祭署，奉祀一员、祀丞三员……陵户三千三百四十二。"（《明史·志·礼十二》）仁宗（1425年）建献陵以后，靡费稍减。英宗即位（1436年），罢山陵夫役一万七千人。但自世宗葬永陵始，其制复侈。神宗葬定陵，费银至800余万两，费时6年。自太祖（1368—1398年）起，历成祖（1403—1424年）、仁宗（1425年）、宣宗（1426—1435年），皆用殉葬，多者至数十人。至英宗死（1464年），始遗诏罢宫女殉葬。

四、水利、航海等事业支出

　　明朝对水利事业较为重视，水利支出也较多。其目的，一是为了治理水患，二是为了漕运方便。在治理水患方面，主要是治理黄河。自建明以来，黄河多次决口，每次决口都要调动大量的人力、物力、财力进行治理。洪武初，试图堵塞河堤，但屡塞屡决，到代宗景泰六年（1455年）治黄成功，"凡费木铁竹石累数万，夫五万八千有奇，工五百五十馀日"。孝宗弘治三年（1490年），又役夫25万人治理黄河。世宗嘉靖十三年（1534年），"役夫十四万浚之"。嘉靖四十四年（1565年），工部尚书朱衡指出"役夫三十万，旷日持久，骚动三省"[1]。可见治河支出费用之大。此后，神宗万历四年（1576年）八月，开草湾工程，役夫四万四千。万历二十四年（1596年），役夫二十万等（《明史·志·河渠二》）。总之，明朝几乎每年都治理黄河，每年的治黄费用都十分浩大，但终不能根治黄河。

　　在治黄的同时亦治理运河。治理运河除防治水灾外，另一个目的就是改善漕运条件。明初建都南京，漕运量不大，而成祖建都北京后，漕运则以海漕为主，兼以陆路。但海漕常有海盗劫掠、风浪颠覆事故，而陆运亦十分艰难。成祖永乐八年（1410年）疏通会通河后，又相继疏通了大运河，从而废海漕而恢复河漕。

　　虽然明朝没有一直发展海漕，但航海事业却空前发达。这主要表现在永乐（1403—1424年）年间，郑和七下西洋。成祖永乐三年（1405年）至永乐二十二年（1424年），三保太监郑和先后七次率船队遍历南洋、锡兰岛、三佛齐等，最远达非洲东岸的木骨都束、不剌哇、竹步等30余国和地区。率领船只最多达62只，载士卒27 500人。宣宗宣

---

　　① 本段所引均见《明史·志·河渠一》。

德六年（1431年）又出洋一次。郑和下西洋是中国空前壮举，在世界影响很大。不仅促进了明朝外贸事业的发展，而且对后世的外贸事业也有巨大影响。但其耗费也是巨大的。正如《明史·列传·宦官一》所说，郑和下西洋"取无名宝物，不可胜计，而中国耗废亦不赀"。

五、社会保障支出

明朝的社会保障同宋朝一样，就其救助的内容而言，主要是赈灾救荒，此外还有婴幼救助、贫病救治、济贫助学、赡养鳏寡老人、死葬相恤等项。

1.赈灾与蠲免

明朝统治者十分重视赈灾工作，特别是太祖、成祖、仁宗、宣宗。世宗、神宗虽然不愿意管民事，但对于赈灾一事却不敢疏忽。对于有灾不报、延误救灾者，一律严加处罚。

为了及时赈灾，国家采取了一系列措施。比如，设立预备仓，以备水旱灾荒。在灾情紧急时，时常将起运至京师的粮食截留下来，甚至取皇室仓库的粮食以济燃眉之急。如果受灾郡县没有多余的储备，则从周边郡县运粮赈济。并且，国家令富人蠲免佃户的地租，令大户之家向贫民借贷粮食，国家以免除其杂役作为利息，丰年偿还。开放皇庄、湖泊等山泽，任民采取。饥民还籍，官府给以口粮。京、通仓米，平价出粜，以平抑粮价。而且，创行了"赈米之法"，"大口六斗，小口三斗，五岁以下不与"。此外，还规定可以纳米赈济赎罪、补官办法。世宗时又实行赈粥之法，即在灾区由官府设粥棚，每日定时煮粥，以赈灾民。

明朝还有报灾制度，太祖洪武时（1368—1398年）不拘时限，灾情发生即时上报。孝宗弘治（1488—1505年）中规定：夏灾不得过五月终，秋灾不得过九月终。神宗万历时（1573—1620年）规定，近地五月、七月，边地七月、九月。对于受灾地区的赋税减免，洪武时，勘灾既实，尽与蠲免。弘治中，始定全灾免七分，自九分灾以下递减，又止免存留，不及起运，后遂为永制。

2.养老

朱元璋于建明之初就曾下诏，指示各地要行养老之政。唯恐天下没有实行，于是在洪武二十年（1387年）又一次下诏，令天下行养老之政。诏书说："凡耆民年八十以上、乡党称善、贫无产业者，月给米三斗，肉五斤；九十以上者加帛一匹，绵一斤。若有田产能自赡者，止给酒肉絮帛。其应天、凤阳二府富民九十以上赐爵社士，八十以上赐爵里士，咸许冠带，复其家。尚虑有司奉行不至，尔礼部以朕命谕之。"（《明太祖宝训》卷二）

3.贫困救助

国家除赈灾之外，对贫困无告者，国家给予适当救助，具体包括收养无依无靠的老人和儿童。史载："太祖设养济院收无告者，月给粮。设漏泽园葬贫民。"终明之世，"养济院""漏泽园"之设，基本没有终止。太祖洪武三年（1370年），在府州县设立惠民药局，救治军民之贫病者。此外，还有其他一些救助方式，如"天下府州县立义冢"，又如"鬻子女者，官为收赎"，"建官舍以处流民，给粮以收弃婴"等[1]。

第五节

明朝的财政管理

随着中央集权制的加强，财政管理权也在进一步强化。太祖朱元璋建国之初，曾依元朝旧制，设中书省，置左、右丞相。洪武十三年（1380年）以原丞相胡惟庸案为借口，杀胡惟庸，同时废除宰相制，提高六部地位，大权尽揽于皇帝之手。其管理制度如下：

一、财政管理体制与管理机构

明朝仍为中央集权制的财政管理体制，没有划分中央财政和地方财政，但从中央到府、州、县都设有财政管理机构，以保证财政法令的贯彻执行。财权牢牢地把握在皇帝手中，这与高度发达的君主集权制是相辅相成的。在这种情况下，各级地方行政长官依据政令均直接担负财政、税务的责任，赋税征收情况是官吏考核内容之一。

财政管理机构的具体设置如下：

1.中央财政管理机构

明朝中央财政管理机构是户部，户部设尚书，主管天下户口、田赋、征役、盐政、钱谷、坑冶、关市等。明朝不设丞相，户部直隶于皇帝，其属初设4个清吏司，即民部、度支、金部、仓部，后分13个清吏司，每清吏司下属民、度、金、仓4科。民科主管土地、户口、物产；度支科主管会计；金科主管天下渔盐、税课等工商税收；仓科主管两税的起运及仓库。

清吏司亦兼管两京、直隶贡赋，及诸司、卫所禄俸，边镇粮饷，并各仓盐课、钞关。

此外，还有中央派出机构，如都转运盐使司、都转运使、盐课提举司，市舶提举司，茶马司等。

2.省、府、县财政管理机构

（1）省的财政管理机构

明朝设十三省，各省以承宣布政使司主管财政。凡一省之民政、户口、赋役、钱谷，

---

① 以上未注明出版者见《明史·志·食货一》《明史·志·食货二》。

均由布政使司统管。

承宣布政使司下，设都转运盐使司（凡6司），盐课提举司（凡7司），市舶提举司（凡3司），茶马司，分别主管盐、茶、对外贸易等事务。以上诸司名义上分隶行省，但直接由中央控制，等于中央（户部）的派出机构。

应天府（明初的国都）直隶中央，属省级，其下有二县，即宛平、大兴，县设都税司、宣课司、税课司、批验所，分管赋役和工商税的征解。同时规定，由兵马指挥司管理市场。顺天府（明永乐以后的国都）的建制、管辖同应天府。

（2）府的财政管理机构

府设知府，主管一府财政，包括赋役、户籍和会计等，以及籍账、军匠、驿递、马牧、仓库、河渠、沟防、道路之事，皆总领而稽核之。下设税课司，专管赋税，包括工商税收、契税。有河泊之地，设河泊所，主管渔课。洪武十五年（1382年）定天下河泊所凡252所。产铁之地设铁冶所，主管铁冶之课。设批验所，掌握验看茶、盐引。

（3）县的财政管理机构

县设知县，主管一县财政，包括赋役管理、黄册登造和会计等。县设税课司，主管工商税收、契税，有河泊之地设河泊所，有冶铁之地设铁冶所，同时设茶、盐引批验所，职掌同府。

此外，明朝有州一级政权，但有的州隶省，有的州属府。凡隶省的州，财政管理机构同府；属府的州，财政管理机构同县。

二、会计、预算与监察

1.会计

明朝的会计制度较宋、元有所发展。从会计组织上看，明朝户部下的度支部即主管会计工作，省、府、州、县都有主管会计的部门或人员。

明朝的账簿也较前朝有显著的进步，国家制定了统一的账簿格式，颁行全国，这种账簿称"印信文簿"，或称"印簿"或"文簿"，并规定每天登记，定期选官送到部里。账簿的格式是按"四柱式"设计的，而"四柱式黄册""四柱式清册"，皆依据这种账簿编制。

印信文簿是国家的主要账簿，具有总账的性质，此外中央各部门、地方府州又设置专项分类账簿，诸如盐院的"红字簿""钞关文簿"等。账簿的记录以金额为主，这是会计核算上的新开端。账簿的登记或以货币度量；或即登记实数，又登记数量折银或钱的金额，这在前朝是很少见的。

总之，明朝的会计制度，无论是会计组织，还是账簿的设置都较前朝有明显的进步。

2.预算

明朝财政困难，常常入不敷出，为了解除财政收不抵支的困扰，控制财政收支规模，皇帝往往依据往年会计录所载收支之数制定当年收支预算之数，以图量入为出，国计不亏。通过会计录反映出来的预算项目有：起运若干、留存若干、供给边防若干，列项记载。其他项目如内府亲藩及文武官员、卫所旗军，并内外在官俸数，祭祀、修造、供给等费用，以每年最高出入数为基数，制定次年收支之数。预算的编制由户部负总责。

3.监察

明朝为强化君主集权制，进一步扩大了监察机关的权力。在中央设立都察院，都察院直属皇帝。都察院下设都御史、监察御史。监察御史派出时为巡按御史，分巡十三道，即浙江道、江西道、河南道、山东道、福建道、四川道、广东道、广西道、贵州道、陕西道、湖广道、山西道、云南道。都御史可审核中央财政，监察御史的职责范围很广，其中巡盐、茶、马，查算钱粮是其重要职责之一。监察御史的权力很大，其奏书可直达皇帝。

明朝虽提高了监察的地位，但财政监察发挥的作用却不大，尤其后期，由于太监专权，都察院和监察御史等于虚设。皇帝之奢侈、官吏之贪腐，仍十分严重。

三、库藏制度

明朝的库藏大体分为三大类：

第一类是外仓，包括军储仓、各省仓库、预备仓、常平及社仓、漕运仓等。其中，军储仓属军备仓库，京师及边境诸卫皆有；预备仓、常平及社仓，属备荒类的储备仓，各州府县皆设；漕运仓，亦称水次仓，以资转运；各行省有仓，以供官吏俸禄。

第二类是两京库藏，其中包括内府库、里库、外府库、太仓库等。其中，内府凡10库，有内承运库、广积库、乙字库、丁字库、戊字库、赃罚库、广惠库、广盈库、天财库、供用库等，以上统称为内库；里库，属皇家仓库，有内东裕库、宝藏库；其会归门、宝善门迤东及南城磁器诸库，则谓之外府库，收储内府诸监司局等应储诸物；太仓库，始设于英宗，用于收储税银，故又谓之银库。

第三类为布政司、都司、直省府州县卫所仓库。诸布政司、都司、直省府州县卫所皆有库，以贮金银、钱钞、丝帛、赃罚诸物。巡按御史3年一盘查。各运司皆有库贮银，年终，巡盐御史委官察之。

明初，"天下府库各有存积，边饷不借支於内，京师不收括于外"，以示藏富于民之意。至明武宗时（1506—1521年），人称"立皇帝"的宦官刘瑾专权，命令各省库藏尽输京师。此后，开始了中央向地方搜刮的先河。由此可见，明朝对仓库损害最严重的，就是宦官。他们横索无厌，苛剥百端，危害无穷。

四、屯田管理

明前期的统治者都很重视屯田，这是因为屯田不仅能解决军需民食、减轻赋役，同时也能安置流民、稳定社会、巩固边防。明朝的屯田，包括军屯、民屯和商屯。

所谓民屯，即"移民就宽乡，或召募或罪徒者为民屯，皆领之有司"，就是说，招募百姓移民屯田，或犯官家属被发配边疆垦田，都称为民屯，由有关官府负责。史载，河南、山东、北平、陕西、山西、直隶、宁夏、辽东等都曾实行民屯。其分配办法，或按收益实行分成制，如太祖洪武二年（1369年）中书省建议凡官给牛种者十税五，自备者十税三；或按亩起科，如洪武五年（1372年）"亩收租一斗"。

所谓军屯，即由士卒屯田，由卫所负责实施。"边地，三分守城，七分屯种；内地，二分守城，八分屯种。每军受田五十亩为一分，给耕牛、农具，教树植，复租赋，遣官劝输，诛侵暴之吏。初亩税一斗。三十五年①定科则：军田一分，正粮十二石，贮屯仓，听本军自支，馀粮为本卫所官军俸粮。"永乐（1403—1424年）初年，制定了屯田官军赏罚条例：岁食米12石外余6石为率，多者赏钞，缺者罚俸。又以田肥瘠不同，法宜有别，命官军各种样田，以其岁收之数进行考核。此后对军屯之制进行了多次改革。自英宗正统（1436—1449年）后，屯政逐渐废弛，而屯粮还存有2/3。其后屯田多为内监、军官占夺，法尽坏。

所谓商屯，产生于明初，当时"募盐商于各边开中，谓之商屯"。到孝宗弘治（1488—1505年）中，开中法受到破坏，商屯之制废弛。②

明中后期，虽然仍有人主张恢复屯田，但时过境迁终于未能恢复如初，直至明亡。

五、漕运管理

明太祖朱元璋定都金陵时，定漕运为300万石，因近调江浙等省大米，运线不长，且水陆交通便利，尚不甚劳民。及成祖朱棣定都北京后，运线延长达3 000多里，百姓负担因而加重。明朝的漕运之法，几经变化：洪武（1368—1398年）末年开始实行海运，但因航海技术不发达，海上多险，岁运不过五六十万石。成祖永乐四年（1406年）行海陆兼运，将南方的粮食由江淮运武阳，然后陆运至卫辉，从卫辉海运至北京，每年运粮100万石。永乐十三年（1415年），会通河与江淮河道修通后，停止海运，改行河运。各地百姓只需将漕粮运交就近仓口，然后分为淮安至徐州、徐州至德州、德州至通州等段，由官军节节接运。每年4次，运粮300余万石，称为支运。

由于江南百姓往返支运耗时过长，影响农事，同时在里河运输时因不习河事，失陷劳费倍于正课。宣宗宣德六年（1431年）规定，各地百姓将粮运到附近府、州、县水次，兑与卫所官军，由官军运往京师，百姓只贴给耗米、轻赍银供运军路上使用，此法叫作兑运。后因江南等处兑运，每受官军勒索，粮户仍要自运。宪宗成化（1465—1487年）年间，改为由粮户在水次兑与军船，由官军长运，遂为定制。

$$\{\!\!\!\!\sim\!\!\!\!\sim\!\!\!\!\sim \textbf{综合训练} \sim\!\!\!\!\sim\!\!\!\!\sim\!\!\!\!\}$$

关键概念

赋役黄册　鱼鳞图册　里甲之役　均徭　一条鞭法　开中法　茶马法　市肆门摊税
钞关税　工关税

---

① 洪武纪年止于三十一年（1398年），无三十五年。因成祖朱棣不承认建文纪年，故将建文四年称为洪武三十五年（1402）。
② 本节所引均见《明史·志·食货一》。

复习思考题

1.明朝末年有哪些田赋加派？有何负效应？

2.明朝的市舶课有什么特点？

3.简述明朝的社会保障制度。

4.明朝的屯田制度包括哪些内容？

即测即评 8

综合训练参考答案 8

第九章 清前期的财政

16世纪末，东北女真族在努尔哈赤的统领下逐步壮大，1616年，建立后金政权，皇太极时改为清。1644年，清军入关，迁都北京，开始长达268年的统治。其中，鸦片战争（1840年）以前，清朝还是一个主权独立的封建帝国，史称清前期；鸦片战争以后至清帝退位（1912年2月），清朝逐渐沦为了半殖民地半封建社会，史称清后期。本章阐述清前期的财政制度。

第一节

清前期的政治经济概况

一、清前期的政治概况

精研深探
9-1

康熙的简介

清朝在努尔哈赤建立后金之前，还是一个奴隶制的部落，入主中原前后迅速进入封建制社会，在这种情况下，一系列政治矛盾摆到了清统治者的面前。

首先是国内民族矛盾。清军入关之初，为了镇压汉族人民的反抗和巩固清朝政权，先是在内地大肆屠杀和掳夺汉族百姓，后来又在浙江、福建、广东等省实行海禁，禁止出海贸易、捕鱼，并几次下令迁海，将沿海各省居民内迁50里，致使沿海一带人烟断绝。这种血腥的屠杀、野蛮的统治，一直持续了20年才逐渐平息。此外，清初买卖人口和逼汉人投充为满人的奴隶现象严重，为避免奴婢逃跑，还特别制定了苛刻的"逃人法"，以保护奴隶制度。这种制度直到康熙三十九年（1700年），才逐渐废除。

其次是统治体制的矛盾。清入关前，一直实行八旗旗主"同心干国""共议国政"的

"合议制"政治体制，入关之后，这种体制已不利于清朝的封建统治，于是承袭明制，强化中央集权的封建专制，以满洲贵族为统治主体。清政府还通过各种措施，加强了对西藏、新疆、蒙古及东北、西南等边疆地区的统治，并在台湾设置府县。

最后是中外国际的民族矛盾。在中国社会故步自封时，西方国家却迅速完成了工业革命走上了资本主义道路。然而，贪欲使西方国家走上海外殖民扩张的血腥之路，中国成为他们觊觎的侵略对象，至鸦片战争前，中国和外国侵略势力的矛盾也日益尖锐，直至鸦片战争爆发。

二、清前期的经济概况

清军入关后，曾遭到汉族人民奋力反抗。经过20多年的战争，清王朝最终统一了包括台湾在内的整个中国。然而，由于明末清初的长期战乱，加之清朝贵族野蛮地圈地、迁海和疯狂地杀掠，致使各地土地荒芜，人烟稀少，社会经济遭到了严重的破坏，生产力急剧下降。

清初经济的衰退不仅给人民造成了极大的痛苦，加剧了社会的阶级矛盾和民族矛盾，也造成了清政府严重的财政危机。面对社会危机的日益加深，清初的统治者逐渐认识到，必须采取一些经济措施以缓和阶级矛盾和社会危机，否则不利于政权的巩固。这些措施包括：

（1）实行减免赋役政策。顺治入关之初，就根据各地的不同情况，分别减免田赋，并对明末田赋加派，如辽饷、剿饷、练饷及召买米豆尽行蠲免。并以《赋役全书》所载为正额，其余各项加增尽行免除。

（2）停止圈地。自顺治四年（1647年）以后曾多次下达禁止圈地令，康熙八年（1669年）再次下达停止圈地令，并诏令当年圈占的土地悉数归还于民，至此延续10余年的圈地运动得以停止。

（3）招募流亡，奖励垦荒。清朝统治者多次"令所在有司广加招徕，给以荒田，永为口业，六年之后，方议征租。各州县以招民劝耕之多寡、道府以责成催督之勤惰为殿最。岁终，抚按考核以闻"（《清史稿·本纪·世祖本记一》）。

（4）实行"更名田"。康熙八年（1669年），清政府下令把坐落在直隶、山西、山东、河南、湖北、湖南、陕西、甘肃等8省共约18万顷的明朝藩王的土地，给予原来佃种的农民，改为民户，称为更名田，承为永业。这等于清政府在法律上承认了农民的土地所有权，有利于安定社会秩序，发展农业生产。

（5）改革赋役。针对赋役不均的矛盾，康熙五十一年（1712年）实行"滋生人丁，永不加赋"的政策，并从康熙五十五年（1716年）开始实行摊丁入地的改革，从此解除了封建徭役对人身的束缚。

此外，清初的统治者还大力兴修水利，以促进农业生产发展；降低商税税率，以促进工商业的发展。

这些措施，有力地促进了清初经济的复苏和发展。农业得到了恢复，商业逐步繁荣，纺织、矿冶、陶瓷、制糖、造船等手工业也逐步发展。还新兴了许多市镇，除佛山、汉口、朱仙、景德四大名镇外，其他地方如四川巴县，也是"万家烟聚，坊厢鏖市"。在社会稳定、经济繁荣的情况下，人口也出现了爆炸性增长。

精研深探
9-2

乾隆的简介

康雍乾盛世，延续了近一个世纪，至乾隆（1736—1795年）中叶，开始由盛转衰，自1774年爆发山东的王伦起义之后，内地与边疆少数民族的抗清斗争，风起云涌，此伏彼起，从此，清朝的统治一蹶不振。

三、清前期的财政特点

清朝前期，与政治经济状况相适应，其财政有如下特点：

第一，实行中央集权的财政管理体制。与高度发达的中央集权政治制度相适应，清前期的财政管理体制也是中央集权。不仅财政的决策权集中于中央，财力也主要集中于中央。地方各级政府负责征收的赋税收入，除按额存留用于支付地方公用经费和官吏俸禄外，"一丝一粒无不解送京师"，由户部负责分配。地方如有需要，必须事先请旨，然后方能动支；凡有新的征收项目或开支项目，须经得皇帝同意，方可施行。这种体制，有利之处是调度方便，利于监督；但也有统得过死、地方无丝毫机动财力的问题，不利于地方经济和社会的发展。

第二，财政收支对比，基本上奉行量入为出的原则。清朝初期虽然没有近代意义上的国家预算，但在正常情况下，对财政收入和支出，国家都有严格的规定。从康熙到乾隆年间，一般都能做到收支平衡而有所结余。

第三，财政收入以地税、丁银为大宗，属于正赋。清朝入关之初根据万历条鞭册征收地税、丁税。由于赋役册籍不实，于是在康、雍、乾时期推行了摊丁入地，实现了赋役合一、计亩征银，有利于赋役负担的公平，有利于财政收入的稳定。此外，清前期还有盐课、关税、漕粮、杂赋（如茶课、矿税等）以及各类耗羡，也是财政收入的基本来源。清朝前期虽然工商税收的种类越来越多，但在财政收入中始终居于次要地位，这种格局直到清后期厘金开征后才有改变。

第四，财政支出以军费、俸禄、皇室支出为大宗。清前期的财政支出项目有数十项之多，尤以军费、俸禄、皇室开支为主，这些支出项目主要是为了保证国家机器的运转和满足统治集团的消费。

第五，注意加强财政管理。清朝从顺治、康熙时起，就着手建立一套完整的奏销审计制度。并且，清前期也注意把国家财政与皇室财政区分开来。这些措施有利于加强管理，确保财政收支正常、规范。

第二节

清前期的赋役

一、田制与户政

（一）田制

清前期的田制，有民田、官田、屯田和营田水利等名目。

1.民田

民田属于民有田地，根据占有方式又分为：（1）民赋田，即普通农户的私有土地；（2）更名田，指清入关后从明朝各藩处没收后归原佃种的农民垦种，并向国家缴纳地租的土地；（3）退圈地，即清入关之初圈赐给旗丁，其后因旗丁不善耕垦，致使土地荒芜，于是又退归平民的土地；（4）归并卫所地，即明末为卫所管辖，其后归平民的土地；（5）灶地，即沿海产盐之地；（6）恩赏地，原属八旗马场，因坐落较远，官府不便管理，于是交由当地百姓耕垦之地；（7）官折田地，原系官田折价售给百姓之地。此外，还有农桑地、苇课地、山地、草地、湖地等。清前期土地兼并严重，以致土地高度集中在少数地主手中，"一邑之中，有田者什一，无田者什九"。

2.官田

官田系归清政府所有的土地，其中包括皇室宗亲、八旗驻防官田，不隶属州县，而由内务府和亲王贝勒等设庄头收租。这些土地按其来源，可分为来自"圈地"的官田和清军入关时汉族地主"带地投充"所奉献的土地两大类。按其隶属关系，可分为官庄（皇庄）、粮庄、部寺官庄、园地、各旗王公宗室庄田等五大类。若按其用途，又可分为牧地、籍田地、学田、祭田等四大类。官田租给人民耕种，有关官署征收地租。

3.屯田

屯田为赡军地，本为官田，由士兵、商人屯垦，以济军粮，清初屯田沿明制。以地域划分，有直省屯田及新疆、东三省、蒙古、青海、江浙、福建、热河、甘肃、宁夏等地的屯田等，可以说，清朝的屯田遍布全国各地。其后因军制的改革、税制征银及海运的开通，屯田失去存在的价值，遂由国有变为民有。

清世祖顺治（1644—1661年）入关之初，规定垦荒兴屯之令："凡州、县、卫无主荒地，分给流民及官兵屯种。如力不能垦，官给牛具、籽种，或量假屯资。次年纳半，三年全纳。"此后又规定："直省屯田，官助牛种者，所收籽粒三分取一；民自备者，当年十分取一，二年、三年三分取一。"康熙时（1662—1722年）"凡新垦地，初定三年起科。嗣又宽至六年后。寻令通计十年。既仍用六年例，亦有循三年旧制者"（《清史稿·志·食货一》）。

4.营田水利

营田是屯田的一种，即在适宜种水稻之地，开垦荒地，兴建水田。据载，康熙时在天津开垦万亩荒地为水田。雍正（1723—1735年）曾于滦、蓟创行营田，并于天津等属分立营田四局，由专官管理。原属百姓所耕之地，官给工本，修建水利设施，并如募江、浙老农，教习耕种水田。此后，乾隆（1736—1795年）、同治（1862—1874年）直至光绪（1875—1908年），都曾兴水利，建营田，从而扩大了耕地面积，提高了粮食产量和质量。

（二）户政

1.户籍类别

清朝户籍，有普通籍与特别籍之分。特别籍指旗籍、藩籍两种，普通籍指一般民户的户籍。顺治三年（1646年）分军、民、驿、灶、医、卜、工、乐八类。顺治五年（1648年），定编审之法，分籍为四：军、民、匠、灶。又各分上、中、下三等。凡民男16至60岁称丁，女称口，男未成丁也称口。丁口系于户。清初，有编制户口牌甲之令，其法：在州县城乡，每十户立一牌长，每十牌立一甲长，每十甲立一保长。每户发给印牌，上面书写姓名、丁口，外出则写明所去的地方，入住则写明来自何处。届期人丁造册层层上报，达于户部。凡载籍于丁，60岁以上开除，16岁以上添注。增丁即增赋。

2.户口编审

为了征收丁赋的需要，顺治十一年（1654年）清政府规定，3年编审一次人丁。造册上报时，依四柱清册式，详载原额、新增、开除、实在4个方面的数字。丁分民丁、站丁、土军丁、卫丁、屯丁。还载每名人丁征银若干。对隐匿捏造者治罪。顺治十五年（1658年），改为5年一次编审。摊丁入地、丁银固定后，编审无补实政，遂于雍正四年（1726年）停止，而行保甲之制。乾隆三十七年（1772年），永停编审。自此以后，唯有运漕军丁4年一编审而已。但每年底还须向户部呈报人、谷细数。

清初规定，归服内地的少数民族，可以向官府申请入籍。此外，"改籍为良"，即将原来受歧视之民户，改为一般民户。这是清政府户籍管理的两大特点。

二、赋役及附加

（一）清初的赋役

清初田赋征收沿用明朝的一条鞭法。清入关之初，由于明朝的赋役册籍多毁于战火，而全国还未完全统一，一时难以新造册籍，只能以万历时的赋役旧册作为征收依据。田地依土壤的肥瘠，分为上中下三等，每等又分为三则，即有三等九则的区别，作为征收赋役的依据。但同一等则，各省各地相差很大。有的还不限于九则。如苏州的昆山有五十九则，元和县有五十三则，松江府不过四五则。徭役仍沿明朝旧制，有里甲和各种职役，按丁征派，分银差、力差，具体征收办法，"直省丁徭，有分三等九则者，有一条鞭征者，有丁随地派者，有丁随丁派者。其后改随地派，十居其七"（《清史稿·志·食货二》）。田赋征收的物品，包括粮、钱、银，以银为主。分夏秋两季征收，夏征在二至五月，称为上忙，秋征在八至十一月，称为下忙。

　　清廷入主中原后，对赋役制度也进行一些整顿。具体措施包括：（1）整顿赋役册籍。顺治十一年（1654年）修订《赋役全书》，详列地丁原额、亡失人丁数、新开荒地数、赋役实际征派数及存留起运数。康熙二十四年（1685年）又将田赋尾数删除，只载起运、存留、漕项、河工等重要款目，编成《简明赋役全书》。赋役全书的编成，使国家征派赋役有法可依，使百姓纳税有章可循。（2）取缔豪户抗粮，以改变占隐、拖欠钱粮等积弊。（3）改进征收方法，以防官吏贪污中饱。如颁行易知由单法，使百姓及时了解纳税时间、数量、品种，避免官吏从中作弊；设立滚单法，按户依次传递，既可催征赋税，又避免吏胥上门催讨，搔扰百姓；收税时允许百姓亲自缴到官府，称"自纳簿柜"，又称"自封投柜"；根据纳税的缓急，分为十期缴纳，这叫分限法，又称截票法，缴纳一次，剪掉一票，从而避免百姓因征收急促而受到伤害。（《清史稿·志·食货二》）

　　这些措施收到了一定的成效，但不可能根本解决赋役制度方面存在的问题。这些问题主要是：（1）征收的赋税主要是地税丁银，土地和丁额经常变动，如编审不实，就影响税收。（2）人口的增长快于耕地面积的增加，而土地又日益集中在官僚豪绅手中，赋役负担不均严重，佃农人数日益扩大，丁银的负担日益沉重，迫使无地的农民逃隐。（3）官吏、乡绅、举贡等营私作弊，或巧设名目多征、重征、预征；或代贫民纳未纳之粮，以后强迫其加倍偿还；或包揽代纳当地各户之税，借以索取不法之利；或诡寄飞洒，隐占蒙混。（4）朝廷对编审溢额一直采取奖励办法，由于豪绅的隐匿和农民的逃亡，户口册中显示的溢额越来越少。地方唯恐朝廷催迫，往往多留少报，使朝廷感到丁银难征，赋额不稳。

　　清朝统治者面对上述弊端，不得不在一条鞭法的基础上实行进一步的改革。于是地丁银制度便应运而生了。

　　（二）地丁银制度

　　1.地丁银制度的实施与内容

　　康熙五十一年（1712年）二月，玄烨谕廷臣："海宇承平日久，户口日增，地未加广，应以现在丁册定为常额，自后所生人丁，不征收钱粮，编审时，止将实数查明造报。"后廷臣会议讨论决定："五十年以后，谓之盛世滋生人丁，永不加赋。仍五岁一编审。"此后户部又具体规定："缺额人丁，以本户新添者抵补；不足，以亲戚丁多者补之；又不足，以同甲粮多之丁补之。"（《清史稿·志·食货二》）这样，清政府以康熙五十年（1711年）丁册所载人丁数定为常额（24 621 324丁），丁银固定在335万余两。这就为实施地丁银制度创造了有利条件。

　　在此基础上，康熙五十五年（1716年），首先在广东、四川两省率先试行地丁银制度。雍正元年（1723年）后，改革则全面铺开。各省摊丁入地的时间和丁银摊入地亩的分配办法很不一致。最早者，如广东，远在康熙五十五年（1716年）即已实行；最晚者，直至乾隆四十二年（1777年）才实行。但大多数省份都集中在雍正二年至七年（1724—1729年）推行，就是说，6年的时间里全国基本上实行了地丁银制度。

　　地丁银制度的计摊办法多样，大多数省份主要采取这两种办法：一种是按每一两田赋银（地税）摊入一定数额的丁银，即摊丁入地，如直隶、福建等省，每田赋银一两，摊丁银 2~3 钱；另一种是按每一亩田摊入一定数额的丁银，也叫摊丁入亩，如江苏每亩摊 0.011~0.629 钱，贵州每亩摊 0.054 钱。另外，从计摊的范围看，有的是通省统一计摊，有的是各州县计摊。各地所摊的标准不同，与各地的经济条件、历史因素有关，由于各地地、丁原额有多少之别，所以分摊的标准也就有高低之差。清朝的赋役大抵形成了西北役重而赋轻、东南赋重而役轻的格局，故摊丁入地之时，北方摊入的丁银标准重于南方。

地丁银制度是明朝一条鞭法的继续与发展，也标志着中国封建社会赋役改革的完成。二者的共同点是将丁银（丁役）并入地税（田赋），不同的是，地丁银制度较一条鞭法实行的范围更大，推行到全国。并且，地丁银制度在赋役合一程度上，较一条鞭法更彻底。

2.地丁银制度的意义与局限

地丁银制度作为我国赋役史上一次重大改革，它的进步意义在于：（1）完成了我国历史上赋役合并的过程，无地的农民和工商业者不再负担丁银，相对减轻了徭役的困扰，有利于工商业的发展。（2）丁银并入田亩以后，使税负与负担能力挂钩，田多则赋多，田少则赋少，赋役负担较以前更为均平。（3）纳地丁银的人，名义上不再服徭役，封建国家对劳动人民的人身束缚相对削弱了，有利于资本主义的萌芽和发展。（4）将丁银固定摊入地亩，既有利于封建国家财政收入的稳定，又使征收手续简便。（5）宣布"盛世滋生人丁，永不加赋"，有利于人口的增长、人民的安居、生产的发展。史载，"保甲无减匿、里户不逃亡，贫民免敲扑"。史载，顺治十八年（1661年）全国人丁数为 1 913 万，到康熙五十年（1711年）增为 2 462 万。乾隆以后，全国人口（男女老幼）数，乾隆六年（1741年）为 14 003 余万，乾隆五十五年（1790年）又增加到 30 001 余万。道光二十年（1840年）更增长到 41 200 余万。人口的迅速增长，摊丁入地是主要原因之一。

然而，地丁银制度也不可避免地存在着阶级局限性和欺骗性。这具体表现在：（1）摊丁入地是出自统治者的利益需要而推行的。当时认为"天下有贫丁而无贫地"，因"恐民力不齐，贫户丁钱不能时输"，才"稍均于地"。可见，清廷实行摊丁入地并不是一种德政，只是为了财政收入的稳定，改变一下征收方式而已。（2）"永不加赋"只是名义，实则负担不断加重。摊丁入地时，不少地区丁银的实摊额超过了原额，比如直隶原额为420 800 余两，实摊 421 223 两，溢额 400 多两。一省如此，全国溢额总数就可观了。摊丁入地后，地税随耕地的扩大而增加，丁银也随之增加。（3）无地贫民的负担也没真正减轻。摊丁入地没有改变封建剥削关系，无地贫民租种地主的土地，要交占产量50%左右的地租，还要负担地主转嫁而来的各种赋役。清政府对地主向佃农转嫁地丁负担的行为，采取怂恿的态度，宣称"租无所出，赋从何来"？有的地方政府甚至明令，佃户输租时，"每亩米加二升，银加二分，以助产主完丁之费"（《雍正浙江通志》卷七十一，载《钦定四库全书》）。

随着时间的推移，摊丁入地逐渐失去其进步作用，而成为统治者肆意剥削人民的工具。

据《清史稿》载："顺治季年，岁征银二千一百五十馀万两，粮六百四十馀万石；康熙中，岁征银二千四百四十馀万两，粮四百三十馀万石；雍正初，岁征银二千六百三十馀万两，粮四百七十馀万石；高宗末年，岁征银二千九百九十馀万两，粮八百三十馀万石，为极盛云。"（《清史稿·志·食货二》）由每年所征银、粮不断增加的情况来看，也可以说明"永不加赋"的虚伪性。

（三）赋役附加

清自康熙宣布"永不加赋"之后，赋役加派现象不断出现，并日益加重。

1.耗羡（火耗）

耗羡是地方政府为弥补在上解前将所收碎银熔铸成银锭过程中的损耗而征收的一种附加税。其税率为1%，而实际征收往往超过此数。史载："行之既久，州县重敛于民，上司苛索州县，一遇公事，加派私征，名色繁多，又不止于重耗而已。"（《清史稿·志·食货二》）在雍正实行火耗归公之前，火耗是官吏贪贿的重要手段。

2.平余与重戥（děng）

平余是地方政府按火耗加征的部分，属于羡外之羡，其中一部分要上交给户部，所以是由户部与地方政府共享的加征。这项加征也有在耗羡内划扣者，但大多数是在耗羡之外的加征。乾隆二年（1737年），四川巡抚硕色奏称，该省沿陋例，于火耗税羡外，每银百两，提6钱，名为平余，以充衙门杂事之用。乾隆皇帝认为是贪官污吏所为，下令革除，实际上明除暗存。重戥也属于羡外之羡，即在征收正项税收时，将戥头暗中加重，多征额外之银，多征的银数即属"重戥"之入。例如，四川省的一些地方官吏巧为营私，将戥头暗中加重，每两加至一钱有余，小民受剥削之累。

3.漕粮附加

漕粮是田赋的一种形式，系清政府规定由水道运往北京，供官、军食用的税粮。清朝承明朝漕运之后，废民运，改为官收官兑。凡由州县直接运至京仓者，称为正兑。凡运到通州仓者，称为改兑。都附加损耗，随正粮入仓。漕粮的附加浮收名目很多。为补损耗的加征称为正耗；旗丁运粮时，勒索"帮费"，各级官吏都要"漕规"，衙门佐理人员也要"房费"，这些都使得州县加派浮收。此外，农民交粮时，吏胥百般挑剔，或说好米是次米，大打折扣，或用脚踢量器而多收，总之绞尽脑汁刻剥农民。嘉庆（1796—1820年）、道光（1821—1850年）年间，各省漕粮准收折色，多以银钱完纳，当粮折银时，征收之银在粮价以上，所以漕粮折银而无形增赋。

4.杂役

清摊丁入地后，农民本应无役，但实际上从中央到地方都有临时调派，人称差外之差。此种差役的摊派，有这样几种形式：一是不分贫富和田地多寡，按户出差夫；二是不分村庄大小，按村平均分摊；三是按牛驴等牲畜头数出钱，或按土地亩数出钱。这后一种情形，由于富户时常勾结官吏作弊，其负担最后仍转嫁到贫民身上。

第三节

清前期的工商税收

清前期，虽然清朝入关之初一度对工商业实施压制政策，但到康熙时期随着工商业的政策调整，受到摧残的工商业恢复和发展，因此，工商税收也得到进一步的发展。

一、盐课

清前期统治者对盐利十分重视，盐税收入较多。清朝盐法沿用明制，稍有损益。主要采取官督商办、官运商销、商运商销、商运民销、民运民销、官督民销、官督商销等7种形式。盐法种类虽多，但行之既广且久的是官督商销制，即引岸制，也称纲法，实质上是专商制。这种办法有两个好处：一是国家有稳定的财政收入；二是保证盐商的特权。两者是互为依托的，国家和盐商各得其利。

纲法规定，灶户纳税后，才允许制盐，生产的盐不能擅自销售。盐商分为场商和运商。场商纳课后，凭支单到盐场收购灶户生产的盐，并储于盐场中由官府管辖的仓坨。运商纳税后，领得引票，到指定盐场支盐，运到指定的引岸销售。所谓"引"，是运商纳税后准许贩运的凭证。引由户部颁发，称为部引，每年由盐运司领回。每引运盐斤数，多则800斤（两浙），少则250斤，一般为300~400斤。所谓"引岸"，是指销盐区域，即引界、引地。因盐商认引地时，曾费巨资，且税收管理机关将运商的姓名、所销引数、销区在纲册上注册登记，所以运商所认定的销区是独占的，故又叫"引窝""根窝"。凡不领引或越境销售，都算违法，称作私盐。由于食盐被盐商专利独占，所以食盐价高利厚，给消费者带来沉重负担。

清朝盐税，初期较轻。顺治元年（1644年）下诏："运司盐法，递年增加，有新饷、练饷杂项加派等银，深为厉商，尽行蠲免，本年仍免额引三分之一。"（《清史稿·本纪·世祖本纪一》）顺治八年（1651年）皇帝又谕各盐运司："止许征解额课，不许分外勒索余银。"盐税的税额后来有所增加，如淮南每引征银由6钱7分增至1两1钱7分，淮北由5钱5分增至1两5分。

清朝道光（1821—1850年）以前唯有盐课，盐课主要分场课和引课两大类。场课有滩课、灶课、锅课、井课之分；引课有正课、包课、杂课之别。场课的纳税人是盐的生产者和收购盐的商人，即灶丁和场商，主要是对灶丁课丁税，对晒盐的盐滩按亩征地税，对场商按收购额征税。引课是盐税的主要部分，正课是对贩盐的运商按盐引征的税；包课是对于偏僻的产盐地，许民间自制自用或商人包区专卖，对包销商或制造商征收的税；杂课即盐课附加，是盐政衙门多年相因形成的陋规，如饭食银、笔墨纸杂税银等，皆取之盐商。

清前期的盐税收入，初期约200万两，中叶为550万两。

清乾隆（1736—1795年）、嘉庆（1796—1820年）年间，盐商势力极盛，每遇国家有重大军事行动，或大灾大赈，或河防工需，盐商就捐输巨款。如两淮盐商捐输额高达38 266 000两，美其名曰"报效"，实则为取得皇帝的恩遇，不仅能得到世袭垄断权、长获厚利，还可以少纳税或延期纳税，并可自定盐价，甚至能干预朝政。

二、茶税

清初茶课之制，沿用明朝茶法，有官茶，用于储边易马；商茶，给引征课；贡茶，供皇室用。

官茶征收实物，大小引均按5/10征纳，在陕西、甘肃一带交换马匹，设专员办理，称为巡视茶马御史。交换比例为上马给茶12篦（10斤为一篦，10篦为一引），中马给9篦，下马给7篦。所换的牡马供给边兵，牝马交付所司牧孳。康熙（1662—1722年）年间，停止巡视茶马专员，归各省巡抚兼管。因清统一后，马已足用，对官茶的需要减少，而对商茶课税则渐有定制。

雍正八年（1730年）始定川茶征税例，由户部颁发茶引与各地方官，茶商纳课领引才能往产茶地购茶，行销各有定域，无引者称为私茶。有的州县承引无商可给，只是发给种茶户经纪人。户部宝泉局铸造茶引和茶由，各直省预期请领，年办年销，茶百斤为一引，不及百斤，称为畸零，另给户帖。凡伪造茶引，或贩卖假茶，以及私自同外国人买卖的，皆按律科罪。陕西省商运官茶，按旧例每百斤准加带14斤外，再加耗茶14斤。乾隆元年（1736年），令甘肃官茶改征折色，每篦输钱5钱。其他各省纳课轻重不一，四川起初是以茶园为单位，按茶树株数定税额，因茶树有多有少，茶园有大有小，税负不均平，改照斤两收缴，旧例每斤征课2厘5毫，后征4丝9忽，雍正八年（1730年）定为1厘2毫5丝，令商人于茶价内扣存，随引赴地方官照数完解。湖北咸宁、通域等种茶的7州县领引发给种茶户经纪坐销，建始县给商行销。对坐销，每引征银1两，行销，征税2钱5分，课1钱2分5厘。浙江每引征税银1钱，北新关征税银2分9厘2毫8丝。江苏、江西、安徽三省发引，但课税均经过各关按则征收。也有省份不行茶引，如直隶、河南、山东、山西、广东、广西等省，只于茶商过境时课税，或略收落地税，附于关税报销，或附于其他税报部。

广义上说，清朝的茶税包括课与税两项，有茶引称茶课，无茶引称茶税。

贡茶系皇室用茶，每年一百余篓，由办引委员于所收茶引买价内办解。[①]

三、矿税

清初，鉴于明朝竞言矿利、矿监四出、暴敛病民的教训，不再用宦官管理矿政，而是由民自采，输税于官。如果有碍禁山风水，破坏民田房舍墓地，或聚众生事扰民，或遇灾歉收而粮价上涨，则停止采矿。此后由于民间不断偷采，迫于形势，康熙（1662—1722

---

① 本节所引均见《清史稿·志·食货五》。

年）年间清廷不得不放宽限制，许民开采，由政府派官吏监督，但仍时兴时废。例如康熙年间，曾遣官监采山西应州、陕西临潼、山东莱阳银矿。康熙二十二年（1683年），悉行停止。至乾隆二年（1737年），又陆续开禁。以后逐渐放开了对银、金矿的开采。乾隆（1736—1795年）年间，云南、贵州、广东、广西、四川、湖南、浙江、福建、山西等省有金、银、铜、铁、铅矿约200余处。嘉庆（1796—1820年）、道光（1821—1850年）年间，又令禁止开采金矿，银矿也禁一部分，至咸丰时（1851—1861年）方开禁。

采矿的经营方式各地不尽相同，大多采取较为宽松的制度，如在云南，把冶铜和煮盐均改为私营或官督商办，几斤以下的铜、铅允许自由买卖，并停止收税。由于国家的宽松政策，所以采矿业发展较快，以铜矿为例，乾隆时（1736—1795年）"大厂矿丁六七万，次亦万馀。近则土民远及黔、粤，仰食矿利者，奔走相属"。

由于在采矿问题上，时禁时开，矿税的征收，在不同时间、不同地方也轻重不同。康熙十九年（1680年），各省开采的金银，以十分为率，四分解部，六分抵还工本。康熙二十一年（1682年），定云南银矿官收四分，给民六分。康熙五十二年（1713年），定湖南郴州黑铅矿，取出母银，官收半税。康熙五十九年（1720年），贵州银铅矿，实行"二八"收税（税率为20%）。雍正（1723—1735）以后，大半按二八定例，即官税十分之二，其余四分发价官收，另四分听其贩运。

四、酒税

清前期禁止酿酒贩卖。歉收之年，禁酿更严。但丰收年稍有放宽。边区地寒，借酒御寒，不在禁列。乾隆二年（1737年），直隶、河南、山东、山西、陕西五省禁造烧酒。违禁烧酒，照律杖一百。

清初因禁酒，故不对酒征税。许可酿造时，酒税收入也不列入国家财政收入。自雍正五年（1727年）后，对通州酒铺每月征营业税，上户征银1钱5分，中户1钱，下户8分。乾隆二十二年（1757年）下旨，令地方官发执照，征酤税，乾隆四十五年（1780年），奏准杭州照北新关收税旧列，酒十坛，约计200斤，税银2分。可见，清前期的酒税是很轻的。

五、关税

清前期关税包括内地常关税和海关税（即国境关税）两大类。

（一）内地常关税

清前期的境内常关，有户关（又称钞关），有工关，与海关之称相对。户关隶属于户部，工关隶属于工部。户关与工关设置的数量，各代不一，时有兴废，但呈逐年增加之势，康熙二十五年（1686年）时设户关大约20个，到乾隆（1736—1795年）年间已在各省设有户关43个之多。常关税因之包括户关税和工关税。

户关税是由户部掌管的税收，包括正项税课与杂项税课。（1）正项税课又分三类：正税、商税、船料税。正税是在货物的出产地征税，如竹木税，首先在采伐地征收正税，然后再征其他税项；商税又称"过税"，是通过关卡时对货物征收的从价税，这种税是关税中的主要税项，其中包括衣物税、食物税、用物税和杂货税等若干种；船料税是对船舶按船梁大小所征之税。以上3种税不一定同时征收，有的征其一种，有的征其两种，有时同时并征。正项税课国家通常都有定额，定额之外超收部分称盈余。（2）杂项税课包括各类苛杂收入。如火耗、落地税（又称"坐税"）和各种手续费，如签量费、饭食费、客费等等，还有其他陋规征银，内容十分繁杂。清朝的落地税多附于关税征收，且多留于地方，或作为地方官府的开支，或收入私囊，大多不入国家税收的正额。史载，雍正三年（1725年）"广西梧州一年收税银四五万两不等，止解正项银一万一千八百两；浔州一年收税银二万两，止解正项银二千六百两"。

工关税是从明朝沿袭下来的，由工部掌管。其本意是征取一定数量的竹、木、砖、瓦、沙、石，用以修建船只、道路、桥梁水坝等公益性建设，后来工部同户部一样，在商旅辐辏之地、关津要冲之处税船税货，类同户关税。

清前期，对常关税的征收办法，大致包括以下几个方面：

第一，公布税则、设柜收税。顺治十年（1653年）时，曾要求各关卡将税则写成榜文或刻于木板之上公布于关口，并设收银柜，过往商旅按规定的课银数额，自己将税银投入柜中，不得额外勒索火耗和各种陋规。同时，禁止关卡的吏卒代替商民填写纳税单据，或随意拦截客商纳税。康熙五年（1666年）再次申令各直省官刊示税则，雍正六年（1728年），又定各关关税税则。乾隆元年（1736年），定各省税课则例，并颁行于世。这次所定税收则例，共列95条，其中户关73条、工关22条。

第二，确定课税标准。清初各关在具体征收时虽有课税标准，但极不统一，而且额外加征又很多，如火耗、盈余、盖印费、验单费、验货费、补水费、办公费等，这样关税的税率毫无约束力。尽管如此，清朝统治者对各关的税收定额还是十分关注的，如雍正皇帝就强调要"取于民有制"，并指令各地订立税收则例。

至于各代的具体税种的税率，据史料记载，顺治十六年（1659年）在永平、密云设关，征收木植税，税率为2/10，顺治十八年（1661年），复征各关口木植税，税率为1/10。（《清史稿·志·食货六》）康熙二十五年（1686年）时，各关税则较为详细，但极不统一。有的征收从价税，税率一般在3%左右；有的按船的大小（梁头）征税，由银3钱至银3两4钱9分2厘不等；有的按尺寸石斤，抽银不等，如珍珠每斤收课银2钱，玉已成器者每斤收课银4分、未成器者每斤收课银1分7厘有奇。（《钦定皇朝文献通考》卷二十七，载《钦定四库全书》）

第三，避免重复征税。康熙五十三年（1714年）规定经厦门验过的江、浙商船，如在台湾停泊，不重征关税。又规定福建糖船至厦门者，赴关纳税，其往江浙贸易者免征。

第四，减免。清初，曾多次减免关税，减免关税的原因是多方面的：一是为了笼络人心；二是因灾减免；三是关税重引起商民不满，不得不减。此外，对载运货物赈济灾区的船只、对客商随身携带的日常用品、对载粮船所必需且数量又少的货物可免税，等等。①

常关税的税收总额各代不一。康熙二十五年（1686年），定额为 1 174 482 两，实收为 1 219 782 两，当年溢额为 45 300 两。

（二）海关税

1. 海关的设置

清入关之初，曾沿袭明后期的市舶制，允许商民出海贸易，到顺治七年（1650年）时，海外贸易仍很繁荣。顺治十二年（1655年）以后实行禁海政策，并多次发布禁令，进而又实行迁海政策，将沿海居民迁徙到内地，并禁止商船出海，以杜绝沿海居民与反清复明势力及海盗的往来。至康熙二十三年（1684年），当时台湾诸岛的反清势力和"三藩之乱"均已平灭，海道畅通，遂下达开海令："今海内一统，海宇宁谧，无论满汉人等一体，令出海贸易，以彰富庶之治，得旨允行。"并在广州、漳州、宁波、云台山（今连云港）设四海关，开展与海外诸国的贸易。

然而，清前期的统治者所实行的开海贸易，是有一定限度的开海贸易，并非无原则的开海贸易。其表现是：（1）在政治形势发生变化时，往往断绝与某国的贸易往来。例如，康熙五十六年（1717年）时，就曾因人口大量移居海外，遂以噶罗巴及吕宋皆红毛西洋泊船之处、藏匿盗贼甚多为名，而停止同南洋诸国的贸易。（2）只开四海关，必要时只允许在粤海关交易而关闭其他关口。例如，乾隆二十年（1755年），英国商人私自在定海港停泊，强行建立贸易据点，乾隆皇帝断然"申禁洋船不准收泊浙海，有驶至者，乃令回粤贸易纳税"（《清史稿·志·食货六》）。这时，中国与西洋人的贸易，实际上已由四口通商缩减为一口通商。再如，乾隆二十四年（1759年），英国商人喀喇生和通事洪任辉等人，未经朝廷批准，擅自从海道闯入天津，强烈要求在宁波港贸易并揭露粤海关的弊端，清政府一方面派人赴粤海关调查，同时也对洪任辉的行为判了罪，并下了大牢，不久释放。（《清史稿·志·交邦二·英吉利》）上述种种事实，明确体现了一个主权国家行使本国的正当权利，而不为外国人的意志所左右的主权独立意识，这是值得重视的一条历史经验。

2. 海关税制

清前期的海关税制主要有以下几项：

（1）制定海关税则例。在康熙二十三年（1684年）开放四海关的同时，即颁布了粤海关《海税则例》。这个则例是试行则例，康熙二十八年（1689年）始正式颁行江浙闽粤四海关征税则例；乾隆二十二年（1757年）又增订浙闽二海关税则，从而奠定了清前期海关税收制度的基础。

（2）确定种类及税率。清前期的海关税主要包括三大类，即货税、船料、渔课。此外还有各种杂征、规费。具体内容如下：

---

① 以上未注明出处者均见《清史稿·志·食货六》。

货税，是对进出口的货物所征之税。康熙二十八年（1689年）的税则规定，货税不论进口、出口，均分为四种：食物、衣物、用物、杂物，并分列货物名称，凡则例中未载者免于征税。进口税与出口税，分别制定税率，在正常情况下，进口税税率为从价4%，出口税税率为从价1.6%。但也有特殊情况，如乾隆二十二年（1757年），为限制西洋各国商船擅自到浙江定海停泊、牟取暴利的不法行为，对其出口的中国货物（丝等），实行正税加耗办法，使出口货税的税率达4.9%以上，比粤海关的税率重一倍以上。

船料，即船钞，是对进出口载货的商船所征之税，相当于吨税。清前期的船料征收沿袭明制，实行"丈抽法"。以粤海关为例，其制：按商船梁头大小，分东洋、西洋和本省。东洋船分4等，西洋船分3等，本省发往外国等大船亦分4等，按等征收。康熙二十四年（1685年），减税3/10。到乾隆元年（1736年）时，每船按梁头征银2 000两左右。（《皇朝通典》卷八十五）乾隆二十二年（1757年），为限制英国商船到定海停泊，亦对船钞加倍征收。

渔课，是对进出口的渔船所征之税，包含两项：一项是渔税，不属于海关税，而由海关代征，每年两次征收；一项是货税，即对渔船进出口时所携带的米谷之类征收，按梁头，5尺2寸以上的船只，归地方征收；5尺以下归海关征收。康熙二十三年（1684年），规定福建沿海无篷桅捕鱼船税，归地方征收；其有篷桅捕鱼船由海关监督征收梁头税。康熙二十八年（1689年），对采捕鱼虾及民间日用之物并为了糊口的贸易船只免于征税。乾隆元年（1736年）规定，依照田房税银之例，分别上、中、下3等征课。（《钦定皇朝文献通考》卷二十七，载《钦定四库全书》）

此外，还有若干苛征杂费。诸如规银，是在正税之外征收的一种手续费，但负担过重，按船料的8/10进行征收，所以乾隆年间一度革除，时过不久又恢复如旧，至道光时（1821—1850年），正式制定比例纳入正税；埠租，是对渔课的加征，乾隆时（1736—1795年）革除。还有许多杂费，诸如"税饷脚费""饭食""支销""充饷""缴送"等，不胜枚举。

（3）海关税的减免。清前期对海关税也时有减免，具体包括对贡船免税、对运米船免税。此外，还有一些临时性减免，以及对杂费的减免等。

（三）陆路国境关税

清前期，属于陆路国境关税者，唯与俄罗斯的贸易征税。自康熙二十八年（1689年）与沙俄订立《尼布楚条约》以后两国建立贸易关系，当时规定一年一次，开关互市。但税率及征收办法未详。

与有从属关系的国家的贸易征税，如朝鲜、越南、缅甸等国均属于清朝的属国，其贸易征税，类似国内之常关税，且往往"以柔远人"为名，免征或减征关税。与朝鲜的贸易往来，只征中国人的税收，不征朝鲜人的税收；乾隆二十九年（1764年）规定，外番商货至回部贸易者三十而抽一，皮货二十而抽一，回商往外番贸易者二十而抽一，皮货十而抽一（《清史稿·志·食货六》）。

六、杂税

1.落地税

落地税是商人购得货物到店发卖时所征的税。这种税在明朝已经存在，清初曾一再申明，革除明末的落地税。随着商品经济的发展，落地税在康熙以后又有发展之势。但全国始终没有统一的税法，而由地方官吏随时酌收，无固定征收地点，也无定额。一般来说在各市集乡镇，附于关税征收。其收入之款交由地方留作公费，不入国税正项。实际上，其收入多为官吏贪占殆尽。（《钦定皇朝文献通考》卷二十六，载《钦定四库全书》）由于官吏苛征落地税，以致激起民愤，雍正十三年（1735年），为了缓和民愤，清廷规定落地税只在府州县城照旧征收。乡镇村落，则尽行禁革，其弊稍改，但变相的征收仍然存在。

2.牙税

牙税是对牙侩、牙行或牙商等经纪人征收的税。这些人要从事经纪人业务，需请领执照，即牙帖。官府在发给牙帖时，则对牙帖收费，称牙税。后来，州县衙门出于某种需要，任意增发牙帖。一些市井无赖、地痞流氓自称经纪，到州县衙门领取牙帖，每纸仅费二三钱，而后持帖至市，把持抽分，强制从事任何大小粗细货物的买卖者交纳牙帖税，从而，市场多一牙户，商民多一苦累。

牙帖税率，各地不一，时有增减。除牙帖税外，还要交年捐，即牙行开业之后，每年分两期，依营业额大小分等，税银约50至1 000两。（《钦定皇朝文献通考》卷三十一，载《钦定四库全书》）

3.当税

当税为清初所创，系当铺营业税，当税由当帖而生。当帖为营业许可证。一般当铺或小抵押铺，于领取当帖获得营业许可权时，需缴当税，每年一次。顺治九年（1652年），"定直省典铺税例：在外当铺每年定税银五两，其在京当铺并各铺，仍令顺天府查照铺面酌量征收"（《钦定皇朝文献通考》卷二十六，载《钦定四库全书》）。康熙三年（1664年），规定依照营业规模大小年纳银5两、3两、2两5钱不等。雍正六年（1728年），清廷制定了当帖规则，凡营业铺业者，须呈明县知事，转呈藩司请帖（执照）按年纳税，其税率较康熙时（1662—1722年）约高一倍。乾隆时（1736—1795年）又有增减。

4.契税

契税也称为田房契税，是对买卖典押土地房屋等不动产所课的税。清初，只课买契，不课典契，后来，渐及典契。顺治四年（1647年）规定，民间买卖土地房屋者，由买主依卖价每一两课税银三分，官于契尾钤盖官印为证。雍正七年（1729年），规定契税每两纳三分以外，加征一分，作为科场经费。（《钦定大清会典则例》卷五十，载《钦定四库全书》）契税税率一般是，买契为9%，典契为4.5%。

5.牲畜税

清初规定，凡买卖牲畜，按价征收3%。乾隆（1736—1795年）、嘉庆（1796—1820年）以后，各省先后征牲畜税，但仅对贸易开征，尚未对屠宰牲畜征税。清末始有屠宰税。

6.其他杂税

清初，地方杂税大兴，如宛平有铺面行税；江宁有布廛输钞；京师有琉璃、亮瓦两厂计檩输税。这些都类似房捐，至乾隆（1736—1795年）年间，逐渐废止。此外，还有其他临时加征的杂税，如车税、花捐、灯捐、妓捐等。各省新设立的名目大致相同，此类杂税，没有定制，故苛扰之弊，在所难免。

第四节

清前期的财政支出

为了保证国家机器的正常运转，满足统治集团的奢侈欲望，清朝设置了数十项财政支出项目，其中大宗为军费支出、官俸支出、皇室支出，此外还设置了工程费、教育费、赏赐费、宫廷费等项。

一、皇室支出

皇室经费主要是指皇帝及其后宫所耗用的财政资金。其中包括皇室日常生活费用，祭祀、庆典、礼乐、巡幸等项费用，以及皇太后、皇后、嫔妃的俸金，宫室和陵寝建筑费等。

皇室的费用来源有三：一是来自皇庄的地租。当时清朝皇帝的皇庄主要集中在北畿辅一带，共占地 13 27 280 亩，赋粮 93 440 石，菽 2 225 石，刍 81 940 束[①]。二是来自各部族、各省督抚、王公大臣商贾的土贡。三是按照皇帝的裁定，从户部拨入内务府的国家财政资金。

清初，皇室还是比较节俭的，所以费用支出不太大。据康熙二十九年（1690年）大学士等奏，宫殿建筑费用不及前明的 3/10，生活费用仅及 1/10。康熙四十九年（1710年）谕大学士："明朝费用甚奢，兴作亦广，一日之费，可抵今一年之用……明季宫女至九千人，内监至十万人，饭食不能徧及，日有饿死者；今则宫中不过四五百人而已。"（《钦定皇朝文献通考》卷三十九，载《钦定四库全书》）这些记载难免有溢美之词，但也可以看出当时的统治者确实是比较节俭的。

随着时间的推移，统治者开始逐渐腐化起来，特别是嘉庆（1796—1820年）以后，皇室费用日益增加，对国家财政的侵蚀也越来越多。这时皇庄的地租和土贡根本无法满足皇室的需要，于是便将大量的国家财政资金挪作皇室的私用，例如嘉庆九年（1804年）转结内务府的盈余税粮，仅浙海关就有 4.4 万两，扬州关 7.1 万两，浒墅关 25 万两。

---

① 胡钧. 中国财政史讲义 [M]. 上海：商务印书馆，1920：318.另据《钦定大清会典则例》卷三十四所载，八旗庄园占地数字，统计为 13 338.54 顷；又据《钦定皇朝文献通考》卷五所载，康熙十六年（1677年），总计官庄田共 5 748 顷 30 亩，银 38 924 两，草 121 709 束；康熙二十八年（1689年），地 14 534 顷，原征租银 202 267 两，酌复租银 113 225 两，每年共应征租 315 492 两有奇。

后宫费用巨大。后宫人员费用包括太后、皇后、嫔妃等所耗费用。对这些人，既要支付年例（每年定额、定期支付的俸金），还要支付每天的生活费用。据载，皇太后的年例支出就十分浩大，此外，还有皇贵妃、贵妃、妃、嫔、贵人、常在、答应等数百人至数千人（《日下旧闻考》），所费甚巨。此外，太监、宫女数量也在增加，清初仅四五百人，乾隆初已达3 000人，其官俸役食也为数不菲。

宫室和陵寝建筑也是一项大宗开支，内务府空虚时，则由户部支付。仅以圆明园为例，从康熙时（1662—1722年）开始营建，到乾隆时（1736—1795年）基本完成，道光时（1821—1850年）又有所修建，历时百余年，耗银达2亿两。

二、俸禄支出

清初的官俸分为八大类，即宗室之俸（共20等）、公主格格之俸（共14等）、世爵之俸（共20等）、文职官之俸（共10等）、八旗武官之俸（共9等）、绿营武官之俸（共9等）、外蒙古之俸（共9等）、回爵之俸（共9等）。

顺治（1644—1661年）初，"王公官俸各费需二百馀万两"；乾隆三十一年（1766年）统计，"岁出三千数百馀万之大数，"其中"王公百官俸九十馀万两，外藩王公俸十二万两有奇，文职养廉三百四十七万两有奇，武职养廉八十万两有奇，京官各衙门公费饭食十四万两有奇"，这里尚不包括"宗室年俸津贴"，总计543万两（《清史稿·志·食货六》），占支出总数的18%。嘉庆十七年（1812年）"岁出银三千五百十万两"，而官俸银为191.4万两、文官养廉银284.1万两、绿营和驻防八旗养廉银104.5万两，总计为580万两，占财政支出的16.5%。此后，这项支出不断增加，占财政支出的比重也越来越大。

1.宗室王公俸禄

清朝宗室王公仍依亲疏封以爵位，并按爵位分给土地（清初允许圈地数量）建立庄田，此外还支付世爵俸禄，还可以任命其进入政府机关任职，同时支付高于同级官吏的俸禄。

按清乾隆时的规定，清宗室的俸禄，亲王年俸银10 000两，最低一级的宗室云骑尉品级年俸也达80两。同时规定每银一两给米一斛。此后又有增减。公主、额驸（即公主的丈夫）的俸禄，最高者固伦公主400两、额驸280两，最低的额驸也达105两。此后又有增减。世爵俸禄，一等公年700两，最低一级的云骑尉品级年80两。同时每银一两给禄米一斛[1]。此为乾隆朝（1736—1795年）制定的标准，以后各朝多有修正，均有增减。各朝人数变动较大，而且常常有临时追加，所以很难统计出综合的支出数字。

2.各级官吏俸禄

清朝的官俸制度比较复杂，额俸之外，还有柴薪银、恩俸、养廉银、官员公费以及役食、杂支等项。

（1）额俸，即正俸。每年俸银在京文武官一品180两，至从九品31.5两。另按俸银每

---

[1] 此段所引均见《钦定大清会典则例》卷五十一。斛，南宋以前10斗为斛，南宋末年改为5斗为斛，2斛为石。

两给俸米一斛。在外文官俸银同于在京官员，但没有禄米，在外武官俸银只及在京武官的一半，封疆大吏总督的年俸180两，至县令、府学教授31.5两。吏役钱粮较薄，斋夫年12两，铺兵年8两，门子皂隶、马夫、库事、斗级、轿伞扇夫、禁卒年6两。此后又有增减。而顺治四年（1647年）规定的俸银中，还有按品级支付的蔬菜烛炭银、心红纸张银、案衣什物银等项，至此划一标准。

（2）柴薪银。顺治元年（1644年）规定，在俸银之外，每年只给汉官柴薪银，一品、二品为144两，三品124两，四品72两，五品、六品48两，七品36两，八品24两，九品12两。

（3）恩俸。雍正三年（1725年）"特旨加增汉官俸米，而各部堂官又加恩，给以双俸"。乾隆元年（1736年），又仿双俸之例，"将在京大小文官俸银加一倍赏给，令其用度从容，益得专心於官守"。此即清朝恩俸之始。

（4）养廉银。雍正时将各省征收的耗羡收缴归公，并以此项收入的一部分支付官吏以养廉，遂有养廉银之称。

（5）公费银。乾隆十八年（1753年）规定按品级给公费银，每月5两、4两、3两、2.2两、2两、1.5两、1两等7个档次。这项银两名义上是作为办公费用，实际都分给了官吏，成为俸禄的一种补充。[①]

中国古代官俸一直较低，其中"明官俸最薄。"然而清初官员的薪俸比明朝更低。但清中后期，官吏的俸禄以各种名义不断增加，成为清朝财政的大宗支出之一。清朝俸禄的特点之一，即实行双俸之制，又称"恩俸"，这是以前历代所无者，从而也有效地弥补了清朝官俸微薄的弊端。

三、军费支出

清入关之初，忙于征服中原，所以军费支出浩繁，致使财政连年入不敷出。康熙二十一年（1682年）收复台湾以后，国内政治一度稳定，军费支出进入正常状态，这时主要是养兵之费。乾隆时（1736—1795年）发生了几次大的战役，耗费巨大，但这些军费的组织，都是通过临时性加派、卖官鬻爵及商人报效等手段筹措的，不列入经常性财政支出，所以在财政账面上仍然表现为财政节余，有很强的欺骗性。

清前期的兵制是在原来满洲八旗兵制的基础上，入关后又借鉴了明朝的军事建制建立起来的，其兵种有八旗、绿营、水师，又有防军、乡兵、土兵等，兵种繁多，士兵众多，仅八旗、绿营两大主要兵种即达百万之众，所以军费支出的庞大可想而知。纵观清前期的军费支出可分为两大类，即常额军费支出和战时军费支出。

（一）常额军费

常额军费包括军队官兵的饷银、岁米、马干草料和兵丁粮和装备费用。这些费用又因兵种不同而有差别。因防军、乡兵、土兵均属地方兵种，很少动用国家经费，所以清前期

---

① 此段所引均见《钦定大清会典则例》卷五十一。

的常额军费主要用于豢养八旗兵、绿营兵和水师。又因兵种不同，各省情况不同，军饷的标准也不相同。

1.八旗俸饷

八旗将领的俸禄包括正俸（又称额俸）、养廉银、俸米和丁粮马乾（即占有丁口、马匹的制度）等项。（《钦定皇朝文献通考》卷四十二，载《四库全书》）武职养廉银各地标准大体在100两至2 000两之间，一般者高出正俸的几倍。士兵之饷包括月饷、岁米、马干草料和兵丁粮。清初前期，随着朝代更替，兵饷的标准也有变化。（《钦定大清会典则例》卷五十二，载《四库全书》）八旗兵饷中还有一项，即计口授田，实际就是圈占土地，这项制度规定八旗将士占有土地若干，但不纳租赋，从而成为变相的俸禄。

2.绿营俸饷

绿营将领的正俸与薪银，正一品岁支俸银95两，从一品81两，正二品67两，从二品53两，各有奇；薪银均144两。（《钦定大清会典则例》卷十八，载《四库全书》）士兵之饷，京师巡捕三营，马兵月给银2两，步兵1两，皆月给米3斗，每马一匹月给豆草银2.5两；各直省镇兵，马兵月给银2两，步兵1.5两，守兵1两，皆月支米3斗，马兵每名给马1匹，春冬月支豆9斗，夏秋6斗，草均30束。（《钦定皇朝文献通考》卷四十二，载《四库全书》）另外，军官随带家口、亲丁、马匹，依据数量支付给银、粮，即名粮，是一种变相的养廉银。

绿营官兵也有养廉银。此制始于雍正时（1723—1735年），以"羡余归公"充作官员的养廉银，武职也有，只是各地制度不一。至乾隆四十六年（1781年），"议给武职养廉"（《钦定皇朝文献通考》卷四十二，载《四库全书》），制定了武职养廉的标准，废止了"名粮"制度。其标准为：提督2 000两，总兵1 500两，副将800两，参将500两，游击400两，都司260两，守备200两，千总120两，把总90两，经制外委18两。此外，绿营俸饷中还包括一些杂项，如蔬菜烛炭银、心红纸张银、案衣什物银等。这些杂项，也是绿营官兵的大项收入。

绿营的俸饷虽然远低于八旗兵的俸饷，但由于绿营军人数众多，所以在清初的军费支出中所占比重最大。所以康熙五年（1666年）时，御史肖震说："国用不敷之故，皆由於养兵。以岁费言之，杂项居其二，兵饷居其八；以兵饷言之，驻防之禁兵、藩兵居其二，绿旗兵又居其八"（《钦定皇朝文献通考》卷十，载《四库全书》）。

3.装备费

装备费是武装军队的各项开支，包括盔甲、器械等。清初的大宗装备费支出，即水师的船只修造。这项费用虽然很大，但与养兵之费比较起来，尚属小巫见大巫。

（二）战时军费

战时军费主要是指在较大战役中的军费支出。如"乾隆初次金川之役，二千馀万两。准回之役，三千三百馀万两。缅甸之役，九百馀万两。二次金川之役，七千馀万两。廓尔喀之役，一千有五十二万两。台湾之役，八百馀万两。嘉庆川、湖、陕教匪之役，二万万两。红苗之役，湖南一省请销一千有九十万。洋匪之役，广东一省请销三百万两。道光初次回疆之役，一千一百馀万两。二次回疆之役，七百三十万两"（《清史稿·志·食货六》）。

清初由于军队规模庞大，致使军费支出浩大。顺治（1644—1661年）年间，南方诸省尚未平定，财政收入本来就不多，而军费支出却连年增加，以致造成财政危机。例如，顺治十三年（1656年），财政收入仅1 960万两，全部用于军事支出，尚不足400余万两；康熙初年，财政收入达到2 500余万两，其军费支出仍占80%。直到康熙十一年（1672年）以后，全国大规模的军事征服已经完成，统治集团的统治地位得到巩固，军费支出占财政收入的比重有所降低，这时国家的财政收支情况才有所好转。

四、赏赐支出

清初期，为了激励文武官员和士兵，制定了赏赐制度。

1.对有功将士的赏赐

对满族贵族和官兵，除给予优厚的俸饷外，还经常给予优厚的恩赏，以满足其奢靡的生活。雍正五年（1727年），皇帝曾发帑金655.4万余两白银，以示恩宠。类似的奖赏，无一定制度，亦无定额。但耗费之巨，往往与正俸相当。

对八旗官兵的赏赐数额巨大，奖赏的内容包括攻城奖赏、陷阵奖赏和水战奖赏，全属于军功奖赏。对绿营官兵也有数量不菲的奖赏，内容包括出征奖赏、攻城奖赏、陷阵奖赏和水战奖赏，其后三项属于军功奖赏。

2.对官员的赏赐

为了笼络各族地主阶级的知识分子，巩固其既得政权，清初的统治者，还常常给各族官员和知识分子以数量不等的赏赐，从而国家每年都要支付巨额的赏赐费用。然而，对官员的赏赐大多是随机性的，所以这项赏赐支出没有固定的数量。

五、工程建设支出

清朝初期的工程建设项目繁多，既包括宫室、城垣、府第、营房等修建的土木工程，也包括治河、捍海、修渠等水利工程。各种工程建设中，尤水利工程耗费巨大；而在水利工程费中，又以河工费为大宗。

1.河工费

清初统治者重视河道的修治，特别是治理黄河，每年治理河道的支出为数巨大，仅次于官俸支出，有时甚至超出官吏的正俸。例如康熙"十六年大修之工，用银二百五十万两……自乾隆十八年……拨银二百万两。四十四年……拨银五百六十万两。四十七年……加价至九百四十五万三千两……大率兴一次大工，多者千馀万，少亦数百万"（《清史稿·志·食货六》）。

河工费是修治河道、堤堰的费用，其中包括经常费和临时费两种。经常费又包括岁修和抢修两类，岁修费是指在每年冬季进行，次年桃汛①后完工的经常性修治所需的费用；抢修费是指没有定时，当堤坝等有险情时，随时抢护的工程费用。临时费包括大工和另案两类，大工费是指堵筑漫口、启闭闸坝等临时性的工程费；另案费为新增工段，不在岁修、抢修之内的工程费。大工和另案工程无经费定额，而是临时根据情况具奏兴工，工竣题销。岁修、抢修有规定数额，一般不允许超支。乾、嘉时岁修工程大体每段用银数千两至一二万两，抢修每段五百两至千余两。岁修、抢修用银总数，乾隆时（1736—1795年）规定每年不得超过 50 万两，嘉庆时（1796—1820年）命加 2 倍，达到每年 140 万两。

无论是经常性的费用，还是临时性的费用，都包括修防之费、俸饷之费、役食之费、岁报图册之费等。

2.海塘费

清初自康熙二十一年（1682年）收复台湾之后，为了恢复和发展东南沿海的农业生产，也十分重视东南海塘的修治工作。海塘岁修于每年大汛后进行，经费由江浙二省拨解，竣工后由该管地方官申报督抚咨报户部题销。雍正（1723—1735年）、乾隆（1736—1795年）时期大力整治江浙海塘，经常一处工程之费即达数千两或数万两。史载，康熙四十七年（1708年），"浙江海塘之修，则拨银六百馀万两。荆州江堤之修，则拨银二百万两"（《清史稿·志·食货六》）。康熙六十一年（1722年），修筑海宁海塘 3 397 丈，用物料工价银 3 486 两余；土塘 5 666 丈，用物料工价银 18 696 两余；草塘 1 055 丈，用物料工价银 711 两余；修盖棚厂用银 1 两 3 钱 8 分，共计银 22 894 两有余。

3.工程费用的筹集和管理

清初的河防工程，多由沿河州县征发徭役，义务修河，并无专项支出。乾隆时（1736—1795年）河工经费始由财政拨款，但财政拨款的数量是有限的，不足部分则通过多方筹集。从河工费的来源来看，大体有定款、筹款、借款、摊款 4 种情况。定款为指定动用的款项，由国家财政拨付；筹款指定款不足或向无定款时，于别项钱粮内动拨款项，交商生息及酌留地租、房租备用也属此类；借款为临时酌借某种款项，事竣分期归还；摊款为民修工程先由官府垫款兴办，竣工后摊征归款。

清朝凡兴建工程皆由工部管理。在京工程由各衙门报工部勘估兴办，工价银超过 50 两、料价超过 200 两者奏请皇帝批准，工、料超过 1 000 两者奏委大臣督修。各省工程在 1 000 两以上的，工部有例案可循者随时咨报工部，年终汇奏；无例案可循者则须先经奏准，再造册报部审核估销。各项工程均规定有保固期限，未到限期损坏的由负责官员赔修。

虽然清朝对河工费的管理尚有制度可循，但由于吏治腐败，所以虚报、冒领、贪污的行径，仍然史不绝书。

工程费用除河工、海塘之外还有修建行宫、署衙、城垣、祠庙、陵墓、道路、驿站等

---

① 即"桃花汛"，每年春天桃花开时，黄河等处涨起的潮流。

项，兹不俱载。

六、社会保障支出

清朝前期，在经济发展的同时，社会贫富差距越拉越大，阶级矛盾日益尖锐，社会动荡日趋激烈。为了缓和阶级矛盾，稳定社会秩序，巩固封建政权统治，清政府也采取了一系列社会保障措施。

清朝前期的社会保障措施主要有两大类：一类是保息之政；一类是救荒之政。凡遇特殊困难，为免百姓流离失所，而实行保息之政。保息之政的内容有十项：一是赐复（蠲免赋税）；二是免科（无地之税的浮赋免于征科）；三是除役（免除力役之征）；四是振穷（设养济院，收留鳏寡孤独无告者）；五是养幼孤（设育婴堂收养被遗弃的婴幼儿）；六是收羁穷（设流栖所收治因贫病无倚无靠的人）；七是安节孝（对节妇、孝子而又极贫无以自存者，国家支付一定数量的粮食以养之，使其有所倚赖，以示安抚之意）；八是恤薄宦（对无贪污行为的低级官吏罢官回籍而无路费，或者死亡而无力回乡安葬者给以路费和下葬费）；九是怜罪囚（对因罪入狱而家无力送饭者，国家给以一定数量的粮食、蔬菜、盐和棉衣等，以示怜悯）；十是抚难夷（对海上遇难的外国贸易船只和人员给以各方面的照应，赏给钱粮和各项修船材料，同时沿海居民应公平交易）。

在灾荒发生之后，国家实行救荒之政，救荒之政的内容有12项：一是救灾（对因灾损坏的屋舍官府拨给修理费，对受伤百姓，官府加以赈恤）；二是拯饥（属于应急赈济，即对受灾者先给一个月的粮食，以免百姓受饥，然后再根据受灾情况分别赈给粮食）；三是平粜（在受灾区，官府以平价售与灾民粮食）；四是贷粟（在粮食歉收的灾区百姓，春季因贫而无种不能及时播种或夏季无力补种者，官府贷与种子后丰收再还与官府，士兵有这种情况者，也照此办理）；五是蠲赋（根据受灾情况给以减免赋税）；六是缓征（根据具体情况缓其征科，以宽民力）；七是通商（鼓励邻近地区的商人贩运粮食等物质到灾区，凡贩运免征关市税，不得压价；对出海贸易者，命其归国时运粮食回来，并减免关税）；八是劝输（鼓励地方缙绅捐粮救灾，凡捐粮达到二三百石者国家以官衔奖励）；九是严奏报（发生灾情要及时奏报，不得任意愆期，更不得隐匿不报）；十是辨灾伤（依据国家制定的标准，勘察灾情级别以及百姓应蠲应缓的情况和救助数额，及时上报官府）；十一是兴土功（官府组织各类工程，发动灾区百姓务工自救即以工代赈）；十二是反流亡（对受灾百姓，官府应劝其不要远行，有远行者劝其返回乡里）。

从实施情况来看，抚恤赈济，各朝均有。除赋役减免外，更多的是灾荒赈济。例如，康熙（1662—1722年）年间，赈济陕西灾荒，用银达500多万两。乾隆七年（1742年），江苏、安徽夏秋大水，用于抚恤、正赈、加赈之米近240万石，银738万两。此后，直隶、山东、江苏、河南、甘肃各省之灾，政府都发帑银、截漕米，以赈济灾民，到乾隆末年，赈济支出平均每年在300万两以上。由当地商民捐输之款，尚不包括在内。

清前期，除上述诸项财政支出外，还有教育支出、邮政支出等，因这些支出在整个财政收入中所占比重甚微，兹不详述。

第五节

清前期的财政管理

一、财政管理机构与财政管理体制

清前期的财政管理机构，中央分为国家财政管理机构和皇室财政管理机构，这两类机构都对皇帝负责，所以就地位而言，二者是平行对等的机构。

中央国家财政管理机构是户部，是最高的财政主管机关。户部设尚书，左、右侍郎，都是满、汉各一人。其下设江南、江西、浙江、湖广、福建、山东、山西、河南、陕西、四川、广东、广西、云南、贵州十四清吏司。尚书掌管全国的财政收支大计，以满足军政的需要。十四清吏司则分别主管各省之民赋、八旗诸司禀禄、军士饷糈、各仓、盐课、钞关、杂税等项出入及奏销。

中央财政还有一些派出机构，包括都转运使司（盐运使），下设盐课提举司（提举）、盐课司（大使）、盐引批验所（大使）等官职。"运使掌督察场民生计，商民行息，水陆挽运，计道里，时往来，平贵贱，以听于盐政。"漕运总督，主管"治漕挽，以时稽核催趱，综其政令"（《清史稿·志·职官三》）。此外，还有"工关""户关"，"榷百货者曰户关，榷竹木船钞者曰工关，为户、工二部分司"（《清史稿·志·职官一》）。

皇室财政管理机构为内务府，设总管大臣，下设广储司，广储司设郎中，总管银、皮、磁、缎、衣、茶六库。总管大臣"掌内府政令，供御诸职，靡所不综"。广储司掌六库出纳，兼领织造、织染二局，下设会稽、掌礼等职，"会稽掌本府出纳，凡果园地亩、户口徭役，岁终会核以闻"；"掌礼掌本府祭祀与其礼仪乐舞，兼稽太监品级，果园赋税"（《清史稿·志·职官五》）。

地方财政管理机构包括省、道、府（州）、县各级财政管理机构。

省设承宣布政使司，由布政使主管，负责均税役，登民数、田数，上达户部。下有库大使掌库藏籍账，仓大使掌稽仓庾。

省下设道，主管官员称"道员"，各地道员，上佐藩、臬①，下辖府、州，虽职掌不同，一般都负责"河、粮、盐、茶，或兼水利、驿传，或兼关务、屯田；并佐藩、臬核官吏，课农桑，兴贤能，励风俗，简军实，固封守，以帅所属而廉察其政治"（《清史稿·志·职官三》）。其杂职有库大使，仓大使，关大使。

府设知府掌总领属州、县，下设同知、通判，"分掌粮盐督捕，江海防务，河工水利，清军理事，抚绥民夷诸要职"（《清史稿·志·职官三》），隶属于布政使。

州设知州一人，掌一州治理。州分两种，府所属的州视为县，直隶于布政使的州视为

---

① 藩、臬，即藩台和臬台的合称。藩台，也称藩司，是布政使的别称；臬台，也叫臬司，是按察使的别称，主管一省司法与监察。

府。下设州同、州判，分掌粮务、水利、防海、管河诸职。

县设知县一人。知县下设县丞、主簿，"分掌粮马、征税、户籍、缉捕诸职"（《清史稿·志·职官三》）。县设"库大使一人……掌主库藏。仓大使一人……掌主仓庾。税课司大使一人……掌主税事。凡商贾、侩屠、杂市俱有常征，以时榷之，输直于道、府若县……河泊所大使一人……掌征鱼税"（《清史稿·志·职官三》）。

清初，虽设地方财政管理机构，但地方政府并无财权，却要履行财政、税务等职责，要按中央的指令按时征收赋税，并按中央核定的地方政府的支出数坐支，余额全部逐级上解，地方政府坐支的部分，年终还要报到中央与所对应的清吏司奏销。由此看来，清前期的财政管理体制仍然是统收统支的中央集权体制，财权主要掌握在皇帝手中。

二、赋役册籍及征解方法

清前期的赋役征收以《赋役全书》为依据，《赋役全书》作为国家掌握赋役规模的册籍，在以明万历（1573—1620年）年间的旧籍为基础编成之后，经过多次修订。雍正十二年（1734年）规定，此后每10年修辑一次。

清前期的赋役册籍，时有变化，种类较多。有丈量册，又称鱼鳞册，以田为主，以户为辅，详载上中下田则；有黄册，以户为主，以田为辅，又称粮户册，岁记户口登耗，鱼鳞册与黄册一经一纬，互相为用，康熙七年（1668年）废除；有赤历册，年初将空白册籍颁发下来，令百姓自己登记缴纳之数，然后上交布政司，岁终核对无误后发到县，对未足额缴纳者予以追缴，是省财政机关考核官吏的册籍；流水册，行于康熙十八年（1679年），令州县每年将日收钱粮流水簿上交有关部门核对，遂罢赤历册；有会计册，详细记载州县正项本折钱粮，注明解部年月，岁终报部核销。会计册亦于康熙七年（1668年）废除。

清前期的征科方法也多次变革。顺治六年（1649年），颁行易知由单给各花户。由单的样式简单，只列每户土地等级（分上中下三等）以及应缴纳的正税、杂税及本折钱粮之数，并末尾列一个总数，由州县在开征前一个月发到各户。与易知由单同时颁行的，还有处于辅佐地位的以下方法：

截票法，就是票上列地丁钱粮实数，分为10期，每月缴纳一期，缴纳完毕则截去，钤印于票面，从印章中字分开，官、民各执一半，又称串票法。开始时，各州县催征，一般用二联串票，官民分执，但贪官污吏夤缘为奸，将已经完纳者作为未完纳者，把多征当作少征，弊窦日益严重。于是议行三联串票，一存有司，一付征赋役机关，一付百姓留存。其后更刊四联串票，一送府，一存根，一给花户，一于完粮时令花户别投一柜以销欠。不久，又恢复三联串票之制。

印簿法，是由布政司颁发，令各州县纳税户亲自填写入簿，入冬后缴给有关部门，由其统一报户部。

循环簿法，是按照《赋役全书》所列的款项，根据缓急定其先后，按月循环征收。

粮册，即编制各地区纳税户的具体数字，与一甲的总税额相符。

奏销册，即把全省已征、逋欠（未征）、上解中央、存留地方的钱粮数字，以四柱清册式汇编成册，以备到户部奏销。

康熙时，地方官吏在征收钱粮时，往往私下摊派，名目不一。为杜绝这种弊端，于是设立滚单法。滚单法，设立于康熙三十年（1691年），其法于每里之中，以5户或10户一单，于某户名下注明田地若干、银米若干，春秋应分别完纳若干，分为10期，发给甲首，依次滚催，自封投柜。一期缴纳完毕，则催征第二期的钱粮，依此类推，如果逾期没有缴纳完毕或拒不缴者，予以严惩，民以为便。在滚单法中，还附之以自封投柜法，即百姓在办理完缴税手续后，由自己亲自将银钱封好，投入官府设置的钱柜之中，以防止官吏中饱。

除以上征科方法之外，各地又根据本地情况，设计其他一些课征方法，不俱载。

三、仓、库藏制度

清初，粮食的贮藏称仓，物品的贮藏称库。清初的仓储制度，内容繁杂，包括国家财政的户部仓、地方粮仓、皇室财政的内务府仓、平籴仓、常平仓、义仓、社仓、旗仓等。

清前期的库藏制度，实行不同类型、不同用途的物品，分库保贮，按库核算，这种制度是在明朝的基础上又有进一步的发展，也更加繁杂，应该说也是一大进步和完善。

按仓库的级别划分，有中央库藏、地方库藏两大类。中央库藏有国家仓库和皇室仓库之分，地方仓库则有省、道、州、府、县、卫、所之别。按仓库的类别划分，有银库，主要储藏金、银、钱、宝石、珠玉等；缎匹库主要储藏绸缎、丝棉、绫、帛等物资；染料库，主要储藏铜铁、锡等金属矿产以及非金属类的沉香、降香、白蜡、桐油等土特产；粮库，则储藏各类粮食。按储藏物品的来源划分，有储藏田赋的仓库，有储藏杂赋的仓库，有储藏关钞的仓库，也有储藏罚没银钱的仓库。从储藏物品的用途划分，有储藏用于祭祀用品的仓库，有储藏用于兵饷的仓库，有储藏用于专项工程的仓库等。

四、会计、审计与预决算

清前期的会计制度较其前代更为缜密。会计的主管机构为户部，户部的"十四清吏司"下辖的"度支科"[①]，主管国家财政会计；内务府下设的"会计司"，主管皇室财务会计。中央各机构，如工部、刑部、礼部、兵部都设会计、出纳。中央的派出机构，如盐运司、漕运总督、粮储道、督粮道等部门也设专职会计。各省、道、州、府、县都设有会计、出纳官吏。

清前期的财政审计机关是都察院，都察院也是全国最高的监察、监督、弹劾机关。都察院设左都御史、左副都御史。下属经历司经历都事和十五道掌印监察御史。左都御史主管察核官吏的日常行为，"纠失检奸"，并参与朝廷大议。左副都御史辅佐之。十五道掌印监察御史的职责是"弹举官邪，敷陈治道，各核本省刑名"。各道分别有各道的职责范围，其中"江南道稽察户部、宝泉局、左右翼监督、京仓、总督漕运，磨勘三库奏销"

---

① 王士禛. 香祖笔记 [M]. 上海：上海古籍出版社，1982.载："户部之属，古有民部、度支、金部、仓部，明改十三清吏司，分掌十三布政司之事，而各司吏书仍分民、支、金、仓四科……本朝因之。"

（《清史稿·志·职官二》）。

清朝在预算编制方面，先后200余年，没有正式的文件可考。从预算意义上说，在年度前也曾编有清单或估册；从决算意义上说，在年度后有奏销。清朝的奏销包括赋税收支的奏销（收支钱粮的奏销）、工程费的奏销和军费的奏销。

钱粮的奏销，确立于顺治八年（1651年），当时，因为钱粮的出入分别由不同部门掌握，以致入数不清，出数不明，十分混乱。为此，时任刑科左给事中的魏象枢建言："请自八年为始，各省布政使司于每岁终会计通省钱粮，分别款项，造册呈送该督抚按查核。恭缮黄册一套，抚臣会题总数，随本进呈御览。仍造清册，咨送在京各该衙门互相查考，既可杜藩臣之欺隐，又可核部臣之参差。"顺治接受了这项建议，并对全国钱粮的收支进行了整顿。经过这年的整顿，各项钱粮收支的年终奏销，奏销册的旧管、新收、开除、实在"四柱"格式以及对奏销册的核查磨算等制度，便初步形成。同时在各省及各项钱粮奏销的基础上，户部也有了对全国收支总数的总奏销。其奏销册就是钱粮奏销的基本依据。所谓"奏销册者，合通省钱粮完欠支解存留之款，汇造清册，岁终报部核销"（《清史稿·志·食货二》）。

工程费的奏销，与钱粮的奏销程序相似，首先由经办单位将支用钱粮造册，工程结束后报户部奏销。但"工部情弊甚多"，"一月杂项修理，即用银三四万两，殊觉浮多"。为了杜绝工部费用"浮多"的问题，康熙下令："后凡有修理之处，将司官笔帖式俱奏请派出。每月支用钱粮，分晰细数，造册具奏，若三年内有塌坏者，著赔修。"工程费的奏销经户部审核后如发现问题，还可以提出"驳诘"，工程的奏销如被"驳诘"，承办单位即应重新审查，如被"驳诘"三次，就应上奏皇帝，或按例核减，饬交该督抚查明，如发现侵贪情况，即令经手官员照数赔偿以加速结案。

军费的奏销，分平时与战时两种情况。平时的奏销属于兵马钱粮的奏销，这种奏销，每年由布政司在年终时结算一次，以所属计簿申报到巡抚奏销，与钱粮的奏销相同。战时的奏销称军需奏销。这种奏销程序十分复杂。先要将行军沿途需要安置的粮台、驿站地名、里数，及兵营改移的日期，粮台、驿站裁并的日期并于何地总汇等项内容，一一绘图造册交户部，以备户部审查奏销时核对。报销时，则按支出数目逐次计算，分类依次题销。

五、漕运管理

清朝是中国最后一个封建王朝，它充分总结了前朝漕运制度的经验和教训，所以清朝的漕运制度不管是机构组织、法规制度，还是人事安排等各个方面，都日臻完备，成为中国古代漕运制度的总结者和实践者。太平天国运动被镇压后，绿营裁撤，自此漕粮全征折色，漕运也随之被废除。

清前期，漕运制度包括河运与海运两类。清前期，绝大部分时间实行河运，只有在黄河泛滥，致使运河淤塞，河运难行时，才有海运。

河运之制沿袭明朝旧制，用屯丁长运。长运法，即直运法或改兑法，将东南漕米装船之后，由山东、河南、江苏、安徽、浙江、江西、湖南、湖北八省的屯田军士负责运送本省的漕粮，经江淮运河直达通州，这种运输方式称为长运。

漕运的方式同明朝一样，有正兑、改兑、改征、折征4种主要形式。正兑，即直接运到京师仓库的粮食，定额400万石，后有增减；改兑，即运至通州仓的粮食，定额70万石，后有增减；改征，即将漕粮改征为其他品种；折征，将漕粮折算成银，价银统归地丁项内，上报户部。此外又实行截漕（各地漕粮起运后，地方遇灾，截留部分作为赈济，或截一地漕粮运往另一地）和拨运（主要指截留山东、河南所运蓟州漕粮，拨充陵寝及驻防兵米）等措施。

此外，还有"轻赍银"，始于明中叶。《清史稿》将"轻赍银"解释为："以诸仓兑运，须给路费，征耗米，兑运米一平一锐，其锐米量取随船作耗，馀皆折银，名曰轻赍。"（《清史稿·志·食货三》）①各省漕粮数量不一，轻赍银的数量也不相同。轻赍银解交仓场通济库（驻通州）备用，也有的省份直接解交户部。

除漕粮之外，江苏苏、松、常三府，太仓一州，浙江嘉、湖两府，每年还要向内务府输纳糯米，以供皇宫及百官廪禄之需，谓之"白粮"。"白粮"原额正米217 472石有奇，另加耗米各省不等。康熙初，将"白粮"概征本色，只有光禄寺改折3万石，每石征银1.5两。

漕粮也有蠲免。"凡荒地无征者，督抚勘实报免，随漕银米，一例蠲免。灾伤之区，应征漕粮，及折改漕价，酌量各被灾轻重，分别缓征、带征。遇带征之年，复又被灾伤，分年压征带补。沿江沿海田地坍没水中者，保题豁免。水旱偏灾民地，例得蠲免"（《清史稿·志·食货三》）。

漕粮制度也存在许多弊端，额外加征是其最大的弊端。本来漕粮也须随征耗费，谓之"漕项"，用于弥补漕运、仓储的损耗及其他。"漕项"的名目很多，如"随正耗米""轻赍银"之类皆是。此外，随漕加征的各种"帮费"和地方刁徒勒索的各种"漕规"，名堂繁多，其数往往过于"漕项"。结果，使国家每征正漕一石，税户要出数石才能完纳，成为农民的一种苛重负担。嘉庆（1796—1820年）、道光（1821—1850年）之后，这个问题尤其严重。《清史稿》的作者也不得不指出："夫河运剥浅有费，过闸过淮有费，催趱通仓又有费。上既出百余万漕项，下复出百余万帮费，民生日蹙，国计益贫。"（《清史稿·志·食货三》）

海运之议起自嘉庆中期，直至道光四年（1824年），黄河泛滥，河道浅阻，输挽维艰，会通河塞，胶莱故道又难尽快恢复，于是海运之议又起，宣宗道光采纳英和、陶澍、贺长龄等大臣的建议实施海运。清朝的海运与元朝不同的是，清朝实行雇佣制，由上海雇商船将漕粮转至京师。对此，《清史稿》赞许道："海运则不由内地，不归众饱，无造船之烦，无募丁之扰，利国便民，计无逾此。"又说："民咸称便。"（《清史稿·志·食货

① 平，即用盖板刮平斛面，称平米。锐，即高出斛面成尖堆状，称锐米。按锐米的方式所征的耗米，除一部分随船作耗即备作买路钱外，其余折成银两，称轻赍银。

三》）海运既被认可，河运自此遂废。

综合训练

关键概念

地丁银制度 耗羡 落地税 牙税 奏销制度 易知由单法 截票法 自封投柜法

复习思考题

1.试述清前期的海关税制度的内容。

2.清前期的社会保障制度包含哪些内容？

3.试述摊丁入地制度实施的背景、内容、意义及局限性。

即测即评 9

综合训练参考答案 9

第十章　清后期的财政

　　清后期从1840年鸦片战争开始，到1912年清帝退位止。这70余年是中国社会半殖民地半封建化开始和形成的时期。其中，中日甲午战争前，属于半殖民地半封建化开始时期，中日甲午战争后属于半殖民地半封建化形成时期。在这一历史时期，清政府的财政制度发生了深刻的变化。

第一节

清后期的政治经济概况及财政特征

一、清后期的政治经济概况

　　嘉庆（1796—1820年）、道光（1821—1850年）年间，西方殖民主义者为弥补正常贸易逆差，大肆走私鸦片以攫取私利。这一行为，不仅严重地毒害了中国人民的肌体，而且使中国白银大量外流，严重影响了中国的经济和财政。在严峻的形势下，清政府实行禁烟运动。1840年，英国殖民主义者以中国政府禁绝毒品、销毁鸦片为由，发动了罪恶的鸦片战争。以此为开端，在西方列强所发动的一系列侵略战争①的打击下，清政府被迫签订了数以百计的丧权辱国的不平等条约，从而破坏了中国的独立和领土完整，使中国一步步地沦为半殖民地半封建社会。

　　西方列强对中国的侵略，一方面打击中国的封建统治势力，破坏封建政治制度，培养

---

　　① 从第一次鸦片战争后，西方列强发动的侵华战争主要有：1856—1860年的第二次鸦片战争，1871年俄国对新疆的侵略战争，1874年日本对中国台湾的侵略战争，1883—1885年法国侵犯中越边境的战争，1888年和1903—1904年英国对西藏的两次侵略战争，1894年日本侵略中国的甲午战争，1900年八国联军入侵北京的战争。

为其服务的买办阶级，以替代不善于为其服务的官僚来统治人民；另一方面又支持和扶植与之议和并甘愿为其服务的封建统治势力，变这些封建统治势力为它们统治中国的代理人。

自鸦片战争以后，西方列强通过不平等条约不仅占领了中国大片的领土，还在中国取得了许多特权，如领事裁判权、海关管理权、军队驻扎权等，使中国由独立自主的封建社会变为受西方列强控制的半殖民地半封建社会。

在明清时期，中国封建社会商品货币经济的发展，已经孕育了资本主义因素。西方列强的入侵，一方面促使中国自给自足的自然经济解体，向资本主义商品经济发展；但另一方面，西方列强侵略的目的绝不是想把中国变成与之竞争的资本主义国家，而是要变成一个依附于他们并为他们服务的半封建半殖民地。因此，西方列强通过商品输出和资本输出等经济侵略手段，来加强对中国的经济掠夺。

从鸦片战争至中日甲午战争期间，西方列强迫使清政府签订了一系列不平等条约，被迫开放了多处通商口岸。由于中国海关大门洞开，外国商品充斥于中国的大街小巷，洋纱、洋布取代了土纱、土布，洋铁取代了土铁。此时，西方列强也有一定规模的资本输出，虽然开矿、办工厂的外国企业不过十几家，但商业企业在1882年已有440家，1892年更达578家。中国的农业和手工业受到很大的打击，大批农民和手工业者破产失业。这一期间，由于殖民主义者的鸦片走私活动仍十分猖獗，白银外流十分严重，造成银贵钱贱，严重影响了中国的经济和财政，也加重了人民的负担。

19世纪末，西方列强已由自由资本主义阶段走向帝国主义阶段，加紧了瓜分世界的战争。在这种背景下，西方列强先后通过发动中日甲午战争和八国联军侵略战争，迫使清政府签订不平等条约，攫取了各种政治和经济特权，并加强了资本输出，控制中国的经济。中日甲午战争后，各帝国主义获取了"租借地"，并划定了"势力范围"，在中国大肆开工厂、办商业、开矿山、建铁路和设银行，加紧了对华的经济侵略，践踏中国的主权。例如，在中日甲午战争前，外国工矿企业不过十几家，至1913年较有规模的外国工矿企业有166家。在华外资商业到1901年发展为1 102家，1913年更达到3 805家。1903年中国有铁路4 360公里，1913年则为9 744公里，这些铁路几乎都是外国资本控制的。1894年以前，仅有英、德两国在华设银行7家，而1895—1913年则达到9国13行85个分支机构。这些银行的目的主要是为清政府提供投资铁路和矿山的贷款，并以此控制中国的财经命脉。据统计，从1895—1910年各帝国主义国家向清政府提供的借款达12亿两库平银，而这些借款又是以中国的关税、盐税以及后来的内地税作抵押的，因此，帝国主义利用借款控制了清政府的财经命脉。

当然，帝国主义经济侵略，也不自觉地将先进的科学技术和管理方法传入了中国，客观上为中国资本主义的发展提供了条件。不仅官僚资本工商业有所发展，民族资本工商业也有了发展的机会，工厂设立逐年增多，1895年新设立的工厂有15个，1904年以后每年建厂20个以上，1906年建厂52个，资本额达2 290万元。①在经济发展的同时，金融业也应运而生并有所发展。光绪二十三年（1897年）中国通商银行建立，到1911年共建立银行17所。当然，这种发展受到帝国主义和封建主义的束缚，因此，中国民族资本主义的发展是低水平的，力量也是薄弱的。

农业经济也因帝国主义侵略而发生变化。不仅土地兼并问题日益严重，甚至西方传教士也加入兼并农民土地的行列，而且农产品日益商品化，产量和价格都受制于帝国主义控制的国际市场，往往丰产不能增收，受尽国内买办和外国商人的盘剥。

二、清后期的财政特征

1840年鸦片战争以后，中国的政治经济被迫卷入半殖民地半封建化状态，清政府的财政也走向了半殖民地半封建化。同时，受外来因素的影响，清政府财政又不可避免地出现财政制度现代化的萌芽。这一时期的财政特征可突出表现在以下几点：

首先，财政收支规模和结构主要因国际关系的变化而变化。这种变化不仅表现为财政收支绝对额的急剧膨胀，而且表现为财政收支结构的转变。从收入方面来看，以传统的田赋、盐税为支柱的收入结构，逐渐变化为以田赋、关税、盐税、厘金为支柱的收入结构，并且间接税（包括关税、盐税、厘金等）所占比重急剧上升，成为财政收入的主体。从支出方面来看，在传统的军费、俸禄等支出之外出现了赔款、支付外债本息和洋务费用等新项目，并且军费支出中也出现了购置新式炮舰、编练水师和新式陆军等内容。这些变化主要与西方列强的不断入侵有着直接的关系。

其次，逐步放弃量入为出的原则，转而奉行量出为入的原则。由于西方列强的入侵，军费支出和赔款支出大增，财政收支对比中出现大量财政赤字，并为弥补财政赤字而大量举借外债（仅1895—1911年间清政府所借外债就达12亿两库平银之多），并以关税和其他税入为担保作为借款条件，由此，外国殖民主义列强逐渐控制了清政府的关税管理权、关税支配权、关税保管权，进而控制了清政府的财政经济命脉。

再次，封建财政日益没落。在财政收入方面表现在：一是封建性的田赋及其附加名目多、负担重。由于银贵钱贱，田赋正税负担不断提高，且中日甲午战争后赔款大增，于是有着赔、摊赔、分赔等附加名目。新政之后，又有铁路捐、学捐、地方自治捐、警捐等附加名目。二是工商杂税层出不穷。除厘金外，还有烟税、酒捐、油房捐、彩票捐、房铺捐、渔户捐、乐户捐等杂赋杂捐。在财政支出方面则表现在：皇室经费不断膨胀，百官俸禄不断增加。

最后，资本主义性质的财政分配形式逐步渗入。从财政收入方面来看，出现了官营企业收入、国债收入形式；从财政支出方面来看，在旧有项目以外，新增有编练新军、训练警察支出，司法费支出，官营企业支出，教育费支出和外交费支出。在财政管理方面，也逐步地引进西方国家比较现代的管理形式，包括设置财政处、编制国家预算和建立国家金

---

① 严中平，等. 中国近代经济史统计资料选辑［M］. 北京：科学出版社，1955：93.

库制度等。这些制度的出现虽有自强图存的目的，但更主要是西方列强攫取中国的权益服务。

　　总之，在外国殖民主义列强不断侵略的冲击之下，清政府的财政不仅处于重重困难之中，并且围绕着解决这些财政困难不断地向外寻求良方，所以这一时期是新旧财政制度并存的时期，而这种并存的实质是人民财政负担的不断加重。这反映出外国殖民主义列强伙同中国的封建政权共同盘剥中国人民。

第二节

清后期的财政支出

一、清后期财政支出规模与结构的特征

　　清后期财政支出结构的变化突出地表现在：一方面，清前期旧有的财政支出项目都毫无遗漏地保留下来，并且其中的内容也不断地出现变化，如军费、皇室及行政经费等都不同程度地增加了新内容，从下列的各项支出中可以显见；另一方面，就是增加了一些新支出项目，如赔款、外债还本付息支出、洋务费等，这些支出与鸦片战争后特别是中日甲午战争后清政府对外关系格局的变化有直接关系。这些新增开支，有的是为了强化封建专制统治，例如勇饷支出，其用途是训练乡勇，强化地主武装，镇压人民起义。有些则具有强烈的殖民地色彩，例如外债还本付息支出、赔款支出等，都是殖民主义者对中国的掠夺。有些又具有资本主义性质，例如办新式学堂、派遣留学生以及投资兴办军事民事工业等。财政支出项目和内容的变化，也使得清政府财政支出结构由原来的以军费、皇室及官俸支出为主转变为以军费、外债及赔款费、皇室及官俸为主的格局。以1903年为例，军费支出为37%，外债及赔款费为32.6%，皇室及中央行政费为14.3%，各省行政费为14.8%。

　　财政支出结构的变化最终也导致了财政支出绝对额的急剧膨胀。鸦片战争前，清政府财政支出总量大约为3 000万两白银，但自鸦片战争后，财政支出急剧增加。据《清史稿》记载，乾隆五十六年（1791年），岁出银3 177万两；嘉庆十七年（1812年），岁出银3 510万两；道光二十二年（1842年）达到3 150万两；光绪七年（1881年）达到7 817万两，光绪十七年（1891年）达到7 936万两，光绪二十五年（1899年）达到10 100余万两，光绪二十九年（1903年）达到13 500余万两；宣统二年（1910年）达到33 865万两（如图10-1所示）。宣统二年（1910年）的财政支出是道光二十二年（1842年）财政支出的10.75倍。

　　财政支出绝对额的迅速膨胀，加剧了清政府财政的困难，从而形成大量的财政赤字。据吴廷燮的《清财政考略》载：光绪二十五年（1899年）财政亏空1 300余万两，光绪二十九年（1903年）亏空3 000万两，宣统二年（1910年）亏空4 169万两（一说亏空8 000余

万两)。清末财政收支关系的这种变化,说明清政府财政在内忧外患的政治格局压力下以及在西方政治思潮和财政学说的影响下,正在放弃"量入为出"的财政原则,转而奉行"量出为入"的财政原则。同时,清政府财政支出的剧增也意味着人民的财政负担不断加重。

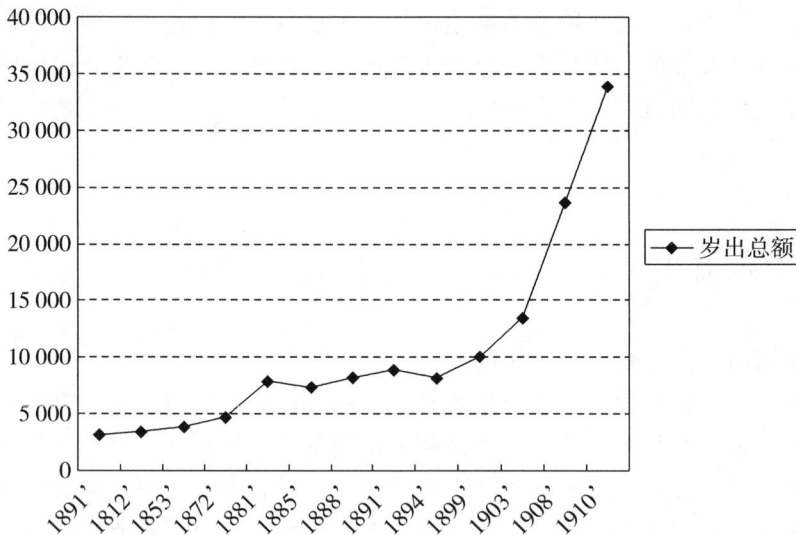

图10-1 清后期财政支出规模(单位:万两)[①]

二、军费支出

鸦片战争以前,清朝军费支出主要由满汉兵饷、军需装备、武职养廉和临时战费构成。鸦片战争以后,清政府军费支出结构和数额均发生了一些新的变化。鸦片战争以后至中日甲午战争期间,在军费支出中,增加了"营勇饷需";在原来军需装备支出中,增加了"洋枪、洋炮"购置费等项支出;在原来的兵饷支出中,除满汉兵饷,又增加了雇佣洋枪队的兵饷支出。此外,还有操练海军的费用。中日甲午战争后,又增加编练新军的费用。

清后期的军费支出可以分为战时军费支出和常年军费支出。由于连绵不断的抵御列强入侵和对内用兵,战时军费支出的数额相当惊人。中英鸦片战争中,清政府实际支出的军费约在4 000万两。第二次鸦片战争的军费支出数不会低于第一次鸦片战争。咸丰(1851—1861年)、同治(1862—1874年)年间清政府镇压国内太平军、捻军、云贵苗回、西北回民、闽台等人民起义的军费数额更多,实际支出的战争经费约在8.5亿两。[②]此外,从光绪元年(1875年)到新疆建省的10年间,左宗棠西征及塞防的军费支出达七八千万两。中法战争支出3 000余万两。中日甲午战争期间,清政府仅借外债达4 000余万两,其战时军费支出估计为6 000万两。概而言之,清后期战时军费支出约在10.5亿两左右,其中大部分是咸丰(1851—1861年)、同治时期(1862—1874年)所耗用的。[③]

常年军费支出主要包括八旗、绿营兵饷、勇饷及海军经费等。光绪(1875—1908年)

① 图中第一个年份应为1791年。
② 彭泽益. 十九世纪后半期的中国财政与经济 [M]. 北京:人民出版社,1983:137.
③ 周志初. 晚清财政经济研究 [M]. 济南:齐鲁书社,2002:204-205.

精研深探
10-1
左宗棠的
简介
精研深探
10-2
视频:左宗
棠收复新疆
(片段)

以后，常年军费支出数额也有明显增加。在光绪二年（1876年）至光绪二十年（1894年）间清政府的常年经费支出包括各省旗、绿营兵饷1800万两左右，京城旗饷约600万两，勇饷1800万两，海军经费233万两，此外，尚有东三省边防经费近200万两。这样，常年军费支出总额约为4600万两，占财政支出的比重为51%左右。[①]

中日甲午战争后，清政府的常年军费支出额又明显增加。光绪二十一年（1895年）10月，袁世凯开始在天津小站编练新建陆军，人数达7300人。两江总督张之洞在湖北武昌编练江南自强军，人数达2860名。每人所需饷费在4.5~5.6两。资政院在核定的宣统三年（1911年）的预算案中，陆军部经费共7792万两，其中新军军费约4872万两（包括军事教育、制造局所、扩充兵工厂等间接经费）。[②]清政府重新成立海军部后，各省每年增加海军公摊款451.5万两。因此，在宣统二年（1910年）的预算案中，海军部经费568万余两，连同各省的海军经费，共计近1000万两，较甲午战前已有大幅度的增长。该预算案财政支出2.98亿余两，陆海军军费合计为8892万两，占财政支出比重约为29.8%。[③]

清政府以浩大的开支豢养和装备了庞大的军队，但却根本不能防外患、御强敌。在对列强的历次战争中，腐败的清政府总是以屈辱、妥协、投降而告终，然而在镇压、屠杀反帝反封建的农民起义时，却无所不用其极。同时，过多的军费支出，也加重了农民和工商者的赋税负担，严重制约了经济的发展。从这里，我们不难看出清政府军费支出的腐朽性和反动性。

三、赔款支出

赔款支出是清后期财政支出的一个新项目，是西方列强对中国武装入侵后的产物。自鸦片战争以来，外国列强的侵华战争均以清政府的失败而告终，结果是清政府被迫接受列强提出的一系列不平等条约，不仅割地和给予他们一系列特权，而且还要赔付大量的战争赔款。这些赔款，在光绪二十年（1894年）以前，主要有4项，共计折合银3770余万两。它们分别是：（1）第一次鸦片战争赔款，总计2100万银圆，约合1470万两白银。（2）第二次鸦片战争赔款，总计1650万两。（3）根据光绪七年（1881年）中俄《伊犁条约》，中国虽收回了伊犁九城及特克斯河流域附近的领土，但仍割让了塔城东北和伊犁、喀什噶尔以西约7万多平方公里的领土，向俄国赔款900万卢布。（4）同治十三年（1874年）10月《中日北京专约》（即台事专条），赔款50万两。该条约还规定日本从中国台湾撤军，但原清统辖的琉球群岛归属日本。

这些赔款支出是原来财政支出结构中所没有的，那么这笔经费如何筹措？主要有下列渠道：第一，由与战争有关的省份或集团负责摊还，如第一次鸦片战争赔款，是由江苏、浙江、广东、安徽各省及广东十三行来负责摊还。第二，用海关税、地丁银或盐课抵充赔款。第三，用捐输办法筹措经费支付赔款。第四，借用外债支付赔款，如同治四年（1865

① 周志初. 晚清财政经济研究［M］. 济南：齐鲁书社，2002：209.
② 《清朝续文献通考》卷六十八，《国用考》。
③ 周志初. 晚清财政经济研究［M］. 济南：齐鲁书社，2002：210.

年）为了偿付《伊犁条约》规定的对俄赔款向英国借款143万余英镑，不过这一时期借用外债还不是主要方式。究其实，赔款支出最终还是通过清政府直接或间接增加税收负担的形式落到广大人民的头上。

赔款的最终负担者是劳动人民，但也直接影响到清政府的财政。以第一次鸦片战争赔款为例，1842—1845年每年赔款占当年财政收入和财政支出的比重见表10-1。

表10-1　　　　1842—1845年清政府每年赔款占当年财政收入和财政支出的比重

年份	赔款银两（万两）	占岁入（%）	占岁出（%）
1842	426	11.04	11.41
1843	350	13.31	13.30
1844	350	9.24	10.17
1845	280	7.01	7.06

资料来源　彭泽益. 十九世纪后半期的中国财政与经济［M］. 北京：人民出版社，1983：11.

表10-1中显示当时的赔款支出占岁入岁出的比重达10%左右，这是以前清财政中不曾有过的项目。以前清财政奉行量入为出、定收定支，一旦有急需，或捐输，或动用库存加以解决。鸦片战争期间清政府已经消耗掉大量库存银，如果用于支付这项存款，必然影响正常的财政收支，于是只好责令有关省份摊还，但在中央集权财政体制下，摊还结果必然影响地方财政收支，地方不能及时将经收的财政收入上解国库，因此也必然影响到中央财政的收支，致使国家财政库存空虚，收入短绌。这种影响在中日甲午战争以前还不是十分严重，但中日甲午战争后，《马关条约》和《辛丑条约》形成的两次赔款对清政府财政的影响则是致命的。

光绪二十年（1894年），中日甲午战争爆发，光绪二十一年（1895年）签订了中日《马关条约》，条约规定，中国割让辽东、台湾、澎湖列岛，同时赔款2亿两白银。后经俄、德、法三国干涉，日本允许中国赎回辽东半岛，但需支付赎辽费3 000万两。条约规定赎辽费需在3个月内交清。赔款分7年8次交完。除第一次5 000万两需在订约后6个月内付清不计利息外，其余1.5亿两均要按5%计息，到期时共计本息2.11亿两，加上赎辽费，共计2.41亿两。此外，第一、第二两次赔款交清之前，日本军队将驻守威海卫，并要求中国负担驻兵费用的1/4，即每年50万两[1]。这样，总计起来，这一条约中国应支付给日本2.46亿两白银，这相当于当时清政府3年的财政收入。实际上，由于日本借口库平银成色不足，需贴足实色，迫使清政府多付近1 325万两；又由于日本片面拟订外汇兑换率，使中国受亏1 495万两。这样，清政府实际向日本支付的各种费用达2.597亿两。[2]

光绪二十七年（1901年）9月7日，列强又强迫清政府签订了《辛丑条约》，条约第6款规定，中国向列强支付4.5亿海关两的巨额赔款，史称"庚子赔款"。因清政府根本无力支付这笔巨额赔款，于是未赔之款转换成清政府的债务，条约规定债务分39年还清，年

---

① 因清政府提前交清赔款，实际支付驻兵费用150万两。
② 戚其章. 甲午战争赔款问题考实［J］. 历史研究，1998（3）.

息4厘，于1902年起还本，至1940年止。按此规定，中国需支付利息银53 223.82万两，本息合计98 223.82万两，约相当于清光绪（1875—1908年）末年近10年的财政收入。

总之，据清后期有关条约的规定和一些具体情况，中国应付赔款本息总额高达17.69亿海关两，合库平银17.9亿两（1两关平银折合1.0169两库平银）。

四、债务支出

债务支出也是清后期一项新的支出项目，是与国际政治经济关系密切相关的项目。由于这一时期清政府所借的债务主要是外债，因此，债务支出主要表现在对外国的还本付息支出。清政府举借外债是从咸丰三年（1853年）开始的，到光绪二十年（1894年）中日甲午战争前共借款40余笔，当时所借款项每笔数额不大，偿还期限也短，基本上是随借随还，对清政府财政造成的压力还不大。据《光绪会计录》记载，从光绪十一年（1885年）到光绪二十年（1894年）债务支出总额为3 339.8万余两，平均占该时期财政支出的4.3%，最多的一年（1892年）占岁出的6%。

中日甲午战争后，政府举借的外债数额激增，债务支出因此大增。仅中日甲午战争所借3笔外债，从1899年起即每年需支付本息1 919万余两，再加上其他所借尚未还清之外债，每年支付本息数已达2 400万两左右。具体情况见表10-2。这两种情形最终都将导致清政府财政支出中债务支出所占比重大幅提高。

表10-2　　　　　　　　　1887—1898年中国所借外债还本付息款数表　　　　　单位：关平两

年份\项目	1887年德国500万马克利息5.5%	1894年汇丰银行109万两借款利息7%	1895年怡和洋行100万镑借款利息6%	1895年瑞记洋行100万镑借款利息6%	1895年汇丰银行300万镑借款利息6%	1895年俄法借款利息4%	1896年英德借款利息4%	1898年英德续借款利息4.5%	总　计
1899	213 000	689 800	436 400	436 400	1 309 100		19 191 700		22 276 400
1900	203 100	689 800	436 400	436 400	2 763 000		19 191 700		23 720 400
1901	193 300	689 800	906 900	906 900	2 676 400		19 191 700		24 565 000
1902	183 500	689 800	877 100	877 100	2 589 100		19 191 700		24 408 300
1903	偿清	689 800	848 700	848 700	2 501 800		19 191 700		24 080 700
1904		689 800	819 600	819 600	2 414 500		19 191 700		23 935 200
1905		1 675 100	789 200	789 200	2 327 300		19 191 700		24 772 500
1906		1 606 100	761 500	761 500	2 240 000		19 191 700		24 560 800
1907		1 537 200	732 400	732 400	2 152 700		19 191 700		24 346 400
1908		1 468 200	702 500	702 500	2 065 500		19 191 700		24 130 400
1909		1 399 200	675 400	675 400	1 966 700		19 191 700		23 908 400
1910		1 330 200	646 000	646 000	1 890 900		19 191 700		23 704 800
1911		1 261 300	615 300	615 300	1 803 600		19 191 700		23 487 200
1912		1 192 300	586 900	586 900	1 716 700		19 191 700		23 274 500

资料来源　中国近代经济史资料丛刊编辑委员会. 中国海关与英德续借款［M］. 北京：中华书局，1983：52.

从光绪二十年至光绪二十七年（1894—1901年）的8项借款（汇丰银款、汇丰镑款、瑞记借款、克萨镑款、俄法借款、英德借款、英德续借款、庚子赔款借款）所付本息银数看，在光绪二十五年（1899年）均占岁入额的25.9%，占岁出额的22.8%，到光绪三十一年（1905年）约占岁入额的41%，占岁出额的31%。[①]在宣统二年（1910年）试办宣统三年（1911年）预算的岁出中所列赔款、债息支出更达5 200万两以上，占当年预算支出的15%以上。（《清史稿·志·食货六》）这些数据反映出外债本息支出已成为清政府财政支出的主要项目之一。同时，也恰恰说明帝国主义列强利用外债控制了清政府的财政经济命脉，沉重的外债本息负担加剧了清政府的财政危机，并进一步加重了中国人民的负担。

五、官业支出

官业支出是指清政府在兴办近代军事或民事工业上的资本性支出。清政府财政对近代企业的投资始于洋务运动期间，这一时期的官业支出也称为洋务费。在洋务运动的30年时间里，共投资创办了19个军用企业和27个民用企业。军用企业规模较大的有江南制造局、福州船政局、湖北枪炮厂等，民用企业较大的有轮船招商局、开平矿务局、汉阳铁厂等。其开办和经费情况见表10-3。

由表10-3可知，在中日甲午战争前约30年的时间里，洋务派创办的近代军事工业经费额达5 031.9万两，民用企业经费额近3 000万银圆，约合1 900万两，共计经费为6 900余万两。这些经费属于清政府财政支出范畴，包括军用企业的5 000万两和民用企业中官办形式的960万两，共计5 960万两。以30年计，平均每年的财政支出近300万两，占财政支出的比重平均近3%。[②]清政府兴办的这些军事工业靡费甚巨，而收获甚微。由于经营管理者的腐败，机器设备陈旧，所生产出来的产品质量低劣，往往不能使用而成废品，致使亏损严重。例如，江南制造总局"新制之坐劈山炮，不甚合式"，"其弹在半空炸裂，不待落地而已开花矣"。此外，福州船政局所造之船质量也十分低劣，不适于作战，也不适于商用，只可作为巡防、缉私之用。至于官督商办、官商合办民用企业，其性质虽属资本主义，但由于官僚买办经营，所以实属于官僚资本主义企业。对这些企业国家投入了大量的资金。其收效同军工企业差不了多少。

中日甲午战争后，清政府对近代企业的财政投资情况发生了一些变化。其具体表现在：（1）财政对军用企业投资，以拨款维持原先几个军用企业为主，少量用于新办企业，这是清政府财政空虚的结果。例如，江南制造局在中日甲午战争前的常年经费约90万~100万两，光绪二十五年（1899年）增至120万两。湖北枪炮厂在光绪二十一年（1895年）投产，光绪二十四年（1898年）的常年经费约75万两，光绪二十六年（1900年）增至83万两。据估计，光绪二十一年至宣统二年（1895—1910年）间，清政府军用企业的

① 徐义生. 中国近代外债史统计资料 [M]. 北京：中华书局，1962：25.
② 周志初. 晚清财政经济研究 [M]. 济南：齐鲁书社，2002：220.

年财政支出数约为300万两，总计4 800万两。①（2）财政对民用企业投资数额虽有增加，但在民用企业投资中所占比重有限。按照宣统三年（1911年）预算数来看，农工商部（光绪三十三年（1907年）将原商部、工部合并设立此部）经费为84.05万两，各省实业费为54.92万两（主要是商业），各省工程费为406.42万两，邮传部（光绪三十三年（1907年）设立，统一管理轮船、铁路、电报、邮政等行业）为3 690.78万两，各省交通费为66.14万两，总计为4 302.31万两，占该年预算支出数的14%。中日甲午战争后，在民用企业投资中，资本的投入已变为以商股募集为主，另外，在官办民用企业中，多是利用借外债来筹资，这些投资在财政支出项中已归入外债本息中计算。因此，中日甲午战争后官办民用企业的产业资本虽然有了明显的增长（从官办民用企业的资本估值看，1894年为3 686万元，1911年为46 413万元，增长了10倍。另据估计，1893—1913年间，官办工矿企业的新增投资为2 013万元），但清政府直接的财政拨款数额却相当有限。

表10-3　　　　　1862—1894年间洋务派军用和民用企业开办与经费情况表

军用企业			民用企业			
名称	开办年份	经费（两）	名称	开办年份	经营形式	经费（元）
安庆内军械所	1862	不详	直隶磁州煤矿	1875	官办	27 800
上海洋炮厂	1863	不详	湖北广济兴国煤矿	1875	官办	186 480
苏州洋炮局	1863	179 969	台湾基隆煤矿	1876	官办	195 804
江南制造局	1865	16 981 974	直隶开平煤矿	1878	官督商办	2 055 944
金陵制造局	1865	3 132 895	山东淄川煤矿	1887	官办	不详
福州船政局	1866	15 422 590	湖北大冶煤矿	1891	官办	见汉阳铁厂
天津机器局	1866	7 792 099	湖北马鞍山煤矿	1891	官办	
西安机器局	1869	不详	张家口山铅矿	1877	官办	6 950
福建机器局	1869	142 655	承德平泉铜矿	1881	官督商办	333 600
兰州机器局	1872	不详	贵州青溪铁厂	1886	官督商办	417 000
广州机器局	1874	763 320	山东淄川铅矿	1887	官办	不详
山东机器局	1875	186 000	热河银铅矿	1887	官办	417 000
四川机器局	1877	1 690 870	云南铜矿	1887	官督商办	不详
吉林机器局	1881	420 000	黑龙江漠河金矿	1889	官督商办	278 000
神机营机器局	1883	1 000 000	湖北汉阳铁厂	1890	官办	5 560 000
浙江机器局	1883	380 399	湖北大冶铁矿	1890	官办	
台湾机器局	1885	122 466	兰州机器织呢局	1878	官办	1 390 000
云南机器局	1885	不详	上海机器织布局	1879	官督商办	1 428 203

---

① 周志初. 晚清财政经济研究［M］. 济南：齐鲁书社，2002：220.

续表

军用企业			民用企业			
湖北枪炮厂	1890	2 100 000	湖北织布局	1890	官办	1 342 700
			湖北纺纱局	1894	官办	834 000
			湖北缫丝局	1894	官商合办	111 200
			华盛纺织总厂	1894	官督商办	1 118 900
			轮船招商局	1872	官督商办	2 780 000
			上海电报总局	1880	官督商办	4 256 694
			中国铁路公司	1885	官督商办	1 993 955
			北洋官铁路局	1890	官办	2 863 400
			台湾铁路	1891	官办	180 050
合计		50 319 037	合计			29 637 880

资料来源　许涤新，吴承明. 旧民主主义革命时期的中国资本主义 [M]. 北京：人民出版社，1990：341-342，380-381.

六、皇室及行政管理支出

（一）皇室支出

在乾隆三十一年（1766年）的财政支出数额中，皇室经费约为82万两，称为交进银两，另外大部分经费则来源于内务府的收入。清后期，皇室经费又有明显的增长。一是常年经费不断增加，户部支出的皇室经费，在光绪（1875—1908年）后期每年已达三四百万两，故民国初年拨付皇室优待费也是400万两。[①]而在宣统三年（1911年）的预算案中，仅宗人府、内务府等直接管理皇室服务的经费，总数已达1 000万两，约占国家财政支出的4%，明显地超过了清朝前期的水平。二是各种临时性的皇室经费支出也相当惊人。例如，光绪大婚即用银500万两。（《清朝文献通考》卷六十三）再如为庆贺慈禧太后的六十寿辰，即所谓万寿庆典，在重修颐和园的工程中，竟挪用海军军费十之八九，约达6 000余万两。同时还裁撤了许多必要的经费，预征了许多税捐。[②]

光绪（1875—1908年）、宣统（1909—1911年）时期财政支出的皇室经费主要由各省、关指拨。中日甲午战争前仅常关拨解的内务府经费即达170万两。此外，海关也按年拨解皇室经费。据统计，1861—1910年间，全国各海关拨解的皇室经费即达4 435余万两。尤其是光绪二十年（1894年）以后，多数年份的拨解额均在100万两以上，1894年最高，关税拨解额达179万余两，再加常关税即达349万两。[③]此外，皇室经费还有来自内务府的自行收入。清朝前期，这项收入大致在一百数十万两上下，而清后期的实际情况尚

精研深探
10-3

慈禧太后的简介

---

① 贾士毅. 民国财政史：下册第三编 [M]. 上海：商务印书馆，1934：3-4.
② 胡钧. 中国财政史 [M]. 上海：商务印书馆，1920：335，342注8.
③ 汤象龙. 中国近代海关税收和分配统计 [M]. 北京：中华书局，1992：222-224.

不清楚，估计光绪（1875—1908 年）后期每年应在三四百万两左右。

总之，清后期由国家财政支出的皇室经费增长较快，在财政支出中比重有所上升。清廷不仅向各省、关摊解银两，甚至还举借外债、挪用海军经费，以满足骄奢淫逸的生活。这与当时国难当头、国家财政困难局面形成鲜明对比，反映出封建财政的日益腐朽。

（二）行政管理支出

清后期的行政管理支出有较大的变动。中日甲午战争前，户部统计的行政费项目主要包括俸食公廉、解京各衙门饭食经费，合计约 1 100 余万两，占财政支出的 12.3%，较之清朝前期虽多出 400 万两，但比重略有下降。

清末行政管理支出，除行政费外，还包括财政费、外交费、民政费、司法费等支出项目。

行政费的绝对额进一步增长。从光绪三十二年（1906 年）起，清政府"预备立宪"，中央和地方的机构都相应地增加，如中央的六部增至十一部，中央和地方分别设立了资政院和咨议局，导致清末行政费进一步增长。在宣统三年（1911 年）财政预算案中，仅度支部所管的各省行政费即有 1 637 万两，再加上中央行政费，共计行政费支出达 2 600 余万两。此外，还有地方自行管理的行政费 3 770 万两，但因这笔经费主要用于教育、官业等支出，故不能计入行政费，这样，行政费占预算支出的比重为 7.2%。其中，官员俸银标准大幅度提高。咸丰时（1851—1861 年），正一品俸银与薪银之和，每月不过 240 两，年约 3 000 两，到宣统二年（1910 年）军机处大臣每年公费即达 2.4 万两，尚书万两；外省总督繁者 2.4 万两，简者 2 万两，巡抚繁者 1.8 万两，简者 1.4 万两。（《清朝续文献通考》卷六十八）

财政费包括度支部经费 328 余万两，税务处、盐务处等经费 85 万余两，各省财政机构经费 1 356.9 万两，各洋关经费 575.7 万两，各常关经费 150 万两，共 2 490.6 万两。光绪（1875—1908 年）中期的各项支出中有关局经费一项，用于海关关用经费，1891 年为 314.46 万两，1910 年则增至 500 余万两。[①]

外交费的设立始于光绪初年。清政府于光绪三年（1877 年）起由海关拨解出使经费作为外交专款，每年约解 100 余万两，最多达 190 余万两。宣统三年（1911 年）预算案中，外务部经费为 312.7 万两。

民政部设立于光绪三十二年（1906 年），负责全国公安、内务、民政事务。在宣统三年（1911 年）预算案中，民政费共计 435 万两，其中包括步军统领衙门经费、禁烟公所经费、各省民政经费和典礼经费等。

随着清末行政体制改革中，司法与行政分离，所以，也就有了司法费。在宣统三年（1911 年）的财政预算案中，共计 664 万余两。

总之，清末行政管理支出（行政费、财政费、外交费、民政费、司法费）达 9 900 余万两，再加上皇室经费，近 1.1 亿两，占总预算支出已达 36.5%，超过了军费支出。

七、河工费、教育费和社会保障支出

河工费是指修筑主要河道堤防工程所需的经费。在清朝前期的财政支出中，河工费占有一定比重。如乾隆三十一年（1766 年），河工岁修银为 380 万两，约占岁出的 9%。然而，清后期的财政支出中，河工费已明显减少。原来相对固定的河工费来源也难以正常拨付，捉襟见肘。例如，光绪元年（1875 年）曾国荃奏：应解河工生息银两。截至光绪元年六月底止，两淮欠解银一百八十一万两，长芦欠解银九十五万七千五百八十余两，山东欠解银三十一万零七百两。（《清德宗实录》卷十七）1887 年和 1888 年，为防堵郑州黄河决口，清政府不得不两次举借外债，共 196 万两，后由海关摊还。同时，还"先借商款六十万两"。[1]

道光（1821—1850 年）年间，清政府对河工还比较重视，河工拨款除常年经费外，临时性的抢修经费也不少。咸丰（1851—1861 年）、同治（1862—1874 年）时期因社会大动乱，河工拨款明显减少。至光绪（1875—1908 年）年间，拨款较多的仅郑州河工。另据统计，光绪中期包括河工、海塘及其他工程的修缮费，年支出数 200 余万两，宣统三年（1911 年）的预算案中有各省工程费 406 余万两，仅占财政支出的 1.36%。[2] 即使工程费全部视作河工费，光绪中期的数额也仅为乾隆时（1736—1795 年）的一半左右，宣统（1909—1911 年）末年才达到乾隆时的数额，而此时物价已上涨了 3 倍。因此，不论是常年经费或临时性的拨款，光绪（1875—1908 年）、宣统（1909—1911 年）时期河工费较清朝前期均有明显的下降。这与同时期皇室经费等支出的增长形成了鲜明的对照。

教育经费，是一项用于兴办近代教育的支出，包括派遣留学生、办同文馆、办京师大学堂，各地方办大学堂、中学堂、小学堂等。据统计，全国新式学堂的数量在光绪三十年（1904 年）为 4 222 所，学生总数为 92 169 人；宣统元年（1909 年）已分别增至 52 348 所和 1 560 270 人。近代教育的发展也导致了清政府教育经费支出的增加。在宣统三年（1911 年）的预算案中，学部经费为 173 万两，各省教育费 101 万两，合计 274 万余两。但这一数字并不足以反映当时实际支出的教育经费。如湖北省的教育费支出，1901 年为 68 万余两，1905 年已达 130 万两，1907 年更增至 200 万两。在宣统三年（1911 年）的预算案中，地方支出的 3 000 余万两行政经费中，有 1 080 万两是用于教育支出。这样，清末全国实际教育经费支出数约为 1 280 余万两。[3]

此外，清政府财政支出中还有少量的用于赈灾的社会保障支出。史载："道光十一年，拨江苏赈需银一百馀万两。二十七年，赈河南灾银一百馀万两。二十八年，赈河北灾银一百三十八万两。二十九年，拨江苏等四省赈灾银一百万两。而安徽、浙江之截留办赈者，皆近百万，江苏一省则一百四十馀万……光绪初，山西、河南、陕西之灾，拨帑截漕

① 汤象龙. 中国近代海关税收和分配统计 [M]. 北京：中华书局，1992：37-38.
② 汪敬虞. 中国近代经济史（1895—1927）：中册 [M]. 北京：人民出版社，2000：1331.
③ 周志初. 晚清财政经济研究 [M]. 济南：齐鲁书社，2002：223.

为数均钜，合官赈、义赈及捐输等银，不下千数百万两。郑州河决，赈需河南用银二百五十馀万两。"（《清史稿·志·食货六》）赈灾支出属于社会救济范畴，其数额虽然不多，但对于缓解贫困、稳定社会还是具有一定的作用。

第三节

清后期的税收

一、清后期财政收入规模与结构的特征

鸦片战争以后，清政府财政收入的绝对额急剧膨胀（如图 10-2 所示）。清朝乾隆五十六年（1791 年）时，岁入为 4 359 万两，嘉庆十七年（1812 年）岁入为 4 013 万两；鸦片战争结束后，岁入略有下降，但太平天国运动爆发以后，清朝财政收入急剧膨胀，到光绪七年（1881 年）骤增至 8 235 万两，光绪十七年（1891 年）又增加到 8 968 万余两，光绪二十九年（1903 年）增加至 10 492 万两，光绪三十四年（1908 年）增加至 23 480 万两，宣统三年（1911 年）又增至 29 696 万余两。（《清史稿·志·食货六》）财政收入膨胀的根本原因是，旧税没有减少而新税又不断增加。清自乾隆（1736—1795 年）以后，常项岁入包括地丁、杂赋、租息、粮折、耗羡、盐课、常关税等的总额，大体保持在 4 200 万两上下，直到 1894 年中日甲午战争爆发，绝对额一直没有降下来，反而有增加的趋势，例如，光绪十六年（1890 年）以后增加到 4 300 万两以上，至宣统三年（1911 年）增至 4 966 万余两。与此同时，又增加了厘金和洋税，这两项收入不断增加，到光绪（1875—1908 年）中叶，厘金已占财政总收入的 18% 左右，洋税已占财政总收入的 20% 左右，两项合计几乎相当于原来七项常项岁入的 70%。

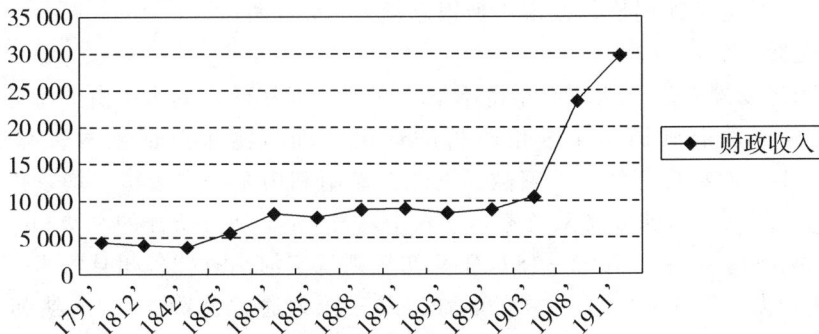

图10-2　清后期财政收入规模（单位：万两）

财政收入的另一个明显特征是财政收入结构的变化：古老的田赋收入在财政收入中的比例急剧下降，而间接税在财政收入中的比例则急剧上升。前清地丁收入一直占财政收入的 50% 以上，是财政收入的主体。鸦片战争以后，田赋收入占财政收入的比重逐渐下降。

咸丰（1851—1861 年）、同治（1862—1874 年）时期尚占财政收入的 30%~40%，光绪（1875—1908 年）、宣统（1909—1911 年）以后所占比重逐步下降，例如光绪十七年（1891 年）占 26.4%，[①]宣统三年（1911 年）则只占 16.45%。[②]间接税在前清只占财政收入的 10% 左右，例如乾隆三十一年（1766 年），关税仅 540 余万两，占财政收入"四千数百万两"的 10%~15%，加上其他一些间接税收入，如落地税、契税、牙税、当税等也不过六七百万两，占财政收入的比例不会超过 20%。[③]鸦片战争以后，仅新增的两种间接税（厘金和洋税），已占财政收入的 30% 以上，例如光绪十七年（1891 年），这两种税的合计为 3 453 万两，占当年财政收入的 39% 左右，一跃成为清朝财政收入的主体。宣统三年（1911 年），关、盐、茶、厘金和其他工商杂税则更占财政收入的 53.2%。[④]这说明封建性的财政收入正日趋瓦解，而资本主义性质的财政收入则方兴未艾。

此外，债务收入在清末亦逐步成为清政府解决财政困难的重要形式。这一时期的债务收入主要是外债，数额逐步增大，并且成为制约清朝财政的重要势力。这标志着中国财政的半殖民地化已经形成并加深。

二、田赋

清朝后期的田赋制度仍沿用清前期的做法，但由于对外军事战争的影响，特别在太平天国运动的巨大冲击下，田赋制度开始发生转变，田赋收入规模也不断增加。

（一）田赋制度的变化

1.田赋加征

田赋加征的具体做法不一、名目繁多，多为各省地方政府或为筹措军费或为筹措赔款而巧立名目，加重农民负担，损公而肥私。以四川省为例，田赋加征首先有捐输，而后又有田赋征借，咸丰四年（1854 年）又开征按粮津贴。按粮津贴的比例为田赋银 1 两，加征 1 两。同治元年（1862 年），又有按粮捐输，总额为 180 万两，是原数的 3 倍。光绪二十七年（1901 年），又有新加捐输，按亩年捐银总额为 100 万两。

2.漕粮改折

太平天国运动爆发后，清政府不得不下令江苏、浙江两省的漕粮由沪海运至津，而其他有漕各省，清政府则做出了漕粮改折的规定，即将漕粮改征银两，称漕折。咸丰（1851—1861 年）初年规定江西、安徽、湖北、湖南和山东等省漕粮"均系折色，每石以银一两三钱解部"（《清朝续文献通考》卷六十六）。加上地方所征的军费和办公费，每石征折色银在 3~5 两。同治（1862—1874 年）初年则规定河南省"各州县每米一石折解藩库银三两三钱，以二两解部，以一两充军需，以三钱为通省公费"（《光绪朝东华录》卷四）。至光绪（1875—1908 年）年间，江、浙两省的漕粮也大都改征折色。光绪二十七年（1901 年）清廷颁发上谕，正式宣布停止漕运，漕粮全部改征折色。

---

① 根据《清朝续文献通考》卷六十六《国用考》四所载光绪岁入数计算。
② 根据清资政院修正宣统三年预算数计算。
③ 根据《清朝续文献通考》卷六十六《国用考》四所载光绪岁入数计算。
④ 根据清资政院修正宣统三年预算数计算。

3.整顿田赋积弊

咸丰（1851—1861 年）、同治（1862—1875 年）年间，清朝统治者为了缓和社会矛盾，稳定统治秩序，同时也为确保国家额定赋税的征收，缓解财政困难，曾在长江中下游省区，实行"减赋"政策。

减赋的具体内容包括：一是裁减地丁、漕粮中的各种浮收勒折数额；二是裁减一些地区过重的漕粮数额。据估计，咸丰（1851—1861 年）、同治（1862—1875 年）时期，湖南、湖北、江西、安徽等省革除浮收、裁减漕赋的数额约占原田赋报收数的 22%~36%。江苏则主要是裁减漕额，其中苏、松、太三分减一，常、镇十分减一。总计江苏共减粮正额 54 万石，此外还减浮收米 37 万石，浮收钱 167 万余千文。浙江则裁减各种浮收共计米 48.9 万余石，钱 180 余万千文，并减征漕粮正额 26.67 万石。[1]

4.田赋归属的转变

田赋在清前期归中央管辖，地方不得染指，但太平天国运动爆发后，各省以预防太平军为借口，截留田赋，以备紧急之需，但当时地方截留并非合法，要受到批评甚至处分。咸丰五年（1855 年）清廷对地方截留田赋逐步放宽限制。至光绪（1875—1908 年）年间，先后出现《马关条约》赔款和《辛丑条约》赔款，数额巨大，以关税、盐税作抵还不足，就分派于各省，各省既负担分赔的义务，同时也就获得自由筹款的权利。这样，田赋的附加或增派，就成为地方的特权之一。田赋的管辖权一部分甚至大部分下放到了地方。地方掌握自由课赋之权后，财政体制已是中央集权其名，地方分权其实。田赋的归属权旁落之后，地方附加田赋，常为正课的一倍、二倍甚至五倍，结果比中央的田赋收入还要巨大。

（二）田赋收入规模

由于田赋正税不断提高，附加名目繁多，所以田赋绝对额也不断增加。乾隆（1736—1795 年）末年，田赋征银 2 900 余万两，粮 830 余万石。[2]光绪十一年（1885 年），地丁、租息、杂赋、漕折、耗羡五项为银 3 241.68 万两，光绪十七年（1891 年）为银 3 358.66 万两。光绪十七年的田赋比光绪十一年的田赋增加 3.61%。[3]宣统（1909—1911 年）年间，田赋收入额增加至 4 800 万两。

三、盐税

（一）盐法

清后朝的盐法，仍如前期，除产制多由民营外，在运销上主要实行官运官销、官运商销、商运商销和委托专卖等运销制度，并以委托专卖制（即专商引岸制，也称纲法或商专卖法）为主。但在清朝后期，盐法仍有一些变化，具体表现在：

（1）在部分区域实行票盐法。票盐法始于明朝嘉靖年间，为巡按御史王化所创。自道光（1821—1850 年）以后，陶澍首先改专商盐岸制为票盐法。其制，官为发票，一票给

① 周自初. 晚清财政经济研究［M］. 济南：齐鲁书社，2002：72.
② 《清史稿·志·食货六》。
③ 根据《清史续文献通考》卷六十六《国用考》所载数计算。

盐一引至十引不等，无论何人只需照章纳税，即可领票运销。与原来的纲法同属民制商收商运商销办法，所不同的是，纲法允许商人世袭专利，形成垄断，票盐法认票不认商，鼓励竞争。实行这种盐法，便利了所有贩卖食盐者，官民争为贩卖，盐课随之增加。此后，曾国藩、李鸿章、左宗棠等人也先后改进盐法，都不同程度地促进了盐课的增加。

（2）调整引岸。清初对食盐的销售区域即引岸有严格的规定，超越引岸销售即以犯私论处。然而，有些引岸的规定从经济效益上看是不合理的，比如，湖北、湖南距江苏路途遥远，但却是淮南盐的引岸，邻近的川盐虽近，却不能到此销售，否则即为贩私。咸丰三年（1853年），淮南引岸的地方督抚纷纷上奏，请求清政府允许暂借邻盐在当地销售。这时，清政府才允许邻盐合法地进入淮南引岸销售。这一变通措施客观上有利于食盐的合理流通。

（3）以盐抵饷。以盐抵饷办法，是在太平天国运动爆发后，盐运不畅、场盐堆积如山的情况下，清政府在两淮盐区组织军队运盐，所得盐款充作军饷。咸丰（1851—1861年）、同治（1862—1875年）年间清军琦善、向荣、都兴阿、彭玉麟等部都组织军队直接经营盐运以充军饷。以盐抵饷是在特定环境下的一种军运，虽是战时不得已的措施，也在一定程度上缓解了军饷短绌，但也使私盐更为猖獗，盐制更趋混乱。

（二）盐税

清后期的盐税不同于前期，除了盐课之外，还有盐厘。

1.盐课

盐课，又分为场课和引课两种。

场课是在生产环节就场征收的盐税。纳税义务人是盐的产制者，即灶户、锅户、井户及滩户。所以，场课又有灶课、锅课、井课与滩课之分。场课的主要项目有二：一是对盐民所课的丁税；二是对制盐所使用的盐滩、卤地、草场所课的土地税。

引课是对流通过程征税，是在运销环节于盐斤起运前或运抵销岸开售时按引征收的盐税。故名引课。它又分为正课、杂课和包课三项。

正课是按盐引向运销商征收的正规引课。它是盐课收入的主要组成部分。其征税往往是与盐的运销制度联系在一起的。引课有在起运前在产区缴纳者，有在运抵销岸开售时缴纳者，于是又有"先盐后课"与"先课后盐"之分。正课从量计征，按引课税。每引斤数各地不等，税率也因时因地而异。详细税率见表10-4。

从表10-4可见，从道光二十八年（1848年）以来每引盐税税额急剧提高。盐税收入也不断增加，宣统三年（1911年）的盐税收入为道光二十八年（1848年）的3倍。

杂课又称盐税附加，多系历代相沿的陋规，其名目繁多，包括附加、规费、杂捐等。长芦盐杂课通计年共征银111 000多两，约相当于长芦引课（正课）494 525两的22.4%（《清朝续文献通考·征榷考》）。

包课是各省远僻地区许多居民自制土盐所课的盐税，零星分散，收入无多。

2.盐厘

盐厘即对盐征收的厘金。咸丰九年（1859年）经户部奏准抽收盐厘。盐厘系从量计征，按每引、每票或每包征收制钱若干文。按照征收环节，盐厘有入境厘、出境厘、通过厘和落地厘。在一省之内，有征一二次者，有征三四次者，运途愈远，所经关卡愈多，则抽厘愈多。沿海厘卡有将盐课与盐厘合并一次征收的，也有将原来逢卡纳厘改变为到岸销售时汇总缴纳的，各省办法不尽一致。

表10-4　　　　　　　　　　　　清初及光绪年间盐税税率表

盐区	顺治（1644—1661年）		光绪（1875—1908年）	
	每引斤数	每引税额（两）	每引斤数	每引税额（两）
长芦	300	0.2657	550	0.5100
河东	240	0.3200	—	0.7100
两浙	335	0.4560	—	0.3900
福建	东南路 100 西路　675	自 1.1354 至 2.5810	—	2.8000
两广	235 322	1.1030	—	1.3000
四川	每包　100	0.0681	陆行 400 水行 5 000	自 0.2770 至 3.4050
云南		—	300	2.1150
山东	320	0.2050	225	0.2400
两淮	200	淮北 0.5500 淮南 0.6754	400	淮北 0.8000 淮南 1.1700

资料来源　吴兆莘. 中国税制史：下册［M］. 上海：商务印书馆，1937：54.

以淮盐为例，淮北盐斤每经一卡，一包（100斤）抽制钱500文。例如，仅经始卡与终卡这两卡即达目的地的，则抽收1 000文。每一引（400斤）为4 000文，以制钱500文合银4钱的比率换算，则为银3两2钱。当时，正课系每引1两5钱，所以，盐厘相当于正课的2倍以上。[①]盐厘税率虽各地不同，就全国而言，大抵每百斤纳厘2钱至5钱不等，亦即每引8钱至2两。

3.加价

清朝后期，因事筹款，对盐斤实行加价，也是盐税的一种。盐斤加价，始于雍正六年

---

①　吴兆莘. 中国税制史：下册［M］. 上海：商务印书馆，1937：56.

（1728年）的长芦盐加价。因其时银贵钱贱，课税所收制钱用以易银则不敷原额，故每斤加价银1厘，以资弥补。乾隆时（1736—1795年）推行于他省，其后则渐起变化。光绪二十年（1894年），中日甲午战争爆发，为筹设防务，各省对盐每斤加价二文。光绪二十七年（1901年）为筹措赔款又加价4文。光绪三十四年（1908年）为抵补药税（鸦片税）又加价4文。[①]盐斤加价原多为应付特殊支出，逐渐变成人民常年的负担，演变为盐税的又一个税目，且其征额常超过正课数倍。光绪十七年（1891年）盐课为743万两，到宣统三年（1911年）约4 500余万两，二十年间增加5倍。

增加各种盐课附加，致使盐价大幅度上升。以河北文安县为例，由于盐引加价，每斤盐额由1895年的28文，上升为1902年的32文，1907年达40文，1909年更达44文。[②]

（三）盐税收入及支配情况

清末盐税收入已成为主要财政收入来源之一。宣统三年（1911年），资政院复核预算，盐税年约4 500万两，占预算总收入的14.9%，仅次于田赋和官业收入而居第三位，列在厘金之前。

据有关资料表明，清末盐税实收数仅为1 300万两，根据宣统三年（1911年）督办盐政处预算，盐税总收入每年应为4 540万两，以银圆1.5元折合银1两计，应为银圆6 800余万元。说明盐税流失非常严重。这是清末盐税税制不规范和管理混乱的必然结果。

盐税收入约有30%归中央支配，70%则为地方占用，用于军政各费。中日甲午战争以后，盐税开始用作清政府举借外债的抵押品。盐税用于抵押的外债主要有：（1）瑞记洋款；（2）英德续借洋款；（3）庚子赔款；（4）英法借款；（5）湖广铁路借款。这些借款以盐税为担保品，使得清政府的盐税支配权发生了变化，帝国主义列强在控制了中国的关税之后，进一步攫夺中国的盐税主权，使中国的主要税收控制在帝国主义列强手中，古老的封建性盐税也开始了半殖民地化。

四、关税

鸦片战争后，清政府被迫签订了中英《南京条约》等一系列不平等条约，清政府不能自主征管关税，从此，中国的关税首先开始了半殖民地半封建化的进程。清后期的关税分为常关税和海关税两部分。

（一）常关税

鸦片战争以后，清政府与英国订立《南京条约》，开广州、福州、厦门、宁波、上海为通商口岸，设立海关，称为"新关"或"洋关"，旧的税关即被称为"常关"或"旧关"。1900年义和团运动，八国联军攻占京津，清政府被迫签订《辛丑条约》，将距海关50里以内的常关移归海关税务司管辖，其常关税收入也指定为庚子赔偿的担保，同作偿付赔款之用。从此，常关又被分为距海关50里内常关、距海关50里外常关和内地常关等3种。50里以内常关被由洋人占据的海关总税务司把持，纳入海关税体系；50里外常关及

① 周伯棣. 中国财政史 [M]. 上海：上海人民出版社，1981：485.
② 李文治. 中国近代农业史资料：第一辑 [M]. 北京：生活·读书·新知三联书店，1957：358.

内地常关则由常关监督署管理，皆照例征收。这样，常关不仅行政管理权被肢解，而且常关税收入也被分割。

宣统二年（1910年），工关撤销移归度支部（原称户部），这样户关与工关均属度支部，遂一律称为常关。

清朝后期自设置新海关以后，常关所征收的货税及船脚税，只限定在帆船及其所运载的货物之内。常关税的税率，规定以从价5%为标准。但均未认真贯彻，各关税则并无一定，税率高低不一。除正税以外还有许多附加税，如盖印费、单费、验货费、补水费、办公费等。有的附加竟超过正税数倍。清政府为保证常关的收入，对各关都定有征收定额，按定额征足。如征不足额，责由常关监督赔补；超过定额完成的，则可给予升官的奖励。因此，各关无不额外加征，困商病民，为害至巨。

常关税收入在清政府财政收入中不占有重要地位。嘉庆二十五年（1820年），当时各关年收入约为450万两，常关税的定额在光绪（1875—1908年）年间为200万~300万两，在整个关税收入中所占比重较小。常关收入锐减，与鸦片战争后沿海通商口岸不断开放、新海关不断设立有直接关系。

（二）海关税

1.海关税制的构成

（1）进口税。进口税是对进口的洋货所征之税。税率5%，从价计征，或从量征收。

（2）出口税。出口税是对出口国的货所征之税。其计征办法及税率均与进口税相同。

（3）子口税。子口税是对进口的洋货由中国商人运往内地或洋人购买中国土货运赴海口通过内地关卡时所征之税。该税税率为值百抽二点五，且只征一次，不再重征。此税有悖于世界惯例，严重地损害了中国的经济利益。

（4）复进口税。复进口税是对洋人贩运中国土货出口并完纳出口税后又运至其他通商口岸时所征之税，又称沿岸贸易税，税率为2.5%。这种税对外商及其在华代理人极为有利，因为征收复进口税后，不再抽收其他厘税。

（5）船钞。船钞是对各通商口岸往来的船舶所征之税。船钞是按吨计算的，所以又称吨税。以150吨为界，以上者每吨纳钞银4~5钱，以下者每吨纳钞银1钱。另英商在各口岸自用艇只运带客人、行李、书信、食物及例不纳税物品，免税。

（6）洋药税及洋药厘金。洋药即进口鸦片，洋药税和洋药厘金即对鸦片所征之进口关税和厘金，因其情况特殊，所以单列一项。第二次鸦片战争后，清政府将禁烟政策变为税烟政策。咸丰八年（1858年）规定，洋药每百斤征收30两进口税。鸦片抽收厘金在光绪十三年（1887年）开始征收，规定在每百斤征收30两进口税基础上，缴纳厘金80两之后就可行销全国，不再交纳任何税厘。这项新规定对于西方列强来说，又攫取了中国的一项特权，进而有利于鸦片的运销；对于清政府来说，则将原属地方的财政收入抓到中央政府手中，从而增加中央财政收入。当然，最终的受害者还是中国人民。至1911年，海关征收洋药税厘每百斤征收350两。

（7）机器制造货出厂税。这种税是指对在中国口岸或内地的机器制造的货物所征之税。按光绪二十八年（1902年）《中英续议通商行船条约》的规定，洋商在中国口岸或华商在本国各地设厂制造的棉纱、棉花等，应纳出厂税，由海关统一征收。如原材料来自外洋，则将进口税退还。如来自本国，则应将已缴各税一并退还。如已纳出厂税，则可免缴其他各类海关税。此种税有利于鼓励外商在中国口岸投资设厂，对中国厂商则无任何益处。

此外，还有中俄、中越、中缅等陆路国境关税。由于照顾俄、法等列强的利益，一般都予以减免税的待遇，从而表明陆路国境关税也具有半殖民地半封建化的性质。

2.海关税主权的逐步丧失

关税是主权国家经济自主的工具之一。关税主权包括海关设置权、税则制定权、关税收入支配权、保管权和海关行政管理权。鸦片战争后，清政府的这些海关税主权逐步丧失。

（1）不平等条约对海关设置权的侵夺

清前期，清政府只在江苏松江、浙江宁波、福建漳州和广东澳门等处设四海关，制定海关则例，开始征收输出入国境货物的关税及船税，课税甚轻，岁入不多，但管理上限制甚严。

从中英《南京条约》开放5个通商口岸始，随着帝国主义对中国侵略的不断加剧，清政府被迫签订一个又一个不平等条约，结果是通商口岸逐年增加，新设海关也日益增多。到1897年，对外开放通商口岸已达31个。中日甲午战争以后，中国被帝国主义各国所控制的海关，由沿海进一步扩展到内地，到清朝末年海关数量已达60余关。

（2）不平等条约对海关税则制定权的侵夺

鸦片战争后，英帝国主义不仅打开了中国的大门，同时率先破坏了中国的关税主权。道光二十二年（1842年）订立的中英《南京条约》共13款，其中第10款规定英国商民"应纳进口出口货税、饷费，均宜秉公议定则例"[①]。次年，清政府与英国又签订《虎门条约》和《五口通商章程》与《海关税则》，补充中英《南京条约》未详细规定的部分，这3个条约基本确定了中国海关税的税则，即中国海关税实行"协定关税"。海关税的税率不分进口与出口一律为从量计征、值百抽五（5%）。洋货由华商运入内地，所过税关不得加重征税，只照估价若干，每两加税不过某分。

第二次鸦片战争期间，于咸丰八年（1858年），清政府又被迫签订《中英天津条约》，该约规定税则重修为期10年，而且必须提前6个月通知有关各方，否则仍照前章纳税，还要等10年以后才能重新修订；该约还确定子口税按值百抽二点五征收，并规定洋货在进口、土货在经过第一关口纳税给票后，他口不再重征。此后，清政府先后与其他国家签订的不平等条约，如《中法天津条约》《中俄天津条约》《中美天津条约》《中德通商条约》

① 王铁崖. 中外旧约章汇编：第一册［M］. 北京：生活·读书·新知三联书店，1957：32.

等，其关税的税则与《中英天津条约》大体相同。

光绪六年（1880年），开始新一轮的续定条约，清政府先后与德、法、英、俄、美等国分别签订了续定商约。续定商约无非是开放新的通商口岸、降低关税，更有利于各殖民主义列强的商品输出。光绪二十七年（1901年），为使清政府顺利赔付庚子赔款，列强始允在条约第六条中将关税"增至切实值百抽五"。光绪二十八年（1902年），清政府与英、美、日、法、奥等国在上海议商改订进口税则，按和约规定的庚子前三年（即1897年、1898年、1899年）卸货时的平均价格计算改订了税则。这个税则如按改订的当年时价计算，仅达值百抽三点七，实际上也未达到值百抽五，但税目却增加到284个。此后，这项改订的税则一直实行到清亡未改。

（3）海关行政管理权的丧失

咸丰三年（1853年），小刀会起义并占领上海，使上海海关业务陷入瘫痪。咸丰四年（1854年），英、美、法三国驻上海领事以保护中国关税为名，由英国人威妥玛（Thomas Francis Wade）、美国人卡尔（Lewis Carr）和法国人史密斯（Arthur Smith）组成税务管理委员会，实质上是接管了江海关行政管理大权。咸丰九年（1859年），李泰国（H.N.Lay）被任命为海关总税务司。[①]自此外国人把中国上海海关管理体制推行到了全国各口岸，各口岸的税务司称口税务司。1861年设立总税务司署，1863年李泰国去职，改由英国人赫德（R.Hart）继任。

按照规定，口税务司隶属于海关监督，总税务司署隶属于总理各国事务衙门，而实质上，各口岸的海关监督要听命于口税务司，总理各国事务衙门也要听命于总税务司署。他们把持中国的海关税收，干涉中国的内政外交。

（4）海关税收收入的支配权和保管权的丧失

第一次鸦片战争以后，中国的海关税收急剧膨胀，每年大体在400万~600万两。第二次鸦片战争以后，不仅设置的通商口岸大幅度增加，又有多种关税优惠，所以西方列强对中国的商品输入和对中国原料的掠夺更为猖獗，因而关税税收也迅猛增长。自咸丰十一年（1861年）到清末（1911年）的关税税收额由500多万两增加到3 600多万两，增长了6倍多。详见表10-5。

随着关税收入的增多，帝国主义列强也进一步加剧了对关税的掠夺。中日甲午战争后，各帝国主义列强为了资本输出，强迫清政府大量举借外债，如光绪二十二年（1896年）的英德借款、后来的续英德借款不仅数额大，而且归还期限长（36~45年）。这些借款都规定以中国关税税款为担保，由总税务司署直接从关税收入中拨付债息和赔款，以保障各帝国主义国家的利益。只有当支付当年债息和赔款之后，所剩的关余才能由清政府支配。1911年辛亥革命爆发之际，帝国主义列强为防止关税落入革命党人手中，由债权国在华银行组成海关联合委员会，并规定，凡中国关税收入由总税务司署代收代付，其税款

---

① 莱特. 中国关税沿革史［M］. 姚曾廙，译. 北京：商务印书馆，1963：121-135.

一律存入汇丰、德华、道胜、东方汇理和横滨正金等外国银行。这样，中国关税的支配权和保管权尽被帝国主义列强所控制。

关税主权的丧失给中国的政治、经济和财政都带来了不利的影响。具体来说：

（1）相对减少了国家财政收入。由于不平等条约使清政府被迫接受毫无差别的5%的协定关税税率，这使得海关进出口税率大为降低。第一次鸦片战争后（1843年）的关税税率较之以前减少50%~80%，第二次鸦片战争后的关税税率又进一步降低，平均为13%。这样，在同样进出口商品贸易额的情况下，相对减少了国家的财政收入。

表10-5　　　自咸丰十一年（1861年）到清末（1911年）的关税税收额

年　份	关税税收额（两）	年　份	关税税收额（两）	年　份	关税税收额（两）
1861	5 036 371	1878	12 455 213	1895	20 984 974
1862	7 559 870	1879	13 196 197	1896	22 040 654
1863	8 556 476	1880	14 346 406	1897	22 672 991
1864	8 377 014	1881	15 052 722	1898	21 828 055
1865	7 937 975	1882	14 488 272	1899	26 015 231
1866	8 906 692	1883	13 603 926	1900	24 090 590
1867	8 927 309	1884	13 738 336	1901	23 923 670
1868	9 887 484	1885	14 178 227	1902	28 377 186
1869	9 631 531	1886	15 263 475	1903	30 423 243
1870	9 760 247	1887	20 081 682	1904	30 206 504
1871	10 717 471	1888	23 094 267	1905	32 675 574
1872	11 605 818	1889	21 929 723	1906	34 968 046
1873	11 181 872	1890	21 984 300	1907	33 198 319
1874	11 910 223	1891	23 126 136	1908	32 930 162
1875	12 171 811	1892	22 808 391	1909	33 205 087
1876	12 572 216	1893	22 066 185	1910	34 518 859
1877	12 293 699	1894	22 797 364	1911	36 179 825

资料来源　汤象龙. 中国近代海关税收和分配统计 [M]. 北京：中华书局，1992.见第二部分全国海关税收和分配综合统计102表。

（2）使帝国主义列强垄断和控制了中国的进出口贸易。从结构上看，在关税收入中，1861—1910年，洋商进出口税在进出口税总额中所占比例不断提高，相反华商进出口税在进出口税总额中所占的比例却不断降低。仅以江海关历年进出口税为例，1893年时，华商的进出口税还占进出口税收入的10.05%，到1903年则只占5.98%，1910年有所提高，也只占6.82%，而同期洋商进出口税占进出口税收总额的比例却由1893年的89.50%提高到1903年的94.02%，1910年虽有降低，也占93.18%，而且华商进出口税中还包括子口半税和洋药税在内，洋商进出口税中不包括子口半税和洋药税。在华商进出口税率不断提高、洋商进出口税率远低于华商的情况下，洋商进出口税收仍然不断增加，只能说明帝国主义列强对中国进出口贸易的垄断和控制的加强。

（3）打击了中国民族工商业和农村手工业。自从迫使清政府实行值百抽五的进出口税率，同时又实行子口半税原则，西方列强打开了中国的门户，便利了西方列强对中国的商品输出和原料掠夺。与洋人所享受的税率低、环节少的待遇相比，中国商人则是"逢关征税，遇卡抽厘"，因而洋货的竞争力远超中国的土货，这就打击了中国的农村手工业和民族工商业，使之急剧衰落和破产。

（4）控制了中国的财政经济命脉。西方列强通过把持中国海关的行政管理权和关税收入的支配权和保管权，并以资本输出（即大借外债）相配合，牢牢地扼制了中国财政的咽喉。

五、厘金

厘金是清后期产生的一种无所不包、无所不捐的货物税，也是一种商税和杂税，是清政府财政危机的产物。其种类繁多、名称不一、制度芜杂、弊端丛集、病国病民。厘金从创办到裁撤，共存在78年。

（一）厘金的产生与推广

咸丰初年（1851年），太平天国运动爆发。至咸丰三年（1853年），太平天国已占领江南十数省份，并建都南京。清政府处在危机的状态中，钦差大臣向荣和琦善急忙设江南大营和江北大营，以堵扼太平军的北伐。当时，数十万大军耗饷甚巨，而经常性收入有限，国家财政十分困难。

为了筹集镇压太平军的军费，咸丰三年（1853年）四月副都御史、刑部侍郎雷以诚创办了厘金。当时，苏、常二州先后被太平军占领，各省协饷及户部拨饷均不能及时足额运抵江南、江北大营。军饷不济，谋士钱江仿林则徐在新疆屯田时所实行的"一文愿"之法（自愿捐资，积少成多之意）献"商贾捐厘"之策，被雷以诚采纳，首先在扬州仙女庙、邵伯、宜陵、张网沟等地实施，命米行捐资助饷。咸丰四年（1854年）三月，雷以诚上《请推广厘捐助饷疏》，认为"此法商民两便，且细水长流，源远不竭，于军需实有裨益"（《皇朝道咸同光奏议》卷三十七）。咸丰四年三月癸亥，上谕："各就南北地方情形，妥速商酌""即督饬所属，劝谕绅董筹办"。[①] 同年，雷以诚首先将厘金推广于江苏，湖南巡抚骆秉章推行于湖南，兵部侍郎帮办军务曾国藩推行于江西。自1853—1886年的

---

① 罗玉东. 中国厘金史 [M]. 上海：商务印书馆，1936.

30多年间，厘金推行于全国23个省，已无处无厘金。

厘金本是临时性的筹措经费措施，在太平天国运动被镇压下去之后，应及时裁撤，但因清政府财政支出日绌，厘金已经成为清朝财政弥补财政亏空的重要收入，于是临时性的捐厘变成了经常性的正税，直到1931年国民政府开征统税后，才同常关税一并裁撤。

（二）厘金税制的演变

厘金虽是清政府解决财政困难的重要手段，但清政府没有制定统一的税制，而是责成各地根据本省情况自订章则，自行设置机构征收，因而厘金的名目繁多、内容庞杂、税率高低不一、办法各异。

1.厘金的种类与范围

厘金初创时分为两种：一种叫活厘，亦名行厘，系消费税性质，征之于行商；一种叫板厘，亦名坐厘，系营业税性质，征之于坐贾。课税对象初为米、麦及布匹、百货等日用必需品。随后，因内外战事频仍，财政困难日益严重，厘金的课征又进一步扩大到食盐与鸦片。自此，厘金按其课征对象又分为百货厘、盐厘、洋药厘、土药厘四大类，其中盐厘、洋药厘、土药厘皆已与原纳的税收合并征收，分别纳入各自的税系，只有百货厘金始终独立地自成一系。因此，通常所称的厘金，系专指百货厘金。百货厘金按课税环节分，又可归纳为通过地厘金、销售地厘金、出产地厘金。

百货厘金的征收范围，初仅涉及米、麦、布匹、百货等项，至清末已扩展到各行各业所经营的各类商品，甚至于女眷携带之包裹、路人携带之盘缠也在征课之列，几乎到了无物不税的程度。

2.厘金税率与计税依据

厘金初征之时，税率为值百抽一，即1%，故称厘金。以后逐渐提高，至光绪（1875—1908年）年间，有的省份已达5%。这只是名义税率，由于多数省份都采取多次征收的办法，所以实际税率要远高于名义税率，比如税率若为5%，实行一次征收制的，实际税率为5%；实行一起一验制的，实际税率则为10%；实行两起两验制的，实际税率则为20%。所以，衡量一个地区税负的高低，不仅要比较税率，而且要同时考虑征收环节，把两者综合比较起来计算，才能得知某种商品实际税收负担。就全国而言，厘金税率最低为1%，最高为20%或稍高，多数省份在4%~10%之间。

在计税依据上，各省根据已确定的税率制定详细税则，内列货物名称、计量单位（如尺、石、担、件、桶、篓、包、匹等）及单位税额，凭以从量计征，税则未列载的则估值从价计征。

3.征收机构与征收方式

厘金创设之初，因军需孔急，厘金事务多由各地粮台、军需局或筹饷局负责。太平天国运动被镇压以后，各省始设厘局，专责办理，一般多在省会城市设厘金总局，也有业务繁多的省份在省内划分区域，设2~3个总局。所设的厘金总局隶属于各省布政司，总局以下设厘局厘卡，分布于各府州县及各口岸。

厘金的征收方式，有由各地方政府设立局卡直接征收的，称为"官办"；也有采用商人认捐、包捐等包缴方式征收的，称为"商包"（即包税制）。

（三）厘金收入状况与影响

厘金从咸丰三年（1853年）开始征收，当时因尚未推行于全国，户部也没有要求将数字上报。至咸丰七年（1857年）户部才要求各省按季报部，但直到同治十二年（1873年）时，还有数省未按要求报部。所以表10-6只是一个不完全的统计数字。各年份厘金收入总额，除个别年份外，基本徘徊在1 400万~1 600万两。这组数据只是反映了地方上报中央政府的收入数，难以真实反映各地方实际征收的增长情况，但也说明了厘金对于清政府财政的重要性。到宣统二年（1910年）试办宣统三年（1911年）预算时，厘金收入猛增至4 300余万两，这说明经过清末财政清理，各地实际征收的厘金收入已基本为清廷所掌握，实际收入数远高于上报数。

表10-6　　　同治八年（1869年）至光绪二十年（1894年）全国厘金总计表

年　次	厘金收入（单位：千两）		年　次	厘金收入（单位：千两）	
	最　低	最　高		最　低	最　高
同治八年	14 527	14 697	光绪八年	15 010	15 300
同治九年	15 463	15 633	光绪九年	13 352	13 642
同治十年	15 317	15 487	光绪十年	13 901	14 201
同治十一年	15 122	15 292	光绪十一年	14 013	14 343
同治十二年	15 717	15 878	光绪十二年	14 479	14 809
同治十三年	14 782	14 952	光绪十三年	15 620	15 950
光绪元年	14 295	15 565	光绪十四年	14 547	18 877
光绪二年	14 917	15 187	光绪十五年	14 255	14 585
光绪三年	13 517	13 787	光绪十六年	14 494	14 824
光绪四年	13 392	13 662	光绪十七年	14 298	14 628
光绪五年	14 489	14 759	光绪十八年	14 474	14 804
光绪六年	14 822	15 112	光绪十九年	14 098	14 428
光绪七年	15 520	15 810	光绪二十年	14 069	14 469

资料来源　罗玉东. 中国厘金史：下册［M］. 上海：商务印书馆，1936：469.

厘金是十分腐朽的封建性税收，危害极大。具体表现在：

（1）厘金沉重打击了中国的民族工商业和农业，加重了人民的负担。由于厘金制度不统一，各地关卡林立，多次课征，税率随意提高，名是抽厘，实则抽分。自第二次鸦片战争后，厘金只抽之于中国商人和本国土货，对洋商和洋货只征一道子口半税。这样，就使得中国商人和本国土货处于不利的竞争地位，严重阻碍了中国的工农业产品的流通，沉重打击了中国的民族工商业和农业。并且，税负最终要转嫁到贫苦百姓和其他广大消费者身上，使广大人民无不深恶痛绝。

（2）厘金开征的目的是用于军费，于国计民生没有好处。厘金的开征就是为了筹集镇压太平天国运动的军费，在开征最初的10年间，基本上都用于镇压太平天国运动的军费上了。太平天国运动被镇压以后，厘金仍主要用于强化地主武装，同治十三年（1874年）厘金充作军费的部分约占73.7%，还有一部分成为外债的担保品。显然，厘金不仅体现了中国封建统治阶级对中国人民的掠夺，也体现了帝国主义对中国人民的掠夺。

（3）厘金成为贪官污吏中饱自肥的重要来源，加剧了吏治的腐败。由于中央未制定统一的厘金制度，各地自定税则，自主征收，所收入的款项除按定额上解户部外，其有相当数量被地方用于外销。外销的部分除用于官府经费外，相当数量被官吏中饱私囊。光绪二十三年（1897年）户部在上疏中坦陈："既有外销之事，即有匿报之款，否则从何罗掘？无惑乎人言藉藉，佥谓各省实收之数，竟数倍报部之数。"（《清史稿·志·食货六》）可见，厘金成了贪官污吏中饱肥私的工具，成了加剧吏治腐败的催化剂。

由于官吏征收厘金时侵渔人民过甚，致使民怨沸腾，从厘金开征之日起，商、民反抗抽厘的斗争就从未停止。从农村到城镇，经常发生抗厘事变。较大的斗争是张家口商、民反抗征厘的斗争，史载，1860年，张家口办理厘金不善"激成事变"，而"民怨沸腾"是清政府也不讳言的。（《清史稿·志·食货六》）

六、其他工商税收

（一）茶税

清后期的茶法，分为官茶、商茶和贡茶三种，沿袭清前期。到咸丰（1851—1861年）、同治（1862—1874年）年间，各省举办厘金，原定引额渐成具文，各省督抚每应茶商之请，变更旧制。到光绪（1875—1908年）、宣统（1909—1911年）年间，大多数省份对茶税改采抽厘办法，并新增了附加和杂捐。没有变更的仅为沿边各省。从此，茶税包括了茶课、茶厘、茶捐、落地税、杂捐及附加税等。例如，江西省自咸丰九年（1859年）征收茶厘、茶捐，每茶百斤，境内抽厘银2钱，出境抽厘银1钱5分。在产茶地征收茶捐，每百斤纳捐银1两2钱至1两4钱不等。运至九江，再纳落地税每百斤1两2钱5分至1两4钱不等。

由于不断增加各种名目的茶课，所以茶课不断增加。光绪十年（1884年）以后，印度、日本引进中国的种茶技术，并大量生产，而腐朽的清王朝不知保护本国的民族利益，反而加税抽厘，阻碍了茶的生产，因而茶的出口生计渐被他国所夺，同时茶课也日益减少。

（二）烟酒税

清朝后期，烟酒税仍处于孕育发展阶段，全国没有统一的税制，各省自行其是。烟酒税虽以烟酒命名，但名目繁多，因征收对象和环节不同，性质甚为复杂。归结起来，烟酒税可分为：（1）原料税：曲税、烟叶税；（2）特许税：烧锅课、烟刨捐；（3）出产税：酿造税、烟丝税、条丝税；（4）通过税：厘金、常关税、落地税；（5）营业税：买货捐、门销捐、坐贾捐、行卖捐；（6）附加税：加价、加抽、各种名目附加。各省有的征收其中一二种，有的征收三四种。征收机关有常关、厘金局、税局、货捐局、州县政府等。课税标准有按重量（斤），有按容器（坛），有按制造器具（池、缸），有按卖价。征收率高低不一，皆因地立法，省与省殊，县与县异。

（三）牙税

牙税是向介绍买卖的经纪人，即中介者所课的税。牙税包括牙帖费和年税两项。前者是一种营业执照税，后者则属营业税。牙帖费按牙行资本及其经营情况分别缴纳银150两至1 000两，收入解部。除牙帖费外，牙行还须根据资本或营业的大小分等缴纳一定的年税。税率各地高低不一。例如，江西，上则纳银3两，中则纳银2两，下则纳银1两；湖北，则分为2两、1两、5钱；奉天，1两至2两；京城，上则2两，中则1两5钱，下则1两；直隶，1两至30两；山东，1两至100两；山西，上则1两2钱至1两4钱，中则9钱，下则6钱。

（四）当税

当税始于清初，光绪十三年（1887年）因郑工决口需款甚巨，令各省当铺预完当税20年，每铺缴银100两，准其按年扣抵。及至光绪二十三年（1897年），户部复以当商取利较厚，税额独轻，奏准自是年起，每铺按年纳税银50两，原预征的郑工筹款，仍准每年扣除5两。实际上，除正税和贴捐外，还有许多附加及规费，扰累商民。

（五）契税

清初契税征于买契，典契则不征税。光绪三十二年（1906年）江苏奏称：田户契税，向多隐匿，现酌定自同治十三年（1874年）至光绪二十四年（1898年）止，其辗转售卖之产，责令补税。至于30多年来，田价参差，则为之划一核定。田1亩，作价6两；地1亩，作价4两；不及此者，照原价投税。[1]宣统三年（1911年）又定税则：买契一律按买价，每价银1两征税银9分，税率为从价9%；典契一律按典价，每价银1两征税银6分，税率从价为6%。买契税的3.6%、典契税的4%划归中央收入。[2]

（六）房捐

房捐在清后期始为一全国性税种。光绪二十四年（1898年），户部制定了房捐章程，对租赁房屋规定由租户按所付租金的10%缴纳房捐。此项房捐负担，房主与房客各任其半。其由房主承担部分，由房客在支付租金时扣还。铺户如系使用自有房屋没有租金可凭

① 刘锦藻. 清朝续文献通考·征榷考［M］. 上海：商务印书馆，1937：8019.
② 吴兆莘. 中国税制史：下册［M］. 上海：商务印书馆，1937：111-112.

计算的，则比照邻近铺户租价征收。至光绪二十七年（1901年），各省分担赔款，乃开始征收，浙江首先开征。唯仅抽及铺户行店，民房住户并未课征。铺户每月租价在3 000钱或3银圆以下的，免税。嗣后，直隶、江苏、广东、江西、湖南、安徽、福建和陕西等省陆续开办。

（七）矿税

咸丰三年（1853年）因财政困难，清政府奖励开矿，凡金、银、铜、锡矿皆在开采之列。洋务运动兴起后，采用新式机械的近代矿场日渐增多，矿业较以前各朝有较大的发展，但由于西方列强的入侵，清政府被迫与各国订立商约，允许外国人到中国境内开矿，采矿权随之多落入外国人之手。由于受西方列强的牵制，各地对矿税的课征甚为凌乱。

光绪三十三年（1907年）清政府颁布《大清矿务章程》，分矿税为矿界年租与矿产出井税，前者实为矿区使用费，后者类似产品收益税。矿界年租，每一矿界（900方丈）每年纳租1.5两至4.5两不等，每年分两季缴纳。出井税，按矿质分三等征收，如金银、宝石等税率为10%，矿质较差的征收5%，其他如铜、锡、锑、汞等则征收3%。在起运领照时征收。此外，还有勘矿照费，系登录税性质。凡申请勘探矿藏，要请领勘探执照，执照由部发给，每张纳银100两。光绪三十二年（1906年），热河华洋合办矿务，所订合同常年课银认缴1 000两，矿产出井之金值百抽六，银则值百抽八，而据热河都统奏称：矿产出井课应改为不论金银均应照部章抽出井税10%，出口时另按海关税则纳税。①

清后期矿税，一方面仍处在向近代资本主义税制的发展阶段，受财政困难的影响，中央或地方任意增减，具有半封建性；另一方面受所签订不平等商约和合同的制约，多采个案处理方式，外国投资者以合同期尚未期满，坚持仍按合同约定纳税，并不遵照矿务章程执行，因而各矿纳税标准不一，继续按照各自原定旧率缴纳，清政府只能听之任之，所以古老的矿税又带有半殖民地的深刻烙印，以致在征收方式与税率的确定上，各矿参差不齐，均因时、因地、因事而不同。

（八）牲畜屠宰税

清前期对牲畜税只征交易税，未征屠宰税。至清末因政费不足，浙江等东南各省开始征收屠宰税。规定屠宰猪、牛、羊等牲畜一头纳固定的定额税若干，每头的固定税额皆各省自定。

七、地方征收的杂税杂捐

自咸丰（1851—1861年）年间镇压太平天国运动起，地方政府逐步获得税收的管理权和财力支配权。特别是八国联军侵华战争后，各省为摊付赔款以及推行新政等，取得了更多自由筹款的权利，于是新增加了许多杂税与杂捐。其名目繁多，种类繁杂。有在田赋、盐税、厘金等正税之外附征的各类附加，如漕米附加，盐课附加等；有对物征收的杂税杂捐，如布捐、茧捐、牛皮捐之类；有在关卡征收的通过税，如护商捐、轮渡捐等；有

① 刘锦藻. 清朝续文献通考·征榷考 [M]. 上海：商务印书馆，1937：8001-8002.

对某些营业征收的税捐，如门市捐、妓捐、质当捐等。据宣统二年（1910年）各省清理财政局上报清政府的《财政情况说明书》所载各省征收的杂税杂捐，计有605种之多，这还是不完全统计。①

　　地方兴办的杂税杂捐，有的虽报户部奏销，但款多留归地方使用，取其合法而已。更有相当一部分，款由地方自筹，用于兴学、办警乃至其他公共事业的，则并不报部，而是列作外销，自收自支。凡此种种，表明地方税已具萌芽，但缺乏统一的规范。

第四节

清后期的国债及其他收入

　　鸦片战争以后，由于一系列的对内对外用兵，以及巨额的赔款，致使财政支出不断膨胀，在经常性税收难以满足的情况下，则举借债务，以资挹注。清政府时期的债务包括外债和内债。此外，清政府财政收入中还有一些其他非税收入。

　　一、外债

　　清政府所借外债是从1853年苏松太道吴健彰向上海洋商借款开始的。当时，太平天国定都南京，上海小刀会占领上海县城，吴健彰为雇募外国船炮攻打小刀会起义军，遂向上海洋商借款，从此开始了中国外债史。清政府举借的外债规模，从1853年上海洋商借款到1911年海军硕效厂借款，目前可以确定的借款共208笔，债务总额达130 588.83万两库平银。在这些外债中，数额最大的是战争赔款借款或战争赔款转作债务，期限长；最小的是学费借款，属于临时周转性质。其中，最大的一笔外债为1902年的庚子赔款，达45 760.5万两，它直接转化为外债，其次是为偿还中日甲午战争赔款而借的俄法借款、英德借款和英德续借款，数量分别达到10 000万两以上。最小的一次借款为1911年12月江浙陆军学费借款，为7 197.23两，其次是1911年10月农商部正金银行借款和1883年12月驻英使馆借款，分别为10 488.7两和11 084.87两。②

　　清朝外债大体可分为两个阶段，第一个阶段是从1853年到1894年，另一个阶段是1895年到1911年。

　　从1853至1894年这一阶段来看，这一时期借款无论是从借款的笔数上，还是从借款的数量上，都还是十分有限的。据统计，这一时期清政府共举借外债69笔，债务额9 651万余两，占债务总额的7%。这一时期所举借的外债有一个突出的特点，就是所借外债，首先都是地方官员率先举借而事后由中央政府承认并负责偿还的，这些举措或是为了在镇压农民起义中赊购洋枪、洋炮、洋船，或是为了加强海防塞防，或是为了在对外战争中抵御侵略。对于各省举借外债，清中央政府持一种默许和慎重的态度，多次发布不许擅借的

　　① 金鑫. 中华民国工商税收史纲 [M]. 北京: 中国财政经济出版社, 2001: 36-43.
　　② 许毅, 金普森, 隆武华, 等. 清代外债史论 [M]. 北京: 中国财政经济出版社, 1996: 40.

命令，对于借款兴办海军、借债筑路的主张更是坚决反对。因此，这一阶段的借款无论是次数上还是绝对额上都是有限的。

1895年至1911年这一阶段是清政府大规模举借外债的阶段。由于甲午赔款和庚子赔款的巨大压力，"实政""新政"相继施行所引起的筑路高潮、办矿热潮需款巨大而迫切，清政府走上了赔款借款和依赖外债的道路。清政府大部分借款集中在这一阶段。中日甲午战争后清政府共举借139笔，债务额为120 873.99万两，占总数的93%。

清后期外债的产生和扩张，究其原因在于：一方面是清政府国力衰落、财政困难的结果；另一方面更是西方列强利用资本输出对华加紧经济侵略的结果。为了控制中国的主要税收、把持中国的海关、操纵中国的铁路和矿山，掌握清政府的财政经济命脉，这些债权国甚至胁迫清政府向这些国家举债。而且，这个原因是问题的主要方面。

正因为如此，清后期的外债具有明显的奴役性和反动性，严重地损害了中国主权和利益。具体表现在：

首先，清政府外债按照用途来看，可以分为5个方面：（1）赔款借款或赔款转化的外债，共6笔，数量为79 388.3万余两，占债务总额的61%。（2）镇压农民起义和辛亥革命的外债，共35笔，1 694.93万余两，占1%。（3）各种行政经费借款，共59笔，4 099.36万余两，占3%。（4）海防、塞防及抵御外侮的借款，共23笔，7 950.11万余两，占6%。（5）各种实业借款，共85笔，37 456.10万两，占29%。[①] 显然，借款主要用于赔偿西方帝国主义的战争赔款、用于镇压人民革命和维持封建统治的军政费用，具有反动性。同时，由于这些用途决定了外债缺乏自偿性，必然加重人民的税收负担。

其次，从借款利息上看，最高的是左宗棠第一、第二次西征借款，月息达1分3厘。一般的借款年息在7~8厘。当时在西方及国际市场上，借款利率一般在4~5厘。不仅如此，几乎每一次借款均有折扣，清政府实际仅拿到80%~85%。利息高、折扣大，清政府蒙受巨大的经济损失。

再次，在借款谈判过程中，列强均要索取抵押。抵押品有海关税、厘金、盐税等税收，还有铁路、矿山等，并且附带有苛刻的政治条件。

最后，外债币种结构十分凌乱，列强利用汇价涨落和银价下跌，进行勒索。有按贷款国货币计算的，如英镑、马克、法国法郎、美元、日元等。有按白银计算的，如银两、银圆。其中，银两又有库平银、规平银、关平银以及上海规银、汉口洋例银、香港公砝银等。这些计量单位，不仅换算十分不方便，而且汇率变化频繁。特别是在当时西方国家普遍采用金本位制、放弃银本位制的情况下，白银价格大跌。这就造成清政府在还款时以银换金，产生巨大的镑亏，吃尽苦头。例如，1895年的克萨借款本息镑亏为173万两，1896年的英德借款镑亏为248万两，1902年的庚子赔款转作借款后发生镑亏800万两，清政府不得不在1905年借款100万英镑来支付这些镑亏。

---

① 许毅，金普森，孔永松，等. 清代外债史论 [M]. 北京：中国财政经济出版社，1996：41.

二、内债

清政府发行的第一次国内公债，是在光绪二十年（1894年）。当时中日甲午战争爆发，军事上需款孔急，而清政府财政短绌，国库空虚，于是户部提议仿国外办法，向本国商人举借内债，称为"息借商款"。这次借款是近代中国国内公债的开端。具体办法是：（1）举债的对象是各省的"官绅商民"，并以地丁、关税作为担保品。（2）没有规定发行总额，仅规定了偿还期限。规定两年半还本付息，以6个月为一期，第一期还息不还本，自第二期起本息同还，每期还本1/4，以5期还清。（3）月息7厘，一年按12个月核计，遇闰照加。（4）面额以100两为一张，填明商铺字号、本息数目、交付日期。钤用户部堂印。此外，再给5期小票，每还一期减一票。（5）借用商款概以库平足色纹银交纳。此外，清廷在上谕中许诺，如认购额在1万两以上者，可"给以虚衔封典，以示鼓励"[1]。这次举债虽无总额规定，但实际发行效果并不理想，仅发行1102万两。并且，在发行过程中弊端丛生，举债变成了官绅的变相捐输和对人民的变相勒索，正式宣告这一举债活动的结束。

清政府第二次举借国内公债是光绪二十四年（1898年）发行的"昭信股票"。这次举借"昭信股票"的目的是偿付《马关条约》第四期赔款。这次国内公债，发行总额定为1亿两，年息5厘，以田赋和盐税为担保，分20年还清。股票的票面额分100两、500两、1000两3种，这种股票准其抵押售卖，但应当报户部昭信股票局备案。同时规定给凡一人购股票1万两以上者，均给官衔以资鼓励。为了顺利发行，清政府要求大小官员"领票缴银，以为商民之倡"[2]。此次发行无论是发行办法，还是发行程序都较第一次的息借商款完备，但由于官吏勒索，招致民怨，不到一年就中止了，实际募得的款项不足2000万两。

清政府第三次举借国债是1911年发行的"爱国公债"。当时辛亥革命爆发，清政府为了挽救覆灭的命运，发行了定额为3000万元的公债。这笔公债票面额分5元、10元、100元和1000元4种，年息6厘，以部库之入款为担保，偿还期限为9年，前4年付息，后5年平均抽签还本。一切还本付息事宜悉委托大清银行经理。其时南北对峙，南方各省已宣布脱离清朝而独立，而京内富商巨贾，亦纷纷远避。只有少数王公贵族、文武官员购买少许，绝大部分由清皇室以内帑现金购买，实际发行额不足1200万元，未及发行完毕，清政府就被推翻了。此后，爱国公债之民间应募者，由北洋政府继续承担；其清室王公世爵认购者，则归另案办理。

清政府发行的3次国内公债，是近代财政制度变革中的重要事件。总体上看，这三次公债发行都是失败的。其原因概言之，一是由于当时中国资本主义的金融机关和金融市场不健全，证券交易所等债券市场尚未建立，缺乏大规模发行公债的组织条件；二是中国资本主义经济的发展刚刚起步，剩余资本有限，缺乏大量承购公债的能力；三是广大人民生

---

① 千家驹. 旧中国公债史资料［M］. 北京：中华书局，1984：3.
② 千家驹. 旧中国公债史资料［M］. 北京：中华书局，1984：11.

活困难，赋税繁重，更是无力购买公债。此外，人们对公债这一新事物还缺乏思想上和心理上的准备，无论是清朝统治者，还是被统治的人民，都不把公债当成是一种债权债务关系，结果公债成为变相勒索人民的捐输，最终因为人民的反对而停办。

此外，一些地方督抚如袁世凯、朱新宝等在各地也举办一些地方公债，发行数额多少不等，利息都是年息7厘，偿还期限都是6年。

三、官营企业收入

自洋务运动以来，清政府的官营企业日渐增加，如铁路、邮电、轮船、矿业等，另外还有一些军事工业。这些企业形成生产规模、产生盈利后，便有一部分收入上缴国家财政，构成了清后期一项新的财政收入形式。这主要包括：

（1）铁路业。铁路的兴建，始于同治十三年（1874年），由上海英商投资。光绪七年（1881年）中国商人修筑唐山至胥各庄长11公里的轻便铁路，此后筑路之风大兴，到宣统初（1909年），铁路通车约1万华里，营业收入年约2 000万两。（《清史稿·志·交通一》）

（2）轮船航运业。清末的轮船航运业主要经营在国内运输漕米、食盐和官物以及对外运输，自洋务运动以后，因外国资本的排挤和自身经营管理不善，发展十分缓慢，经常陷于亏本状态，所入不敷所出。

（3）电讯业。中国电讯业始于同治九年（1870年），当时英国人威妥玛兴建广州至上海的水线，此后在洋务运动中曾实行官办、商办、官督商办等办法兴建电讯业。到光绪二十八年（1902年）统由官办，并赎回所有商办电讯。到清末，电线通线共9万余里，年收入约1千万两。（《清史稿·志·交通一》）

（4）邮政业。自光绪二年（1876年）英国人赫德创行海关兼办邮政以后，中国的邮政业一直掌握在帝国主义之手，光绪十九年（1893年）始由清政府统一办理邮政事业，但邮局开办仍由赫德主持。到宣统三年（1911年）试办预算时，邮局之通邮者凡4千余处，收入600余万两，扣除各项费用，盈余仅7万两。（《清史稿·志·交通一》）此外，还有一些矿业、军事工业及其他一些官营工业，其中有的盈余，有的亏损。到宣统三年（1911年），官营企业的总收入为4 660.9万两。

第五节

清后期的财政管理

一、财政管理机构

与清前期一样，清政府财政管理机构中央为户部，主管全国的土地、户口和全国财政收支政令，下设十四清吏司，分掌各省及有关全国钱粮政务。此外，还有井田处、俸饷处、理审处等机构。

光绪三十二年（1906年）清政府改革官制，户部改为度支部，下设承政及参议二厅，田赋、漕仓、税课、筦榷、通阜、库藏、廉俸、军饷、制用、会计等十司及金银库。田赋司掌土田财赋，稽核八旗内府庄田地亩；漕仓司掌漕运、核仓谷委积、各省兵米数等；税课司掌商货统税、审核海关、常关盈亏；筦榷司掌盐法杂课、盘查道运、土药统税等项的审核核实；通阜司掌矿政币制和稽核银行、币厂的公牍；库藏司国库储藏；廉俸司核发官禄和审计百司职钱、文钱；军饷司掌核给军糈、审计各省投解协饷；制用司掌工程经费等并兼司杂支例支；会计司掌国用出纳，审计公债外款，编列收支报表。

地方上为承宣布政使司掌管一省财政，各项重要的财务工作又设有专门的财务官吏管理。各道、府、州县财政机构的设置基本沿袭清前期。

清朝的盐务管理，初以中央以户部为全国盐务最高政令机关，但实际上只以稽核为主，而行政事务则由各省各自为政。地方盐务管理机构，一般在产盐省份设转运使司（简称盐运司），由运司（或称运使）主管。因存在中央与地方在盐务事权上的矛盾，为统一事权，加强管理，宣统元年（1909年），清政府设立督办盐政处，由督办盐政大臣，统辖全国盐务官吏，综理全国盐务，各省督抚为会办。宣统三年（1911年）8月，为进一步增强职责，将盐政处升格为盐政院，设盐政大臣管理全国盐政，统辖全国盐务官吏。各省于产区设盐务正监督，由原运司、盐道充任；销区设盐务副监督，由原各盐道及督销局、盐厘局总办充任。各省正副监督均由盐政院直接领导。各省督抚不再会办盐务。

清末的海关管理，事实上为外国人所把持，海关行政管理权丧失。详见本章第三节所述。

二、财政管理体制

（一）清后期财政管理体制的变化

鸦片战争以后，名义上清政府的财政管理权限仍集中于中央，但在太平天国运动爆发后，清政府的财政管理体制开始发生微妙的变化。其结果是清前期高度中央集权的财政管理体制开始动摇并逐步瓦解。其具体表现在：

1.地方财政管理权日重

在镇压太平天国运动的过程中，因军需孔急，为自筹粮饷，各地方督抚甚至统兵将领直接设置专门机构，管理财政收支等事务。例如，湖北巡抚胡林翼就设立湖北总粮台来统辖全省财政，实际上剥夺了原由布政使司统辖的财权，实际上已成为独立于省布政使司之外的又一财政机构。同时，自咸丰（1851—1861年）、同治（1862—1874年）年间起，许多地方督抚是由湘、淮将领兼任，且筹款职权逐步扩大，各省布政使司也逐渐沦为地方的财政机构，原隶属于户部的各省财政官员也实际上降为督抚的属员。此后，凡有军兴或新政事务，均由地方自行筹款，地方督抚在筹款职责日重的同时，也获得了更多财政管理权。各省督抚可以采取各种增加赋税的措施，可以对财政款项任意调度，对中央财政政策措施有最后发言权。

2.解款协拨制度的运转逐步失灵

清后期解款协拨制度的运转逐步失灵，表现为各省设法截留本应解送的京饷和协饷。

清政府在允许地方各省自筹饷需后，为保证中央政府经费的来源，咸丰三年（1853年）11月曾对解款制度做了调整。其变化主要有两点：一是由税收入库后各省报部候拨，改为税收入库前户部向各省指拨；二是由户部指拨各省留支留储后的剩余部分，改为不论各省留支留储外有无剩余，户部均硬性定额指拨。①清政府的目的是在特殊时期确保地方按额定数解足京饷。然而，地方当局欠解京饷的现象时有发生。

至于协饷，就更难以正常拨解。咸丰（1851—1861年）年间，云南、贵州、甘肃等受协省份经常收不到协饷银。同治（1862—1874年）后期左宗棠率军镇压捻、回起义时，清政府指定协饷支应陕、甘的省份计有山东、山西、福建、浙江、广东、湖北、湖南、江苏、安徽等省以及江海关、粤海关、浙海关等关。左宗棠常因协饷银不足而不得不拖欠官兵的饷银。光绪元年（1875年），左宗棠率部入疆时，各省关拖欠协饷现象仍较为严重。

3.中央财力支配权的下移

咸丰（1851—1861年）、同治（1862—1874年）以来，全国的财政收入归中央支配的比重逐步缩小。从户部奏销统计的赋税收入来看，归地方督抚直接支配的厘金的比重日趋增加。如据户部奏称，光绪十七年（1891年），全国岁入8 968万余两，而厘金即占1 631万余两，厘金所占比重达18.2%。②当然，这还不是厘金的实际征收数，但也反映了中央财力支配权的下移，如果考虑实际征收情况，则说明中央财力支配权的下移更为严重。

（二）清末财政管理体制的改革

八国联军侵华战争后，清政府为了扼制日趋明显的地方过度分权倾向，确保对全国财政的控制，解决财政困难问题，对财政管理体制进行了改革。改革的主要措施是：

1.设置清理财政处和清理财政局

在光绪二十九年（1903年），清政府在户部下设立了清理财政处，以加强对全国财政的控制。财政处的职责主要是通盘筹划全国财政和统一币制，并对财政进行整顿。光绪三十二年（1906年），清政府为预备立宪，开始改革官制，将户部改为度支部，财政处也相应并入该部。度支部成立后，不仅内部机构做了调整，且作为最高的财政管理机构，着手对全国财政进行清理整顿。光绪三十四年（1908年）12月颁布的《度支部清理财政章程》中，明确规定了清理全国财政的组织机构及其职责，度支部设立清理财政处，各省设立清理财政局，专办清理财政事宜。

地方各省设立清理财政局，其组织机构大致是：设总办一员，以藩司或度支司充之；会办无定员，以运司、关盐粮等道及现办财政局所之候补道员充之；设监理官二员，由度

① 魏光奇. 清代后期中央集权财政管理体制的瓦解 [J]. 近代史研究，1986（1）.
② 周志初. 晚清财政经济研究 [M]. 济南：齐鲁书社，2002：105.

支派员充之。其职责是：造送该省各年预算报告册、决算报告册；调查该省财政沿革利弊，分别门类，编成详细说明书，送部查核；拟订该省各项收支章程，及各项票式送部。

2.拟划分国家税和地方税

清后期，地方政府获得了较多的财权，中央集权日渐衰微。到清末，实际上已逐步形成地方"部分财政自理"的局面，财权逐渐转移到各省督抚手中。过度的地方分权，使中央收入仰赖于地方解款，而户部无权节制、监督各省布政司，中央政权因此受到极大的威胁。但恢复清前期的中央集权财政体制也已不可能，因此，在实施新政和预备立宪的过程中，划分国家税和地方税也就成为一项重要的改革议题。

光绪三十年（1904年）清廷为筹备立宪，颁布了府州厅县自治章程，各省设立咨议局，地方自治遂取得法律上的地位。光绪三十二年（1906年）清廷预备立宪，其中，财权统一于朝廷，预算收支公开。在改组户部为度支部的同时，下令要求清理各省财政收支，特别是要求将地方外销的款项清理明确上奏朝廷。光绪三十四年（1908年）御史赵秉麟奏请划分国家税和地方税，改设地方财政官吏，直接隶属于财政部。光绪三十四年（1908年）拟订的筹备立宪计划，内有奏请订颁国家税、地方税章程，准备用3年时间办理划分国家税、地方税事宜。随后，中央财政清理处和各省财政清理局，积极为国地税的划分做好资料准备工作。然而，至辛亥革命爆发，也未能确定国家税和地方税的划分方案。尽管如此，这一改革却开了中国近代国家税和地方税划分的先河。

三、预决算制度

（一）奏销制度的名存实亡

清朝前期，严格的奏销制度对确保高度集权的中央财政管理体制的正常运转起着十分重要的作用。然而，自太平天国运动爆发后，清政府大规模用兵长达20余年，不仅军队系统庞杂，所耗军饷数额巨大，且粮饷又多为地方督抚及统兵将领自行筹支，因而按常例奏销实难做到，为此，清政府不得不对咸丰（1851—1861年）、同治（1862—1874年）年间的军需报销采取变通的办法，即"同治三年六月以前各处办理军务未经报销之案，准将收支款目总数，分年分期开具清单，奏明存案，免其造册报销"。军需奏销制度的变通，为地方督抚、统兵将领尤其是湘军将领侵吞巨额军饷提供了有利的条件。

除了军需奏销外，清廷对一般性的奏销也逐渐失去了控制。如咸丰（1851—1861年）、同治（1862—1874年）时期以来地方各省的实际收支情况往往是"漫收漫放不奏不详"，与报部数额有巨额的差距。如光绪（1875—1908年）中后期，户部统计的全国财政收入约8 000万两至1亿余两，然而光绪末年，清政府对全国财政进行清理后，地方各省财政收入额即增至24 490万余两。可见，在此期间各省不入奏销的外销经费数额已达惊人的程度。

奏销制度被破坏，不仅表明清政府中央财政管理监督权的旁落，而且表明清朝传统的预决算制度名存实亡。

（二）调查全国财政收支数额，试办财政预决算

清政府为了加强对全国财政的控制，在光绪三十四年（1908年）颁布《度支部清理财政章程》，其中第四章具体规定了调查全国财政的办法。从调查的项目来看，有各省入款，如田赋、漕粮、盐课、茶课、关税、杂税、厘捐、受协等项，出款如廉俸、军饷、制造、工程、教育、巡警、京饷各款、洋款、杂支等项。各省清理财政局将光绪三十四年分各项收支存储银粮确数，按款调查，编造详细报告册，并盈亏比较表，限至宣统元年底，呈由督抚陆续咨送到部。清理财政局应将该省财政，利如何兴，弊如何除，何项向为正款，何项向为杂款，何项向系报部，何项向未报部，将来划分税项时，何项应属国家税，何项应属地方税，分别性质，酌拟办法，编订详细说明书，关部候核①。此外，还要求各省文武大小衙门及在京各衙门局所对其出入款编造详细报告册。《度支部清理财政章程》还对财政预决事宜做了明确具体的规定，在京和各省衙门自宣统二年起，预算次年出入款项，编订预算报告册②。

根据章程的规定，各省清理财政局逐步展开调查工作，在此基础上产生了全国各省岁入岁出数额。光绪三十四年（1908年）为2.4亿两，但此数包括"各省彼此协拨一收一支款项"；宣统元年（1909年）各省岁入2.6亿余两，岁出2.9亿余两，其中受协款已删除。

在调查各省财政收支情况的基础上，清政府于宣统二年（1910年）开始试办宣统三年（1911年）的财政预算案。在拟订《预算册式及例言》中，规定以每年农历正月初一至腊月底（12月31日）为预算年度；预算册内先列岁入，后列岁出，各分经常、临时两门，门内分类，类下分款，款下分项，项下分子目；出入银数以库平足银为标准，以"两"为记账单位，小数至厘为止。在度支部提出的预算案中，财政收入为2.97亿余两，财政支出为3.39亿余两（详见表10-7）（《清朝续文献通考》卷六十七）。此项预算是典型的赤字预算，从预算的安排上可以看出，当年赤字4 168.7万两，占当年岁出的12%，占当年岁入的14%。这样大的赤字无疑是准备以外债来弥补的，举借外债必须偿还，而且还要加倍偿还，所以最终还要对人民税外加税，捐上加捐，厘外加厘，诛求无已。这项预算的军事性质也是显而易见的，岁出项目中，军政、司法、边防三项支出之和占全部预算支出的31%以上，而官业、实业、教育等支出只占3%，由此说明清末财政相当一部分用于军事方面。这项预算也充满着半殖民地性质，例如应解赔款和债息支出之和占预算支出的15.3%，这巨额的赔款和债息支出足以左右中国的财政。交通支出在预算中占16.2%，比重是很可观的，但这项支出主要是用来修筑铁路、兴办邮政和电讯，而当时铁路、邮政、电讯的绝大部分控制在帝国主义手中，清政府或中国商人能支配的铁路、邮政、电讯为数不多。总之，清政府效仿资产阶级国家，编制了中国第一个具有资本主义性质的预算，但这个预算却是虚假的赤字预算。除这项预算外，在宣统三年（1911年）还曾试办下一年预算，亦因清朝灭亡而未实行。

---

① 故宫博物院明清档案部. 清末筹备立宪档案史料：下册 [M]. 北京：中华书局，1979：1030.
② 故宫博物院明清档案部. 清末筹备立宪档案史料：下册 [M]. 北京：中华书局，1979：1031.

表10-7　　　　　　　　　宣统三年（1911年）预算收支一览表　　　　　　　　单位：千两

岁　入					岁　出				
	岁入合计	占岁入比例	其中			岁出合计	占岁出比例	其中	
			经常	临时				经常	临时
岁入总计	296 963	100	278 966	17 997	岁出总计	338 650	100	307 411	31 239
田　赋	48 102	16.2	46 165	1 937	行　政	27 328	8.1	26 070	1 258
盐 茶 税	46 312	15.6	46 312		交　涉	4 001	1.2	3 375	626
洋 关 税	35 140	11.8	35 140		民　政	5 741	1.7	4 416	1 325
常 关 税	7 000	2.4	6 991	9	财　政	20 782	6.1	17 904	2 878
正杂各税	26 164	8.8	26 164		洋关经费	5 757	1.7	5 748	9
厘　捐	43 188	14.5	43 188		常关经费	1 463	0.4	1 463	
官业收入	46 601	15.7	46 601		典　礼	800	0.2	746	54
杂　收	35 245	11.9	19 194	16 051	教　育	3 595	1.1	2 553	1 042
捐　输	5 652	1.9	5 652		司　法	6 835	2.0	6 616	219
公　债	3 560	1.2	3 560		军　政	97 498	28.8	83 498	14 000
					实业支出	1 604	0.5	1 604	
					交　通	55 027	16.2	47 222	7 805
					工　程	4 516	1.3	2 493	2 023
					官业支出	5 600	1.7	5 600	
					各省应解	39 121	11.6	39 121	赔款与洋债
					洋关应解	11 263	3.3	11 263	
					常关应解	1 256	0.4	1 256	
					边防经费	1 240	0.4	1 240	
					归还公债	4 773	1.4	4 773	

　　注：此表以《清史稿·志·食货六》所载宣统三年预算填制，可能记载有误，所以表内各项数字之间多不吻合。加之表内各项数字又经资政院核复，改动较大，故只供参考。

四、国家金库制度

在清末财政改革中，建立国家金库制度也是改革的一项重要内容。光绪三十年（1904年）清政府筹设第一个官办银行，即户部银行，银行章程规定：户部出入款项，均可由银行办理。后来户部改称度支部，户部银行于光绪三十四年（1908年）改称大清银行。在《奏定大清银行则例》中进一步规定：大清银行由度支部酌令其许其经理国库事务及公家一切款项。自此国家金库制度便确立起来了。宣统二年（1910年）资政院提议统一国库办法，于是会同度支部制定了《统一国库章程》，其要点是：（1）国库分为总库、分库和支库3种，总库设于京师，分库设于各省，支库设于地方；（2）国库由度支大臣管理，其保管出纳则由大清银行负责；（3）国家收支各项，均须汇总于国库。这些规定已经初步具备了现代资产阶级国家金库的性质，但由于财政始终未能统一，所以只是一纸空文，未能付诸实施，封疆大吏宁可将银款存入官钱局、官银号或地方官府与商人合伙设立的银号，也不存入国库。

综合训练

关键概念

赔款支出　官业支出　田赋加征　票盐法　协定关税　厘金　息借商款　昭信股票
官营企业收入

复习思考题

1. 清后期财政有哪些基本特征？
2. 清后期财政支出规模和结构有哪些变化？
3. 清后期财政收入规模和结构有哪些变化？
4. 试析清后期发行内债失败的原因。
5. 试述清后期关税主权丧失的表现及其影响。
6. 试述清政府开征厘金的原因、制度内容及影响。

即测即评 10

综合训练参考答案 10

北洋政府时期的财政

辛亥革命胜利后，以孙中山为首的革命党人在南京成立中华民国，建立临时政府。但是，由于中国资产阶级固有的软弱性和妥协性，南京临时政府被北洋军阀袁世凯的北京临时政府所取代。北京政府虽然打着中华民国的名义，实际上却是帝国主义支配下的封建军阀专制统治，对内残酷压迫和剥夺人民，对外干着投降卖国的勾当，中国社会的半殖民地半封建性质依然继续，所以历史上一般把北京政府称为北洋政府。北洋政府时期从袁世凯1912年3月10日就任临时大总统算起到1928年张作霖退出北京，长达17年。

精研深探
11-1

孙中山的
简介

第一节

北洋政府时期的政治经济概况及财政特征

一、北洋政府时期的政治概况

1.袁世凯的专制统治

袁世凯上台以后，为了实行专制统治，在帝国主义的支持下，利用他握有的军权和窃取的政治地位，通过曲解孙中山提出的"统一"旗号，逐步把全国的军、政、财、文大权集中于一人之手。1913年10月，袁世凯动用军警逼迫国会选举他为正式大总统。1914年1月，他强令解散国会，另行组成由军阀、官僚、封建余孽参加的政治会议、约法会议和参议院等机构。1914年5月，袁世凯废除了《临时约法》，公布了所谓的《中华民国约法》，扩大了总统的权力，强化了他的军事独裁统治。1915年12月，袁世凯公然背叛民国，恢复帝制，改称中华帝国，以洪宪为年号。袁世凯的倒行逆施，激起全社会的反对。

袁世凯当了83天皇帝之后，于1916年3月22日被迫宣布取消帝制，恢复中华民国，6月袁世凯在全国人民的声讨声中一命呜呼。

与实行专制统治相辅相成的是他投靠帝国主义，出卖国家主权和利益。袁世凯为了得到帝国主义的支持，先后同英、美、俄等帝国主义签订了100多个不平等的合同、协定和条约。在这些合同、协定和条约中，他为了取得帝国主义的借款，不惜以出卖税收、铁路、矿山和领土主权等国家权益为条件。更为严重的是他为求得日本帝国主义支持其复辟帝制，对日本帝国主义提出的"二十一条"，除个别条款外，其余全部承认，这就把中国置于日本帝国主义的控制之下了。

由于袁世凯握有军政大权，同时他又是英、美、日等帝国主义的共同代理人，所以在他统治时期政局还维持表面上的统一。袁世凯的统治继承了清朝封建专制主义的衣钵，又卖身投靠帝国主义，是半殖民地半封建社会的继续。

2.轮流执政与军阀割据

政治分裂是这一时期的一个显著特点。袁世凯死后，北洋集团逐渐分化成皖系、直系和奉系三大派系军阀，北洋政府开始了军阀轮流执政时期。这时，由于帝国主义失去了共同的代理人，他们就转而支持各自的代理人。例如，英美支持以冯国璋、曹锟、吴佩孚为首的直系军阀，日本则支持以段祺瑞为首的皖系军阀，皖系失势后，日本又扶植以张作霖为首的奉系军阀。由于帝国主义强于中国的封建势力，因此军阀与列强的关系只能是依附关系。帝国主义向各自扶植的军阀提供军费、军火和军事顾问，各派系则靠帝国主义的援助，积极扩张势力。这就进一步导致了皖、直、奉各系军阀为争夺中央政府领导权的混战。军阀间的大规模战争主要有：1920年的直皖战争；1922年的第一次直奉战争；1924年的第二次直奉战争。

在北洋集团形成三大派系军阀的同时，在各地也形成了大大小小的地方军阀。中央军阀与地方军阀之间、地方军阀与地方军阀之间为了争夺地盘和权力，混战不断。据统计，从1912年到1922年间，全国发生的有一定规模的军阀混战多达179次，几乎每月1次。军阀混战的结果：一方面，中央政府的执政者走马灯似地变换，引致了中央领导权的旁落，中央政令不出都门；另一方面，大大小小的地方军阀又在自己的辖区内拥兵自重，割据一方，政由己出，随心所欲，拒不听从中央号令。政局如此动荡，实质上反映了各帝国主义在华争夺势力范围的争斗及其各自力量的消长。

与袁世凯一样，北洋政府的各系军阀为了巩固自己的政治地位，继续投靠帝国主义。为了求得帝国主义的支持，不惜出卖国家主权。

3.以孙中山为代表的资产阶级革命派的不懈斗争

以孙中山为代表的资产阶级革命势力，为了建立真正的民主共和国，同北洋军阀统治进行了不懈的斗争。1913年发动了第二次革命，1915年举行了"护国运动"，1917年举行了"护法运动"，可是都未能推翻北洋军阀统治。直到第一次国共合作，在中国共产党的大力支持下，中国国民党进行了改组，并于1926年进行北伐战争，才先后打垮了皖、直、奉各系军阀，结束了北洋政府的反动统治。

二、北洋政府时期的经济概况

1.中国的民族资本的初步发展

北洋政府初期，中国的民族资本主义得到了较好的发展。

一方面，帝国主义列强由于战争的羁绊，减弱了它们对中国进行商品倾销和资本输出的趋势，中国的外贸情况有所好转，入超情况开始改善。据统计，1912年，中国的商品进口额为47 300万海关两，出口额为37 100万海关两；到1927年时，进口额为103 100万海关两，出口额为91 900海关两。另一方面，政府在民国初年相继制定了一系列保护和鼓励实业的政策法令，刺激了民族资产阶级发展实业的巨大热情。而且，辛亥革命也使资产阶级的社会地位明显提高，许多资产阶级的上层人物在各级政府中担任要职，他们利用手中的权力广泛进行舆论宣传，倡导实业，从而使得"振兴实业"成为一股强烈的社会思潮。此外，北洋政府农商部曾电令各省都督查实各地实业的发展情况，并要求各省设立实业公司，专司其职。在农商部颁布的《公司条例》《商人通例》《商会法》等法令条例中，除规定对工商业者的切身利益与要求予以法律保护外，还制定了一些扶持民族工商业发展的法令，从而在一定程度上为民族资本主义工商业的发展创造了条件。另外，中国人民蓬勃兴起的抵制洋货、提倡国货的民族运动都刺激了中国民族资本主义工商业的发展。例如，1914—1920年，民族工业投资经常占各行业投资的60%~70%。当时被称为中国民族资本主义工业发展的黄金时代。

但是，民族资本主义工商业仍不能成为当时社会经济的主要成分。因为民族资本主要集中在轻工业等国民经济中的次要领域，所以，随着第一次世界大战的结束，西方资本主义卷土重来，中国的民族资本主义经济又处于风雨飘摇之中。

2.官僚资本的形成与发展

北洋政府的官僚资本企业主要是继承洋务派兴办洋务时积存下来的官办企业。这些官办企业，一方面是官办军用工业，如江南制造局等，在袁世凯继李鸿章出任直隶总督兼北洋大臣后，全部转入北洋集团之手，并在一定程度上有所发展；另一方面是官办民用工业，如煤、铁开采和纺织、造纸、皮鞋等工业。据统计，从1896—1913年，全国资本在万元以上的新式工业厂家共设有549个，资本总额为13 029.7万元，其中官僚资本（包括官督商办、官商合办）开办的有86个，资本总额为2 947.6万元，约占新式厂矿资本总额的1/4[①]。在辛亥革命后，这些官办民用工业即成为北洋军阀官僚资本的重要组成部分。但由于官办企业多是军阀凭借政权而兴办起来的，因而企业的经营权全部为军阀私人把持，这些军阀官僚从中获得了巨大的利润。

北洋政府时期，新增官僚资本的投资方向为金融业，金融业成为官僚资本的主要投资领域。当时在中国的政治中心北京，许多军阀、官僚将资本投资于中国银行、交通银行；

---

① 陈真，姚洛，逄先知，等. 中国近代工业史资料：第二辑［M］. 北京：生活·读书·新知三联书店，1958：869-919.

还有一些军阀、官僚创办银号。例如,冯国璋开办了华通银号,江西督军开办了义兴银号。由于官僚资本的投入,金融业得到了快速的发展。到1925年底,实存官办或官商合办银行28家,实收资本7 605.3万元,商办银行130家,实收资本9 308.7万元[①]。由于银行业的发展,在一些地区形成了以若干大银行为中心的财阀集团,主要有以京津为中心的华北财团系统,以上海为中心的江浙财团系统。这些财团的主要业务是向政府提供贷款或承销政府的公债,从中获取巨额利润,从而导致了金融业的畸形发展。

3.外国资本在国民经济中仍占据重要地位

这与帝国主义在中国长期的殖民统治是密切相关的。虽然第一次世界大战期间,西方减弱了资本输出的势头,但外国资本存量也相当可观,这些资本仍盘踞在中国的如能源、电信、航运、铁路、矿山等重要经济领域。在煤炭生产中,1912年,外资煤矿的产量占总产量的比重为42.6%,中外合资矿所占比重为49.3%,二者合计占总产量的91.9%。这样的情况持续到1921年才略有下降,前者为30.9%,后者为45.0%,合计为75.9%。而日本则趁机扩大对华贸易并加紧对华资本输出,这一时期日本对华投资主要集中在棉纺织业。例如,日本三菱财团所属的纺织株式会社,就在中国开办了14所纱布厂。日商还通过借款与投资,兼并华商纱厂,大肆掠夺棉花原料,形成棉花的生产、收购和销售等完整的投资体系。此外,日本政府还通过日本财团大规模地向中国政府提供借款,获取筑路、开矿的权益。

第一次世界大战结束后,西方列强纷纷卷土重来,进一步加紧了对中国的经济侵略,外国资本进一步加紧了对中国国民经济的控制。据统计,1918—1928年的10年间,英国在华兴办的公司洋行有33家,遍及烟、蛋、电业、碱、橡皮、机器、玻璃、纺染等行业[②]。

4.农村经济的破产

北洋政府时期,中国农村自给自足的自然经济,随着帝国主义列强对华商品的输出和原料掠夺的加剧而日趋解体。同时,客观上又进一步促进了中国农业生产商品化的发展。中国农业生产的商品化,一方面表现为中国农产品出口量的增加;另一方面表现为某种作物种植面积因市场需求而不断扩大或缩小。不过,由于中国民族资本主义工业在帝国主义和封建主义的压迫下不能正常发展,因此,促进中国农业生产商品化的主要因素还是帝国主义对中国原料的掠夺。在这种情况下,各种农作物生产的兴衰,取决于国际市场的需求变化,实质上也就是取决于帝国主义的需要。在中国农业还处于小农经营的状态下,农民面临着巨大的市场风险,生产经营状况往往因市场需求的变化而损益。

辛亥革命虽然推翻了封建帝制,但却没有铲除封建土地关系,封建土地所有制仍占统治地位。因此,在农村经济中,土地集中现象和土地兼并之风更为严重。随着大量土

① 唐传泗,黄汉民.试论1927年以前的中国银行业 [C] //中国近代经济史丛书编委会.中国近代经济史研究资料:第4辑.上海:上海社会科学院出版社,1985.
② 陈真,姚洛,逄先知,等.中国近代工业史资料:第二辑 [M].北京:生活·读书·新知三联书店,1958:20—28.

地集中在少数地主手中，失地农民越来越多，许多无地农民沦为地主的佃户。土地的集中并没有产生大规模的资本主义经营。土地虽集中在地主手中，地主却把土地分散地出租给无地或少地的贫农。农田经营规模越分散，地主对农民的剥削越重。实物地租平均占农田收获量的50%，有的高达70%~80%[①]。农民除了遭受异常的地租剥削，还承受中央和地方政府繁重的税捐和兵差负担。农民在各种剥削压迫下，生产积极性不高，没有力量改进生产技术，因而农业生产技术和经营也停滞不前，甚至倒退。因此，土地集中的结果，不仅造成了广大农民的贫困和农业经济的危机，也严重地阻碍了中国资本主义的发展。

总之，经济是基础，政治是经济的集中表现。财政是以经济为基础，是为政治服务的。北洋政府的政治和经济状况必然影响这一时期财政制度的转变。

三、北洋政府时期的财政特征

北洋政府时期是中国社会由封建社会向资本主义过渡的转型期，资产阶级革命势力尚弱，封建守旧势力依然顽固和强大。北洋军阀政府是中国封建势力、帝国主义势力和官僚买办势力的总代表。这决定了北洋政府的财政仍然是半殖民地半封建性质的财政，主要表现在：

1.政府财力分散，中央政府财政资金严重匮乏

军阀割据导致了这一时期政府财力分散、中央政府财力严重匮乏的局面。1913年，北洋政府曾就各级政府的财政收入划分做出制度规定，实行国、地税划分的分税制，但该制度未能得到真正贯彻。主要原因是地方军阀可以划地为政，不经中央政府许可，也无需任何申报手续，即可自定征收制度，自定税目和税率，甚至发行货币。这种财力分散的局面严重破坏了国家财政的统一性和完整性，中央政府被迫依赖借债度日。

2.财政收入缺乏规范性

北洋政府时期，由于军阀混战，巨额的军费难以靠正常的税收收入支撑，许多地方军阀政府都以各种名目的收费来筹集财政收入。财政收入活动的随意性很强，基本上无规范性可言。

3.关、盐等税收为帝国主义国家所控制，财政主权部分丧失

对中国拥有债权的西方国家，趁辛亥革命动荡之机，在北京外交团的策应下组成管理税收委员会直接保管关税税款，存入汇丰、德华、东方汇理、华俄道胜和横滨正金等5家外国银行，实行代收代支，中国政府完全失去了对关税收入的自主支配权。袁世凯政府举借的善后大借款也使盐税主权丧失殆尽。

4.财政规章制度形同一纸空文

受国际上发达国家的影响和制约，北洋政府试图运用法律手段来规范政府的财政活动。1923年10月公布的《中华民国宪法》中曾明文规定："新课租税及变更税率，以法律定之。"[②]并且，北洋政府也先后颁布了许多财政法律法规，但由于北洋政府的软弱无力，

---

① 郑学檬，蒋兆成，张文绮. 简明中国经济通史 [M]. 哈尔滨：黑龙江人民出版社，1984：526.
② 引自上海商务印书馆的《东方杂志》(第20卷，第21号，1923年11月10日)。

许多制度规定徒具条文，实际上未能得到贯彻实施。

第二节

北洋政府时期的财政支出

北洋政府时期，受西方资本主义政治思潮的影响，地方自治呼声高涨，同时为了避免清后期中央财权旁落的弊病，曾在全国推行分税制的财政管理体制。1912年冬，北洋政府财政部提出划分国家支出和地方支出的标准，并依据这一标准确定国家收入与地方收入的范围。自此，始有国家财政与地方财政之分。1913—1914年度的预算案，均照此编列。1914年6月，因财政困难，北洋政府下令取消国地收支划分，各种税款的收入和经费支出复行统收统支，并通过中央专款上解制度强化中央政府的财政权力，扩大了中央政府的财政支出规模。袁世凯死后，北洋政府恢复国地收支划分系统，但因政局动荡，中央与地方财政关系处于非正常状态，各级政府财政支出缺乏必要的稳定性，支出项目及规模往往出现无规则的变化。

总体来看，北洋政府的国家财政支出规模如图11-1所示。1913年财政总支出为64 223.69万元，1914年为35 702.40万元，1916年为47 283.86万元，1919年为49 576.29万元，1925年为63 436.20万元。北洋政府时期的国家财政支出项目主要包括军务费、政务费和债务费等。

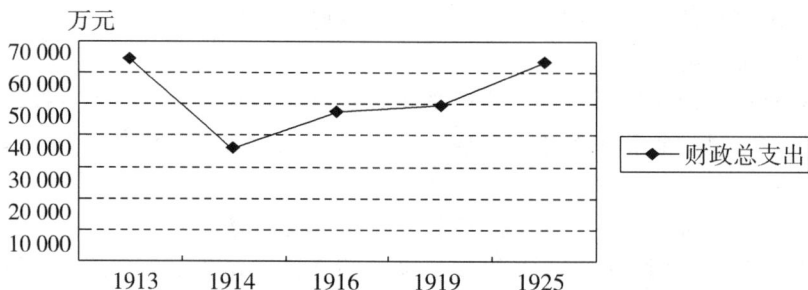

图11-1　北洋政府时期国家财政支出规模

一、军务费支出

军务费系指陆军费和海军费两项之和。按国民政府财政部《财政年鉴》提供的数据，在1913—1916年间，军费支出的预算数维持在1.5亿元左右。1917年以后，北洋政府进入军阀轮流执政时期。军务费的实际支出，在1917—1920年间仍保持在1.1亿元左右；1921—1925年间，则逐步下降，1924年只有2 937万元，1925年，由于直奉大战，军费实支数才增至5 940余万元。历年军务费支出情况详见表11-1。

表11-1 军务费实支表 单位:元

年 份	军务费总计	陆军部经费	海军部经费
1913*	172 747 907	163 775 012	8 972 895
1914	142 400 637	137 588 077	4 812 560
1916	159 457 250	142 252 713	17 204 537
1917※	83 928 134	78 851 296	5 076 838
1918	137 529 658	131 917 250	5 612 408
1919	112 985 534	106 112 717	6 872 817
1920	107 730 182	99 749 776	7 980 406
1921	97 984 769	90 912 641	7 072 128
1922	72 891 686	65 254 410	7 637 276
1923	48 437 411	41 017 835	7 419 576
1924	29 373 821	32 299 346	7 074 475
1925	59 404 905	51 994 730	7 410 175

注:*1912—1916年度系预算数,且1916年度包括地方支出数。※1917—1925年度系按财政部会计司直接支出各账编入。

资料来源 国民政府财政部. 财政年鉴:第一篇 [M]. 上海:商务印书馆,1935:1-16.

表11-1的数据难以真正反映北洋政府军费支出的实际情况。众所周知,北洋政府时期是中国近代史上著名的军阀混战时期。各帝国主义国家为保护其在华的既得政治经济权益,并为进一步获取更多的好处,纷纷在中国寻找代理人,各地军阀成为他们争夺的目标。各派系军阀在外国势力的挑唆和支持下,展开长达10余年的军阀混战,混战的根本目标就是争夺中央政府的领导权。据不完全统计,从1912年到1922年的11年中,共发生内战179次[1]。军队人数也不断膨胀。1914年4月全国陆军不过45.7万人,1918年为85万人,1919年为138万人,1923年达到160万人。军队人数增多,给养、装备、枪炮弹药消耗必然增大,所以军费支出只能增加而不是减少。据统计,1918年军费支出为20 300万元,1925年为60 000万元,1927年为70 000万元[2]。军费支出占财政支出的比重也是居高不下,1913年为26.9%,1917年为31.17%,1919年为43.8%,1925年达46.9%[3]。

以上所述还不包括地方军阀的军费开支。诚然,按法律规定,地方不应拥有军队,但

① 来新夏. 北洋军阀对内搜刮的几种方式 [J]. 史学月刊,1957 (3).
② 章有义. 中国近代农业史资料:第二辑 [M]. 北京:生活·读书·新知三联书店,1957:608.
③ 中国人民大学农业经济系. 中国近代农业经济史 [M]. 北京:中国人民大学出版社,1980:130.

实际上由于军阀割据，拥兵自重，地方军费仍成为地方财政支出的大宗。多数省份军费支出占财政支出的比重在85%左右，个别竟达94%[①]。这样，各省财政支出急剧膨胀。为了应付急剧增长的财政支出，地方政府任意截留中央款项，包括中央专款和用于外债担保的盐税。此外，还进行非法的征收。

二、政务费支出

政务费包括外交费、内务费、财政费、教育费、司法费、农商费、交通费。1913—1916年各年政务费预算维持在1.1亿至1.7亿之间。1917年实际支出总额为4 671余万元，1918年实支5 777余万元，1919年实支4 588余万元，1920年实支4 580余万元，1921年实支4 099余万元，1922年实支3 617余万元，1923年实支4 265余万元，1924年实支3 438余万元，1925年实支4 028余万元，详见表11-2。

表11-2　　　　　　　　　　　　　政务费实支表　　　　　　　　　　　　单位：元

年份	政务费总计	外交部经费	内务部经费	财政部经费	教育部经费	司法部经费	农商部经费	交通部经费
1913*	168 750 557	4 306 333	43 882 009	91 175 387	6 908 850	15 042 137	6 043 121	1 392 720
1914	114 993 256	4 229 529	42 672 290	53 343 977	3 276 904	7 258 459	2 276 537	1 935 560
1916	173 381 429	4 102 818	51 759 846	91 150 887	12 837 307	7 711 344	4 139 036	1 680 191
1917※	47 718 677	3 429 834	6 169 247	32 899 382	2 712 523	1 412 774	1 094 717	—
1918	57 779 364	3 314 323	6 469 565	42 204 319	3 118 586	1 494 875	1 177 696	
1919	45 886 986	3 649 220	5 957 124	30 531 064	3 051 714	1 505 675	1 192 189	
1920	45 809 617	3 742 066	6 720 285	28 657 367	3 184 838	1 832 007	1 656 714	16 340
1921	40 990 487	4 772 451	4 420 509	24 653 878	3 489 306	2 000 650	1 635 529	18 164
1922	36 174 264	3 635 743	5 884 371	18 327 789	4 182 789	2 597 736	1 532 536	13 300
1923	42 653 664	3 590 299	5 879 779	24 670 483	4 598 311	2 494 999	1 419 793	—
1924	34 380 031	2 817 951	5 410 212	18 418 091	4 044 571	2 346 612	1 342 594	—
1925	40 286 364	3 224 454	6 262 166	21 586 558	5 434 674	2 609 441	1 169 071	—

注：*1912—1916年度系预算数，且1916年度包括地方支出数。※1917—1925年度系按财政部会计司直接支出各账编入。

资料来源　国民政府财政部年鉴编纂处. 财政年鉴：第一篇［M］. 上海：商务印书馆，1935：1-16.

政务费总体上占财政支出比重较大，从其内部结构上看并不合理，其中，财政部所管

---

① 中国人民大学农业经济系. 中国近代农业经济史［M］. 北京：中国人民大学出版社，1980：130.

理的费用支出数所占比重较大。1913年财政部所管费用开支总额为91 175 387元，占支出总额的比重达14.2%，为各项开支之最。1916年财政部所管支出总额仍达91 150 887元，占财政支出总额的19.33%。财政部所管的开支大部分用在财政收入的筹集上，这一比重所反映的是政府获取财政收入代价的高低。占财政支出总额19.33%的比重较之现代发达国家的百分之零点几的税收征收成本来说，高得出奇。这表明北洋政府获取财政收入的成本相当大，几乎不惜一切代价地搜刮民脂民膏。用于社会发展与经济发展的教育部所管开支和农商部所管开支为各项开支中最少的两个项目。1913年分别只有6 098 850元和6 043 121元，分别占财政支出总额的1.1%和0.94%。1916年教育费一项增至1 000万元以上，教育部所管支出所占比重略有上升，为2.7%，而农商部所管支出不仅未上升，反而略有下降，仅占0.88%。这两项支出在财政支出中所占比重表明，该时期内，政府忙于争夺和巩固其政治权力，根本无暇顾及经济和社会发展。

三、债务费支出

债务费即还本付息支出，在北洋政府靠借债度日的情况下，它成为财政支出中的一项重要项目。1913年债务费为最多，达3亿元，占财政支出总额的比重达46.83%。1914年，由于国家财政困难，厉行紧缩政策，债务费减为9 800余万元。1916年债务费有所增加，占财政支出总额的29.2%。这说明这一时期中国的财政仍然控制在列强手中。

1917年以后，内外债的偿还费也为数甚多。其还本付息原无确实担保基金者，每有延期之事；其原有担保基金者，均以关、盐两税为担保，按期偿还。关税指拨债款实数，1918年为4 033余万元，1919年为4 180余万元，1920年3 955余万元，1921年为7 319余万元，1922年为7 068余万元，1923年为7 113余万元，1924年为7 727余万元。盐税指拨债款实数，1918年为417余万元，1919年为1 162余万元，1920年为1 387余万元，1921年为552余万元，1922年为805余万元，1923年为959余万元，1924年为811余万元。此为关盐指拨各债的实际情况，两项合计来看，总体上指拨数是与年递增的。

需要指出的是，原无确实基金担保的内外债款，自不能及时偿付；间有因欠息过多，另订付息垫款；亦有因本金到期，另订展期借款等情况。因此，内外债实际偿还的确数无从确定。总体而言，由于上述几种情况，北洋政府后期债务费占财政支出的比重呈下降趋势。但因拖欠、展期或拒不承认等原因，也使北洋政府的债信一落千丈。

第三节

北洋政府时期的税收

北洋政府时期，由于军阀割据、政局动荡，政府预算和财政统计缺乏连续性和准确性，从仅有的几年中央政府财政预算数来看，财政收入徘徊在1.3亿~4.6亿元，且多数年份入不敷出（见表11-3）。北洋政府的财政收入主要包括税收和内外债务收入，此外还有行政收入、官产收入等。

表11-3　　　　　　　　1913—1925年北洋政府中央岁入岁出预算统计情况　　　　　单位：万元

年度	岁入	岁出	盈绌
1913	41 267	48 787	−7 520
1914	25 474	22 926	+2 548
1915	13 067	13 904	−837
1916	31 578	31 517	+61
1919	49 042	49 576	−534
1925	46 164	63 436	−17 272

资料来源　千家驹. 最近三十年的中国财政 [J]. 东方，1934，31（1）：110-111.

北洋政府的税收制度基本上沿袭了清朝旧制，同时吸收了一些资本主义税制的内容。但由于中央政权更迭频繁，税制也屡经调整，但新税种得以推行的并不多，因此，税制体系总的来说变化不大。北洋政府的税制体系，除了田赋、盐税和关税及厘金外，还包括其他正杂各税及正杂各捐。正杂各税包括当税、烟税、糖税、矿税、牙税、茶税、印花税等；正杂各捐包括烟酒捐、牙捐、当捐、茶捐、杂捐等。民国元年至民国十四年国家税收的预算收入见表11-4。然而，由于关、盐等税被帝国主义列强所控制，而田赋及各种杂税多为地方军阀所把持，因此，中央政府所真正掌握的税收却十分有限，只能仰寄债务收入以度岁月。

表11-4　　　　　　　　1912—1925年北洋政府时期国家税收预算表　　　　　单位：元

年度	田赋	关税	盐税	厘金	正杂各税	正杂各捐	中央直接收入
1912	7 853 862	67 120 582	71 363 229	36 584 005	32 632 129	10 570 363	—
1913	82 403 612	68 224 283	77 565 534	36 882 877	33 725 644	6 305 942	—
1914	79 227 809	79 403 057	84 879 873	34 175 656	28 010 818	4 947 281	—
1916	97 553 513	72 346 314	64 771 365	40 290 084	32 341 704	18 563 907	93 358 735
1919	90 548 687	93 964 056	58 805 071	39 251 522	26 182 693	4 332 541	47 072 064
1925	90 071 399	120 365 711	98 859 403	45 653 778	28 942 549	4 768 718	62 280 166

资料来源　项怀诚. 中国财政通史：中华民国卷 [M]. 北京：中国财政经济出版社，2006：89.

一、田赋

1.田赋的归属

1912年，北洋政府财政部拟定国家税和地方税草案，将田赋划归国家税，而以田赋附加为地方税。1919年起，由于政局动荡，各省田赋被地方军阀擅自移挪，财政收支系统极为紊乱，而将田赋划归地方税的各种议论随之兴起。虽争论多年，但直到北洋政府统治结束也无结果。田赋名义上属国家税，实际上多为地方截留，成为地方收入的重要来源。

2.田赋的构成

北洋政府时期的田赋，税目包括地丁、漕粮、租课、差徭、杂赋等，其中以地丁、漕粮为最重要的税目，杂赋等则属田赋附加。

地丁，清末包括地粮和丁赋。民国初年的地丁，除地粮和丁赋外，还并入了清末的一些地丁附加税，如地丁耗羡、随地丁带征并解的杂款[①]、地丁附加[②]，以及随地丁统征分解的各款[③]，所以北洋政府时期的地丁，内容大大超过了清末，税额也比清末增加了。

漕粮，本属地粮范畴，但因其征收本色，且需水运京师，故单列一项。清末，仅江浙两省缴纳漕粮，每年约100万石。随粮缴纳的运输费用，称为漕项。北洋政府时期，漕粮改折白银缴纳，与地丁无异，这部分银两称为抵补金。两省漕粮折银标准不一，且都包括漕粮和附加（漕项和漕耗）两部分。

租课，是归政府所有、租给农民耕种的官田的地租收入。清朝租课因土地种类和主管部门不同，征收办法不一。民国初年开始对租课整顿，除少数改地方教育专款外，其余列入地方收入，由地方政府列在田赋中的地丁项下征收。

差徭，属于苛杂范畴，征派无常。民国成立后，差徭逐渐废除，仅陕西在民国五年时将差徭列入预算，以后也废除了。

杂赋，即零星的收入款项，如依例上解的贡物折银等。

3.田赋收入规模与支配情况

北洋政府时期，经过多次整理，田赋名目有所归并，但只是税目减少，而税额并未减少。据表11-5所列，1913年田赋收入的预算数为82 403 610元，占财政收入的14.78%；到1916年增加到97 553 513元，占财政收入的20.58%；1919年为87 085 294元，占财政收入的23.17%；1925年为87 515 719元，占财政收入的19.75%。清末一般为25%~34%，北洋政府的田赋收入在岁入中的比重比清末下降了。

袁世凯统治时期，田赋被用作外债的担保品，例如，财政部向比利时借的439.7余万元就是以田赋和关税为担保的。1919年以后，各省军阀依恃强大的势力，田赋收入大多不再上解中央，这时，田赋事实上已沦为地方税收。由于军阀连年混战，军政费用支出浩大，为了弥补财政不足，遂不断增加正税额度。

[①]　如山西的土盐税、商税，陕西的盐课、茶课，甘肃的盐课，江西的渔抽税、酒税、商税、贾税、茶税、船税等。
[②]　如自治捐、警学捐等。
[③]　如山东黄河道库正银、徭夫银、铺夫银，运河道库正银，浅闸军夫工食，江西的兵折、兵加、随漕等。

表11-5 北洋政府田赋预算表 单位：元

年　度	岁入总额	田赋岁入额	田赋岁入的比重（%）
1913	557 296 145	82 403 610	14.78
1916	473 947 710	97 553 513	20.58
1917	413 396 833	86 475 764	20.91
1919	375 807 154	87 085 294	23.17
1925	443 202 929	87 515 719	19.75

资料来源　吴兆莘. 中国税制史：下册［M］. 北京：商务印书馆，1998：138.

二、盐税

北洋政府成立之初，承清朝盐制，运销上仍是官督商销的"引岸制"，盐税征收上仍是"先放盐后课税"的方式。实际情况是税率紊乱，全国盐税适用的固定税额和比例税率多达700余个。而且，盐商欠税、盐务机关任意滥支等现象也非常普遍。此后，中国的盐税管理权因善后大借款而落入帝国主义手中，并且帝国主义为了自身的利益还敦促北洋政府对盐税制度进行了改革。

1.盐税管理权的旁落

1913年4月善后大借款合同成立后，按照规定，北洋政府在北京设立了盐务署，盐务署内设稽核总所，由中国总办一员、洋会办一员主管。所有发给引票、汇编各项收入的报告及表册各事，均由总会办专任监理。在各产盐地方设立了稽核分所，设经理华员1人、协理洋员1人。该华洋经理同负征收、存储盐务收入的责任，并会同监理引票的发放及征收各费用，并将收支各事详细报告给该地方盐运司及北京稽核总所。此外，所征收盐款，存于银行团或银行团所认可的存款处。盐款没有总会办会同签字，不能提用。自此，整个盐税机构从上到下均为外国人所控制，中国盐税管理权遂告旁落。

2.盐税制度改革

1913年6月，英国人丁恩被聘为盐务顾问、稽核总所会办。他为了保证盐款能够按期偿付外债本息，针对中国盐税的紊乱状况，主张采用"就场征税，自由贸易"的原则改革盐税。在外国势力的干预下，北洋政府于1913年2月颁布了《盐税条例》。其主要内容是：（1）与就场征收相适应，采取先征税、后放盐的盐税征收方式，即规定所有各区盐场，都必须先交全税，领取稽核分所准单后才能放运。（2）划一税率，体现均税政策。统一按担（每担合司马秤100斤）收税，不以引计；统一以银圆为本位；并将全税率定为每百斤2.5元，分期实施，以期逐步达到。（3）把列入地丁内征收的盐税予以免除；同时规定除盐税外，不得再以其他名义对盐斤征收捐税。1918年3月，盐务署颁布了《修正盐税条例》，对1913年公布的《盐税条例》做了某些修改，这次修正的主要内容是：

（1）税率由每百斤 2.5 元增为 3 元。（2）对工业、渔业用盐实行减税等优惠政策，鼓励实业。（3）计税衡量由原司马秤改为库平制，以 16 两为 1 斤，其差额每斤为 8 钱，溢出的 8 钱规定作为卤耗。

自《盐税条例》公布经过 10 多年的施行，各盐区正税税率略见整齐，取得了一些成效。但各地更订的税率，多为轻者逐渐提高，重者不变或稍有减低，依然未达到条例所规定的划一标准，高低不一。这较之清末全国税率"多至七百余种"，简化了许多。

《盐税条例》公布并修正后，就场征税、自由贸易的区域有所扩大。到北洋政府后期，实行自由贸易的县已达到 971 个，约占全国总县数的 50%，比之清末，应该说有所进步。

这次改革，尚能切中时弊，在一定程度上打击了旧的盐商、盐官和封建割据势力，并将封建旧盐税制引向资本主义新税制，有助于财政收入的增加，客观上适应了社会经济的发展；但在帝国主义加剧对中国进行殖民统治的背景下，这次改革也加强了帝国主义对中国盐政的控制，把持更多的盐税收入。

3.盐税收入及支配情况

经过改革，盐税收入激增，1914 年达 6 800 多万元，比清末最高年份（约近 2 000 万元）增加近 5 000 万元，比 1912 年（不到 1 000 万元）增加近 6 000 万元。此后，1915 年、1916 年分别为 8 000 多万元和 9 292 万元，每年约递增 1 200 万元[①]。盐税的增加，一是由于实行自由贸易后，盐的销量增加所致；二是由于税率提高产生的增收；三是由于加强了中央对盐税的管理以及堵塞了偷税逃税的漏洞。1917 年以后，由于税率不断上升，盐税收入逐年提高。1917 年为 8 224 万元，1918 年为 8 839 万元，1919 年为 8 720 万元，1920 年为 9 005 万元，1921 年为 10 749 万元，1922 年为 10 901 万元，1923 年为 10 911 万元，1924 年为 10 540 万元，1925 年为 11 381 万元，1926 年为 11 415 万元，1927 年 11 963 万元。[②]

盐税收入虽不断增加，但因善后借款后，盐税税款被存储于外国银行团银行，税款首先被用于偿付善后大借款等外债的本息和赔款，再除去每年开支的 20% 左右的盐务经费，北洋政府真正能够支配的只有"盐余"。据统计，1913—1915 年，盐税中央收入 16 803 万元，同期实交银行团的外债本息达 14 115.9 万元，北洋政府所得盐余为 5 882.8 万元。盐余的提用还须经银行团代表同意。在拨还北洋政府的盐余中，也有很大部分是用来偿付以盐余作抵押的外债。仅 1916 年 9 月到 1921 年 12 月，北洋政府所借的以盐余作抵押的外债就有 26 项，计合银圆 3 000 余万元[③]。1917 年后，由于关税收入的增加，原来以盐税为担保的外债多以关税偿还，北洋政府所得盐余增加，遂用于内债抵押。1920 年以后，由于中央集权分崩离析，地方各省普遍截留盐税（详见表 11-6），中央政府所得到的盐余随之相

①　丁长清. 民国盐务史稿 [M]. 北京：人民出版社，1990：113.
②　引自由中国第二历史档案馆收藏的盐务总局统计室《全国食盐平均税率比较表》。
③　丁长清. 民国盐务史稿 [M]. 北京：人民出版社，1990：108.

对减少。

三、关税

(一) 常关税

民国成立后，常关税多沿清末旧制，虽有小的更易，但大的框架未变。1913年起，清末划归省管理的常关又逐渐移归中央政府管理。中央设置专任监督管理常关，属财政部的直属机构。针对各省常关税法纷杂、征收混乱，1914年财政部拟定改正关税规程，6月通告全国。其内容是：以海关税的半额即2.5%为标准，修订各省税则；将低税率提高，高税率不降。这实际上是一种增税措施，常关税税率并未因此统一。

北洋政府时期的常关收入为：1918年为6 359 356元，1919年为7 189 937元，1920年为7 016 856元，1921年为7 235 293元，1922年为6 908 152元，1923年为7 184 208元，1924年为6 681 538元。1914年和1915年因公债基金不足，将常关收入列为公债基金，各常关监督将所收税款径交附近税务机关收存。从1917年起常关收入逐渐为各地军阀所截留，到1922年，只有京师税务监督署每月20多万元，为中央常关唯一之税收收入。

表11-6　　　　　　　　　1916—1926年地方自行截留盐税数额　　　　　　单位：万元

年　度	自行截留数额
1916	136
1917	304
1918	419
1919	1 081
1920	1 335
1921	1 152
1922	2 012
1923	2 645
1924	2 937
1925	2 976
1926	3 738

资料来源　南开大学经济研究所经济史研究室. 中国近代盐务史资料选辑：第1册 [M]. 天津：南开大学出版社，1991：375.

常关税的设立妨碍国内货物流通，阻碍民族工业发展，国内人士多主张撤除常关，但直到北洋政府倒台，常关也未能裁撤。

（二）海关税

1.海关税制构成

北洋政府时期，清末形成的协定关税原则仍未改变，税则的变动仍要受到帝国主义列强的束缚。这样，海关税的构成仍如清制，主要包括进口税、出口税、复进口税、子口税和吨税。

（1）进口税。进口税也叫输入税，课于输入本国的货物。海关进口税则仍如清朝后期，无论何种货物，均实行值百抽五的税率。在实际上从量计征的情况下，因货物价格的上涨，实际税率远未能达到名义上的值百抽五，仅及值百抽三。1922年经有约国家许可，修订了税率，以切实值百抽五。

（2）出口税。出口税也称输出税。课于输出国外的货物，同时也对经海港输往国内其他地区的商品征收出口税。北洋政府时期，海关出口税仍沿清末旧制，税率为值百抽五。其间物价多有变化，故各种出口商品的税率，征值百抽五之从价税者，随时估价，尚属名不符实，至于从量税者仅抽1%或2%。

（3）复进口税。复进口税，即对本国土货由此通商口岸运往彼通商口岸所课的税。北洋政府仍沿用清制，税率为2.5%。

（4）子口税。子口税又名子口半税，始于1858年的《中英天津条约》。北洋政府仍沿用清制，税率为2.5%。

（5）吨税。吨税是对出入本国港湾的外国船舶按其载重吨数征收的税。北洋政府时期沿用清制，只是将银两折算为银圆征收。

此外，北洋政府时期的关税还包括洋药厘金，但于1918年废止，并于1921年附征赈捐。

显然，从税制构成中可以明显地感受到中国关税税则的不能自主。这一时期，北洋政府出于财政危机的压力，迫于民众要求关税自主的呼声日益高涨的政治形势，不得不先后三次对外交涉，要求修改税则，收回关税主权。由于列强的反对和阻挠，这些对外交涉虽然取得了对现有税则中极不合理的部分进行调整的权利，但关税自主未有结果。

2.关税收入及支配情况

清朝末年，关税收入自年收入一千万两增至三千万两；北洋政府时期，关税收入自年收入三四千万两渐增至七八千万两。该时期关税的收入情况见表11-7。

北洋政府时期的关税收入呈上升的趋势，1919年后关税收入逐年增加，但并未因此而摆脱财政捉襟见肘的困境。相反，关税收入的增加，倒使人们增加这样的疑问，是国内商品出口增加所致，还是进口商品增加所致？综观历年进出口货物总值比较表（表11-8），当知关税之增加，不仅非国家之幸，实为国民之病。这就是说，关税收入的增加，实际上是外国进口商品大量增加的结果，这表明北洋政府时期的关税政策，实际上是财政关税，关税没有能够筑起保护国内民族工商业和农业经济的关税壁垒，因此，关税收入的增加，实际上表明了帝国主义对中国经济侵略的进一步强化，中国人民受奴役、受剥削的程度进一步加深。

表11-7　　　　　　　　　　　　北洋政府时期各项海关税税收比较表　　　　　　　　　单位：两

年份	进口税	出口税	复进口税	内地子口税		船钞	洋药厘金	附征赈捐	总计
				入	出				
1912	16 045 202	13 809 148	2 334 927	1 312 271	653 333	1 371 614	4 424 117		39 950 612
1913	19 938 860	13 948 315	2 439 166	1 668 395	621 106	1 534 878	3 819 233		43 969 953
1914	18 202 741	13 047 670	2 255 710	1 736 615	584 627	1 491 949	1 598 213		38 917 525
1915	14 367 221	15 439 709	2 517 713	1 519 507	769 433	1 194 959	939 164		36 747 706
1916	15 225 056	16 542 614	2 399 406	1 341 948	845 333	1 122 890	287 064		37 764 311
1917	16 161 139	16 381 663	2 351 340	1 373 851	711 509	994 221	215 506		38 189 229
1918	15 102 458	15 988 124	2 248 512	1 311 091	831 237	863 623			36 345 045
1919	19 631 697	19 835 323	2 582 059	1 490 304	1 025 886	1 443 891			46 009 160
1920	25 196 386	17 875 836	2 483 928	1 636 132	835 859	1 791 744			49 819 885
1921	28 594 010	18 888 393	2 398 371	2 129 879	967 135	1 844 369		4 544 485	59 366 642
1922	29 988 158	20 817 842	2 398 371	2 129 879	967 135	2 332 865		724 944	59 359 194
1923	32 570 272	22 669 975	2 651 886	2 247 039	963 525	2 401 554			63 504 251
1924	38 104 525	23 137 455	2 550 864	2 307 206	807 625	2 687 555			69 595 230
1925	36 366 981	24 568 778	2 641 030	2 701 533	977 941	2 614 040		855 664	70 725 967
1926	42 855 027	26 263 787	2 793 370	2 625 813	685 670	2 898 610		2 313 685	80 435 962
1927	34 903 323	25 461 617	2 486 401	2 467 833	667 176	2 748 776		46 748	68 781 874

资料来源　江源恒. 中国关税史料（上）：第四编［M］. 台北：文海出版社，1985：9-13.

表11-8　　　　　　　　　　北洋政府时期海关进出口货物总值比较表　　　　　　　　　单位：两

年　份	外货进口总值	国货出口总值	出　超	入　超
1912	473 097 031	370 520 403		102 576 628
1913	570 162 577	403 305 546		166 857 031
1914	557 109 048	345 280 874		211 828 174
1915	454 475 719	418 861 164		35 614 555
1916	516 406 665	481 797 366		34 609 299
1917	546 518 774	462 931 630		83 587 144
1918	554 893 082	465 883 031		89 010 051
1919	646 976 681	630 809 411		16 167 270
1920	762 250 230	541 631 300		220 618 930
1921	906 122 436	601 255 537		304 866 899
1922	945 049 650	654 891 933		290 157 717
1923	92 340 2887	752 917 416		170 485 471
1924	1 018 210 977	771 784 468		246 426 509
1925	947 864 944	776 352 937		171 512 007
1926	1 124 221 253	864 294 771		259 926 482
1927	1 012 931 624	918 619 662		94 311 962

资料来源　江源恒. 中国关税史料（上）：第五编［M］. 台北：文海出版社，1985：4-5.

　　由于清后期中国的关税主权完全丧失，海关税款只能由外国银行收存，税款必须按期清偿外债和赔款，所剩少量的关余，才能供北洋政府使用。

　　北洋政府时期的关税收入总体上看是呈上升趋势，但实际上用于支付债赔各款后，能够为北洋政府所支配的微乎其微。也就是说，北洋政府时期的关税被帝国主义列强分割得支离破碎，关税成为中国财政半殖民地半封建性质最突出的体现。表11-9是1917—1926

年北洋政府关税实收数及其支配情况。

表11-9　　　　　　　　1917—1926年北洋政府关税实收数及其支配情况　　　　　　单位：百万元

年份	关税实收	外债支出		内债支出		其他支出*	关余	
		数额	占实收的比重（%）	数额	占实收的比重（%）		数额	占实收的比重（%）
1917	61.9	40.5	65	—	—	10.7	10.8	17
1918	59.6	40.3	68	—	—	11.7	2.7	5
1919	73.8	34.6	47	7.2	10	19.3	21.7	29
1920	78.9	30.9	39	8.6	11	14.5	17.8	23
1921	85.8	54.3	63	18.9	22	17.5	0	—
1922	91.1	54.4	60	16.3	18	20.5	0	—
1923	98.7	57.0	58	14.1	14	19.9	0	—
1924	106.9	55.3	52	22.0	21	18.1	0	—
1925	108.3	82.2	76	27.0	25	19.6	0	—
1926	119.3	75.4	63	—	—	46.0	0	—
合计	884.3	527.9	60	114.1	13		53.0	6

注：*其他支出包括海关经费等。

资料来源　杨荫溥.民国财政史［M］.北京：中国财政经济出版社，1985：10.

从表11-9可知：第一，在关税收入的支配中，最主要的一项是支付外债本息，少的年份达40%左右，多的年份达70%左右，各年平均亦接近60%。第二，关税的一部分也作为内债的担保，它被支配于内债方面的数目，少的年份有10%以上，多的年份达20%以上。各年平均亦在13%。第三，其他各项支出占相当比重，其主要一个方面是海关行政经费。少的年份达到17%，多的年份接近39%，平均占到22%左右。第四，在1920年以前，尽管为数不多，北洋政府还多少能分到一些关余，且有的年份也达到当年关税实收数的30%。不过，自七年发行长短期公债，及九年整理公债基金案确定后，关余几尽数作抵，所以从1921年起，北洋政府事实上没有关余可收。因此，以该时期有统计可查的10年来说，关税实收数合计达88 400余万元，而关余只有5 300万元，仅占这10年关税实收总数6%左右。可见，北洋政府在关税方面真正得到的实惠并不多，其所收关税的绝大部分，直接由总税务司署划作支付外债本息之用，成为帝国主义列强囊中之物。

四、厘金

北洋政府时期的厘金包括坐厘、行厘、货厘、统捐、税捐、铁路捐、货物税、产销税、落地税、统税等名目，其中不少名目名为厘金，实则逐渐向货物税、统税、产销税过渡，属过渡性质。据1924年财政部的统计，全国设有厘卡税局784处，分局卡2 500多处①。厘金的弊害是人所共知的，由于全国没有统一的制度，结果是水陆皆有卡，无物不抽厘，害了百姓，坑了国家，肥了贪官。因此，民众要求整顿和裁撤厘金的呼声一直不断，北洋政府迫于压力也对厘金进行了一定程度的整顿，并着手裁厘加税。

1.厘金的整顿

1911年辛亥革命成功后，有些省份就以"铲除恶税"为口号宣布废除厘金。但因裁厘无法找到合适的弥补办法，大多数省份仍沿前清旧制继续征收厘金。北洋政府1912年密令各省政府征收厘金并加以整顿。

在整个北洋政府时期，除江西、广东、陕西、甘肃、新疆、奉天、吉林、黑龙江等省或已在清末就已改办统捐或实行产销税不征行厘者外，其余各省所采取的整顿措施大致有以下3种情况②：

一是仍沿用旧制征收，不断提高税额，严加考成，以督促税务人员"厘剔中饱浮收"。采取这种办法的有直隶、安徽、广东、福建、云南、贵州等6省。所谓的"严加考成""厘剔中饱"，实际上皆成具文，积弊依旧，未收实效。

二是改办统捐或产销税。所谓统捐是将一般百货沿途所纳的厘金合并一道，于起运或经过第一局卡时一次征收，不再重征。产销税则是在出产地纳一道出产税，在贩卖之地再纳一道销场税，故名产销税。对于其他省输入的货物已纳出产税的，如在本省销售，只需完纳销场税；若货物并非本省出产，又不在本省销售，仅系过境，就可以不纳产销税。改办统捐或产销税使纳税环节简化，既可以减少逃漏，又可避免苛扰，使征纳之间的矛盾缓和。截至1927年，全国22个行省中，自清末至民国已改办统捐、产销税的共有16个省，特别是厘金收数较大的省，基本上均已发展成统捐。

三是对属于本省出产的大宗土产、特产，则另立专章或在税则中另立专条，与一般百货厘加以区分，另定税率加以征收。例如，竹木、米谷、丝、茶、棉花、药材、糖等，以兼顾税源重点，大宗消费的商品如煤、煤油等开征特税。同时，有的省区还对已缴销子口税单的洋货相继开征落地税。对通过铁路运输的货物，则在沿途车站设立局卡征收铁路货捐。

经过整顿，厘金对生产和流通的危害，较之清末略有改善。但厘金毕竟是恶税，社会上裁厘呼声很高，北洋政府于1912年8月开始提出裁厘加税动议，但因与关税自主有关联，故受制于有约各国，经历10余年而无果。

① 贾士毅.民国续财政史：第二册[M].上海：商务印书馆，1932：461.
② 金鑫.中华民国工商税收史纲[M].北京：中国财政经济出版社，2001：89-90.

2.厘金收入及支配

厘金收入，据统计，1916年为4 640万元，1920年、1921年、1922年、1924年4年平均收入为4 437万元，1925年为4 570万元，1927年为5 014万元[①]。北洋政府时期厘金虽名为中央收入，但实际上却是各地军阀的主要收入之一，被各地军阀所占用。

五、其他工商税收

（一）印花税

印花税以财产及人事关系所书立的契约、簿册、单据、文书、凭证等为课征对象，税源较为普遍可靠，税率甚轻，征收简便，征收费用较低，被认为是一种"良税"。民国建立后，北洋政府在清末《印花税则》的基础上制定了《印花税法（草案）》，并于1912年10月21日公布。1913年3月由京师首先试办，至1914年各省相继施行。印花税最初征收范围较窄，课征对象包括发货票、字据、凭单、公司股票、期票、汇票等共计26种凭证，1914年8月又将10种人事凭证列为课税对象。1915年1月又增加了婚书一项。1917年又将课税对象扩大了车船执照、洋学证书、高小毕业证书等10余种。印花税率，凡票据值银圆10元以上者贴印花1分，人事凭证贴印花1角至4元不等。

当时，中国城乡人民的文化水平高低不一，从事工商业者多沿袭传统交易习惯，许多商事活动不习惯于每事必有文书凭证，这就使印花税的收数不旺，与原设想相去甚远。于是，各地就便宜行事，认购、摊派之风遂于印花税中兴起。

（二）烟酒税

民国建立后，烟酒税经过畸形发展，逐步形成了一个混合的税种。北洋政府时期，烟酒税包括烟酒牌照税、烟酒税和烟酒公卖费三项。

1.烟酒牌照税

北洋政府为开辟财源，于1914年1月制定并公布施行《贩卖烟酒特许牌照税条例》。该条例规定：凡贩卖烟草或酒类的营业者必须请领贩卖烟酒特许牌照。营业执照分为两类：整卖营业与零卖营业。整卖营业每年缴纳特许牌照税40元；零卖营业按照专营或兼营烟酒零售业务不同情况区分为甲、乙、丙3种，每年零卖营业定额缴纳的特许牌照税，甲种16元、乙种8元、丙种4元。整零兼营或烟酒兼营者，应分别领照，分别纳税。税款每年分1月、7月两期缴纳，归入烟酒收入之内。此种牌照税具有营业税性质。

2.烟酒税

烟酒税初行于直隶，以后各省皆征。1915年2月，财政部通令各省财政厅增加酒税。规定黄酒每百斤税率不得少于0.8元，烧酒每百斤不得少于1.5元，各种果酒、药酒不得少于2元。同年3月，袁世凯复将财政讨论会拟呈的《整理烟税章程》及《整理酒税章程》，发交财政部通知各省参照办理。而章程规定，凡种烟、酿酒均须领照始准种、酿。各省原来征收的各项税捐，烟、酒分别归并计算，酌加收数，一道收清。各省区根据上述规定，

---

① 贾士毅.民国续财政史：第二册 [M].上海：商务印书馆，1932：461.

多数提高了税率，在5%~35%之间。

3.烟酒公卖费

1915年北洋政府将各国烟酒公卖制度变通后，实施官督商销的烟酒公卖制。目的有二：一是为了解决中央财政支绌问题；二是为了合并烟酒税和烟酒厘金及各种杂捐，统一税目。1915年5月30日财政部颁发《全国烟酒公卖暂行简章》及《全国烟酒公卖局暂行章程》，通知各省试办。两章程的主要内容为：（1）各省设烟酒公卖局，下设公卖分局。分局之下设分栈，招商承办，经理公卖事务，商民买卖烟酒均由公卖分栈经理经办。（2）原有的税、厘、牌照税及地方公益捐等由公卖局代收分拨。（3）公卖价格由公卖分局每月定出，报省公卖局核定后通告各分栈遵行。公卖价格除成本、利益、各税厘等项外，还包括10%至50%的公卖费。同月，财政部还公布了《各省烟酒公卖局暂行章程》和《烟酒公卖分栈暂行章程》。随后，财政部陆续派员分赴各省开展筹备事宜。到1915年底，全国27个省、区，除新疆和川北边区仍归财政厅办理未设公卖局外，其余25个省（区）均相继成立了各省（区）的烟酒公卖局。

北洋政府时期对烟酒同时征收烟酒税和烟酒公卖费。二者的区别在于：公卖费由中央决定征收，仅有一种名称，又有一定章程，从价计征，有统一的征收机关；烟酒税则是由各省办理，种类繁多，名称各异，征收无一定的章程，各自为政，从量或从价计征，无统一征收机关。从二者的发展趋势来看，征收公卖费比较统一和合理。

（三）矿税

北洋政府时期的矿税分为3种：矿区税、矿产税和矿统税。

1.矿区税

矿区税由农商部直接办理，由各省实业厅征收。税率分为：第一类金、银、铜、铁等22种矿产，按年每亩纳0.3元；砂铂、砂金、砂锡、砂铁之在河底者，按年每长10丈纳0.3元。第二类水晶、石棉、石膏等29种矿产，按年每亩纳0.3元，如为探矿，则按0.05元计算。由矿业主每年6月、12月向省实业厅预缴，再由实业厅转交农商部。

2.矿产税

矿产税由各省财政厅征收，税率分为：第一类矿产，按出产地平均市价的1.5%征收；第二类矿产按出产地平均市价的1%征收；第三类矿产（青石、石灰石）免征矿区税和矿产税。每年1月、7月由矿业主统计前6个月的产量计算税额缴财政厅。

3.矿统税

矿统税由财政部征收，按每吨市价计算，税率为5%，以每年2月、5月、8月、11月为期，由矿业主预估3个月之内销售量计算税额，向财政部缴纳。凡缴纳统税者除应纳的矿区税、矿产税、铁捐、海关出口正税、50里内常关税及船钞并京师落地税仍应照常缴纳外，所有其他沿途厘金、50里外常关税、内地及边陆各常关税并杂捐一律免征。财政部举办矿统税，除为了免除沿途关卡稽滞之苦，以利运销外，也是考虑到厘金裁撤已势在必行，而裁厘后又必改办一种新税作为抵补，故开办矿税也是为抵补裁厘损失预做准备。

北洋政府时期，矿税为中央政府专款收入，1917年为262万元，1918年为185余万元，1919年为86余万元，收入逐年下降。究其原因，除小矿多未照章纳税以及主管部门违章减免外，主要因为时局动荡，中央政令不能下达，各省地方不能照章办理，致使各矿业公司经营艰难，转产和停办比比皆是，生产下降，矿税收入也受影响。

（四）牙税

民国初年，牙行众多，弊端丛集。1914年3月，北洋政府为整顿收入，电令各省按本地情况妥议章程，自行整顿，报部查核，但收效甚微。1915年9月，财政部制定《整顿牙税大纲》8条，通令各省财政厅据此整顿。大纲规定：旧帖和无帖营业者，须领新帖；未纳帖捐者，限1916年一律按等则补缴帖捐；各省牙行年税和牙帖税的税率应比照直隶省进行调整；牙帖营业年限不得超过10年。直隶省当时所定牙帖税，计分6等，自300元、250元、200元、160元、120元至80元不等，每帖有效期5年。牙行年税税率也分6等，最高年纳160元，以下分别为130元、100元、70元、40元，最低年纳20元。大纲公布后，各按大纲进行了整顿，税率都有所提高。牙税虽为中央收入，但由于政局变动，多为各省截留。全国每年收数约260万元。

（五）契税

契税是指政府对土地、房屋等不动产在买卖转移时所书立的凭据所征的税。1914年1月，北洋政府颁布《契税条例》，同时公布了《验契条例》，所定税率仍照清末《契税试办章程》，按契价买契征9%，典契征6%，另收契纸费每张5角。1915年3月，财政部又公布《验契契税办法大纲》，规定：买契按契价征4%，典契按契价征2%。1917年又通令各省，规定从1917年7月起，买契税率为6%，典契税率为3%，各地可以征收附加税，但不得超过正税的1/3。1922年北洋政府司法部又颁布《不动产登记条例》，规定缴纳不动产费。至此，北洋政府的契税类税收包括契税、不动产费、验契费和契税附加4类。其中，契税为中央专款，契税附加为地方财政收入，由各地征收和支出。

北洋政府时期，契税由各县知事经办，规定了投税、补交、罚款等办法。不过由于各省情况不同，未能全部照办。北洋政府时期，契税总收入约在900万至1 200万元[①]。

（六）屠宰税

屠宰税是对屠宰猪、牛、羊等大牲畜的行为征收的税。1915年财政部颁布《屠宰税简章》，规定：（1）屠宰税的征收范围以猪、牛、羊为限。（2）每只（头）税额分别为：猪为0.3元，牛为1元，羊为0.2元。（3）屠宰税由宰户完纳。（4）征收方法为先税后宰。1916年12月，财政部又修正公布《屠宰税简章》，为保护耕牛不被任意宰杀，将牛一项从原征范围中删除，仅留猪、羊两项，税率分别为：猪每头0.4元，羊每只0.3元。北洋政府时期，此税遍行于各省，所收款项充作地方教育经费。

---

① 贾士毅. 民国续财政史（七）[M]. 上海：商务印书馆，1934：90-91.

（七）房税

民国建立后，将房捐划分为地方税，各地遂仍按清制继续征收。1914年3月，北洋政府依照清制改订房捐，将其名改为"房税"，并颁布《房税条例草案》。其中规定：（1）凡铺房、住房均须一律缴纳房税。（2）税率：铺房为租价的10%；住房为租价的5%。（3）房税由租户代缴，房主与住户各负担一半。（4）由各地征收局督同警察局负责征收。草案公布后，各省不予支持，仍各自为政，未能实施。1917年3月，财政部试办北京房捐，咨请国务院议决通过《房捐章程》13条。其规定：铺房税率为租价的5%、住房为租价的3%，由房租的受益者或房主负担，按季缴纳，由征收局、步兵统领、警察厅负责会同管理征收。这个章程首次提出对自住房也须照出租房估价纳税，同时明确了纳税主体为房主或房租受益人。

六、地方杂税杂捐

1.田赋附加和预征

北洋政府初期，由于将清末征收的新旧附加并入正赋征收，地方财政为了保证开支，不得不另行筹措经费，于是新的附加税出现了。1912年北洋政府在厘定国家税和地方税时，明文规定地方征收的田赋附加税不得超过正赋的30%。1915年财政部因浏阳河工急需经费，遂呈报中央批准在直隶、山东先行举办田赋附加税以应河工需要。1916年北洋政府以预算不敷，当即电令各省一律征收田赋附加税。此后10余省相继效仿，再扩大到全国。行之10余年后，附加税名目与日俱增，达到100余种之多，据有关机构统计，田赋附加税名目，江苏105种，浙江74种[1]。附加额也大大超过国家关于不得超过正赋30%的规定。例如，山东在奉系军阀张宗昌的统治下，就有"军事特别捐""军鞋捐""军械捐""建筑军营捐"等4项田赋附加，合计大洋5元3角，增至原有税捐的六七倍[2]。田赋附加税加重了农民的负担。

民国初年，田赋预征名为借垫，最初的办法是将各县的富户分为几等，按其资产的多少，确定借垫的数额，责令团保限日勒缴转解，以第二年的税粮作抵。后因久借不还，愈积愈多，加之借款之数不能满足地方军阀挥霍的需要，遂改名为预征。1920年以后，这种现象屡见不鲜。预征的范围几乎波及各省，预征的年限长短不一，少者一年，一般则在5年左右，多者达10几年甚至30年以上。预征收入成为各省军阀的重要财源。

2.盐税附加

袁世凯时期，由于中央集权趋于强化，盐税征管较为严格，基本上没有附加税。袁世凯死后，中央集权分崩离析，各地军阀不但截留正税，也直接向各地商民滥征附加。在1918年以前，仅有广东、广西、江西3省开始附征，3省合计附征名目共17项。自1919年起，地方附税即逐步蔓延到全国。盐税附加名目繁多，五花八门，有所谓护送费、护商费、防费、教育费、银行股本、整理金融捐、路捐、口捐、食户捐、地皮捐、伤兵抚恤

---

① 陈登原.中国田赋史［M］.上海：商务印书馆，1936：239.
② 杨荫溥.民国财政史［M］.北京：中国财政经济出版社，1985：33.

捐、盐斤加价、乐捐、消磨捐等，不胜枚举。仅四川一省，在1924年就达26种之多。所征的税额也是越来越高，到后来许多地区附加税额大大超过正税。例如，1921—1923年，湖南省每担食盐非法征收的附加税有2.7元多，1925—1927年每担又新增6.3元。至1927年底，湖南每担淮盐正附税共13.5元，其中正税仅为4.5元。奉天1913年每担盐税0.7元，到1927年不但正税提高到每担4元，附加税每担也有5.25元，吉林、黑龙江附加税达6.25元[①]。盐税税额的提高，直接导致了盐价的上涨，最终加重了广大消费者的负担。

3.兵差

兵差是军阀混战的产物。北洋军阀无休止的混战，导致军费开支激增，正常的财政收入难以满足需要，于是征发兵差就成为便捷的盘剥形式。兵差最初出现于战区，主要是力役，大军所到之处，由地方提供人夫和车辆、牲口、船只等运输工具，用以运送粮草和弹药。后来，不仅战区有兵差，战区的后方也有兵差；不仅备战之时有兵差，未备战时也有兵差。兵差就由临时性征收变成经常性措施。征收的形式也由原来的力役之征过渡到实物之征和货币之征，但各地征收时也不尽相同，有的只征一种，有的三种兼征，所占比重也不一样，一般以力役和实物为主。例如，1917年11月—1918年5月，山西雁北战区各县所出的兵差，货币占0.94%，实物占99.06%[②]。

兵差这种形式对城乡人民的掠夺是残酷的，危害也是极大的。例如，"山东连年战争，除饷糈多半出自农民外，到处之骚扰、拉夫、拉车，更为人民所难堪。至于作战区域（津浦线）十室九空。其苟全性命者，亦无法生活，纷纷抛弃田地家宅，而赴东三省求生"[③]。这仅是较为局部的战争，其所造成的后果，尚且如此，至于1920—1924年间所连续发生的直皖战争、直奉战争，其破坏性之大就可想而知了。

4.名目繁多的杂捐杂税

北洋政府时期，除以上税捐外，地方政府还沿袭清末旧制征收其他杂捐杂税，其性质多为地方税。这些杂捐杂税大致可分3类：一是全省举办的省税；二是府、州、县自筹的，为府、州、县税；三是地方自治团体抽收的，为城镇乡税。税项大多因事而设，税款由主事单位支配，谁用，谁收，谁管。1913年11月22日公布的《划分国家税地方税法（草案）》中，划归地方税的共计20种，其最后一种是"杂税杂捐"，这就为地方政府征收各种名目的苛捐杂税提供了依据。1917年以后，北洋军阀集团分裂，各地军阀割据称雄，各自为政，苛捐杂税更加泛滥，凡人凡物都有捐税，名目繁多不胜枚举。直隶省有戏捐、妓捐等共16种；奉天有乐户捐、桥捐、斧捐、菜园捐等33种；吉林省有缸捐、摊床捐、渡捐等20多种；广东汕头有猪捐、牛捐、番薯捐、青菜捐、丁口捐等；四川省开征各种杂捐达到99种，仅警察厅开征杂捐就有24种。此外，军阀统治的各省还关卡林立，无物不税，层层盘剥。

① 丁长清. 民国盐务史稿 [M]. 北京：人民出版社，1990：122-123.
② 王寅生. 中国北部的兵差与农民 [M]. 南京：国立中央研究院社会科学研究所，1931：9.
③ 章有义. 中国近代农业史资料：第二辑 [M]. 北京：生活·读书·新知三联书店，1957：611.

税目繁多，关卡林立，征税苛重，加重了广大人民的税收负担，也导致北洋政府时期的经济严重凋敝。

第四节

北洋政府时期的公债收入及其他收入

一、外债

北洋政府时期，由于政局动荡，中央和地方财政关系始终处于非正常状态，在军阀割据日益严重的情况下，滥借外债则成为北洋政府维持生存的重要经济基础。据统计，袁世凯统治期间，中央和地方政府所借外债共计有68笔，总额为55 646余万银两。其中，48笔为财政性借款，主要用于政治、军事等用途；20笔为实业性借款，其中有2笔明显用于军政开支，甚至被挪作袁世凯复辟帝制的活动经费，真正用于实业的外债有18笔，共计1.3亿余银两。在实业性借款中，铁路借款11笔，电信借款2笔，矿务借款2笔，其他实业借款3笔。这一时期的外债多是由银行团来承借的，具有明显的资本输出性质。

袁世凯死后，军阀轮流执政。据统计，这一时期，中央和地方共借外债达319笔，是近代历史上借债笔数最多的时期。借债数额计银72 300余万两（合108 450余万银圆）。在这些借款中，第一类是财政性借款，主要用于军政各费，其中有许多是借新还旧。第二类是实业性借款，这种借款有100多笔，数额达21 000余万银圆（合14 000万银两），占总额的19.36%。其中，铁路借款15 000余万银圆，电信航运借款为3 432万银圆，工矿借款为2 286余万银圆[①]。北洋军阀政府大举借用外债，大大超过其偿还能力，结果落入"债务陷阱"。

在这些借款中，对中国社会经济危害最大的当属善后大借款和西原借款。

（一）善后大借款

善后大借款是指1913年英、法、俄、德、日五国银行团为支持袁世凯政权，解散南方革命势力，并为取得在华的各种权益而对袁世凯政府举借的年息5厘2 500万英镑带有一系列附加条件的政治性借款，又称"五国善后借款"或"1913年中国五厘善后借款"。其明显的特征就是资本输出，即帝国主义企图通过借款实现经济侵略，控制中国的财经命脉。

按照善后借款合同的规定，善后大借款的内容是：

（1）债权人是汇丰、德华、东方汇理、华俄道胜、横滨正金五国银行。

（2）借款额为英金2 500万英镑。

（3）利息为年息5厘。

---

① 徐义生. 中国近代外债史统计资料［M］. 北京：中华书局，1962：148-243.

（4）折扣为按九十发售，八四净收。

（5）用途为6项：①偿还1912—1913年两年赔款、六国银行垫款、币制实业借款的垫款、比国借款及中央各部所欠五银行的零星借款，600余万英镑。②赔偿外国人因中国革命所受损失款项200万英镑。③划还各省历年所欠五银行的旧债230余万英镑。④预备裁遣各省军队费用300万英镑。⑤预备中央6个月行政费及各项工程费550万英镑。⑥整顿全国盐务经费200万英镑。这6项用途归结起来无非是用于借新债还旧债、偿付赔款和军政费用开支。

（6）担保为盐税、海关税及直隶、河南、山东、江苏4省所指定的中央税。

（7）借款期限为47年，前10年付息，后37年本息同付。

（8）特别条件：①将来如以盐税为担保而借款，或为与此借款用途相同的借款，银行团有进而承办的选择权。②提取借款，须将领款凭单经审计处华、洋稽核员签字后，将发款命令随同支票，一并送交银行代表核对，才能提款。③财政部盐务稽核所除设一名中国总办外，同设洋会办一员，主管盐务稽核。凡盐务收入都存入银行团的银行或其认可的存款处，非有洋会办的会同签字，不能提用。

善后大借款对中国的政治、经济乃至财政所带来的危害都是巨大的。

（1）善后大借款使中国财政蒙受巨大的损失。这笔借款名义为2 500万英镑，但债券按九折出售，银行团发行债券经理费为6%，并扣除首期利息及其他费用，实收只有2 022万英镑，当时就损失480万英镑。而逐年还本付息到还清为止，需本息、手续费、汇费等共计6 899万英镑，几为借款数的3倍。帝国主义各国财团经营这一笔借款所获得的利润达4 877余万英镑之巨[①]。另外，这笔借款的实收额又大为减少。据北洋政府公报发表的数字，1913—1915年实收款额共计8 952余万银圆，以各年份平均汇价计算，只有870余万英镑，连以往5次垫款合计，也不过998万英镑，只占借款合同额的37%[②]。

（2）善后大借款使帝国主义进一步控制了中国的财经命脉。在善后大借款中，帝国主义通过担保和各种苛刻的政治条件，不仅牢固地掌握了关盐两税，而且攫夺了盐税管理权。善后大借款生效后，中国的盐税管理权也被帝国主义所控制，从盐务的行政管理到盐税的征收、税款的保管和收入的支配，都操纵在外国人之手。据统计，北洋政府时期，关盐两税收入平均每年为15 700余万银圆，每年必须存入银行团所属银行的款项平均达16 766余万银圆，而每年须偿付外债本息平均为6 336余万银圆，仅占存款的38%[③]。其余的64%，北洋政府提拨时，还必须经银行团核准。关盐两税是北洋政府当时最重要的财政来源之一，帝国主义控制了关盐两税，就等于卡住了北洋政府的财政咽喉，从而使帝国主义进一步取得了政治上的特权和高额的垄断利润。

① 丁长清. 民国盐务史稿 [M]. 北京：人民出版社，1990：47.
② 徐义生. 中国近代外债史统计资料 [M]. 北京：中华书局，1962：111.
③ 徐义生. 中国近代外债史统计资料 [M]. 北京：中华书局，1962：111.

（二）西原借款

西原借款是指北洋政府中期（1916—1918年），日本帝国主义为支持中国皖系军阀所给予段祺瑞政府的大批借款，因其中主要部分系由日本人西原龟三一手经办，故历史上把这一时期日本对华借款，统称为"西原借款"。事实上还包括未经西原龟三本人经手的一些借款。

由于这些借款多系秘密缔结的，故确切数字尚不可知。从现有的材料来看，有两个口径的数字可供参考：一是西原龟三本人经手的数额。从1916年10月到1918年9月，由西原本人经手的有汉口造纸厂借款，交通银行借款，善后续借款第一次、第二次垫款，第一次、第二次、第三次购械借款，电信借款，吉会铁路借款，吉黑林矿借款，参战借款，满蒙四铁路借款，济顺高徐铁路借款等多项，数额达1.8余亿日元。二是寺内内阁时期对华借款（包括日本财阀的投资）的数额。据初步统计，1916年10月到1918年9月，日本对华借款共89项（其中有3项是与英、美、法等国的共同借款），总计为29 500余万日元，其中借给北洋政府的为28 000万日元（包括借给省地方政府1 050余万日元），借给个人或企业的为1 650余万日元。借款的90%是借给当时的北洋政府和地方政府[1]。

西原借款的经济侵略性是极其明显的，严重侵害了中国的主权。在西原借款中，以电信、铁路、林矿等为名的实业性借款，则是以中国的森林资源、矿产资源、铁路财产和收入、电信收入作抵押；购械借款、参战借款，则是以向中国政府和军队派政治、军事、财政顾问为条件，这样就严重地侵害了中国的主权。寺内下台时曾得意地说："大隈内阁向中国要求二十一条，惹中国人全体之怨恨，而于日本却无实在利益。本人在任期间，借与中国之款，三倍于前之数，其实际扶植日本对中国之权，何止十倍于二十一条。"[2]这段道白充分暴露了西原借款的侵略实质。

二、内债

北洋政府时期是中国近代历史上开始大量发行内债的一个时期。

袁世凯统治时期，内债种类繁多，数额较大。内债的种类有政府正式发行的公债券，有短期的国库证券，又有向银行、票号举借的短期借款。在公债和国库证券中又分为基金有确实担保和基金无确实担保两种。在借款中又分为盐余借款、国内银行短期借款和银行垫款3种。内债的数额见表11-10。

从表11-10中可以看出，袁世凯政府的内债总额达8 770万元。从发展趋势来看，头两年的内债的发行额不大，1914年以后数额则急剧增加。这说明随着第一次世界大战的爆发，帝国主义暂时放松了对华资本输出，袁世凯政府在以前借的外债尚不能按时拿到手、续借新债更难的情况下，开始了大发内债。

---

① 孙翊刚，李渭清. 中国财政史参考资料 [M]. 北京：中央广播电视大学出版社，1984：558.
② 孙翊刚，李渭清. 中国财政史参考资料 [M]. 北京：中央广播电视大学出版社，1984：558.

表11-10　　　　　　　　1912—1916年公债及国库券发行情况　　　　　　单位：百万元

年　份	公债发行额	库券等发行额	合　计
1912	6.2	—	6.2
1913	6.8	2.2	9.0
1914	25.6	10.1	35.7
1915	25.8	0.4	26.2
1916	8.8	1.8	10.6
合　计	73.2	14.5	87.7

资料来源　孙文学. 中国近代财政史［M］. 大连：东北财经大学出版社，1990：249.

还应指出，从1914年袁世凯政府发行民国3年公债起，就把公债基金的保管权和支配权出卖给了帝国主义。为了大量发行公债，成立了"内国公债局"，由华、洋人员组成董事会，并由董事会中推出总理一员、协理四员，主持局务。总税务司安格联为经理出纳专员，名为会计协理，所有该局收存款项、预备偿付本息及支付存款，均须安格联以会计协理名分签字。关于公债款项出纳事务，除总经理签字外，亦须安格联副署才能生效。同时还规定，偿付公债本息的款项，拨发公债局指定的外国银行存储。这就使得帝国主义在取得了关税主权和盐税主权之后，又进一步控制了公债的主权。不仅如此，他们还成了中国内债的债权人，例如，英国汇丰银行在1915年承购了115余万元的公债。这是中国财政半殖民地化在内债上的反映。

袁世凯死后，北洋政府不仅大量借外债，而且滥发内债，以满足财政需要。自1917—1926年，北洋政府正式发行的公债券见表11-11，从中可以看出这一时期公债券的实发行额总计达6.12亿元。其中，以1918年、1920年、1921年等年份为最多，分别达1.40亿元、1.22亿元、1.15亿元。此外，还有各种记名和不记名的国库券、盐余借款和各银行短期借款、垫款、透支等。从国库券的发行情况来看，名目繁多，有"一四库券""使领库券""春节库券""治安库券"等，每种库券的发行额多在100万~200万元，最多为1 000万元。据不完全统计，历年国库券发行额为：1917年20万元，1918年70万元，1919年530万元，1920年2 470万元，1921年2 900万元，1922年220万元，1923年350万元，1924年10万元，10年合计为6 570万元[①]。另据北京财政整理会的不完全统计，截至1925年底，这些借款所欠本息总数有：（1）国库证券，共73笔，5 900余万元；（2）盐余借款，4 400余万元；（3）国内银行短期借款，3 800余万元；（4）各银行垫款，3 000余万元；四项合计为17 200余万元[②]。这一数字，仅是截至1925年底国库券和各类借款未清偿的数字，至于已经偿付的数字和1925年以后的数字则没有记载，不过从1926年起南方国民革命军已开始北伐，北洋政府已经穷途末路，估计其借款不可能超出1920年和1921

①　杨汝梅. 民国财政论［M］. 上海：商务印书馆，1927：224.
②　千家驹. 旧中国公债史资料［M］. 北京：中国财政经济出版社，1955：11.

年的数字。无论是公开发行的债券，还是各类借款，综合起来看，当以1920年和1921年两年为最多最滥。

表11-11　　　　　　　　　1917—1926年公债实发行额　　　　　　　　　单位：元

年　代	实发行额	年　代	实发行额
1917	10 516 790	1922	83 234 910
1918	139 363 760	1923	5 000 000
1919	2 835 870	1924	5 200 000
1920	121 960 450	1925	15 000 000
1921	115 362 248	1926	15 400 000
合　计			513 874 028

资料来源　千家驹. 旧中国发行公债史的研究［J］. 历史研究，1955（2）.

　　内债的泛滥，给当时的财政带来了严重的后果。具体表现在：第一，给北洋政府的财政压上了沉重的包袱，最直接的表现就是债务支出巨大。据不完全统计，北洋政府的债务费平均占财政总支出的32%。但据估计实际支出情况还不止此数，因为公债收入是预期的收入，寅吃卯粮，亏累日重，亦即债务费的负担日重。第二，破坏了政府公债的信誉。由于政府以内债为财政之挹注，只求有款可借，而不顾其他条件，空泛地许诺重息和担保，以致公债到期时多不能按时还本付息，成为呆债，政府的债信也随之跌落。

　　不仅如此，内债的泛滥也给社会经济的健康发展带来了不利的影响。具体来说：第一，带动了一批以公债投机为目的的银行业的发展（银行业的发展情况详见第一节的经济概况）。第二，公债发行肥了金融资本家和封建行庄的高利贷者。北洋政府发行公债一般都是委托中国银行、交通银行来承销的。银行承销政府公债，一般都是向政府索取6%~8%的高利率；而且政府实际向银行抵押时，一般都是按票面五六折或七八折发行。这样银行在公债承销抵押时，所实际得到的利息常常超过一分五厘，有的甚至在三四分以上。而银行在销售公债过程中，平均成本仅为4厘，故5厘就有利可图，更何况有三四分的厚利呢？银行因头寸不足，又向市场拆借，这样私营行庄通过拆放款也得到了很多好处。此外，北洋政府也直接向私营行庄借款，私营行庄中专有跑财政部的人员。这样，金融资本家和封建行庄的高利贷者因公债而获得了厚利。第三，公债投机阻碍了民族产业资本的积累和打击了一般的平民存款户。由于承销政府公债有厚利可图，从而助长了银行利用游资大量承销公债，即使公债一时推销不出去，还可以此作为准备金发行货币，在证券市场上大作投机买卖。其结果，一是由于公债利率高，随之市场平均利率也提高，高利贷不利于民族产业的发展，不利于民族产业资本的积累。二是也带动了一些产业资本家转向证券投机。三是银行在市场进行证券投机，有暴富之时，也有惨败之时，遇有政局转变，放款成了收不回来的呆账，银行虽已破产，但开银行的资本家已经腰缠万贯，而直接蒙受其害的，就是一般的平民存户了。

三、行政收入

行政收入是政府机关在向社会提供某些特殊服务时收取的费用，类似于现在的规费收入。北洋政府时期，该类收费项目较少，收入也不多。主要收费项目包括：船员请领证书登记费、轮船商船注册给照费、烟酒罚金及没收物变价收入、官产验照收入等。

四、官业收入

官业收入包括官办厂局余利、官股利益和官有房地租收入。其收入预算数，1913年为862.31万余元；1914年为442.75万余元；1916年为209.18万余元；1919年为244.29万余元；1924年为209.91万余元；1925年为195.53万余元。

第五节

北洋政府时期的财政管理

一、财政管理体制

北洋政府时期，北洋政府为了加强中央集权和标榜资产阶级"立宪政治"，曾先后两次出台以分税制为核心的国地收支的划分方案。

1. 第一次国地收支划分

北洋政府于1913年11月22日正式颁布《划分国家税地方税法（草案）》，计5章13条。该草案划分国家税地方税的具体内容如下：

（1）国家税（中央税）包括田赋、盐税、关税、常关税、统捐、厘金、矿税、契税、牙税、当税、牙捐、当捐、烟税、酒税、糖税、茶税、渔业税共17种。

（2）地方税包括田赋附加、商税、牲畜税、粮米捐、土膏捐、油捐、酱油捐、船捐、杂货捐、店捐、房捐、戏捐、乐户捐、茶馆捐、饭馆捐、肉捐、鱼捐、屠捐、夫行捐、其他杂税杂捐共20种。

（3）准备将来新增设的国家税有印花税、登录税、继承税、营业税、所得税、出产税和纸币发行税共7种。

（4）准备将来增设的地方税有两类：一是特别税，包括房屋税、国家不课税之营业税、国家不课税之消费税、入市税、使用物税、使用人税。二是附加税，包括营业税附加、所得税附加。

上述方案，除清朝后期原征收的税种继续沿用，并于1912年开征了印花税外，余均未付诸实施。

由于厘定国地两税的划分应依据中央及地方政费范围来确定，因此，财政部于1913

年公布了《国家费用地方费用标准案》。所定国地支出的范围如下：

（1）国家费：立法费、官俸官厅费、海陆军费、内务费、外交费、司法费、专门教育费、官业经营费、工程费、西北拓殖费、征收费、外债偿还费、内债偿还费、清帝优待费。

（2）地方费：立法费、教育费、警察费、实业费、卫生费、救恤费、工程费、公债偿还费、自治职员费、征收费。

以上各项，均系财政部厘定的国家费和地方费标准。至于地方费中哪些项目属于省，哪些属于县及市乡，则由各级地方政府自行规定。北洋政府财政部在编制1913年、1914年预算时即按上述两法案规定办理。

上述国地收支划分草案，其显著特点是将所有重要税源都划属中央收入，重要的政务也由中央办理，而地方则以省为对象，仅划给一些收入规模较小的零星税源。但是，当时各省军政费用支出庞大，多数省份入不敷出，东挪西借，度日艰难。在这种情况下，1914年5月，财政部遂以国家税地方税行之一年未收实效，呈准大总统将国家税、地方税名目取消，税收仍归各省财政厅直接管理征收。由财政部与各省单独协商，分省认定解款数额，责成各省按期上解中央。第一次国地税划分无果而终。

2.增设中央专款制度

北洋政府成立后，一直实行地方政府向中央政府解款制度。所谓解款制度，即各省每年以收抵支的余额解缴国库的办法，解缴数额的多少由各省认领，但地方政府截留应上解中央财政款项的现象时有发生。北洋政府为保障中央收入，防止地方截留，除解款制度外，于1915年起增设专款制度。将印花税、烟酒牌照税、烟酒税增收、验契费、契税增收等5项税收列作专款，亦称"五项专款"，责由各省财政厅按月解京。1916年北洋政府又划入田赋附加、牙税、厘金附加、牲畜及屠宰税等4项，改名为"中央专款"。1917年又重新调整为烟酒税、烟酒税附加、烟酒牌照税、契税、牙税、矿税等6项。1919年1月起，中央专款仅余契税、牙税、矿税3项。

北洋政府建立专款制度，一方面是为补各省解款办法的不足；另一方面希望作为中央一项常年可靠的收入，与解款办法并存。当时预计两者合一，年收入在5 000余万元左右。从各省征解实际情况来看，1915年实收1 874余万元，1916年为3 660余万元，1917年1 035万元，1918年降至575万元，1919—1921年每年实解均在420余万元上下。不仅认额逐渐减少，而抵拨之数也日益增多，实解逐年下降，不少省份截留自用，1922—1924年尽皆上报抵拨之数，已无实解数。

3.第二次国地收支划分

1923年9月曹锟在英美帝国主义支持下用贿选办法当选总统，并于1923年10月10日就职，同时颁布了《中华民国宪法》。该宪法迎合了财政分权的思想，第23条规定，"关税、盐税、印花税、烟酒税、其他消费税，及全国税率应行划一之租税"为国家税；"田赋、契税及其他省税"为地方税。第129条规定，"省税与县税之划分由省议会议决之"①。从国地税划分的体系来看，已有中央、省、县三级之势，比1913年的国家税、地方税划分略有进步。

按照上述原则，当时的财政整理委员会发表了《整理税制计划书》，将当时已执行的和将来要开征的中央与地方各税，依其性质分为直接税、间接税、行为税，共3类26个税种，详见表11-12。

表11-12　　　　　　　　　第二次国家税和地方税划分标准

国家税（中央税）			地方税（省税）		
直接税	间接税	行为税	直接税	间接税	行为税
所得税（将） 矿　税 营业税 烟酒牌照税 牙　税 当　税	关　税 盐　税 烟酒税 丝茧税 茶　税 糖　税 出产税 销场税	印花税 登录税（将） 继承税（将） 运输税（将）	田　赋 房屋税 宅地税（将） 牲畜税	屠宰税 谷米税 杂谷税	契　税

注：括号内有"将"字者，系将来准备开征的税种。

资料来源　吴兆莘. 中国税制史［M］. 上海：商务印书馆，1937：126-128.

但由于全国一致反对贿选，故此宪法未能实施。翌年，段祺瑞临时执政，该宪法即被段以组织令废止。这次国地税的划分也以失败告终。此后，实际上仍沿用中央解款制度，而且由于地方军阀经常截留解款，这一制度也遭到破坏。

二、财政管理机构

北洋政府初期，官制混乱多变，但财政管理的组织机构尚属稳定。1912年4月，北洋政府设立财政部，设财政总长。下设赋税司、会计司、泉币司、公债司、库藏司及总务厅等6个部门。1913年2月撤销了泉币、公债、库藏三司，改设制用局。随着财政事务的增加，财政部设下机构日益增多。1913年9月设盐务署，1915年设立了烟酒公卖局（后改为烟酒事务署且独立行使权力）。此后，又设立了公债局、币制局、官产局、印花税处等。

财政部外，设有税务处专管海关税务司，其督办一职与财政总长地位相等。

省级地方财政管理机构从组织上看，变化不大。民国初年，财政司主管一省财政，后设国税厅专管国税，财政司只管地方收支，但不久即废止，仍将国税厅与财政司职权合一为财政厅，直接隶属于财政部。

县级地方财政机构为县财政局或财政科。此外，各地还根据不同情况，设立经征局、征收局、常关分关、税务所、盐场局、烟酒分局、印花税分所、官产分处等。

---

① 引自上海商务印书馆的《东方杂志》（第20卷，第21号，1923年11月10日）。

除此之外，海关行政管理仍依清朝末年而无大的变动。盐务管理机构的变化是在财政部设置盐务署的同时，根据善后大借款的合同，设置了盐务稽核所，由外国人担任会办把持盐税征管事务，盐税管理权被掠夺。

三、国家预决算管理

民国初年，北洋政府在清制基础上于1914年颁布了《会计条例》，对预算制度做了明确规定。其主要内容包括：（1）预算年度采用跨年制。政府预算年度从每年的7月1日开始，到次年的6月30日止。（2）每年度岁入岁出之出纳事务，其整理完结之期不得超过次年度12月31日。（3）各年度岁出定额，不得移充他年度之经费。（4）各年度岁计剩余之款转入次年度岁入，出纳完结年度之收入及缴还款与预算外收入均编入现年度岁入。（5）岁入岁出总预算，应于上年度提交立法院，非因必不可免及本于法律或契约所生之经费，不得提出追加预算。（6）总预算分经常、临时两门，并各分款项编制，提交立法院时，附送各官署岁入岁出预计书及前年度之岁入岁出现计书。（7）设第一预备金，以充预算内发生不足者之用；设第二预备金，以充预算外所必须者之用，均于次年度立法院开会时求其承诺。该条例尚不完备，对各机构预算的编制及计算方法、预算的编审程序及时期、预算的执行等事项，并未做出具体的规定。在编制1913年、1914年及1915年的国家预算时，财政部先后制定了例言及书式以及预算编制简章等规章制度，这些文件成为会计条例的补充规定，在其后的预算编制中执行。

此后，北洋政府多次修订该条例，但除了将会计年度从跨年制改为历年制，后又改为跨年制外，其中关于预算制度的基本规定未发生大的变化。

预算制度颁布后，在最初几年实施状况较好，1913—1919年各年度基本上都编制了较完整的国家预算。但从1920年开始，由于地方政府军费开支急剧膨胀、截留中央专款现象严重，中央政府在各省的实际收入已难于准确统计。此外，由于政府机构变更频繁，财政部门难以掌握其变更情况，因此，统一的国家预算编制至此中断。直至1925年，北洋政府才根据财政部的预算账册和各种途径的调查统计结果，追编了1920—1925年间的各年度的预算。

北洋政府时期，中央政府预算科目的设置分款、项两级。在款级科目中，岁入部分分为田赋、盐税、关税、厘金、正杂各税、正杂各捐、官业收入、杂收入、捐输、债款等项目；岁出部分则按政府机构的设置分类，分为外交部所管、内务部所管、财政部所管、教育部所管、陆军部所管、海军部所管、司法部所管、农商部所管、交通部所管等项目。

在建立预算制度的同时，北洋政府还制定了决算制度。1914年北洋政府公布的《会计条例》规定：（1）总决算先经审计院审定后，由大总统提交国会，其分门之次序与总预算相同，并须提供下列数据：岁入部分须提供岁入预算额、查定预算额、已收讫岁入额、岁入亏短额、未讫岁入额；岁出部分须提供岁出预算额、预算决定后增加岁出额、支付饬书已发之岁出额、转入次年度之岁出额、岁出剩余额。（2）总决算提交国会时，由大总统提出报告书，并附送下列各书类：各官署所管岁入决算报告书、各官署主管岁出决算报告书、各官署主管特别会计决算报告书。

北洋政府的决算制度虽有明确的法律规定，但实际上决算编制的具体方案并未落实，制度规定也未能得到有效的实施。

综合训练

关键概念

田赋预征　兵差　善后大借款　西原借款　中央专款

复习思考题

1.如何评价北洋政府时期的盐税制度改革？

2.简述北洋政府时期内债泛滥的影响。

即测即评 11

综合训练参考答案 11

国民政府初期的财政

第一节

国民政府初期的政治经济概况及财政特征

一、政治概况

1927年4月，正当北伐战争节节胜利之际，国民革命阵营中以蒋介石为首的国民党右派，在帝国主义和买办资产阶级财团的支持下，发动了"四·一二"等反革命政变，窃取了革命的领导权，在南京建立了国民政府。这个政权成立后，虽然标榜自己"本革命之三民主义，五权宪法，以建设中华民国"，并由军政入训政，进而"促进宪政，奉政权于国民"①。但实际上，这个政权"依然是城市买办阶级和乡村豪绅阶级的统治，对外投降帝国主义，对内以新军阀代替旧军阀，对工农阶级的经济的剥削和政治的压迫比从前更加厉害"②。

国民政府成立后，以蒋介石为首的统治集团实行一党专政，建立特务组织，实行法西斯统治，大肆逮捕、屠杀共产党人，镇压进步人士和倾向革命的群众，人民无民主可言。并且，军事战争连年不断，规模不断扩大。这些战争，一方面是对革命根据地的围剿，蒋介石集团先后发动五次大规模的军事行动，而且规模一次比一次大；另一方面就是蒋介石统治集团为了排除异己，进行"党同伐异"的军阀混战，大规模的战争就有六七次，至于一些亲蒋与反蒋的中小军阀间的混战则更频繁。而对于日本帝国主义的侵略，以蒋介石为

---

① 杨格. 1927至1937年中国财政经济 [M]. 陈泽宪，陈霞飞，译. 北京：中国社会科学出版社，1981：13.
② 毛泽东. 毛泽东选集：第1卷 [M]. 北京：人民出版社，1991：47.

首的统治集团则采取了"攘外必先安内"的反动政策,对日本帝国主义在中国的侵略行径,采取了姑息、退让的政策,以至于民族危机日益严重。

二、经济概况

国民政府成立后,执政的国民党在历届全会上都提出了一系列财政经济政策,以发展经济、培养财源。这些政策措施,为国民政府建立国家垄断资本主义奠定了基础,并且在一定程度上规范了经济秩序,促进了国民经济的发展。1927—1937年间整个国民经济还是逐步发展的,农业生产、工业生产、交通运输、商业贸易都有不同程度的增长。据统计,1912—1949年国民经济增长率平均为5.6%,而1926—1936年间的增长率为8.3%,1928—1936年为8.4%,这说明,这一时期的经济增长率还是高于1912—1949年的平均发展水平的。[1]这一发展状况是与国内商品货币经济的发展、外国资本的大量注入、中国资本主义的发展相适应的,是国民政府财政赖以生存的基础。

尽管这一时期的国民经济是在曲折中向上发展的,但经济的发展又极不平衡。从资本形态来看,三种资本形态的资本主义都有不同程度的发展,但在国民经济中所处状况极不相同。

外国资本,以其在中国半个多世纪殖民统治的雄厚基础,发展尤为迅速,特别是在煤炭、钢铁等重工业领域占的投资比重很高。据1935年的统计,在煤矿业中,华商资本占48%,市场只占37.5%;外商资本占52%,市场占62.5%[2]。1936年的数字表明,在中国的现代工业和运输业中,外资占70%,中国资本占不到30%[3]。从生产能力上看,外资企业的产量占铁产量的95%,煤产量的70%,发电量的76%,棉布产量的64%,卷烟产量的85%[4]。不仅如此,它们还控制了中国的金融和贸易。

国家垄断资本主义逐步占据统治地位。其表现在:首先,国民政府利用政治权力,垄断了全国的金融业。1928年10月国民政府建立了中央银行。其后,国民政府利用一纸公债,采取强行入股注资的办法,控制了中国银行、交通银行,并且建立起直接控制的中国农民银行。这样就形成了一个以中央银行为主,中国银行、交通银行、中国农民银行在内的金融体系。其分支机构遍布各地,在全国形成了一张金融垄断网。其次,国民政府加强了国家垄断资本对全国的工业、交通运输、商业和对外贸易等方面的控制。到1936年政府已经掌握了铁路和公路,并左右着2/3的国内商品流通。据吴承明估计,国家垄断资本在全国近代工业和交通运输业资本(包括外商)中所占比重,1894年为39.1%,约0.48亿元;1911年清王朝覆灭前,降为26.8%,约4.78亿元;北洋政府时期进一步下降,1920年为26.0%,约6.70亿元。而国民政府时期则大有发展,到1936年增长到35.9%,约18.89亿元(不包括东北)[5]。

① 杨格. 1927至1937年中国财政经济 [M]. 陈泽宪,陈霞飞,译. 北京:中国社会科学出版社,1981:347.
② 荣孟源. 蒋家王朝 [M]. 北京:中国青年出版社,1980:107-122.
③ 杨波. 新中国十年来经济建设的伟大成就 [M]. 上海:上海人民出版社,1959.
④ 中国社会科学院经济研究所. 中国资本主义工商业的社会主义改造 [M]. 北京:人民出版社,1978:34.
⑤ 许涤新,吴承明. 中国资本主义发展史:第3卷 [M]. 北京:人民出版社,1993:14.

这个时期，民族资本主义工商业也有一定的发展，特别是在棉纺、面粉工业设备方面有较大的增长，酸碱、橡胶工业也开始出现。1936年是中国民族资本发展的最高峰，民族资本主要集中在轻、纺工业，缺乏重工业基础，而且民族资本企业资金不雄厚、技术力量差、市场占有率低。由于国民政府没有采取保护民族工商业的政策，因此，民族资本企业在竞争中经常处于劣势地位，一遇有经济波动，结果便是停工停产，甚至倒闭破产。例如，1934—1935年由于受世界经济危机的影响，国内出现通货紧缩和经济萧条，民族工业受到沉重打击，上海华商的19家纺织厂，完全开工的只有2家，减工停工者14家，最大一家的申新公司第七纺织厂竟被拍卖。1936年全国华商的92家纺织厂，倒闭者13家，减工者14家，停工者24家[①]。

与城市资本主义经济发展相对照的是，农村经济每况愈下。造成这种状况的原因是：首先，土地兼并日益严重，大量土地集中到军阀、官僚、地主、高利贷者和国内外资本家手中，造成无地农民增多，而且租佃土地的租额不断加重，极大地打击了农业生产力的发展。地租形式虽有实物租、力租、钱租、定额租、分成租等不同，各地情形十分复杂，但一般而论，实物租最为普遍，地租额常占土地收成的40%或50%，高的达60%~70%，最低的不低于25%[②]。其次，随着农产品商品化的发展，农村经济与城市经济，特别是与民族资本主义经济的联系日益密切，与国际农产品市场的需求休戚相关，一荣俱荣、一损俱损。当民族工业发展不景气，特别当国外的农产品大量倾销的时候，中国的农产品受到了排挤，农民的收入水平随之下降，大量的农民负债累累，购买力下降。最后，由于苛捐杂税的繁重，特别是贪官污吏的敲诈勒索，加上天灾和战争带来的人祸，以及沉重的力役，严重地破坏了农业生产力。农村经济的每况愈下，也反过来限制了民族资本主义的发展。

三、国民政府初期的财政特征

国民政府成立后，为了适应"以党治国"的政治要求，为了建立国家垄断资本主义经济体系，国民政府在初期对财政制度进行较为全面的整顿和改革。这一时期的财政，总的来说，一方面，清末以来的财政半殖民地半封建化的格局没有能够根本扭转；另一方面，清末以来的财政制度现代化趋势有了进一步的发展。国民政府初期的财政呈现如下特点：

1.财政法制进一步健全

在初期，国民政府从实现财政统一的要求出发，对财政制度进行了多方面的整理和改革。并且，在财政制度改革中，力图运用立法程序来规范政府的财政活动，颁布了一系列的财政法律、法规，并付诸实施。

2.预决算制度较为完备

国民政府将建立预算决算制度作为实现国家财政统一的重要步骤来看待，因此，预算和决算并重，既详细制定预算编制章程，又督促决算的施行。从最初每年修订一次的预决算章程，到1932年颁布《预算法》，对预决算的编审程序、收支预算的分类标准及预决算

① 荣孟源．蒋家王朝 [M]．北京：中国青年出版社，1980：121．
② 朱伯康，施正康．中国经济史：下卷 [M]．上海：复旦大学出版社，2005：602．

包括的收支范围等进行了规范，使预决算的编制和执行有法可依。

3.财政管理体制渐趋合理

本着国家和地方"均权"的原则，国民政府于1928年颁布了《划分国家收入地方收入标准案》和《划分国家支出地方支出标准案》。新标准案采用了划分税源与补助金制度相结合的办法，确定了国家与省级财政的收支范围，确立了二级财政管理体制。1935年国民政府公布了《财政收支系统法》，进一步规范了中央、省（市）、县（市）的事权与财源，三级财政管理体制的合理性逐步显现。

4.现代资本主义税制体系初步确立

国民政府对北洋政府时期的旧税进行整理，同时又逐步开征新税。经过整顿与改革，使国民政府初步建立了与资本主义发展要求相适应的现代税制体系：在中央，建立了以关税、盐税、统税等流转税为主体的国家税体系；在地方，建立了以田赋、契税、营业税等收益税为主体的地方税体系。

5.国家信用制度逐步完善

国民政府为了充分利用外资，提出了通过整理外债提高债信的方针，对外债按照有确实担保和无确实担保两类分别进行整理，负责偿还。在国内公债方面，国民政府利用担保、高利率和高折扣等优惠办法吸引银行承销国债，刺激了国内公债发行规模的扩张，也推动了现代银行业的发展。尤其是国民政府通过增发公债向商业银行注资的形式，建立起了以中央银行、中国银行、交通银行和中国农民银行为主体的国家垄断金融体系。

6.国家财政制度仍存在局限性

在国家财政制度建设进一步规范的同时，国民政府财政制度在诸多方面仍存在着局限性。举例来说：（1）国民政府财政法规可谓健全，但有法不依、执法不严、纸上谈兵的现象比比皆是。（2）国民政府预算制度规章虽然具体，但在实际执行过程中难具约束力，在财政支出结构中，军费支出居高不下，突出地说明了这一点。（3）国家税和地方税的划分，虽名为"均权"，但实际划分上却突出地反映了满足以蒋介石为首的国民政府中央集权的特性，地方政府事权远大于财权，由此导致了地方财政苛捐杂税泛滥，农业经济大受摧残。

第二节

国民政府初期的财政支出

国民政府初期，中央财政支出绝对额不断增加，如图12-1所示。财政支出内容主要由军务费、债务费、建设费和政务费四部分组成。

一、军务费支出

国民政府刚成立时，军政开支是财政支出的大头，平均每月需要2 000万元才能维持[①]。1928年的全国财政会议以及国民党的二届五中全会，都曾提出裁减军队和缩减军费，然而，由于以蒋介石为首的统治集团推行军事独裁统治，内战从未间断过，军费支出额不断增加，所占比重也不断提高。历年军费支出情况见表12-1、图12-1。

表12-1　　　　　　　　　　　　1927—1937年国民政府军费支出情况　　　　　　　　单位：百万元

年度	岁出总额	军务费数额	军务费占岁出的比重（%）
1927	150.8	131.2	87.0
1928	412.6	209.5	50.8
1929	539.0	245.4	45.5
1930	714.4	311.6	43.6
1931	683.0	303.8	44.5
1932	644.8	320.7	49.7
1933	769.1	372.9	48.5
1934	1 203.6	386.6	32.0
1935	1 336.9	362.0	27.1
1936	1 894.0	555.2	29.3
合　计	8 348.2	3 198.9	38.3

资料来源　国民政府财政部年鉴编纂处. 财政年鉴：第一编［M］. 上海：商务印书馆，1935：21，91-174；国民政府财政部年鉴编纂处. 财政年鉴续编：第三篇［M］. 编者印行，1945：107-111.

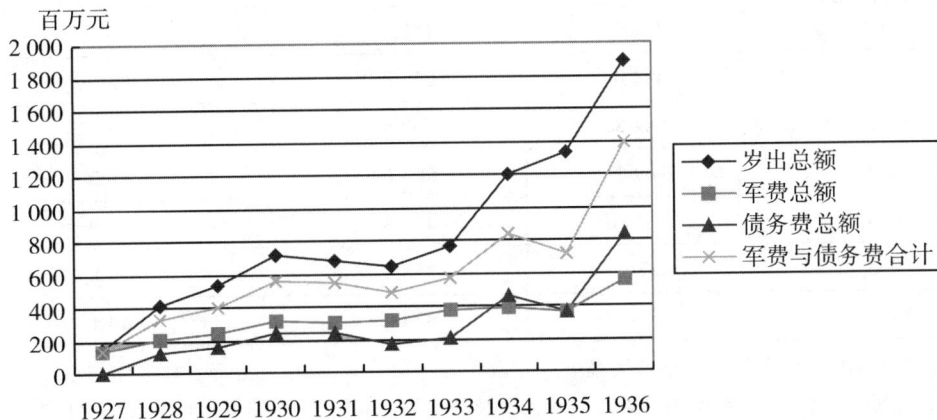

图12-1　国民政府初期中央财政支出规模与结构

---

① 朱伯康，施正康. 中国经济史：下卷［M］. 上海：复旦大学出版社，2005：508.

按照这些数字，军费支出平均每年约占财政支出的40%，应当说，这一数字并没有反映出国民政府军费支出的全貌。至少有3个方面的数字没有反映：一是军事委员会独立的支出。由于军事上的紧急需要，军委会专有预算外的收支，收入主要来源为特税即鸦片税，支出主要用于各种秘密的军费，如秘密向外国订购军械的费用，收买旧军阀军队的特别支出等。这些收支的确切数字从未公开发表，但据估计每年在2亿元左右[①]。二是各省地方的军费还不在内。例如，1929年的2.45亿元的军费仅是中央直接支出，而东北三省、热、察、绥、秦、陇、晋、川、滇、桂等省军费均不在内，合计全国约为5亿元以上[②]。也有人认为在10亿元以上[③]。三是将属于军费的一些经常开支移列到别的支出项下。例如，将属于军费开支的军事教育费移列到教育费内，以一般教育支出的面目出现；将国防建设费移列到建设费内，以生产建设支出的面目出现；把向来作为军务费计算的各省留用国税，移列补助费内，以拨款补助各省的形式出现。1935年、1936年都在亿元以上。

二、债务费支出

债务费是指国民政府初期用于偿付外债本息及赔款、内债本息的财政支出。据统计，在债务费总额中约有半数是用于偿付外债及赔款，余者为内债本息。由于国民政府对以往政府的债务采取全部包揽的政策，加上本期又大举新债，就使得债务费一开始就成为国民政府财政支出中一项重要的内容，并且也是一项沉重的包袱。这从表12-2和图12-1中可以清楚看到。

表12-2　　　　　　　　1927—1936年国民政府债务费实支情况　　　　　　　单位：百万元

年　度	实支总额	债务费	债务费占实支总额的比重（%）
1927	150.8	1.6	1.1
1928	412.6	121.3	29.4
1929	539.0	159.0	29.5
1930	714.4	241.0	33.7
1931	683.0	238.8	35.0
1932	644.8	169.5	26.3
1933	769.1	202.6	26.3
1934	1 203.6	455.8	37.9
1935	1 336.9	358.6	26.8
1936	1 894.0	834.6	44.1

资料来源　国民政府财政部年鉴编纂处. 财政年鉴：第二篇［M］. 上海：商务印书馆，1945：21，193，196；国民政府财政部年鉴编纂处. 财政年鉴续编：第三篇［M］. 编者印行，1945：107-111.

① 伍启元. 抗战以来的财政和今后应有的方策［J］. 经济动员，1939，2（6、7期合刊）.
② 诸青来. 二十年来之国家财政［J］. 东方，1931，28（19）.
③ 千家驹. 最近两年度的中国财政［J］. 东方，1933，30（4）.

　　从中不难看出，由于承担旧债和举借新债，国民政府的债务费支出不断增加。1936年与1928年相比，增加了7亿多元，这就是说，8年间增加约6倍，平均每年以75%的速度递增。然而这一速度还是国民政府通过债信破产的办法得以缓冲的结果，如果不实行延缓期限、降低利率、以新换旧等办法，这一速度还会加快，债务费负担会更为加重。

　　债务费如此迅速的增长，主要是由于国民政府的军事需求不断增长造成的。由于军费支出膨胀，引起财政收支失衡，于是不得不借债弥补，而借债是寅吃卯粮，遂有大量用于还本付息的债务费支出，因此，债务费实质上是变相的军费。这样将军务费和债务费合并起来，就占财政支出的70%以上，国民政府财政的军事性便极其明显了，如图12-1所示。

　　三、建设费支出

　　建设费是属于经济性质的支出类，它包括实业（农矿、工商）、交通、建设、国有营业资本（1934年始设）等费用，见表12-3。从该表中不难看出，1934年以前，国民政府用于经济建设的费用所占比重只有2个百分点左右，说明这一时期国民政府虽声称要加强经济建设，并且制定了一系列的法规，但因军事频仍，政府财政投资于实业、交通、建设等项目的费用有限。1934年以后，由于国民政府根据其制定的"重工业五年建设计划"，开始加大投资，加快重工业建设，财政用于建设支出的比重急剧上升，1934年达到17.56%，1935年、1936年也占岁出的14%以上，这表明1934年以后国民政府逐步重视经济建设，尤其重视国营资本企业的建设，特别是在重工业领域，这一变化与国家面临的日益严重的民族危机有很大关系。

表12-3　　　　　　　　　　国民政府初期经济建设预算支出　　　　　　　　　　单位：元

年度	农矿费	工商费	交通费	建设费	合计	总支出	比重（%）
1929	1 271 764	2 737 096	2 197 300	3 301 342	9 507 502	593 927 567	1.60
1930	3 215 544（实业费）		4 861 107	1 354 800	9 431 451	706 219 865	1.34
1931	7 434 362（实业费）		3 998 243	2 197 614	13 630 219	893 335 073	1.53
1932	6 167 323（实业费）		5 895 514	7 086 159	19 148 996	788 346 637	2.43
1933	4 234 922（实业费）		5 083 738	715 000	10 033 660	828 921 964	1.21
1934	4 248 168[*]	163 940 365[※]	5 338 344	47 256 707	220 783 584	1 257 981 793	17.55
1935	5 130 369	63 910 610	5 332 131	78 014 550	152 387 660	1 086 049 917	14.03
1936	4 708 432	120 367 410	11 915 935	54 933 734	191 925 511	1 334 873 290	14.38

　　注：*为实业费支出数；※为国有营业资本支出数。

　　资料来源　国民政府财政部年鉴编纂处. 财政年鉴：第一编［M］. 上海：商务印书馆，1945：120-125；国民政府财政部年鉴编纂处. 财政年鉴续编：第三篇［M］. 编者印行，1945：8-11.

　　经济建设支出应属于生产性支出,但其中有不少是军务费的移支。例如,1934年的建设费增加 2 400 余万元,其中有 1 400 万元是军事建设的移列①。交通费主要是用于筑路,仅公路一项,1927—1935 年即增加 10 万公里。实业费则指农林水矿等支出,数额较少,1927 年仅 10 余万元,1931 年上升为 513 万元,1936 年又降至 470 万元。其中的农业支出更少,在岁出结构中不占地位。国有营业资本,是用于发展国家垄断资本的,1934 年预算为 16 300 余万元,1935 年为 6 300 余万元,1936 年为 12 000 余万元,在经济建设费支出类中所占比重算是很高的。尽管如此,国民政府的经济建设支出仍没有达到占其"国家收入之半"的目标。

四、政务费支出

　　政务费包括国务、内务、外交、财务、司法、蒙藏、抚恤等费用,其中有一些是暴力镇压机关的开支,也有一些是一般行政管理、对外事务管理和经济事业管理等机构的经费,见表 12-4。1936 年政务费预算支出近 1.2 亿元,占岁出的 9% 左右,与 1934 年相当。在政务费支出中,财务费一般都占 50% 以上,例如,1936 年为 6 700 多万元,1934 年高达 6 900 多万元。此外,政务费支出中又以行政人员经费为主,事业费占的比重很小。一般认为,"中国骈支机关之多,冗员之繁,世罕其匹","中国人纳百元之税,真正归入国库者至多为 50 元,征收之费与上下之中饱,其所耗亦半"②。

表12-4　　　　　　　　　　　国民政府初期政务费预算支出项目表　　　　　　　单位:元

年份	国务费	内务费	外交费	司法费	财务费	蒙藏费	抚恤费	合计
1929	7 227 820	4 767 694	6 584 290	1 207 864	67 946 196	—	—	86 526 000
1930	10 141 852	6 020 176	6 908 511	1 148 947	70 339 333	—	—	31 258 819
1931	12 235 062	7 047 277	10 062 950	1 511 130	78 745 623	—	—	109 602 042
1932	13 642 051	6 207 422	11 060 166	2 493 228	76 688 180	1 815 639		111 906 686
1933	9 713 200	4 069 042	10 662 989	2 676 359	64 969 175	1 340 192	6 029 810	99 460 767
1934	15 606 408	6 998 306	10 051 231	3 511 494	69 420 713	3 761 665	3 761 665	113 111 482
1935	14 156 293	9 146 715	10 280 642	3 407 830	68 614 182	4 936 699	5 731 669	116 274 030
1936	16 915 062	11 337 934	10 620 740	4 982 532	67 513 021	2 745 444	5 764 704	119 879 437

　　资料来源　国民政府财政部年鉴编纂处. 财政年鉴:第一编 [M]. 上海:商务印书馆,1935:120-125;国民政府财政部年鉴编纂处. 财政年鉴续编:第三篇 [M]. 编者印行,1945:8,10,11,21.

　　政务费中还有特殊的一项即党务费支出,它是蒋介石集团推行一党专政独裁统治的物质基础。1927 年他刚上台时,支出尚不过 60 余万元,1928 年便增至 400 余万元,1936 年

---

①　杨汝梅. 国民政府财政概论 [M]. 北京:中华书局,1938:132.
②　严双. 中国财政问题之考察 [J]. 东方,1931,28 (13).

便高达767余万元，这都远远超过了实业费。

五、教育费及其他支出

国民政府成立后，大学院院长蔡元培针对教育经费被南北军阀随意侵占、挪用等弊端，提出《教育经费独立案》，主张筹备教育银行、建立教育基金。1928年5月，第一次全国教育会议就教育经费问题向政府提出开征教育附加税，同时实行遗产税和所得税，专用于教育。1930年，教育部公布《确定教育经费计划及全方案经费概算》，规定了教育经费的来源及分配办法。1931年6月1日公布的《中华民国训政时期约法》又强调："中央及地方应宽筹教育上必需之经费，其依法独立之经费，并予以保障。"[①]

自此以后，关于教育经费的独立保管，在中央虽因须由国库开支而无法实行，教育经费的计划数额虽因财力所限而并不宽裕，但还相对稳定，并呈缓慢增长态势，见表12-5。

表12-5   1929—1936年中央教育经费占总预算支出的比重   单位：元

年度	教育经费支出	总预算支出	占总预算支出的比重（%）
1929	14 247 252	593 927 567	2.40
1930	14 404 067	706 219 865	2.04
1931	18 658 536	893 335 073	2.09
1932	19 036 470	788 346 637	2.41
1933	16 618 184	828 921 964	2.00
1934	36 342 845	1 257 981 793	2.89
1935	40 174 600	1 086 049 917	3.70
1936	45 686 928	1 334 873 290	3.42

资料来源 国民政府财政部年鉴编纂处. 财政年鉴：第一编［M］. 上海：商务印书馆，1935：120-125；国民政府财政部年鉴编纂处. 财政年鉴续编：第三篇［M］. 编者印行，1945：7-11.

从表12-5中可以看出，国民政府初期的教育经费支出由1929年占总预算支出的2.4%，逐步增加到1936年占总预算支出的3.42%，教育经费支出在总预算支出中占有一定的比重。这较北洋政府时期教育经费几无保障有一定的进步，但这仅是预算数，实际支出数都较预算数有所减少。例如，1933年教育经费预算支出数为16 618 184元，而国库实支数为13 338 008元[②]，仅占预算支出数的80%。从相对数来看，1936年教育经费支出占总预算支出的3.42%，而实际支出仅占国库总支出的比例不到2%。还需要指出的是，在这个比例的教育经费支出中，还包括军费的移列，例如，在1934年的预算支出中，军事

① 宋恩荣，章咸. 中华民国教育法规选编［M］. 南京：江苏人民出版社，1990：47.
② 国民政府财政部年鉴编纂处. 财政年鉴：第一编［M］. 上海：商务印书馆，1935：196.

教育费为1 480万元[1]，占当年中央总教育经费支出的40.7%。如果剔除属于军费的军事教育费，则教育经费支出所占比例还要有所下降。

国民政府的科学支出，在预算科目没有单独立项，包含在教育经费项下国立各研究院的支出中。例如，1934年国立研究院经费支出的数额为1 560 000元[2]，占中央教育经费的4.3%，占总预算支出的0.12%。卫生费支出，由于数目较小，没有单独的预算科目，而归并在其他预算科目中，如政务费、教育费、地方补助费、建设费中都含有卫生费支出。例如，1929年国民政府各类经费中属于卫生费支出的数额达784 324元，占总预算支出的0.13%[3]。此外，国民政府的财政支出中还包括一定数量的社会保障支出，包括抚恤费、救灾准备金、救济费等，所占比重较低，见表12-6。

表12-6　　　　　　　　　**国民政府初期财政社会保障支出统计表**　　　　　　　　单位：元

年度	社会保障支出数			占总支出的百分比（%）
	抚恤费	救灾准备金	救济费	
1933	6 029 810	—	—	0.73
1934	3 761 665	—	—	0.30
1935	4 936 699	2 000 000	—	0.64
1936	5 764 704	—	—	0.43

资料来源　国民政府财政部年鉴编纂处. 财政年鉴：第一编［M］. 上海：商务印书馆，1945：124-125.

六、地方财政支出

国民政府初期，按照1931年公布的《办理预算收支分类标准》，省级地方财政支出共有14项，其中省级财政要负担一部分非省财政本身所应负担的费用。省级财政支出主要包括党务费、行政费、司法费、财务费、公安费、教育文化费、建设费、实业费、营业资本支出交通费、卫生费、债务费、协助费、抚恤费、其他支出及预备费等项目。总体来说，国民政府初期，地方财政支出要较中央财政支出的情况好一些，历年岁出总额均为2亿~3.5亿元。其中，行政费、公安费及债务费居主要地位。下面以1935年江苏等15省财政预算支出情况为例，说明一下这一时期地方财政支出结构的特点，见表12-7、表12-8。

从表12-7、表12-8中可以看出：第一，在预算中，债务费占第一位。这反映出地方财政对债务收入的依赖程度很大。第二，公安费占到第二位。这反映出地方政府对维持治安的重视，同时也折射出国民党地方政权镇压人民职能的强化。第三，行政费同时

---

① 国民政府财政部年鉴编纂处. 财政年鉴：第一编［M］. 上海：商务印书馆，1935：135.
② 国民政府财政部年鉴编纂处. 财政年鉴：第一编［M］. 上海：商务印书馆，1935：135.
③ 国民政府财政部年鉴编纂处. 财政年鉴：第一编［M］. 上海：商务印书馆，1935：120.

处于重要的地位。这不但表明了地方官僚机构的臃肿膨胀，也反映了地方压迫机器的规模庞大。第四，与上述三项相比，地方财政用于教育和建设方面的支出则显得较少。国民政府曾高喊推行国民教育的口号，地方教育文化费支出本应是一个重点，但实际上教育文化费支出却是最少的一项，15个省只有4 110万元，占总预算支出的11.8%，虽较之中央在这方面的投入比重有所提高，但仍难以满足教育的需求。建设费虽比教育文化费稍高一些，但其中至少有一部分系作为建筑公路之用，主要用于配合内战军事需要，真正用于发展国民经济的则较少。

表12-7　　　　1935年度江苏等15省行政、公安、债务费预算支出情况　　　单位：百万元

省别	岁出总数	行政费	公安费	债务费	共计	比重（%）
江苏	28.9	2.6	3.6	4.4	10.6	36.7
浙江	27.1	4.2	4.2	6.0	14.4	53.1
安徽	11.2	2.6	1.8	1.3	5.7	50.9
江西	20.8	3.0	5.4	4.2	12.6	60.6
湖北	20.0	3.2	2.8	3.0	9.0	45.0
湖南	16.4	1.7	1.4	1.5	4.6	28.0
四川	27.7	2.6	2.9	11.6	17.1	61.7
福建	19.1	3.4	3.0	4.2	10.6	55.5
广东	35.8	1.6	8.4	2.5	12.5	34.9
广西	43.7	3.2	3.5	23.3	30.0	68.6
河北	20.6	2.6	3.4	1.9	7.9	38.3
山东	28.9	7.9	5.3	0.6	13.8	47.8
山西	15.0	1.6	0.3	8.7	10.6	70.7
河南	15.4	4.0	1.6	2.3	7.9	51.3
陕西	18.2	2.4	3.3	1.6	7.3	40.1
合计	348.8	46.6	50.9	77.1	174.6	50.1

资料来源　杨荫溥. 民国财政史［M］. 北京：中国财政经济出版社，1985：85.

表12-8　　　　　　　　1935年度江苏等15省教育文化和建设费预算支出情况　　　　　　单位：百万元

省别	岁出总数	教育文化费	建设费*	共计	比重（%）
江苏	28.9	4.5	8.5	13.0	45.0
浙江	27.1	2.7	6.0	8.7	32.1
安徽	11.2	2.5	0.8	3.3	29.5
江西	20.8	1.9	1.6	3.5	16.8
湖北	20.0	2.2	4.4	6.6	33.0
湖南	16.4	2.7	3.0	5.7	34.8
四川	27.7	2.1	1.7	3.8	13.7
福建	19.1	1.7	0.4	2.1	11.0
广东	35.8	4.5	5.1	9.6	26.8
广西	43.7	3.5	3.5	7.0	16.0
河北	20.6	3.5	1.3	4.8	23.3
山东	28.9	3.8	2.1	5.9	20.4
山西	15.0	1.5	1.1	2.6	17.3
河南	15.4	2.4	1.7	4.1	26.6
陕西	18.2	1.6	2.1	3.7	20.3
合计	348.8	41.1	43.3	84.4	24.2

注：*包括建设费、实业费、交通费三项。

资料来源　杨荫溥. 民国财政史［M］. 北京：中国财政经济出版社，1985：87.

第三节

国民政府初期的税收

国民政府初期的各项税收，按照国民政府的国地收入划分标准分为国家税和地方税。在国家税中，以关税、盐税、货物税（含厘金和统税）、直接税为大宗，是国民政府财政收入的主要来源。地方税则以田赋、契税、营业税为财政收入的大宗，另外地方税中的无名税捐和苛捐杂税相当泛滥。

税收在国民政府财政收入中占绝对地位，也是促使国民政府初期财政收入不断膨胀的主要因素，详见表12-9、表12-10、表12-11、图12-2。财政收入的这种变化，实与国民政府初期税收制度的整顿与改革密不可分。

表12-9　　　　　　　　　国民政府初期财政收入实收情况　　　　　　　　单位：百万元

年度	收入总额*	债款收入除外的实收数		实收数指数	
		数额	比重（%）	以1927年为100	以1928年为100
1927	150.8	77.3	51.3	100	
1928	429.2	332.5	77.5	430	100
1929	533.7	438.1	82.1	567	132
1930	723.4	497.8	68.8	644	150
1931	681.7	553.0	81.1	715	166
1932	673.3	559.3	83.1	724	168
1933	801.6	621.6	77.5	804	187
1934	1 207.0	638.2	52.9	826	192
1935	1 328.5	513.1	38.6	664	154
1936	1 972.6	1 293.3	65.6	1 673	389

注：*包括债款收入在内的收入总额。

资料来源　杨荫溥. 民国财政史 [M]. 北京：中国财政经济出版社，1985：45.

表12-10　　　　　　　　国民政府初期税项收入与其他收入情况　　　　　　单位：百万元

年度	债款收入除外的实收数	税项收入		其他收入	
		数额	比重（%）	数额	比重（%）
1927	77.3	46.5	60.2	30.8	39.8
1928	332.5	259.6	78.1	72.9	21.9
1929	438.1	416.2	95.0	21.9	5.0
1930	497.8	471.9*	94.8	25.9	5.2
1931	553.0	535.6*	96.9	17.4	3.1
1932	559.3	531.6*	95.0	27.7	5.0
1933	621.6	591.5*	95.2	30.1	4.8
1934	638.2	417.6	65.4	220.6	34.6
1935	513.1	385.3	75.1	127.8	24.9
1936	1 293.3	1 057.3	81.8	236.0	18.2

注：*坐拨征收费及退税除外。

资料来源　杨荫溥. 民国财政史 [M]. 北京：中国财政经济出版社，1985：46.

表12-11　　　　　　　　国民政府初期关、盐、统税实收情况　　　　　　　单位：百万元

年度	税项收入	关税		盐税		统税		三税所占比重（%）
		数额	比重（%）	数额	比重（%）	数额	比重（%）	
1927	46.5	12.5	26.9	20.8	44.7	6.0	12.9	84.5
1928	259.6	179.1	69.0	29.5	11.4	29.7	11.4	91.8
1929	416.2	275.5	66.2	122.1	29.3	40.5	9.7	105.3
1930	535.0*	313.0	58.5	150.5	28.1	53.3	10.0	96.6
1931	615.2*	369.7	60.1	144.2	23.4	88.7	14.4	98.0
1932	583.0*	325.5	55.8	158.1	27.1	79.6	13.7	96.6
1933	659.4*	352.4	53.4	177.4	26.9	105.0	15.9	96.3
1934	417.6	71.2	17.0	206.7	49.5	115.3	27.6	94.2
1935	385.3	24.2	6.3	184.7	47.9	152.4	39.6	93.8
1936	1 057.3	635.9	60.1	247.4	23.4	131.3	12.4	96.0

注：*坐拨征收费及退税未除去。

资料来源　杨荫溥. 民国财政史［M］. 北京：中国财政经济出版社，1985：47.

单位：百万元

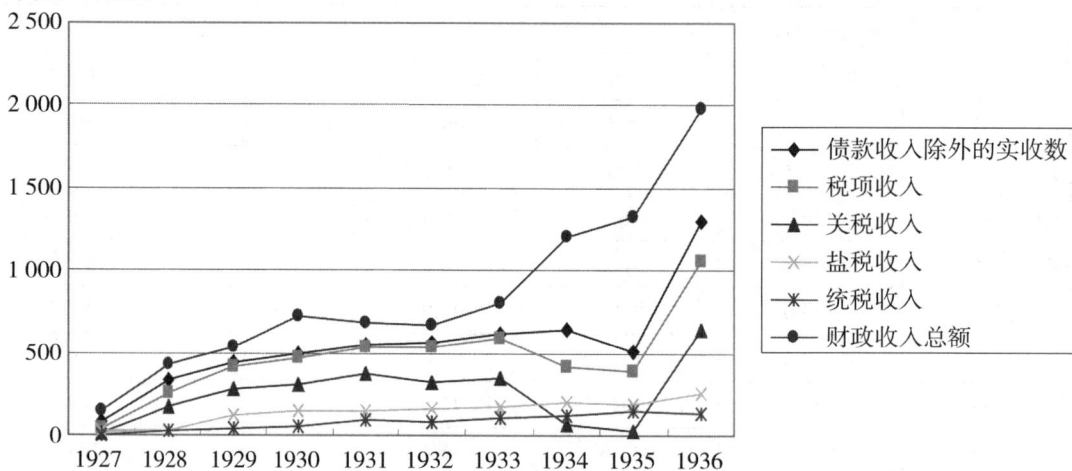

图12-2　国民政府初期财政收入规模与结构

一、关税

国民政府初期，为了强化"一党专政"和"以党治国"，巩固国民党政权，需要集中财权和财力，因而"财政统一"成为这一时期的主要财政政策，据此，国民政府划分国地

收支范围，收回关税主权，裁厘归统，以及统一法币等，从而建立了一个以关、盐、统三税为主体的国税系统。关税在这一时期成为国民政府的财政支柱之一，关税收入见表12-11。

（一）"关税自主"的相对实现

国民政府成立后，曾单方面宣布关税自主，并颁布国定《进口税暂行条例》以示决心裁厘，但因列强反对，则改为协商方式，通过废除旧约，另定新约，逐步实现关税自主。1928年国民政府首先派代表与美国代表马慕瑞签订了《整理中美两国关税关系之条约》。此后，国民政府陆续与英国、法国、德国、比利时、意大利、挪威、荷兰、瑞士、丹麦、葡萄牙、西班牙等国签订新的关税条约，内容大致相同。日本则以西原借款的偿还问题相要挟，迟迟不肯与国民政府签订新的条约，最后在1930年5月6日中日双方签订了新的关税条约。

中国与有约各国所订的新的关税条约规定了如下主要原则：第一，双方实行最惠国条款；第二，华洋商人纳税平等待遇；第三，陆路关税与海路关税平等待遇；第四，裁撤国内通过税。在这些条约中，各国都声明取消在中国的一切关税特权，承认中国有完全的关税自主权。

与此同时，经过协议，国民政府先后改订关税税则。首先，在1927年开征二五附税，作为改订关税税则的第一步。其次，在1929年实行7级附加税。按照国民政府公布的《中华民国海关进口税税则》，进口税仍按原协定税率不变，而以加课2.5%~22.5%的七级附加税的形式作为过渡。最后，在1931年正式实施国定关税税则。这样，国民政府的关税自主始告完成。

在当时的情况下，尽管关税自主权是通过重订新约协议取得的，但同清后期、北洋政府时期相比毕竟是用国定关税代替了协定关税，这不能不说是中国关税史上的一次重大转折。

但同时也必须看到，国民政府的关税自主是有条件的，并非完全意义上的真正自主。其表现主要有以下几点：

首先，关税自主不是由中国单方面宣布废除过去强加的不平等条约而实行国定税则的，而是通过与有约各国协商，以新约代替旧约的方式来恢复关税自主的，所以这种自主就大大打了折扣。例如，从1929—1930年实行的过渡性的7级等差税率的进口税来看，不过是与列强协商之后，在值百抽五的基础上，增加了2.5%~22.5%的附加税而已。

其次，关税自主是以裁厘为条件的，以反共换取帝国主义列强的承认与支持。前者是公开的条件，后者则是以蒋介石为首的国民党右派与帝国主义幕后达成的政治交易，如江海关二五附税的开征，便是典型的一例。征收二五附税本是1921年华盛顿会议九国公约议定的，国民政府成立后，经与各国协商，于1927年先实行二五附税，作为改订税则的第一步，并以此作为发行"江海关二五附税国库券"的担保。这是由江浙财团出面搭桥，帝国主义对蒋介石的首次支持。

再次，国定税则仍存在片面的最惠国待遇，即在许多方面照顾到帝国主义在华的利益，不利于中国民族工商业的发展。例如，1931年实行国定税则时，便以米麦进口免税为条件，对英、美等帝国主义的利益照顾有加。特别是在1934年修订进口税则时，为了平息日本对停止《中日互惠协定》的不满，将进口属于印花棉布和属于杂类棉布的14项货物，全部减低税率，最多者减少48%，最少者减少2%；同时，对进口棉花增税43%。这两项减税和一项增税，既使日本棉布得以倾销，又使日本在华纺织厂在与中国厂商竞争中处于十分有利的地位。这样的税率调整，不仅使中国的棉纺织业蒙受双重打击，也使农村经济受祸深重。

最后，涉及关税主权的一个重要问题还没有得到解决，即海关行政管理权没有收回，它仍然由外国人占据。虽然国民政府把海关总税务司纳入财政部的领导之下，并要求它"只恪遵政府命令，掌管征税工作。而摆脱了一切政治性的超出本职之外的职权和联系"①，但只要这个机构仍由外国人把持，它就必然要秉承各帝国主义国家的旨意，不可避免地对中国的政治、经济和财政进行干涉。从这个意义上，与其说是关税自主，不如说是重新承认帝国主义操纵中国海关的权力。

（二）关税税则的修订

关税自主以后，国民政府采取分项订定的单一税则制，分别颁布了进口税则和出口税则。并对进出口税则进行了多次改动，其中既体现了关税自主精神的一面，又有屈服帝国主义列强压力的一面。

1.进口税税则的调整

自1929年实施关税自主以后，国民政府颁布了《中华民国海关进口税税则》和《进口税则暂行章程》等基本法规。施行后，进口税税则多次修订。

首次修订的税则于1928年12月7日公布，1929年2月1日起施行。此次税则是在值百抽五基础上，实行7级等差税率，即由7.5%至27.5%。这一税则，实际上是由协定税则向国定税则转变的过渡办法。其税目分为14类780目。这次修订的税则，遭到日本的反对，以日货为主的项目未能实行。稍后，为避免因金贵银贱导致关税损失，于1930年2月实行海关金单位征税办法。

第二次修订进口税税则是在1930年12月公布，1931年1月1日实施。这次是在日本被迫于1930年5月达成中日关税协定后所进行的修订。此项税则的税目共计分16类647目，其税率由值百抽五起，最高达50%，共12级。除中日关税协定附表（甲）所列货品外，概按货品性质，分别厘定。大致以烟酒税税率最高，为50%，各种机器以5%或7.5%最为普遍。与1929年进口税则相比，全部货品中税率未变的有232项，税率减低者有150项，税率增高者有451项。同时，废除厘金、常关税、子口税等，于该年6月开征转口税。

1933年5月进行了第三次税则修订。这次修改考虑了国家财政的需要和国内实业发展

① 杨格. 1927至1937年中国财政经济情况［M］. 陈泽宪，陈霞飞，译. 北京：中国社会科学出版社，1981：41.

的要求，同时，中日关税协定届满3年正式生效，故统筹厘定。其税目分为16类672目。其税率较1931年税则，有增高者，有减低者，有照旧不动者，最高税率达到80%。与1931年税则相比，全部税则货品中，其税率增高者有385项，税率减低者有92项。税率照旧不动者有433项。

1934年7月又进行了第四次进口税则修订。其税目分16类672目。仍沿用1933年税则的规定。其税率与1933年税则相比，调高税率的，有棉花、机器等388项；调低税率的，有棉布、呢绒等66项。税率仍旧未动者，有470项。其中，棉花税率的提高和棉布税率的降低是屈从于日本的压力的调整，显然有利于日货的倾销。此外，原系免税的洋米、洋麦，在1933年12月间规定征税的税率，还有价格低落的煤汽油、柴油在1934年4月间增加的税率，也编入这次修改的税则内。

2.出口税税则的修订

国民政府实现关税自主后，颁布了《中华民国海关出口税税则》和《出口及转口税则暂行章程》，于1931年1月施行。此后，出口税税则历经多次修订。

1931年5月曾首次修订出口税税则。税目分6类270目。其税率，从量税部分实行值百抽五。同时为促进对外贸易，对若干制成品，实行约为值百抽三的税率。从价税部分，除肠、香皂等25项值百抽五外，其余全部为7.5%。此外，茶、绸缎等30项货品，均规定免税。此项税则实行后，免税范围又有所扩大。

1934年6月第二次修订出口税税则。这次修订后的税则，税目分6类270目，税率为5%、7.5%、10%三级。此次修订扩大了减免税货品的范围。此次修改税则的原则是：（1）在财政许可范围内，对于原料品及食品，在国外市场推销最为困难者，酌量减税免税。（2）在财政许可范围内，对于工艺制品予以奖励输出者，酌量减税免税。综计全部税则货品，较之1931年税则，其税率减低者有35项，新增免税品为44项。此次减免税项，占税则60余号列，减少税收虽年达380万元左右，但对于扶持国内产业发展，增强对外贸易，还是有益的。

3.转口税税则的修订

1931年1月1日，国民政府实施新出口税则，废除复进口税、子口税、厘金及常关税，但继续征收沿岸贸易出口税（不出洋之土货出口税），同年6月1日起，该税易名为转口税，但仍照清咸丰八年（1858年）的旧出口税则征收。至于帆船装运土货往来于国内通商口岸者，即日起概免征收。可见，转口税是出口税的一种，是对以轮运由此通商口岸至彼通商口岸贸易的国内土货所征的税。税率值百抽五，加上二五附税，共7.5%，按关平银征收。1933年3月实行废两改元后，又进一步修订，于1934年2月1日起施行。全部税则所载号列，有632项，其中从量税最多，为461项，从价税次之，为125项。其余46项则为免税品。国民政府于1936年6月又进行修订，转口税为516目，税率为5%，再加上正税一半的附加税，共为7.5%。凡土货从一通商口岸运到另一通商口岸，或运往内地经某一通商口岸时，除免税项外，一律照纳转口税。转口税纯为一种国内通过税，与已废除的厘金无异，不利于国内商品流通和统一市场的发展，应在废止之列。1935年立法院曾议决裁撤全部转口税，但因无抵补办法而缓行。

此外，国民政府还开征有机制洋式货物税、船钞、关税附加税、倾销货物税以及代征各捐等税项，并多有调整，兹不详述。

（三）关税税则调整的特点和社会经济影响

前述各项税则大的改订，到1934年基本形成格局，此后虽未再作全部的修订，但局部调整和补充，还随时进行。由此不难看出该时期关税税则变动有如下特点：（1）为了争取财政上更多的收入，税率的修订在该时期是异常频繁的。（2）该时期税则改订表现为减税物品所占进口额小，增税物品所占进口额大。例如，1933年5月改订税则，此后的一年中，减税物品的进口额仅为3 200万海关金单位，而增税物品的进口额却为27 700万海关金单位，两者比例约为1∶9。这样的税则改订结果必然愈改订税收愈增加。（3）该时期改订税则还有一个特点，就是增税主要以消费弹性较小的日用必需品为对象，而减税主要以消费弹性较强的奢侈品为对象。为增为减，目的只有一个，就是增加关税收入。财政关税政策非常明显。（4）正因为增税的对象主要都是日用必需品，这样增税不会影响外货进口，西方列强在这方面所做的让步也就"惠而不费"，而国民政府的关税收入却得以逐年增加。显然，国民政府的关税政策仍受制于西方列强，离真正的关税主权独立还有较大距离。

关税税则的调整使关税税率有所提高，以平均税率计，由1930年的10.4%提高到1935年的27.3%。但这仍未能筑起关税壁垒，关税政策仍属于财政性关税，是关税半殖民地化继续的表现，其对社会经济所带来的影响是极其不利的。

首先，从关税的构成来看，关税尽管包括进口税、出口税、转口税、船钞、进出口税附加及救灾附加等许多项目，但关税的增加主要是进口税额的增加。以1936年的实收数来看，进口税收入就占关税收入的85.2%，其他各年均有类似情况。进口税的增加，虽与进口税率的提高有关，但主要是外国商品涌入中国的数量急剧增加所致，而进口货物的大量增加，一方面造成了中国在国际贸易中的大量逆差，不得不用农产品和矿产品等补偿，使中国成了廉价的原料来源地；另一方面，又冲击了国内商品市场，使民族工商业和农业在竞争中处于不利的地位，而遭受沉重打击。

其次，从进口税率的构成来看，税率调高的部分主要是那些需求弹性小而为人们必需的生活日用品，至于需求弹性较强的奢侈品除个别的稍高外，绝大多数未提高甚至有所降低。据统计，从1926—1936年生活必需品由4.8%提高到83.7%，奢侈品则由4.9%提高到38.15%，后者不及前者的一半。无论是前者提高的部分，还是后者下降的部分，除了有利于国民政府关税收入增长外，更有利于外国商品的输入，有利于帝国主义者的经济利益，但回过头来看，中国的人民大众却承担着因消费而被转嫁到自己头上的沉重税负。

二、盐税

国民政府初期的盐税收入规模不断增长，见表12–11。盐税收入的增长与国民政府进行的税制改革以及在改革过程中盐税不断加税有关。

（一）盐务的整顿

1.整顿盐务管理机构、统一税权。1927年10月成立盐务署，主管盐务行政，署内设缉私处。1928年1月恢复盐务稽核所，并将其权利仅限于盐税征管，盐税主权收回。这样，盐务行政、稽核、缉私三个系统直隶于财政部。为统一财政，1929年6月20日国民政府通令各省及军事机关，所有盐税统由中央核收，各省有困难的，另由国库拨款补助，不得附加或自行提拨盐税。1932年7月，由盐务稽核所总办兼管盐务署，盐务管理机构归于统一。1936年7月盐务稽核所改组为盐务总局，盐务署并入部内，为盐政司。

2.整理盐场。一是有计划地建筑储盐仓坨。1928年12月，盐务署布置各区盐场调查仓坨数目，并制定添筑计划，以加强场产管理，防止私漏。当时预计需经费100万元，即在淮盐扬子四岸及皖豫销岸盐价内附征建坨费每担0.1元，并从淮北盐区开始建坨。1929年3月成立淮北建坨委员会。以后山东相继进行，其余各地也着手准备。二是裁并盐场。1929年8月开始对那些产量低、盐质差和管理不当的盐场进行裁并。例如，1931年浙江各场由26场并为16场。三是加强对盐质的管理，取缔土盐和硝盐。

3.整顿和改革运销。为防止军队走私，盐务署规定了特别运照，于1928年4月下达执行。又为了防止借口运盐途中遇险免税补运，从中牟利，1929年12月，财政部下令盐斤运输淹消不再免税补运，而由盐务行政机关与稽核机关会同查勘后分别呈报核办，以防私弊。次年9月22日，财政部又颁《运盐执照领用章程》七条，规定运盐程序。1931年国民政府公布新《盐法》，强调废除引界，实行就场征收、自由买卖。虽然新盐法未能实行，但仍有部分地区相继开放了引岸。到1937年7月，全国实行自由运销制的市县共1 179个，约占全国市县的60%，实行官运销制的有95县，占5%，其余694县仍行专商制，约占35%[①]。

4.改进缉私。1927年10月财政部呈准国民政府，于各运使、运副辖区内，分设盐务缉私局，负责缉私工作。针对长江流域用轮船走私食盐严重，1928年9月盐务署会同关务署规定了《海关缉获私盐充赏办法》，通令执行，以促进海关与盐务机关配合缉私。此外，还设置盐务缉私视察员，对缉私工作进行检查监督；颁布缉私兵员训练章程，轮训兵员，提高素质；颁布《私盐治罪法》《缉私条例》《盐务官佐缉私奖励章程》《私盐充公充赏暨处置办法》，使缉私工作有章可循。

（二）盐税的整理

1.税目整理

国民政府成立之初，盐税税目虽较民国初年略有整齐，但仍有多种税目，概括来说主要有：（1）正税，包括场税、岸税、盐厘、精制盐盐税、工农渔业用盐盐税、工盐副产品税。（2）附税，包括军用加价、善后军费。（3）地方附加，系各省自行征收、中央无从过

---

① 国民政府财政部年鉴编纂处. 财政年鉴续编：第七篇 [M]. 编者印行，1945：7-8.

问的附加。（4）特种捐费。（5）盐课，系具有产地土地税性质的灶课、场课、水乡、滩课、折价等名目，以及契税。各盐区盐税税率轻重不一，主要是由于附加过多造成的。

1931年起，盐务署将各省附加税划归中央政府统一核收，改称中央附税，仍将原征数目拨归各省支用，以便随时设法整理，使各区税率趋于平衡。1932年6月，盐务稽核总所根据财政部令，统一规定了盐税税目，分为：（1）正税，指在产区征收的场税（包括类似场税的盐厘）及中央附税。（2）销税，在销区征收的岸税（包括类似岸税的厘金）及中央附税。（3）地方附加，指原各地随盐附征的各项附加，自1931年3月起收归中央统一征收后，定名为地方附加，仍按原额拨补地方。此外，还有一些中央临时附加费。

此后，为了某种特定用途，财政部又陆续开征了一些新的税目，包括：（1）外债附加。1931年财政部以偿还外债发生镑亏损失为由，从4月1日开始将各场区的正税每担一律加征三角。仅此一项，每年增加的盐税数额约1 000万元[①]。（2）整理费。原名多样，有建坨费、整理费、筹备费之谓，1935年7月，一律改称整理费。附征初期，每担盐附征0.1~0.2元，1937年调整为每担0.2~0.3元。（3）建设事业专款。根据国民党五届三中全会全通过的《中国经济建设方案》，为"复兴经济，充实国防"，每担盐附征0.5~1元。自1937年4月开征，为期5年。建设事业专款只对食盐征收，特种用盐不征。（4）公益费。1937年起先在南京开征，每担盐征0.665元。1938年10月5日全面开征，每担盐征0.1元，充作收容灾区难童及救灾费。

可见，盐税税目虽经整理，但并未减少多少，而且，旧的税目并入正税后，新的附税又层出不穷。

2. 税率调整

1932年6月，盐务署召开盐务会议，针对各盐区之间以及同一盐区内部税率高低悬殊、轻税盐区冲销浸灌重税盐区严重影响全国盐税收入的情况，议定"凡轻税区域，一律提高；重税区域，暂不议加；相邻之区域，税率或增或减，务令彼此平衡"[②]，以杜倾销而均负担。会后由盐务署提出整理方案，在长芦、山东、淮北、两浙、松江、河东等7区实行调整，收到了较好的效果。1933年，盐务稽核总所继之又提出对山东、河南、淮北、扬州、松江、两浙、晋北及皖、鄂、赣、湘扬子四岸等区的税率进行整理，对各盐区内税率差距过大，以及各区之间毗连地带相差较多的税负分别予以增减。对轻税区税率的调高采取渐进办法，邻近各区开始增加不多，以后再由财政部随时酌量增改。对减税各区采用计口授盐办法，确定其销额，如超过销额，超过部分仍照原税率征收。

1934年实行新衡制，停止使用司马秤。将原由司马秤127市斤为1担的计税方法，改成按市秤100斤为1担计算纳税。原税率不变，但由于衡制的改变，每百斤盐就要多纳27斤的盐税，无形中增加税负1/4以上。为此，盐务稽核总所规定，中央正附税及地方附加合计在10元以上的，一律改为10元征收；10元以下的，除按新衡制计算纳税外，暂时未

---

① 丁长清. 民国盐务史稿 [M]. 北京：人民出版社，1990：221.
② 财政部盐务稽核总所总视察处. 民国二十一年盐务稽核所年报 [J]. 盐务汇刊，1933（26）.

另有增加。

1936 年，盐务总局又将扬子四岸各边岸的税率酌为减低，对两浙轻税区酌予提高，并将两淮、松江、四川、山东、河南、西北等区税率陆续加以改订。1937 年 3 月，盐务总局又将四川、广东、松江、两浙、鄂岸、湘岸及西北等区的税率先后进行了删繁就简、化零为整的调整。经过以上数次整理后，盐税税目较为简化，税率差距逐渐缩小，盐税制度取得了一定进步，见表 12-12、表 12-13，但与新《盐法》全国划一税率的要求仍相距甚远，各盐区之间的税负差别依然较大。

表12-12　　　　　　　　　　　　　　**1937年3月盐税税目表**

税目		附注
正税	场税	在产区征收的盐税
	岸税	在销区征收的盐税
	中央附税	
中央临时附税	建坨费	自 1929 年 10 月起在各地带征，用以建筑仓坨。淮北、山东、松江、两浙、福建 5 区称建坨费；淮南、长芦 2 区称整理费；扬子四岸称筹备费。至 1935 年 7 月，一律改称整理费。附征初期每担附征 0.1~0.2 元，1937 年改为每担 0.2~0.3 元
	外债附税	原名镑亏，用于偿付外债时因汇率变化而产生的损失
	建设事业专款	1937 年 2 月国民党五届三中全会通过《中国经济建设方案》，"期以五年内完成各种必要建设"。为筹措所需资金，自 1937 年 4 月起，每担食盐附征 0.5~1 元的建设事业专款，以 5 年为度
	公益费	1937 年起先自南京市开征，每担盐征收 0.665 元
地方附加		经财政部同意的地方随盐附征

资料来源　金鑫. 中华民国工商税收史纲［M］. 北京：中国财政经济出版社，2001：162.

表12-13　　　　　　　　　　**1927年与1937年全国食盐税率（正附合计）比较表**

年度	各产销地相同税率合并后的实际级数（个）	最低税率（%）		最高税率（%）		平均税率（%）
		销地	税率	销地	税率	
1927	84	两浙杭属轻税区	0.2	湘岸长沙等 59 个县	13.905	2.83
1937	80	陕西土晒盐	0.4	59 个县	10.4	5.98

资料来源　金鑫. 中华民国工商税收史纲［M］. 北京：中国财政经济出版社，2001：163.

　　3.盐税调整的后果

　　由于盐税调整的目的是保证财政收入的不断增加，因此，这些整理措施，非但没有使盐税税负达到均平，相反人民负担却进一步加重了。从 1932 年划一的结果来看，在 62 处地方的盐税税率中，有 51 处地方税率增加，4 处略低，7 处不变。而且税率增加最多者为每担 1.45 元，多数在每担 0.7~0.9 角之间，而 4 处减少盐税者每担仅减少了 4 分①。从 1933 年的调整来看，增税者 54 处，减税者 25 处，增多于减。增税最多者为每担增加 5 元，减税最多者为每担减少 3.65 元。在增税最多的地方，增税的绝对额和百分比都高于在减税最多的地方减税的绝对额和百分比②。并且 1934 年财政部令自 1 月起改用新秤，所有盐区仍照原定税率征收。仅将中央正附税率 10 元以上至 13 余元者，一律减为 10 元。由于新秤实行十进位制，每百斤仅及旧司马秤的 78 斤，在税率不变的情况下，实际等于提高税率达 27%。"改秤其名，加税其实。"③

由于采取种种手段加以调整，盐税税率逐步提高。例如，1930—1933 年，1 元及以下税率的盐由占放盐成数的 17.8% 下降到 7.3%，6~9 元税率的盐由 6.5% 上升到 21.7%，12 元以上税率的盐则从无到有，占 7.4%④。另从盐务总局统计编制的全国食盐平均税率表来看，1927 年全国食盐的平均税率，每担盐为 2.83 元，至 1937 年，全国食盐平均税率，每担已增至 5.98 元，增加了 113.07%，短短 10 年间，人民在盐税上的负担即增加了 1.1 倍。

以上所述仅是中央盐税增加情况，至于省地方附加则是税率更滥、税负更重。仅四川省截止到 1937 年的不完全统计，就有各种名目的附加 51 种，此外还有盐税预征。安徽并不产盐，但截止到 1932 年所加附税已达每担 9.51 元。

盐是生活必需品，故对盐的课税实质上具有人头税的性质，最终是增加了人民负担。当时中国人每年平均须负担 2 元以上的盐税，与当时的意大利、法国、日本、德国等人均盐税负担相比，分别高出 60%、4 倍、7 倍，乃至 45 倍⑤。这说明国民政府的盐税政策重在增加财政收入而不顾及人民的负担能力，必然加重对社会经济特别是农业经济的破坏。

三、统税

统税是国民政府为抵补裁厘损失而于 1931 年正式举办的一种以大宗机制商品为课税对象的消费税。就其形式而言，也叫货物出厂税，因其一物一税，一次征收，故称为统税。其课税对象包括各种机制的工业品、农产品和进口商品。纳税人为各种商品生产的企业和个人。从资本形态来说，包括外资企业、国家资本企业、民族资本企业、农业及手工业者。由于统税属于间接税，税负可以转嫁，所以负税人是广大消费者。

（一）统税体系的建立

统税源于统捐，统捐属清末厘金的一种。1926 年 12 月武汉国民政府始征卷烟统税于湘、鄂、赣三省。国民政府在南京成立后，1927 年 6 月 23 日公布《国民政府财政部卷烟统税暂行章程》，征收卷烟统税。不久即改为卷烟税，税率调高，但因商人观望或凭借租界避税，收入反而不增。1928 年 1 月 17 日国民政府公布《征收卷烟统税条例》，重新征收

① 丁长清. 民国盐务史稿 [M]. 北京：人民出版社，1990：225.
② 丁长清. 民国盐务史稿 [M]. 北京：人民出版社，1990：235.
③ 丁长清. 民国盐务史稿 [M]. 北京：人民出版社，1990：236.
④ 丁长清. 民国盐务史稿 [M]. 北京：人民出版社，1990：242.
⑤ 章有义. 中国近代农业史资料：第三辑 [M]. 北京：生活·读书·新知三联书店，1957：109.

卷烟统税。根据条例规定，卷烟统税为国家税，课税对象为除土制烟叶、烟丝外的一切卷烟及烟丝制成品，税率分为两种：进口卷烟在缴纳进口正附关税7.5%后，按海关估价再缴纳卷烟统税20%，国内产制的卷烟以海关估价为标准缴纳22.5%，完税后不再重征。1929年2月6日，国民政府公布修正《征收卷烟统税条例》，规定进口卷烟除仍纳进口关税7.5%外，无论进口或本国制品一律征收卷烟统税32.5%，以示差别。卷烟统税试办后，起始税率设计从轻，以后逐步调高，征收数额也迅速上升。1927年全年收数为410万元，至厘金裁废前的1930年全年收数已达4 784万元。1930年仅卷烟一项的收数即相当全国厘金收数的60%。由于卷烟统税全国统一征收，使用统一税率，在稽征上采用课源法，一税之后通行全国，从而根本上革除了厘金的种种弊端。卷烟统税的试办为以新的货物税制度代替旧有的厘金制度创造了条件，并为整个货物税的改革奠定了初步基础。

1930年国民政府决定裁撤厘金，这样将使财政上骤减收入8 000万元，再加上裁撤的常关税、复进口税、铁路货捐等通过税性质的税捐，年损失收入近1亿元。对此，国民政府决定1931年开办棉纱、水泥、火柴统税，并将麦粉特税并入统税，形成"五种统税"，征收区域局限于中央政权所能控制的苏、浙、皖、鄂、鲁、豫、粤、桂、闽九省。1933年将熏烟税、啤酒税列入统税，1935年又开征了火酒统税，征收范围扩大到全国。为了加强统税的征管工作，国民政府于1931年建立了统税署，1932年又与印花烟酒税处合并，成立了税务署，统一负责包括统税在内的国税征收工作。对统税的征课，国民政府确定了以下几项原则：（1）统税是国家税，地方不得重征和截征；（2）征收统税的货物，应该以便于课征的大宗消费品为限，并须用法令明确规定；（3）已征统税的货物遇有重征，应予退税，确保一物一税制度的确立；（4）对货物征收全国采用统一税率；（5）中外商人待遇一律相同。自此，具有资本主义性质的统税体系始告建立。

（二）统税的实际征收情况

国民政府开征统税以后，为了满足不断增长的军事需求，在实施过程中，对统税制度不断进行调整，加之征管过程存在的弊端，统税收入不断增加，详见表12-11。

1.统税税率的不断调高

统税开征后，税率调整是频繁的，而且税率也不断地调高。比如，麦粉，开办之前每包征银是4分，1931年纳入统税时，则改为每包征银1角，提高了一倍半。水泥，1931年每桶380磅（后合170公斤）征税0.6元，1937年3月则提高到每桶170公斤征税1.5元。卷烟，1928年试办时，卷烟从价计征税率为22.5%，1929年2月则调高为32.5%，1933年调高为50%以上。火柴，1931年甲级每大箱征税5元，1931年则每大箱征税10.8元。棉纱，1931年试办时，23支以内者（即粗纱），每百斤征税2.75元，1937年甲种纱（不超过17支），每百斤征税5元，乙种纱（17~23支）征税5.75元。熏烟，试办时每百斤征税3.6元，1933年正式纳入统税时，则每百斤征税4.15元。啤酒，试办之前，从价计征，税率为20%，1936年正式纳入统税时，则从量计征，每箱征税2.6元。洋酒，1928年规定从价计征，税率为30%，1932年则提高到80%。提高税率的做法，对各行业都是如此。

2.征税范围的不断扩大

统税在施行过程中，财政部除不断地调高税率外，又逐步地扩大统税的征收范围，将原属于烟酒税范围的货品先后划入统税范围，改按统税的原则征收管理。1932年7月税务署成立，财政部首先将直辖的豫鲁皖薰烟税局裁撤，所征薰烟叶税归并各该统税局办理。1933年6月8日，财政部公布《薰烟叶①税暂行章程》，规定已税薰烟叶在统税区域内行销不再重征。国产啤酒、洋酒原由印花烟酒税处直接派员驻厂征收，亦由税务署规定改归各区统税局征收。火酒一项，原属于洋酒类，1934年11月财政部公布《火酒统税暂行章程》，征收火酒统税，归税务署办理。1936年7月3日，财政部公布《修正财政部征收啤酒统税暂行章程》，将啤酒改为统税。洋酒类章程也同时修订，但税率未做变动。至此，举办统税的货品已扩大到卷烟、棉纱、火柴、水泥、麦粉、薰烟、洋酒、啤酒、火酒九种。同时，随着国民政府实际控制区域的不断扩大，实施统税的区域也逐渐推广。至1933年底，已有苏、浙、皖、赣、闽、湘、鄂、鲁、豫、粤、桂、冀、晋、察、绥等15省开办统税。当时全国分为施行统税区域和未施行统税区域，已纳统税货品如销往未施行统税区域，要由商人取具当地纳税的凭证，返回原地后提出申请，经税务署核明后退税，手续繁杂，很不便利。后经财政部与西北西南各省洽商，在各省实施统税后，地方所短收税款由中央在统税收入项下拨款补助。因而，四川、西康、陕西、甘肃等省在1935年、1936年先后划入统税区域。统税实施区域在全民族抗战爆发前已遍及全国大部分省区，但其规章制度仍按应税货品单独分立，尚未形成统一的统税法令。

3.存在重复课征的问题

在实际征收过程中，统税重复征税的现象十分普遍，背离了统税开征的原则，实际上成为变相的厘金。比如，在四川省，一包白糖由资中运输到巴县要通过12次关卡，完纳12次税，支付12元4角2分的税款。从重庆至成都的800余里的道路上，竟有50多处关卡，平均税捐100元左右。

（三）统税征收的后果及弊端

统税制度实施后，权力集中，税率统一，税目简化，避免了厘金的诸多弊端，因而是进步的和合理的，如能认真征管，必能做到合理负担，在增加财政收入的同时，又会推动商品流通，促进经济发展，然而事实却相反。统税由于在实际征收过程中采取了不断调高税率、重复征收等手段，对国民经济和社会生活带来了极其不利的影响，具体表现如下：

（1）加重了广大消费者的负担。税率的不断提高，必然加大产品成本，导致价格的提高，从而使税负转嫁到广大消费者身上。税率较重的多是麦粉、棉花、卷烟等产品，这些都是广大消费者所必需的，所以沉重的负担无疑要加在劳动人民身上。

（2）统税的开征加重了对民族工商业的摧残。征收统税的品种，如卷烟、麦粉、棉花系民族工业的主要产品，仅卷烟统税就占统税总收入的75%，这说明统税主要来自民族工

---

① 现为"薰烟叶"。

商业。当时，民族工商业受到世界经济危机和国内民族危机的影响，已经处于破产半破产的境地，再征统税，无疑是雪上加霜。

然而，国民政府运用统税搜刮人民不遗余力，对外商却倍加优待，极尽其取宠之能事，这表现在：

（1）统税的征收在税率上重华商厂而轻外商厂。以棉纱统税为例，棉纱统税征收标准以 23 支为界，23 支以上为细纱，以下为粗纱，支数不同，售价不等。支数相差越多，差价就越大，但税额却只有两档，即 23 支以上征收 11.625 元，23 支以下征收 8.58 元。如 60 支纱售价 400 元，征税为 11.625 元，4 支纱售价 100 元，征统税 8.58 元，前者售价是后者的 3 倍，税负却只差 3 元，若换算成从价税，4 支纱当为 8.58%，60 支纱只有 2.9%。以当时的技术状况来看，生产细纱者多为外资厂，民族工厂则多生产粗纱。如此，统税不但不能保护民族工商业，反而在民族工厂与外资厂竞争中本来就处于劣势的情况下又被敲了一杠。

（2）统税的制定和修订都要征得外商的同意，否则外商便可以"抗不照纳"，而国民政府也无可奈何。1931 年 1 月实行棉纱统税之前国民政府的官员就曾多次与日本纱厂密商，时人传为丑闻。1927 年征收 50% 的卷烟税，因事先未征得英美烟公司的同意，他们就"不肯就范"。

（3）通过预付税款的方式给外商以优惠。例如，允许英美烟公司预付 755 万元折作 1 000 万元的税款，这种预付方式给外商以很大折扣优惠，华商是绝无可能得到的[①]。

四、所得税的开征

我国议办所得税始于清末。中华民国成立后，北洋政府于 1914 年公布中国历史上第一部《所得税条例》，但未实施，后于 1921 年率先开征官俸所得税，也最终失败。1927 年国民政府在南京成立后，决心改革税制，筹办所得税，但受制于各种因素，迁延十年，终于在 1936 年正式开征。

在所得税开征之前，1927 年 6 月国民党二届中常会提出《所得捐征收条例》，经会议修正通过，自 1928 年 4 月起执行。该条例规定对国民政府所属各机关公务人员的薪俸收入征收所得捐，以 51 元为起征点，50 元以下免征。捐率实行 8 级全额累进办法，最低征率为 1%，最高征率为 8%。其征收机关在中央为中央党部秘书处会计科，在地方为各省、市、县各级党部会计科。此捐虽由国民党中央党部举办，但也带有一定的强制性，已具有税的性质。

20 世纪 30 年代中期，日本帝国主义侵华气焰日益嚣张，为增加财源以为战争之准备，财政部于 1935 年 5 月将《所得税条例（草案）》报呈行政院转立法院审议，改为《所得税暂行条例》后通过，国民政府于 1936 年 7 月 21 日明令公布。条例的主要内容有：（1）课税范围。按所得性质分为 3 类：一是营利事业所得，包括公司、商号、行栈、工厂或个人

---

① 杨荫溥. 民国财政史 [M]. 北京：中国财政经济出版社，1985：57-58.

资本在 2 000 元以上营利之所得，官商合办营利事业之所得（对此二项，以下简称一般营利事业所得），一时营利事业之所得；二是薪给报酬所得，包括公务人员、自由职业者及其他从事各业者薪给报酬之所得；三是证券存款所得，包括公债、公司债、股票及存款利息之所得。（2）税率。一般营利事业所得，采用 5 级全额累进税率，根据所得与实有资本的比例，以 5% 为级差，由 3% 累进至 10%；一时营业事业所得，能按上述方法计税的，则按上述方法计税，否则，按照所得额和 3%~20% 的全额累进税率计算；薪给报酬所得，采用 10 级超额累进税率，每月平均所得自 30 元以上者，实行 0.5%（每 10 元课征 5 分）~20%（每 10 元课征 2 元）的税率；证券所得税，采用比例税率，税率为 5%。（3）免征项目。其包括：第一类所得中不以营利为目的的法人所得。第二类所得中，每月所得平均不及 30 元者；军警官佐、士兵及公务员因公伤亡之恤金；小学教员之薪给；残废者、劳工及无力生活者之抚恤金、养老金及赡养费。第三类所得中，各级政府机关存款；公务员及劳工之法定储蓄金；教育、慈善机构或团体之基金存款；教育储金之每年所得息金未超过 100 元者。（4）课征方法。分别所得性质，采取申报法、扣缴法或估计法征收。

1936 年 9 月 2 日国民政府发出训令，规定第二类公务员薪给报酬所得及第三类公债与存款利息所得，先自 1936 年 10 月 1 日起征税，其余各项均自 1937 年 1 月 1 日开征。

五、国民政府初期地方税收

按照国民政府 1928 年 11 月公布的《划分国家收入地方收入标准案》，划入地方的税收计有田赋、契税、牙税、当税、屠宰税、内地渔业捐、船税、房捐等 8 项，作为地方将来收入的有：营业税、市地税、所得税附加 3 项。国家税由中央政府设立专署统一征收管理，地方税由地方征收管理。但这些地方税源均归各省或直辖市支配，而各县和省辖市并无独立税源，所需经费主要以对田赋、契税、营业税等的附加税为收入来源，不足部分由各省统筹支拨。实行国地税的划分，使地方的财权缩小，财力也随之大为削弱。各省财力不足，各县市财政则更加困难，结果导致田赋附加不断加重，苛捐杂税层出不穷。

1. 田赋及其附加

田赋划归地方后，各省基本上根据土地肥瘠程度，划等定税，按亩征收，税率高低不一。征收期限为上忙和下忙两次。税目包括地丁、漕粮、租课等项，有的省份将三者归并为一，只通称田赋。缴纳方式，统一折银圆征收，1935 年 11 月发行法币后，田赋改征法币。

这一时期的田赋在省岁入中占有重要地位，一般均列省岁入的第一位，占省税收的半数以上。田赋如此剧增，除正税增加外，更体现在田赋附加和预征的苛重。以江苏南通为例，1928 年田赋正税为 4.10 银圆，附加税则为 11.103 银圆，已经超过正税 1 倍多，到 1933 年超过了正税 5 倍以上。田赋预征也达到了无以复加的地步。以四川为例，每年预征少则三四次，多则十几次，预征年数少者在 25 年以上，多者竟达 74 年[①]。

---

① 孙怀仁. 中国财政之病态及其批判［M］. 上海：生活书店，1937：141-142.

事实上对田赋附加，在国民政府成立之初就有一系列的限定。1928年财政部颁布《限制征收田赋附加办法》8条，规定田赋正税附加的总额不得超过当时地价的1%，已超过者不得再增，并须陆续设法核减；田赋附加的总额不得超过旧有征税之数，已超过正税者，不得再加附捐，并须陆续设法核减。但实际上只是纸上谈兵，各地方借口田赋正附额未达到地价的1%而增加田赋，或借口附加未达到与正赋相同之数而增加附加税，任意征收附加之风不但没有刹住，反而越来越厉害。

1933年财政部又颁布《重订整理田赋附加办法》11条，规定超额的附加分别裁减，裁减的顺序以行政费为先，事业费为次，一律在1934年内整理完毕，财政部于必要时派员会同整理。1934年5月，财政部在南京召开第二次全国财政会议。会议通过六项议案，第一项就是减轻田赋附加。议定自该会闭幕之日起，对于田赋，永不再增附加。以前附加各种税捐，概须分期减除。在整理田赋期内，先行举办土地陈报。整顿田赋离不开对土地的清查，由于土地清丈费财费力，于是1934年5月国民政府颁布《办理土地陈报纲要》，令各地举办土地陈报，借以清查逃避田赋的黑地。

但由于地方封建割据势力猖獗，加上国民党内的政治腐败，政府行政效率低下，虽用了几年时间整理，三令五申，结果甚微。农民的负担日益沉重，人民不堪重负，有将田契贴于门上而逃者，更有以命完粮者。

2.地价税和土地增值税

地价税，又称土地原价税，是按土地原价征收的。土地增值税是根据土地增加值向土地所有者课征的。国民政府的这两种税，是按照孙中山的土地税思想开征的。

1929年6月，国民党三届二中全会初步制定了改革田赋、施行地价税的方针。1930年2月，国民政府颁布了《土地法》及《土地法施行法》，规定开征土地税，土地税向土地所有人征收，土地税分地价税和土地增值税两种，对地价税采用差别比例税率，对土地增值税采用超额累进税率。1937年1月，国民政府公布的《各省市土地税征收通则》规定：各地方依法举办土地税时，隶属于行政院之市，应拟订土地税征收章程；隶属于各省之县市，应拟订土地税征收规则，呈省分别咨由内政、财政两部会核呈院备案。

开办地价税和土地增值税的前提是整理土地和核定地价，而这又是一项复杂而耗时的工作，因许多省的土地未经整理，地价无从核定，故未能开征两税，结果只有青岛、广州、杭州、上海等大城市和广东省开办了土地税，各省的征收制度略有不同。上海市于1933年7月公布了《征收暂行地价税章程》，开征地价税。该章程规定：地价税税率按估定地价征收0.6%，由土地所有者或永租者负担；全年分两期缴纳，由上海市财政局负责征收。青岛市1937年开征土地税，其征收制度规定：土地税分主要市区地税、次要市区地税、主要市区改良物税和土地增值税四种。主要市区地税税率为2%；次要市区地税分为3等，每亩分别年纳0.11元、0.35元和0.77元；主要市区改良物税依申报价征0.5%。

3.契税和营业税

契税也是国民政府初期地方税收的一项重要来源。它包括正税、附加和验契费三部分。在征收上，正税税率各省不一，附加额度高低不等，至于验契费更是经常，结果使收入年有激增，1928—1933年，年收入额最高不过700余万元，而1931—1933年，年收入额最高可达1 500余万元[①]。

营业税是为弥补裁厘所举办的一种新税，它以地方商业和手工业的营业收入额或营业资本额为课税对象，但在实际征收中采取包税的办法，国家收入无多，商民负担却重。1935年江苏等12省营业税收入为4 100万元，远低于厘金收入[②]。

4.其他各税

国民政府初期的地方税还有营业牌照税、使用牌照税、屠宰税、房捐、筵席及娱乐税等诸税，这些税收也是地方财政收入的来源之一，但所占比重较小。

5.苛捐杂税的泛滥

国民政府初期杂捐杂税种类繁多，名目纷杂，横征暴敛，负担沉重，以至于国民政府的官方文书也不得不称之为"苛捐杂税"。

苛捐杂税：一是表现为各种通过税。例如，从成都至重庆途中，一路关卡林立。征税名目有护商捐、江防捐、马路捐、自来水捐、统捐、印花捐、印红捐等。二是表现为各种名目对物征收的税费。例如，重庆一市，除各项应纳正税外，复有各种地方杂捐，共46项之多，茅厕、粪担有捐；街沟路灯有捐；嫁妆有捐；雇人也要收执照费。故有人讥讽说："自古未闻粪有税，而今只剩屁无捐。"[③]据当时财政部部长孔祥熙在国民党三届六中全会上透露，从1934年7月到1935年8月底，全国已裁苛杂5 000余种，这不过是第一、第二批废除的项目，还有第三、第四批续裁项目，由此推算，全国苛杂当在万种以上。

除此之外，还有各种临时摊派。有省的摊派，有县的摊派，有区的摊派；有的是明令的，有的是擅征的。每一摊派，必是层层加码，道道盘剥。省方若需款5 000元，人民被摊者至少为1万元。

各种苛捐杂税，不仅加重了人民的负担，使人民生活陷于贫困，而且加速了农村经济的破产。

第四节

国民政府初期的公债

一、内债

1.内债的发行与整理

1926年广东国民政府发行的三次有奖公债共1 700万元。为了取信于民，广东国民政

① 刘支藩. 论我国之地方税 [J]. 财政评论，1939，2（3）.
② 国民政府财政部年鉴编纂处. 财政年鉴续编：第十三篇 [M]. 编者印行，1945：16-19.
③ 引自《国闻周报》(第12卷，第3期，1935年9月11日）.

府特设有公债局办理有关事宜，并由中央银行完全负责。1927年武汉国民政府发行整理湖北金融公债2 000万元、国库券900万元。发行这些公债和国库券主要是为了稳定经济、筹备经费、支持北伐战争。

国民政府在南京成立后，发行的第一笔公债始于1927年5月，蒋介石命令江苏兼上海财政委员会发行江海关二五附税国库券3 000万元。不久又续发4 000万元，仍以江海关二五附税为担保。政府采取强制摊派，不给折扣的办法，结果遭到金融界的抵制。实力雄厚的浙江兴业银行被摊派国库券100万元，却只肯认购25万元。蒋介石便以通缉、逮捕、查封资产等手段迫使商人、企业家认购公债，一年中搜刮钱款1亿多元，但政府和金融界的关系也日趋紧张。

1928年春，宋子文推行新的公债政策，政府主动让出很大一部分折扣利益，引诱金融资本家协助政府推销公债。金融机构可以五六折承购公债，然后按市价推销，到期则按票面十足收回本金。折扣优惠加上公债的高利率，承销公债的实际收益常在年利三四分之间。除此之外，银行还可以合法地把公债作为银行发行钞票的保证准备，拥有大量公债的商业银行通过发行钞票又可获得许多利益。对银行来说，公债成为一种相当稳妥的投资。为了增加公债的信用，国民政府还成立了以浙江实业银行总经理李铭为首的国库券基金保管委员会（后改为国债基金保管委员会），成员共14人，由中央特派3人，江苏兼上海财政委员会2人，上海银钱业4人和商界5人组成。可直接从海关税务司、烟草税局等征收机关逐日划款，存入委员会指定的金融机构，偿付公债本息。公债收益和信用的提高促进了公债市场的繁荣。

1927—1931年，由于得到了帝国主义和国内金融资产阶级的支持，又有大量的关税、盐税、统税为担保，所以内债的发行量急剧增加。据统计，这一时期所发行的正式公债券共计有25种，发行额达10.58亿元。其中，1927年2种，7 000万元；1928年6种，1.5亿元；1929年6种，1.98亿元；1930年4种，1.74亿元；1931年7种，4.66亿元[①]。以上数字仅指财政部发行的内债，至于交通部和建设委员会所发行的各种债券尚未计入，发行规模之大前所未有。

但政府的代价也很大，同期内债实际收入5.38亿元，让利5.2亿元；政府寅吃卯粮，财政赤字剧增。到1931年每月还本付息约需1 600万~1 700万元，全年需2亿元。当时国民政府年财政收入也不过三四亿元，还要偿付外债赔款和支付军政各费，关税收入从1929年以后虽略有增加，但也应付不了迅猛增加的债务负担。1931年"九一八"事变后，东北三省沦陷，接着又发生上海"一·二八"事变，国内经济突起变化，税收短绌，债信动摇，证券市场上公债价格下跌，银行资金周转不灵，财政极度困窘，于是国民政府借口"国难"严重，宣布债信破产。1931年2月国民政府通过持券人会对内债发表宣言的方式，宣布改变以往所发债券的还本付息办法。这些办法包括减轻利息、延长偿还期限、

---

① 千家驹. 旧中国公债史资料［M］. 北京：中华书局，1984：19.

确定偿付基金、改组基金保管机关、换发新票或加给息票等内容。这次公债整理，是金融资产阶级对国民政府的让步和支持，是以割舍自己的一部分利益为代价的，但这种让步也是有条件的，这就是他们要求政府"自此次减息展本之后，无论财政如何困难，不再牵动基金及变更决定"，要"财政公开"，及"以后不再举债为内战及政费之用"。国民政府给以口头承诺。

然而，国民政府并没有真正遵守其承诺，1932年政府虽然没有公开发行债券，但还是向银行借了1亿数千万元的借款，作为"剿共"费用。由于军事需求的不断增加，造成财政赤字急剧膨胀，1933年以后，国民政府又不断大量发行新债，以弥补财政不足。至此，公债发行又进入了一个新阶段。

1933—1936年，又是公债大量发行的一个时期。截至1935年底，累计发行额达5.78亿元，其中，1933年3种，1.24亿元；1934年4种，1.24亿元；1935年3种，3.3亿元[①]。此外，政府还以国库证等形式，借了几笔款项，所以事实上这三年共举借了8.62亿元，英金150万镑，不算外币公债，平均每年举债2.8亿元。如此迅猛的发行远远超出了财政的承受能力，1936年国民政府再度宣布债信破产。采取发行统一公债、偿还旧债的方式进行整理，由于公债的整理在一定程度上有利于还本付息的如期进行，债权人可以免于遭受停付的损失，因而这次已听不到金融资产阶级的抗议和讨价还价了。这一年共发行了20.8亿元，其中换掉以往发行的33种旧债14.6亿元，新债发行额达6.22亿元，是举债最多的一年。

国民政府从1927—1936年共发行了28亿元以上的内债，比北洋政府16年内发行的6.12亿元公债高出了3倍多。

2.国民政府初期内债的性质与影响

（1）内债主要是用于非生产性军政费用和建立与发展以中央银行为核心的国家垄断资本金融体系。从内债的用途来看，在国民政府10年内债中，与"建设事业"有关的，只有海河公债等三项，合计7 600万元，占总债额的3.4%。用于赈灾的，只有赈灾公债等两项，合计4 400万元，仅占总债额的2%。用于金融事业的，有金融短期公债、金融长期公债等六项，合计37 500万元，占总债额的12.5%。其余80%以上就属于军政各费了。内债主要用于军政费用，不仅违背了其发行内债用于经济建设的初衷，而且具有反动性。内债用于发展国家垄断资本，改变了中国资本主义的发展方向，阻滞了经济的发展，具有腐朽性。

（2）与北洋政府一样，国民政府在内债发行上继续寻求帝国主义的支持。这在财力上，一是表现为依靠帝国主义把持的海关税务司征收关税及附加，发行以关税为担保的内债，最为典型的如江海关二五附税国库券，就是帝国主义同意开征以二五附加税为担保发行、由江浙财团大量承购的，它支持蒋介石发动了"四·一二"反革命政变。二是表现为

---

① 千家驹. 旧中国公债史资料 ［M］. 北京：中华书局，1984：22.

依靠外国人把持的盐务稽核所，集中财权，增加盐税，发行以盐税为担保的内债，如中华民国二十年盐税短期库券等多项即是。三是表现为以英美等国所同意的缓付庚子赔款本息为基金来发行外币公债，如1934年的150万镑英金公债。此外，在人力上，则表现为在内债发行和整理上依靠外国"专家"，如许多公债发行和整理政策都是依据由美国专家组成的甘末尔委员会的"建议"。国民政府在内债方面如此依赖外力，具有明显的殖民地性。

（3）发行额与实收额之间的巨大差距，等于养肥了金融资本家、官僚、地主、高利贷者和洋买办。1927—1931年公债的实收额为5.38亿元，仅及发行额之半。这个巨大的差额就是政府在向银行抵押公债时，通过高利息（6~8厘）、大折扣（五六折或六七折）给予金融资本家等阶层的厚利。这种厚利引致社会闲置资本趋于购买政府债券，用于非生产性支出，导致产业资本偏枯，使社会生产力的发展受到严重破坏。内债的腐朽性在这一点上表现得最为明显。

（4）滥发公债必然会导致劳动人民税负的增加。由于国民政府的内债多数都以税收为担保，特别是内债主要用于非生产性支出，所以内债缺乏自偿性，只能用税收来偿还。国民政府初期，关、盐、统三税收入猛增，说明了当时劳动人民的税负大大加重了。

二、外债

1.整理并偿付旧债

国民政府成立时，面临严峻的财政形势，为解决经费问题，国民政府除了大量发行国内公债外，还寄希望于外国资本的援助。为此，执政的国民党还确立了积极"利用外国之资本技术"的方针。然而，晚清和北洋政府的数百笔旧债尚未清偿，中国政府的对外债信极低，在政府没有做出清偿旧债的明确承诺之前，再借新债几乎不可能。

1928年，国民政府经济会议和财政会议通过了《全面整理内外债务案》。这个方案提出了一些原则，即对有确实担保的内外债，按发行条件处理；对无确实担保或无担保的内外债，经详查后，进行整理，更换长期低息公债。1929年，甘末尔、杨格等美国财政专家先后到中国，组建了甘末尔设计委员会，帮助拟订整理外债方案。1930年，国民政府成立了由行政院、监察院、工商、外交等各院长、部长以及具有财政专门知识和经验的人士组成的整理内外债委员会，表示对于愆期的正当签订的国内、国外各项债务，早日整理结束。这期间，国民政府正在争取关税自主，欧美等国家先后与中国政府重新缔结了关税关系条约，承认中国的关税自主权。而日本因西原借款的偿还问题，迟至1930年5月才勉强同意签订《中日关税协定》，但要求中国政府从新关税收入中拨出500万元，充作整理外债之用，并在最短时间内召开各国债权人会议。这一要求显然是将国民政府整理旧债的财务基础寄希望于关税收入的增长。

1930年11月，国民政府正式召开各国债权人会议，参加会议的有英、美、法、日、比、意、荷七国代表。中国政府提出一个整理清偿外债的纲要，经多次讨论，达成对原则问题的一致意见：按有确实担保和无确实担保两种分别进行整理。有确实担保者，按期清偿本息；无确实担保者，分别予以承认，分期整理。第一次得到整理的有确实担保的外债共有 3 笔：（1）1908 年英法借款，至 1928 年 7 月尚欠本金 278 万英镑；（2）1911 年湖广铁路借款，至 1928 年 7 月尚欠本金 565.6 万英镑；（3）1912 年克里斯浦借款，至 1928 年 7 月尚欠 458.4 万英镑。国民政府决定自 1929 年 10 月 1 日起至 1930 年 9 月 30 日，每月从盐税项下拨付基金 90 万元，每年 1 080 万元；自 1930 年 10 月至 1932 年底，每月拨付基金 10 万元，共 2 600 万元。1935 年以后所需基金，根据当时情况再行核定。

第二次整理在 1934 年 10 月，其实只是第一次整理的延续。1934 年，蒋介石批示："关于巩固对外信用，利用外资案，当经决议；整理外债一层，应请政府就财务所及尽先办理。"[①]。国民政府制定《巩固对外信用和利用外资案》，重申"逐渐整理外债，恢复对外信用，以冀外资之输入"的基本方针，并确定了整理内外债的原则和范围。整理原则为：（1）数目小而无问题者，不待交涉，即时开始偿还；（2）数目大而无问题者，即予承认商议偿还办法；（3）其有问题者，另行交涉。整理范围为：（1）北洋政府财政部 1925 年关税会议时承认的债务，由财政部继续承认整理；（2）各债权人从前开送账单内，有关地方债和各机关债务等，由各省及各机关拟定清理办法；（3）铁道、交通两部所列债务已经确定整理办法者，仍按该办法整理；（4）铁道、交通两部所列债务，还本付息虽未能按合同履行但有相当担保者，由铁道、交通两部会同财政部商议整理办法。

第二次整理的内容主要是进一步确定偿还英法借款和克利斯浦借款的时间表，而湖广铁路借款等外债，在 1937 年才得到执行。无确实担保的外债经查核共 69 笔，涉及 9 个国家，日本的份额最大。由于中国政府整理承认数额与各国提出额有很大差异，因此这类借款的整理比较迟滞。国民政府边审核整理边拨付基金，逐步清偿。在整理过程中，先后又发生了"九一八"事变、"一·二八"事变、江淮特大水灾等突发事件，使本已拮据的国家财政更加困难，但国民政府为了取信于外国债权人，仍尽力按期偿还。据统计，1927—1933 年 7 年间，对有确实担保的外债偿付本息达 2.49 亿银圆。对于无确实担保的外债，截至 1934 年 6 月，已承认并归入整理者，共计有美债 7 款，英债 13 款，日债 57 款，比债 5 款，以及法、意、荷、瑞典等债若干款，总数达银圆 109 683 余万元[②]。另据 1937 年 2 月国民政府整理内外债委员会报告书所载，到 1936 年底，"计业经商定整理办法及已全部还清之大小债务共 49 款，统计免让债额、欠息、减轻国库负担约合国币三亿五千七百余万元"[③]。到 1937 年已将 1928 年以前拖欠的债务大部分偿清了。

外债整理使国民政府的对外债信有了较大的提高。1936 年 10 月 10 日，财政部部长孔祥熙称："惟近来政府对于维持债信，较前益加重视，还本付息，从未衍期，不惟国际市场对于我国债券较前增加信任，即国家地位声誉亦因此大为提高。"[④]虽然如此，但国民政府在外债整理中，对北洋政府所举借的巨额的无确实担保的外债采取完全包下来政策，

---

① 财政科学研究所，中国第二历史档案馆. 民国外债档案史料：第二辑 [M]. 北京：中国档案出版社，1991：131.
② 国民政府财政部年鉴编纂处. 财政年鉴：第一篇 [M]. 上海：商务印书馆，1935：1384，1472-1474.
③ 见中国第二历史档案馆收藏的国民政府财政部公债司《整理无确定担保外债意见书》。
④ 刘振东. 孔庸之（祥熙）先生讲演集（一）[M]. 台北：文海出版社，1972：179.

不仅是北洋政府外债半殖民地性质的继续，而且也使国民政府财政背上沉重的包袱，并进而加重了人民的负担。

2.举借新债

在举借新债方面，虽然国民政府主观上力求多借用外资，但由于受国内国际政治经济形势的影响，所借新债数量不大。1928—1937年国民政府所借外债只有14笔，包括6笔政治借款、8笔铁路借款。10年所借外债总额为280余万英镑、3 300万美元、4.5亿法郎、230万海关金单位、9 200万法币。这一数额与中国发展经济、增强国力的迫切需要相差甚远，其中主要的有美麦借款和美棉麦借款两项。

美麦借款是1931年国民政府以"赈济水灾区域"为名，向美国粮市平价委员会所借的一笔数额为921余万美元、年息为4厘、偿还期限为6年的借款。根据协议，这笔款以1931年12月海关开征的税率为10%的救灾附加税为担保，用来购买美国的小麦和面粉45万吨。

美棉麦借款是1934年向美国金融复兴公司所借的总额为2 000万美元、年息为5厘、偿还期限为3年的借款。根据合同，这笔借款原额为5 000万美元，以统税和5%的海关水灾附加税为担保，4/5用于购买棉花，余者购买小麦。后来鉴于中国棉纺工业不景气，生产能力小，大量的棉花进口将导致棉价猛跌，故改为以1 000万美元购买棉花。这样，这笔借款实际借了2 000万美元。这笔借款共购买了美国的小麦1 250万斛、棉花90万包。

美麦借款、美棉麦借款虽名义上为"赈灾"和"建设"之用，但实际上大部分用于购买军火。日本政府对此大做文章，日本外务省情报部部长天羽英二发表声明："如果中国采取利用其他国家排斥日本、违反东亚和平的措施，或者采取以夷制夷的排外政策，日本就不得不加以反对。"国民政府辩称：中国绝无伤害日本之意，借款购买军火，"大都为维持本国之秩序与安宁"[①]。实际上，有一部分军火是用于围剿革命根据地的。

中美棉麦借款本质上是政治借款，采取了货物借款的形式。大批货物到沿海口岸就地抛售，对中国内地的赈灾起不到什么作用，倒是帮助美国推销了剩余农产品，转移了部分经济危机。这却使国内的农产品市场受到严重冲击，导致棉麦市价狂跌，农民受到沉重打击，加速了农村经济的破产。当然，美棉麦的大量输入对中国面粉、纺织工业也有一定促进作用，具有先进技术和雄厚资本的大厂商，利用原料充足、成本下跌的有利时机，进行行业兼并和优化。上海的阜丰、福新两大资本集团就是在这种情况下形成的。

其他的若干种以建设或文化教育名义举借的款项，数额都不大。例如，从中法教育基金会借得的26.5万美元；从中法实业银行提回的实业借款余额233万法郎和91.4万银圆；汇丰银行提供的救灾借款14万英镑等。

1936年3月成立的中德易货偿债协议是全民族抗战前为数不多的重要国际贷款。这笔

---

① 朱伯康，施正康．中国经济史：下册［M］．上海：复旦大学出版社，2005：549.

1亿马克的借款大部分用于向德国购买军火，只有1000万马克被资源委员会用于购置机器设备，发展重工业。德国还负责工厂的设计、主要厂房的建筑、设备的安装及开工投产的一切技术问题。中国则以钨、锑、桐油、生丝、猪鬃等战备物资抵付债款。这笔借款形成了抗日战争时期中国政府对外借款的一种重要模式。

第五节

国民政府初期的财政管理

一、财政管理体制

（一）国家收支与地方收支暂行标准的试行

国民政府成立后，为了加强中央集权，统一财政。财政部1927年6月在南京召开了苏、浙、皖、闽、粤、桂六省财政会议，分别厘定了划分国家、地方两税、收入及支出暂行标准草案及理由书，并于7月4日提交国民党中央政治会议决议通过执行。

1928年1月宋子文继任财政部部长，极力推进财政统一工作。财政部本着孙中山提出的国家和地方"均权"的原则，重新拟订《划分国家收入地方收入标准案》和《划分国家支出地方支出标准案》，并于1928年7月召开的第一次全国财政会议上修正通过，报经国民政府于1928年11月正式公布施行。新标准案采用了划分税源与补助金制度相结合的办法，确定了国家与省级财政的收支范围，确立了二级财政管理体制。这次中央与地方财政收支划分如下：

1.收入划分

国家收入：盐税、海关税及内地税、常关税、烟酒税、卷烟税、煤油税、厘金及一切类似厘金的通过税、邮包税、印花税、交易所税、公司及商标注册税、沿海渔业税等税收，以及国家财产收入、国有营业收入、中央行政收入。

地方收入：田赋、契税、牙税、当税、屠宰税、内地渔业税、船捐、房捐等税收，以及地方财产收入、地方营业收入、地方行政收入及其他属于地方性质之现有收入。

此外，对将来新增收入项目也进行了划分：国家收入有所得税、遗产税、特种消费税、出厂税及其他合于国家性质之收入；地方收入有营业税、土地税、所得税附加及其他合于地方性质之收入。

2.支出划分

国家支出：中央党务费、中央立法费、中央监察费、中央考试费、政府及所属机关行政费、海陆军及航空费、中央内务费、中央外交费、中央司法费、中央教育费、中央财务费、中央农矿工商费、中央交通行政费、蒙藏事务费、中央侨务费、中央移民费、总理陵墓费、中央官业经营费、中央工程费、中央年金费、中央内外各债偿还费。

地方支出：地方党务费、地方立法费、地方行政费、公安费、地方司法费、地方教育费、地方财务费、地方农矿工商费、公有事业费、地方工程费、地方卫生费、地方救恤费、地方债款偿还费。

此次划分理顺了过去财政管理体制混乱的现象，明确了中央与地方的税收界限，确定了中央与地方的事权范围，使中央财政与地方财政自成系统，各有保障。但这次划分只是确定了中央财政与地方财政二级财政体制，地方财政由省和省以下的县市级政府组成，地方预算的权力集中在省政府，县市级政府只是省政府的派出机构，没有独立的财政收支和财政权限。而县市在行政上为一级政权组织，各项政务及管、教、养、卫等事业皆由县市负责办理，这样形成了事权与财权的脱节。各县市为了维持开支和应付上级任务，往往越权征税，结果使得县市级财政十分混乱，苛捐杂税禁而不绝，人民负担加重。

（二）《财政收支系统法》的颁布

为了解决工商凋敝、农业经济危机和地方财政困窘的问题，国民政府在1934年5月召开了第二次全国财政会议，讨论建立中央、省和县三级财政体制问题。1934年11月9日国民政府立法院又修正通过了《财政收支系统法》，1935年7月国民政府正式颁布了《财政收支系统法》，对中央、省（含市，以下略）、县（含市，以下略）各级政府财政收支的划分、配置、调剂及分类，以法律的形式做出了明确的规定。

1.新的收入标准

《财政收支系统法》在国地税收划分上采用独立税源和分配税额的并行制度。新的收入标准分为中央、省、县三级，加上直隶于行政院的市和直隶于省的市，有四种不同的收入标准：

（1）中央税收，主要税源为关税、货物出产税、货物取缔税、印花税、特种营业行为税、特种营业收益税、所得税、遗产税8种。应分入的有：营业税，从直隶于行政院的市分得30%；土地税，从直隶于行政院的市分得15%~45%，从县市整理土地需用经费分得10%。应分出的有：所得税，10%~20%归省，20%~30%归县市；遗产税，15%归省，25%归县市。

（2）省税收，主要税源为营业税、契税2种。应分入的有：土地税，从所属县市分得15%~45%；房产税，从所属县市分得15%~30%；所得税，从中央分得10%~20%。应分出的有：营业税，30%归所属县市。

（3）直隶于行政院的市税收，主要税源为土地税、契税、房产税、营业税、营业牌照税、使用牌照税、行为取缔税7种。应分入的有：所得税，从中央分得20%~30%；遗产税，从中央分得25%。应分出的有：营业税，30%归中央；土地税，15%~45%归中央，中央因整理土地需要得先提取10%。

（4）县或直隶于省的市的税收，主要税源为土地税、房屋税、营业牌照税、使用牌照税、行为取缔税5种。应分入的有：所得税，从中央分得20%~30%；遗产税，从中央分得25%；营业税，从省分得30%。应分出的有：土地税，15%~45%归省，中央因整理土地需要得先提取10%；房屋税，15%~30%归省。

除以上税收收入划分外，中央财政收入还包括：专卖收入、特赋收入、惩罚及赔偿收入、归公绝产收入、规费收入、代管项下收入、代办项下收入、物品售价收入、租金使用费及特许费收入、利息及利润收入、公有营业及事业盈余收入、协助收入、赠与及遗赠收入、财产及权利售价收入、收回资本收入、公债收入、长期赊借收入、其他收入。省财政收入还包括：特赋收入、惩罚及赔偿收入、规费收入、代管项下收入、代办项下收入、物品售价收入、租金使用费及特许费收入、利息及利润收入、公有营业及事业盈余收入、补助及协助收入、赠与及遗赠收入、财产及权利售价收入、收回资本收入、公债收入、长期赊借收入、其他收入。县市除补助收入项目外，其财政收入项目与省同。

2.新的支出标准

对于财政支出，《财政收支系统法》将新的支出标准分为中央、省、县三级：

（1）中央支出，包括政权行使支出、国务支出、行政支出、立法支出、司法支出、考试支出、监察支出、教育及文化支出、经济及建设支出、卫生及治疗支出、保育及救济支出、营业投资及维持支出、国防支出、外交支出、侨务支出、财务支出、债务支出、公务人员退休及抚恤支出、损失支出、信托管理支出、普通补助支出、其他支出。

（2）省支出，包括政权行使支出、行政支出、立法支出、教育及文化支出、经济及建设支出、卫生及治疗支出、保育及救济支出、营业投资及维持支出、保安支出、财务支出、债务支出、公务人员退休及抚恤支出、损失支出、信托管理支出、普通协助及补助支出、其他支出。

（3）县支出，包括政权行使支出、行政支出、立法支出、教育及文化支出、经济及建设支出、卫生及治疗支出、保育及救济支出、营业投资及维持支出、保安支出、财务支出、债务支出、公务人员退休及抚恤支出、损失支出、信托管理支出、普通协助及补助支出、其他支出。

《财政收支系统法》还对地方补助金制度做了规定。补助金制度在国际上已比较流行，其目的或为帮助贫困地区，或为推行制度改革，或为增进事业效率，是由国库拨给地方政府的补助金。该法规定的主要是振兴特种事业补助金。该法第四十一条规定："各上级政府为求所管辖各区域间教育文化、经济建设、卫生治疗、保育救济等事业之平均发展，得对下级政府给予补助金，并得由其他下级政府取得协助金。"①

《财政收支系统法》颁布后，国家财政体制划分为中央、省、县三级，县被正式确定为一级地方财政。在地方财政中，省、县各有其独立的税源，并能从特定的税收中分得一部分收入，提高了县地方财政的地位。至此，国家税和地方税两大体系日见明晰，国家支出和地方支出的事权范围也日益明确。这一划分为健全全国统一的财政体制，改变地方财政混乱的局面，限制地方军阀恶势力的扩张，加强县级政权建设，抑制苛捐杂税泛滥，具

---

① 江苏省中华民国工商税收史编写组，中国第二历史档案馆. 中华民国工商税收史料选编：第一辑（上册）[M]. 南京：南京大学出版社，1994：776.

有重要作用。由于全民族抗战的爆发，财政部呈准展期施行。不过，财政收支系统虽未实施，但对以后国地收支的划分和地方财政的整理产生了重要的影响。

二、财政管理机构

国民政府成立以后，根据其既定的财经方针，组建财政行政管理机构。整个国家财政机构分为中央财政机构和地方财政机构两部分。

中央财政机构为财政部，它是国民政府管理监督全国财务行政的总机关，总揽全国财政收支。根据1927年8月修正的《财政部组织法》，财政部的基本职责是：管理全国库藏、税收、公债、钱币、会计、政府专卖金银暨一切财政收支事项，并监督所辖各机关及公共团体之财政。1928年财政部改隶行政院，与其他各部处于平等地位，为"管理全国财政事务"的最高机关，并对各地方政府执行该部"主管事务有指示监督之责"。根据1934年再次修订的《财政部组织法》，部长下设政务次长、常务次长各一人；内设有参事厅、秘书处、关务署、盐务署、税务署、总务司、赋税司、公债司、钱币司、国库司、会计司等。上述组织除各司外，关务、盐务、税务三署还具有相对的独立性，可以用本署名义发布命令。此外，还设有为国家制定财政政策出谋划策、带有智囊团性质的几大委员会，包括盐务稽核总所及各分支机关、税务整理研究委员会、国定税则委员会、会计委员会、币制研究委员会、整理地方捐税委员会、财政整理会、财政特派员公署。这些机构直隶于财政部秘书处。此外，还有造币厂、北平印刷局等附属机构。

中央财政管理机构中还设有一些派驻地方的派出机构，如财政特派员、关监督、盐运使、统税局、印花烟酒税局、直接税办事处等。这些机构分别根据赋予的职责，负责征管中央各项税收、管理中央财政事务。

为加强对财政部各项职责履行情况的监督，国民政府还在财政部外设立了监察、审计系统。该组织于1927年设立，最初称为财政监察委员会，1928年改称预算委员会，直隶于国民政府。1929年2月又改称财政委员会，并扩大了职权范围。其不仅拥有议决预决算权，而且拥有财政决策权。1930年，国民政府取消了该机构，将其职权交中央政治会议。

财政审计是国民政府财政监督的一项重要手段，负有监督预算的执行、稽查财务上的一切行为、审定总决算等职权。国民政府成立后，设审计院，1931年起，设审计部，隶属于监察院。监察院行使弹劾权，又行使审计权，配合互用。各省市设立审计处或审计办事处。凡中央的财务审计由审计部办理；各省市的财务审计由各省市的审计处办理。根据1928年国民政府公布的《审计法》规定，审计方式包括事后审计兼事前审计。后由于这两种方式不足以制止不法行为，又创立了实地稽查制度。此后又由于审计队伍不健全，人员有限，顾此失彼，又出台巡回审计和抽查审计方式相配合。

国民政府初期，随着分级财政体制的建立，地方政府的财政机构逐步建立。各省设财政厅，综理全省财政收支、预决算的编制及对县财政的监督。初时，省财政厅除负责地方政府财政收支事项外，同时兼管中央政府财政收入的征管工作。1929年1月国民政府公布的《修正财政特派员暂行章程》规定：财政部在各省设置财政特派员，由特派员接管各省财政厅代管的一切国税及其机关。此后，各省财政厅专门负责地方财政收支的管理工作。

县设财政科，综理全县财政收支、预决算的编制及各项税收。县财政机构统一由科管理，是到全民族抗战之前才形成的局面，而在此之前，县财政机构极为紊乱，财权分散。财政科（局）下设总务、经征、会计等机构。

三、预决算制度

国民政府成立后，于1928年重新设立国民政府预算委员会，负责国家预算的审查批准职责。1929年2月财政部颁布民国十八年度预算章程，共5章27条，并附收支科目细则及预算书格式和填法说明书，供局部试行。此为国民政府实施预算之始。此后又有1930年预算章程。章程中对预算编制程序、方法、预算执行等内容做了具体规定，还规定1928—1930年3年内订立年度分预算。为了实现预算、会计、统计的超然化，国民政府一改初期财政预算、决算、会计、统计等项事务均由财政部会计司负责的做法，于1931年4月成立国民政府主计处，直隶于国民政府，下设岁计、会计、统计三局，负责编制全国总预算。主计处根据各政府机构收支事务的繁简，在其下设会计、统计室，为其办理有关岁计、会计、统计等事务，主办人员直接对主计处负责，并依法受所在机构主管人员的指挥。同年主计处制定了《预算章程》和《办理预算收支分类标准》，经中央政治会议通过后，由国民政府于1931年11月颁布施行。这些条例要求从1932年起，所有国家预算和地方预算都必须依照章程和分类标准办理。该章程规定：以每年的7月1日至次年的6月30日为一个会计年度；年度预算分为国家及地方两部分，按照国家规定的收支划分标准分别编制；每一年度内的所有收入、支出都必须编入预算；年度预算在未经国民政府主计处编成总预算案以前称为概算；各机关所编制的本级概算称为第一级概算，中央各主管机关汇总一级概算而编制成的概算以及各省政府及各院辖市政府汇总一级地方政府概算而编制成的省、市概算为第二级概算，国民政府主计处汇总第二级概算编制的概算为第三级概算。主计处编制的第三级概算须交中央政治会议核定。主计处根据中央政治会议核定后的第三级概算编制总预算。所编制的总预算交由行政院提交立法院核议。此外，章程还就预备费的设立、预算的执行及地方预算的编制、审议等做了具体规定。

1932年国民政府公布《预算法》，明确规定了预算编制的程序、时期和预算未成立时的救济办法、预算公布后追加预算及预算外支出追加等。这是一部比较全面完整的预算法，但因种种原因无法立即实施。

从预算制度实施的实际情况来看，国民政府成立之初，计政不完备，1928年、1929年、1930年，只有个别分预算，没有综合总预算，到1931年才有立法院通过的总预算案。1932年度总预算虽经主计处编成，但因入不敷出，未能成立。1933年虽实施了总预算案，但收支失衡相当严重。1934年以后，总预算案均经法定程序正式公布。至于决算，在1930年颁布了决算章程，1932年修订后，更名为《暂行决算章程》，对决算的编制方法、中央与地方决算的编审程序、报送时间等做了明确规定，但决算案一直未能正式成立，仅有与之相类似的会计年度报告书。

地方预算最初只是省及直隶行政院的市本级预算，对省（总预算）及隶属于省的县市预算并无明文规定。1934年国民政府财政部为切实整顿地方财政、废除苛捐杂税、减轻财政负担，召开了第二次全国财政会议。会议通过了关于确定地方预算各案及决议案，并提出了《县地方预决算章程》草案。当时，预算编制和执行有两个通病：一是预算编制时量出为入，支出部分范围不断扩大，数额尽量增加，而收入部分不敷时则滥列虚数，不足则以公债或金库券抵补；二是预算确定后，不论是否必要事务或用度紧急，随时追加预算，更有增加经费而在总预备费中按月开支的，以致预算形同虚设，决算无法成立，结果是财政亏空巨大，债务与日俱增。因此，会议决议通过在整理地方财政时，各级地方政府办理预算应注意的事项：（1）各级地方预算宜量入为出，以期易于成立，切实施行。（2）经费支出务宜紧缩，行政费用与事业费用须定适当之比例，以期减少消费，促进生产。（3）税捐收入务宜列举。合法税捐列入经常收入，不合法税捐及超过定额的附加，在未经裁减前只能列作临时收入。（4）中央与地方财政同感困难，各级地方预算收不敷支，须由各该政府自行设法开源节流，以求适合。非因遭遇事变或特殊事件，不得要求上级政府补助。（5）省（市）地方概算编送主计处时，另以一份送财政部。县（市）地方概算于省政府审定后，由省政府以一份送财政部，以备查考。同时，财政会议对各省订定县预算章程提出了以下几点要求：（1）县（市）政府编审地方预算，务使法团及公民有参加意见的机会，以示财政公开。预算的监督须于行政机关以外另设机构，以防止流弊。（2）凡属地方公有收支，不问其来源如何、用途如何，均须编入预算，以显示其全部财政状况。（3）预算科目务求明显，使一般人民易于通晓。（4）预算编审程序务求简便，多用集会查勘方式，以祛除隔阂，减少文书承转，以节省时间。（5）预算公布日期须在年度一个月之前，以便为实施做准备。（6）预算执行及追加预算须有严格规定，以杜苛征滥用之弊。自1935年起，全国各省所属县市地方预算逐步建立。

四、公库制度

国民政府成立后，于1928年成立中央银行，规定由中央银行代理国库，财政部特设国库司，专门负责国库出纳事宜。但当时的国库制度还很不完善，国库事务未能由中央银行集中管理，仅执行财政部会计、国库二司的出纳职责，一切税款收入均由征收机关向纳税人收取，自行保管，而后解缴国库；支出也采用坐支抵解、相互协解的方式，不经过国库收支。1933年2月，国民政府针对当时一些机关存在的不按规定程序上缴收入、请领经费的情况，又公布了《中央各机关经管收支款项由国库统一处理办法》，规定：中央各部会直接收入款及其所属非营业机关收入款与营业机关盈余款或摊解非营业之经费均须解缴国库核收；中央各部会及其所属机关经费均由国库统筹核拨。对收入解缴国库和支出拨付的程序、收付过程中统一使用的收付款凭证等做了较全面的规定。此后，凡是中央政府的财政收入或支出都必须通过国库进行收付，国库在财政收支过程所起的作用大大加强。

五、财政法制建设

国民政府为了加强其统治，巩固其财政基础，借以加强财政征收和控制支出，充分运用了法律这一具有强制性的工具，制定和修正了一系列的财政法律、法规，法制建设取得了一定成效。从范围上说，这些财政法规包括国家和国家授权财政部统一制定的全国性法规和各地区、各部门在国家授权范围内制定的适合地区和部门的单行法规。从内容上说，这些法规包括了财政体制、财政管理、财政监督、税收和公债等方面。例如，在财政体制方面，颁布了划分国家和地方财政收支的《标准案》《财政收支系统法》《省县收支标准》《县各级组织纲要》等法规。在财政管理方面，颁布了《预算章程》《办理预算收支分类标准》《预算法》等法规。在财政监督方面，颁布了《审计法》《国民政府监督地方财政暂行法》等。至于税收法规、公债条例和地方财政法规更是比比皆是，兹不一一详述。

国民政府初期，所颁布的财政法规不仅数量多，而且修正也比较频繁。这说明国民政府在财政法制建设上，做了一些有益的工作，为提高财政管理水平奠定了基础，但法规修正频繁也反映出国民党政策多变，财政不稳固。还有一点，就是财政法规条文虽具，但多未切实执行，等于纸上谈兵。

综合训练

关键概念

关税自主　统税　地价税　苛捐杂税　美麦借款　美棉麦借款　公库制度

复习思考题

1.试述国民政府初期财政的特征。

2.试述国民政府初期实现"关税自主"的情况及其实质。

3.试述国民政府初期统税制度的实施情况及其影响。

4.简述国民政府初期内债的性质及影响。

即测即评 12　　　　　　　　　　综合训练参考答案 12

国民政府抗战时期的财政①

第一节
国民政府抗战时期的政治经济背景及财政政策

一、国民政府抗战时期的政治概况

1929年世界经济危机发生以后，日本帝国主义为了摆脱由经济危机所造成的严重困难，于1931年发动了"九一八事变"，1932年又发动了上海"一·二八事变"，到1933年日军又占领了热河、察哈尔和河北东部大片土地，直逼平津。在国家民族生死存亡的关键时刻，国内的阶级矛盾已退于次要地位，民族矛盾已成为主要矛盾。为此，中国共产党提出了建立抗日民族统一战线、共同抗日的正确主张，并得到了一切爱国人士的公开拥护。国民党的一些爱国将领对蒋介石的"攘外必先安内"的不抵抗政策也极为不满，1936年12月12日，国民党将领张学良、杨虎城在西安兵谏蒋介石，发动了震惊中外的西安事变。在中国共产党的努力下，西安事变得到了和平解决。蒋介石答应停止内战，一致抗日，最终实现了第二次国共合作，迎来了全民族统一抗日的大好形势。1937年7月7日"卢沟桥事变"爆发，全民族抗战开始。由于抗日统一战线的形成，国共合作，共同抗日，粉碎了日本帝国主义迅速灭亡中国的迷梦。同样，由于中国共产党在统一战线中坚持既团结又斗争的原则，抗日民族统一战线在艰苦卓绝的抗战中成为克敌制胜的法宝。

---

① 1937年以前，以蒋介石为首的国民政府奉行"攘外必先安内"的反动政策，其财政体现不出抗日的性质，只是1937年"卢沟桥事变"爆发后，在中国共产党的推动下，抗日民族统一战线形成，国民政府财政才具有一定的抗战进步性，因此，本章阐述的是1937—1945年全民族抗战时期的国民政府财政。

蒋介石利用全民族统一抗战这一时机，集党政军大权于一身，将国民党的一党专政发展为个人的军事独裁。一方面，蒋介石在统一战线的旗号下，企图限制中国共产党及其领导的军队的规模和作用。1940年以后，抗日战争进入艰苦的相持阶段，国民党转而采取了"积极反共，消极抗日"的方针，先后掀起了三次反共高潮，这都遭到了中国共产党人的有理、有利、有节、有力的回击。另一方面，在国民政府统治区域，国民政府则按照中央集权的方针，致力于削弱省权，加强中央集权。蒋介石在抗战救国的名义下，要求全国人民捐弃成见，破除畛域，集中意志，统一行动①。首先他将各省的军队调往前线作战，然后对各省进行政治、军事和经济的全面渗透。其次在制度上加紧了缩省计划。缩省计划因地方阻力太大无法实现，于是国民政府便在财政体制上做文章，将国家财政分为国家财政和自治财政，省财政并入中央，让省名存实亡，"省财政并入中央财政系统，实具有缩小省区之同等功效"②。另外，国民政府在推行县自治的名义下于1939年推行新县制，实行保甲制度，从而加强了中央对县的控制。

在国统区内特务横行，贪污成风，政治愈来愈黑暗和腐败，财政经济状况也随之日益恶化。

二、国民政府抗战时期的经济概况

1. 国土的沦陷与经济困境

"卢沟桥事变"后，尽管国民党军队在正面战场上努力地抗击了日军的侵略，但由于国民政府缺乏必要的准备，敌我力量悬殊，受单纯的政府和军队抗战思想的消极影响，以及战略战术上的失误，国民党守军节节败退。北平、天津、上海、苏州、常州、南京相继沦陷，在短短数月中，中国工农业生产的富庶地区大多被日军所侵占，内地与重要的港口城市上海的联系被切断。1938年10月日军又先后侵占了广州和武汉，国民政府被迫迁都重庆。到1938年底，日军遂占有了中国土地的1/3、农业生产基地的40%、工业生产能力的92%，约占中国总生产量50%~55%的地区被日军占领。1939年日军在华南发动新攻势，11月南宁被占，广西通往越南的交通线被切断。同时日军又沿长江发动扇形攻势，以图最终切断重庆与华东各省的联系。1940年6月宜昌沦陷。此后日军又分兵河南南部、广西北部，形成面对国统区的包围。

战争的失利和国土的沦陷，在经济上产生了一系列的严重影响。战前，中国工业的90%集中在华北、华中、华东和华南的一些大城市。其中，江苏、浙江、安徽三省就占70%；上海、武汉、无锡、广州、天津五大城市就集中了全国工厂的60%，而上海一地又集中了全国私人资本工厂数的50%、资本额的40%、生产额的60%③。国民政府由于在战前准备不足，在战争打响后才匆忙将上海等地的厂矿内迁。尽管做了很大的努力，但也只迁出了一小部分，绝大部分工厂或被日军炮火摧毁或陷入日军控制之中。从工业雄厚的上海只带出来14 600吨的设备和2 500名技术工人。到宜昌陷落时，全国大约有600余家

① 江苏省中华民国工商税收史编写组，中国第二历史档案馆. 中华民国工商税收史料选编：第一辑（上册）[M]. 南京：南京大学出版社，1994：217.
② 朱斯煌. 民国经济史：上册 [M]. 台北：文海出版社，1985：176.
③ 石柏林. 凄风苦雨中的民国经济 [M]. 郑州：河南人民出版社，1993：269.

120 000吨的设备迁到四川和湖南，少数迁到陕西。这些设备包括采矿、冶金、机器制造、电器、化工、棉纺、食品加工等方面，生产能力十分有限。应当说，大部分工矿企业落入日军之手，对国民政府的经济打击是沉重的。由于国民政府所能控制的后方15省，在战前工业生产能力十分薄弱，只有全国工业生产能力的8%左右，主要工业品如化学产品、五金、电器等都需要从沿海省份输入。由于大量工厂陷入敌手，而后方工业基础又十分薄弱，结果导致了工业内部的相互依存关系无法维持。能源和原材料供应不足是十分突出的问题，尤其是电力短缺、制造业所需的钢材和加工业所需的原料不足，导致一些工厂不得不停产或转产。国民政府控制的西南、西北地区，交通运输也十分落后，没有铁路，公路刚刚起步，难以起到调剂物流的作用。这些都制约了工业品的供给能力。

至于农业，遭受的损失更大。沿海及华南各省，也是我国重要的农业区，这些省区全部或部分的沦陷，使农业生产受到重大的损失。在大后方，由于四川省是粮食富饶的产区，特别是1937至1939年连续三年的大丰收，粮食尚能满足需要，价格也比较稳定。但由于1940年夏季歉收，以及国民政府在粮食方面采取"三征"的政策，使得农业经济也日益衰竭，农业生产能力下降。此外，交通运输、对外贸易等都大受影响。

与此相反，国民经济总需求的膨胀是不断加剧的。从1938年开始，国民政府推行所谓"一面抗战，一面建设"的方针，加强对后方工业和交通的开发，使政府支出于1937—1939年间增加33%之多[①]。军费的猛增也导致国民政府财政支出迅速膨胀。此外，因不堪敌人的蹂躏，转移到大后方的人口不断增加，沦陷区法币回流，促使人们对衣食住行等消费品的需求迅速增加；私人企业投资的增加引起对信用需求的增加，因而促使银行对私营企业信贷扩张。

2.战时统制经济政策

国土的沦丧与国民经济遭受的严重损失，使国民政府认识到没有后方根据地的经济建设是难以持久抗战的，因此国民政府提出了统制经济政策。

统制经济，是指国家用行政手段干预经济，达到对国民经济统一、严格的控制。1937年2月国民党五届三中全会通过的《中国经济建设方案》中明确："中国经济建设之政策，应为计划经济。"[②]1937年8月至12月，国民政府相继颁布了一系列办法，在全国范围内逐步推行贸易统制、粮食统制、资源统制及金融财政筹划等措施，统制经济初露端倪。1938年3月国民党临时代表大会通过《抗战建国纲领》，提出"经济建设应以军事为中心，同时注意改善人民生活，本此目的，以实行计划经济，奖励海内外人民投资，扩大战时生产。"[③]此为国民政府战时统制经济政策的最高原则。据此，国民政府专门制定了《抗战建国纲领实施方案》，并由政府的经济部、交通部、财政部等部门将方案具体化。1938年

①　张公权. 中国通货膨胀史［M］. 北京：文史资料出版社，1986：3.
②　江苏省中华民国工商税收史编写组，中国第二历史档案馆. 中华民国工商税收史料选编：第一辑（上册）［M］. 南京：南京大学出版社，1994：205.
③　江苏省中华民国工商税收史编写组，中国第二历史档案馆. 中华民国工商税收史料选编：第一辑（上册）［M］. 南京：南京大学出版社，1994：217.

10月至12月间，国民政府发布了《非常时期农矿工商管理条例》《内移各厂矿限期复工办法》《实施收兑金类办法》《非常时期工矿业奖助暂行条例》。

1939年1月，国民党在重庆召开五届五中全会，会议进一步强调经济建设对战争胜负的作用，宣布"实行统制经济，调节物资之生产与消费"，统制经济政策被正式提出。此后，国民政府根据战争形势的需要，分轻重缓急，先后颁布了《各战区粮食管理办法大纲》《矿产品运输出口管理规则》《非常时期禁止进口物品办法》等19部法规，建立起统制经济体系。从1941年起，随着抗战局势的日趋严峻，后方的经济进一步恶化，国民政府更进一步重视经济建设问题。这一年国民政府又颁布了《战时管理进出口物品条例》《管理工业机器、化工材料细则》《管理液体燃料规则》《非常时期违反粮食管理治罪暂行条例》等法规。经济统制扩大到国民经济各个部门、各种产业及供产销各个环节。

3.通货膨胀政策的施行及经济形势的恶化

通货膨胀政策即增发纸币以满足财政需要的政策。在采取何种办法以解决巨大的财政赤字问题上，有两种不同意见：一种意见是主张通过开征直接税的办法来解决问题；另一种意见则主张通过增发纸币并辅以公债来解决。结果是后一种意见在国民政府的决策中占了上风。1937年11月财政部部长孔祥熙就曾召开会议，商讨增发纸币以应对财政急需的办法，并确定了增发纸币这一总方针，所未确定的是只增发法币，还是另发一种流通券的问题。为了增发纸币，国民政府在1938年调整了货币准备金制度，即在金银和外汇等现金作为货币发行准备金的基础上，又准许以短期商业票据、货物栈单和生产事业之投资（即股票）等保证准备金充作发行准备金。这一调整使现金准备金所占比重大大缩小，而保证准备金的比重则加大。这样，只要财政部有一纸借据，就可以名正言顺地发行纸币了。至1939年1月国民党五届五中全会正式确认"军费所需及收买物资仍以法币"的方针，并认为"供应军费，收买物资，使用多量法币，则筹码之流通，自无不足之虑"。从此，国民政府就通过中央银行、中国银行、交通银行、中国农民银行四大银行大量发行货币，从10余亿元增加到20亿元，再从20亿元增加到30亿元。1939年税收仅及财政支出的16%，大部分靠发行纸币来弥补，这年的银行垫款达23余亿元，占全部支出的76%。

增发纸币的直接后果就是导致恶性的通货膨胀。1940年下半年以后，通货膨胀恶性发展，财政经济状况愈加恶化。通货膨胀的不断加剧，造成粮棉及工业品等必需品的物价飞涨。在这种情况下，人民的生产和生活都受到了危害。工业品价格因政府的评价、限价和统购等统制措施的限制，跟不上市场物价的上涨幅度而低于生产成本，企业不但无利可图，且反蚀资本，造成生产能力不断萎缩，有的被迫停工、歇业。例如，1943年11月，重庆18家铁厂竟有14家停炉；机器业停工家数1年间达1/3[①]。重庆的手工纺织业原本很发达，从1942年起普遍陷于衰落，一般减产约为50%~60%。农业生产也普遍下降，据调查，1942年后方23省作物面积较1937年减少17.3%，产量减少13.3%。与工农业生产日

---

① 许涤新. 现代中国经济教程［M］. 上海：新知书店，1947：55.

益萎缩的情形相对照，官僚垄断资本却迅速增长，1944年官营工业在国统区的全部新式工矿业资本总额中所占比重已上升为50.5%[①]。在通货膨胀不断恶化的情况下，人民的购买力日益下降，特别是靠固定的月薪维持生活的公教人员和士兵，由于政府不肯随物价上涨而调整他们的待遇，其生活日趋恶化。

三、国民政府抗战时期财政制度的转变

1.抗战时期的财政困境

随着国土的沦陷，财政收入中的主要税收呈现锐减的趋势。全民族抗战之前国民政府的主要财政收入是关税、盐税、统税，仅以1937年预算数来看，三项税收收入合计为7.72亿元，占财政收入的77.2%。沿海地区的三项税收收入又占总额的80%以上。由于国土的相继沦陷，关盐统三税的税源大部分丧失。例如，以1936年与1939年相比，关税自36 900万元减至8 600万元，减少77%；盐税自22 860万元减至10 100万元，减少56%，统税自15 600万元减至9 100万元，减少42%。相形之下，西南、西北地区，工业生产落后，税源有限。另外，为了装备和维持作战部队，修筑内地的公路、铁路，将沿海各地的工厂设施拆迁到后方，以及动员沦陷区的资源为作战之用，需要付出巨额的财政资金。据估计，1937年，仅军费支出一项每日就要500万元，全年需18亿元，是国家财政总收入的3.6倍（1937年连同特税在内，实际收入不过5亿元）[②]。一方面是巨大的财政需求；另一方面是严重的财源枯竭，国民政府面临着严重的财政危机。1939年财政收入比战前水平降低了63%，而政府收入不敷支出之数高达2/3强[③]。财政困难情况详见表13-1。

表13-1　　　　　**国民政府抗战时期财政实际收支情况表**　　　　单位：百万元

年度	总岁出	实际收入	短亏数额	短亏占总岁出比重（%）
1937	2 091	559	1 532	73.3
1938	1 159	297	872	75.2
1939	2 797	715	2 082	74.4
1940	5 288	1 317	3 971	75.1
1941	10 003	1 184	8 819	88.2
1942	24 511	5 269	19 242	78.5
1943	58 816	16 517	42 299	71.9
1944	171 689	36 216	135 473	78.9
1945	1 215 089	150 065	1 065 024	87.6
总计	1 491 453	212 139	1 279 314	85.8

注：总岁出为现金结存外的实际总支出；实际收入为除债款和银行垫款外的实际总收入；因从1939年起会计年度改为历年制，1938年只包括7—12月的数字。

① 中国人民大学政治经济学系.中国近代经济史：下册［M］.北京：人民出版社，1978：176.
② 陆仰渊，方庆秋.民国社会经济史［M］.北京：中国经济出版社，1991：543.
③ 张公权.中国通货膨胀史［M］.北京：文史资料出版社，1986：3.

2.战时财政制度的转变

全民族抗战的爆发，使国民政府的财政由平时财政转为战时财政，平时财政固有的收支平衡关系被打破。为扭转这种局面，国民政府提出"军事第一，胜利第一""抗战与建国并重"等战时基本政策，财政制度围绕着这些基本政策而调整。这些转变一方面是适应战时财政的特殊性，另一方面也是近代财政制度现代化趋势的继续。

（1）各项财政制度以适应抗战为目标进行调整。全民族抗战爆发后，财政需款孔急，许多适用于平时的财政法规难以适应战时需要，因此，国民政府除颁布临时性的财政法规外，还对已有财政法律条款进行修订，所涉及的范围包括预算制度、财政收支系统、税收制度、国债制度等多方面。

（2）预算制度按战时要求进行简化。国民政府为了持久抗战，重视战时财政预算的编制和执行。为适应战时客观形势变化频仍的实际，国民政府将核定概算的最高机关由中央政治会议改为国防最高委员会。同时，变通《预算法》关于预算的编审程序，缩短时间，简化程序，以适应战时需要。

（3）财政体制向集中性和适应性方面转变。抗战进入相持阶段后，为了保证中央政府有足够的财力支持抗战，同时，也为了使沦陷区地方政府在抗战中具有自主性和适应性，国民政府将原来的三级财政体制调整为国家财政和自治财政两大系统，将省级财政并入国家财政，将县市财政定为自治财政。

（4）现代税制体系逐步完善。全民族抗战爆发后，针对关税、盐税和统税等主要税收锐减的形势，一方面国民政府全面开征所得税、非常时期过分利得税、遗产税等直接税，并将印花税、营业税并入直接税体系，从而使直接税体系进一步充实；另一方面不断调整关税、盐税、货物统税、战时消费税等流转税制度，使间接税体系不断适应战时客观经济形势的变化。

（5）战时国内公债发行成为通货膨胀政策的附庸。由于国民政府公债的债信不高，战时的公债发行先是自由承购，接着是劝募，最后是强制摊派，结果还不尽如人意。到后来，国民政府的国内公债只能以总预约券的形式向银行抵押，作为增发纸币的保证准备金，结果是公债失去了作为重要财政政策手段应有的职能。

第二节

国民政府抗战时期的财政支出

一、战时财政支出的二重性

国民政府抗战时期财政支出因受战时军事需要和后方建设需要的影响，财政支出规模不断扩大，并且扩张的速度也较快（见表13-1）。从性质上看，国民政府抗战时期的财政支出具有两个二重性：既有抗日的一面，又有反共反人民的一面；既有军事财政的一面，又有经济建设的一面。

全民族抗战爆发后，由于全民族抗日统一战线的形成，全国军民的抗日热情高涨，在这种氛围下，国民党军队在正面战场上对日作战是比较积极的，许多爱国将士同日寇进行了殊死的搏斗，如台儿庄之战就是突出的一例，因而牵制了日军三分之一以上的兵力。此外，由于国共合作，国民政府还曾拨给八路军部队一定数量的抗日经费和战略物资。抗战进入相持阶段后，国民党顽固派开始奉行"消极抗日，积极反共"的方针，不断制造摩擦，但由于中国共产党的坚决斗争，以及各阶层爱国人士和国民党内进步人士的共同努力，抗日民族统一战线没有破裂。尽管1938年10月武汉失守后，正面战场实际上没有发生严峻的战争，1943年国民党军队所对付的不过是日军的36%和伪军的5%，但由于正面战场能够牵制一部分日军兵力，客观上对八路军在敌后战场开展游击战争起到积极作用。这些事实说明，国民政府在抗战时期的财政支出始终有一部分直接或间接地用于抗日。由于抗日战争是中华民族捍卫国家主权和民族独立自由的正义战争，所以这部分支出无疑是具有进步意义的。

然而，抗日战争中，国民党顽固派反共反人民的行为也是不容否认的事实。在此期间，国民党顽固派多次制造摩擦，先后发动了三次大的反共高潮，制造了震惊中外的"皖南事变"。而且，国民党内的投降派还奉行"曲线救国"的方针，指使50多万国民党军队投敌，占伪军的62%。并且，还有国民党的20多个中央委员、军队中的58个高级将领先后投敌，成为日寇进攻抗日军民的帮凶，大量人力、物力和财力付之东流。所以，国民政府用于这些方面的财政支出无疑具有反动性。

抗战时期，国民政府财政支出中，军费支出急剧膨胀，特别是1940—1945年期间，国民政府的武装力量增加了一倍，军费支出则增加760倍。军费支出占财政支出的比重由1937年的66.4%上升到1945年的87.3%，这无疑属于军事性财政，是战时财政最突出的特点。另一方面，国民政府为立足于长久抗战，需要加强大后方的开发与建设，因此，财政支出中还有一部分用于经济建设方面，如水利建设、交通建设、其他经济建设等，具有一定经济建设性。虽然许多经济建设实际上是用于国防建设，真正用于经济建设方面的支出所占比重不大，但在战时环境下能够进行一定的经济建设，客观上对经济增长具有一定的促进作用。

二、战时财政支出的内容

国民政府抗战时期的财政支出包括军费、政务费、债务费、建设费、教育文化支出、保育及救济支出、卫生支出、赈济支出等项目，除军费、建设费、债务费和政务费外，其他几项支出都很少，在财政支出中所占比重不大。

（一）军费支出

由于抗战的需要，军费支出不断增加，占财政支出的比重也不断提高（见表13-2）。其中所列历年军费内容不一：1937—1938年包括军务费、国防建设费和非常军费；1939

年增加了紧急命令拨付款；1941年起包括国防支出、国防建设费、战务费、粮食费、军事运输费和紧急命令拨付款等；1943年起不列军事运输费；1945年包括国防最高委员会支出、军政部支出、军政部建设支出和紧急命令支出。军费支出的不断扩张导致财政支出规模不断扩张。

表13-2　　　　　　　　　　国民政府抗战时期军费支出情况　　　　　　　　单位：百万元

年度	国库总支出	军费	占总支出的比重（%）
1937	2 091	1 388	66.4
1938*	1 169	689	58.9
1939	2 797	1 601	57.2
1940	5 288	3 912	74.0
1941	10 003	6 617	66.2
1942	24 511	15 216	62.1
1943	58 816	42 939	73.0
1944	171 689	131 080	76.3
1945	1 215 089	1 060 737	87.3

注：*因从1939年起会计年度改为历年制，1938年的数字只包括7—12月的数字。

资料来源　国民政府财政部年鉴编纂处. 财政年鉴：第一篇［M］. 上海：商务印书馆，1935：129-150.

从变动趋势上看，1937—1939年，军费支出基本上在60%左右，已较战前的38%提高了1倍。1940年军费支出再次提高，占总支出的70%以上，这是国民政府大量征兵和扩充武装力量的结果。1941年和1942年基本处于稳定状态，这是由于田赋征实后，军粮的80%由此直接开支，减少了一部分货币支出。1943年起军费支出的比重进一步提高，到1945年竟达87.3%。这说明军费支出中有一部分用于抗战了，但也有很大一部分用于反共反人民的内战方面了。1940年和1943年是两次军费支出的高峰，恰在这两年掀起了两次反共高潮，这绝不是偶然的巧合；1945年正当日寇失败的大局已定的时候，军费反而增加到最高峰，这说明蒋介石集团又在积极准备发动内战（如图13-1所示）。

（二）建设费支出

1937—1945年，建设费平均支出占预算支出总额的21.92%，其中以国防和交通建设支出占绝大比重。1937年，经济和水利建设支出还占相当比重，分别占岁出的4.98%和2.73%，以后逐年下降，1944年时分别降到只有0.96%和0.23%。这说明这段时间国民政府还从财政上给民营工业和农业以一定的帮助，后来才日益侧重于发展以国防工业为中心的国家垄断资本企业。

（三）债务费支出

战时债务支出呈下降趋势，1939年占总支出的27.93%，所占比重为最高，以后逐年下降，到1943年降到只占总支出的9.65%，下降得相当明显。债务费比重逐年下降主要有以下三个方面的原因：一是从1938年9月起，停付了用盐税担保的外债本息。1939年1月，又停付了以关税为担保的外债本息，使得战时外债的负担大大减轻了。二是苏联、美国、英国对中国提供贷款，用以支持中国的抗战，条件比较优厚，不但无利息和担保方面的规定，而且对偿还期限也从无规定，这也有利于本期债务费的减少。三是内债虽需如期偿还，但由于恶性通货膨胀，故用已经大大贬值的法币来偿付原来的货币价值额，就使得债务费不再成为政府的沉重负担了。例如，1945年债务费支出达70亿元，从绝对额来看是1937年的19倍，但由于财政总支出因通货膨胀而膨胀，所以债务费支出占总支出的比重已下降到1%。

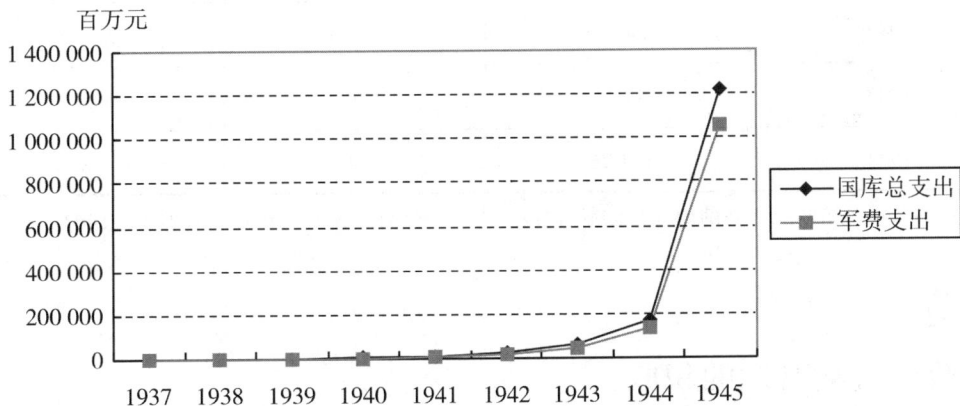

图13-1　国民政府1937—1945年军费支出规模

本期的债务费同前期一样，仍然是军费的预支或追加，同时，也是对债权人的掠夺，因为还本付息时根本未考虑通货膨胀，所以债权人无形之中受到了盘剥。尽管政府轻而易举地甩掉了沉重的债务包袱，但却因此丧失了民心，从而使政府的公债发行裹足不前。

（四）政务费支出

1937—1945年的政务费支出，在总支出的比重逐年下降。从1937年占国库总支出的21.3%，降到1942年只占11.2%[①]。政务费下降原因有二：一是政府大力压缩了一些与抗战无直接关系的事业费、实业费和教育费等开支。二是公教人员和士兵的薪俸未能随物价上涨而做相应的调整。据估计，1937—1943年，公务人员的实际收入降低了85%[②]。这是最主要的原因。结果公教人员和士兵的生活极度贫困，造成了政府行政效率低下，纪律松弛，吏治腐败，军纪败坏，士气低落，战斗力低下。各年政务费支出数额及所占比重见表

①　邹宗伊. 我国之战时财政［C］//朱斯煌. 民国经济史. 银行学会编印，1948：414.
②　张公权. 中国通货膨胀史［M］. 北京：文史资料出版社，1986：81.

13−3。

表13−3　　　　　　　　国民政府1937—1944年政务费支出情况　　　　　　单位：百万元

年份	国库总支出	政务费	政务费所占比例（％）
1937	2 091	445	21.3
1938	1 169	254	21.7
1939	2 797	442	15.8
1940	5 288	854	16.1
1941	10 003	1 764	17.6
1942	24 456	2 749	11.2
1943	54 711	6 959	12.7
1944	151 767	27 470	18.1.

资料来源　杨培新．旧中国的通货膨胀［M］．北京：生活·读书·新知三联书店，1963：29-31.

第三节

国民政府抗战时期的税收

全民族抗战爆发后，由于国土的沦陷，沿海沿江地区的主要税收如关税、盐税和统税等税收锐减。在这种形势下，为保证持久抗战，国民政府对税收制度进行了调整和改革，一方面对关税、盐税和统税在制度上进行调整与改革，使之适应战时经济形势的变化，确保间接税收入的增长；另一方面，全面开征直接税，如所得税、非常时期过分利得税、遗产税等，以增加税收收入。1941年抗战进入艰苦的相持阶段，为了确保有足够的财力和物力支持抗战，国民政府对财政管理体制进行了重大调整，确立了国家财政和自治财政两大系统，分别明确了各自的税种。这时田赋、营业税、契税等上划为国家税，国家财力进一步集中，同时明确土地改良物税（房捐）等五种税为自治财政独立税种，以适应战时地方自治财政的灵活性。

一、关税

从1937年全民族抗战爆发到1940年太平洋战争爆发这一时期，是关税锐减的时期。关税的预算数不但逐年减少，而且实收数更是远远没能达到已经降低的预算数。关税的锐减，主要是由于海关多被日军所控制而关税遭到掠夺以及走私等原因造成的。据统计，从

1937年7月到1945年6月底，国民政府关税总收入仅为179 700万元，如果加上1945年七八月的收入最多不到30亿元，而同期被敌伪掠夺的关税总额达226亿元以上[1]。为了改变关税收入下降的局面，调整进出口贸易，统制进出口货物，国民政府对关税税则进行了调整。

1.进口税则的调整

战时政府对进口关税的政策是以便利必需品进口为原则，充裕后方物资，以适应战时环境。全民族抗战初期，财政部曾规定进口卡车、金属机器及工具的进口关税纳税办法，或按原税率折半征收，或准照原税率2/3纳税，以促进交通运输工具和金属机器的进口。

为进一步鼓励必需品进口，财政部于1939年7月规定减免进口税办法，进一步扩充减免范围：（1）凡军事上急需之物品，如医药、交通器材、钢铁等金属品及机器等，分别减税免税，或准予记账。（2）凡未经禁止进口之物品，即日用必需品，计168项税则号列，其进口税一律按原税率的1/3征收，最低税率为1.7%，最高税率为80%，共24级。

1941年冬，太平洋战争爆发，我国沿海一带入海口全遭日军阻断，国民政府为争取外来物资，另颁战时管理进口出口物品条例，将一部分进口物品特予弛禁。财政部就弛禁而仍征全税的各种物品，按其性质及需要情况，选择与民生、衣着、医药、卫生、文化事业有关的必需品，如呢绒、呢帽、蚕丝、糖精、纸张、米麦、杂粮、耕牛、金鸡纳树皮等计12项税则号列货品增订为进口减税品，但禁止奢侈品进口。1942年4月1日起，进口减税货物从量税部分，准照原定从量税率减按1/6征收。1943年1月16日起，为适应通货膨胀不断加剧的局面，进口税一律按从价计征。1944年1月，又制定调整进口货物减税办法。参照节约消费的有关法令，选择一部分进口货品恢复全额征税，并另订进口货物恢复征收全税品目及税率简表。

2.出口税则的调整

政府对出口物资的关税政策是禁止与军事有关的国产物资与资敌物资出口，奖励土货出口，以集结外汇。为了控制与军事有关的国产物资，如粮食、五金、废铜的出口，1940年成立了货运稽查处，并扩大了禁运出口物资的范围，凡资敌物资、法币、金银等禁止出口。对于外运货品，有利于结汇者，如土货、手工艺品，除给予保险运输等方面的优待外，并得以减免出口税。

1938年4月，为稳定法币汇价，赚取外汇，国民政府颁定出口货物售结外汇办法，指定桐油、猪棕等24种为应结外汇之货品，依法应将所售的货价以外币计算，外汇售与中国银行或交通银行，并将取得的承购外汇证明书提交海关查验，方准报运出口。同年10月，为加强对敌经济封锁，国民政府颁布《查禁敌货条例》《禁运资敌物品条例》，对于敌货的进口，及可资敌用的货物的出口，均予以严禁。同时，对土货输出的重要产品，如

① 国民政府财政部年鉴编纂处. 财政年鉴：第三编 [M]. 上海：商务印书馆，1948：146-148.

丝、茶、绸缎、蛋品、花边、刺绣、漆器等予以免税。从1939年5月起列出34项免税货物，到1940年，免税货物共包括13类，并规定手工艺品、农产品、农副产品、后方工厂机制货物经审核后也可免征出口税，以利外销。出口税则依战前，未做改动。

此外对于各工厂用机器制造的洋式货物，仍按照机制洋式货物税法办理，免征出口税，目的在于促进国内工业的发展。

3. 转口税的调整

全民族抗战开始后，国民政府为弥补战时财政，仍将转口税加以整理扩大，并根据货物时价，改订税率，于1937年10月1日，实行新颁行的海关转口税整理办法，规定：对于民船、轮船、飞机往来通商口岸，及通商口岸与内地、内地与内地之间运输土货，一律征收转口税一次，以后通行全国，不再起征。已税货物，转运出口时，照出口税多退少补，转口税税率，凡从价计征者为7.5%，从量计征者为5%。对米麦、抽纱品、挑花品、花边、发网等货物免税。1938年又提出凡每种货品一次应收税款在国币1元以下者，免征转口税。1940年1月1日将免税货品扩大到杂粮、肥料、鲜菜、鱼类、土烟、土酒，以及肩挑负贩的零星货物、估衣业贩运的典当旧衣等。1941年5月1日又将一部分货物，如猪、牛、羊、家禽、鲜冻肉、衣服及衣着零件共11项货品，列入免税范围。为扶植战时工业，对工厂在城郊往来运输的原料及制品，于运经关卡时，概行免税；对由战区或接近战区迁移内地的厂用机器原料及半制品等，亦准免税。此外，依照工业奖励办法，对专案核准的26项货物也予以免税。

战时转口税由各区货运稽查处征收，各区货运稽查处设立于1940年春。依照规定，该处可代海关补征关税。财政部为使应税货物普遍征收，根据海关在各地征税的情况及货运稽查处的分布地点，规定凡在未设有海关征税的省份，或关卡尚未恢复而与战区接近的地方，准由货运稽查处根据海关征税规章，暂行代征转口税。1942年改由海关办理。

1941年第三次全国财政会议议决各省市对货物征收的一切捐税，应予一律废除，按此规定，1942年4月15日起，转口税被裁撤。

4. 开征战时消费税

全民族抗战开始后，各省市或因财政入不敷出，征收货物通过税、产销税等，或以统制物资为名，征收各项税捐。重重课征，节节查验，对物资运输影响极大。为此，财政部制定了《战时消费税暂行条例》，于1942年4月15日施行，同时裁撤转口税和一切捐费。

战时消费税，主要在沿沦陷区交界的封锁线上课征，它的性质更近似于过去的内地通过税（如子口税等），在战时这种特殊情形下将战时消费税划归由海关在沦陷区边界征收也合情合理。

战时消费税的税制规定：（1）战时消费税按从价征收。（2）在公布税则中，对于人民切实需要的物品，如米麦、杂粮、柴炭、鲜肉、鲜菜等免税，对已征统税或矿产税的物品，也均免征战时消费税。（3）战时消费税只征一次，不再重征。经过海关关卡者，应在关卡缴税。经过设有指定代征战时消费税的税务卡所者，应在卡所缴税。（4）应征战时消费税的物品，核计税款不满5元的，免予征税；其肩挑负贩之物品，经关卡核明确系零星者，亦予免税。（5）凡应征战时消费税的货物，其完税价格，由海关定期调查，报财政部门核定。（6）为争取外来物资起见，对于原准免征或减免的货品，概不再征战时消费税。（7）战时消费税适用税率为4级：日用品为5%、10%、15%；奢侈品为25%，税目为国货245项、洋货168项。

战时消费税开征后，收入增长迅速，1942—1944年收入为37.1亿元，超出了同期的海关进出口税。但因在征管过程中出现苛扰商旅、妨碍流通，甚至重征、多征等弊端，1945年1月中印公路开通后，战时消费税随之取消。

总之，在关税收入锐减的情况下，国民政府对中国关税制度进行了调整，目的不在于增加关税收入，而在于鼓励出口，扩大进口，以赚取外汇，输入必要的战略物资和生活物资，支持抗战。因此，抗战时期关税制度的调整是有积极意义的。

二、盐税

1. 战时"食重于税"的盐务政策

中国的产盐区分布虽然广阔，但主要产盐区集中在长芦、两淮、山东、两浙、松江、福建等沿海一带。据盐务总局统计，1936年全国共产盐4 372万担，上述沿海6盐区占77.44%，而内地四川、云南、河东等其他盐区仅占22.56%，当时内地各省每年约需海盐济销1 000余万担。全民族抗战爆发后，长芦、两淮、山东等沿海丰产盐区相继沦陷，两浙、两广、福建等盐区则一部分沦为战区，盐源大为减少。1937年全国共产盐4 360万担，到1938年盐产量已减为2 273万担，减少了近一半。加上战时海运中断，交通阻隔，盐运困难，因而不仅盐税收入大为减少，而且带来了严重的军需民食危机，见表13-4。

表13-4 　　　　　　　　　　　　1937—1940年盐税实收情况 　　　　　　　单位：百万元

年度	预算数	实收数	实收数占预算数的比重（%）
1937	229	141	61.6
1938	115	48	41.7
1939	83	61	73.5
1940	100	80	80.0
合计	527	330	62.6

资料来源 杨荫溥. 民国财政史［M］. 北京：中国财政经济出版社，1985：104.

为了增加盐的储量，确保战时军需民用，1938年8月国民党在《抗战建国纲领》中对盐制的调整提出两点要求：（1）增加川、粤区产量。当时食盐产地只剩川、粤、浙、闽四区，而川、粤食盐生产较为可靠，因而责成川、粤两区增产食盐600万担，以接济湘、鄂、陕、皖等省食用。（2）调整运销设置。要求收运机关与地方政府及民营公司切实合作，大量储运以防盐荒。本着"缓税移囤，官商并运"的原则，川盐自重庆运宜昌由民生公司的下水轮船以 2/3 以上的载量赶运；粤盐由盐务机关自购柴油汽车，并由商运公司协助赶运；浙盐由浙江省政府负责限期运到南昌济销。此外，在销售方面，还要求采行管制配销、管理盐店、杜防囤积操纵、推行官销和计口授盐等办法，以保证供需平衡。

1939 年 1 月，国民党五届五中全会通过的《第二期战时财政金融计划案》确定了"战时盐政食重于税"的政策。计划在川、粤、浙、闽、陕、滇及西北 7 区继续增产，除浙、闽各产区数目不能预定外，川区计划增产 450 万担，陕、西北两区各增产 54 万担，滇区则尽量增产。运销除本产本销不影响民食外，其余各区均待赶运济销。所有盐斤销地的配置也将调整，改变平时的引岸制度，以适应战时环境。在盐税方面，则采取平衡税率的原则，各区现行税率较重者在可能范围内予以降低，原税率较轻本定逐渐增加的，暂不议增。

从这些措施的实施情况来看，战时虽然重视民食，但也未忽视税收，在努力增产济销的同时，通过加强盐的统制，改行从价计征，增添中央附税、实行专卖等措施，努力增加税收，以满足战时财政需要。

2.从量计征改行从价计征

1937—1941 年 8 月，盐税税制仍如前期。全民族抗战爆发后，在"食重于税"的政策下，原来设想提高税率的轻税地区，暂不加税，仅对借销的膏盐、土盐新订税率以及将广西的销盐略加提高做个别调整。对盐税较高的地区则适当予以减轻，以利运销。调低税率的地区主要有四川、浙江、广东、河南等省。

自 1939 年起，由于供求失衡，物价开始逐年上升，至 1941 年上升更为迅速。盐税向来采用从量征收，税率仍保持战前水平未做变动，在物价上涨迅猛的情况下，盐税收入相对下降。1941 年 9 月 1 日，国民政府开始对盐税制度进行改革，改革的基本精神是：将从量计征改为从价计征。改行从价计征后，取消原有的场税、岸税、中央附税和地方附税等名目，开征产税和销税。产税是在盐出场时，就场征收实物，实物的定量系根据 1937 年 6 月各场盐斤与税额的比率折半征收，并准按放盐时的场价折缴代金；销税是在销岸中心地点按盐的市价征收货币，税率为 30% 或 40%。为维持一盐一税的原则，规定产销两税，不准并征，即产区不得征销税，销岸不得征产税。同时，将建设事业专款、整理费、公益费、镑亏费四项中央附税纳入产销税内提拔，不另加征。但有些税目并未取消，如各省府加价、附征各种基金和偿本费及各区单独附征的基金等仍准予照旧办理。各盐区具体产销税率由管理局、办事处拟订，报财政部核定。

对盐税实行从价计征后，税级较战前大为减少，地区之间的等差也进一步缩小，在一定程度上体现了均税政策。这次改革使盐税收入顿有起色，1941 年盐税收入增加到 12 500 万元，较上年增加了 2 500 万元。这是国民政府根据通货膨胀恶性发展的实际情况，将从量计征改为从价计征，以收水涨船高之效。此外，产税、销税的征收，为盐专卖准备了条件。

3.实行盐专卖

1941年，苏德战争、太平洋战争相继爆发，第二次世界大战全面展开。同年，日军对中国正面战场发动了新一轮的全面进攻，并加强了对中国沿海的封锁。而经过四年战争的消耗，后方物资紧缺，物价指数迅速上涨，财政经济处于十分困难的境地。在这种情况下，从1942年1月起，国民政府实行盐专卖制度。在专卖制度下，取消产税、销税等名目，改称专卖利益。

盐的专卖事宜由财政部盐务总局主办，采用民制、官收、官运、官销的办法。根据1942年5月国民政府公布的《盐专卖暂行条例》规定，制盐人须经政府许可始准采制；制盐人所产的盐，统归盐专卖机关收购；盐运以盐专卖机关自设运输机构办理运输为原则，必要时可招商代运或委托商运；盐的销售采取官趸售（批发）、商零售的办法。盐价分仓价、批发价与零售价。其计算公式为：

仓价=场价+运费+其他费用+专卖利益

批发价（零售价）=仓价+由仓至县市的一切费用+利润

从以上规定不难看出，实行政府专卖的目的就在于由政府掌控盐的生产与分配的全部过程，借此达到调节供需、平抑盐价、安定社会、增加财政收入的目的。这是因为专卖利益以收购价格为计算依据，而收购价格则以生产成本为依据。一旦物价上涨，必然带动成本上升，成本上升又必然反映于收购价格，收购价格提高，专卖利益也会随之增加，不会有任何损失。专卖利益的数额最初由各盐场按具体情况确定，按1943年制度规定专卖利益的征率各区最高者为每担100元，最低为30元。1945年划一标准，专卖利益征率每担为110元。至此，战前尚有80余级左右复杂的地区差别征率得以实现统一，有利于遏制以往长期存在的地区之间征率高低悬殊、负担不公的现象。从专卖利益的平均征率来看，改征专卖利益后，其平均征率还是逐年增长的。1942年为每担71.15元，1943年为74.94元，1944年为111.46元。

1945年1月，行政院为"预备复员准备，配合战后政策"，决议切实调整税制，简化机构，决定取消盐专卖，恢复征税。盐务总局遂于1945年1月26日通知各区盐务管理局，自1945年2月起停办盐专卖，恢复征税制。恢复征税后，《盐专卖暂行条例》仍暂予保留，即盐的产制、收储、运输、销售等仍然由政府按专卖时的规定予以管制。

4.随盐附征

除盐税正税外，抗战时期还有许多中央和地方财政随盐附征的附税、各项基金以及地方征收的各种苛杂。战前，经过国民政府的几次整顿，有的归并，有的由盐务稽核所代征，名称有所减少。全民族抗战开始以后，中央和地方随盐附征的附税不但继续征收，而且在战时又有所发展。改行专卖利益后，仍存在着中央附加税。原有的附税，除建设专款和外债附税已被归并外，公益费、整理费、偿本费、各省附加及各项基金等附税，仍一律照征，专案报解。同时还巧立名目开征新的附税，主要有专卖管理费（1942年开征）、战时附加税（1943年开征）、国军副食费（1943年开征）等，且税率远远超出单位专卖利益。这些附征比盐税正税既多且重，有的甚至超过正税数倍乃至十几倍。这些随盐附征的附税加重了广大人民的负担，特别是占人口大多数的广大贫苦农民和工人，被压得喘不过气来，只能淡食或者食用代用品，损害了人民的身体健康。

由于实行专卖和征收各种附税，盐税收入一跃成为中央税收的首位，有些年份几乎占税收总额的一半以上。在盐税收入中，以附加税为最重。仅战时附税和国军副食费两项从1943年10月到1945年3月的一年半时间里就增加了22倍多，收入额远远超过了专卖利益，人民的负担自然就加重了，见表13-5。据估计，从1945年3月起不论贫富老幼，每消费食盐1斤，就得在专卖利益和正规盐税外，负担70元的附加税。

表13-5　　　　　　　　　　　1942—1945年国民政府盐税收入情况　　　　　　　　　　单位：百万元

年度	税项收入	盐专卖、盐税及战时附加税收入数				占税收的百分比（%）	专卖收入除外的部分所占比重（%）
		专卖收入	盐税收入	战时附加	合计		
1942	2 807	1 180	—	—	1 180	42.0	—
1943	12 169	1 825	—	1 202	3 027	24.9	9.9
1944	30 849	1 089	—	13 439	14 528	47.1	43.6
1945	99 984	1 781	2 800	48 925	53 506	53.5	51.7
合计	145 809	5 875	2 800	63 566	72 241	49.5	

资料来源　国民政府财政部年鉴编纂处. 财政年鉴：第三篇［M］. 上海：商务印书馆，1948：140-148.

三、货物税

货物税是统税的继续和延伸，课征对象是各种货物，具体是指生产和运销的各种商品，纳税人是产制人或购运人，负税人实际上是消费者。

将统税扩展为货物税，主要原因是统税税源减少并导致统税收入下降。据统计，1936年统税实收数为16 158万元，1937年已下降至12 827万元，1938年实收数仅为4 871万元，1938年比1936年下降了69.85%。为了在有限的区域内取得更多的财政收入，就把统税与国产烟酒税合并，改称货物出厂税或货物取缔税。此外，矿产税也纳入货物税范围。这样，扩展后的货物税包括原来的统税，国产烟酒税，棉纱、麦粉、糖类征实，烟类、火柴、糖类专卖，矿产税等项。

（一）战时货物统税的调整

全民族抗战爆发后，为使统税收入不断增加，国民政府对货物统税采取了一系列征收措施。

1.改变征收方法

统税原实行就厂征收，但随着统税税源大部分落入日军的控制之下，征收方法不得不随形势的变化而改变。1937年底在上海租界内办公的统税机构被日军所劫夺，财政部决定对沦陷区运入内地的统税货物实行移地征收。1938年4月，财政部通令各地，凡由沦陷区输入后方的统税货物，一律改由入境的第一道统税机关依率征收，其未设统税机关的地方暂由海关代征方准内销，使销往内地各省的统税货品仍得于运入后方时补征统税，以为补救之策。1938年10月和1939年7月财政部颁布办法，对由沦陷区运入后方的零星卷烟和零包火柴，规定由入境第一道主管机关补征统税，监贴零星卷烟和零包火柴统税证并发给运照，加盖戳记，方准入境行销。

2.推广统税实施区域

统税在全民族抗战前已从最初的5个省扩展到19个省，还有西南和西北等少数省份仍由地方征收。全民族抗战爆发后，经财政部与各省地方当局洽商，直到1940年7月，云南、贵州、宁夏、青海、新疆等5省先后宣布为统税区域。至此，已完统税的货品方可真正做到通行全国。

3.扩大征收范围

统税原以大宗机制商品为征课对象，但全民族抗战爆发后原征统税的工厂皆被敌占领，而后方工业生产能力有限。因此，在课征对象上遂有所扩展，不仅包括一些税源大、产制集中的机器商品，而且也包括一些生产虽较分散但有集中市场的产品，其中涉及一部分手工产品和人民生活日常消费的农副土特产品。具体来说，1940年7月将汽水税扩大为包括果子露汁、蒸馏水等在内的饮料品税；1939年10月，麦粉税由机制品扩大到半机制品；1940年2月将卷烟统税由原来的机制烟扩大到各种手工卷烟和土雪茄烟，同年又举办糖类统税；1941年加课水灰税（代水泥）；1942年4月开征茶类税；1943年3月起开征竹木、皮毛、陶瓷、纸箔等统税，其中对锡箔、贵重木材等奢侈品或半奢侈品，以高税率或较高税率征收统税。

4.改变课征标准

改变课征标准即改从量计征为从价计征，目的是使税收适应通货膨胀的要求，跟物价上涨的幅度相一致。战前的统税，多属从量计征，如火柴以大箱为单位，水泥以桶为单位，棉纱以包为单位，麦粉以袋为单位，卷烟以5万支为单位，征收定额税。这种计征标准在通货膨胀的情况下显然不能保证收入增加，于是从1941年9月把货物税一律改为从价计征。从价计征后，税收总额的增长幅度可以同物价上涨的幅度相一致，因而自实行从价税以后，税收总额得到迅速增长。

5.调增统税税率

统税在战前多系从量征收，战时物价上涨愈演愈烈，原定税率不能随物价上涨而增高，致使统税收入损失较大。1940年9月财政部决定调整税额，分两期进行：第一期于1940年9月实行从量加税；第二期于1941年9月开始改行从价计征。此外，抗战期间国民政府还于1941年颁布了《货物统税暂行条例》、于1944年修正公布《货物统税条例》，并于1942年先后实行烟类、火柴、糖类专卖，均对统税税率进行了调高。具体情况见表13-6。

表13-6　　　　　　　　　货物统税税率演变情况表（%）

年份	1937	1941	1944
卷烟	66.67	80	100（专卖利益征率）
熏烟叶	20	25	30（专卖利益征率）
洋酒、啤酒	20	60	60
火柴	15.5	20	20（专卖利益征率）
糖类	（未开征）	15	30（专卖利益征率）
棉纱	5	3.5	3.5
水泥	（从量税）	15	15
饮料品	（未开征）	20	20
麦粉	（从量税）	2.5	2.5
火酒	20	普通酒精20 改性酒精10 动力酒精5	普通酒精20 改性酒精10 动力酒精5

资料来源　金鑫. 中华民国工商税收史纲 [M]. 北京：中国财政经济出版社，2001：333.

（二）糖、烟、火柴实行专卖

为了垄断物资、攫取高额专卖利益，国民政府通过寓税于价的办法，把属于货物税征税范围的糖、烟、火柴同食盐一起实行专卖。食盐专卖从1942年初开始，由盐务局主持。糖、烟、火柴专卖分别于同年2月、5月、7月实施，并逐步推广。这三类货物的专卖分别由专卖局和火柴专卖公司主办。专卖办法原则上与盐专卖相同，但实际上并没有进行收购，只是由专卖机关将已核定收购价格的品种，按数配给各承销商号，由他们向制造厂商承购，并向专卖机关缴纳专卖利益，逐件（包）领贴专卖凭证，以资证明。专卖利益以收购价格为计算标准。由于实行专卖的商品，均属后方供不应求的物资，国家对这些物资实行垄断价格，就可以获取巨额的垄断利润，即专卖利益。专卖利益的取得，一部分是来自对生产者的剥削，如糖，1943年6月川康区核定的收购价格每万斤为144 000元，只相当于成本186 043元的77%；另一方面则是来自对广大消费者的剥削，即利用高价，带动一般商品价格上涨，使得人民的实际收入不断下降。实行专卖后，收入虽较之原来的统税增加了一倍，但如果剔除物价上涨因素，实际并未增加多少，相反，专卖机构的经费开支却占收入的60%，这与"最小费用"原则是背道而驰的，因而受到舆论的谴责。1944年政府先后停止了专卖，代之以原来的货物税。

（三）部分货物改为征实

货物税实行征实制度开始于1943年1月，首先对棉纱、麦粉实行征实。1943年1月16日财政部训令颁布《棉纱麦粉统税改征实物暂行办法》11条，规定改征实物的标准，以原定税率为比例，即仍按原规定的计税单位改征实物。棉纱及其直接制成品，原征税率为3.5%，定为28.5公斤折征1公斤。麦粉原征税率为2.5%，定为每40袋折征1袋；麸皮每40斤折征1斤。所征实物暂存厂内，出具存单，由驻厂员和厂方共同负责保管提货。糖类专卖废除后，1944年7月又对糖类实行征实，并把税率由15%提高到30%，增加了1倍。但这些征实后得到的货物价值，并不列入财政货币收入的数字内。征实之后，棉纱"每年除折缴现款部分不计外，平均提供平价纱约3 500余大包"；麦粉则"每年征实数量达6万余袋"；糖在一年两个月时间里，"核计征存糖斤，除供应外，尚达170余万市斤之巨"[①]。可见征实这一办法使政府垄断了大批物资，除了少量用到抗战方面外，绝大部分成了战后发动内战的基础，而高税率的征收又加重了人民的负担。

通过实行上述措施，货物税收入逐年增长。1940—1945年货物税收入累计达3 517 300万元，占税项收入的24%。如果加上糖、烟、火柴的专卖收入，累计达3 958 800万元，占税项收入的27%，见表13-7。

表13-7　　　　　　　　　　　1940—1945年货物税收入情况　　　　　　　　　单位：百万元

年度	税项收入	货物税收入*	糖烟火柴专卖收入	货物税收入所占比重（%）	加入专卖收入所占比重（%）
1940	226	73	—	32.3	27.4
1941	667	189	—	28.3	28.3
1942	2 807	1 005	177	35.8	42.1
1943	12 169	2 719	1 334	22.3	33.3
1944	30 849	6 999	2 415	22.7	30.5
1945	99 984	24 188	489	24.2	24.7
合计	146 702	35 173	4 415	24.0	27.0

注：*包括货物出厂税及取缔税、矿产税、战时消费税。

资料来源　杨荫溥. 民国财政史［M］. 北京：中国财政经济出版社，1985：109，127.

（四）土烟土酒改征国产烟酒税

全民族抗战前，卷烟、啤酒、洋酒、火酒相继纳入统税体系，对国产的土烟、土酒仍征收土烟特税、土酒定额税及公卖费税。

---

① 国民政府财政部年鉴编纂处. 财政年鉴：第三篇［M］. 上海：商务印书馆，1948：28，32，36.

1941年后物价猛涨，原有的烟酒税制均系采用从量税制，与市场物价的变化无法适应。1941年7月8日，国民政府公布了《国产烟酒税类暂行条例》，将土烟特税、土酒定额税以及其他各省征收的公卖费税一律废除，改为从价计征国产烟酒类税。该条例规定：（1）烟叶照产地核定完税价格，从价征收30%；烟丝税从价征收15%，刨丝的烟叶应先纳烟叶税。（2）酒类税按产地完税价格，从价征收40%。此外，烟酒类税均就产地一道征收、通行全国，各地方政府不得重征任何税捐。

1944年7月22日，国民政府又修订《国产烟酒类税条例》。其主要变动是：（1）改订税率，烟叶税由原征30%提高到40%；烟丝税自15%提高为20%；酒税则增高为60%。（2）因违章处罚关系人民权益，应经立法程序，故将原由财政部颁布的烟酒税稽征暂行规程中有关违章处罚改列入条例内。因此，这次修订目的在于提高税率和完善烟酒税法。

1945年10月，国民政府再次修正公布《国产烟酒类税条例》。其主要内容是：（1）规定酿户每月分16日及月终两次缴纳税款，逾期不缴者送法院追缴，并依时间的久暂，分别处以所欠税额15%~30%的罚锾及停酿，意在解决因烟酒税源分散、稽征力量不足造成欠税情况严重的问题。（2）规定罚锾的裁定及追缴改由法院办理，以与货物税条例的规定相一致。

至此，国产烟酒税各自为政、税率高低悬殊、公卖与征税并存等长期存在的紊乱现象得以解决，使纷乱的烟酒税制归于一制，法令臻于统一，并依照统税原则实行产地一次征收，通行全国，不再重征，烟酒税制自此逐步走上正轨。

（五）矿税的整理

矿产税在1936年税务署接管之前，由财政部赋税司负责，具体由设在各地的矿税专员办事处（简称矿税处）具体办理稽征事宜。1936年税务署接管后，矿产税则纳入到货物税体系中来，形成由统税、烟酒税和矿税构成的货物税体系。

国民政府成立后，即着手整顿矿税。1927年6月，财政部即着手拟订了《矿税暂行条例（草案）》，准备对矿产品实行产销并征，将矿区税和矿产税合并征收。但随后不久农矿部成立，有关矿业事务与矿区税均划归农矿部主管，故矿税条例未颁行。1930年5月国民政府公布了《矿业法》，将矿税分为矿区税和矿产税，由矿业权者分别缴纳。矿区税由农矿部（后改为实业部）负责征收，矿产税则由财政部负责征收。

全民族抗战开始后，华北、华东乃至华中地区的矿业相继沦陷，矿产税收入因此锐减。1936年全年共实收矿产税490万元，到1939年降至188万元，下降了61.64%，矿税收入损失接近2/3。为增加收入，抗战期间，矿产税做了以下整理：（1）统一征收机构。即在战前未实行省税务机构征收管理的地区，如川、湘、黔、粤、桂、闽、滇、陕、甘、宁等省统一由省税务机构接办矿产税。（2）提高矿产税税率。虽《矿业法》规定矿产税按矿产物价格的2%~10%征收，但战前实际执行中除明矾一项按2%征收外，其余一律按5%征收。1941年9月8日，财政部电令各省税务局，除煤、铁、石油三项按5%外，其余矿产品一律征收10%。（3）调整估价计税办法。按《矿业法》规定，矿产品估价计税，应先查出产地附近市场平均价格，然后依率计算应纳税额，报财政部核定后，非遇售价有特别涨落报经改订外，不得任意变更。因物价上涨，1941年起，规定每隔6个月更订一次，以符合从价征收的原则。

总之，战时货物税制度经过整理，渐趋规范和统一，这是进步性的一面。但同时，国民政府在税制建设中，财政原则是放在第一位的，包括扩大征收范围、扩展征收区域、调高税率，特别是征实与专卖，都与解决战时财政困难和控制战略物资有关。战时货物税制度的调整，一方面有利于筹集战时军政所需的财力和物力，用以支持全民族的抗战；另一方面也加重了广大人民的负担。并且，国民政府控制的实物，也有相当数量成为四大家族积聚官僚资本的物质基础。

四、直接税

（一）直接税体系的建立

1936年在国家民族危机已日趋严重的情况下，国民政府为充裕国库，应付战争的需要，便于1936年10月开征了所得税，由财政部所得税处负责征管。全民族抗战开始后，于1939年开办了非常时期过分利得税。1940年6月，正式设立直接税处，将印花税并入直接税，同年7月1日，开始施行《遗产税法》。1942年又将营业税上划为中央税，并入直接税，由直接税处兼办。这样直接税体系形成，这时直接税体系包括了所得税、非常时期过分利得税、印花税、遗产税、营业税等五种税。1943年直接税署成立，直接税体系渐趋完善。从国民政府建立的直接税体系来看，并不完全依税负能否转嫁为准，而是这些税都是国税，统归财政部直接税署主管，因而称为直接税。

直接税开办之后，就显示了它在税收中的地位。从表13-8可以看出，1940—1945年直接税收入累计达2 579 500万元，平均占税项收入的17.6%，个别年份，如1942年和1943年分别占到30.7%和31.2%，这说明直接税不仅在整个时期税收中占有一定的地位，而且有的年份占有重要地位。

表13-8　　　　　　　　　　　**1940—1945年直接税收入情况**　　　　　　　　单位：百万元

年度	税项收入	直接税收入						占税项收入的比重（%）
		印花税	所得税	利得税	营业税	遗产税	合计	
1940	266	7	44	25	—	—	76	28.6
1941	667	16	80	70	—	—	166	24.9
1942	2 807	26	197	29	610	1	863	30.7
1943	12 169	355	761	884	1 785	15	3 800	31.2
1944	30 849	1 063	1 145	1 189	3 032	50	6 479	21.0
1945	99 984	3 140	2 009	1 833	7 318	111	14 411	14.4
合计	146 742	4 607	4 236	4 030	12 745	177	25 795	17.6

资料来源　杨荫溥.民国财政史［M］.北京：中国财政经济出版社，1985：112.

（二）直接税体系的内容

1.所得税

全民族抗战爆发后，除因战时所需外，《所得税暂行条例》没有做过太大的变动，仅在条例规定范围内增加补充办法，对于税率、税级、起征点、课征范围等没有改动。1943 年，为了应付通货膨胀和财政赤字，国民政府对所得税进行了调整。其主要内容有：

（1）扩大所得税的征税范围。即在营利事业、薪给报酬、证券存款三类所得课税的基础上，又开征了财产租赁出卖所得税。1943 年 1 月，国民政府公布施行《财产租赁出卖所得税法》，规定以出卖或租赁土地、房屋、堆栈、码头、森林、矿场、舟车、机械等所得为课税对象。税率分别为：财产租赁所得超过 3 000 元者，采用超额累进税率，自 10% 累进至 80%；财产出卖所得，农业用地价值超过 1 万元者，其他财产超过 5 000 元者，采用超额累进税率，由 30% 累进至 50% 为止。但财产租赁所得税开征后，因遭到农村的坚决反对与抵制，1943 年 12 月 25 日国民政府令饬财政部将财产租赁出卖所得税的土地部分"暂行缓征"。

（2）提高税率。为增加所得税收入，满足战时需要，1943 年 2 月 17 日，国民政府明令公布了《所得税法》，同时废止了《所得税暂行条例》。就税率来看，如将一般营利事业所得，从原来规定的 5 级全额累进税率，调增为 9 级全额累进税率，最低税率从 30‰ 提高为 40‰，最高税率从 100‰ 提高为 200‰。对薪给报酬之所得，从原来规定的 10 级超额累进税率，调增为 17 级超额累进税率，并将最高税率从每 10 元课征 2 元，提高到每 10 元所得课征 3 元。并将证券存款所得税率由原来的 50‰，提高为 10%。

（3）改变起征点。如将一般营利之所得起征标准由原来占资本额的 5% 改为 10% 起征。一时营利之所得从原来的 100 元改为 200 元起征。薪给报酬所得税起征点由原来的 30 元改为 100 元。提高起征点，表面上看扩大了免税范围，但实际抵消不了物价上涨的因素，负担还是增加了。

国民政府的所得税制是按照资本主义所得税模式建立起来的，是对旧封建税制的一次重要改革。但由于税制本身有缺陷，如起征点低，累进税率级距小，最高税率定得较低，结果有利于大企业和高收入者，加重了中小企业和劳动者的负担，失去了调节收入、平衡负担的原旨。

2.非常时期过分利得税

非常时期过分利得税属于资本利得税，开征的本意是节制私人资本，防止商人囤积居奇。按照国民政府 1938 年公布的《非常时期过分利得税条例》规定，利得税包括营利事业过分利得和财产租赁过分利得两项。前者规定为，凡公司、商号、行栈、工厂或个人资本在 2 000 元以上之营利事业、官商合办之营利事业，及一时营利事业，其利得额超过资本额 15% 者；后者规定为，财产租赁之利得超过其财产价款 12% 者。以上两项过分利得，除征收所得税外，还应加征非常时期过分利得税。税率均采用6级超额累进税率，其最低税率为10%，最高税率为50%，但分别按两项过分利得划分级距。该条例公布后，各地反映内地市场利润率一般较沿海地区为高，要求将原条例酌予修改。财政部根据各方意见，拟具条例修正草案，完成立法程序后，由国民政府于1939年7月6日公布经修正的《非常时期过分利得税条例》。这次修正主要有两点：一是将营利事业超过15%的起征点改为20%；二是将财产租赁的起征点由原规定超过财产价款的12%改为15%。

1943年国民政府又重新修订公布《非常时期过分利得税法》。这次修订变动较大：一是缩小了征税范围，取消了财产租赁过分利得，只就营利事业过分利得征税。二是累进级距增加，税率提高，将6级超额累进税率，修改为11级超额累进税率，最高税率从50%提高到60%。三是将内迁工厂因战事遭受重大损失暂免征税的规定予以取消。

营利事业之过分利得，以资本额为基础，凡纯利超过资本额20%以上者，就视为过分利得，按累进税率征税。由于在确定课征标准时没有对资本额的大小加以区分，这样，资本额越小就越容易超出资本额的20%，亦即经常存在过分利得，纳税的机会也就越多。在当时，资本额小的企业多是中小民族工商业，当然他们也就成了非常时期过分利得税的最重的负税者。而国家垄断资本企业因资本额大，出现过分利得的机会少，缴纳利得税的机会反而少。这样一来，节制私人资本、限制囤积居奇的目的，徒具虚名，而真正的作用是对民族工商者的摧残。

3.印花税

国民政府的印花税始行于1935年，1940年纳入直接税系。根据《印花税法》的规定，在中国领土上有经济流通行为的中国人和外国人为印花税的纳税人。征收对象为交易凭证、人事凭证和许可凭证等35项。税率为3种：一是分级税率，用于发货票等3目，最低为1分，最高为6分；二是定额税率，用于支取汇兑银钱的单据簿折等32目，最高为4元，最低为24分；三是比例税率，用于保险单等11目，最低为1‰，最高为4%。1943年又对《印花税法》做了修改，主要内容是：（1）将1937年10月以来所采取的临时加税措施，正式写入经修正的《印花税法》，使之合于法律程序。（2）扩大了印花税的凭证范围，由35目扩大为39目。（3）调整税率，缩小定额贴花的范围，增加比例贴花的运用，同时提高了定额贴花的税额。将发货票、账单、银钱货款收据等的税率改为比例税率，废除分票。（4）加重罚则，对违反规定不贴用印花者，改为处以20倍以上60倍以下的罚锾；贴不足印花者，减半议处。

印花税征税较多者为交易凭证，如发货票、账单、银钱货物收据等，所以印花税十之八九落到了民族工商业者身上。

4.营业税

全民族抗战爆发后，全国重要工商业城市虽多陷落，然后方各省因战时人口西迁，市场贸易较战前为佳，故营业税收入也有增加，尤以四川为最。唯各省征收办法不一，省际之间、行业之间多有不平。特别是采用以企业纯收益为课征标准的行业，因其纯收益难以稽查，稽征至感困难。故1941年9月，国民政府第一次修正公布《营业税法》，将课税标准简化，取消以纯收益额为课税标准，一律采用以营业收入额为课税标准，不能以营业收入额为标准的，则以资本额为课税标准。税率以营业收入额为标准的，征收1%~3%；以营业资本额为标准的，征收2%~4%。1941年11月，国民政府根据国民党五届八中全会决议精神，公布《改订财政收支系统实施纲要》，将省级财政并归中央，营业税于1942年1月1日上划为中央税，由直接税处接办，从此并入直接税系。1942年7月2日国民政府第二次修正公布《营业税法》。这次修正主要考虑物价变动因素，将免税标准再次提高，并增订了罚则，其余未做大的变动。与此同时，财政部又制定了《营业税法施行细则》，于1943年2月11日由行政院公布。该细则对第二次修正的《营业税法》做了若干补充规定，其中最主要的是将弹性税率，依照业不分类、税不分级的办法，完全采用同一税率。凡按营业收入额课税者，税率一律定为3%，分月征收；按资本额课征者，税率一律定为4%，以年计算分季征收；牙行则按佣金额计算课征，税率为6%，至此，全国各省营业税的征收办法，始告划一。

营业税属对流转额课税，只要实现收入，无需计算盈亏，故在税率不断提高的情况下，无疑加重了工商业者的负担。

5.遗产税

1936年2月中央政治会议通过的遗产税原则及条例草案，因战事发生未能通过立法程序。1938年7月，第一次国民参政会在武汉召开，会议鉴于战时国家财用浩繁，决议从速完成遗产税的立法程序，及时开征遗产税，以增裕国库收入。财政部重新拟订了《遗产税条例（草案）》，送经立法院修正通过，改称《遗产税暂行条例》，由国民政府于1938年10月明令公布。随后财政部又拟订《遗产税暂行条例施行细则（草案）》，经立法审议通过，由国民政府于1939年12月30日公布，并令于1940年7月1日起在全国一律施行。根据《遗产税暂行条例》规定，遗产税的征收范围是，凡人死亡时国内有遗产者，包括动产和不动产及其他一切有财产价值的物品。纳税人是遗产继承人或受遗赠人。计征标准为遗产总额。起征点为5 000元，征收1%的比例税，超过5万元者，除征收1%的比例税外，并加征超额累进税，税率为1%~50%，共分为16级。1945年修改税法时则将起征点提高为1万元。

遗产税自开征后，每年实收数都超过了预算数，但其在直接税体系中不占重要地位。

总体来看，直接税在抗战时期的每一次调整，都是为了适应通货膨胀的需要，以弥补税收在通货膨胀下的损失。同时，却使直接税变成了不顾人民负担能力的坏税，使本来就不景气的民族工商业濒于破产倒闭的境地。

五、田赋与土地税

（一）田赋征实与粮食征购和征借

抗日战争进入相持阶段以后，国统区的粮食及日用必需品极度缺乏，为了解决国统区的军需民食，政府垄断粮食和一些主要工业品就成为能否维持抗战的重要问题。由于通货膨胀的影响，农村一些地主趁机囤积粮食，征收货币，而后再用货币购买粮食，这样，政府已难以掌握足够的粮食。在这种情况下，垄断粮食的意义远远重于征收货币。

1.田赋征实

所谓田赋征实是对应征田赋的货币额折成实物上缴的征收制度。在这种制度下，无论正税，还是附加税，一并实行征实。征收实物任其所产，按标准换算。根据1941年4月国民党五届八中全会决定的原则和同年6月第三次全国财政会议所决定的《战时各省田赋征收实物暂行通则》规定，1941年度田赋正附税额每元折征稻谷2市斗，产麦及杂粮区可征等价小麦及杂粮。1942年度将折征标准提高为每元折征稻谷4市斗，或小麦2市斗8市升，增加了一倍左右。

2.粮食征购

粮食征购是国家以强制手段向人民购买粮食的办法。远在田赋征实以前，就有类似的做法，征购办法各地不一。有的为随赋代征，即根据田赋数额的多少，按比例征购，行之于四川、广西；有的为公购余粮，即调查大户余粮，加以征购，行之于湖北、湖南等省；有的为按负担能力派购，即按土地亩数及工商营业额分派购粮定额，行之于陕西、河南等省。各省派购办法不统一，数量也不稳定。1942年国民政府将征购办法划一为随赋代购的办法，小额粮户可以免征购，大额粮户采用累进办法，以均平负担，以其总额达到征购限额为限。这种办法不是以土地多寡而累进征收，而是以田赋额的多少为依据，这自然有利于地主大户；征购价格按平价计算，未能顾及因通货膨胀导致价格上涨的因素，使得征购价远远落后于市价。在支付价款时，多数省份仅支付少量现款，余则搭配粮食库券或法币储蓄券，如四川、广西、广东、湖南、陕西等省付3成法币、7成粮食库券；河南、江西、甘肃、安徽诸省付3成法币、7成储蓄券。虽然规定了粮食库券从1944年起，每年以面额的1/5抵缴当年一部分田赋，5年内抵清，储蓄券自第3年起还本付息，4年还清，但实际上随着政局的变换，兑换的可能性极小，即使是能够兑现，在通货膨胀日益严重、物价狂涨的情况下，兑现来的法币也如同废纸。所以说，征购实质上无异于征实，只不过是通过买卖关系将田赋征收关系隐蔽起来罢了。

3.粮食征借

征借是从征购演变来的。征购的弊端一出现，便为人们所认清，因此征购办法实施不久，四川、贵州等地方团体和民众代表就提出了"废购增征"的建议。1943年四川率先停止搭付现金，全部付给粮食库券，只在交粮收据（即粮票）上另加注明，作为借粮凭证。粮食征借不但没有利息，甚至连还本也很难做到，实质仍如征实，只不过徒具借贷之名而已。

实行"三征"的办法，使政府掌握了大批粮食，有助于解决军需民食问题。1941—

1945 年，计实收谷、麦达 2.45 亿石，各年平均为 6 000 多万石。同时，粮食征实减少了货币的投放量，从而减缓了货币的发行速度，有利于稳定粮价且不至于影响财政收入。

然而，实行"三征"所带来的弊端也是极大的：（1）"三征"有悖于"最小费用原则"。这主要表现为征收费用太大。征实应当有便利的交通运输条件和良好的仓储设备为前提，但实际上这些条件都不具备，以致造成损失浪费很大；直接征实所需要的经征人员过多，所消耗的人员经费也太多；另外，经征人员素质低下，贪污舞弊、勒索敲诈，也是一个重要因素。（2）"三征"有悖于"负担能力原则"。这就是说，"三征"是以牺牲农民利益为代价的。因为征实之后，税率不断提高，而且田赋征实采用的是比例税率，粮食越多，负担越重。至于粮食征购采取按田赋额的多少累进征收，也有利于土地多的大额粮户，而不利于中小额粮户。而粮食征借则无异于一种掠夺。至于经征人员与地方官吏、乡镇豪绅相互勾结，运用多填粮额、大斗浮收等办法搜刮农民，更是加重了农民的负担。此外，征实还加重了百姓的力役负担。所以"三征"政策所带来的直接后果就是加重了对农业生产力的摧残。

总之，实行"三征"，对于支持抗战起了一定的作用。如无此举，则 1941—1942 年和 1942—1943 年国民政府的财政支出势必要分别高出 30% 和 80%，1943—1944 年和 1944—1945 年分别要高出 80% 和 85%[①]。然而，实行"三征"所带来的恶果是不容低估的，它严重地破坏了农村经济。

（二）战时土地税

1937 年 8 月，为进一步规范土地税征收制度，国民政府又公布了《各省市土地税征收通则》，规定各省市在土地测量登记完竣后，应立即举办地价税、土地增值税及土地改良物税（未实行地价税的地区征收房捐）；地价税及土地改良物税每年征收一次，税率由省、市政府在《土地法》规定的税率范围内自行确定；土地增值税于土地转移时征收；未开征土地税的地区仍依照核定科则征收田赋。该通则公布后，一些省市陆续开征了地价税和土地增值税。截止到 1942 年底，共有江苏、浙江、江西等十余省的 47 个市县开征了地价税，13 个市县开征了土地增值税。各省的税收征收制度略有差异，一部分省地价税的税率采用区分改良地、未改良地、荒地分别确定不同的税率，另一部分省则无此区分，一律按 1% 的税率征收。还有些省，不同市县的税率也有所不同。

战前已举办土地税的南京、上海、青岛等城市先后沦陷，土地税被迫停征。其他地区则继续征收。1941 年以后，为加强对粮食等战略物资的控制，与田赋一样，对农地征收的地价税也改征实物，仅城市地价税仍征收法币。1944 年 3 月 28 日，国民政府又公布了《战时征收土地税条例》，较原来《土地法》的规定相比，其变化主要有：（1）地价税的税率由比例税率改为超额累进税率。（2）取消了市地、乡地、改良地、未改良地、自住地、自耕地的划分，便于征收。（3）规定各省市土地征收规则，由各省市政府自行拟定报行政

① 张公权. 中国通货膨胀史 [M]. 北京：文史资料出版社，1986：91.

院核准。（4）取消对"不在地主"的重税规定，以照顾被迫背井离乡的产权人。（5）废除对土地改良物征税的规定。根据《战时土地税征收条例》，财政部制颁了《土地税征收规则（草案）》，于1945年4月末令发川、陕、粤、桂、闽、赣、鄂、浙、绥等九省田赋管理处与地政局，对地价税累进征收起点规定，川陕两省为10万至15万元，其余各省为10万元，起征点税率，川陕为1.7%，其余各省均为1.5%，其累进部分则分为8级逐级累进，至5%为止。

六、地方税

1942年1月1日国民政府正式实施国家财政和地方自治财政二级财政体制。将省级财政并入中央，另以县市为单位建立地方自治财政。根据国民政府公布的《改订财政收支系统实施纲要》和《财政收支系统分类表》，从1942年1月1日起原属地方税系统的田赋、营业税、契税、烟酒牌照税以及一切对物征收的通过税、产销税，一律划归中央接管，其中土地税由财政部主办，营业税、契税交由直接税处接办，对物征收的货物通过税、产销税等则交由税务署接管整理。划归地方自治财政的税种主要包括土地改良物税（未实行地价税地区为房捐）、屠宰税、营业牌照税、行为取缔税（即筵席捐、娱乐捐）、使用牌照税等五项。这五项虽是县市自治财政的独立税源，但由于收入较少，不能满足地方自治的需要，故还需要从中央财政收入按规定的税种划出一定的税款拨补县市。

地方自治财政建立后，为切实增加自治财政收入，开始对上述五种合法的自治税收进行整顿。1941年第三次全国财政会议前后，财政部先后制定了《房捐征收通则》《屠宰税征收通则》《营业牌照税征收通则》《使用牌照税征收通则》《筵席及娱乐税法》等，由行政院以院令颁布，对县市自治财政的税种进行规范和整顿。

1.房捐

根据《房捐征收通则》，规定凡市县城镇居民聚居在500户（不久又调整为100户）以上者，一律征收房捐，纳税人为房屋所有人或典权人，捐率按年计算，出租房不得超过租价的5%，自用房不得超过房价的5‰。1943年国民政府将通则修正为《房捐条约》公布施行。该条例将征收范围改订为县政府所在地及繁盛地区居民聚居在300户以上者为征收区，税率改为：租用营业用房，征收20%；自有营业用房征收房值的2‰；租用住房按租金征收10%；自有自住房征收房值的1‰。

2.屠宰税

根据《屠宰税征收通则》，屠宰牲畜均应课屠宰税，其征收范围暂定为猪、牛、羊，一律从价计征，税率为2%~6%，征收章程由各省（市）依通则拟订报核。1943年9月国民政府公布《屠宰税法》，税率改为最高不得超过原价的5%，不得附征任何附加税，施行细则由各省（市）拟订报核。

3.营业牌照税

根据《营业牌照税征收通则》，其征收范围为原征牙税的牙帖、当帖，领屠宰证的业户，各地其他应领牌照的业户以及带有取缔性质的戏馆、舞场等，这些业户均须领取牌照缴纳牌照税。征收标准按全年营业额，分别等级按年征收，税率最高不得超过全年营业额的2.5%。1943年国民政府正式公布《营业牌照税法》，改以资本额为标准征收定额税，征收范围限定为13种行业。至1945年12月再次修订，征收范围扩大到各种商业均应课营业牌照税，不再限于特定的行业。

4.筵席及娱乐税

1942年4月国民政府公布的《筵席及娱乐税法》规定：筵席税的税率不得超过席价的10%，日常饮食不在征课之列，其免税标准则由各县市参酌当地情形订定；娱乐税的课征范围为以营业为目的的电影、戏剧、书场、球房等娱乐业，税率最高不得超过票价的30%；筵席税、娱乐税均由消费者负担，归营业人代征。以后虽屡有修订，但主要是调整税率，其余则基本未变。

5.使用牌照税

1942年2月行政院公布的《使用牌照税征收通则》，规定：凡使用公共道路、河流的车、船、肩舆、驼驮，除汽车及机器驾驶的车辆及交通部《汽车管理法》领照纳捐外，均须向所在地县（市）领照纳税。按全年分季征收定额税，税率为：车辆，人力驾驶者，每辆税额全年不得超过36元，兽力驾驶者，每辆全年不得超过72元；船类，人力驾驶者，每只税额全年不得超过80元，机器驾驶者，每只每吨全年不得超过5元；驼驮，每驼全年不得超过24元；肩舆，每乘全年不得超过24元。同年9月，行政院又公布修正的《使用牌照税征收通则》，将纳税标准按照车船种类及载重量，分自用与营业用两种，分别类等确定每年应纳税额，自用者依营业用税额减征1/3。税款改为按季或按半年换照时征收。1945年4月国民政府正式公布《使用牌照税法》，规定课税标准基本上与通则相同，但对各等税额做了大幅度调高，并取消了通则中对使用牌照税不得增收附加税的规定。同时将原为交通部主管的《汽车管理规则》征收的各种机动车辆一律纳入使用牌照税的征收范围。

在上述自治税收的施行过程中，行政院于1942年12月公布了《整理自治财政纲要》，1943年又颁发了《整理自治财政办法》，其中要求各县（市）要积极整理自治税收，要求对合法税捐未开征者，除有特殊情况外，应一律依法开征，对法定税捐以外的捐费应分别裁废，并要求各地严格执行经征与经收分开，禁止招商包征。

七、苛捐杂税的整顿

1937—1945年，各地为解决财政困难，多置1931年国民政府裁厘命令与1934年第二次全国财政会议废除苛捐杂税决议于不顾，继续征收各种苛捐杂税，甚至搞变相厘金。例如，湖南的特种物品产销税，安徽的战时产销税，广西的百货饷捐，江西、湖南、福建、江苏、云南的特种营业税，浙江、陕西、甘肃、宁夏的特种消费税等，名称虽不相同，但都是一种对物征收的捐税。其课税品目之繁，几至无物不税的地步。例如，江西的特种营业税，品目多至2 761种，形成步步查验、节节征收的态势。此外，战时苛杂有两个不同的特点：一是由于战时需要，沿用平时征税的手段，缓不济急。二是田赋收归中央后，田赋附加失去载体，不便再行利用，向百姓攫取的便捷方式，莫过于摊派方式。因此，类似苛杂的摊派之风大兴。例如，1942年，四川省训练团在华阳等18个县的调查表明，类似苛杂的摊派共有616种之多，名称五花八门、各式各样。

1941年第三次全国财政会议决定改进财政收支系统，实行国家财政与县自治财政，并议决各省货物通过税、产销税及其对物征收的一切税捐应一律裁撤，改办战时消费税，以期沟通货运，减轻人民负担。同时议决，废除苛捐杂税，对县市地方苛细捐款，应予一律切实裁废，但实际上却是说归说、做归做。新县制实行以后，虽然县市财政享有独立税源，但远远不够支应，地方政府往往依靠开征杂捐及摊派来解决困难，结果苛杂摊派反愈演愈烈。尤其是摊派属于非法活动，其收支大都在预算与法定手续之外，为避免人知，极端保守秘密，这使得对摊派的整顿极其困难，难以收效。

第四节

国民政府抗战时期的债务收入

一、内债

（一）发行规模与方式

全民族抗战开始后，国民政府的财政支出急剧膨胀，正常的税收难以满足需要。为了弥补财政赤字，国民政府除了积极改革税制、整顿税收，以图增加收入外，还开始大量发行内债。

1937—1945年，国民政府发行的内债，就其种类而言，有建设公债、救国公债等18种；就其数量而言，有法币公债150余亿元，有关金、外币公债折合成美元3.3亿美元[①]；还有大量以市石计算的米、麦、粮食公债计7 583余万市石。这成为中国内债史上发行数量最大、发行方式最乱的一个时期，见表13-9。

国民政府抗战时期的内债可分为两个阶段：1937—1941年为前期。在这一阶段，通货膨胀尚属和缓，内债的发行额相对小一些，而且试图以外币的形式扩大销售。在这五年间共发行：法币公债59.17亿元；关金、英金、美金等公债折合美元为2.3亿元；谷麦等粮食库券380余万市石。与此同时，内债作为弥补财政赤字的功能也较为明显，仅以法币公债为例就足以说明这一点。1942—1944年为后期。在这个阶段里，通货膨胀进入恶性发展阶段，所以内债数额庞大，外币公债数额减少，相反却大量发行粮食库券。在这三年中，共发行：法币公债92.75亿元；美金公债1亿元；谷麦等粮食库券7 178余万市石。然而，内债作为弥补财政赤字的功能已十分微弱，见表13-10。

---

① 以1关金=0.40美元，1英镑=4美元折算。

表13-9　　　　　　　　　国民政府1937—1945年内债发行与实收情况

单位：百万（元，镑，金单位，市石）

年份	名称	发行额	实收额
1937	救国公债 整理广西金融公债	法币 500 法币 17	法币 256
1938	国防公债 金公债 赈济公债	法币 500 英镑 10 美元 50 关金 100 法币 100	法币 18
1939	建设公债 军需公债	法币 600 法币 600	法币 25
1940	军需公债 建设金公债	法币 1 200 英镑 10 美元 50	法币 8
1941	建设公债 军需公债 滇湎铁路金公债 粮食库券	法币 1 200 法币 1 200 美元 10 谷　市石 1.73 麦　市石 2.06	法币 127
1942	第一期土地库券 粮食库券 同盟胜利美金公债 同盟胜利公债	法币 100 谷　市石 11.38 麦　市石 2.40 美元 100 法币 1 000	法币 363
1943	同盟胜利公债 整理省债公债 粮食库券	法币 3 000 法币 175 谷　市石 23.13 麦　市石 23.13	法币 3 886
1944	同盟胜利公债 征借粮食临时收据	法币 5 000 粮食　市石 12.00	法币 1 989
1945			法币 62 823
总计		法币 15 192 英镑 20 美元 210 关金 100 谷麦 75.83	法币 69 495

资料来源　千家驹. 旧中国公债史资料［M］. 北京：中华书局，1984：376-377；张公权. 中国通货膨胀史［M］. 北京：文史资料出版社，1986：97.

表13-10　　　　　　　　1937—1944年法币发行额占财政赤字的比重　　　　　　　单位：百万元

年度	财政赤字	法币内债发行额	法币内债发行额占财政赤字的比重（%）
1937	1 532	517	33.7
1938	827	600	72.6
1939	2 080	1 200	57.7
1940	3 971	1 200	30.2
1941	8 819	2 400	27.2
1942	19 242	1 100	5.7
1943	42 299	3 175	7.5
1944	135 473	5 000	3.7

资料来源　杨荫溥. 民国财政史［M］. 北京：中国财政经济出版社，1985：150.

（二）战时内债发行的特点

纵观抗战时期国民政府的内债发行，有下列特点：

（1）公债的种类和单位五花八门，十分繁杂。国民政府的公债之所以呈如此多样性，主要是因为国民政府初期债信不好，而战争使军需孔急，于是便利用人民的抗战热情，变换各种名目，以取得债信，筹得更多的资金。诸如救国公债、国防公债、军需公债、建设公债等，莫不如此。而外币公债则是想以外币为标识，吸引国内外汇，特别是华侨手中的外汇。发行粮食库券则是为了适应粮食征购和征借的需要，这种库券形式上是向大地主征借，实际上则完全转嫁到佃农和自耕农身上。

（2）内债推销手段逐渐由自由认购变成劝募，直到强制派购。由于国民政府内债毫无债信，加之战争环境影响，所以公债公募屡屡失败，于是便采取层层派购和摊派的形式推销公债。例如，1937年国民政府想乘民众爱国热情高涨的时机发行5亿元救国公债，虽然名为"救国"，但民众仍不买账，承购额不大，于是便由省及县、乡，层层派购，在农村则采取摊派的办法，花了很大的力气，勉强认购了发行额的半数，实收额占发行额的49.5%，这还是抗战时期公债推销效果最佳的一次。此后，1938年发行的赈济公债、国防公债，法币为6亿元，实收额只有0.18亿元，仅占发行额的3%；1939年公债实收额占发行额的2%；1940年实收额更是微乎其微。国民政府将公债市场的完全失败归咎于推销不利，于是1941年成立战时公债劝募委员会，由蒋介石自兼该会主席，各省设分会，由各省政府主席兼任。尽管如此，1941年公债总认购数不及发行总量的5%。1942年又采取了强制派购的手段。具体办法是按房地产所有者、企业经营者、商人以及自由职业者收益的多少，规定不同的派购数额。凡个人财产和年收入在25万~100万元者，派购公债5%；在100万~200万元者派购8%；200万~300万元者派购10%；凡超过此限者，财产每增加200

万元或收入每增加 300 万元者加派购 5%，加到 50% 为止。这项办法虽使推销额较以往有所增加，但由于对财产或收入估值不公平，民众怨声载道，纷纷逃避派购，所以这一办法到 1944 年就行不通了，推销额跌至谷底。

（3）内债成为发行纸币的抵押。由于民众不愿承购国民政府各种名目的公债，公债作为弥补财政赤字的手段，难以发挥效力，所以国民政府便将内债以总预约券的方式向银行抵押，以求得银行垫款。1938 年以后，只有建设公债和军需公债以及 1942 年、1943 年的同盟胜利公债直接向人民推销，其余约有 60% 则是采取总预约券的方式向银行抵押借款。这种方式是与国民政府增发纸币的财政政策分不开的。增发纸币是国民政府用以弥补财政赤字的手段，而抵押公债则是发行纸币的前提。因为公债作为有价证券，充当货币发行的保证准备，就可以使银行名正言顺地增发纸币，还可收掩耳目之效，所以有人说此期的公债发行"与通货膨胀实无以异"[①]。

（4）内债在财政中的地位日益下降。国民政府推行增发纸币政策以后，发行不兑现的纸币成为筹集财政资金的主要手段。这时，没有任何担保的内债在财政中的地位日益下降。不仅内债的发行额占财政赤字的比重日益下降，而且内债实收额占财政赤字的比重更是低得可怜，见表 13-11。

表13-11　　　　　　　　1937—1944年内债实收额占财政赤字的比重　　　　　　　　单位：百万元

年度	内债实收额	财政赤字	内债实收额占财政赤字的比重（%）
1937	256	1 532	16.7
1938	18	872	2.1
1939	25	2 082	1.2
1940	8	3 971	0.2
1941	127	8 819	1.4
1942	156	19 242	0.8
1943	3 871	42 299	9.2
1944	1 647	135 473	1.2

资料来源　孙文学. 中国近代财政史［M］. 大连：东北财经大学出版社，1990：367.

由此可见，自增发纸币政策实施后，不仅货币税收无关紧要了，而且依靠税收发行的内债也无关紧要了，唯靠纸币的虚行印发。

（5）在内债发行上继续依赖帝国主义。最主要的表现有两点：一是发行外币公债。全民族抗战时期发行的外币公债有：英金公债 2 次，数额达 2 000 万英镑；美金公债 4 次，数额达 21 000 万美元。发行外币公债的目的是十分明显的，即在法币日益贬值的情况下，以

---

① 千家驹. 论第二期抗战的战时经济［J］. 国民公论，1939，1（8）.

此欺骗民众和掠夺华侨。例如，1942年发行的同盟胜利美金公债，是以美金为单位，规定发行1亿美元，向海外推销的配额就达3857万美元，几乎占发行额的40%。二是以外债作为内债的担保。全民族抗战爆发后，国民政府的税收已经减少到微不足道的程度，不可能作为内债的担保，于是便将举借的外债作为内债的担保，以期扩大销售量。例如，1942年的同盟胜利公债10亿元，就是以借得的英金5000万英镑外债的一部分作为担保的。同年的同盟胜利美金公债则是以借得的美国5亿美元外债为担保的。

二、外债

全民族抗战时期，国民政府共举借外债32次，其中向苏联借款5次，向英国借款11次，向美国借款9次，向法国借款4次，向捷、德、比国借款各1次。从借款的内容来看，这些外债大致可以分为易货借款（信用借款）、铁路借款、购货借款和金融借款等几类。其中易货借款是最主要的举债方式，即使是一些信用借款也援用了易货偿债的形式，如中英信用借款就是如此。从债权人来看，这一时期外债的债权人由过去的英、美、法、德、日等多国转变为苏联、英国、美国三个主要国家。但这三个主要债权国在对华借款的态度上也截然不同。

在太平洋战争爆发以前，美英标榜"中立"，实则企图唆使日本以中国东北为跳板进攻苏联，坐收渔人之利，故对华借款并不积极。只是日本帝国主义对中国的侵略也在一定程度上损害了他们的既得利益，故提供少量借款以援助国民政府抗战。苏联则与美英不同，一开始就对援华采取了积极的态度，在1937年8月苏联就同中国签订了《中苏互不侵犯条约》，并在财政、军事等方面给予大量援助，这种援助表现为易货借款，即苏联向中国提供苏联生产的工业品和设备以及军用品，中国则以钨、锑、锡、桐油、丝绸、茶叶等农矿产品各半偿付本息，见表13-12。除此之外，苏联还派遣了军事顾问团到中国协助作战，并先后派出1000架飞机和2000多人的航空志愿队来华助战。这说明苏联在全民族抗战初期对中国抗战给予了积极的支持，对全民族抗战初期财政的稳定也给予了极大的帮助。

表13-12   **苏联对华提供易货借款情况**   单位：万美元

年 度	借款名称	数 额	用 途
1938	第1次易货借款	5 000	购买军用品
1938	第2次易货借款	5 000	同上
1939	第3次易货借款	15 000	同上
1939	第4次易货借款	5 000	同上
1939	第5次易货借款	638.5	同上
小 计	5项	30 638.5	同上

资料来源 杨荫溥. 民国财政史 [M]. 北京：中国财政经济出版社，1985：153；张公权. 中国通货膨胀史 [M]. 北京：文史资料出版社，1986：94.

与苏联相比，在同一时期，美国向国民政府提供了3项易货借款，共计有5 280万美元，其中，重要的一项是桐油借款数额为2 500万美元，顾名思义，是以中国的桐油售价来偿还。英国向国民政府提供了3项易货借款，共计1 350万英镑，其中，1 000万英镑用于修路，300万英镑用于购买英国各种器材，另有50万英镑用于购买英国的汽车及汽车零配件。此外，英国还提供了3 200万英镑的铁路、金融借款。

美英向中国提供大量借款是在太平洋战争爆发后。太平洋战争的爆发使美英成为日本军国主义进攻的对象，美英为了缓解太平洋战争初期被动挨打的局面，迫切需要中国与之配合，因而在财政上的援助也较前积极一些。这些借款多属易货借款或信用借款，见表13-13。

表13-13　　　　　　　　美英两国在太平洋战争爆发后对华提供的借款情况

国别	年　份	名　　称	数　　额	用　　途
美国	1940	滇锡借款	2 000万美元	购买军用品
	1940	钨砂借款	2 500万美元	同上
	1941	金属借款	5 000万美元	同上
	1942	信用借款	50 000万美元	加强信用准备，发行内债和储蓄券的准备
	小　计	4项	59 500万美元	
英国	1940	第1次信用借款	285.9万镑	平衡货币外汇
	1941	第2次信用借款	500万镑	同上
	1944	财政援助借款	5 000万镑	购买军用品和内债保证
	小　计	3项	5 785.9万镑，折合23 143.6万美元	

资料来源　杨荫溥. 民国财政史［M］. 北京：中国财政经济出版社，1985：153；张公权. 中国通货膨胀史［M］. 北京：文史资料出版社，1986：94.

从表13-13中不难看出，这一时期美英提供了8亿多美元的大量借款，其中又以美国1942年根据"中美财政援助协定"提供的信用借款5亿美元和英国1944年向中国提供的财政援助5 000万英镑为大宗。此外，美国还根据1942年《中美租借协定》向中国提供了8.7亿美元的物资。这些美援在抗战后期对稳定财政起了一定的作用，但也有相当数量的美援成为战后执政的国民党发动内战的物质基础。

总的来说，抗战时期的外债与以往的外债不同，基本上是平等互利的。由于中国的抗日战争是世界反法西斯战争的重要组成部分，是正义的战争，得到了一切爱好和平的国家和人民的同情和支持，因而每一次借款都比较顺利，条件也比较优惠。特别是易货借款，一方面使处于战时的中国得到了急需的军火、军用装备和必需的工业品；另一方面以农矿产品售价偿还外债，也使苏、美、英等国得到了重要的战备物资。然而，美国与中国分别在1940年、1941年所签订的"售购华锡合同"和"华锡借款合同"、"钨砂借款合约"和"钨锡合同"、"金属借款合约"和"金属合同"，不仅使美方在很大程度上垄断了中国钨、锡、锑等重要矿产资源的产销，而且还攫取了中国的重要矿产资源。此外，庚子赔款因不平等条约的废除而停止支付，大大减轻了外债负担，这是我国抗日战争的收获之一。

第五节

国民政府抗战时期的财政管理

一、财政管理体制

1941年抗战正处于战略相持阶段。沿海沿江经济发达地区的相继沦陷，加之战争的巨大消耗，使国民政府中央财政处于十分困难的境地，财政赤字急剧增加，战费筹措异常艰难。面对严峻的财经形势，1941年4月国民党五届八中全会通过了由孔祥熙等20人联名提出的《改进财政系统统筹整理分配以应抗战需要而奠自治基础藉使全国事业克臻平均发展》的议案，决定全国财政分为国家财政与自治财政两大系统。1941年11月8日，国民政府明令公布了《改订财政收支系统实施纲要》和《财政收支系统分类表》，规定自1942年1月1日起施行。该纲要规定：（1）全国财政收支分为国家财政和自治财政两大系统。（2）国家财政包括原属国家及省与行政院直辖市的一切收入与支出。（3）自治财政以县（市）为单位，包括县（市）、乡（镇）的一切收入与支出。（4）国家课税收入分配于县（市）的标准：印花税按纯收入的30%拨给县（市）；遗产税按纯收入的25%拨给县（市）；营业税按纯收入的30%~50%拨给县（市）；土地税（在《土地法》未实施前仍称田赋）原属省收入部分归中央，原属县（市）收入部分由中央参酌原收入金额拨付县（市）；契税原属省收入部分，悉归中央，其原属县（市）部分，暂仍其旧；屠宰税从营业税中划出，全额归县（市）。（5）所得税悉归中央。（6）县（市）的补助金由中央核定拨给。

这次划分，一方面大大加强了中央财权，增大了财政统筹支配的力量，确保了国民政府对军民的物资供应；另一方面县自治财政也得到了一定的发展。到1944年，自治财政系统渐具规模。县法定征收的营业牌照税、使用牌照税、房捐、屠宰税、筵席及娱乐税，均已制定税法，逐步推行，收入年有增加，1941年为12 443余万元，1942年为33 393余万元，1943年为81 627余万元。划拨县（市）国税的金额，也年有增加，1942年为64 779余万元，1943年为86 939余万元，1944年为189 473余万元。另外，县自治财政通过清理公有款产和实施乡（镇）造产等收入措施，预算收入规模不断提高，1941年为58 445余万元，1942年为168 741余万元，1943年为326 330余万元①。

这次实行的两级财政体制，作为战时的一种特殊形式是必要的，但随着形势的变化，这种体制所存在的问题就愈加明显了。

二、财政管理机构

抗日战争时期，为保证战争对财政资金的需要，国民政府加强了财政部的职权，并对财政部内部机构设置进行了调整。1943年3月国民政府公布了修订的《财政部组织法》，规定：财政部下设国库署、直接税署、关务署、税务署、缉私署、钱币司、公债司、盐政司、专卖事业司、地方财政司、总务司、人事处。此外，根据战时的特殊需要，还设立了贸易委员会、田赋管理委员会、货运管理局、公债筹募委员会、花纱布管制局、财政研究委员会、金融研究委员会、设计考核委员会等机构。这些机构多属临时性机构，抗战后期及抗战胜利后，上述机构陆续撤销或合并于其他部门。

各省由财政厅负责地方财政收支的管理工作，其下设秘书、总务、征管、制用等机构；县市由财政局（科）掌管本县市的各项财政事务，其下设总务、经征、会计等机构。

三、预算、决算制度

1937年4月国民政府公布了《预算法》，定于1938年1月1日起施行。因全民族抗战爆发，又延缓施行。1938年9月国民政府公布《预算法施行细则》，决定自1940年起付诸施行。为谋1937年度国家总预算的如期实现，国民政府于1937年4月公布《审订二十六年度普通预算办法》通令执行，孰料预算执行不久，全民族抗战爆发，遂由国防最高委员会先后制定并修正《国难时期紧缩办法》，将1937年度预算两次加以紧缩，至此，核定预算的最高权力机关由中央政治委员会改为国防最高会议。1939年1月1日起预算年度改为历年制。1940年1月，该法及其施行细则开始实行。《预算法》分为通则，中央政府概算之筹划拟编及核定，中央政府预算之拟定，中央政府预算之审议，中央政府预算公布后之执行，中央政府追加预算及非常预算，地方政府预算及附则等8章89条。这部《预算法》较之以往的预算章程及办法，更为具体明晰。但它开始施行后，因编审时间过长，手续太繁，且正值非常时期，各机关不可能按规定的编审程序及时间办理，乃先后制颁《办理二十九年度预算办法》《编审三十年度预算变通办法》《编审三十一年度国家预算办法》，由国民政府颁布实施。随着国土的不断沦陷，国民政府辖区缩小，军费日增，通货膨胀，必须缩短预算的编制时间。1942年5月，国民政府颁布《战时国家总预算编审办法》，后经1943年7月和1944年6月两次修正，进一步缩短编审时间并简化编审程序，以适应战时需要。1943—1945年国家预算的编制即依此办理。

在决算方面，1938年8月9日国民政府公布《决算法》，1941年公布《决算施行细则》，并明令规定均自1941年1月1日起同时实施。至此，各机关在1942年编造1940年度

---

① 江苏省中华民国工商税收史编写组，中国第二历史档案馆. 中华民国工商税收史料选编：第一辑（上册）[M]. 南京：南京大学出版社，1994：804—806.

及 1941 年度决算时，即依照该法及其施行细则和主计处制定的各项决算书表格及说明办理。主计处为实施《决算法》并促进国家总决算的完成，制定了《中央机关编制二十九年度及三十年度决算之要点》，通行遵办。自此以后，国家总决算与财政部二级决算，均能逐年产生，但因时值抗战时期，交通梗阻，兼之收支手续变更及预算追加追减频繁，故决算完成期限及内容的真实完整性，则与《决算法》的要求差距较大[①]。

地方预算的编制和执行，在 1940 年《预算法》公布之前，仍按照 1931 年公布的《预算章程》《办理预算收支分类标准》等法规办理。1941 年第三次全国财政会议议决《改订财政收支系统实施纲要》，将全国财政分为国家财政及自治财政两级，省市财政收支并入中央预算，不再分编，此时地方财政，仅指县市自治财政而言，明定县市税收，税源有所增加。1942 年，财政部为切实推进县市预算制度，订定《编制县市预算暂行办法》，由行政院于 1942 年 4 月通令施行。1943 年行政院又将原办法加以修正，经国防最高委员会核准改为《战时县市预算编审办法》，于 1943 年 8 月通令遵行。此修正办法，适应战时需要，简化编审程序，缩短了编制时间，规定县市政府每年应于 9 月底以前拟编下年度施政计划及总预算书送请省政府核定，省政府应于每年 11 月底以前，将本省各县市下年度施政计划及总预算书分别核定，发交各县市政府遵照，将核定的总预算书公布之。

四、公库制度

1938 年 6 月 9 日国民政府公布《公库法》32 条及《公库法施行细则》40 条，于 1939 年 10 月正式施行。该法从管理对象和管理内容两个方面扩大了公库的管理范围。公库的管理对象由原来的中央政府扩大到各级政府；公库管理的内容不仅包括政府的各项财政收支，而且还包括其动产和不动产。此外，它还对公库出纳的程序及所使用的各种书证做了明确规定。《公库法》构建了一个行政、公库、会计、审计四权分立、相互监督制约的公库管理体系。为了推进公库制度的建设，财政部与中央银行签订了代理国库契约。中央银行再与中国银行、交通银行、中国农民银行订立代理国库契约，委托其在全国各地的分支机构代行国库职责，从而建立了较为完善的国库网络，到 1942 年全国各地共设立国库达737 处。国库网络体系的建立对加强财政资金的收支管理，避免各级政府机构随意支取、挪用财政资金，防止财政收入流失起到了重要的作用，为抗日战争的胜利提供了坚实的物质保障。

《 综合训练 》

关键概念

统制经济 通货膨胀政策 战时消费税 货物税 直接税 非常时期过分利得税 遗

[①] 金鑫. 中华民国工商税收史：税务管理卷［M］. 北京：中国财政经济出版社，1998：442.

产税　田赋征实　粮食征购　粮食征借　自治财政

复习思考题

1.简述抗战时期财政制度的转变。

2.试述抗战时期财政支出的二重性。

3.简述抗战时期关税政策调整的目的。

4.简述抗战时期直接税体系的内容及影响。

即测即评 13　　　　　　　　　　　　综合训练参考答案 13

国民政府崩溃时期的财政

第一节

国民政府崩溃时期的政治经济背景及财政特征

一、国民政府"戡乱政治"的破产

在抗日战争期间，执政的国民党就奉行"消极抗日，积极反共，保存实力，准备内战"的政策。抗战胜利后，以蒋介石为首的国民党反动派进一步加紧了发动内战的准备。他们一方面搞假和平，欺骗全国人民；另一方面又加紧调兵遣将，不断制造摩擦，随时准备进犯解放区。1946年6月以进攻中原解放区为起点，蒋介石发动了对解放区的全面进攻，挑起了中国历史规模空前的大内战。

在大举进攻解放区的同时，以蒋介石为首的国民党反动派还对国统区的和平民主运动进行血腥的镇压，对呼吁民主、反对内战的工人、农民、学生、市民及一切爱国人士进行屠杀和迫害，实行白色恐怖和法西斯独裁专政。

与此同时，国民政府内部政治腐败，贪污成风，据国家之财和百姓膏血为己有；蒋介石政权对美帝国主义的卖国求援活动也日益猖獗，以致美帝国主义在国统区横行无忌，成了蒋介石政权的"太上皇"。

蒋介石政权的内战、独裁、卖国政策遭到了包括国统区在内的全国人民的强烈反对，国民党反动派已经处于全国人民的包围之中。经过三年的垂死挣扎，蒋介石的"戡乱政治"终于在中国人民解放军的强大攻势下，在全国人民的愤怒反抗下破产了，1949年国

民政府在中国大陆的反动统治终于被推翻了。

二、国民政府经济的崩溃

抗战胜利后，经历十四年抗战早已千疮百孔的国民经济本应加以恢复，休养生息。但由于国民政府违背全国人民和平建国的愿望，发动全面内战，巨大的军费支出，导致巨额的财政赤字。为弥补财政赤字，大量虚发纸币，结果通货膨胀愈演愈烈，使原已凋敝的经济更加迅速地走向崩溃。

抗战胜利后，国民政府接收了2 411个估价为20亿美元的敌伪工矿企业，在此基础上，成立了许多全国垄断性的组织，国家垄断资本占绝对优势。同时，为了减少财政赤字和平抑物价，国民政府又采取了低汇率政策，结果导致美货泛滥全国。1946—1948年在进口货中美货占60.8%，中国成了美货的倾销市场。在这种情况下，国统区内的民族工业因此陷于瘫痪境地。"1946年上海民族资本工厂约有四分之三处于停工、歇业、倒闭的灾难境地。"①到1947年全国已有95%的企业停工和半停工。在国统区的农村，由于国民政府推行田赋征实、征借、抽丁拉夫，因此，农村经济更加迅速地走向了破产，大量农民无家可归，流离失所，1947年灾民共达4 800万人，约占全国人口的1/10。

由于城市经济和农村经济的破产，以及国民政府在军事上的溃败，到解放前夕，国统区的经济已经走向了全面崩溃，国民政府财政赖以生存的经济基础已经坍塌。国统区人民却进一步遭受着国民政府变本加厉的搜刮，各阶层人民被逼上了饥饿和死亡的道路。

三、国民政府崩溃时期的财政特征

国民政府在抗战胜利后不久即发动全面内战，整个国家又进入了战争状态，可以说，这一时期的财政制度仍是战时财政的继续。所不同的是，国民政府发动的全面内战是不顾人民和平建国、休养生息意愿的不得人心的战争，因此，注定了这一战时财政最终走向崩溃。在这个过程中，国民政府对财政制度做了必要的调整和改革，其目的无非是在结束其在大陆的统治前更多地搜刮民脂民膏。这一时期财政制度变化的特点有：

（1）财政制度调整频繁。抗战胜利后，国家恢复和平，战时财政制度已不适应平时建设需要，自然需要重新调整。调整后的财政制度包括国地收支系统、预算管理制度、税收制度等，随着全面内战规模的扩大，越来越不适应内战的需要，因此，不断进行调整。这种调整尤其在1948年以后，军事败局已定，通货膨胀日益严重的情况下，更为频繁。这表明该时期国民政府以财政收入为第一原则。

（2）税收制度以通货膨胀为核心进行调整，成为聚敛手段。自从抗战中期以来，国民政府统治区域通货膨胀日益严重。由于全面内战爆发，国民政府军事支出不断膨胀，加剧了通货膨胀的严重程度。在这种情况下，国民政府对税收制度进行了调整，结果就是适应日益通货膨胀的客观要求，加紧对人民的搜刮。

---

① 黄逸峰. 旧中国的买办阶级［M］. 上海：上海人民出版社，1982：173.

第二节

国民政府崩溃时期的财政支出

以蒋介石为首的国民党反动派在美帝国主义的支持下，在1946年挑起了中国历史上规模最大的内战。大规模的内战使得国民政府的财政支出急剧膨胀。其中，军费支出膨胀的速度和规模更达惊人的程度。

一、军费支出

从1946年开始，国民政府的财政情况非常紊乱，从官方的统计来看，一般是有预算数，但无完整的决算数，所以只能根据当时各方面的材料加以估计。

从预算数来看，军费支出占预算支出的比重：1946年为43.52%，1947年为52%，1948年上半年为66.9%，1948年下半年起国民政府已开始溃败，故无预算可言。据当时中央银行总裁张公权的估计，军费实际支出数占当年财政实支数的比重：1946年为59.9%，1947年为54.8%，1948年上半年为68.5%。据张公权说，1946年预算所列10 950亿元法币的军事拨款在5个月内就已全部拨付[1]。另据千家驹的估计，1946年全年军费支出，当达6万亿元，占该年岁出总额的83.3%[2]。1947年和1948年上半年以后的军事支出，已无其他数字可查，但结合当时战争规模来考虑，只会高于这个比例，不会低于这个比例。

二、其他各项支出

从预算情况来看，国民政府除军事支出外的各项支出占预算支出的比重是：

1946年，善后救济和建设费支出为19.21%，省市支出（包括分配给县市国税、补助县市建设费、补助县市田赋附征三成等）为10.8%。

1947年，政务费（包括中央公务人员生活补助费及赈恤复员费等）为25%，复员救济费为14%，省市补助费为7%，债务费为2%。

1948年上半年，粮食部主管费用为6.3%，教育费为3%。此外，农业支出在各年内均不到1%。至于其他项目在岁出预算中就都微不足道了。

上述数字仅是预算数，实际支出数大大低于此数。表14-1是1946—1948年上半年的除军费支出外的其他各项实际支出的估计。

从军费支出和其他各项支出对比来看，军费支出占绝大比重，这反映出国民政府财政的军事性。如此庞大的军费不但是国民政府财政的致命伤，也是国民经济的致命伤。因为内战军费不但是非生产性的，而且是破坏性的，它对国民经济和社会发展的破坏是不可估量的。军费支出的无限膨胀和予取予求，迫使国民政府财政走上竭泽而渔、自掘坟墓的道

---

[1] 张公权. 中国通货膨胀史 [M]. 北京：文史资料出版社，1986：102-103.
[2] 杨荫溥. 民国财政史 [M]. 北京：中国财政经济出版社，1985：174.

路，从而成为一切财政经济问题的症结所在。

表14-1   1946—1948年上半年其他各项支出所占比重（%）

支出项目	1946年	1947年	1948年上半年
债务费	0.6	1.2	2.6
经济开发支出	11.0	14.3	5.2
行政和一般支出	28.5	29.7	23.7
其中：各部开支	13.2	17.8	13.7
对各省补助	6.4	6.4	7.2
公务员津贴	—	—	—
善后复兴和救济	8.0	4.9	—
其他	0.9	0.6	2.8

资料来源 张公权. 中国通货膨胀史 [M]. 北京：文史资料出版社，1986：102.

第三节

国民政府崩溃时期的税收

一、关税

就其实质而言，抗战胜利后的国民政府的关税政策仍属于财政关税，即关税税率的制定除了增加财政收入和加重人民的负担外，不能保护国内民族工商业和农业的发展。这从战后关税收入的激增也可以看得出来，1945年关税总收入为49.8亿元，1946年为3 255亿元，1947年为23 370亿元。

抗战胜利后，国民政府借助美国提供的运输工具迅速接收了沿海的海关，并立即实施《紧急复员期内关税稽征办法》。除洋米、汽油、柴油等暂准免税进口的物品继续免税外，所有原按进口税率1/3征收的进口货物，一律恢复原来税率，征收全税，并按1934年的《国定税则》恢复稽征国定进出口关税。

海上交通恢复后，国民政府于1946年2月废止《战时管理进出口物品条例》，另颁行《进出口贸易暂行办法》，分进口物品为自由进口、许可进口及禁止进口三类，出口物品为自由出口、禁止出口两类。

1946年8月，国民政府立法院通过修正《进出口关税税则》，确定的基本原则有七项：（1）海陆空关税税则应该一致；（2）进口税则采用固定税率；（3）中国尚不能制造的工业、农业设备机器、仪器工具等的进口，减免进口税；（4）凡有关国计民生之必需品，征较轻的进口税；（5）凡与应保护的工业品有竞争性的进口物品，应征较重的进口税；（6）奢侈品应采取寓禁于征的进口税；（7）凡出口货物之应鼓励者，一律免征或减征出口税。根据上述原则国民政府修订了该税则，并于8月17日宣布取消出口税，改行出口结汇办法，但因结汇价值偏低，出口始终不振。

上述进出口办法施行后，外货源源输入，日用必需品日渐充裕。政府为增加建设器材、设备的进口，于1946年11月修正《进出口贸易暂行办法》，实施全面输入许可证制度，以限制消费性货品的进口，而增加生产器材的输入。

以上原则和办法，实际上为美货的倾销创造了便利条件。例如，在进口税上，凡有关国计民生的必需品，征较轻的进口税；中国尚不能制造的工业、农业设备机器、仪器工具等的进口，减免进口税。这些规定无疑有利于美货的倾销。至于与应保护的工业品有竞争性的进口物品，应征较重的进口税；凡奢侈品应采取寓禁于征的进口税等规定，如能认真执行，倒是好事，但实际上不过是官样文章而已。

另外，美帝国主义也进一步加强了对华全面渗透，在中国取得种种特权，为美货倾销创造有利的条件。1947年10月，美国与国民政府签订了《中美参加国际关税与贸易一般协定》，在该协定中，国民政府对110种美国商品减免进口税，减税程度几乎等于免税。减税5/6的有消耗品、家用电冰箱等；减税1/2~2/3的，有洋参、淡牛奶、电铃等。美国官员与国民政府财政部临时商定的以最低税率进口商品的事例，更是屡见不鲜。这样，美货源源不断地涌入，进口税收因而大增。

1948年在加强进口管制、控制进口货物的同时，又开征戡乱附加税，税率为40%。1948年下半年，在中国人民解放军的军事打击和国统区内恶性通货膨胀的冲击下，国民政府财政无可挽回地走向了崩溃。然而，在它行将退出历史舞台之前，于1949年2月出台了所谓的《财政金融改革案》，其中，有关财政的四项内容，首先就提出关税改用关元征收，即纳税人在缴纳税款时需将金圆券兑换成关元缴纳，并规定1关元折合美金4角。这一办法，一方面表明了国民政府发行的纸币已经失掉了购买力；另一方面也表明国民政府利用这一办法进行最后的搜刮。

二、盐税

1.就场征税、自由运销的全面实施

抗战胜利后，中国沿海主要产盐区皆已恢复，战时对盐的统制政策已无必要。财政部认为，盐政的中心任务，应以增加财政收入并使人民能食质优价廉的食盐为目标。1946年2月，财政部制定《盐政纲领》，基本要点是：在盐制方面，将"民制、官收、官运、商销"改为"民制、民运、民销"，并由政府予以管理。产区则管理场产、就场征税；销区则于集散地扼要设仓、招商承运、就仓征税放盐、自由销售。必要时仍得办理官运，并设常平仓以资调节。在产制方面，进一步加强场产管理，以防止私盐，而裕税收，同时，改良制盐技术，提高盐的质量，减轻盐的成本。在征收办法上，简化盐税的征收税目，并根据各区的不同情况，施行等差税制。《盐政纲领》后经国防最高委员会修正成为《盐政条例》的立法原则。

1947年3月12日国民政府公布《盐政条例》6章47条。其中规定：（1）盐税为国税，由盐政机关就仓坨征收，地方政府不得附加任何捐税。（2）盐税税率以法律定之。已纳税的盐斤由盐政机关填发完税凭证。（3）盐非经财政部的许可不得采制。产盐的区域及每年产盐数量由财政部依全国产销状况核定；再由盐政机关斟酌各盐场及各制盐人的生产能力、成本及运输情况分别核定其产量。（4）盐的集散处所由盐政机关指定，并设立盐仓，由盐政机关管理。盐的供销亦由盐政机关依产、运、供、需情况统筹调节。（5）专商引岸及其类似制度一律废除。

该条例对盐税税率未做具体规定，只"以法律定之"作笼统规定，与《盐政纲领》中的"分类分地等差规定"不同，其目的：一是为财政部在通货膨胀的情况下根据市场价格的变化而随时调整留出余地；二是为平衡各地盐价，采用分类分地等差税率留下余地。从整个条例内容来看，盐务管理改为民制、民运、民销，实行就场就仓的征税制度。在盐的产制、配运等方面，政府仍保留一定的控制与调节权，作为有计划推行就场就仓征税制度的措施。至此，在中国历史上推行了近800年的专商引岸制度宣告彻底废除，改为以民营为主、政府加以管理的盐制。

2.盐税税目、税率的调整

抗战胜利后，国民政府对盐税税目和税率都曾进行了调整。

在税目方面，既对战时新增的税目进行了简并，又新增添了一些新税目。具体情况是：（1）在附税方面，自1946年起，食盐战时附税和国军副食费名目取消，税率并入盐税正税税率。（2）在基金方面，继续征收盐工福利补助金和盐场建设费，前者至1948年8月停征。同时又新增了税本保障费和税款损失准备两个新项目。

在税率调整方面，1946年盐政总局通令，将食盐的战时附税和国军副食费并入食盐正税。同年1月5日财政部决定分三期对各盐区进行调整。第一期从1946年年初开始，规定全国食盐税率为12级，每担盐税税率最低为1 000元，最高为7 000元。第二期从1946年4月开始，每担食盐税率由12级减为8级，最低为1 000元，最高为7 000元。第三期从1946年8月开始，每担食盐税率由8级减为4级，最低为3 000元，最高为7 000元。通过这三次调整，税率大大简化，地区之间的差距也逐步缩小，但这种简化通过扩大级距的方式提高了税率。例如，最低税率从每担1 000元增加到每担3 000元，提高了2倍，许多地区税级在合并过程中都升了级。盐的生产者和消费者的负担不断加重。

1947年以后，通货膨胀加剧，法币日渐贬值，盐税税率调整频繁，至1948年7月食盐正税税率已调整为每担45万元。1948年8月19日，国民政府进行币制改革，发行金圆券。食盐税率即按金圆券计算，海盐、池盐税率为每担8元，井盐、土盐、青盐每担为5.6元。金圆券施行不久便引发更为严重的通货膨胀，1949年1月1日国民政府又公布了《盐税计征条例》，规定盐税由从量计征改为从价计征。海盐，税率定为70%；井盐，税率定为30%；土盐、膏盐，税率定为20%。1949年6月金圆券又告崩溃，7月3日国民政府颁布《银圆及银圆券兑换发行办法》，规定改以银圆为本位，以金圆券5亿元兑换银圆券1元。食盐税率遂按银圆券计算改为：海盐，每担为8元；井盐，行销贵州的每担为4元；行销贵州以外其他地区的每担为5.6元；池盐，行销陕西的每担为4元，行销陕西以外其他地区的每担为5.6元；土盐、膏盐每担为4元。

在抗战胜利后，为增加财政收入目的，国民政府多次调整税率，但它始终赶不上物价上涨的速度，结果是税率虽增，而实际收入反而日益下降。它占税项收入的比重：1946年为32%，1947年为15%，1948年为13.4%。如果剔除物价上涨的因素，则抗战胜利后的盐税税率远远低于战前。表14-2反映出，这一时期国民政府虽然没有放弃盐税收入，但在恶性通货膨胀的情况下盐税制度与其他一切财政制度一样不可避免地会走向崩溃。

表14-2　　　　　　　　　　盐税平均税率与物价比较表

年度	全国平均税率（元/担）	全国平均批发物价指数	消除物价上涨因素后的平均税率（%）	
			税率（元/担）	相当于1937年税率的比例
1937	5.98	103	5.81	97.16
1945	4 086.42	163 160	2.50	41.81
1946	4 638.67	379 600	1.22	20.40
1947	39 406.57	2 710 750	1.45	24.25
1948	450 000.00	53 960 000	0.83	13.88

资料来源　根据历年盐税税率与场价及冦售盐价比较表编写。

三、货物税

1.货物统税改为货物税

抗战胜利后，货物税急剧增长，一跃成为中央税收的首位。从预算数字来看，货物税占税收的比重：1946年为32.3%，1947年为37.3%，1948年上半年亦达32.6%。从实收数来看，1946年它占当年税收的35.1%，超出了32.3%的预算数。1947年货物税实收45 000亿元法币，占该四项税收实收数的45%左右。这种变化与货物统税制度的调整有关。

1945年9月，财政部取消了棉纱、糖类的征实，恢复征收法币。货物统税遂由战时复员为平时状态。经过调整后的统税，只剩下卷烟、熏烟叶、洋酒啤酒、火柴、糖类、棉纱等6个税目，征收范围大为缩小。1946年因关税、盐税、直接税收入不旺，复对1945年撤销的麦粉、水泥、皮毛等税目又恢复征税。

1946年8月16日国民政府公布了《货物税条例》，将货物统税改称货物税。该条例主要内容为：（1）货物税为国家税，由财政部税务署所属货物税机关征收。（2）货物税的课征范围包括卷烟、熏烟叶、洋酒啤酒、火柴、糖类、棉纱、麦粉、水泥、茶叶、皮毛、锡箔及迷信用纸、饮料品、化妆品计13个税目。（3）实行从价征收，税率为：卷烟100%、熏烟叶30%、洋酒啤酒100%、火柴20%、糖类25%、棉纱5%、麦粉2.5%、水泥15%、茶叶10%、皮毛15%、锡箔及迷信用纸60%、饮料品20%、化妆品45%。（4）课征货物税的货物，以出产地附近市场每三个月平均的批发价格为完税价格的计算依据。市场实际批发价超过或低于完税价格平均批发价的1/4时，财政部随时调整。为便于稽征，财政部也可按分级征税的办法征收。（5）从国外输入的应税货物除缴纳关税外，照海关估价折合法币数征收货物税。（6）国内出产的应税货物，由货物税局派员驻厂（场）征收，不便驻厂（场）征收的，可由货物税机关查明产额，分期征收。该条例扩大了征收范围，而且调高了大部分税目的税率。

在军事连连败北、通货膨胀不断加重的情况下，国民政府多次修订《货物税条例》，以增加货物税收入，加强对人民的搜刮。1948年4月2日，国民政府修正公布了《货物税条例》，主要内容是：（1）停征茶叶、麦粉、皮毛中的皮类及毛制品的货物税。（2）完税价格的评定由三个月改为两个月进行一次，以此作为货物税评价核税工作跟不上物价上涨速度致使税收遭受损失的一种补救办法。（3）对出口已税货物实行退税，由生产厂直接报运出口可免征货物税等，以鼓励出口，争取外汇。1948年7月30日，国民政府再次以总统令修正《货物税条例》，将卷烟及洋酒啤酒税率由100%提高为120%；棉纱税率由7%提高为10%；饮料品由20%提高为30%。在恶性通货膨胀情况下，为保障货物税收入起见，将货物税完税价格的评定工作由两个月改为每月进行一次。1949年4月27日，《财政金融改革案》及其实施办法规定，货物税额依市价每五天评定一次。如物价上涨或下降至1/4时，应随时调整。在国民政府溃逃台湾前夕，1949年8月5日，财政部又电令重庆货物税局将棉纱税率再次提高为15%，企图对人民进行最后的搜刮。

货物税的急剧增加表明国民政府对民族工商业的搜刮进一步加剧，从而严重打击了中国的民族工商业。这期间美货充斥中国市场，由于美货价格低，即使税率相同，美货的税负也较国货轻得多。这样，国货受到双重冲击，民族资本主义工商业因此萎缩。

2.《国产烟酒类税条例》的修订与完善

1946年8月16日，国民政府再次修正公布《国产烟酒类税条例》，主要是调高税率，将烟叶税率由40%提高为50%，烟丝由20%提高为30%，酒类由60%提高为80%。1947年7月22日，国民政府再次修正公布了《国产烟酒类税条例》，主要变化是：（1）对大规模产制厂或集中产区，由该管货物税分局派员驻厂（场）征收。旨在使烟酒税征收办法与货物税征管办法相一致。（2）对不合标准的酿户、刨户仍采用查定征收的办法，将原规定每月分两期缴纳改为按月征收以便利商民。（3）经纪人须将买卖双方数量报请当地税务机关查核，如有隐匿，处以罚锾或取消经纪人资格，目的在于加强税源的控制。

1948年4月2日，国民政府又修正公布《国产烟酒类税条例》，再次提高了烟酒税率，将烟叶税率由50%提高为60%，烟丝由30%提高为40%，酒类税则由80%提高为100%。同时，完善征收方式，将征收方式规定为4种：驻厂征收；查定征收；起运征收；分期征收。由于烟酒产制分散，其税源遍布全国各省城乡地区，为防止偷漏，这次修订补充了违章处罚的条款并提高了罚锾金额。

1949年6月，财政部根据国民党逃往重庆时所制定的《财政金融改革案》，再次将土烟、土酒、熏烟叶及特种营业税四项自当年7月1日起划归地方征收，烟酒税遂由尚未解放地区的各省财政厅接办。

3.矿税的整理

抗战胜利后，国民政府于1946年11月20日公布施行《矿产税条例》，规定：国内出产的矿产物，无论公用、军用，均应征收矿产税。税率分为两类：第一类铁、煤、石油、煤气，从价征收3%；第二类石膏、滑石、明矾、瓷土、火黏土、天然碱、铜、锡等，从价征收5%。矿产物的完税价格，以出产地区附近市场每三个月平均的批发价格为计算依据，但市场价格超过或低于完税价格所依据的平均批发价1/4时，财政部随时调整。矿产税由各区货物税局派员驻矿、驻厂（场）征收。不便派员驻征的可查明核定平均产额按月征收，或由商人于运经第一道货物税机关依率征收。1947年2月5日，国民政府又修正公布《矿产税条例》，主要是增列了第三类税率，规定其他各类矿产物一律从价征收10%。1948年3月16日，财政部又训令恢复征收石油矿产品税，以原油及由原油提炼而成的汽油、煤油、柴油、机械油以及沥青、石蜡等为课征对象，税率定为从价征收30%。同年7月9日，工商、财政两部又共同制定颁布了《矿产税稽征规则》。至此，矿产税的征收全国有了统一的规章，基本上走向与货物税趋同的轨道。

四、直接税

（一）所得税

抗战结束后，战时财政逐渐转为平时财政，由于原修订的《所得税法》已不能完全符合战后社会经济和物价的变动情况，同时，分类所得税模式也不能真正体现量能负担的公平原则，于是国民政府对《所得税法》进行了修正，并于1946年4月16日公布实施。修正后的《所得税法》实行分类所得税与综合所得税兼征的模式。在分类所得税方面，其主要内容是：（1）课征范围是营利事业所得、薪给报酬所得、证券存款利息所得、财产租赁所得和一时所得。（2）税率。营利事业所得，分为甲、乙两项[1]，甲项根据所得占实有资本的比例不同，采用4%~30%的9级全额累进税率；乙项按所得额采用4%~30%的11级全额累进税率。薪给报酬所得，分为甲、乙两项[2]，分别适用不同的10级超额累进税率，甲项从3%累进至20%，乙项从0.7%累进至10%。证券存款利息所得的税率，由原来的5%调整为10%。财产租赁所得的税率，分为甲、乙两项[3]，实行3%~25%的12级超额累进税率，乙项所得在此基础上还要加征1/10。一时所得，采用9级超额累进税率，税率由6%累进至30%。（3）由于物价上涨，起征点也相应分别调高到5万、15万、20万不等。在综合所得税方面，其内容则是对个人所得年总额超过60万元者，加征12级超额累进税率。个人全年各种所得的总额包括营利事业投资所得、薪给报酬所得、证券存款所得、财产租

[1]　甲项为股份有限公司、股份两合公司、有限公司营利之所得；乙项为无限公司、两合公司、合伙、独资及其他组织营利之所得。
[2]　甲项为业务或技艺报酬之所得；乙项为薪给报酬之所得。
[3]　甲项为土地、房屋、堆栈、森林、矿场、渔场租赁之所得；乙项为码头、舟车、机械租赁之所得。

赁所得、财产出卖所得、一时所得。税率由5%累进至50%。

自国民党反动派发动全面内战后，全国物价由抗战胜利之初的猛跌，随之转为猛涨，法币急剧贬值，致使税法规定与实际情况相去甚远，执行上的困难与日俱增，而入库的所得税款，因法币贬值也难以应付支出需要。在这种情况下，国民政府又分别于1948年和1949年对《所得税法》进行了两次修正。两次修正除了调整征税范围、调整税率、简化计算外，主要是适应物价变动的需要，仅规定每类所得的税率及其累进幅度。第一、二、四、五类所得及综合所得的起征额及累进税率的课税级距，则于每年年度开始经立法程序制定公布，后又修正为"得由财政部视经济情形之变动与适应国库之需要，随时拟定呈请行政院核定施行"。这等于为财税当局予取予求开了方便之门。

（二）特种过分利得税

抗战胜利后，国民政府于1947年1月停止征收非常时期过分利得税，代之以大同小异的特种过分利得税。《特种过分利得税法》规定：买卖业、金融信托业、营造业、制造业等营利事业，其利得超过资本额60%的，除依法征收分类所得税外，加征特种过分利得税；凡教育、文化、公益、慈善事业的营利事业，收入用于本企业者，免征；税法未提及的旅馆、酒菜馆、舞场、浴室、戏院及娱乐性质的营业，也予免征。

（三）遗产税

1946年4月，根据"提高起征点，采用累进税率，增加累进级度"的政策，由财政部起草、立法院通过，国民政府公布了《遗产税法》，其中规定：起征点改为100万元。遗产总额100万元以上者，征收1%；超过200万元以上者，按17级超额累进税率征收，由2%至60%。1948年8月国民政府实行金圆券后，遗产税的起征点又改为金圆2万元，税率规定遗产总额在2万元以上者，征税1%。遗产总额在4万元以上者，按10级超额累进税率征收，由2%至60%。

（四）印花税

1946年4月国民政府公布新的《印花税法》，规定娱乐票券税率为5%，发票、银钱货物收据、账单、合资营业字据、授产析产契据等凭证税率为3‰，保险单的税率3‰。除比例税率外，定额部分分别为10元、20元、50元、100元、200元共5种。1947年2月又修改税法，提高比例税率起征点，由原定500元至1 000元，提高到5 000元及10 000元。同时，提高定额部分税率，原为10元至200元，改定为200元至50 000元，并相应增加了课税项目。

（五）实际征收情况

直接税曾经受到国民政府财政部门的异常重视，但实收情况未能如愿。该税1946年在预算中占税收总额的19.7%，但实际完成情况占税收总额的16.4%；1947年在预算中占税收总额的28.2%，完成额只占15.4%；1948年上半年在预算中占税收总额的32%，实际完成情况无从查考，但结合当时的形势，完成情况也不会很好。可见，国民政府对直接税期望很高，但收效不大。

税负对工商业者是非常沉重的，在不计通货膨胀因素的情况下，仅以最高税率达"盈利"的30%的营利事业所得税和最高税率达"利得"的60%的特种过分利得税两项，就要把工商业者全部所谓"盈利"或"利得"的70%~80%囊括进去了。因此，在重税政策下，民族工商业日益萎缩，直接税税源日渐枯竭，这是直接税不能如愿完成的根本原因之一，这是国民政府采取杀鸡取卵、竭泽而渔的财政政策的必然结果。另一个原因则是民族工商业者为求生存，消极抵抗的结果。工商业者为了抵制国民政府的重税政策，就不得不用制造假账的方法隐瞒盈利，进行消极抵抗，这在一定程度上影响了直接税的增长。此外，直接税制度的实施缺乏效率，估价方法不良，又缺少受充分训练的税收人员，也是直接税增长不快的一个原因。

五、田赋和土地税

1.田赋

抗战胜利后，国民政府曾于1945年5月宣布对沦陷区各省的田赋豁免一年，以期休养生息。由于国民政府不久就发动了全面内战，随之又恢复了田赋征实，同时粮食又实行征购和征借，规定田赋每元要折征稻谷4市斗，又征借4市斗，再带征公粮3成，合计每元折征稻谷9斗2升，合米5斗有余，较战前的赋额增加4倍以上且超过战时负担。因此，战后3个年度内共计征收谷麦共9 240余万石。

国民政府战后的"三征"等完成情况每况愈下，实收数与政府的指派数相比，1945—1946年为85.7%，1946—1947年为76.4%，绝无超额的时候。这显然与征实不得人心和人民战争的节节胜利分不开。但愈是在这种情况下，政府催征的愈紧迫，农民为此承受的负担也愈重。1947年初，国民政府召开全国粮政会议，决定要加紧催缴粮食，并组织"督征团"到农村各地"督征"，还曾下令"嗣后因征粮而扣押人民，不受法律限制"。在如此紧逼之下，不但征粮工作难以完成，而且农民的生活也无法维系了。

除征粮外，农村还有征丁及各种苛捐杂税。在重敛之下，人民无法生活下去了。于是，各地普遍掀起了反对抓壮丁、征粮的斗争，到1947年这项斗争遍及全国300多个县，达84万多人，成为瓦解国民党反动统治后方秩序的重要力量。

2.土地税

抗战胜利后，国民政府于1946年4月修正公布了《土地法》，对土地税的征收制度做了调整：地价税按年征收，采用累进税率，基本税率为1.5%，超过累进起点地价时，其超过部分分3级加征，自0.2%加至0.5%。土地增值税于土地所有权转移或虽无转移但届满10年时征收。土地增值税就其增值部分征收，税率分4级，自20%累进至80%。土地改良物税按年征收，最高率不得超过1%。此后，地价税和土地增值税的征收制度未做大的调整，只在1948年币制改革后，将地价税和土地增值税的征收单位改为金圆券，并对地价做了一些调整。

六、地方税体系

抗战胜利后，国民政府于1946年7月修正公布《财政收支系统法》，恢复中央、省（市）、县（市）三级财政体制，地方税体系随之也相应调整。其中省税包括营业税、契税附加；院辖市税包括营业税、契税及房捐、屠宰税、营业牌照税、使用牌照税、筵席及娱乐税；县市税，除战时五项外，还可依照法定程序举办特别课税。此次调整将田赋划定为国地共享税，院辖市分得60%，省分得20%，县（市）分得50%，其余额归中央。1949年4月18日，国民政府公布《财政金融改革案》，将特种营业税、土烟土酒税以及货物税中的熏烟叶税，自1949年7月1日起划归地方征收，但施行不久，国民党政权即告覆灭。

根据财政体制的调整，国民政府对各级各类地方税进行了调整，包括修正公布《营业税法》及其实施细则，创办特种营业税，修订县市自治税种的章则，推广土地税，施行县市特别课税，开征自卫特捐等。这些调整无非是与蒋介石集团发动反人民的内战相呼应的，以满足不断膨胀的财政需要，使得这些地方税捐与国民政府的通货膨胀政策相配合，成为搜刮人民的手段。

七、苛捐杂税的整顿

1946年6月，行政院召开改订财政收支系统会议，同时对整理地方捐税，严禁苛杂摊派亦做出明确决议。同年7月，新的财政收支系统实施后，行政院于9月27日通令各省、市政府，严禁苛杂摊派。通令指出：查《财政收支系统法》公布实施后，县级财源大为增加，凡合于法令或经呈奉核准之捐税，均应于预算期内明列项目，不得于预算外另有捐征派募情事，重增人民负担。倘有阳奉阴违，一经查明，应即严惩不贷。但各省大多仍阳奉阴违，借口物价上涨，默许、放任县（市）照旧征收苛杂及摊派。鉴于此，行政院又于1947年1月20日颁布《严禁地方苛杂摊派补充办法》四项：（1）凡中央及省委托县（市）办理之事项，所需经费应由委托机关指拨专款，核实发给；（2）在预算核定后，如需举办地方新兴事业，应先依法办理追加预算，呈奉核准后，方准举办；（3）凡非法定征收机关，不得径向人民征收任何款物，即属法定机关亦不得向人民征收非法捐税或摊派款项，违者依《刑法》第129条论处；（4）各县（市）长对于所属各级基层行政机构之非法摊派，如有纵容包庇或监督不严，经人民呈控查实后，严予惩处，依法办理。

由于各地财政支绌，或者阳奉阴违，我行我素，或者改头换面，掩人耳目，有的则废除固定苛杂项目，增加临时摊派。行政院虽三令五申，仍难收实效。据估计，到1948年9月，全国苛杂及摊派有700种左右[①]。

第四节

国民政府崩溃时期的债务及其他收入

一、内债

随着恶性通货膨胀的继续，法币贬值得如同废纸。可对国民政府来说却有一个意外的

---

① 叶桂. 当前苛捐杂税摊派鸟瞰 [J]. 财政评论，1948，19（3）.

好处，这就是可以把积欠下的旧债，用大大贬值了的法币，一下子还清了。这样，国民政府中曾是沉重负担的债务支出，就消失得无影无踪了。但是，通货膨胀也给国民政府带来了一系列恶果，其中之一是以法币为本位发行的内债，失去了民信。于是政府又变换花样，发行了几次以美元、金圆、稻谷甚至黄金为本位的内债，借以搜刮人民手中的财物。内债发行及实收情况见表14-3。

表14-3 　　　　　　　　　　1946—1949年国民政府内债情况

年　度	项　目	发行定额	实发行额
1946	第二期土地债券 绥靖土地债券 同盟胜利美金公债	法币3亿元 谷麦1千万石 美金4亿美元	3亿元 1千万石 8千万美元
1947	短期库券 美金公债	美金3亿美元 美金1亿美元	4 248余万美元 5 299余万美元
1948	整理公债 短期国库券	金圆券5.23亿元 无定额	— —
1949	黄金短期公债 整理美金公债 爱国公债	黄金200万市两 美金1.36亿美元 银圆券3亿元	200万市两 1.36亿美元 —

资料来源　千家驹. 旧中国公债史资料 [M]. 北京：中华书局，1984：378.

二、外债与美援

本期外债最为突出的特点，就是以蒋介石为首的国民政府完全依靠美债和美援。美援与通货膨胀平分秋色，成为"戡乱财政"的两大支柱。

这期间，国民政府向美国借款有14笔，总额达9 182万美元。这还不包括美国运送和训练国民党军队的费用。除借款之外，还有大量的"美援"，即美国向国民政府提供的物资援助，这当然不过是美国为了推销战后剩余物资，支持蒋介石发动内战堂而皇之的称谓罢了。美援包括的项目见表14-4。

表14-4 　　　　　　　　　　　　美援情况

项　目	金额
救济物资4笔	近8亿美元
租借法物资2笔	近16亿美元
军事援华物资2笔	1.4亿余美元
剩余物资售让与赠与	25亿余美元
合计15笔	50亿余美元

资料来源　孙文学. 中国近代财政史 [M]. 大连：东北财经大学出版社，1990：393-394.

在这些美援中，救济物资由联合国救济总署运华，原是对战后中国人民的救济品，但却成了国民政府打内战的财政补助和四大家族的黑市物资；租借法物资原是根据1942年美国租借法案用来援助盟国击溃德、意、日法西斯的，却被移作战后援助蒋介石打内战之用；军事援华物资主要是根据战时"中美合作"和1948年军事援华法案拨交的，专作内战之用；剩余物资则是美国战时储运太平洋各战区尚未动用的物资，包括军火和日用品等。这些物资援助成了蒋介石打内战的物质基础。这也使得中国的主权，从政治、军事、经济到文化，都遭受到巨大的牺牲。

三、接收敌伪产业物资

抗战胜利后，国民政府迅速接收了敌伪统治区的产业物资，其变价收入，作为一项巨大的非税收入，成为当时财政的重要收入来源。

国民政府为接收敌伪产业物资，把全国划为七个区：苏浙皖区、湘鄂赣区、闽粤桂区、冀热察绥区、鲁豫晋区、东北区和台湾区，各设接收机构。应当说明的是，如果政府代表人民接收敌伪产业物资，予以没收，归国家所有，这不仅是无可非议的，也是正当的。然而，政府派往各地的接收大员，利用职权，不择手段，贪赃枉法，营私舞弊，甚至把敌伪统治下的中小工商产业，都当作敌产加以没收，以谋取好处，严重地侵害了人民的利益。故人民称接收为"劫收"。

政府接收到的产业物资数量是相当可观的。仅以包括上海市在内的苏浙皖区来看，到1946年底接收的产业物资的估价达12 649亿元（除逆产外），其中物资（商品和原料）占25.2%，工厂占35.5%，房地产占10.7%，金银首饰占13%，码头仓库占8.1%，其他占7.5%[1]。在接收的敌伪产业物资中，最值钱而又最易出售的是由政府没收的日本棉纺织厂；码头和仓库都拨给官办的中国招商局；库存商品大部分拨给国防部；库存的原料由"国营工厂"接收；黄金、白银由中央银行接收。到1946年底产业物资出售给公众后解缴国库的货币数额达5 000亿元以上，约占年初预算（6 200亿元）的4/5。

接收敌伪产业物资售价和营业盈利两项收入，1946年度竟超过了四项主要税收预算总额的27%；1947年度虽有减低，但还是超过了一点；1948年上半年还是达到了主要税收预算总额的72%，见表14-5。由此可见，政府所接收到的产业物资为数确实不少，成为税收以外的一项重要财政来源。

还应该指出，尽管这些产业物资售价及公有营业盈利收入成为财政收入的重要来源，但它在财政支出中所占的比重却并不大。例如，1946年预算估计可达支出的25%，但售价所得仅占实际支出的6.6%[2]。这说明国民政府急剧膨胀的军费支出，已经把本来比较充足的财力消耗殆尽。在国家财政收入中，税收不重要了，巨大产业物资的接收也无足轻重了，唯有倚仗纸币的虚行印发了。

① 杨荫溥. 民国财政史 [M]. 北京：中国财政经济出版社，1985：192.
② 张公权. 中国通货膨胀史 [M]. 北京：文史资料出版社，1986：108.

表14-5　　　　财产物资及公有营业盈余收入预算数与四项主要税收预算数比较　　　单位：亿元

年度	财产物资售价收入	公有营业盈余收入	小计	货物、直接、关、盐四税总计	售价及盈余收入相当四税的比例（%）
1946	6 848	1 090	7 938	6 255	127
1947	25 500	8 633	34 133	33 470	102
1948	166 267	48 833	215 100	300 275	72

注：1948年为上半年数字。

资料来源　杨荫溥. 民国财政史［M］. 北京：中国财政经济出版社，1985：194.

第五节

国民政府崩溃时期的财政管理

一、财政管理体制

抗战胜利后的第一年，仍实行两级财政体制，地方财政仍以县为单位。在此期间，国民政府曾对田赋、营业税、印花税等采取减免税措施，但由于体制上的不合理，使地方财政发生了恐慌。这是因为田赋的一成五、营业税的三成，原属中央划给县（市）的财源，中央若将此等赋税减免，则划给地方的自然就随之减少或停止。县市政府经费无着落，势必擅自征派，苛扰人民。例如，广东、浙江、江苏、河南等省便征借1946年的田赋，山东的若干县市，则追缴抗战时期欠缴的田赋。尽管如此，各地财政收支仍大有亏空。因此，地方一致要求改定国地收支系统，以适应复兴经济建设的客观要求。于是1946年7月1日，国民政府修正公布了《财政收支系统法》，重新确立了中央、省及院辖市、县市及相当县市之局的三级财政体制。根据修正的《财政收支系统法》，中央、省、县财政收支划分如下：

1. 中央财政收入和财政支出

中央财政收入：（1）税课收入，包括营业税（院辖市收入的30%）、土地税（县市收入的30%和院辖市收入的40%）、遗产税（收入的50%）、印花税、所得税（分类所得税及综合所得税）、特种营业税、关税（进出口税及吨税）、货物税、盐税、矿税（矿业税及矿区税）；（2）独占及专卖收入；（3）国营工程受益费；（4）罚款及赔偿收入；（5）规费收入；（6）信托管理收入；（7）国有财产售价收入；（8）国有营业盈余及事业收入；（9）收回资本收入；（10）捐献及赠与收入；（11）公债及赊借收入；（12）协助收入；（13）其他收入。

中央财政支出：政权行使支出、国务支出、行政支出、司法支出、考试支出、监察支出、教育文化支出、经济建设支出、卫生支出、社会救济支出、国防支出、外交支出、侨务支出、财务支出、债务支出、公务人员退休及抚恤支出、损失支出、信托管理支出、补助支出、国营事业基金支出、其他支出、第二预备金。

2.省财政收入和财政支出

省财政收入：（1）税课收入，包括营业税（收入的50%）、土地税（收入的50%）、契税附加；（2）省工程受益费；（3）罚款及赔偿收入；（4）规费收入；（5）信托收入；（6）省财产孳息收入；（7）财产售价收入；（8）省营业盈余及事业收入；（9）中央补助收入；（10）收回资本收入；（11）捐献赠与收入；（12）公债及赊借收入；（13）其他收入。

省财政支出：政权行使支出、行政支出、教育文化支出、经济建设支出、卫生支出、社会救济支出、保安警察支出、财务支出、债务支出、公务人员退休及抚恤支出、损失支出、信托管理支出、协助补助支出、省营业基金支出、其他支出、第二预备金。

3.院辖市财政收入和财政支出

院辖市财政收入：税课收入，包括营业税（收入的70%）、土地税（收入的60%）、契税和契税附加、遗产税（中央划拨15%）、土地改良物税（房捐）、屠宰税、营业牌照税、筵席及娱乐税；除造产收入外，其他的收入项目与省同。

院辖市财政支出项目与省同。

4.县市财政收入和财政支出

县市财政收入：税课收入，包括营业税收入（省拨给50%）、土地税（收入的50%）、契税、遗产税（中央划拨的30%）、土地改良物税（房捐）、屠宰税、营业牌照税、使用牌照税、筵席及娱乐税、特别课税；其他的收入项目与院辖市同。

县市财政支出：政权行使支出、行政支出、教育文化支出、经济建设支出、卫生支出、社会救济支出、保安警察支出、财务支出、债务支出、公务人员退休抚恤支出、损失支出、信托管理支出、协助补助支出、乡镇区临时事业支出、县市局营业及乡镇区造产基金支出、其他支出、第二预备金。

此次划分，进一步确立了中央、省（市）、县（市、局）三级财政体制，中央与地方系统分明，财政上已具均权之势，这是国民政府成立以来，真正在法律上从财政支出和财政收入两个方面明确各级政府的财政收支范围和权限。省财政恢复独立，使其脱离国家范畴，可以配合和推进省级自治事业的发展。县级财政的来源较以前明确和充裕，除原有的五项自治课税外，又分得土地税五成、营业税五成、遗产税三成及契税全部，并可依法开征因地制宜的特别课税。然而，经此次重新划分后，大宗税源仍为中央所有，原属地方大宗的田赋则改为国地所共有，因而地方财政仍极度困窘，特别是省级财政分得的收入有限，根本无法维持，仍要依赖中央的大量补助。这个问题背后的根源在于执政和国民党的以党治国、一党专政的集权政治，表现在财政上就是削弱省权、加强中央集权。

其后，财政部分别于1947年7月与1948年3月先后两次提出财政收支系统的修改草案，与行政院文牍往返，并与各有关部门反复磋商，皆拖延未决。

事实上，三级财政体制虽然恢复，但因蒋介石不顾全国人民和平建国的愿望，悍然发动反共反人民的全面内战，造成财政支出急剧膨胀，并引起恶性通货膨胀，不但省级财政走投无路，县级财政也因内战的日益扩大及物价的狂涨，支出无法控制，收入逐渐减少，而无法改变财政困难的局面。在这种情况下，国地收支已非修订财政收支系统所能解决，地方不敷之数，多赖中央政府增多纸币给予补助。最终，随着国民政府在政治、军事、经济上的全面崩溃，三级财政体制也不复存在了。

二、财政管理机构

抗战胜利后，国民政府财政部对下设机构进行了一定的调整，地方财政管理机构变化不大。

1.关税管理机构

关务署仍为最高海关行政管理机构，下辖海关总税务司署及各关税务司署。所不同的是，美国人一度攫取了海关总税务司的位置，美国人取代了英国人在海关机构中的重要地位，全面控制了中国海关事务。

2.盐税管理机构

1945年12月，盐政局仍改称盐政总局。1947年5月，盐政总局又改称盐务总局。总局机构名称多次变更，但组织机构及职责基本未变。根据1947年3月27日国民政府公布的《财政部盐务总局组织法》，盐务总局的职责为"掌理全国盐务行政及有关业务，兼管盐警事宜"。各区的盐务管理机构在1946年起恢复专卖的编制，除产区仍设管理局外，销售区域又改为办事处。

3.国税署的建立

税务机构进行了调整，直货两税的分局多有裁并，而区局则改为按省设一局。1947年财政部认为除关盐两税有特殊情况外，同一省内直货两税各有机构，自成系统，重床叠屋，开支较大。合并之后，可以集中人力，节省开支，减少征收成本，且能较好地为纳税人提供便利。因此，财政部决定于1948年将直货两税征管机构自上而下进行合并。直接税署和货物税署于1948年7月2日合并改组为国税署。各省则将直货两税区局合并改组为国税管理局，以各省国税管理局为管理监督机关，各县市稽征局则负责办理直货两税的具体稽征事宜。但对税源丰富、业务较繁的工商城市，如上海、天津、广东、武汉、青岛等，则仍然将直货两税分设直辖局，专责稽征。

三、预决算制度

1945年7月国民政府公布《三十五年度国家总预算编审原则》后不久，抗战胜利。行政院与主计处根据形势变化，将《战时国家总预算编审办法》及《三十五年度国家总预算编审原则》合订为《三十五年度国家总预算编审办法》，由国民政府于1945年8月通令执行。

1946年7月，国民政府改订财政收支系统，恢复三级财政体制，各级政府财政收支重新分类，因此1946年下半年国家总预算应予调整，并办理各项岁入岁出预算追加手续。1946年7月国民政府公布《三十六年度中央政府总预算编审办法》，作为编审1947年度中央政府总预算的根据。1947年8月，国民政府公布《三十七年度中央政府总预算编审办法》，11月因"行宪"在即，由国民政府另行公布《三十七年度中央及各省市政府总预算暂行办法》实施。1948年5月国民政府宣布"行宪"，并修正《预算法》，将其实施范围仅限于中央政府，6月制定公布《三十七下半年度中央政府总预算编审办法》，通令中央所属机关实施。由于以蒋介石为首的国民党政权发动内战，并遭到全国人民的反对，因此《预算法》无法施行。

在决算方面，1946年6月国民政府改订财政收支系统，恢复三级财政体制，对省、县财政收支再次划分，使其各有独立的财源及事权。1948年5月国民政府宣布"行宪"，随即修正《决算法》，将其适用范围限于中央政府，地方决算另定办法，终因战局剧变，省县地方决算编制办法，未及制定。

四、公库制度

1946年5月国民政府对《公库法》进行了修正，使公库制度更趋于完善。

第六节

通货膨胀与财政崩溃

一、通货膨胀的恶性发展

抗战胜利后，国民党反动派的反动经济政策、戡乱政治及四大家族鲸吞国家资财，使国民政府的财政赤字不断扩大。而这巨额的财政赤字并非税收和债务收入所能弥补的，于是国民政府继续奉行增发纸币的方针，以银行垫款为财政之挹注，对通货膨胀的恶性发展起到了推波助澜的作用。

1946—1948年8月21日，国民政府法币发行额呈天文数字发行，物价指数也呈天文数字上升，购买力指数几近于零。从表14-6中不难看出，本期法币发行指数、物价指数、购买力指数的变化是异常明显的。全民族抗战期间法币发行增加了395倍，物价上涨了346倍，而本期三年间（1945年9月—1948年8月21日）法币发行就增加了1 206倍，物价上涨了14 000倍，远远超过了抗战时期通货膨胀的速度[①]。进入1947年之后，货币购买力日趋下降，到1948年8月21日，法币购买力只有十万分之七，几近乎零了。

与1945年9月相比，到1948年8月21日法币贬值了14 000多倍，如果与1937年相比，其贬值幅度则会更大。毫无疑问，在本期内国民政府的法币在恶性通货膨胀中已经走向崩溃。

---

① 杨培新. 旧中国的通货膨胀 [M]. 北京：生活·读书·新知三联书店，1963：62.

表14-6　　　　　　　　　国民政府战后法币发行指数及购买力指数

年　月	发行额（亿元）	指　数（1937.6为100）	上海批发价指数（1934.1—6为100）	法币购买力指数（1945.9.1为1）
1937.6	14	100	100	—
1945.8	5 569	39 484	—	—
1945.12	10 319	73 163	88 544	0.39100
1946.6	21 125	149 776	372 375	0.09291
1946.12	37 261	246 180	571 313	0.06050
1947.5	99 351	709 653	2 993 100	0.01153
1947.12	331 885	2 353 704	8 397 600	0.00413
1948.6	1 965 203	13 937 609	88 480 000	0.00039
1948.8.21	6 636 944	47 070 539	492 700 000	0.00007

资料来源　孙文学. 中国近代财政史 [M]. 大连：东北财经大学出版社，1990：398.

二、发行金圆券，稳定货币企图的破灭

通货膨胀发展到1948年8月中旬，情况已达到不可收拾的地步，贬值到几千万分之一的法币，买几斗米或几斤菜都需付出成捆的钞票，法币作为交换的手段已经失去了它的功能。而且，几乎等于废纸的法币也无补于国民政府的财政困难。为了转嫁恶性通货膨胀的损失，国民政府于1948年8月19日国民政府发布了《财政经济紧急处分令》，主要内容有：（1）自即日起，以金圆为本位币，十足准备发行金圆券，限期收兑已发行之法币及东北流通券；（2）限期收兑人民所有黄金、白银、银币及外国币券，逾期任何人不得持有；（3）限期登记管理本国人民存放国外的外汇资产，违者予以制裁；（4）整理财政并加强管制经济，以稳定物价，平衡物价，平衡国家总预算及国际收支。为发行金圆券，相应地公布了实施的具体办法。

《金圆券发行办法》规定：（1）金圆券1元含金量为0.22217克，合美元2角5分，但不能兑现；（2）对法币的收兑率，为金圆券1元等于法币300万元；（3）采行十足准备制，其中40%为黄金、白银及外汇，60%为有价证券及国有资产；（4）金圆券发行总额以20亿为限。其实上述规定不过是骗人的把戏。首先，金圆券不能兑现，规定含金量没有实际意义；其次，金圆券不能兑换外汇，设置发行准备也没有什么作用。这次货币改革的要害在于金圆券1元等于法币300万元，这样，金圆券100元的面值即可折合法币3亿元，比法币最大的500万元面值还要高出60倍，这就是变相地发大钞。当时法币和东北流通券折合金圆券不过2亿元，而规定以20亿元为限，已使发行量膨胀了10倍，实际发行额又不止于此。金圆券的发行情况见表14-7。如此快的发行速度，使得市场物价飞涨，货币购买力下降到了极点。购买力下降情况见表14-8。在这种情况下，人们开始拒绝使用金圆券，而实行物物交换。当时国民经济各部门都已瘫痪，工厂、矿山的机器都差不多停止运转了，只有钞票的印刷机在日夜不停地转动，但印刷纸币的速度仍然赶不上纸币发行速度，因而国民政府委托美国政府代为印刷，由飞机空运钞票，可是空运的纸币不足以抵偿飞机的运费。最终，金圆券在无可遏止的通货膨胀中崩溃了。

表14-7 1948—1949年金圆券发行情况 单位：亿元

年　月	金圆券发行额	折合法币	指数（1948.8.31为1）
1948.8.31	5.44	16 320 000	1.00
1948.9	12.02	36 060 000	2.21
1948.10	18.50	55 500 000	3.40
1948.11	33.94	101 820 000	6.24
1948.12	83.20	249 600 000	15.29
1949.1	208.22	624 660 000	38.28
1949.2	596.44	1 790 320 000	109.68
1949.3	1 960.60	5 881 800 000	360.40
1949.4	51 612.40	154 837 200 000	9 487.57

资料来源　孙文学. 中国近代财政史 [M]. 大连：东北财经大学出版社，1990：401.

表14-8 法币100元购买力的变化

年　份	购买力
1937	2头牛
1945	2个鸡蛋
1946	1/6块肥皂
1947	1个煤球
1948	1/500两大米
1949	五十亿分之一两大米

资料来源　孙文学. 中国近代财政史 [M]. 大连：东北财经大学出版社，1990：402.

　　然而，金圆券的发行却是国民政府在崩溃前对人民进行搜刮最残酷的手段。在实行金圆券过程中，国民政府硬性规定私人不许持有金银、外币、外汇，全部收归国有，这无疑是赤裸裸的掠夺，而且这项掠夺又有强大的国家机器为后盾。在上海，在经济管制督导员蒋经国的督导下，就搜刮了黄金114.6万两，白银5.6万两，银圆396万元，美钞3 442万元，港币8 609.7万元，总计折合美元达16 829.6万元，占国内总存量的20%，若除去四大家族所占有的部分，则占私人所有的大部分。这就是说，包括民族资产阶级上层在内的中小户都成了国民政府的洗劫对象。

　　与此同时，国民政府还通过金圆券掠夺物资。在规定的金圆券发行量中，就至少膨胀了10倍，但却规定"全国各地各种物品及劳务价格，应照民国三十七年（1948年）8月19日各地各种物品货价依兑换率折合金圆券出售，由当时主管官署严格监督执行"，为此，还颁布了《取缔违反限价议价条例》，迫使民族工商业者遵守限价，抛售物资。这种只许政府放手发行钞票，不许民族工商业依据价值规律调价的做法，无疑给政府大肆搜刮物资提供了条件。在这种情况下，许多厂家、商店因亏损而破产倒闭。

　　国民政府军事上的予取予求，是国民政府财政的致命伤，不是金圆券的币制改革所能应付得了的。从1948年8月19宣布金圆券改革到10月31日公布《财政经济紧急处分令补充办法》放弃"限价政策"为止，金圆券的改革完全失败了。此后，物价就犹如脱缰的野马，从一周数涨变成一日数涨了。物价的狂涨又严重地侵蚀了国民政府财政的经济基础。国民政府为了挽救其垂死的命运，又允许人民持有金银、外币，并准许有条件地兑换黄金。1949年2月国民政府又恢复银本位，发行银圆券，企图通过这些措施维持其风雨飘摇中的财政。当时曾发行了2 000万元的银圆券，但人民拒绝使用。到1949年国民政府再次迁都重庆时，其发行的2 500万元银圆券，在解放军未到来之前，就几乎全部停止流通了。

三、国民政府财政的崩溃

　　极具膨胀的军事需求和四大家族等官僚资本对国家资产的鲸吞，使得国民政府战后财政收入增长速度远远落后于财政支出的增长速度。虽然国民政府对人民进行无孔不入地搜刮，又接收了巨额敌伪资财，但财政赤字仍呈天文数字增长。国民政府的财政危机愈演愈烈。

　　当时财政部部长俞鸿钧在"国民大会"做的《财政金融施政报告》提供了1946—1948年3月国民政府财政实际支出和赤字情况，见表14-9。其中的数字很难令人信服，因为1947年下半年开始，国民政府的军队已开始溃败，财政赤字不可能不上升反而逐渐降低。当时中央银行总裁张公权也提供了一个数字，见表14-10。这个数字比俞鸿钧的估算的赤字数略高一点。另外，当时的报纸杂志上也有一个估算数，见表14-11。这个财政赤字数虽不断提高，但据杨荫溥的分析，这个数字也不够准确，当时财政赤字占财政支出的80%以上应该更为贴切。

表14-9 　　　　　1946—1948年国民政府财政实际支出和赤字情况（俞鸿钧版）　　　单位：亿元法币

年度	岁出	岁入	赤字数额	赤字占岁出的比重（%）
1946	55 672	12 791	42 881	77.0
1947	40 000	13 000	27 000	67.5
1948	501 709	197 043	304 666	60.7

表14-10 　　　　　1946—1948年国民政府财政实际支出和赤字情况（张公权版）　　　单位：亿元法币

年度	岁出	岁入	赤字数额	赤字占岁出的比重（%）
1946	75 748	28 770	46 978	62.0
1947	433 939	140 644	293 295	67.6
1948	6 554 711	2 209 055	4 345 656	66.3

表14-11 　　　　　1946—1948年国民政府财政实际支出和赤字情况（舆论版）　　　单位：亿元法币

年度	岁出	岁入	赤字数额	赤字占岁出的比重（%）
1946	71 969	21 519	50 450	70.1
1947	409 100	120 100	289 000	70.6
1948	3 400 000	800 000	2 600 000	76.5

资料来源　杨荫溥. 民国财政史［M］. 北京：中国财政经济出版社，1985：172.

1948年下半年，国民政府随着政治、军事上的崩溃及恶性通货膨胀的进一步发展，财政状况进一步恶化，见表14-12。

表14-12 　　　　　　　1948年下半年国民政府财政状况　　　　　　单位：百万元金圆券

月　份	支　出	收　入	赤字占支出的比重（%）
9	343.4	108.9	68.3
10	282.8	145.1	48.7
11	674.9	172.4	74.5
12	2 649.6	446.7	83.1

资料来源　张公权. 中国通货膨胀史［M］. 北京：文史资料出版社，1986：112.

由表14-12可见，1948年下半年国民政府财政正无可挽回地走向崩溃。1949年2月24日，国民政府颁布了《财政金融改革案》，内容分财政、金融、贸易三章，其中有关财政的有以下四点：

（1）关税改用关元征收，此外一切税收改用税元缴纳；

（2）货物税征收实物；

（3）盐税改征实物，必要时恢复专卖；

（4）营利所得税改采用同业分摊包缴办法（即包税），估定税额，令各同业公会限期催缴。

上述各项办法，其共同一点，无非是在通货膨胀极度恶化的情况下，掠夺人民手中的金银、外币和物资。这是因为此时流通中的货币是大大贬值的金圆券，而支付税款则需兑换成关元和税元，1关元折合美金4角，1税元折合黄金1市分，在纳税时，需用外币和黄金兑换成关元或税元才能完税，在这种反复兑换的过程中，人民手中的财物不知被掠夺去了多少。

进入1949年，国民政府财政急转直下，官方已经很少发表较为系统的收支数字，偶尔披露一些也极不可靠。事实上，可以说没有什么财政可言了。1949年3月8日，行政院长孙科在立法院做报告时曾提到：当年预算岁出达6亿美元，而岁入，即使是货物税征实以后，也只有9 000多万美元，全年亏空达5.1亿美元。平均每月亏空4 250万美元，都要靠发行纸币来弥补。若按市价折算，4 250万美元约等于85万两黄金，或金圆券2 250亿元。由此可见，国民政府财政到此时已是无财可讲、无政可谈了。

军事支出的膨胀，导致巨额财政赤字，而增发纸币又造成恶性通货膨胀，恶性通货膨胀又沉重地打击了民族工商和农村经济，从根本上动摇了国民政府的财政基础，在这种恶性循环中，随着国民政府在军事、政治上的溃败，特别是在恶性通货膨胀的冲击下，国民政府的财政彻底崩溃了。取而代之的是中华人民共和国的崭新的财政。

综合训练

关键概念

接收敌伪产业物资　美援　特种过分利得税　金圆券　银圆券

复习思考题

1.试析国民政府战后财政体制变化的利弊。

2.分析通货膨胀对国民政府财政崩溃的影响。

即测即评14　　　　　　　　　　综合训练参考答案14

主要参考文献

一、历史典籍

《十三经注疏》《史记》《汉书》《后汉书》《三国志》《晋书》《隋书》《南齐书》《宋书》《南史》《梁书》《魏书》《全后魏文》《周书》《通典》《全唐文》《唐会要》《旧唐书》《大唐六典》《唐律疏议》《新唐书》《唐大诏令集》《资治通鉴》《旧五代史》《五代会要》《新五代史》《隋书》《文献通考》《宋史》《续资治通鉴长编》《元史》《辽史》《金史》《元文类》《元典章》《元史纪事本末》《明史》《明太祖实录》《明会要》《大明律》《续文献通考》《明经世文编》《罪惟录》《明季北略》《清通典》《清圣祖实录》《清史稿》《清文献通考》《清世宗实录》《穆宗实录》《光绪东华录》《清朝续文献通考》《皇朝经世文续编》《大清会典》

二、近现代文献

[1] 莱特. 中国关税沿革史 [M]. 姚曾廙, 译. 北京：商务印书馆, 1963.

[2] 杨格. 1927至1937年中国财政经济情况 [M]. 陈泽宪, 陈霞飞, 译. 北京：中国社会科学出版社, 1981.

[3] 贾士毅. 民国财政史 [M]. 上海：商务印书馆, 1917.

[4] 杨汝梅. 民国财政论 [M]. 上海：商务印书馆, 1927.

[5] 贾士毅. 民国续财政史 [M]. 上海：商务印书馆, 1933.

[6] 陈登原. 中国田赋史 [M]. 上海：商务印书馆, 1936.

[7] 罗东玉. 中国厘金史 [M]. 上海：商务印书馆, 1936.

[8] 曾仰丰. 中国盐政史 [M]. 上海：商务印书馆, 1936.

[9] 吴兆莘. 中国税制史 [M]. 上海：商务印书馆, 1937.

[10] 周伯棣. 租税论 [M]. 上海：文化供应社, 1948.

[11] 国民政府财政部年鉴编纂处. 财政年鉴 [M]. 上海：商务印书馆, 1948.

[12] 严中平, 等. 中国近代经济史统计资料选辑 [M]. 北京：科学出版社, 1955.

[13] 杨松, 邓力群. 中国近代史资料选辑 [M]. 北京：生活·读书·新知三联书店, 1954.

[14] 彭雨新. 清代关税制度 [M]. 武汉：湖北人民出版社, 1956.

[15] 彭泽益. 中国近代手工业史资料 [M]. 北京：生活·读书·新知三联书店，1957.

[16] 王铁崖. 中外旧约章汇编 [M]. 北京：生活·读书·新知三联书店，1957.

[17] 李文治，章有义. 中国近代农业史资料 [M]. 北京：生活·读书·新知三联书店，1957.

[18] 汪敬虞. 中国近代工业史资料：第二辑 [M]. 北京：科学出版社，1957.

[19] 徐义生. 中国近代外债史统计资料 [M]. 北京：中华书局，1962.

[20] 杨培新. 旧中国的通货膨胀 [M]. 北京：生活·读书·新知三联书店，1963.

[21] 中国人民大学政治经济系. 中国近代经济史 [M]. 北京：中国人民大学出版社，1978.

[22] 周伯棣. 中国财政史 [M]. 上海：上海人民出版社，1981.

[23] 彭泽益. 十九世纪后半期的中国财政与经济 [M]. 北京：人民出版社，1983.

[24] 郑学檬，蒋兆成，张文绮. 简明中国经济通史 [M]. 哈尔滨：黑龙江人民出版社，1984.

[25] 千家驹. 旧中国公债史资料 [M]. 北京：中华书局，1984.

[26] 吴承明. 中国资本主义与国内市场 [M]. 北京：中国社会科学出版社，1985.

[27] 杨荫溥. 民国财政史 [M]. 北京：中国财政经济出版社，1985.

[28] 江源恒. 中国关税史料 [M]. 台北：文海出版社，1982.

[29] 张公权. 中国通货膨胀史 [M]. 北京：文史资料出版社，1986.

[30] 编写组. 中国财政史 [M]. 北京：中国财政经济出版社，1987.

[31] 丁长清. 民国盐务史稿 [M]. 北京：人民出版社，1990.

[32] 孙文学. 中国近代财政史 [M]. 大连：东北财经大学出版社，1990.

[33] 财政科学研究所，中国第二历史档案馆. 民国外债档案史料：第二辑 [M]. 北京：中国档案出版社，1991.

[34] 南开大学经济研究所经济史研究室. 中国近代盐务史资料选辑 [M]. 天津：南开大学出版社，1991.

[35] 汤象龙. 中国近代海关税收和分配统计 [M]. 北京：中华书局，1992.

[36] 石柏林. 凄风苦雨中的民国经济 [M]. 郑州：河南人民出版社，1993.

[37] 汪圣铎. 两宋财政史 [M]. 北京：中华书局，1995.

[38] 许毅，金普森，孔永松，等. 清代外债史论 [M]. 北京：中国财政经济出版社，1996.

[39] 江苏省中华民国工商税收史编写组，中国第二历史档案馆. 中华民国工商税收史料选编 [M]. 南京：南京大学出版社，1994.

[40] 中国第二历史档案馆. 中华民国史档案资料汇编：第三辑 [M]. 南京：凤凰出版社，1991.

［41］金鑫. 中华民国工商税收史纲［M］. 北京：中国财政经济出版社，2001.

［42］金鑫. 中华民国工商税史：税务管理卷［M］. 北京：中国财政经济出版社，1998.

［43］周志初. 晚清财政经济研究［M］. 济南：齐鲁书社，2002.

［44］孙文学. 中国关税史［M］. 北京：中国财政经济出版社，2003.

［45］潘国琪. 国民政府1927—1949年的国内公债研究［M］. 北京：经济科学出版社，2003.

［46］郑备军. 中国近代厘金制度研究［M］. 北京：中国财政经济出版社，2004.

［47］朱伯康，施正康. 中国经济史［M］. 上海：复旦大学出版社，2005.

［48］沈予. 日本大陆政策史（1868—1945）［M］. 北京：社会科学文献出版社，2005.

［49］项怀诚. 中国财政通史［M］. 北京：中国财政经济出版社，2006.

［50］王军. 中国财政制度变迁与思想演进［M］. 北京：中国财政经济出版社，2009.

［51］叶振鹏，陈明光，陈锋. 中国财政通史［M］. 长沙：湖南人民出版社，2015.

［52］白钢. 中国政治制度史［M］. 天津：天津人民出版社，2016.

［53］黄天华. 中国财政制度史［M］. 上海：上海人民出版社，2017.